刘学愚 孙德华文集

刘学愚 孙德华 著

云南大学出版社

刘学愚教授近照

　　刘学愚，男，1935年生，云南昆明人。云南大学工商管理与旅游管理学院经济学教授，云南省知名经济学家，荣获国务院政府特殊津贴和"云南省首届有突出贡献的哲学社会科学老专家"称号。1949年参加革命，2003年离休。1950年从学校抽调到农村参加清匪反霸、减租退押、土地改革和农业合作化运动。1954年被选送到北京中央合作干部学校商业经济师资班学习，1955年毕业。1956年响应"向科学技术进军"的号召，考入四川财经学院（现西南财经大学）农业经济系（本科），1960年毕业，被分配到北京林学院（现北京林业大学）任教。1962年进修于中国人民大学研究生班。先后在云南省合作干部学校、北京林学院和云南大学任教。连续几届担任云南大学教学委员会委员、云南大学教学督导团督导、硕士研究生导师。曾先后兼任云南省人大财经委员会第五届委员，第六、七届顾问；云南省政协第七、八届常委，经济委员会第七、八、九届委员；云南省人民政府经济技术研究中心第一至第五届特约研究员；昆明市人民政府参事。云南省高等学校政治经济学教学研究会会长；云南省金融学会副会长；云南省农村金融学会顾问；云南省经济学会常务理事；云南省工业经济联合会顾问；全国马克思主义经济学说史学会理事；中国经济发展研究会常务理事。云南省社会科学、高等教育两系统和云南大学高级专业技术职称评委；云南省信誉评级委员会委员；云南省中青年学术和技术带头人第一、二、三批评审委员会委员等职务。

　　长期在高等学校从事经济学的教学和研究工作，先后讲授过《政治经济学》、《生产力经济学》、《世界经济》、《主要资本主义国家经济史》、《马克思主义经典著作选读》、《社会主义经济理论》、《国民经济管理学》等课程，并应邀为中共云南省委理论学习中心组、云南省政协理论学习中心组以及省、州、市级机关干部作专题讲授，为中共云南省委宣传部、昆明市委宣传部和昆明电视台录制教学录像片，供干部学习之用。

主要科研成果：

1.专著和主编著作：

（1）《企业竞争技巧》，科学出版社，1991年。

（2）《经济学理论与实践研究文集》，四川人民出版社，1996年。

（3）《政治经济学》，机械工业部教育局，1986年（发行20万册）。

（4）《元谋县经济、社会、生态综合发展战略规划系统工程研究文集》，云南大学出版社，1989年。

（5）《乡级规划之路》，云南教育出版社，1991年。

（6）《企业投资与融资经济学》，云南大学出版社，1994年。

（7）《马克思主义政治经济学原理》，云南教育出版社，1999年第1版、2001年第2版，4次印刷。

2.参编、合作著作：

（1）《政治经济学广播讲座》，云南省劳动人事厅，1983年。

（2）《民族工作手册》，云南人民出版社，1985年。

（3）《政治经济学辅导》（上），云南人民出版社，1986年。

（4）《政治经济学辅导》（下），云南人民出版社，1986年。

（5）《社会主义商品经济通俗讲话》，云南人民出版社，1987年。

（6）《中国人口·云南分册》，中国财政经济出版社，1989年。

（7）《政治经济学标准化考试题库》，云南大学出版社，1991年。

3.论文：

发表论文百余篇，并应约为《云南日报》的《名人点评》专栏撰写评论文章。

4.课题：

领衔完成元谋县、昆明市西山区团结乡两项省级重点软科学研究课题，率先运用系统工程的理论和方法搞县、乡规划，取得开创性研究成果，获得社会好评，在国内外有一定影响。

5.获奖：

多次被评为优秀教师，获云南大学优秀教学成果一等奖；科研成果分别获得云南省人民政府社会科学优秀成果二等奖4项、三等奖3项；云南省教委自然科学优秀成果三等奖1项；西南地区大学版协优秀图书奖2部；以及其他一些奖项。1993年荣获国务院为表彰在高等教育事业中作出突出贡献者所颁布发的《证书》，并享受国务院特殊津贴。2006年荣获云南省首届"有突出贡献的哲学社会科学老专家"称号。

6.其他：

荣获云南省人事厅、省教委为执教30年以上的教师颁布发的《荣誉证书》；多次收到国外高等学校和国际学术会议邀请，曾应邀赴美国与同行专家进行学术交流与考察；分别入选《中国社会科学家大辞典》（英文版·海外发行）和《中国专家人才库》等。

孙德华教授近照

孙德华，女，1934年生，四川新都人。云南大学经济学院经济学教授。1950年参加工作，先后担任新都县小学教师、教导主任、县人民政府文教科干部和中共新都县委宣传部新闻干事。其间，还参加了农村土地改革和农业合作化运动。1956年响应"向科学技术进军"的号召，考入四川财经学院（现西南财经大学）农业经济系（本科），1960年毕业，被保送到中国人民大学攻读三年制研究生，1963年毕业，因成绩优异被分配在北京中央国家机关工作，后响应号召支援云南边疆高等教育事业，先后在昆明农林学院和云南大学任教。

长期从事经济学的教学和研究工作，先后讲授过《政治经济学》、《资本论》、《马克思主义经典著作选读》、《消费经济学》、《社会主义经济理论》等课程，并承担指导青年教师的任务，还曾为林业部西南地区林业局长培训班授课。

主要科研成果：

1.专著：

（1）《企业竞争技巧》，科学出版社，1991年。

（2）《经济学理论与实践研究文集》，四川人民出版社，1996年。

2.参编著作：

（1）《政治经济学》，云南大学政治系，1973年。

（2）《政治经济学》（南方本），四川人民出版社，1980年第1版，先后3次再版、19次印刷，发行140多万册。

（3）《政治经济学广播讲座》，云南省劳动人事厅，1983年。

（4）《政治经济学标准化考试题库》，云南大学出版社，1991年。

3.论文及获奖：

发表学术论文60余篇，其中6篇获奖。《论非价格竞争》一文曾被全国多家报刊和丛书选用，并荣获云南省人民政府社会科学优秀成果二等奖；多次被评为优秀教师；荣获云南大学优秀教学成果一等奖；荣获国家林业部教育司颁发的奖状以及云南省人事厅和省教委为执教30年以上教师颁发的《荣誉证书》；多次收到国外高等学校和国际学术会议的邀请函；入选《云南专家学者辞典》、《云岭巾帼名人录》、《学府女英》等。

20世纪60年代初我们在北京结成伉俪

20世纪80年代在家中

向地方政府及人代会报告课题研究成果

为机关干部作专题报告

赴美国访问，与同行专家及学生进行学术交流

参加云南省政协的视察调研

相依相伴的生活

目　　录

社会主义与经济建设篇

区域经济和小城镇建设篇

农业、农民和农村经济问题篇

附录：访谈录

自　序

这是我们夫妻学术论文的一部合集。夫妇联袂做学问，古已有之，赵明诚和李清照的故事就是历史上的美谈。在当代，夫妻共修一个专业，共研一个方向，一辈子都是志同道合的学术伙伴，是彼此的福分。

我们夫妻是 1956 年在四川财经学院（今西南财经大学）学习时相遇相知、20世纪 60 年代初在北京结成连理的。如今算来已有 50 个春秋。在半个世纪漫长而又匆忙的岁月里，我们既是同窗、同事和挚友，又是夫妻。在生活中，相互照顾；在学术和教学上，相互切磋。其间，我们的命运也如同那个时代大多数的中国人一样，遭遇过有形、无形的重重障碍，特别是政治风潮，让我们饱尝了生活的苦乐沧桑。但我们始终相依相伴，相濡以沫，同甘共苦。更值得庆幸的是，无论遇到多大的困难和压力，我们都不忘学者的天职，孜孜不倦、兢兢业业地耕耘着自己那一亩三分学术园地。如今望去，春华秋实，满园生机，倍感欣慰。

记得当年读大学时，夜里实行统一的熄灯就寝制，十点半必须就寝，可是白天课程很多，参考书没有看完，周日又是集体劳动，所以只有利用晚上多看点书。但图书馆已关门，宿舍已统一熄灯，无处可走，于是路灯就成了我夜以继日地学习的好伙伴。求知如习武，"夏练三伏，冬练三九"，冒着酷暑和严寒，勤勉向学。这本是好事，却招来横祸：政治运动来了，我被批为"走白专道路"的典型，上挂下联的大字报让人看了心惊肉跳。德华也受株连，但是，知识的魅力却给了我们持之以恒的勇气，我们始终坚信：清浊自明，求知明理，何罪之有？

20 世纪 60 年代初，我在北京林学院（今北京林业大学）任教，以赡老扶幼。德华在人民大学攻读研究生，继续深造。当时，正值国民经济困难时期，生活条件很差。每到周末，我们能相聚在一起做上一顿饭吃便可谓快乐之事。其实并没有什么饭菜可做，饭菜都是凭票定量供应的，只不过是用平时节约下来的一点饭菜票集中起来把饭菜打回家，在炉子上热一热而已；再把冻得硬邦邦的窝窝头或者馒头烤热，就是美餐了。饭菜虽然简单，可气氛温馨浪漫，屋里弥漫着焦香之味。我们一边烤火，一边品味，互相交流工作、学习的感受。小小炉火，不仅温暖着我们简陋的家，亦如知识的灯光，照亮着我们求知前行的道路，激起了我们对未来美好生活的向往，陪伴着我们渡过困难时期的在京城的一个个寒冬岁月。德华顺利完成学业后，由于成绩优异，被分配在中央国家机关工作。但她甘愿放弃，随我返回老家支援边疆建设，并尽赡老扶幼之责。

在较长一段时间，我们住房比较狭窄，一家四口挤在十多平方米的房间里工作、学习、生活。条件简陋，也乐在其中。孔子说得好："一箪食，一瓢饮，在陋巷，人也不堪其苦，回也不改其乐。"我们的生活也是如此：屋子虽小，我们教孩子学习、玩游戏。儿子喜欢舞枪弄棒，女儿喜欢我把她举得高高地看窗外的景色。他们爱好学习，夜幕降临，兄妹俩一起做作业。等他们做完作业各自安然入睡后，已是夜深人静，而我们的工作则刚刚开始，彼此伏在同一张书桌上，各占一头，聚精会神地挑灯夜战，或备课、或撰写文章。碰到精彩之处便会心地相视一笑，却不敢吱声，怕吵醒了孩子。默契之乐，油然而生。

改革开放迎来了高等教育和学术研究的春天。我们正当年富力强，勉励自己要趁大好时光，成就一番事业。那时，我们各自所承担的教学和科研任务都很重，每天都争分夺秒地工作。可就在此时，却飞来横祸，德华不幸患上了严重的类风湿性关节炎，全身骨头变形，骨痛之苦难以承受，全家人陷入了愁云之中。在急性发作期常常需要住院治疗，由于收入很低，无力雇请护士照顾病人，只好自己护理。但长子在外求学，次女年纪尚小，护理的任务自然就落到了我一人身上，但也省钱放心。那时，每天骑着自行车奔波于家里、教室和医院之间，身心疲惫。医生和护士们见到后都关切地说，护理病人已经很累了，还要忙着上课、撰写文章，应该向领导请个假才是，学校也应该照顾照顾嘛。可是她的病十分顽固，医学上至今尚无有效的治疗手段，一经患上，再未痊愈，生活也失去自理能力，小到穿衣、吃饭，大到外出就医都需要全方位护理和照顾。这样的负担对于年过中年的我，几乎是无能承受其重。然而，20多年过去了，无论是平日还是德华病重住院期间，我都不曾向学校告假而耽误过一天的教学工作。德华在与病痛的艰难搏斗中，也仍惦记着她最热爱的课堂，只要稍能站起，她就会坚持由学生搀扶着去上课。那时学生常说："孙老师讲课很生动，如果只闻其声不见其人，很难想象她是一个身患重病的人。"与此同时，我们互相勉励，顽强地坚持学术研究。我的许多论文都是在护理病榻前完成的。如《中国国情和现代化建设》一文还被云南大学经济系（现云南大学经济学院）印刷了1万多份，省内许多单位来函、来电索购。缠绵病榻的她数年之后已无法进行正常的教学和学术研究，但她依然乐观地面对生活，坚持每天读书看报，涉猎广泛，不仅关注和搜集与我教学和研究领域有关的资料，而且还把每天发生的各种时政要闻、生活趣事念给我听，自嘲为"坐地打冲锋"的勇士，十分有趣。对我的学术研究积极提出建设性的意见，那时没有电脑，所有文稿都要手抄，有的需要一式两份，就得在稿纸间夹一张复写纸，然后用圆珠笔使劲套写才行。她在患病后，小关节变形，手指蜷缩在一起，无法伸直，连握笔都感到痛苦，而且坐的时间稍长，就股骨剧痛，难以坚持。我一再叮嘱她不要帮我抄写书稿了，可她仍然忍着疼痛，一字一字地耐心誊抄。那些年，我送出的文稿常常都是那种字迹轻重不一、笔画有时带了毛边却依然工整的文稿。算起来，经德华之手抄写和校对的文字至少三四十万。所以，这本《文集》乃至我的全部著作，都凝聚了我们夫妻、同窗、同事、挚友的共同心血，是我们相依相伴、共铸心声的结晶。

在高校执教多年，我们深深体会到"书山有路勤为径，学海无涯苦作舟"的真正内涵。为了更好地传道、授业、解惑，必须不断学习，奋力拼搏，充实自己，才能站在学术阵地的前沿，使学生学到最新、最具挑战性的知识。而且学术研究本身也是一个不断挑战自我、再学习和再创造的过程，遨游其中，乐趣横生。在教学、教研中，我们不断探索并取得了一批研究成果，包括著作和论文，先后获得云南省人民政府、云南省教委颁发的优秀科研成果二等奖 4 项、三等奖 4 项及西南地区大学版协优秀图书奖 2 部。

学问之道多种多样，但是最基本之道却是锲而不舍，治学严谨，求真务实。我们在几十年的教学和科学研究的生涯中一直恪守这条原则，以事实说话，唯真理是求。我们孜孜不倦地探索、研究教学实践中基础理论、基本原理和学术前沿的疑难问题，活跃学术思想，充实教学内容，以提高教学质量和水平。我们从事的专业是经济学，其基础课之一——政治经济学在中国曾是一门政治性极强的课程。尤其在改革开放前，对一些理论问题的探索往往超过了学术研究本身，稍有不慎就会触犯禁区，上纲上线，受到批判。每提出一个新说或见解，都需要有极大的理论勇气和承担政治风险的胆量。但我们不为教条所束缚，坚持不断探索的学术研究精神，采取实事求是的科学态度，全面、深刻、准确地阐述马克思的《资本论》和《政治经济学》的一些基本原理，揭示事物的本质。这些问题包括从 20 世纪五六十年代乃至延续到 20 世纪八九十年代关于政治经济学的研究对象是社会生产关系还是社会生产方式的讨论，关于生产力是劳动者和劳动工具，抑或是包括劳动对象在内的所谓"二要素"论和"三要素"论的争论，以及 20 世纪 70 年代后期理论界广泛存在的把商品经济、市场竞争视为资本主义，认为其与发展社会主义经济相悖相扰而格格不入，从而大加挞伐。对此，我们都无所畏惧，积极参与讨论，勇敢地提出自己的观点。尤其是对于后者，我们明确提出："市场竞争不是资本主义的专利，而是商品经济的客观规律，应把竞争机制引入社会主义经济，推动国民经济的发展。"这一观点在当时曾被视为"异端邪说"，遭到一些人的否定和批判。但是，我们顶住压力，执著地坚持以实事求是的科学态度继续研究，先后发表了《竞争是商品经济的客观规律》、《企业竞争技巧》、《论社会主义商品经济中的竞争与协作》、《倡导竞争，增强企业活力》、《论非价格竞争》、《论产品质量、名牌效应与企业竞争》等一批著作和论文，呼唤人们解放思想，深刻认识商品经济条件下的竞争规律，增强竞争意识，鼓励人们理直气壮地积极参与竞争，从而增强国民的整体竞争实力。

20多年的改革开放、发展社会主义市场经济的实践充分证明，社会主义不仅存在竞争，而且已成为促进社会经济发展的强大力量。又如《论社会主义市场经济》、《论社会主义市场经济新体制》、《对转变经济增长方式的探讨》、《论知识经济和中国现代化建设》等一批学术论文，都秉承锲而不舍、求真务实的精神，对基础理论和学术前沿的疑难问题作了较为深入的探讨。此外，有些文章是结合机关干部政治理论学习的需要而进行研究撰写的。如1997年应中共云南省委办公厅的邀请，给省委理论学习中心组作了一次关于学习邓小平经济理论的辅导讲授，遂于当年6月20日在省委理论学习中心组作专题讲授后，将讲稿整理形成题为《邓小平经济理论是当代的马克思主义政治经济学》的文章发表。又如2000年应云南省政协的邀请于当年3月27日给省政协理论学习中心组讲授了关于学习马克思主义政治经济学的一些问题，而后整理形成题为《关于马克思主义政治经济学的几个问题》的文章并发表。这些理论研究成果和学术前沿问题结合高等学校的教学实际，对充实教学内容、活跃学术思想、提高教学水平，起到了积极作用，使学府的课堂教学与学术发展相结合，有血有肉，充满活力，富有生机，促进了学生对基本原理的深刻理解，夯实了理论基础，对其今后的工作和思维能力的锻炼颇有帮助。

"问渠那得清如许，为有源头活水来。"学问之道不仅需要严谨，而且要不断创新。而创新开拓的源泉来自于实践。理论研究的生命力在于实践，离开了社会生活和经济建设的实践，理论研究将成为无源之水、无本之木。几十年来，我们始终坚持从实践中来、又回到实践中去、推动实践发展的原则，并身体力行。在涉猎理论经济学科研领域的同时，我们努力开辟新的研究领域，探索新的研究方法。

云南省是一个多民族聚居、经济发展相对落后、经济发展不平衡的边疆省份，学术界对其中一些问题的研究也相对薄弱，有待深入地探讨，填补空白。改革开放后，我长期兼任云南省人大财经委员会第六、七、八届委员、顾问；云南省政协第七、八届常委、经济委员会委员；云南省人民政府经济技术研究中心第一至第五届特约研究员和昆明市人民政府参事。这些社会兼职自然而然地驱使我特别重视对云南社会经济发展问题的研究。我们不仅从社会实践中发掘问题、研究问题，而且还积极为地方政府的经济决策提供参考，避免经济建设的主观随意性和盲目性，以获得良好的经济效益。同时，由于我们参加工作的时间都比较早，曾亲自参与农村的减租退押、土地制度的改革和农业合作化运动等，因此对经济工作和调查研究的方法比较熟悉，工作起来也比较方便。如，1979 年我曾带领学生到云南省玉溪县北城公社进行社会经济调查。通过与农民面对面召开各种小型座谈会并结合个别采访、个案分析的形式，发现了小城镇建设在该地区乃至国家经济建设中的重要性及其存在的问题，于 1982 年撰写了《论小城镇建设》一文。文章明确提出："小城镇是城市之末、农村之首，是联系城市与农村、工业与农业的桥梁与纽带，是实现农业现代化的前进基地。"这一论断引起了学术界的广泛关注，拙文先后被《新华文摘》、《经济学文摘》、《中国人民大学复印报刊资料》等刊物摘要刊登或全文转载。费孝通先生还亲笔致函，对拙文观点表示赞赏和勉励，并指出在多民族的边疆省份——云南省——能有学者深入地研究当地小城镇建设问题，十分令人欣慰和鼓舞。我们遵循费老的鼓励，多年来致力于研究农村经济发展与城镇化建设，认为农村城镇化是人类社会发展的共同规律，是衡量一个国家、一个地区社会经济发展程度的重要标志之一。但是，云南省城镇化水平较低，这已成为制约地区经济社会发展的瓶颈。因此，应该把小城镇建设置于经济社会发展战略的高度进行科学规划，广泛动员社会资金，走开发与建设相结合的路子，滚动发展，既可转移农村富余劳动力，又可以提高第二、第三产业在国民经济中的地位，从而发展农村经济，引导农民全面奔小康。我们相继发表了一些相关的文章，如《小城镇建设是解决城乡经济二元结构矛盾的有效途径》、《小城镇建设要注意地方特色》等。

我们的理论研究立足于实践，来源于实践，所以本《文集》收入的不少文章就是针对云南的现实经济问题而作的探索和研究，如《加快发展云南少数民族经济的几个问题》、《要十分珍惜和合理利用土地》、《加强对农业基础地位的认识》、《发展滇中旅游业之我见》、《曲靖的启示》等文章，对云南经济建设中的问题，提出了富有创见性的理论观点。20 多年过去了，值得欣慰的是，实践证明了我们所提出的理论观点具有前瞻性和指导意义。这些理论观点不仅对拓展理论研究的新思路，帮助人们正确、全面、深刻地认识实践、指导实践有所贡献，而且对有关部门进行科学决策、民主决策也具有一定的参考价值。

如今，我们已告别五尺讲台，但感情依旧。由于受家父的谆谆教诲和鼓励，自幼喜爱教育事业，一直憧憬成为一名教师，尤其是大学教师。日后不但梦想成真，而且我们夫妻能并肩传道授业，因而我们倍加珍惜。一生得以兢兢业业、默默耕耘，把毕生的精力无怨无悔地奉献给了我们所热爱的事业。为此，我们十分欣慰。时光流逝，一分耕耘一分收获，我们先后被经济系（现经济学院）和云南大学评为优秀教师，我尚享受国务院政府特殊津贴，并荣获"云南省首届有突出贡献的哲学社会科学老专家"光荣称号。尤其是看到我们的学生们在教学、科研、行政机关、工商、企业等诸多领域建树一方、成绩卓著，有的担任重要的领导职务，有的在平凡的岗位上做出了不平凡的业绩，为国、为家、为母校争得了荣誉；学生们在告别时的动情语言以及他们从四面八方传回母校的好消息，更使我们高兴和自豪。人们常说老师是蜡烛，燃烧了自己，照亮了别人。我们则认为老师是火种，学生是火炬，学生走到哪里，哪里就燃烧起老师点燃的火炬；哪里有知识之火，哪里就是老师的成就展览。这是做老师的莫大欣慰和光荣。

历史长河滔滔不绝，人生旅程却如白驹过隙，刹那即逝。转眼之间，我们已逾古稀之年。回首往事，不少已经飘如烟云，难觅踪迹。然而，那些影响我们至深的桩桩往事却历历在目，恍若昨日。人生总是有苦有乐，严冬的寒风刺骨逼人，春回大地，万物复苏，温暖人间。当我推扶着妻子的轮椅，漫步东陆翠堤，休憩自娱之际，不禁感叹：若非前世有缘，今生何能得以相依相伴？

人生晚秋，该是收获的季节。闲暇之余，梳理一下自己的文字足迹，反刍咀嚼，既是追忆人生，也是磨砺心志。如能从中获得某种启迪和感悟，则是一种收获。本《文集》收入文章139篇，共80余万字。内容分为政治经济学研究，市场经济和体制改革，社会主义与经济建设，区域经济和小城镇建设，农业、农民和农村经济问题以及附录六个部分。此次整理出版，仅将几十年来发表在报纸杂志上的文章汇编成册，除了个别文字外，未作任何增删更改。其中有些文章的观点已显陈旧，将其纳入本《文集》乃是基于保持历史原貌的考虑，表明我们对学问的探索也有一个由浅入深的过程，并非一蹴而就、先知先觉。

本《文集》所收论文的时间跨度较大（从20世纪的70年代到21世纪的2004年），有些文章发表的时间较为久远。而今，我们或老或病，已无精力对其进行全面修改，因而错漏之处，在所难免，敬请读者诸君鉴谅。

刘学愚

2006 年 7 月 25 日

政治经济学研究篇

谈石油提价与经济危机

（1975 年 2 月）

在当前"天下大乱"的国际形势下，经济危机正席卷着主要资本主义国家。这次危机具有与通货膨胀、金融危机、粮食涨价和所谓"石油危机"等同时并发、互相交织的特点，比第二次世界大战后历次经济危机都更为严重。面对这场危机，超级大国的头子和资产阶级报刊惊恐万状，胡言乱语，竟说什么由于石油提价造成了生产停滞和通货膨胀，以致出现了经济衰退。把资本主义经济危机归罪于阿拉伯人民使用了石油武器，这完全是帝国主义的强盗逻辑，是修正主义的反动谬论。

一、经济危机不是导源于石油提价而是资本主义基本矛盾激化的结果

资本主义各国当前的经济危机，绝不是什么"石油提价的结果"。他们所谓的"能源危机"，实际上是资本主义制度的危机，是资本主义基本矛盾——生产的社会化和生产资料的资本主义私人占有之间矛盾尖锐化的必然结果。社会化的大生产客观上要求实行生产资料的公有制，要求对整个社会生产和产品实行统一的计划、管理和分配。可是在资本主义制度下，这种要求根本无法办到。因为，生产资料和产品都属于资本家所有，资本家正是利用这种占有关系，残酷地剥削工人以攫取剩余价值。资本主义基本矛盾的运动，表现为资本家想追求更多的剩余价值，并想在竞争中处于有利地位，因而拼命地、残酷地剥削工人而使工人更加贫困化，其购买力受到了极大的限制。结果，使生产的盲目扩大和劳动人民有支付能力的需求相对缩小之间的矛盾日趋尖锐化，从而爆发了"生产过剩"的经济危机。这就是资本主义世界经济危机的根源。

事实也正是这样，当前资本主义国家的经济危机根本不是由于石油短缺造成的。首先，从 1973 年全年来看，主要资本主义国家的石油进口量都是增加的。以日本为例：石油在日本能源构成中占 73.5%，全国石油需求量很大，可是自给率只占 0.3%；99.7% 的石油要依赖进口，其中 80% 以上是来自美国石油垄断资本控制下

的中东地区。从 1969 年以来，日本石油的进口量已占同年世界石油输入量的 1/5。1973 年 10 月石油提价以后，日本的石油进口量仍是跳跃式地增加，总计已达 2.6 亿吨，比预计的进口量增加 2.5%，比 1972 年的进口量增加 16.2%。这就说明，当前日本经济的急剧恶化，并不是因为石油提价、进口量减少造成的。其次，从 1974 年 3 月起，阿拉伯国家取消了石油禁运，石油输出已经恢复到中东战争以前的水平，而资本主义国家并未能扭转生产下降的趋势。例如，美国国民经济中，仅次于建筑业的第二大工业部门——汽车制造业，1973 年冬以来，生产持续下降：1974 年小汽车的生产量比 1973 年下降 24%；1974 年的产量比 1973 年同期下降了 31%，比 1972 年同期下降了 48%。最后，从历史上看，资本主义世界爆发经济危机已经无数次了。第二次世界大战后，主要资本主义国家都爆发过经济危机，仅美国就爆发过六次，这又怎么能用石油提价来解释呢？

可见，石油提价和当前资本主义世界经济危机的爆发，并没有直接的因果关系。美帝国主义的宣传机器不顾事实、颠倒是非，其目的正如科威特石油大臣阿提基所揭露的，是蓄意夸大石油问题来掩盖他们未能补救国内的经济灾难的事实。阿尔及利亚革命委员会主席布迈丁也针对西方的欺骗宣传尖锐地指出："应当到发达国家经济制度的基础本身上去找通货膨胀的真正原因。"

二、石油提价是加剧资本主义经济危机的一个重要因素

石油提价不是当前主要资本主义国家经济危机的根源，但是，它却起了一种加剧危机的助燃作用。石油提价的结果，一方面，进一步暴露了资本主义国家经济基础的虚弱性和腐朽性；另一方面，资本家乘机抬高石油产品的价格，对经济危机起了"火上浇油"的作用。这具体表现在以下几方面：

第一，加速了资本主义国家的经济衰退。

石油三次提价，使每桶从 3 美元提高到 11.6 美元，这对于资本主义国民经济中三大支柱之一的汽车工业影响最直接、最大。西欧汽车工业界的危机早在 1973 年夏季已经开始，石油提价使其生产停滞更加恶化了。主要资本主义国家 1974 年汽车销售量，一般都减少 30% 左右。例如，美国 1974 年国内汽车销售总量，比石油提价以前的 1972 年 12 月下降了 40%。不仅如此，与汽车工业有关的工业部门也受到了影响。在美国有 65% 的铅、60% 的合成橡胶、20% 的钢和 12% 的铝都用于汽车制造业，由于汽车生产大幅度下降，使 20 多个工业部门在不同程度上受到了打击，出现了生产下降和生产停滞。美国一家钢铁公司的经理说："（1974 年）第一季度的前景

是悲惨的，我的订货减少了40%。"

石油提价，使资本主义国家的航空公司也受到了一定的打击。危机一开始，各国航空公司因航机过剩，营业萧条，大多数都告亏本。后来，石油一提价，资本家又乘机哄抬票价。国际民航运输协会1974年一连四次提高票价，致使有些公司不得不卖掉飞机、缩短航线、裁减人员，航空运输业的危机更趋严重。

石油不仅是燃料，同时还是原料。石油提价，也势必波及以石油做原料的化学工业。这些都加速了资本主义经济危机的发展。

第二，加剧了资本主义国家的物价上涨和通货膨胀。

石油提价带来了一系列的连锁反应，打乱了靠石油进口过日子的资本主义国家的价格结构。油价提高，带动了一系列原料价格的上涨，直接影响到商品成本和运输费用的提高，结果削弱了商品销售的竞争能力。加之资本家乘机哄抬物价，大发横财，在他们的国内外市场上都出现了物价上涨异乎寻常的局面。石油提价以前，各资本主义国家的物价就已在大幅度上涨，石油提价促进物价上涨的幅度有多大？科威特的一位大臣说："石油价格上涨，使资本主义国家的物价上涨了1%。"法国《世界报》认为，是物价上涨1/5的原因。不管怎样，都只能说石油提价对物价上涨有了一定的影响。当然，石油提价对加剧资本主义长期存在的通货膨胀，也起了作用。

第三，促使资本主义国家的国际收支更加恶化。

战后，西方主要资本主义国家纷纷出现巨额收支逆差。据估计，"经济合作和发展组织"的24个成员国，1974年收支逆差达到了400亿美元。号称"金元帝国"的美国，1974—1975年财政年度的头5个月，预算逆差总共为110.95亿美元。以"贸易立国"著称的日本，战后在国际贸易中一直是顺差，可从1973年以来，一反常态，出现逆差52亿美元，创历史的最高纪录。

资本主义国家国际收支恶化的原因是多方面的，石油提价也是其中的一个因素。垄断资本过去那种任意掠夺第三世界廉价石油、攫取暴利的时代已经一去不复返了。过去，在美国每生产1桶石油的成本是1.51美元，而在中东只需7美分。1972年，美国在中东私人直接投资累计为18亿美元，而当年牟取的利润竟高达24亿美元，美国垄断资本每年在每个中东石油工人身上榨取4万美元的利润。据统计，其投资利润率高达130%，是美国海外全部投资平均利润率的11倍（海外投资利润率是11.9%），是国内投资利润率的13倍（国内投资利润是10%）。今天，阿拉伯国家对外国石油股份公司实行国有化或部分国有化的措施，把外国资本收归国有。如美国在沙特阿拉伯的阿美石油公司，垄断了沙特阿拉伯全国石油生产的95%，现被沙特阿拉伯国家全部接管，这对美国是一个很大的打击。同时，石油提价后，资本主义各国势必增加外汇支出、减少外汇储备，他们又无法把石油的消费量减少到足以弥补日益增加的石油赤字的水平，结果也助长了国际金融货币危机。

三、石油提价为第三世界进行反霸斗争开辟了新的途径

中东地区石油蕴藏量和开采量居世界首位，成了帝国主义和社会帝国主义牟取暴利的摇钱树，也成了美苏两霸争夺的一个焦点。因为在中东开采 1 吨石油的成本仅为美国国内开采 1 吨石油的 1/20；由中东进口 1 吨石油也比苏修在国内东部地区开采 1 吨石油的成本便宜 20 美元。所以，美帝、苏修放着国内的石油不开采，而去争夺中东的石油。美国垄断资本家每天从中东进口数 10 万桶原油，每年可以榨取数以 10 亿的超额利润。苏修更加卑鄙，在 1973 年中东战争中，乘人之危，逼迫埃及用现款购买他的军火，从而把阿拉伯国家的相当一部分石油据为己有，然后再高价转卖，大发横财。阿拉伯国家过去长期遭受帝国主义和社会帝国主义的压榨和剥削，使石油价格一直被压在价值以下，这是极不合理的。现在，石油提价就是使价格和价值基本上趋于接近，这对石油生产国维护民族独立、发展民族经济具有深远的意义。据估计，石油输出国组织的 12 个成员国，由于石油提价可多得六七百亿美元的收入，这样不仅加强了外汇储备，有利于本国的经济发展，而且有利于第三世界各兄弟国家的相互支援，把第三世界的反殖、反帝、反霸斗争从政治领域进一步发展到经济领域。例如，阿尔及利亚的财政情况就因为石油提价而明显好转，1974 年度国家预算结余了 90 多亿第纳尔，石油收入比原计划增加了 1 倍，国际收支有将近 20 亿第纳尔的顺差。伊朗预计 1975 年的石油收入可增加到 262 亿美元。

当前，围绕石油问题的斗争正在进一步发展，美国国务卿基辛格 1975 在对美国《商业周刊》谈话时，对石油生产国和阿拉伯国家运用石油武器进行的正义斗争横加指责，并且威胁说，美国不是在任何情况下都不会使用武力。苏修前不久也扯下了伪装"公正"和"同情"产油国的画皮，叫喊什么石油问题的尖锐化"会引起国际紧张局势的新爆发"，对产油国施加压力。但是，石油问题就像是套在帝国主义脖子上的一根绳索，只会越拉越紧。不管"两霸"采用什么卑劣伎俩，英雄的阿拉伯人民是吓不倒的，石油生产国是压不垮的，相反，那只能激起他们更加强烈的反抗和更加坚决的斗争。正如苏丹《天天报》指出的，帝国主义企图举起大棒惩戒发展中国家，使它们屈服于殖民统治，这是违反历史潮流的，是注定要失败的。

中国人民坚决支持阿拉伯产油国的严正立场和正义斗争。中华人民共和国代表

团团长邓小平在联大特别会议上指出："在中东战争中，阿拉伯国家团结一致，用石油作为武器，狠狠地打击了犹太复国主义及其支持者。这件事做得好，做得好。这是发展中国家在反帝斗争中的一个创举。"正是这个创举，为第三世界人民反殖、反帝、反霸斗争开辟了新的前景。阿拉伯石油输出国粉碎霸权主义、维护本国资源、发展民族经济、捍卫国家主权的斗争，必将取得最后的胜利。

（载《思想战线》1975 年第 1 期）

试论《资本论》的研究对象

——驳"资产阶级法权政治经济学"

（1978 年 4 月）

　　《资本论》是无产阶级伟大的革命导师马克思呕心沥血 40 年所写成的一部具有划时代意义的政治经济学巨著。

　　在《资本论》中，马克思运用辩证唯物主义和历史唯物主义的基本原理，深刻地、全面地剖析了资本主义制度，揭示了资本主义私有制是造成资本主义社会贫富悬殊、阶级对立的经济根源，从而论证了资本主义社会的历史性、过渡性以及社会主义必然要代替资本主义的光辉前景。恩格斯指出："自地球上有资本家和工人以来，没有一本书像我们面前这部书那样，对于工人具有如此重要的意义。"① 1968 年 9 月第一国际布鲁塞尔第三次代表大会通过了一项决议：为《资本论》第 1 卷的出版向马克思致敬，并号召各国工人学习这部伟大著作。《资本论》阐述的许多原理，不仅敲响了资本主义必然灭亡的丧钟，而且是胜利了的无产阶级进行社会主义革命和社会主义建设、防止资本主义复辟的强大思想武器。

　　马克思在《资本论》中把生产关系作为政治经济学的研究对象，是政治经济学发展史上的一场革命。各门科学研究对象在本质上是有区别的、具有相对独立性的客观存在，不是人们的主观意志可以任意加以划分和确定的。毛主席在《矛盾论》中指出："科学研究的区分，就是科学对象所具有的特殊的矛盾性。因此，对于某一现象的领域所特有的某一种矛盾的研究，就构成某一门科学的对象。"② 这就是说，人们在认识客观世界的过程中，为了不断解决有限的认识能力与无限的客观现象的矛盾，有效地研究和揭示客观现象的规律性，便将庞大的、统一的客观现象和事物，分为各个领域分门别类地由各种不同的学科来加以研究。自然科学和社会科学就是以揭示自然现象和社会现象的某一个特定的领域的矛盾及其运动规律为任务而分为极其众多的学科的。社会科学中的各门学科又是在总的社会基本矛盾的运动中，分析与把握矛盾的

---

　　① 《马克思恩格斯选集》第 2 卷，第 269 页。
　　② 《毛泽东选集》第 1 卷，第 297 页。

特殊性来确定各自的研究对象的。在马克思主义政治经济学诞生以前，资产阶级对政治经济学的研究对象是各说不一的。有的以财富为研究对象，这就只见物和物的关系，而不见人和人的关系；有的则以所谓国民经济和社会福利为研究对象，宣扬人和人之间的统一，掩盖阶级与阶级之间的矛盾。尽管说法不一，但在本质上都是以所谓永恒的范畴作为研究对象，并以此来论证资本主义生产方式的合理性和永恒性，掩盖资本主义的剥削，维护资产阶级的利益。只有马克思才第一次提出以社会的生产关系作为政治经济学的研究对象。他在《资本论》中明确提出："我要在本书研究的是资本主义生产方式以及和它相适应的生产关系和交换关系。"① 马克思在这里所说的"资本主义生产方式"，不是泛指一般意义上的资本主义生产关系和生产力的统一，而是专指资本主义经济制度而言的。为了避免人们在理解上可能产生的误会，马克思在"生产方式"之后，紧接着又把"生产关系"和"交换关系"单独提了出来。对此，列宁还作了科学的阐述，明确指出："马克思的主要著作《资本论》就是专门研究现代社会即资本主义社会的经济制度的。"②

马克思在《资本论》中，对于资本主义生产关系的研究是很具体的。就生产资料所有制来考察，资本家是生产资料的所有者，工人则是一无所有的雇佣劳动者；就生产过程中的地位和相互关系来考察，资本家在生产上和劳动组织上处于指挥和管理的地位，而雇佣工人则处于被指挥和被管理的地位；就生产的结果与分配来考察，生产物归资本家所有从而无偿地占有工人所创造的剩余价值，雇佣工人则不仅无权过问生产物，还要遭受资本家的剥削。总括起来讲，《资本论》的中心和主题就是在论资本。资本是一个经济范畴，它反映资本家与雇佣劳动者之间的剥削与被剥削的关系，是资本主义现实经济关系在理论上的表现。马克思正是运用了唯物史观来分析资本主义生产关系这个经济范畴，才揭示和阐明了资本主义运动的规律，从而论证了资本主义生产方式的历史性、过渡性和被社会主义社会取代的必然性。确定以生产关系作为政治经济学的研究对象，是马克思对政治经济学的根本变革，使政治经济学从表达永恒范畴的超历史的学说变为研究生产关系及其发展规律的科学。

《资本论》之所以分为3卷，一个很重要的原因就是由其研究对象的特点决定的。《资本论》的研究对象是资本主义生产关系，归根到底是资产阶级和无产阶级之间的关系，其特点是这个关系被物的外壳掩盖了、物化了。因此，为了透过物与物的关系的外壳，揭示出人与人的关系的本质，马克思在《资本论》第1卷首先抓

① 《马克思恩格斯全集》第23卷，第8页。
② 《列宁选集》第2卷，第443页。

住在整个资本运动中具有决定性作用的直接生产过程，分析产业资本家和雇佣工人的关系，揭露资本家剥削工人所创造的剩余价值的秘密。然后在第 2 卷才把资本的流通过程加进来，着重考察了剩余价值的流通，揭露资本家之间即产业资本家之间的关系。最后，在第 3 卷分析资本主义生产的总过程时，才着重考察剩余价值在各个剥削阶级之间的分配，即分析剩余价值所采取的各种具体形态。总之，马克思把《资本论》分为 3 卷才使资本主义生产关系的全貌充分反映出来，才揭示出资本主义生产关系的实质——资本对剩余劳动的榨取。这就是《资本论》以生产关系为研究对象所建立起来的科学结构。

"四人帮"为了篡党夺权，复辟资本主义，全面歪曲和篡改马克思主义政治经济学，拼凑了一个体现"张春桥思想"的反革命修正主义政治经济学理论体系。这个理论体系的表现是：其理论基础是唯心主义的；其方法论是形而上学的；其内容是反党、反社会主义的；其任务和目的是复辟资本主义的。他们打着"批判修正主义"的旗号搞修正主义，具有很大的欺骗性和危害性。"四人帮"授意上海的御用班子——原市委写作组——编写的以"资产阶级法权"①为中心的所谓《社会主义政治经济学》②，就是一个突出的典型。本文仅就其研究对象问题来剖析一下它的反动实质。

大家知道，政治经济学的研究对象问题历来是马克思主义政治经济学与形形色色资产阶级政治经济学斗争的一个重要焦点。上海版《社会主义政治经济学》一开始就明目张胆地篡改马克思主义政治经济学的研究对象，胡说什么"在社会主义生产关系中，资本主义的传统和痕迹，集中表现为资产阶级法权……存在于社会的生产、分配、交换和消费的整个过程中，跟旧社会没有多少差别。"该书的炮制者们还扬言说："社会主义政治经济学的理论集中到一点，就是关于资产阶级法权的理论。"它用对资产阶级法权的研究取代了马克思主义政治经济学对社会生产关系及其发展规律的研究，从而构成了"四人帮"的所谓政治经济学理论体系的一个重要方面。这不仅在理论上是十分荒谬的，而且在政治上是反党、反社会主义的。

继马克思关于政治经济学研究对象的论述之后，恩格斯、列宁、斯大林多次强调指出：政治经济学的研究对象不是生产而是生产中的社会关系，即生产关系。其内容包括：生产资料所有制的形式、人们在生产中的地位和相互关系以及产品的分配形式。同时，也揭示了社会主义政治经济学（广义政治经济学的社会主义部分）的研究对象是社会主义生产关系；其任务是通过对社会主义生产关系的分析研究，

---

① 按现在中央编译局统一订正的译名是"资产阶级权利"，本文为了批判方便仍用原来的译名。

② 以下简称上海版《社会主义政治经济学》。

阐明社会主义经济运动的客观规律，即社会主义经济发生、发展和必然战胜资本主义并向共产主义高级阶段过渡的客观规律。"四人帮"以唯心史观为其理论基础，篡改政治经济学的研究对象，把社会主义政治经济学歪曲成"资产阶级法权政治经济学"。他们硬说法权是经济基础，还捏造"法权＝经济基础"的公式是马克思的，这完全是对马克思主义的篡改和毁谤。关于什么是资产阶级法权，马克思在《资本论》第 1 卷第 2 章——"交换过程"中讲得很明白：法权属于上层建筑的范畴，是由经济基础决定的。买卖双方"必须彼此承认对方是私有者。这种具有契约形式的（不管这种契约是不是用法律固定下来的）法权关系，是一种反映着经济关系的意志关系。这种法权关系或意志关系的内容是由这种经济关系本身决定的。"[①] 在这里，马克思说得很清楚：法权关系是反映经济关系的意志关系，不属于经济基础而是属于上层建筑的东西。可是"四人帮"及其御用文人不顾马克思主义的起码常识，硬把法权说成是不依赖于经济关系的东西，甚至颠倒是非，用法权关系来解释经济关系，结果使法权关系和经济关系都成了不可理解的神秘之物。

"四人帮"从理论上篡改马克思主义政治经济学的研究对象，是为他们政治上篡党夺权、复辟资本主义服务的。然而，究竟什么是资产阶级法权？连掌握宣传大权的文痞姚文元也说不清楚。他一方面说："这个问题是谈不清楚的！"还威胁别人："再纠缠这个问题，就要犯大错误！"可是，另一方面，他们又给"资产阶级法权政治经济学"规定了"基本任务"，就是"分析新资产阶级特别是党内资产阶级形成、发展和灭亡的过程，帮助干部从资产阶级影响、修正主义影响下解放出来，从民主革命进到社会主义革命"。把这个所谓的"基本任务"说得更明白一点，就是企图"论证"在社会主义生产关系中产生"党内资产阶级"的必然性，从而为"四人帮"抛出的那个"老干部"是"民主派"、"民主派"是"走资派"的反革命政治纲领制造"理论根据"。他们把"资产阶级法权"作为万能的"帽子"和"棍子"到处挥舞，用以吓人、骗人和整人。他们把规章制度、按劳分配等统统说成是"资产阶级法权"。反革命小丑张铁生甚至把毛主席关于按照接班人五个条件实行老、中、青三结合的组织原则，也说成是组织路线上的"资产阶级法权"，要在组织上"动大手术"。就这样，"资产阶级法权"成了"资本主义"的同义语。这就是他们以资产阶级法权为政治经济学研究对象的险恶用心！"四人帮"在上海写作组内的一个余党说得更露骨："理论问题是根本问题，这本书（指上海版《社会主义政治经济学》）如能站得住，其他问题就好办了。"所谓"其他问题"就是指篡夺

---

① 《马克思恩格斯全集》第 23 卷，第 11 页。

党和国家最高领导权这个要害问题。真是一语泄露了天机。

1975年春，张春桥在他那篇题为《论对资产阶级的全面专政》的黑文中分析社会主义时写道："资产阶级法权在所有制方面还没有完全取消，在人们的相互关系方面还严重存在，在分配方面还占统治地位。"① 这就是上海版《社会主义政治经济学》在研究对象上用资产阶级法权取代社会主义生产关系的"根据"。"四人帮"一伙大肆吹捧张春桥的这段话是什么对"列宁主义的创造性发展"。究竟是"发展"还是"背叛"？让我们看看吧：在生产资料所有制方面，列宁说："'资产阶级法权'承认生产资料是个人私有财产。而社会主义则把生产资料变为公有财产。在这个范围内，也只有在这个范围内，'资产阶级法权'才不存在了。"② 毛主席在谈到社会主义制度时说："总而言之，中国属于社会主义国家。"并强调："所有制变更了"。事实上，我国社会主义公有制早已建立。尽管因公有化程度不同，在现阶段还有全民所有制和集体所有制两种形式。但就生产资料的所有制来看已经是公有财产并受到国家法律的保护，任何人都不能侵犯和占有。从这个意义上讲，资产阶级法权已经不存在了。可是"四人帮"却说资产阶级法权在所有制方面还没有完全取消，同列宁、毛主席的科学论断唱反调，把社会主义等同于资本主义。更为严重的是，他们还炮制了一个上层建筑决定所有制的"实际内容"的历史唯心主义公式，把我国两种形式（全民的和集体的）的社会主义公有制统统诬蔑为大大小小"走资派所控制的资本主义所有制"。对于生产关系的第二个方面，斯大林讲得很清楚，就是指由生产资料所有制形式决定的各种不同社会集团在生产中的地位以及它们的相互关系。事实上，在我国，由于社会主义公有制的建立，劳动人民成了生产和企业的主人，他们在根本利益一致的基础上结成了互助合作的同志关系。"四人帮"偷换概念，把"人们在生产中的相互关系"说成"人们的相互关系"，从而把一切人与人的关系，特别是上层建筑方面的关系也包括到生产关系中。不仅如此，还利用意识落后于存在的一些现象，硬说资产阶级法权"在人们相互关系方面还严重存在"。甚至把领导和群众之间的关系统统比作资本主义压迫与被压迫的"猫鼠关系"。在分配方面，马克思在《哥达纲领批判》中驳斥拉萨尔把按劳分配的权利说成是"平等权利"的谬论时曾说过："按照原则仍然是资产阶级法权。"③ 列宁在谈社会主义分配时，虽然也讲过资产阶级法权占统治地位的问题，但列宁不是指全部的分配关系，而是作了明确限定的。全文是："就产品'按劳动'分配这一点说，资产阶级

---

① 《红旗》1975年第4期。
② 《列宁选集》第3卷，第252页。
③ 《马克思恩格斯选集》第3卷，第11页。

法权，仍然占着统治地位。"① 列宁明明是就"这一点"说的，而"四人帮"对列宁的指示斩头取尾而歪曲为资产阶级法权在整个分配方面还占统治地位。综合上面三个方面的分析可见，张春桥的那段话根本不是对"列宁主义创造性的发展"，而是对"列宁主义的公开背叛"，是货真价实的反动谬论。它在理论上歪曲了马克思主义关于社会主义社会仍然保留资产阶级法权的理论，无限夸大社会主义社会仍然保留着资产阶级法权的消极作用，诬蔑社会主义制度本身是产生资本主义和资产阶级的土壤和基础。"四人帮"通过玩弄资产阶级法权的"魔术"，使社会主义的生产资料公有制＝资产阶级法权＝走资派所控制的资本主义所有制；社会主义社会人们在生产中的互助合作关系＝资产阶级法权＝资本主义的"猫鼠关系"；社会主义的按劳分配原则＝资产阶级法权＝产生新资产阶级（特别是党内资产阶级）的经济基础。其结论是：在社会主义生产关系中，产生"党内资产阶级"是必不可免的。他们把社会主义等同于资本主义，或者说社会主义是资本主义的最后阶段，以便为他们抛出的反革命政治纲领服务，其目的是要打倒从中央到地方的一大批执行毛主席革命路线的各级领导干部，实现其篡党窃国、复辟资本主义的罪恶阴谋。

"四人帮"的"资产阶级法权政治经济学"采取了"打着红旗反红旗"的反革命两面派手法，具有很大的欺骗性和危害性。他们抹杀社会主义和资本主义的界限，既丑化了社会主义，又好打着"反对资本主义"的旗号来反对社会主义。他们胡说从社会主义生产关系中产生和发展资本主义和资产阶级是不可避免的，在"反对资本主义复辟"的幌子下复辟资本主义；他们胡说"党内资产阶级"已经形成和正在发展，在"坚持无产阶级专政条件下继续革命"的幌子下颠覆无产阶级专政。列宁指出："日益巧妙地伪造马克思主义，日益巧妙地把各种反唯物主义的学说装扮成马克思主义，这就是现代修正主义在政治经济学上、策略问题上和一般哲学（认识论和社会学）上表现出来的特征。"② 马列主义、毛泽东思想是一个完整的科学体系，"四人帮"却把马列主义同毛泽东思想割裂开来，把马克思主义的这个原理同另一个原理对立起来，不顾历史条件和原著的精神实质，挑出片言只字，借以骗人、吓人和整人。在他们授意炮制的"资产阶级法权政治经济学"中，仅就政治经济学研究对象这一点来看，就充分暴露出了他们是马克思主义最凶恶、最无耻的敌人。

（载《思想路线》1978 年第 2 期）

---

① 《列宁选集》第 3 卷，第 25 页。
② 《列宁选集》第 2 卷，第 337 页。

讲授《论十大关系》的体会

（1980 年 4 月 22 日）

毛主席的《论十大关系》发表以后，我曾先后在校内外讲过几遍，但是上学期我给七八级政治经济学专业讲授时，感受比较深。

首先，针对思想情况，要端正教和学两方面的态度。教和学是由教师和学生分别来承担的，而在课堂讲授中教师又起主导作用。从我自己来说，一个办法是把两年前的讲稿拿出来向学生重授一次，草草打发完事；另一个办法是重新备课。实践表明：备课没有止境，不能一劳永逸；一分辛劳一分收获，教学的效果是与所付出的劳动量成正比的。因此，一定要问心无愧地去进行教学。另一方面，同学们对学好《论十大关系》也不同程度地存在着不够重视的思想倾向：认为这是仅有 14 000 字的"薄本本"；中国的语言，好读；而且多数人在入学前曾学习过。为此，按照叶剑英同志国庆 30 周年讲话的精神，我反复强调《论十大关系》是马列主义普遍真理同中国革命具体实践相结合的典范，体现了社会主义政治经济发展规律的要求，发展了马克思主义政治经济学。因此，学好这本书，不仅具有重大的理论意义，而且对于实现"四化"有迫切的现实意义。这样，就为教师认真教、学生认真学打下了良好的思想基础。

其次，按照专业要求，确定讲授重点。过去，多数同学是作为政治理论课来学习这篇著作的。今天，按照政治经济学专业的安排，应有特定的要求。我着重讲授了属于经济方面的六大关系。其中，又着重讲了"重工业、轻工业和农业的关系"和"国家、生产单位和生产者个人的关系"。这就使教和学能从一般到特殊、从共性到个性方面发展，避免了学习上的简单重复和一般化。

再次，遵照三中全会精神，解放思想，理论联系实际，丰富教学内容。粉碎"四人帮"以后，统计部门开始恢复公布经济数字的办法，为搞好教学提供了有利条件。例如，农、轻、重经济结构的数量变化、积累与消费的比例关系，借助于数字来论证，大大增强了理论的说服力。在讲清原著所阐明的基本原理之后，则从理论、历史、现状来认识社会主义建设中的新情况和新问题。例如，加速发展轻工业对于实现"四化"的意义，过去只局限于讲授投资少、收效快、积累率高等特点和巩固工农联盟的意义；今天，总结国内外历史和现实的经验，还要从平衡市场供求、处理积累和消费的矛盾、有利于安定团结等方面来阐明加快轻工业发展的积极作用。

又次，不断总结经验，认真改进教学方法。七八级经专学生的思想比较活跃，喜欢思考问题，不满足于书本上的定论。因此，我在教学上对于问题的分析还要从原因、后果、表现以及当前措施来加以阐述。

最后，在学术问题上，师生平等，共同探讨，互相促进。要热情支持同学独立思考，鼓励开展同学之间、师生之间各抒己见的争论，从而引导同学对现实的经济问题持分析研究的态度，为到高年级进行科研准备条件。

总之，我通过讲授《论十大关系》的多次实践以及上学期的考试证明，这样做是有益的。考试，既检查了同学们的学习情况，也检查了教师的教学效果。良好的学习成绩，与其说是对师生的慰藉，不如说是对师生的鞭策。它再次表明：教师一定要认真教，学生一定要认真学。

（载《云南大学》校刊）

《资本论》的强大生命力
——纪念马克思逝世100周年
（1983年4月）

马克思根据唯物史观，运用唯物辩证法，在批判和继承古典政治经济学的过程中创立的科学的劳动价值论，是马克思主义政治经济学的出发点；在劳动价值论基础上创立的剩余价值论，是《资本论》的主题。这些理论，无论过去和现在，都是我们分析资本主义经济关系的基础。在纪念马克思逝世100周年的时候，重温这些基本原理，对照今天资本主义社会的现实，深感《资本论》的生命力是强大的。这对于我们坚定共产主义信仰，积极参加共产主义实践，搞好社会主义建设都具有重要的意义。

一、《资本论》是集马克思"两个伟大发现"之大成，是"工人阶级的圣经"

1883年3月14日下午两点三刻，无产阶级最伟大的革命导师马克思在他工作的安乐椅上安静地长眠了。3月17日，恩格斯在马克思的墓前发表讲话时指出：马克思一生有两个发现，一是发现了人类历史发展的规律，即唯物史观；二是发现了剩余价值，揭示了资本主义生产方式特殊的运动规律。《资本论》这部划时代的巨著是集马克思"两个伟大发现"之大成，是马克思花费了40年时间（1843—1883年逝世时为止）进行研究和写作、后又由恩格斯花了12年时间（1884—1895年逝世时为止）进行整理才最后完成的。

《资本论》的中心任务，是要解决资本家如何剥削雇佣工人或剩余价值如何产生和实现的问题。今天看来，这个问题好像是很容易了解的。可是在18世纪末和19世纪初，要把这个问题搞清楚谈何容易！当时，由于工人阶级和资产阶级之间的斗争还处于潜伏状态，资产阶级的古典经济学还多少能够比较科学地把资产阶级社会的内在联系、内在矛盾揭露出来。比如，能揭露一些贫富悬殊的现象、阶级斗争的现象，等等，甚至已经有了劳动价值论的萌芽。但他们从资产阶级立场和偏见出发，把资本主义视为永恒的制度；对贫富悬殊、阶级对立等现象则认为是发展生产力不可避免的。因此，工人阶级就是开展斗争，最终也改变不了贫困地位。到了19世纪30年代以后，工人阶级与资产阶级的斗争已从潜伏状态发展到公开化，古典经济学就被庸俗经济学所代替。庸俗经济学热衷于玩弄一些外部的联系，否认和掩饰资本主义的剥削关系，宣扬的是经济和谐、劳资合作、阶级调和。由此可见，无论是早期的古典经济学或是后来的庸俗经济学，都是站在资产阶级的立场上、从资本主义私有制不容侵犯这个前提出发的。前者向工人阶级劝告"斗争无用"，后者向工人阶级宣扬"斗争无理"。这些似是而非的理论，在实践中影响着工人阶级的团结和斗争。这就表明，这个剥削问题不搞清楚，不从各方面加以系统的论证，就要使工人阶级斗争的正义性受到怀疑，斗争的勇气和信心受到妨害。为了彻底搞透资本家剥削工人的问题，马克思来到当时资本主义世界的中心——伦敦，以资本主义发展最成熟的英国为典型，剖析了资本主义社会的经济关系，揭示了资本主义生产方式产生、发展和灭亡的规律；在批判资产阶级政治经济学的基础上，在反对形形色色的机会主义、改良主义的斗争中，创立了无产阶级政治经济学，撰写出《资本论》这部不朽的光辉巨著。

马克思的《资本论》是在19世纪后期问世的。由于《资本论》把资本主义制度的剥削本质、内在矛盾及其运动发展规律揭露无遗，使工人阶级非常清楚地看到了自己的命运、地位、力量和前途。所以，当《资本论》第1卷在1867年出版后的第二年，便被当时第一国际决议通过为"工人阶级的圣经"，成为革命运动的指南。第1卷出版后，恩格斯给《民主周报》写书评时指出："自地球上有资本家和工人以来，没有一本书像我们面前这本书那样，对于工人具有如此重要意义。"[①]1886年11月，恩格斯在其英文版序言中讲述了《资本论》流行的情况："《资本论》在大陆上常常被称为'工人阶级的圣经'。任何一个熟悉工人运动的人都不会否认：本书所作的结论日益成为伟大的工人运动的基本原则。不仅在德国和瑞士是这样，而且在法国，在荷兰和比利时，在美国，甚至在意大利和西班牙也是这样；各地的工人阶级都越来越把这些结论看成是对自己的状况和自己的期望所作的最真切的表述。"[②]《资本论》不仅在理论内容上具有广泛性和深刻性，而且在结构上也是非常严谨的。第1卷是分析资本的直接产生过程，即研究剩余价值怎样从资本产生，以及资本怎样从剩余价值产生的问题。这是第2卷和第3卷的理论基础。第2卷是分析资本的流通过程，即分析剩余价值的实现问题。这是第1卷和第3卷的中

---

① 《马克思恩格斯选集》第2卷，第269页。
② 《资本论》第1卷，第36页。

介，起承上启下的作用。只有了解了剩余价值的产生才能研究剩余价值的实现问题。第 3 卷是分析作为生产过程、流通过程和分配过程统一的资本主义生产总过程，是在研究了剩余价值的生产和实现的基础上来研究剩余价值的分配。这是对资本主义生产方式理论分析的最后完成，但不是全书的最后完成，全书还包括第 4 卷对剩余价值历史的分析。与此相适应的是对资本主义社会阶级关系的分析。第 1 卷和第 2 卷，主要分析了工业资本家和雇佣工人的矛盾；第 3 卷则分析了整个工人阶级和整个资产阶级的矛盾，其实质就是资产阶级各个剥削集团之间怎样瓜分工人阶级生产的剩余价值的问题。在整个《资本论》的思想体系中，第 2 卷关于社会资本再生产和流通的分析所阐明的基本原理，所揭示出来的基本规律性，撇开它的资本主义形态，对社会主义再生产的适用性最为广泛。正如斯大林在其《苏联社会主义经济问题》一书中所指出的："马克思的再生产公式决不只限于反映资本主义生产的特点，它同时还包含有对于一切社会形态——特别是对于社会主义社会形态——发生效力的许多关于再生产的基本原理。"[①] 比如，现阶段，我们的社会主义经济还是商品经济，社会生产中同样存在着物质补偿与价值补偿两种关系，存在着实现条件的问题。以第 1 卷为例，按照理论内容是由劳动价值论、剩余价值生产理论和资本积累理论三个部分组成的。其中，剩余价值生产的理论是中心内容。在结构上，劳动价值论是剩余价值生产理论的基础，而资本积累理论则是剩余价值生产理论的继续和发展。马克思在研究劳动形成价值的特性时，把具体劳动和抽象劳动区别开来，第一次确定了什么样的劳动形成价值、为什么形成价值以及怎样形成价值的问题。他明确指出，价值就是人类劳动的凝结。马克思以科学的劳动价值论为基础，创立了剩余价值生产的理论，从而揭露了资本主义剥削的秘密。同时，通过对资本积累的研究，揭示出资本主义制度发生、发展和灭亡的历史必然性。如果说，在劳动价值论上，马克思把具体劳动和抽象劳动区别开来是一个创见的话，那么，在剩余价值生产上，把不变资本与可变资本区别开来则是一个更重要的创见，使我们看到给资本家直接带来剩余价值的不是不变资本，而是可变资本。这就显示出可变资本作为创造剩余价值唯一源泉的特殊作用，从而深刻地揭露出资本主义剥削的秘密。

《资本论》中所揭示的基本原理，揭露了资本主义生产关系的实质，击中了资本主义的要害，成为打向资产阶级脑袋最厉害的"炮弹"，使资产阶级及其代理人感到十分恼怒和恐惧。他们反对《资本论》的第一个手法是妄图用"沉默"来置《资本论》于死地。恩格斯在一系列的书评活动中采用"迂回"、"反击"等战术粉

---

① 《苏联社会主义经济问题》第 64 页。

碎了他们的阴谋。一计不成又生一计，他们便从马克思主义者内部寻找为他们反对《资本论》的"专家"。伯恩斯坦的表演就是一个典型。伯恩斯坦与资产阶级学者不同的地方就是比较熟悉马克思主义的文句，又知道怎样做才能达到既为资产阶级所欣赏、又能诱惑无产阶级的目的。他施展两面派的手法，在实践上，有时好像也很同情工人阶级的痛苦，当面骂骂资本家，而更多的时候是责难工人阶级的斗争，向资产阶级暗送秋波。在理论上，也赞同《资本论》中的某些基本理论，但对《资本论》所揭示的基本理论则采取割裂、曲解的骗术加以反对。例如，说劳动价值论"纯粹是思维的构成物"；说剩余价值论是"基本假设的公式"，是为了说明问题所作的"设想和虚构"。这样一来，就把资本主义剥削的基本事实否定得干干净净了。既然资产阶级不曾剥削无产阶级，那么，剩下的当然是两个阶级之间的融合与合作了。否则就会像蒲鲁东所担心的那样：劳资两大阶级的冲突将意味着一切东西的毁灭。到了 19 世纪末，资产阶级经济学者同伯恩斯坦一样竭力反对《资本论》的唯物史观，指责马克思的劳动价值论只强调社会因素，丢开了自然因素；只强调价值，丢开了使用价值；只强调生产关系，丢开了生产力。特别是只强调了劳动的生产性，丢开了资本的生产性，等等。对于这些所谓的"批评"，马克思在《资本论》第 1 卷第一版序中公开表示了态度：走自己的路，让人家去说吧！事实上，马克思在《资本论》中不仅没有把社会因素和自然因素、价值和使用价值、生产关系和生产力割裂开来、对立起来，恰恰相反，马克思在分析商品的基本属性时就指出自然属性和社会属性；在分析商品的两个因素时就指出商品是使用价值和价值的对立统一；商品的二重形式是自然形式和价值形式；随着资本主义生产发展所经历的简单协作、工场手工业和机器大工业三个阶段，揭示劳动从形式上到实质上隶属于资本的剥削关系，这正是联系生产力的发展在研究生产关系。马克思是强调劳动创造价值，坚持价值实体是人类劳动的凝结。至于说什么"资本的生产性"则是个含混不清的概念了。按照马克思关于资本区分为不变资本和可变资本的原理，前者以生产资料的形式存在，在生产过程中并不改变自己的价值量，后者以劳动力特殊商品的形式存在，在生产过程中价值量会发生变动，会创造价值和增殖价值。到了 20 世纪以后，资产阶级学者忽然一反常态强调起唯物史观来了，说《资本论》既然是以 19 世纪 50 年代以前的自由资本主义经济为研究对象，到了 19 世纪末、20 世纪初已是垄断资本主义占统治地位了，时过境迁，《资本论》不就过时了吗？

对于这种"过时"论，马克思在世时已有所预见。马克思在撰写《资本论》的时候，是处于资本主义的极盛时期。因此，有关体现垄断资本本质特征的各种经济现象，有的只是初露苗头，有的还隐而未现。由于马克思坚持唯物史观和辩证方法，从资产阶级社会经济结构的分析中能见微知著地把一些初露的苗头，看做是资本主义的内在矛盾发展的必然倾向。因此，在《资本论》中，马克思已把资本主义由自由阶段向垄断阶段转变的必然性、规律、特征等勾画出来。后来，列宁的《帝国主义是资本主义的最高阶段》就是以《资本论》所揭示的基本原理和规律为依据，结合列宁所处时代的实际加以充实发展的结果。不仅如此，马克思还进一步透过对未来垄断资本的展望，把资本主义向社会主义变革的必要性、可能性以及社会主义社会的某些特征作了科学的预见。这正逐渐成为今天社会主义社会的现实。

二、机器人的出现并没有改变剩余价值的来源

《资本论》发表至今已有100多年了。这100多年来，由于科学技术的进步和应用，在资本主义生产过程中出现了一些新的情况，尤其是现代工业发展到使用机器人的今天，参加直接生产过程的工人相对地和绝对地减少，甚至出现了所谓的"无人车间"，而资本家所获得的剩余价值或利润却不断增加。在这种情况下，资产阶级经济学者就说利润是由机器人创造的，并说资本家对工人已经没有什么剥削了。那么，剩余价值究竟从何而来？我们认为，剩余价值仍然是由雇佣工人的剩余劳动创造而来。

首先，机器人，在本质上仍然是机器，是不变资本，不能创造价值，更不能增殖价值。因为机器人和一切自动化的设备只是工人进行劳动的条件和手段，它本身并不能进行劳动，因而并不创造任何价值。它自身的价值是通过工人的具体劳动才逐渐转移到它所生产的产品上的。

其次，形成价值和剩余价值实体的是人类劳动的凝结。马克思的劳动价值论表明，只有人类劳动的凝结才形成价值。也就是说，只有雇佣劳动者的劳动才形成价值和剩余价值。在生产自动化的企业里，尽管机器人和其他自动化控制装置可以代替工人的部分体力劳动甚至部分脑力劳动，但毕竟不能代替人的全部劳动。至于所谓的"无人车间"，也不可能是绝对无人的。任何自动化机器（如机器人）设备的正常运转不仅需要劳动者为它做好事先准备和善后处理，就是它本身的正常运转也离不开劳动者的监督、控制和管理。

再次，由于资本主义生产自动化，进一步促进了生产过程的社会化，从而使雇佣劳动者队伍的结构发生了变化，工程技术人员、科学研究人员和生产管理人员也参与价值形成过程和价值增殖过程。马克思指出，在制造社会产品的总体工人中，"有的人多用手工作，有的人多用脑工作，有的人做管理者、工程师、工艺师等工

作,有的人做监督者的工作,有的人直接做手工劳动者的工作或做十分简单的粗工。于是,劳动能力愈来愈多的职能被列在生产劳动的直接概念下,这种劳动能力的担当者,也被列在生产劳动者的概念之下。"所以,我们在考察生产高度现代化条件下剩余价值的来源时,不能只看到直接操纵机器的生产工人,还要看到以不同方式直接或间接参加生产的科技人员、管理人员等脑力劳动者,这些"总体工人"也在为资本家创造大量的剩余价值。

又次,在资本主义生产自动化的企业里,工人的人数虽然减少了,但劳动的复杂程度提高了,脑力劳动所占的比重增加了,在剩余价值率不变的条件下,复杂劳动能够为资本家创造更多的剩余价值。因为复杂劳动是受过较长时间专门技术训练的熟练工人的劳动,是自乘的或倍加的简单劳动;少量的复杂劳动等于多量的简单劳动。所以,从事复杂劳动的工人比从事简单劳动的工人能创造更多的价值。至于在同一时间里,操作复杂机器的工人比操作简单机器的工人能创造更多的剩余价值,并不是复杂的机器能创造更多的价值和剩余价值,而是操作复杂机器的工人的劳动是复杂劳动的缘故。这正好说明,有的雇佣工人因从事复杂劳动而得到较高的工资,但在剩余价值率不变的条件下,他们为资本家创造的剩余价值则是同比例地增多的。

最后,随着科学技术的发展和应用,资本有机构成不断提高,资本主义利润率呈下降的趋势,这也反证了机器人不能为资本家创造价值和剩余价值。在自动化生产条件下,资本有机构成不断提高,由于可变资本的相对减少,资本家雇用的工人数量也会相对地甚至绝对地减少,随之而来的是资本主义利润率出现下降的趋势。尽管资本家要千方百计地采用各种办法来延缓和阻挠这种下降的趋势,但终究不能改变这种趋势。至于资本主义现实情况是资本家获得的利润不但没有减少,反而增加了。这主要是由于资本家采用先进技术,革新劳动技术组织,提高劳动生产率,使商品的个别价值低于社会价值,从而获得超额剩余价值的结果。同时,也是由于扩大对复杂劳动的使用,从而使复杂劳动创造出更多的剩余价值的结果。

以上说明,把资本主义生产过程当做劳动过程来考察,自动化的机器设备或机器人,作为劳动条件,对于提高劳动生产率、增加社会物质财富是有巨大作用的。若从价值增殖过程考察,机器人、自动化控制装置就成了价值和剩余价值生产的条件,而剩余价值的源泉仍然是雇佣工人的剩余劳动。所以,"资本的实质并不在于积累起来的劳动是替活劳动充当进行新生产的手段。它的实质在于活劳动是替积累起来的劳动充当保存自己并增加交换价值的手段"①。正因为这样,马克思才不重复

---

① 《马克思恩格斯选集》第1卷,第364页。

数学家和力学家关于"机器是复杂的工具"的说法，而从经济学的观点揭示出"机器是生产剩余价值的手段"[①]。因此，机器人也是生产剩余价值的手段，雇佣工人的剩余劳动才是剩余价值的真正源泉。

综上所述可见，马克思在《资本论》中，从资本主义私有制出发，根据资本主义社会的基本事实、基本关系所作的基本结论，对于今天现代资本主义社会仍然是适用的。尽管科学技术的发展和资本主义的应用，会使资本主义社会在资本所有制的形式上、生产剩余价值的物质技术基础上、雇佣工人的物质生活上带来某些变化，但是，只要资本主义生产资料的私有制不变，雇佣工人出卖劳动力受资本家剥削的经济地位和阶级关系不变，资本主义生产的实质和剩余价值的源泉就不会改变，"即使我们只在资本和雇佣劳动这个范围内观察问题，也可以知道，资本的利益和雇佣劳动的利益是截然对立的"[②]。因此，也就没有改变剥削者被剥夺的地位和状况。

《资本论》的生命力是强大的。

（载《经济教学与研究》1983 年第 3 期）

---

① 《资本论》第 1 卷，第 408 页。
② 《马克思恩格斯选集》第 1 卷，第 371 页。

论生产自动化条件下剩余价值的来源

（1983 年 7 月）

20 世纪 40 年代以来，特别是第二次世界大战以后，西方资本主义国家的科学技术经历了一场以原子能利用、电子技术、空间技术为主要标志的巨大革命。这次科学技术革命，使资本主义国家的工农业生产获得了飞跃的发展，引起了现代资本主义社会结构的变化；同时，也带来了工人阶级的劳动条件和生活方式的某些改变。在这种新的情况下，西方资产阶级经济学家又纷纷制造出种种为资本主义剥削制度辩护的理论，叫嚷什么现代资本主义社会对雇佣劳动的剥削正在被"消除"；通过"股票民主化"和"管理民主化"，正在劳资之间建立起新型的"人际关系"，等等。本文拟根据马克思在《资本论》中所阐述的基本原理，通过剖析现代资本主义社会剩余价值的来源、资本剥削雇佣劳动的关系及其新特点，对上述谬论进行批驳。

一、资本主义生产自动化没有改变剩余价值的来源

目前，在发达的资本主义国家，生产正在向自动化、控制化的方向发展，参加直接生产过程的工人人数相对地和绝对地减少，工业生产中还出现了"机器人"，甚至出现了"无人车间"。这些新情况的出现是否就改变了剩余价值的来源呢？资产阶级经济学家认为，现在生产上最重要的因素已经不是劳动而是科学技术的发展，是新设备、新机器了。"科学技术的发展已经可以不依赖于活劳动而成为价值和利润的独立源泉"。因为，生产自动化和"机器人经济"的建立，已经逐渐排除对活劳动的使用。所以，资本家所获得的利润是由机器创造的，不再存在资本家剥削工人的问题了。

我们的回答则是否定的。

100 多年前，马克思创立的科学的劳动价值论和剩余价值论，无论过去和现在，都是我们分析资本主义经济关系的理论依据。马克思的劳动价值论和剩余价值论告诉我们，在资本主义条件下，工人的劳动创造价值，工人的剩余劳动创造剩余价值。

在资本主义生产自动化条件下，资本家获得的剩余价值或利润仍然是由雇佣工人创造的；雇佣工人的剩余劳动仍然是剩余价值的唯一源泉。

首先，自动化的机器设备，是不变资本，不创造价值，更不会增殖价值。资本主义的生产过程，既是劳动过程，又是价值增殖过程，是劳动过程和价值增殖过程的统一。从劳动过程看，生产自动化首先是指机器体系本身发生了重大变化。原来的机器是由发动机、传动机和工作机三个本质上不同的部分组成的。现在，由于科学技术的发展，增添了一个新的组成部分，即以电子计算机技术为中心的自动控制装置，从而使机械化的机器体系过渡到自动化的机器体系，出现了自动化生产的形式。但是，无论生产的技术装备如何复杂、如何先进，其本质仍然是机器。它只是劳动者把劳动传导到劳动对象上去的手段；自动化设备本身离开了劳动者是不能提供劳动的。根据马克思关于劳动二重性的学说，生产商品的劳动具有二重属性：作为具体劳动，生产使用价值；作为抽象劳动才创造价值。先进的机器设备与工人的具体劳动发生关系，会由于具体劳动的劳动生产率提高而使商品的使用价值增多。所以，包括机器（或机器人）在内的生产资料与工人的具体劳动有关，直接影响着商品的使用价值；但与工人的抽象劳动无关，从而与价值的创造无关。再从价值增殖过程来看，机器人、自动化控制装置，在生产中虽然可以代替工人的某些操作，但在本质上仍然是机器，是不变资本的一种存在形式。马克思指出："像不变资本的任何其他组成部分一样，机器不创造价值。"[1] 它本身的价值是通过工人的具体劳动，才逐渐转移到它所生产的产品上去的。如果离开了劳动过程，它就没有用处；"不仅如此，它还会由于自然界物质变换的破坏作用而解体。"[2] 如果离开了劳动过程中工人具体劳动的媒介作用，它的价值就不可能得到转移和保存。

其次，形成价值和剩余价值实体的仍然是工人的劳动。马克思的劳动价值论告诉我们，价值是人类劳动的凝结。也就是说，只有劳动者的劳动才创造新价值和剩余价值。在生产自动化的条件下，尽管电子计算机和机器人可以代替工人的部分体力劳动，甚至部分脑力劳动，但毕竟不能代替人的全部劳动。所以，马克思强调"我们要考察的是专属于人的劳动。"[3] 所谓的"无人车间"也不可能是绝对无人的。因为任何自动化的机器设备都需要有劳动者为它的正常运转做好事先准备和善后处理，就是它本身的正常运转也还需要有人监督、控制和管理。例如，被称之为"无人工厂"的日本山崎铁工所，该厂就有 12 个生产工人，具体从事自动化机器和

---

① 《马克思恩格斯全集》第 23 卷，第 424 页。
② 《马克思恩格斯全集》第 23 卷，第 207 页。
③ 《马克思恩格斯全集》第 23 卷，第 202 页。

机器人的监督、控制、操纵、维修等工作。这就说明，任何高度自动化控制装置的生产过程都离不开劳动者。在资本主义现实生活中有这样的情况：在同一生产部门，有的资本家由于使用了先进的机器就比别的资本家获得了更多的剩余价值。从表面上看，似乎是机器创造了剩余价值，而事实上是使用先进机器的劳动创造出了更多的剩余价值。关键在于正确理解商品价值决定的原理。商品的价值不是由个别劳动时间而是由社会必要劳动时间或社会平均劳动时间决定的。这个资本家之所以获得了更多的剩余价值，是因为采用先进机器使劳动生产率大大提高，从而使生产商品的个别劳动时间低于社会必要劳动时间，也就是使商品的个别价值低于社会价值。资本家所获得的商品个别价值和社会价值之间的差额就是超额剩余价值。这个超额剩余价值并不是机器创造的，而是使用先进机器的工人的劳动创造的。

再次，由于资本主义生产自动化，进一步促进了生产过程的社会化，从而引起了雇佣劳动者队伍结构的变化，工程技术人员、科学研究人员和生产管理人员也参与了价值形成过程和价值增殖过程，参与了剩余价值的创造。因为，生产社会化使脑力劳动者与体力劳动者在广泛的基础上互相协作，从而使科学技术人员成为生产工人的一个组成部分。同时，由于机器生产不仅规模大，而且管理复杂，这就需要有与大生产相适应的指挥系统和管理系统的工作者，这些人和科学技术人员一样也成了生产人员。马克思曾经指出："随着劳动过程本身的协作性质的发展，生产劳动和它的承担者即生产工人的概念也就必然扩大。为了从事生产劳动，现在不一定要亲自动手；只要成为总体工人的一个器官，完成他所属的某一种职能就够了。"①因此，我们在考察生产自动化条件下剩余价值的来源时，不能只看到直接操纵机器的生产工人，还要看到以不同方式直接地或间接地参加生产的各种人员。工程技术人员、科学研究人员和生产管理人员，实际上就是马克思所说的扩大的"生产工人"，他们的劳动都属于生产劳动。马克思在《资本论》中分析价值形成和价值增殖过程时，为了纯粹起见，是把直接生产过程中体力劳动者以外的雇佣劳动者的劳动抽象了的。事实上资本主义的生产过程，在任何情况下都包括有工程技术人员、科研人员和生产管理人员等脑力劳动者的劳动，而且随着科学技术和生产的发展，在雇佣劳动者队伍中，这部分人所占的比重会逐渐增加；脑力劳动在生产过程中的作用会日益增大。这具体表现在两个方面：一方面，体力劳动者在生产活动中体力的支出日益缩小，脑力的支出日益增大；另一方面，脑力劳动者在生产活动中的比重和作用越来越大，从而改变了这两部分人在产品价值创造中的作用。例如，美国

---

① 《马克思恩格斯全集》第 23 卷，第 556 页。

在工业全部从业人员中工人的比重，已从 1950 年的 69.1% 下降到 1970 年的 57.3%；技术人员和管理人员所占的比重则从 28.9% 上升到 40.3%。日本一些大工厂雇佣的工人一般都具有高中以上的文化程度，进厂后还要继续进行严格的技术培训，以适应资本主义生产的要求。这样，必将进一步引起雇佣劳动者队伍结构的变化。如果说，过去资本需要的是"文盲型"工资奴隶的话，那么，现代资本则要求"文化型"的工资奴隶了。因此，不能一看到直接生产的工人减少了，就误认为是机器在创造价值和剩余价值。

又次，资本主义生产自动化，使生产过程中复杂劳动所占的比重不断增大，在剩余价值率一定的条件下，复杂劳动能够为资本家创造更多的剩余价值。复杂劳动比重的增大表现在两个方面：一方面，在实现了自动化生产的企业里，为安装和调整一系列自动控制装置，要耗费较多的复杂劳动；另一方面，在直接生产过程中，工人的人数虽然减少了，但劳动的复杂程度却提高了，脑力劳动者的比重也增大了。这两方面的复杂劳动，从质上看都应算做直接生产过程的劳动，即生产性劳动；从量上看都应等于自乘的或倍加的简单劳动。随着科学技术的发展，在雇佣劳动者队伍中出现的普通工人和技术工人、熟练工人和非熟练工人、脑力劳动和体力劳动等比例的变化，集中到一点就是简单劳动和复杂劳动比例的变化。决定商品价值的劳动，是抽象的简单的社会必要劳动或社会平均劳动。既然复杂劳动是自乘的或倍加的简单劳动，少量的复杂劳动等于多量的简单劳动，因而从事复杂劳动的工人能创造更多的价值。这是因为"这种劳动力比普通劳动力需要较高的教育费用，它的生产要花费较多的劳动时间，因此，它具有较高的价值。既然这种劳动力的价值较高，它也就表现为较高级的劳动，也就在同样长的时间内物化为较多的价值。"[1] "如果金匠的劳动报酬高于短工的劳动报酬，那么，金匠的剩余劳动所创造的剩余价值，也会按相同的比例大于短工的剩余劳动所创造的剩余价值。"[2] 这说明，同一时间里操作复杂机器的工人比操作简单机器的工人能创造更多的剩余价值，并不是复杂机器能创造更多的剩余价值，而是操作复杂机器的工人的劳动是复杂劳动，就能创造更多的剩余价值。同时也说明，在资本主义生产自动化的企业里，尽管有些工人因从事复杂劳动而得到了较高的工资，但在剩余价值率一定的条件下，他们为资本家创造的剩余价值则是成正比例地增多的。

最后，随着科学技术的发展和应用，资本有机构成不断提高，资本主义利润率

---

① 《马克思恩格斯全集》第 23 卷，第 223 页。
② 《马克思恩格斯全集》第 25 卷，第 160 页。

呈现下降的趋势。这也反证了机器（或机器人）不能为资本家创造价值和剩余价值。在自动化生产条件下，资本有机构成不断提高，可变资本与不变资本相比，会相对地减少。与此相适应，资本家雇佣的工人人数也会相对减少，甚至在有的企业里会绝对地减少。马克思正是根据劳动价值论和这个情况，揭示出资本主义利润率呈下降趋势的。当然，资本家总是要采用各种办法来缓和利润率下降的趋势，但终究不能改变这个趋势。所以，在资本有机构成提高、雇佣工人人数减少的情况下，如果其他条件不变（指工作日长度、劳动强度），那么，工人创造的价值、资本家所获得的剩余价值就会减少。可是，从资本主义现实情况来看，资本家所获得的利润不但没有减少，反而增加了。这主要是由于资本家采用先进的技术和设备，革新了劳动技术组织，提高了劳动生产率，从而获得超额剩余价值的结果。同时，也由于采用先进的技术设备，广泛地代替了工人过去从事的简单劳动，使工人的劳动复杂化，从而使复杂劳动创造出更多的剩余价值。此外，就整个资本主义社会来看，生产条件由机械化向自动化过渡的过程，就是相对剩余价值生产的过程。在这个过程中，由于剩余价值率的不断提高，也会给整个资产阶级带来相当可观的剩余价值。

以上说明，资本主义的生产过程，若从劳动过程来考察，自动化的机器设备作为劳动条件，对于提高劳动生产率、增加社会物质财富是有巨大作用的。正是在这个意义上，马克思和恩格斯在《共产党宣言》中指出，由于机器的采用和其他一些因素，使"资产阶级在它的不到100年的阶级统治中所创造的生产力，比过去一切时代创造的全部生产力还要多，还要大。"[1] 若从价值过程来考察，机器体系就成了价值和剩余价值生产的条件，而资本家所获得的剩余价值仍然是由雇佣劳动者创造的。马克思指出："资本的实质并不在于积累起来的劳动是替活劳动充当进行新生产的手段。它的实质在于活劳动是替积累起来的劳动充当保存自己并增加其交换价值的手段。"[2] 正因为这样，马克思才不重复数学家和力学家关于"机器是复杂的工具"的说法，而从经济学的观点揭示出"机器是生产剩余价值的手段"[3]，雇佣劳动者的剩余劳动才是剩余价值的真正源泉。假如先进的科学技术和机器设备真的像资产阶级经济学家说的那样，不依赖于活劳动而成了价值和利润的独立源泉，岂不是马克思的"劳动价值论"就应让位给他们的"机器价值论"了吗？可是，今天发达的资本主义国家为什么还需要雇佣工人？为什么当工人举行罢工斗争的时候，资本家还要作出种种让步呢？为什么资本家要采取"把蛋糕做大一些"的所谓福利政策

---

① 《马克思恩格斯选集》第1卷，第256页。
② 《马克思恩格斯选集》第1卷，第364页。
③ 《马克思恩格斯全集》第23卷，第408页。

来缓和劳资矛盾、制造"劳资一家"的假象呢？根本的原因是先进的机器设备和技术任何时候也离不开活劳动，只有劳动本身才是价值创造和价值增殖的酵母。资本家是人格化的资本，只能靠剥削工人的劳动发财致富。

还有一种观点认为，在现代化生产的资本主义企业里，机器和工人共同创造价值和利润。这是调和折中派的理论，也是错误的。前面已经说明，机器设备等生产资料，在生产中只是劳动的条件，它本身并不能提供劳动，因而并不创造价值，更不会增殖价值。在生产中，工人和机器之间的关系如同战斗中指挥员和作战通信工具之间的关系一样，指挥员的作战命令是通过电话机、报话机等作战通信工具传达给战斗员进行战斗的。但不能说是电话机、报话机和指挥员共同指挥战斗，而应该说是指挥员在指挥战斗，作战通信工具只是传达作战命令的手段。因此，不是机器和工人共同创造价值和利润，而是雇佣工人的劳动在创造价值和利润。

总之，在现代资本主义条件下，无论是"独立源泉"的谬论，还是"共同创造"的谎言，其目的都是妄图以科学技术发展的新情况，来否定马克思的劳动价值论，从而掩盖雇佣工人的剩余劳动是剩余价值的真正源泉。对此，马克思早就说过："这些资产阶级经济学家实际上具有正确的本能，懂得过于深入地研究剩余价值的起源这个爆炸性问题是非常危险的。"①《资本论》问世以后的100多年来的实践证明，马克思所创立的科学的劳动价值论和剩余价值论是正确的，并没有过时。

二、科学技术的发展并没有改变资本对劳动的剥削关系

由于科学技术的进步和应用，现代资本主义的生产得到了迅速的发展，给资本主义整个社会生活、包括无产阶级的生活带来了一些新的变化。工人不仅具有相当水平的科学技术知识，而且劳动条件和物质生活也有所改善。面对这种新的情况，资产阶级经济学家宣扬无产阶级和资产阶级的矛盾正在"和解"，将建立一种新型的"人际关系"，妄图说明马克思在《资本论》中关于资本剥削劳动的结论又"过时"了。我们的回答也是否定的。科学技术的发展没有、也不可能改变资本对劳动的剥削关系。

首先，资本主义生产资料私有制的存在，过去是、现在仍然是工人受资本家剥削的经济根源。在现代资本主义国家，随着科学技术的发展，工人创造的价值一年比一年多。根据1971年《美国统计摘要》公布的数字计算，美国制造业工人1969

① 《马克思恩格斯全集》第23卷，第564页。

年所创造的价值是 1947 年的 3.42 倍。虽然工人所得工资的绝对量有所增长，然而在他们所创造的总量中所占的比重（即工资的相对量）却越来越小，已从 1947 年的 41% 下降到 1969 年的 31%。资本家凭借对生产资料的占有而占有工人所创造的剩余价值。随着机械化向自动化机器体系的过渡，人和机器的结合具有新的性质，它促进了劳动生产率的提高，从而使资本家获得越来越多的超额剩余价值和相对剩余价值。因此，只要资本主义生产资料所有制存在一天，资本家对工人的剥削就一天也不会停止。

其次，工人过去是、现在仍然是没有任何生产资料而不得不出卖劳动力受资本家剥削的雇佣劳动者。20 世纪 80 年代的雇佣工人和 19 世纪的雇佣工人相比，在劳动条件上、物质生活上是有所改善的。今天大部分工人已经白领化（当然现在的白领工人和 19 世纪作为工人贵族的白领工人是根本不同的），大都能够享受小汽车、电视机和电冰箱等消费资料了，但这并没有改变无产阶级的本质特征，并没有改变工人在资本主义生产关系中的经济地位。工人，不管是蓝领工人还是白领工人，是坐小汽车去上班还是走着路去上班，仍然和马克思在 100 多年前所说的一样，他们是没有生产资料、靠出卖劳动力为生、受资本家剥削的雇佣劳动者。因为，马克思从来就不把一个阶级的本质特征归结为表现生产力发展水平的劳动条件和物质生活状况，而总是着眼于一定生产力发展基础上的生产关系。因此，无产阶级的本质特征是由他们在资本主义经济关系中的地位决定的。马克思认为，"'无产者'在经济学上只能理解为生产和增殖'资本'的雇佣工人"[①]。这就是无产者共同的本质特征。具体地说，无产者就是靠出卖劳动力来谋取生活资料，在生产过程中为资本家生产并增殖资本的雇佣劳动者。当然，这个共同的本质特征在不同的历史条件下又有不同的表现形式。因此，不能把 19 世纪无产者所承受的重体力劳动和物质生活上的贫困看做是无产者共同的本质特征；也不能把无产者承受重体力劳动和物质贫困的改变说成是无产阶级在消失，从而抹杀资本对劳动的剥削关系。马克思、恩格斯生活和战斗在 19 世纪，他们只能从当时的实际情况出发来考察无产阶级的本质特征及其表现，所以，他们比较强调无产者体力劳动的沉重和物质生活上的贫困。虽然，马克思未能亲眼看到今天发达资本主义国家的工人能够有小汽车、电视机、电冰箱等消费资料，但是，马克思还是预见到了资本主义条件下工人生活是有可能改善的，并且指出应该如何认识工人生活的改善。他说："他们能够扩大自己的享受范围，有较多的衣服、家具等消费基金，并且积蓄一小笔货币准备金。但是，吃穿好一些，

[①] 《马克思恩格斯全集》第 23 卷，第 674 页。

待遇高一些，持有财产多一些……不会消除雇佣工人的从属关系和对他们的剥削。"[①] "所以，劳动力的出卖条件不管对工人怎样有利，总要使劳动力不断地再出卖"[②]。因此，工人的实际工资即使有所提高，福利即使有所增加，也根本不能证明资本家对工人的剥削在"消除"，这"至多也不过说明工人必须提供的无酬劳动量的减少。这种减少永远也不会达到威胁制度本身的程度。"至于所谓"股票民主化"，完全是现代资本主义社会加强金融寡头实力的一种手段。随着资本的集中，一方面，出现了垄断资本在小私有者、知识阶层、职员中兜售股票，甚至带强迫性地向雇佣工人摊派股票，造成小额股票增多和股票占有分散的现象；另一方面，控制企业所需要的持股率大大降低，从而使垄断组织的支配权和管理权完全掌握在最大股东的手里。例如，日本的新日铁公司，由于小额股票的增加，使1971年的股东数达56万之多，而最大股东的持股率才2.6%就控制了整个公司。所以"股票民主化"的结果是有利于加强金融寡头的统治。

再次，资本主义生产的直接目的和决定性动机，过去是、现在仍然是最大限度地榨取雇佣劳动者所创造的剩余价值。马克思深刻地指出："资本只有一种生活本能，这就是增殖自身，获取剩余价值。""资本是死劳动，它像吸血鬼一样，只有吮吸活劳动才有生命，吮吸的活劳动越多，它的生命就越旺盛。"[③] "'只要还有一块肉、一根筋、一滴血可供榨取'，吸血鬼就决不罢休。"[④] 这些生动形象的论述说明资本家是资本的化身，为了追求剩余价值，他们可以不择手段。现代科学技术的发展，从生产力方面看，为减轻工人体力劳动的强度提供了条件；但从生产关系方面看，由于机器的资本主义使用，它又成为剥削工人榨取剩余价值最有力的手段。因此，生产机械化向生产自动化的发展，给广大雇佣劳动者带来了许多危害：一是工人的体力劳动的强度和比重虽然减少了，但脑力劳动的强度和比重却增加了。尤其是通过电子计算机控制生产过程，使工人在生理上和心理上都受到严密的监视和控制，迫使工人更紧张地耗费脑力和体力。比如，资本家为填满工人劳动时间的一切空隙，不断提高传送带的速度，迫使工人的双手一秒不停地劳动。二是由于科学技术的发展，各行各业所需要的雇佣工人数量在减少，但对文化知识和技术水平却提出了越来越高的要求，这就发生了结构性的失业，造成一支经常性的、人数众多的失业大军，给在业工人造成严重的威胁。在失业大军中，不仅有文化技术水平不高

① 《马克思恩格斯全集》第23卷，第677～678页。
② 《马克思恩格斯全集》第23卷，第679页。
③ 《马克思恩格斯全集》第23卷，第260页。
④ 《马克思恩格斯全集》第23卷，第334～335页。

的体力劳动者,而且工程技术人员、科学研究人员和生产管理人员等脑力劳动者也越来越多地处于失业或半失业的状态。因为,只要他们"对'资本先生'的价值增殖的需要成为多余时,就被抛向街头。"① 例如,美国工程师的失业人数,已从1964年的400多人增加到1970年的5万多人。这说明,失业仍然是垄断资本给广大雇佣工人和职员带来的一大灾难。三是自动化的机器体系仍然是资本家追求剩余价值、延长劳动时间的手段。马克思曾经指出,机器"作为资本的承担者,首先在它直接占领的工业中,成了把工作日延长到超过一切自然界限的最有力的手段"②。我们在学习《资本论》第1卷第8章和第13章时,觉得英国的资本家太残酷;而现在——20世纪80年代资本家的剥削要比100多年前更有过之而无不及。日本大企业资本家在工人工作时间以外"偷占几分钟"已成为普遍现象。比如,工人值夜班规定有20分钟吃夜餐的时间,但因为连续劳动,结果夜餐时间只有5分钟。同时,"由于工厂的全部运动不是从工人出发,而是从机器出发。"③ 所以,对工人的安全和健康无人过问。赚钱发财,增殖资本,仍然是资本主义生产的具有代表性的特征,是资本主义生产方式的绝对规律。

三、现代资本主义剥削的新特点

在现代资本主义条件下,第三次科学技术革命的结果是有利于资本家对雇佣劳动者的剥削的。这就决定了新技术的发展和应用是同榨取剩余价值方法的完善和剥削程度的提高结合在一起的。但是,由于垄断资本进行剥削的物质技术基础的变化,因而现代资本主义的剥削也具有一些新的特点:

首先,在相对剩余价值生产起主要作用的情况下,绝对剩余价值的生产仍然同时存在。生产相对剩余价值是以提高劳动生产率为手段的。第二次世界大战以后,世界各主要资本主义国家,适应科学技术的发展,加快了资本积累和固定资本的更新,大幅度地提高劳动生产率,加强了相对剩余价值的生产。在这种情况下,尽管在劳动力价值构成中,工人必要生活资料的数量会增多,范围会扩大,从而以不变价格计算的劳动力价格也会有所提高。但是,由于劳动力价格的提高赶不上劳动生产率的提高,所以,工人的必要劳动时间仍然会相对地减少,而使相对剩余价值不断增加。当然,相对剩余价值生产的主要作用的增强,并不能否定绝对剩余价值的

① 《马克思恩格斯全集》第23卷,第674页。
② 《马克思恩格斯全集》第23卷,第441~442页。
③ 《马克思恩格斯全集》第23卷,第461页。

存在。事实上，现代资本主义国家实际的工时长度，并没有因为先进科学技术广泛应用于生产而有什么显著地缩短。

其次，垄断资本扩大对复杂劳动的使用，使复杂劳动在生产过程中的比重和作用日益增大。在自由资本主义阶段，资本家主要利用简单劳动；到了垄断资本主义阶段，则主要利用复杂劳动。这个变化是与机器的技术发展过程相适应的。因为，机器的技术发展，最初是使劳动简单化，使工人从事单调而呆板的作业，工人不需要更多的知识和本领；随着机器技术向自动化、控制化方向发展，以电子计算机为标志的现代化生产，使工人在生产过程中的职能也逐渐改变，直接操纵机器的职能缩小，控制和监督机器的职能扩大，这就需要掌握整套机器的结构和它的运转原理。这样，劳动的智力内容必然增多，从而工人的文化知识和科学技术水平必须提高。目前，在发达资本主义国家，工人普遍接受综合技术教育。如美国，全国体力劳动者受过 8 至 11 年中等教育或职业教育的人数均在 50% 以上。在工人平均熟练程度不断提高的同时，垄断企业就要雇用越来越多的脑力劳动者。这是科学技术革命对雇佣劳动者构成的要求和发展趋势。据统计，在机械化程度比较低的情况下，体力劳动和脑力劳动的比例是 9∶1；在中等程度机械化的情况下为 6∶4；在生产自动化的情况下则为 1∶9。在某些技术复杂的生产部门中，还有专门科学家直接参加。这样，脑力劳动者不仅和体力劳动者一样参与价值和剩余价值的创造，而且，还由于他们的劳动是复杂劳动，在其他条件不变的情况下，在同一劳动时间内会比简单劳动创造更多的价值和剩余价值。因此，垄断资本扩大对复杂劳动的使用，既能增加剩余价值的数量，又能提高对雇佣劳动者的剥削程度，即提高剩余价值率。

再次，垄断资本在对工人加重剥削的同时，通过劳动组织的改良和工资福利政策的实施来刺激和监督职工劳动，增加剥削份额。垄断企业通过所谓的"管理民主化"，装潢门面式地让工人也参与"管理"，以便在感情上笼络人心，造成"劳资一家"的假象，借以麻痹工人的斗争意志；同时，采取一些福利政策来安慰被"物价昂贵弄得怒气冲冲的群众"[1]，借以缓和劳资之间的矛盾。事实上，这些措施不仅不能从根本上改变无产阶级的经济地位，而且还因为物价上涨、捐税深重，使工人的高工资失去实际的意义。这就可以看出，所谓"新福利"政策，仍然是"羊毛出在羊身上"的故伎翻新。

最后，现代资本主义的剥削过程正在出现向国际化方向发展的趋势。一些发达的资本主义国家不仅千方百计地剥削国内的劳动者，而且，正广泛地利用外国廉价

①《列宁全集》第 23 卷，第 275 页。

的劳动力从事繁重的体力劳动，榨取剩余价值。这说明，资本在提高对劳动的剥削程度的同时，超越了国界，增加了人身剥削材料，扩大了资本所固有的剥削领域。

总之，现代资本主义社会，由于科学技术的发展，尽管资本所有制的某些形式改变了，但并没有改变活劳动和死劳动的关系，没有改变活劳动是剩余价值的源泉；尽管资产阶级各个集团之间争权夺利的方式、方法改变了，但并没有改变资本对劳动的剥削关系；尽管工人的物质生活改善了，但并没有从根本上改变工人在资本主义生产关系中隶属于资本的经济地位，最多也不过表明"雇佣工人为自己铸造的金锁链已经够长够重，容许把它略为放松一点"[①] 而已。所以，无产阶级和资产阶级之间的阶级矛盾和阶级斗争仍然是今天经历了第三次科学技术革命的现代资本主义国家的客观存在。"即使我们只在资本和雇佣劳动的关系这个范围内观察问题，也可以知道，资本的利益和雇佣劳动的利益是截然对立的。"[②] 所以，100 多年前马克思在《资本论》中所阐述的基本理论仍然是我们今天深刻认识现代资本主义社会各种经济现象的钥匙。

（载《思想战线》1983 年第 4 期）

[①] 《马克思恩格斯全集》第 23 卷，第 678 页。
[②] 《马克思恩格斯选集》第 1 卷，第 371 页。

邓小平经济理论是当代中国的马克思主义政治经济学[*]

（1998 年 1 月）

党的"十五大"的最大贡献，是确立了邓小平理论，把它与马克思列宁主义、毛泽东思想一起作为全党的指导思想，并郑重地写进了党章。邓小平理论，是以马克思主义基本原理为指导，立足中国，面向世界，总结历史，着眼现实，继承和发展了马克思列宁主义、毛泽东思想，实现了马克思主义同当代中国实践和时代特征相结合的第二次历史性飞跃，是马克思主义在中国发展的新阶段，是建设社会主义的伟大旗帜。这个理论，内容丰富，博大精深，涉及马克思主义哲学、政治经济学和科学社会主义，涵盖我国政治、经济、科教等各个方面。其中，以建设有中国特色社会主义经济理论尤为丰富、集中，占有十分突出的地位，创造性地发展了马克思主义经济学说，是当代中国的马克思主义政治经济学，是建设有中国特色社会主义经济的根本指导思想。

邓小平经济理论贯穿着解放思想、实事求是的思想路线，围绕着什么是社会主义和怎样建设社会主义这个首要的基本问题，构成了一个完整的科学体系。它的主要内容包括：社会主义初级阶段论、社会主义本质论、社会主义的根本任务和根本原则、社会主义市场经济论、经济体制改革、经济发展战略、农业问题、科学技术和教育问题、按经济规律办事、实行对外开放、加强精神文明建设、推进政治体制改革等 14 个方面。其中，最重要、最鲜明地集中在三大理论即社会主义初级阶段论、社会主义本质论、社会主义市场经济论的突破上。小平同志以非凡的理论勇气开拓了马克思主义的新境界，对马克思主义经济理论作出了卓越的贡献。

---

* 本文是应中共云南省委理论学习中心组的邀请，作学习邓小平经济理论的辅导讲授而整理形成的。

一、社会主义初级阶段论

能否正确认识我国国情，是建设有中国特色社会主义首先要回答的基本问题。党的十一届三中全会后，小平同志就指出，现在搞建设，要适合现阶段中国的实际情况，正确认识我国社会主义所处的历史阶段，走出一条中国式的现代化道路。"不要离开现实和超越阶段采取一些'左'的办法，这样是搞不成社会主义的。从1957年下半年开始，我们就犯了'左'的错误……制定的政策超越了社会主义的初级阶段"，走了不少弯路。总结历史经验教训，我们所犯错误的原因之一，都是因为对中国国情没有完全搞清楚，对我国社会主义所处的发展阶段定位不准确。这表现为：一是把社会主义制度确立后与过渡时期相混淆，依然以阶级斗争为中心，忽视发展生产力和经济建设；二是把刚刚建立的社会主义制度与未来的高级发展阶段相提并论，把将来才能办到的事拿到现在来办，急于求成，结果在马列主义与中国实际的结合上，多次失误，付出了巨大的代价。在邓小平同志主持起草的《关于建国以来党的若干历史问题的决议》中，第一次明确指出："我们的社会主义制度还是处于初级阶段。"社会主义初级阶段具有特定的科学内涵：第一，社会主义初级阶段不是泛指任何一个国家进行社会主义革命和建设必经的一个阶段，而是指我国在生产力落后、商品经济不发达条件下必经的特定阶段。这个论断表明，一方面，从社会性质上，肯定了我国已经是社会主义社会，必须坚持而不能离开社会主义；另一方面，从社会发展阶段上，明确了我国社会主义还处在初级阶段，必须从实际出发，而不能超越这个阶段。所以，这个历史阶段不是短暂的，至少需要我们几代人，甚至十几代人坚持不懈地努力奋斗。第二，根据小平同志关于社会主义初级阶段理论形成的建设有中国特色社会主义的基本路线，即"一个中心，两个基本点"，是我国社会主义建设事业蓬勃发展、不断胜利的根本保证，必须坚持党的基本路线，一百年不动摇。这个理论使我们对社会主义现代化的紧迫性、艰巨性和长期性有更清醒的认识和充分的思想准备。江泽民同志在"十五大"的报告中进一步具体阐述了社会主义初级阶段的科学含义，明确指出了社会主义初级阶段的九个特征，深化了人们对社会主义初级阶段的认识。

社会主义初级阶段论对马克思主义所作的新贡献，归纳起来主要是三个方面：第一，发展了马克思主义，为中国社会主义建设奠定了坚实的理论基础。马克思主义创始人所设想的社会主义，是以生产力比较发达的资本主义物质技术为基础的，只需经历一个短暂的过渡时期就可以进入共产主义。因此，他们认为，资本主义的崩溃和无产阶级革命的胜利都会来得很快。列宁在领导苏联进行社会主义建设的实践中，虽然开始认识到社会主义是一个较长的历史阶段，但很遗憾他又过早逝世。斯大林在执政期间，一直把社会主义看成是一个短暂的阶段，宣布苏联已经建成社会主义，提出向共产主义过渡了。当时不仅苏联，东欧、中国等社会主义国家执政党，也都是这样的认识。中国提出了"超英赶美"、"跑步进入共产主义"的口号，急于搞穷过渡。小平同志提出的社会主义初级阶段理论，则从三个方面区分了不同的思想理论界限：即把马克思、恩格斯设想的社会主义社会与现实的社会主义社会区别开来；把社会主义社会的发达阶段与不发达阶段区别开来；把中国这样经济文化落后的社会主义社会与其他社会主义社会区别开来。总之，他不拘泥于社会主义的抽象原则和一般形式，而是立足现实，注重实际，从中国的国情出发，找到了一条真正能够促进生产力发展和社会进步的社会主义道路。在"十五大"通过的党的纲领中进一步明确提出了社会主义初级阶段的科学概念，这在马克思主义发展史上也是第一次。正如江泽民同志所指出的，今天面对前所未有的机遇和挑战，面对改革攻坚和开创新局面的艰巨任务，我们要解决种种矛盾，澄清种种疑惑，关键还在于对社会主义初级阶段的基本国情要有统一认识和准确把握，才能执行正确的政策。第二，破除了长期以来为追求"一大二公三纯"而脱离生产力的实际情况，频繁地调整生产关系的旧的思维模式，避免片面性，克服来自"左"和右的干扰，为党制定和坚持基本路线一百年不动摇奠定了科学的思想基础。第三，为不发达国家建设社会主义率先探索出了一条新的有效途径。这是具有世界意义的。

二、社会主义本质论

究竟什么是社会主义？怎样建设社会主义？这是建设有中国特色社会主义理论的逻辑起点，也是全面系统地把握邓小平经济理论的切入点。小平同志多次谈到，新中国成立30年来的成绩很大，但做的事情不能说都是成功的。问题出在什么地方呢？就是对什么是社会主义、如何建设社会主义并不是完全很清楚。我们的经验教训有许多条，最重要的一条就是要搞清这个问题。我国在改革开放前所出现的曲折和失败，改革开放以来在前进中遇到的一些犹豫和困惑，归根到底，都是对这个问题没有完全搞清楚。

关于社会主义本质的命题，小平同志在1992年初的"南巡"讲话中，作了科学准确的回答。他说："社会主义的本质是解放生产力，发展生产力，消灭剥削，消除两极分化，最终达到共同富裕。"短短五句话，厚积薄发地揭示了事物的本质。

从根本上说清楚了当代社会主义实践中反复提出的一个重大问题，把人们对"什么是社会主义"的认识，提高到了新的科学境界。社会主义本质的科学内涵有两个基本的方面：一是解放和发展生产力是社会主义的根本任务。他说："讲社会主义，首先就要使生产力发展，这是主要的，只有这样才能表明社会主义的优越性。"所以，发展生产力是社会主义的"首要任务"、"第一任务"、"最根本的任务"。他在"南巡"讲话时，进一步把解放生产力和发展生产力置于社会主义本质的首要位置，正是他一贯重视发展生产力思想的合乎逻辑的结果。二是消灭剥削，消除两极分化，最终达到共同富裕。生产力的充分发展并不是社会主义本质的全部内容。因为仅仅有发达的生产力，并不等于就是社会主义。他多次强调"社会主义的目的就是要全国人民共同富裕。""社会主义与资本主义不同的特点就是共同富裕，不搞两极分化。""这是体现社会主义本质的一个东西。"所以，上述两个方面的内涵是相互联系、不可分割的，发展生产力是基础，共同富裕是目标。这个命题体现了四个方面的统一性，即：体现社会主义生产力和生产关系的统一，这是社会主义本质的规定性；体现了社会主义根本任务和生产目的的统一；体现了社会主义物质技术基础和社会关系的统一；体现了社会主义发展过程和最终目标的统一。

邓小平的社会主义本质论对马克思主义作出了新贡献。其主要贡献是：第一，把人们对社会主义的认识，从特征形态上升到本质的规定性，这是历史性的飞跃。长期以来，人们往往是根据马克思主义经典作家对未来社会主义基本特征的描述来认识社会主义的，认为社会主义就是生产资料公有、按劳分配和计划经济。结果，把社会主义的基本特征和社会主义本质相混淆，以特征代替本质。这种认识是欠妥的。因为从哲学原理讲，本质和特征是两个不同层次的理论范畴。本质是指客观事物的内部联系和内在规定性，特征是事物本质的外部表现或外在化，是本质的要求和反映。本质决定特征，特征体现本质。因此，社会主义本质是社会主义的内在规定性，是社会主义社会全过程都具有的根本属性；社会主义特征是社会主义本质在经济、政治、文化等方面的具体表现。社会主义本质具有普遍意义，存在于社会主义全过程；社会主义特征则受不同国家、不同的社会历史条件所制约，因而在不同的国家和同一国家的不同发展阶段，会表现出特定的特征形态。例如，我国现处在社会主义初级阶段，生产力水平还不够高，而且不平衡。因此，在所有制关系上，实行以公有制为主体、多种所有制经济并存的形式；在分配关系上，实行以按劳分配为主体、多种分配形式并存；在经济运行方式上，实行社会主义市场经济。这些特征都能从不同的角度和程度上反映社会主义本质，同时也能具体表现社会主义发展的阶段特征和中国特色。但它们都不属于社会主义本质的范畴。可见，邓小平的社会主义本质论，把社会主义从特征形态提炼出来，从本质上规定了社会主义最根本的原则和发展方向，使人们对社会主义的认识进入到一个更高层次的新境界。第二，把"解放生产力，发展生产力"置于社会主义生死攸关的地位，进一步明确了社会主义的根本任务。小平同志把生产力能不能迅速发展、体现不体现社会主义本质，提到社会主义够不够格、站不站得住脚、有没有优越性的尖锐程度和战略高度，同社会主义的生死存亡直接联系起来。有力地纠正了过去忽视生产力发展的错误倾向，提出了中国在社会主义历史阶段，尤其是初级阶段，社会的主要矛盾是日益增长的物质文化生活需要同落后的社会生产之间的矛盾。这就决定了我们的根本任务是集中力量大力发展生产力。这就从根本上确立了经济建设在社会主义阶段的中心地位。第三，把"消灭剥削，消除两极分化，最终达到共同富裕"，作为社会主义的目标和最大优越性来对待。他说，社会主义"应该而且能够避免两极分化"，"我们不会容许产生新的资产阶级"。因为，有社会主义制度的根本保证，不会使富的越富、穷的越穷；党和国家采取扶贫政策，将缩小地区间和个人间在收入上的过大差距；政府制定公平合理的税负政策，用税收杠杆调节收入高低；强化法制建设，规范市场秩序，依法打击牟取暴利的非法行为；中央会加强权威性的宏观调控。当然，消灭剥削，防止两极分化，是在解放和发展生产力的基础上，采取多种措施的一个渐进过程，不能一蹴而就，更不能采取搞"运动"、割"资本主义尾巴"的办法。因此，"共同富裕"，既不是"同等富裕"，也不是"同步富裕"，而是让部分地区、部分人先富裕起来，通过先富带后富，最终达到共同富裕。而"最终达到共同富裕"本身就蕴涵了目标实现的阶段性和渐进性，既体现了目标的最终要求，又体现了实现目标的历史过程。第四，突破了长期以来把计划经济看做是社会主义本质特征的传统观念，廓清了许多模糊认识。他说："计划多一点，还是市场多一点，不是社会主义与资本主义的本质区别。"这不仅摆脱了把计划经济当做社会主义的本质特征、把市场经济当做资本主义特征的思想束缚，为确立我国经济体制改革的目标奠定了思想和理论基础，而且以他独有的视角，清楚地阐明了社会主义的界限：贫穷不是社会主义，发展太慢也不是社会主义；平均主义不是社会主义，两极分化也不是社会主义；僵化封闭不能发展社会主义，照搬外国做法也不能发展社会主义；没有民主就没有社会主义，没有法制也没有社会主义；不重视物质文明建设，搞不好社会主义，不重视精神文明建设，也搞不好社会主义。因此，有中国特色的社会主义，是不断解放和发展生产力的社会主义，是实现共同富裕的社会主义。第五，提出"三个有利于"作为判断一切是非得失的标准。改革开放以来不断出现姓"社"、姓"资"的质疑和干扰。较为集中、突出的有四大回合：即实行农村家庭联产承包责任制，姓"社"还是姓"资"？经济特区姓"社"还是姓"资"？商品经济姓"社"还是姓"资"？市场经济姓"社"还是姓"资"？人们感到困惑。小平同志说，改革开放迈不开步子，不敢闯，说来说去，要害是姓"资"还是姓"社"的问题。他针对这种教条的思维方式，从历史唯物主义观点出发，提出了著名的"三个有利于"的标准，即"是否有利于发展社会主义生产力，是否有利于增强社会主义国家综合国力，是否有利于提高人民生活水平"。这是真理标准和生产力标准的进一步发展和具体化，成为解放思想、加快发展的强大理论武器。这个观点的提出，消除了人们思想观念的许多误区：一是必须破除过去那种把某些不属于社会主义本质、不符合"三个有利于"标准的东西，硬要作为社会主义来固守（如：在公有制形式上，追求"一大二公三纯"的现象）。二是绝不可把那些符合"三个有利于"要求的，本来没有姓"社"姓"资"问题，即所谓具有"中性"特点，既可以为"资"服务、也可以为"社"服务的东西，错误地定性为姓"资"而加以摒弃和拒绝（如，不敢发展商品经济、开展竞争）。三是对于那些确实姓"资"，或者具有资本主义因素，但在一定条件或限度内，符合"三个有利于"要求、可以为"社"所利用的东西（如：依照我国法律进行合法经营的外国资本、港台资本，私人资本等）也要允许其存在和适度发展。四是要从"三个有利于"的角度出发，去确立能够极大地促进生产力发展的公有制的实现形式和以公有制为主体的所有制结构。

三、社会主义市场经济论

长期以来，无论是西方经济学者，还是马克思主义经济学者，都认为市场经济只有资本主义才能搞，社会主义不能搞；市场经济与社会主义制度是不相容的。所以党的十一届三中全会前的思想观点基本上是否定商品经济、否定市场经济的。小平同志以惊人的政治胆识和巨大的理论勇气，对"社会主义只能搞计划经济"这个政治经济学的"公理"提出了挑战。认为社会主义也可以搞市场经济，创立了前所未有的、崭新的社会主义市场经济理论。这个来之不易的伟大成果，其艰难的认识过程在党的十一届三中全会后大体经历了三个阶段。第一阶段，以"十二大"为标志。基本观点是"计划经济为主，市场调节为辅"。1979年4月中央工作会议的提法是"整个国民经济中，以计划经济为主，同时充分重视市场调节的辅助作用"。"十二大"的正式提法是"计划经济为主，市场调节为辅"，并写入1982年的宪法。第二阶段，以1984年10月党的十二届三中全会为标志。全会通过的《关于经济体制改革的决定》，提出了社会主义经济是"在公有制基础上的有计划的商品经济"的论断。小平同志高度评价这个《决定》是"马克思主义基本原理和中国社会主义实践相结合的政治经济学"。1987 年"十三大"召开前，他进一步指出："计划和市场都是方法嘛，只要对发展生产力有好处，就可以利用。它为社会主义服务，就是社会主义的；为资本主义服务，就是资本主义的。""十三大"论述了社会主义有计划商品经济的体制，应该是包括计划与市场内在统一的体制，是你中有我、我中有你，其作用都是覆盖全社会的。这一新论断，在马克思主义政治经济学发展史上，是一个重要的转折点。但是，应该说这个论断在理论上还不彻底，还有相当大的局限性。第三阶段以"南巡"讲话和"十四大"为标志。小平同志在与中央负责同志讲话时说："计划多一点还是市场多一点，不是社会主义与资本主义的本质区别。计划经济不等于社会主义，资本主义也有计划；市场经济不等于资本主义，社会主义也有市场。计划和市场都是经济手段。"这个论断石破天惊，对社会主义能不能搞市场经济这个长期争论不休的问题作了精辟的回答。"十四大"正式决定我国经济体制改革的目标，是建立社会主义市场经济体制。这是我国改革开放过程中最具决定意义的决策。

小平同志关于社会主义可以实行市场经济的思想，具有深远而丰富的科学内涵，十分精辟。其要点大体包括五个方面：第一，计划经济和市场经济不是区分社会主义和资本主义的标志。第二，要大胆吸收和借鉴当今世界各国属于人类社会创造的一切文明成果，包括资本主义发达国家反映社会化生产和市场经济一般规律的先进技术、科学的经营方式、管理方法和组织形式。证券股市，这些东西究竟好不好，有没有危险，是不是资本主义的东西，社会主义能不能用，允许看，但要坚决地试。第三，社会主义实行市场经济，是为了更有效地发展社会生产力。小平同志说，社会主义和市场经济之间不存在根本矛盾。问题是用什么方法更有力地发展生产力。我们过去只搞计划经济，但多年的实践证明，从某种意义上说，只搞计划经济会束缚生产力的发展。所以，为了大力发展生产力，必须实行市场经济。第四，计划和市场都是手段，都是方法，"它为社会主义服务，就是社会主义的；为资本主义服务，就是资本主义的"。社会主义市场经济以公有制为主体，资本主义市场经济以私有制为基础。第五，正确认识和处理市场机制和宏观调控的关系，建立健全宏观调控体系。在充分发挥市场机制对资源配置起基础作用的同时，必须加强宏观调控。

由邓小平同志创立的社会主义市场经济理论，从根本上突破了把计划经济等同于社会主义、把市场经济等同于资本主义的传统观念和模式，以科学求实的态度正确地处理了社会主义与市场经济的关系。在坚持公有制为主体的前提下，确保市场经济的社会主义性质。把公有制与市场经济的"兼容"问题或"嫁接"问题处理得非常科学、非常艺术，从而建立起崭新的社会主义市场经济理论体系，具有极为重要的创新意义。

综上所述，邓小平经济理论的内容是全面而丰富的；三大卓越贡献是举世瞩目的。在理论上标志着马克思主义政治经济学和科学社会主义达到了一个新的水平；在实践上指导中国社会主义现代化建设进入了一个新的发展阶段。这个新阶段，以社会主义初级阶段理论为基础，以社会主义本质论为核心，以社会主义市场经济论为指导，以建立社会主义市场经济体制为目标。这三大理论作为三大支柱构建起邓小平经济理论的科学体系，成为有中国特色社会主义理论的重要组成部分，是当代中国的马克思主义政治经济学。邓小平经济理论的强大威力经受住了实践的检验。它使中国成为 20 世纪 80 年代以来少数几个经济高速增长的国家之一，且在世界大国中则是唯一的；还表现为社会生产力的迅速发展，经济实力增强，人民生活蒸蒸日上，呈现出"民富国强"的良好态势。回顾过去，展望未来，我们深切地感受到，正是有了邓小平经济理论的指导，有了这位伟大的总设计师所描绘的蓝图，才会有今天改革开放的新局面和中国社会主义现代化的光辉前景。[1]

（载《思想战线》1998 年第 1 期）

---

[1] 全文引文均转引自《邓小平经济理论学习纲要》，人民出版社，1997 年 2 月版。

学习《马克思主义政治经济学》的几个问题[*]

（2000 年 3 月 27 日）

一、全面理解《马克思主义政治经济学》的基本原理、基本范畴

马克思主义是由马克思主义哲学、政治经济学和科学社会主义学说三个部分组成的有机联系的整体。马克思主义政治经济学在马克思主义理论体系中占有十分重要的地位。用列宁的话讲，它"是马克思理论最深刻、最全面、最详细的证明和运用"。它是其他经济学科的理论基础。在新千年交替之际，西方国家多家媒体组织评选"千年思想家"的活动，把马克思评选为"千年思想家"、"千年风云人物"。其中，最有代表性的媒体有两家：一家是英国广播公司。它通过网上民意测验，根据得票率的高低，确定出一千年来最伟大、最有影响的思想家。其中，马克思高居榜首。其后才是爱因斯坦、牛顿、达尔文等大思想家、大科学家。另一家是路透社。在评选千年风云人物中，马克思仅以一分之差居于爱因斯坦之后，名列第二。路透社在评选结果时，特别指出马克思的《资本论》和《共产党宣言》在过去一个多世纪对全世界政治经济思想产生了深刻的影响。这表明，西方政界、商界、学术界不仅承认马克思是最杰出的"千年思想家"或"千年风云人物"，而且承认他的科学社会主义和政治经济学著作在全世界产生的巨大作用。可是，这些年来，我们的一些同志由于认识上的偏颇，对马克思主义政治经济学不感兴趣，认为它不吃香了。其实这是一种误解。"政治经济学"这个概念最早是由法国经济学家、重商主义代表人物蒙克莱田提出来的。1615 年，他出版了一本《献给国王和王太后的政治经济学》的著作，就是以"政治经济学"作为书名的，目的在于表明他所论述的问题已

---

[*] 本文是应云南省政协理论学习中心组的邀请，讲授了《学习〈马克思主义政治经济学〉的几个问题》后整理形成的。

· 42 ·

经超出传统"家庭经济"的范围，是涉及国家和社会的经济问题。尔后，"政治经济学"这个词就被广泛地用来表示它所研究的问题是国家和社会的经济问题。因此，不能把"政治经济学"误解为是从政治的角度去研究经济，否则，会导致只讲政治不讲经济、只算政治账不算经济账的不良结果；也不能把它理解为既研究政治，也研究经济。政治经济学是研究国家和社会的经济问题，是研究社会生产方式运行的规律及运行的机制。对此，连当今西方经济学的主流派代表人物萨缪尔森都称他研究的经济学就是政治经济学。

马克思主义政治经济学是由它的基本原理和基本范畴构成的。它是一门科学性、实践性都很强的学科，是我们行动的指南，不是教条，更不是玄学。但由于多年来，我们在《政治经济学》的教学和研究中存在着简单化和绝对化的现象，以致严重脱离实际：一方面，我们把"政治经济学"的一些原理和范畴（如"资本"、"剩余价值"等）定义为资本家剥削雇佣工人、无偿占有剩余价值，是资本主义特有的现象，反映的是资本家剥削雇佣工人的阶级关系，从而在理论上进行批判和否定；另一方面，在改革开放的实践中，我们不仅在大力发展个体、私营经济等非公有制经济，而且还从国外大量引进资本，发展各种资本形式，建立资本市场，并把它作为生产要素的内容参与分配。结果就出现了理论和实践相脱节、教科书的观点和现行政策相矛盾的尴尬局面。一些个体、私营企业主也心存疑虑，担心政策变化，不知哪一天又来个国有化，以致影响扩大再生产；有的外资企业犹豫观望，甚至把资金抽走；在干部队伍中也有人认为发展非公有制经济是权宜之计，不敢理直气壮地贯彻执行党的方针、政策。上述情况促使人们积极地进行理论探讨和研究。我们遵循邓小平理论和中共"十五大"精神，紧密结合实际，解放思想，大胆探索，对"政治经济学"的基本原理和范畴进行科学分析，既分析研究它的特殊性，又研究阐述它的普遍性，即在市场经济条件下的共性。这样为解决理论和实践的矛盾提供了科学的理论依据，使理论和现行政策相统一，我们就能够理直气壮地去贯彻执行党的路线、方针、政策；能正确认识和借鉴资本主义一切反映社会化大生产规律和市场经济发展的先进经营方式和管理方法，加快社会主义经济建设。与此同时，我们也不固守马克思的某些过时的论断，坚持创新的观点，使马克思主义政治经济学的基本原理和范畴贴近生活，达到学以致用的目的。

下面讲几个基本理论观点：

1. 关于生产关系一定要适应生产力性质规律的原理。政治经济学要开宗明义地回答什么是生产力、什么是生产关系的问题。传统政治经济学把"生产力"简单地定义为劳动者、劳动资料二要素或劳动者、劳动资料和劳动对象三要素，而且长期争论不休。现在的情况是，随着科学技术的进步和社会经济的发展，生产力要素的内涵和外延都发生了深刻的变化，无论二要素论或三要素论都不能说明问题。生产力是由多元因素构成、彼此有机联系的大系统。在这个系统中有三个层次：（1）生产力的实体性因素，包括劳动者、劳动资料和劳动对象，构成了生产力的物质实体和基础；（2）生产力的渗透性或附着性因素，包括知识、科学技术、信息传递、商标、专利等无形资产，是通过渗透在实体性因素中或附着在实体性因素上而发挥作用的；（3）生产力的连接性或协调性因素，包括经营管理、劳动组织和分工协作等。因此，不能把生产力简单地理解为二因素或三因素，它是一个多元因素的大系统。什么是生产关系？人们的认识比较统一，是指人们在物质资料生产和再生产过程中所结成的相互关系。它是各种社会关系中最基本的关系。社会生产关系有广义和狭义之分。狭义生产关系是指直接生产过程中结成的人与人之间的相互关系。如企业中厂长、经理、工程技术人员、工人等之间的关系。广义生产关系是指在社会生产总过程中所形成的生产、分配、交换和消费诸方面经济关系的总和。生产资料所有制形式是生产关系的基础。马克思所揭示的生产关系一定要适应生产力发展的客观规律，是人类社会的共同规律。邓小平同志提出的"三个有利于"的标准是对马克思这一原理的丰富和发展，也是我们改革经济体制、调整所有制结构的出发点和落脚点。

2. 关于价值规律作用的形式问题。价值规律是商品经济的基本规律。其基本内容和要求是：商品的价值量是由生产商品的社会必要劳动量决定，商品交换以价值量为基础，实行等价交换，其作用形式是价格围绕价值波动来实现的。这种高度的抽象，看不见、摸不着，人们不太容易把握。为此，要把其作用形式作进一步具体化研究。其实，价值规律是通过供求关系的变化、生产经营者之间的竞争等一系列市场机制左右价格的运动来调节社会生产的。也就是说，价值规律调节社会资源配置是通过供求规律、竞争规律形成买方市场或卖方市场来实现的。商品生产经营者通过价格信号，相互竞争，优胜劣汰，激励创新，以促进经济的发展、社会的进步。因此，研究价值规律首先要研究供求规律、竞争规律，采取相应对策，使"看不见的手"和"看得见的手"结合起来，推动经济稳定持续地发展。

3. 关于资本、剩余价值和剩余价值率的问题。上述范畴，长期以来我们只当成资本主义特有的现象而进行批判和否定。应该说，这是对的，但却是不全面的。它只看到在资本主义条件下的特殊性，而没有看到在市场经济条件下的共性或普遍性。在我们的现实经济生活中，这些范畴不仅大量存在，而且还在建立资本市场，以此推动经济的发展。这就产生了一个问题，这种现象是正常还是不正常？合理还是不合理？要作出科学的、符合客观实际的回答。从资本这个范畴看，过去只讲一个意思：资本是能够带来剩余价值的价值，即雇佣劳动者在剩余劳动时间内所创造的为资本家无偿占有的那一部分价值。现在看来，这是不完整、不全面的。因为，从马克思在《资本论》中所下的定义、阐述的内容和现实社会经济生活的客观实际来全面理解资本的含义，它应该包括三层意思：（1）资本是带来剩余价值的价值；（2）资本是自行增殖的价值，是能带来超过自身价值的价值，具有价值增殖的职能；（3）资本是一种社会经济关系，在不同的社会经济条件下反映不同的生产关系，具有不同的性质。因此，资本不是资本主义社会特有的现象，而是商品经济共有的现象，既有其特殊性，又有其共性。在社会主义社会继续存在商品经济，并逐步建立市场经济体制的条件下，与商品经济相联系的资本、剩余价值等范畴依然存在，资本要实现价值增殖的共同属性也存在。如果资本不能带来剩余价值，不能实现价值的增殖，一切企业的存在就都失去意义了。无论生产企业，还是流通服务企业，都是按照价值增殖公式运行的，即：G－G′（货币——增殖的货币）。当然在不同的社会经济条件下，具有不同的性质。

4. 按生产要素分配的问题。所谓按生产要素分配是指在市场配置资源的过程中，由生产要素的使用者按照要素本身的价格向要素所有者支付相应的报酬。实际上也是要素所有者向使用者索取的一种回报，即所有权在经济上的实现。其分配的量化标准，是由市场经济的供求关系决定的；各个要素的所有者根据市场价格来获取各自的收入。实行按生产要素分配的客观原因是：（1）劳动是价值的唯一源泉，但并不是价值形成的唯一条件，如果没有生产资料，劳动就失去了物质承担者，劳动就不复存在，因此，在生产过程中发挥作用的各种生产要素有权参与分配；（2）劳动不是一切财富的唯一源泉，自然界和劳动都是财富的源泉。作为财富创造者之一的生产要素也应参与分配；（3）生产要素属于不同的所有者，所以也必须实行按要素分配；（4）以技术、知识、专利等形式存在的生产要素，是智力劳动和复杂劳动的结晶，参与收益分配属于按劳分配范畴，是合理的。总之，实行按生产要素分配对社会经济的发展具有积极的促进作用。

二、充分认识当代资本主义国际经济关系的新特点

"二战"后，特别是20世纪六七十年代以来，资本主义国际经济关系出现了许多新情况和新特点，生产和流通都超越了国家的界限，形成了生产和资本的国际化，引起资源的全球流动和配置，推动了世界经济一体化。这些新情况、新特点表现为：

1. 生产国际化。这是世界经济一体化的基础。生产国际化表现为生产过程超越了民族和国家的界限，在国际范围内形成一个整体。在这个整体中，各国、各地区可能是生产过程的一个局部，但却相互交织，互为补充，互相依赖，构成世界统一生产过程的一个有机组成部分。生产国际化是以国际分工为基础形成的。其战后的新特点是：（1）国际分工从原产业间的垂直分工发展为产业内的国际水平分工，生产的产品成为国际性产品，即由多个国家制造的，特别是大型机械产品和高科技产品；（2）发展中国家在国际分工中的地位有所变化，越来越多地参与国际水平分工；（3）国际分工的领域进一步拓展，以知识创新为基础，形成新兴产业群，分布于不同的国家。

2. 借贷资本国际化。生产的国际化必然要求资本的国际化，即资本超越国界在国际范围内运动。资本国际化是通过借贷资本国际化、商品资本国际化和产业资本国际化表现出来的。借贷资本国际化是指资本在国与国之间的借贷关系。实际上是资本所有者把资本能生产和实现剩余价值的职能暂时让渡给别的国家，按期收回本金并获得一定的利息。特点是：（1）发展速度快，资本规模大；（2）形成和发展了国际性的资本市场和国际金融组织；（3）垄断性的跨国银行和金融公司成为国际借贷资本的行为主体；（4）资本主义的各项业务主要集中在发达国家。

3. 商品资本的国际化。其特点是：（1）国际贸易发展的增长速度超过历史上任何时期，增长率也大大超过世界生产的增长率；（2）国际贸易的商品结构发生了新变化，工业制成品比重上升，初级产品的比重下降；（3）国际贸易的地区结构发生了变化，贸易的区域化、集团化成为当今国际贸易的重要特征；（4）贸易方式多样化，无形贸易特别是技术贸易发展迅速；（5）国际旅游业增长尤为突出。

4. 产业资本国际化，跨国公司有新发展。生产和资本国际化的重要特点是产业资本国际化，即资本跨越国界，到国外直接投资办企业，从事商品的生产和经营。产业资本国际化集中表现在各国垄断资本对外直接投资的急剧增加，其中，绝大部分是投向发达国家。对外直接投资主要是通过跨国公司进行的。跨国公司是一种国际性企业。它以本国公司为基地，通过对外直接投资，在其他国家和地区设立子公司，从事跨国的生产、销售和其他业务活动。其战后的新特点是：（1）数量迅速增加，地区分布日益广泛；（2）跨国公司成为世界对外直接投资的主要提供者，世界最大的100家跨国公司对外的直接投资约占全球直接投资的50%以上；（3）投资领域遍及世界各个行业，其重点是金融、保险、通信、运输、房地产业和制造业中的技术密集型和投资大的产业；（4）跨国公司在国际经济生活中的一些重要领域，具有举足轻重的作用。世界4万多家跨国公司是当今国际经济活动舞台的主角，其中少数巨型跨国公司在全球的经济实力超过他们经营活动所在的国家。

综上所述，由于生产和资本的国际化，使当代的国际经济关系十分密切，形成了一个完整、发达的世界市场体系。各国之间的经济联系都被囊括其中，相互依赖、相互交融，构成全球经济的一个组成部分。同时，由于交通和通信手段的现代化，使得国际经济交往非常便捷。人们惊叹，世界变小了，全球变成了一个"地球村"。因此，世界经济的全球化和一体化是一个必然的过程。

三、正确认识和处理社会主义和资本主义的关系

1. 正确认识两种社会制度并存的关系。社会主义取代资本主义是一个长期的历史过程，两种社会制度的并存就成为必然的客观现实。任何事物都是对立统一体，社会主义和资本主义，除了存在相互对立、冲突的一面，也存在相互联系、合作和借鉴的一面。这两种社会制度有一个共同点：都是建立在社会化大生产和商品经济基础上的，需要经济联系和交往，而且日趋密切，呈现出全球化和国际化的趋势。同时，都共同面临许多关系全人类命运的问题，都需要社会主义国家和资本主义国家来共同解决。

2. 学习和借鉴当代资本主义的优秀文明成果。邓小平同志指出："社会主义要赢得与资本主义相比较的优势，就必须大胆吸收和借鉴人类社会创造的一切文明成果，吸收和借鉴当今世界各国包括资本主义发达国家的一切反映社会化生产规律的先进经营方式、管理方法。"通过学习、消化、吸收和创新，加快我国社会主义建设步伐。

3. 坚持两手抓、两手都要硬的方针。既要坚持改革开放，又要反对自由化倾向；既要学习、借鉴，又要反和平演变，使我们的改革开放始终坚持社会主义方向，才能把我国建设成社会主义强国。

（载《政协委员学习参考资料》）

市场经济与体制改革篇

理直气壮地实行奖金制度

（1978 年 11 月 4 日）

英明领袖华主席在五届人大政府工作报告中明确指出：在社会主义制度下，"国营企业职工工资实行以计时为主、计件为辅，计时加奖励的制度"，"要把精神鼓励和物质鼓励结合起来，以精神鼓励为主、物质鼓励为辅"。这是实行社会主义物质鼓励必须严格遵循的正确方针。可是，祸国殃民的"四人帮"为了篡党夺权、复辟资本主义，曾利用他们控制的舆论工具，大肆攻击社会主义社会实行物质鼓励，给实行社会主义奖金制度加上了种种罪名，搞乱了理论，搞乱了思想，破坏了按劳分配原则的贯彻执行，给生产带来了严重的影响。在这个问题上，我们必须拨乱反正、正本清源、分清是非，为社会主义奖励制度恢复名誉，使之为实现新时期的总任务发挥积极作用。

在社会主义条件下要不要实行奖励的问题，革命导师曾经有多次的论述。列宁早在 1919 年就指出："在完全的共产主义制度下奖金是不允许的，但在从资本主义到共产主义的过渡时代，如理论推断和苏维埃政权一年来的经验所证实的，没有奖金是不行的。"[1] 1920 年，列宁又指出："对于任何重大成绩都要经常给予适当的奖励（实物奖金或其他）。"[2] 而且还明确指出："必须系统地研究和拟定一些推广奖励制的办法，以便把奖励制包括到全体苏维埃职员的整个工资制度里去。"[3] 伟大领袖和导师毛主席继承和发展了列宁的上述思想，在我国革命和建设的各个历史阶段也有十分明确的论述。1933 年对开展劳动竞赛指出："每一次竞赛，都要作出总结，并且实行给奖。"（《长冈乡调查》）1942 年又指示："没有适当的奖惩制度，是不能保证劳动纪律与劳动积极性的提高的。"[4] 新中国成立后，毛主席在《勤俭办社》一文按语中指出："应当奖励那些勤俭的、产量最高的、各方面都办得好的合作社。"

---

[1] 《列宁选集》第 3 卷，第 748 页。
[2] 《列宁全集》第 31 卷，第 365 页。
[3] 《列宁全集》第 33 卷，第 299 页。
[4] 《经济问题与财政问题》，华北新华书店版，第 106 页。

· 51 ·

这些论述表明，列宁和毛主席关于在社会主义条件下实行奖励的思想是一致的。

实行社会主义奖励，不是由人们的主观愿望，而是根据社会主义生产关系的客观要求决定的。我国现阶段社会主义生产关系的特点是在个人消费品分配方面实行按劳分配的社会主义原则；而按劳分配原则又是通过工资、工分、奖金、岗位津贴等劳动报酬形式来实现的。就工资来看，虽然能基本上按照劳动的数量与质量支付劳动报酬，是贯彻按劳分配的一种基本形式，但不是唯一的形式。因为它还有某些不足之处，还需要有其他劳动报酬形式作补充。例如：计时工资，主要是根据劳动者平均的劳动技能、熟练程度和劳动强度以及在这样的条件下可能向社会提供的劳动量来确定工资等级的。其不足之处表现在：一是每个劳动者实际的劳动技能、熟练程度和劳动强度与平均水平不完全相同。一些先进的劳动者的劳动技能、熟练程度与劳动强度比平均水平要高一些。二是每个劳动者在一定时间内实际提供的劳动量与可能提供的劳动量的平均数也不完全相同。一些先进的劳动者实际提供的劳动量超过了同级劳动者可能提供劳动量的平均数，而对于这个超额劳动量就需要通过其他劳动报酬形式来补偿。同时还必须看到，每个劳动者的工资级别一经评定就具有相对稳定性，在一定时期内是不变的，可是每个劳动者实际向社会提供的劳动量则因种种原因而经常变动。因此，对于向社会提供了超额劳动量的劳动者，在其工资级别未调高之前，也要有其他劳动报酬形式作适当的补充。奖金就是这样一种补充形式。因为奖金的特点是在实行工资制度的情况下，能够比较及时、准确地反映劳动者一定时期内向社会提供劳动的数量与质量的变动情况；运用起来比较灵活，能够弥补计时工资的不足。因此，奖金是贯彻按劳分配的一种辅助形式。实行社会主义奖金可以使按劳分配原则得到更合理、更充分的贯彻，使社会主义分配关系更加完善，从而促进社会主义生产关系的巩固和生产力的发展。

实践是检验真理的唯一标准，也是检验经济理论、经济政策正确与否的唯一标准。伟大领袖和导师毛主席在《论联合政府》中指出："中国一切政党的政策及其实践在中国人民中所表现的作用的好坏、大小，归根到底，看它对于中国人民的生产力的发展是否有帮助及其帮助之大小，看它是束缚生产力的，还是解放生产力的。"实践证明，正确实行社会主义奖金制度，对生产力的发展具有积极的作用。这表现在：第一，有利于提高劳动出勤率。应当看到，前几年，由于林彪特别是"四人帮"的干扰破坏，把许多行之有效的规章制度，统统诬蔑为资本主义的"管、卡、压"，鼓吹绝对平均主义，煽动无政府主义，使组织涣散，纪律松弛，职工出勤率很低。粉碎"四人帮"以后，许多厂矿企业随着各项规章制度的恢复、建立和健全，特别是实行社会主义奖金制度以来，职工出勤率显著提高。第二，有利于提高劳动生产率。马克思主义一贯认为生产决定分配，生产资料所有制的性质决定分配方式的性质，但也认为分配不是消极被动、无所作为的。它对促进或阻碍生产的发展具有一定的反作用。实行社会主义奖金制度，尽管劳动者在能否得奖以及得奖后在工资收入上的差别总的说来是不大的，但是这个差别却把提倡什么、反对什么清清楚楚地摆在了人们面前，使劳动者亲身感受到国家、集体和个人三者利益的一致性，从而有利于调动群众大干社会主义的积极性。第三，有利于树先进、促后进，开展"比、学、赶、帮、超"的社会主义劳动竞赛。前几年，由于"四人帮"的干扰破坏，在许多地方出现了"干与不干一个样，干多干少一个样，干好干坏一个样"的现象，严重挫伤了广大群众的劳动积极性，破坏了生产的发展。今天，对在大干社会主义中作出贡献的劳动者在实行精神鼓励为主的情况下给予适当的奖金，就能起到表彰先进、促进后进的作用。第四，有利于推动广大职工学科学、用科学，大搞技术革新和技术革命。对于在生产实践中有发明创造的职工给予特殊奖励，使大家感到有学头、有劲头、有奔头，树立为革命钻研科学技术的新风尚，既增加产品数量，又提高产品质量。第五，有利于整顿和健全企业的管理制度。因为只有建立和健全定员定额管理制、岗位责任制，加强计划管理、技术管理、劳动管理，才能及时、全面和准确地考核各个单位直至个人完成生产的数量和质量的情况；才能有效地克服过去那些出勤无考察、生产无指标、领料无手续、消耗无定额、质量无检查等混乱现象，使生产有节奏、有秩序地进行；才能使评比有科学的标准和确切的依据。

"四人帮"出于反革命的政治需要，大肆破坏社会主义奖金制度的实行。胡说社会主义奖金是修正主义的"奖金挂帅"，会"腐蚀思想"、"影响生产"和"破坏团结"。这些谬论确实把人们的思想搞乱了，把社会主义奖金制度的名誉败坏了，使人们对于社会主义时期要不要实行奖金制度产生了怀疑，有的人直到今天还心有余悸。在实践中，由于"四人帮"全盘否定社会主义奖金，进而干扰和破坏了按劳分配原则的贯彻执行，严重影响了生产。

这里，我们必须揭露"四人帮"歪曲和篡改毛主席在九届一中全会上讲话中的一段话的阴谋。毛主席说，在"无产阶级文化大革命"前，领导工厂的，不是没有好人。有好人，党委书记、副书记、委员，都有好人，支部书记有好人。但是，他是跟着过去刘少奇那种路线走，无非是借什么物质刺激、利润挂帅，不提倡无产阶级政治搞什么奖金，等等。"四人帮"据此就说毛主席反对搞奖金，奖金是修正主义的。这完全是恶意的歪曲。粉碎"四人帮"以后，以华主席为首的党中央多次指出，马列主义、毛泽东思想是一个完整的科学体系，必须准确地、完整地去领会。

因此，不能把毛主席的这段讲话和毛主席一贯的思想割裂开来、对立起来。回顾我国革命和建设的各个历史时期，毛主席是主张实行包括奖金在内的奖励制度的。在九届一中全会上所讲的这段话，根本不是反对实行社会主义的奖金制度，而是反对"跟着过去刘少奇那种路线走"、"不提倡无产阶级政治"去"搞什么奖金"。"四人帮"肆意歪曲，斩头去尾，搞实用主义，其手段和目的都是极其卑鄙的。

总之，现阶段实行社会主义奖金制度是符合革命导师的指示、符合社会主义"各尽所能，按劳分配"原则、符合生产力发展要求的。这已被实践所证明，为广大群众所拥护。这是判断社会主义奖金制度本身是否正确的客观标准。至于过去在实行奖励时，由于认识不够或办法不当，确实有奖金金额过高、种类太多、办法烦琐、指标不合理等影响生产、影响团结的现象，但这绝不是社会主义奖金制度本身的罪过。正如列宁所说："其实工会奖励制的失败，应当促使我们更加努力地研究和改进实行奖励制的方法，而绝不是放弃奖励制。"① 华主席最近明确指出，现在方针已经定了，为主为辅的原则也有了，就是要快点贯彻。该计件的就要实行计件，该发奖金的就要发奖金，不要顾虑重重。因此，在实行奖金这个问题上，必须坚持两条战线的斗争，既要反对刘少奇的"奖金万能论"、滥发奖金，又要反对林彪特别是"四人帮"的"奖金有害论"，理直气壮地去贯彻实行奖金制度。

（载《云南日报》）

---

① 《列宁全集》第 33 卷，第 315 页。

竞争是商品经济的客观规律

（1979 年 11 月）

一、有商品经济就有竞争

长期以来，在我国经济学界存在着一种传统的观点，即认为竞争是私有制经济的必然产物，或是资本主义制度下特有的规律，因而和社会主义经济是互不相容、格格不入的。在这种观点的束缚下，人们往往把"竞争"二字视为"资本主义"的同义语；对于在实践中已经发生作用的竞争规律，采取"不承认"的态度，甚至采取种种行政手段，企图限制和取消竞争。这样做的结果，不仅客观存在的竞争没有被取消，而且阻碍了社会主义商品生产和商品流通，影响了国民经济的发展。这个教训值得总结和吸取。

在探讨竞争和社会主义经济的关系这一问题之前，首先有必要对竞争理论的渊源作一番历史的回顾。从字义上看，"竞争"是互争胜利，"竞赛"是比较优劣，两个词的含义是同一的或是相近的。我们撇开特定的社会形态来考察，竞争或竞赛是人类在生存和发展中普遍存在着的一种实践活动，是推动社会前进的一种力量。

马克思在《资本论》第 1 卷第 11 章——"协作"中，撇开人类劳动的特定社会形态，仅就劳动过程谈协作的一般优越性时认为，协作不仅提高了个人的生产力，而且还创造了一种集体力。这是因为："在大多数生产劳动中，单是社会接触就会引起竞争心和特有的精力振奋，从而提高每个人的个人工作效率。"① 这里所说的"竞争心"就是人们在劳动过程中客观存在的竞争活动在主观心理上的反映，也就是我们通常讲的"进取心"或"好胜心"。因此，从这个意义上讲，竞争就是竞赛，就是对抗，就是淘汰和选择。通过竞争定胜负和优劣，在此基础上给予褒贬和奖惩，从而促进社会经济的发展。

---

① 《马克思恩格斯全集》第 23 卷，第 362～363 页。

其次，联系一定社会形态来考察，竞争是与商品生产相适应的客观存在，只要有商品生产，就有竞争。所谓竞争指的是为共同的市场生产的商品生产者之间的关系，是商品生产者在市场上为自己争取有利地位所作的努力。由于人类社会经历过不同性质的商品生产，因而竞争也具有二重性：既有商品生产最一般的性质，又有在特定社会形态上商品生产的特殊性质。社会形态不同，竞争的性质也不同。

马克思、恩格斯对资本主义竞争曾作过详尽的分析，并预言"在共产主义社会里，人和人的利益并不是彼此对立的，而是一致的，因而竞争就消失了。"①

列宁在《怎样组织竞赛》一文中明确提出："现在当社会主义政府执政时，我们的任务就是要组织竞赛。"②

只要有商品生产，就必然存在着竞争。

首先，从生产上看，商品价值的决定离不开竞争。在商品生产条件下，生产商品的社会必要劳动决定商品的价值这一规律的本身就包含着竞争。因为，不同商品生产者所获利益的大小，取决于生产某一商品所耗费的个别劳动时间和社会必要劳动时间的比例关系。如个别劳动时间与社会必要劳动时间一致，则收入可以补偿支出；如个别劳动时间高于社会必要劳动时间，则发生亏损；如个别劳动时间低于社会必要劳动时间，则能盈利。这客观上形成的竞争，迫使各个商品生产者不断采用新技术，为使个别劳动耗费降低到社会必要劳动量以下而竞争。这正如马克思所指出："社会分工则使独立的商品生产者互相对立，他们不承认任何别的权威，只承认竞争的权威。"③

其次，从流通来看，商品价值的实现也离不开竞争。商品在流通领域进行交换的实质是实现商品的价值。在流通领域里，商品所有者和货币所有者是作为卖者和买者互相区别而对立的。作为商品所有者关心的是实现自己商品的价值。因为商品价值能否实现以及实现的程度、快慢，其标志是商品能否尽快地换成货币以及换回货币的多少。这对商品所有者来说，是命运攸关的大事。为此，他们不仅在生产上采用新技术，争相生产价廉物美的商品，而且在市场上以价值为基础，通过价格波动展开竞争。作为货币所有者，他手中的货币是一种特殊商品，具有无限的权力——能和一切商品相交换；但是，他手中的货币量又不是无限的，而是一个既定的量，因而能交换到手的商品则是有限的。所以，在某些商品供不应求的情况下，货币所有者在市场上努力争购商品；反之，在某些商品供过于求的情况下，货币所有

---

① 《马克思恩格斯全集》第2卷，第605页。
② 《列宁选集》第3卷，第392页。
③ 《马克思恩格斯全集》第23卷，第394页。

者在市场上又竭力择优选购。在这里，无论是争购还是选购，都包含着货币所有者之间、商品所有者之间以及货币所有者和商品所有者之间的竞争。由此可见，无论是商品价值的决定，还是商品价值的实现，都离不开竞争。因为，商品价值的决定和实现，从社会的角度看，必须具备两个条件：一是生产部门相同、种类相同、质量相同的商品，虽然个别价值不同，但必须平均化为一个社会价值；二是这种商品的价值总和应与社会有效需求相适应。这两个条件的实现，都离不开竞争。

最后，价值规律要得到贯彻，更不能离开竞争。价值规律是商品经济的基本规律。它要求商品的价值由社会必要劳动时间决定，商品的交换要以价值为基础。但是，在现实的商品交换活动中，并非每一次交换价格都和价值一致，而常常是价格和价值相背离。这是由商品的供应和需求不一致引起的。价格自发地围绕着价值波动，不仅没有否定价值规律，相反，正是商品生产条件下价值规律发生作用的表现形式。而一定程度的价格波动和一定范围的竞争，又是价值规律发生作用的条件。因为，没有价格的波动和差别，就没有竞争；反过来，没有竞争，也就不会产生价格的波动和差别，价值规律也就难以得到贯彻。所以，市场价格的波动和差别在很大程度上是由竞争引起的。恩格斯说："只有通过竞争的波动从而通过商品价格的波动，商品生产的价值规律才能得到贯彻，社会必要劳动时间决定商品价值这一点才能成为现实。"[1] 由此可见，竞争和价值规律是密切联系并作用于商品经济的。

二、社会主义条件下竞争的性质和特点

社会主义社会是存在着商品生产和商品交换的商品经济的社会，因而属于商品经济范畴的竞争当然存在。但是，正如商品经济和不同的生产方式相联系就具有不同的性质一样，在不同性质的商品经济中，竞争的性质也就不同。

在小商品生产条件下，由于商品生产的盲目性，生产和需求脱节，就要通过小商品生产者之间的竞争来进行调节。竞争的结果，虽然促使小商品生产者不断改进技术，提高劳动生产率，使生产和需要重新趋于平衡；但同时也使大批小生产者在竞争中日益破产，出现两极分化。

在资本主义条件下，由于生产资料的资本主义私人占有与生产的社会化之间的矛盾，造成社会生产的无政府状态。商品竞争的结果，一方面加剧了社会生产的无政府状态和经济危机，使一些企业破产、倒闭；另一方面，极大地刺激了资本主义

---

[1] 《马克思恩格斯全集》第 21 卷，第 215 页。

企业采用新技术，改善经营管理，降低成本，提高劳动生产率，使社会生产在一定时点上又重新平衡，在一定程度上促进了社会生产力的发展。

在社会主义条件下，由于商品经济是建立在生产资料公有制基础上的，所以竞争具有社会主义的性质，并表现出一些新的特点：第一，目的不同。社会主义竞争的目的是为了实现社会主义基本经济规律的要求。从经济的角度看，是指为了使企业和个人获得比其他企业和个人的优越地位和最大利益所作的努力。在社会主义社会，虽然各个企业有自己特殊的局部利益，但这是在根本利益一致基础上的差别，因而社会主义企业之间的竞争，是在它们共同协调的社会范围内的、宏观调节下的竞争，不是无条件的完全自发地进行的，其目的是为了使企业以最少的劳动耗费取得最大的经济效益，生产出更多的、价廉物美的商品（或提供良好的服务），以满足人们不断增长的物质文化需要，并为国家建设提供更多的资金积累，以加速实现"四化"的进程。而资本主义的竞争，是以竞争者的根本利益相对抗为基础的，其目的是资本家之间为了个人发财致富而争夺市场、攫取高额利润。第二，手段不同。社会主义竞争是在国家宏观指导下，以实事求是的原则和"比、学、赶、帮、超"的形式为手段的。社会主义企业生产商品的个别劳动时间与社会必要劳动时间之间的矛盾以及不断解决这一矛盾的过程，实际上是企业之间在生产与经营管理方面的竞争，是以产品质量的好坏与价格的高低并通过市场的销售状况表现出来的。商品在市场上的竞争，既表现为商品价值量的比较，又表现为使用价值（指花色、品种、规格、质量）的比较，实际上就是社会主义企业相互间在生产效率、产品质量、花色品种、包装装潢、适销对路等方面的反复较量，因而是在社会主义特定条件下，学有榜样、赶有目标、互相促进、奋发向上的一种竞争。而资本主义竞争是为了击败对手，获取高额利润。因此，在竞争过程中不惜采取尔虞我诈、威逼利诱、弄虚作假、损人利己等极为卑鄙的手段。第三，结果不同。资本主义竞争的结果往往是企业破产、工人失业。社会主义竞争将促进经营管理的改善、新技术的广泛使用和社会生产力的不断进步。在以私有制为基础的商品生产条件下，虽然竞争反映着、也同时影响着生产和交换的自发性，但是竞争并不是社会生产无政府状态的原因。生产资料私有制的存在，才必然导致社会生产的无政府状态。社会主义企业之间的竞争，是在国家宏观调控下进行的，不是没有领导的自由竞争。这样的竞争，可以克服官僚主义，不仅不会招致生产无政府状态和资本主义，而且能克服先进与落后的矛盾。对先进的企业，国家从精神上和物质上给予奖励；对于后进的企业，国家则区别情况采取关、停、并、转、缩等措施，及时引导和帮助他们改产转向、发展生产，发挥它有益于社会主义的积极作用。第四，所体现的经济关系不同。社会主义竞争不但不排斥合作，而且是以合作为基础、同合作相结合的。参加竞争的对象主要是社会主义全民所有制的国营企业和社会主义集体所有制的合作企业，在竞争中虽然也有优胜劣汰的情况，也有褒贬奖惩的区别，但是不体现任何剥削关系，而体现的是先进帮后进、后进赶先进的社会主义互助合作关系。优胜企业所获得的盈利是作为扩大社会主义再生产和谋求社会主义福利以及奖励等的基础。而资本主义竞争是为了掠夺和剥削劳动人民，体现了剥削与被剥削的关系；而各企业之间的竞争，体现了在共同剥削劳动人民基础上为获取高额利润的弱肉强食的搏斗。

三、竞争对发展社会主义经济的作用

新中国成立30年来的实践证明，由于人们在认识上的误解，把竞争看成私有制经济的产物或资本主义制度特有的东西，因而害怕竞争、否定竞争，以人为的办法限制竞争、取消竞争，结果压抑了先进、保护了落后，使社会主义企业经济的发展缺乏外部压力，因而不利于提高企业管理水平，不利于生产力的发展。这个教训说明，对于客观存在并发生作用的竞争，必须承认它、认识它，充分发挥它对于发展社会主义经济的积极作用。

第一，竞争是加强和改进宏观调控的一种手段。社会主义社会的庞大的、复杂的、千变万化的生产和流通，根本不可能包括到计划中去。尤其是在我们这样一个拥有9亿多人口的大国，各部门的生产种类繁多、千变万化，各方面的需要千差万别，就更不可能把全国的一切经济活动和产需关系，都包括到国家计划中去。列宁指出："现在对我们来说，完整的、无所不包的、真正的计划＝'官僚主义的空想'。"并告诫我们"不要追求这种空想"[1]。实践反复证明，这样的国家计划越细就越脱离实际。因为，通过自上而下为企业规定任务，束缚了企业的手脚，只会造成企业围着"计划"团团转，盲目生产，盲目经营，以产定销，产需脱节。例如，某种商品由于种种原因，虽然早已超过社会需要，但企业无权适应客观需要而调整计划，只好照计划继续生产，商业部门也只得照计划收购，等到发现了积压，早已给社会造成了巨大浪费。相反，长期脱销的商品，又迟迟得不到解决。要改变上述状况就要利用市场及时调整计划。所谓利用市场，就意味着在社会主义企业之间开展竞争。把竞争纳入宏观调控的指导下，成为加强计划的一种经济手段；否则，计划的指导作用就缺乏一种经济上的督促和压力。

[1] 《列宁全集》第35卷，第473页。

第二，竞争可以促使企业增加花色品种，推陈出新，改型换代，不断提高产品质量。以工业生产为例，新中国成立 30 年来，从产量上说，每年都有不同程度的增长；但从质量上说，提高就不那么明显。当然，造成产品质量不高的原因很多，但是，人为地限制和取消商品竞争确实是一个重要原因。我们许多企业年复一年地生产"三十年如一日"的老产品，产品式样陈旧、品种单调、质量差。这是因为，我们把企业办成了"供给制机关"，搞统购包销，企业生产什么，商业部门就收购什么、销售什么，没有"择优选购"，没有"按质论价"，更没有企业之间通过产品质量而比较的竞争。结果，在不少企业中出现了程度不同的技术保守和停滞的趋向，使一些名牌产品无名、优质产品脱销、次货充斥市场，造成积压浪费。为此，必须从根本上改革那些阻碍产品质量提高的规章制度。比如，当前有些限制竞争的办法就不利于产品质量的提高。其表现之一，一些国营企业限制集体企业"做生意"。长期以来，我们的国营企业是靠独家经营过日子的。面对城镇集体所有制企业的大发展，就怕人家同自己"货比货"，因而国营企业对集体企业就从设点、货源、经营范围以及资金等方面加以限制、阻挠和非难，其目的是排斥和限制竞争。其实，在社会主义条件下不应怕竞争，而应怕没有竞争。因为竞争可以促进产品质量或服务质量的提高。四川省××县煤建公司蜂窝煤厂过去是靠独家经营过日子的。虽然是机械化生产，但所产蜂窝煤质量差，每块售价三分七厘，服务态度不好，既不送货上门，又不听取群众的意见而改进工作。凭借着"只此一家，别无分店"，每年盈利不少，还受到上级的表扬和奖励。1978 年，该县×××公社蜂窝煤厂建立，生产的蜂窝煤质量高，服务态度好，该厂离城 12 里还坚持进城送货上门，包括运费在内，每块售价也才三分七厘。两相对比，谁好谁次，泾渭分明，群众（包括煤建公司蜂窝煤厂的一些职工）不买煤建公司的蜂窝煤，改用×××公社的蜂窝煤，致使煤建公司质次价高的蜂窝煤大量积压，四部机器只能开一停三，出现了亏损。这样的竞争，把独家经营时掩盖的问题暴露出来了，迫使社会主义国有企业必须面对现实，解决产品质量和服务态度的问题。所以，商品竞争的市场，是产品质量"亮相"的地方，在那里能及时判明谁的产品好，适合消费者的需要，有人买；谁的产品质量低，消费者不欢迎，没人要。其表现之二，在发展地方工业品中，为了"保护"本地产品，人为地提高外地优质产品的售价，搞"价格壁垒"、"画地为牢"。结果，削弱了名牌产品的竞争能力，使之变成滞销商品而积压。

第三，竞争可以推动企业改善经营管理，不断降低产品的物化劳动和活劳动的消耗，以最少的劳动耗费取得最好的经济效益，增加企业盈利，为正确处理好国家、企业和个人三者利益奠定物质基础。社会主义企业的经营状况在市场竞争中可以直接受到消费者、用户的监督，经常处于同其他企业相互比较的地位；企业经营的好坏同企业和职工的个人物质利益有密切联系，那些经营管理得好、成本低、利润高的企业及其职工个人，能得到较多的物质利益；反之，则相应地减少。如果生产经营成果同企业及其职工个人在经济利益上毫无关系，则人们就不会关心产品在市场上的竞争能力。所以，使企业的物质利益和市场竞争相结合，就给企业发展经济以内部动力和外部压力，这是目前扩大企业经营自主权必须把握的核心问题。过去，由于否认竞争，企业不实行独立的经济核算，经营好坏一个样，亏损盈利一个样，反正是收入向上缴，用钱向上要，亏损向上报。这种"吃大锅饭"、搞平均主义的思想和做法，严重地压抑和挫伤了企业和职工的生产积极性，给社会主义经济带来了很大的损失。现在应通过竞争，对一些长期亏损而又不能扭转、产品质量低劣而又不能改进、安于现状无所作为而"吃社会主义"的企业及时进行调整，采取关、停、并、转、缩等办法进行处理，把本来就很紧张的原材料、燃料、电力和劳动力用到经济效益好的企业。实践证明，竞争的压力要比行政命令有效得多。

第四，在国内市场竞争的基础上，增加品种，提高质量，大力生产适销的出口商品，有利于把出口搞上去。长期以来，我们的社会主义企业由于商品品种单调、式样陈旧、质量低劣，因而在国际市场上相形见绌。个别出口商品质量低劣，在国外造成极坏的影响，致使某些名牌商品声誉下降，给国家带来严重损失。因此，我们必须促使社会主义企业通过竞争，采用先进技术，发展一批质量高、花色多、装潢好、销量大、创汇高、在国际市场上有竞争能力的名牌产品、"拳头商品"，努力把出口搞上去。这样，在经济上才能增加外汇收入，为"四化"积累资金。

第五，竞争有利于培养一支钻研业务、善于经营管理企业的干部队伍。开展社会主义企业之间的竞争，使干部的思想、作风、技术、知识、管理水平都得到全面的检验，其高、低、优、劣都得到最充分的暴露。这就便于引导干部在实践中总结经验、增长才干，逐渐成为精通本行业务的内行。过去那种企业经营好坏在经济上与干部（尤其是企业的领导干部）毫无关系的状况，必须从根本上加以改变；那种不按客观经济规律办事、搞"瞎指挥"的局面再也不能继续存在。要使竞争成为一种压力，迫使企业的领导干部钻研业务、学技术、学管理，成为精明能干的内行；使他们和生产工人一样要承担经济责任，做到有功者赏、有过者罚；使那些觉悟高、干劲足、钻业务、贡献大的先进人物受到人民的尊重和奖赏；使那些饱食终日、无所事事的人振作起来；使那些安于现状、滥竽充数的人混不下去。总之，要使竞争成为考核干部、培养人才的一种外在的强制力量。

竞争虽然对于发展社会主义经济有以上的积极作用，但它也不是万能的。如果运用不当，也可能产生不良作用。不过，也不能因噎废食而人为地去限制、去取消竞争。我们可以通过国家宏观调控以及调整价格的方法，使竞争服从于社会主义生产的目的，服从于国家的政策法令。只要我们采取妥善的办法，竞争不仅无损于社会主义经济，而且会促进社会主义经济的迅速发展。

为了充分发挥竞争对发展社会主义经济的积极作用，还必须按照社会化大生产和社会主义商品经济的客观要求，为商品竞争创造必要的条件。例如，要扩大企业的自主权，使企业可以根据市场的需要安排生产，通过合理经营使产品逐步达到品种新、成本低、质量高、数量足，在国内外市场具有较强的竞争能力；各有关部门要在人力、物力、财力上对先进企业优先供应；商业部门在产品收购上应实行择优选购；国家对某些次要商品的价格应允许在一定范围内浮动；销售形式也可灵活多样。如果继续搞"独家经营"、"霸王合同"、"垄断价格"，势必滥竽充数，不利于调动企业和职工的积极性，不利于生产的发展。

（载《思想战线》1979 年第 6 期）

货币是一个筹码

（1980 年 2 月 22 日）

货币是商品交换的媒介，是固定充当一般等价物的特殊商品，也是商品流通过程中的一个筹码。社会主义社会既然还存在着商品生产和商品交换，也就必然存在着货币和货币流通。社会主义流通中所使用的货币，是由国家银行统一发行的纸币。在我国，这种纸币就是人民币。国家如何根据客观经济规律的要求，有计划地调节货币流通，适应商品流通的需要，制止通货膨胀，这是顺利进行"四个现代化"建设、保障人民生活的一个重要条件。

在商品经济的条件下，一切经济活动都是通过货币交换来进行的。但社会主义条件下的货币流通和资本主义制度下的货币流通有着本质的区别。资本主义制度的货币流通是和资本流通密切联系在一起的，是为了榨取剩余价值而自发形成的。社会主义制度下的货币流通是用来联结社会主义生产、分配、交换和消费各个环节的重要工具，是同个人消费品的流通和职工、农民的货币收入紧密地联系在一起的。它是为发展社会主义经济、满足社会和群众不断增长的需要而有计划地进行的。我国货币流通过程主要是同商品交换过程密切结合着的，这个过程实际上就是货币不断作为流通手段和支付手段媒介的商品运动的过程。商品流通是货币流通的前提和基础，但货币流通也具有反作用。正常的货币流通，能够促进社会主义的生产、交换和分配过程的顺利进行，是满足人民需要的必要条件。

货币流通有它自己运动的规律，这个规律的具体要求是：流通中的货币量，要同商品流通中货币的需要量相适应。货币作为一般等价物，是表现、衡量和实现商品价值的材料。货币同商品相交换，实际上是货币价值和商品价值的等价交换。因此，在一定时期，货币流通的需要量，在价值上应该和有待实现的流通中的商品价值量相一致。这个规律是货币流通最基本的规律，在社会主义条件下也是适用的。所不同的是有计划地组织和调节货币流通，是社会主义经济的一个重要特点。人们可以自觉地认识和利用货币流通规律，实现货币流通的计划化。但是，如果不遵守货币流通规律，纸币的发行量超过了商品流通的需要量，也会引起通货膨胀。

在工资晋级中，有的同志说："大家都提一级吧，国家多发一点钞票不就行了！"这些同志不了解，钞票是国家所发行的强制使用的价值符号，是以上述货币流通规律为基础的，归根到底是以商品流通为基础的，要有物质作保证的。如果不管物质基础的状况而多发钞票，就会产生不良的后果：一方面表现为求大于供，货币实现不了流通手段的职能，有钱买不到东西，改善不了人民群众的物质生活条件，达不到长工资的目的。多年的实践经验表明，在一般正常情况下，市场货币流通量同商品零售额的比例大体是1:8左右。就是说，市场上每流通1元货币，要实现8元左右的商品零售额。1元钞票要有8元的商品做后盾。保持或大于这个比例，市场状况就比较好，物资供应充足，商品流转畅通，金融物价稳定，购买力能够得到实现。反之，小于这个比例或这个比例在逐渐下降，这就表明市场上的货币流通量大于商品流通的需要量，市场发放的货币多了，商品供不应求，有相当一部分货币不能实现购买力而在流通中沉淀下来，随时都有冲击市场的可能。另一方面，如果强行平衡、提高商品价格，就会造成通货膨胀。这是与社会主义制度不相容的。资本主义国家就是用这个办法来对付工人的罢工、刺激经济、缓和危机的。结果，通货膨胀，纸币贬值。这是资本主义国家经常发生而无法治愈的顽症。在旧中国，国民党反动派滥发纸币，搜刮劳动人民的血汗，造成恶性通货膨胀，货币贬值，物价飞涨，民不聊生。那种凄惨景象，人们是记忆犹新的。

因此，我们社会主义国家一定要遵守货币流通规律，职工人数和工资增长的速度要同工农业可供商品量的增长速度相适应，纸币的发行量不能超过商品流通的需要量，国家要根据一定时期内商品流通的客观需要量，有计划地发放和回笼货币，尽可能使货币流通和商品流通相适应，促进国民经济的迅速发展。

（载《云南日报》）

发展社会主义商品经济不会
导致资本主义

（1980 年 5 月 16 日）

在发展社会主义商品经济中，有的同志担心这会导致资本主义。其实，这种顾虑是完全不必要的。

首先，从生产领域看，社会主义商品生产不是资本家参加的商品生产。社会主义商品经济是以生产资料公有制为前提的，属于社会主义生产关系。由于所有制的改变是根本的改变，就使社会主义的商品经济和资本主义商品经济之间有着本质的区别：第一，所体现的生产关系不同。资本主义商品经济体现的是资产阶级和无产阶级及其他劳动人民之间的剥削与被剥削的关系。社会主义商品经济体现的是工农之间、城乡之间、国家、集体和个人之间根本利益一致基础上的互助合作关系。第二，生产的目的不同。资本家进行商品生产的目的是为了榨取剩余价值，至于商品的使用价值，仅仅由于它是价值的物质承担者才被资本家所注意的。社会主义商品生产的目的是为了满足人民不断增长的物质需要，所以首先重视商品的使用价值，同时也十分注意商品的价值，以便加强经济管理，增加积累，扩大再生产。第三，生产的手段不同。资本主义的商品生产，在企业内部是有计划的，而整个社会生产却是在竞争和无政府状态中进行的，价值规律起自发的调节作用。社会主义商品生产则是国家根据国民经济有计划、按比例发展规律的要求，通过经济计划来实现的，同时也注意运用价值规律为社会主义建设服务。第四，商品生产的范围不同。资本主义商品生产范围很广，包罗万象。不仅人们的劳动产品成了商品，甚至连劳动力也成了商品。在社会主义社会，人民成了生产的主人，劳动力不再是商品，土地、森林、矿山、河流、铁路等重要生产资料也不是商品。这不仅是商品范围的缩小，而且反映着商品经济性质的根本改变。

其次，从流通领域看，社会主义商品在流通领域中占统治地位的是社会主义国家和集体经济组织，私人不能从这种流通中积累货币而使之成为资本。社会主义的商品流通，从本质上说，还会给商业资本和商业投机的产生提供条件。

最后，社会主义的经济制度不存在资本主义产生的条件。关于这个问题，马克思在《资本论》中曾作过科学的论述。他指出："有了商品流通和货币流通，决不是就具备了资本存在的历史条件。只有当生产资料和生活资料的所有者在市场上找到出卖自己劳动力的自由工人的时候，资本才产生。"[1] 这就是说，商品生产并不是在任何条件下都会产生资本主义的。要发展为资本主义生产，其条件是：第一，货币财富或生产资料和生活资料要大量集中在少数人的手里；第二，有大量的不出卖劳动力就无法生存的自由劳动者。只有同时具备了这两个条件，劳动力才能成为商品，货币才能转化为资本，资本主义才会产生。从我国的情况来看，新中国成立后大量存在着的小商品经济，通过互助合作的道路，已经改造成为社会主义的集体经济；社会主义的商品生产和商品流通不是私人从事的，私人不可能从这种生产和这种流通中积累货币作为剥削手段；尤其是劳动者成了生产资料的主人，而不是劳动力的出卖者，从而使生产资料和劳动力在国家统一领导下，实行有计划地直接结合。所以，社会主义商品经济从本质上说，是不能产生资本主义的。

虽然社会主义的商品生产和商品交换，不仅不会产生资本主义，而且有利于社会主义经济的发展，但是有人还会利用商品生产和商品交换进行资本主义活动。这种活动是非法的，是社会主义制度所不容许的，我们要加以取缔。但这不能说明社会主义商品经济本身会产生资本主义和资产阶级。我们应该清楚地看到：目前，我国社会主义的商品生产和商品流通，同国家建设和人民生活不断提高的需要是很不适应的。只要我们在政治上坚持党的领导、坚持无产阶级专政；在思想上坚持马列主义、毛泽东思想；在经济工作中坚持生产资料的社会主义公有制和按劳分配，就应理直气壮地发展社会主义的商品经济。

（载《云南日报》）

---

[1] 《马克思恩格斯全集》第 23 卷，第 193 页。

不能随意"拔高"小集体经济

（1980 年 12 月 12 日）

1979 年以来，随着一系列经济政策的贯彻执行，城镇中的小集体所有制经济得到了恢复和发展。如何正确地认识它的性质、地位，发挥它应有的作用，对于加快国民经济建设，满足城乡人民生活的需要，都有一定的意义。

长期以来，由于我们思想认识上误以为公有化程度越高越好越优越，因而，把公有化程度较低的小集体经济当做是"低级"的、"半社会主义"的，甚至是"非社会主义性质"的经济，动不动就想把它"拔高"。直到今天，一些城镇的小集体经济刚刚搞得有点样子，又有人想把它"升级"为大集体。好像小集体经济搞得兴旺一点，就应当向大集体过渡，然后再由大集体向全民所有制过渡。

城镇工商业中的小集体或大集体在经济关系上有何异同？在性质上有何区别？无论小集体还是大集体在经济活动中都有两个最显著的特点：第一，生产资料和劳动力归集体所有和支配，集体劳动者和生产资料直接结合。企业内部实行民主管理，劳动者之间形成平等互利、团结合作的新型社会关系。第二，企业具有法人的地位和独立的经营自主权，实行独立核算，自负盈亏。在分配上贯彻"各尽所能，按劳分配"的原则，多劳多得，少劳少得。由此可见，无论小集体所有制企业还是大集体所有制企业，都同属于社会主义集体所有制经济。

当然，小集体所有制经济也具有它自身的特点。比如，在生产资料的所有权和支配方面，小集体的合作企业、合作小组，其资金、厂房、设备、原材料、劳动力是归本企业所有和支配的。大集体所有制企业的资金、厂房、设备、原材料等生产资料和劳动力不是归各个企业的劳动群众所有，而是归市、县二轻局范围内的集体所有和支配，并在大集体范围内进行统一核算和负责盈亏。在分配方面，小集体企业职工的劳动报酬采取多种形式，如评工记分、计件、计时和固定月工资等；劳动报酬在一定程度上取决于企业生产的状况，企业经营得好、利润多，职工的收入就相应提高；反之，则低。大集体所有制企业职工的劳动报酬实行的是统一工资制，其标准由国家规定，职工劳动报酬不受企业生产经营状况的影响，它已过渡为地方国营经济，具有地方国营经济的性质。而小集体所有制经济的这些特点，是适应目前生产力发展水平的。因为，这一类企业生产工具比较落后，有机构成、机械化程度比同类型的大集体和全民所有制企业都要低得多，规模小，零星分散，力量薄弱。在这种情况下，人为地把它"拔高"为大集体或全民所有制经济，不仅是脱离现实生产力发展水平的"穷升级"，而且恰恰把小集体所有制的特点给拔掉了。所以，那种把"小集体——大集体——全民（国营经济）"当做必然的过渡公式，是不切实际的。

严格说来，把集体经济区分为小集体和大集体是不科学的。集体企业的规模有大小的差别，正像全民所有制企业也有大和小的差别一样，但是并没有因此而引申出"大全民"和"小全民"的概念，乃至"小全民"向"大全民"的升级。何况大小集体的区分并不是指企业的规模，而是根据企业的隶属关系，把区属以上企业称为大集体，把街道企业称为小集体。同属集体所有制经济是不应该按隶属关系分成三等九级，逼着人们从小集体向大集体"升级"，到了大集体又被"拔高"为国有企业。这种"升级"和"拔高"是人为的，是对社会主义经济的发展帮倒忙。今后再也不能随意"拔高"小集体经济了。

（载《云南日报》）

计划经济是社会主义经济的基本特征

（1982年6月11日）

坚持以计划经济为主、以市场调节为辅的方针，是我国发展国民经济的一个重要指导思想。这个指导思想的提出，是社会主义公有制和社会主义经济规律的客观要求。我们在经济工作中必须认真贯彻执行，才能取得预期的经济效益。

社会主义经济的基本特征是计划经济，而不是商品经济。商品经济的历史已有几千年了，除原始社会外，它在各个社会经济形态都存在过。它是一种普遍性的经济关系，不能成为区别某种社会生产方式的特征。资本主义经济虽然是商品经济的最高发展阶段，但它并不因此而成为区别于其他生产方式的根本特征。马克思指出，劳动力成为商品，货币转化为资本，从而形成资本和雇佣劳动的剥削关系，这才是资本主义生产关系的实质。所以，商品经济既不能作为资本主义经济的基本特征，也不能作为社会主义经济的基本特征。如果把社会主义经济的基本特征说成是商品经济，这就模糊了社会主义经济和资本主义经济的本质界限，乃至于把社会主义人们之间的相互合作的关系理解为赤裸裸的商品货币关系、金钱关系。

社会主义经济的基本特征是计划经济，最根本的还取决于生产资料社会主义公有制。在公有制基础上，国民经济形成一个统一的有机整体。客观上就要求国民经济各部门、各地区之间，直至厂矿企业和农村生产队都要有计划、按比例地分配生产资料和劳动力，树立全国一盘棋的思想，识大体、顾大局，从全国人民的利益出发，安排自己的生产计划。如果不实行计划经济，任凭各个经济部门、各地区、各个企业和生产队各自为政、各行其是，只打局部利益的"小算盘"，工厂盲目生产赚钱多的产品，农民盲目种植对自己有利的作物，这就必然要冲击国家计划，使社会主义经济陷入一片混乱之中，从而背离社会主义的发展方向，还谈得上什么有计划、按比例地进行社会主义经济建设？所以，恩格斯提出："一旦社会占有生产资料……社会生产内部的无政府状态将为有计划地自觉地组织所代替。"①

但是，在对待计划经济和市场调节的问题上，一些同志过分强调市场调节和商品经济，以至于在经济生活中，一些地方或部门出现了计划失控的现象。比如，有的企业为了追逐利大的市场紧俏的热门货，不顾主客观条件，蜂拥而上，仓促投资和转产。电风扇是热门货，大家就拼命生产电风扇，一个仅有四五十万人的城市，生产电风扇的工厂竟达三十多家。收音机、电视机、手表、自行车等耐用消费品的生产也存在类似问题。其结果必然造成产品的积压和浪费。而一些真正受群众欢迎的名牌产品，却供不应求。有些人民群众日常所需要的大路货、小商品，由于利少或没有利润，就出现减产或停产的情况，甚至商店也不愿经营。农村实行生产责任制后，由于没有加强计划指导，也出现盲目发展的现象：烤烟赚钱，大家都种烤烟，必然造成烤烟生产过剩，烟叶大量积压。上述事实说明，只片面地强调市场调节、无计划地发展商品经济，将会给社会主义经济建设带来很大的危害。

坚持计划经济为主，当然也不能忽视市场调节的辅助作用。32 年经济建设的历史经验表明，凡是坚持以计划经济为主、以市场调节为辅的指导思想，国民经济的发展就顺利，各种比例关系就比较协调，经济发展的速度就比较快，经济效益就比较好，人民生活就能得到相应的改善。只有坚持以计划经济为主、以市场调节为辅的方针，才能使我国的经济沿着社会主义的轨道健康顺利地发展。

（载《云南日报》）

---

① 《马克思恩格斯选集》第 3 卷，第 323 页。

倡导竞争，增强企业活力

（1985 年 1 月 18 日）

长期被人们怀疑、争议的竞争，在中共中央《关于经济体制改革的决定》中得到了正名。为了推动改革，增强企业的生机和活力，要提倡竞争，保护竞争，引导竞争，发挥其应有的积极作用。

竞争是商品经济内在矛盾运动的产物，哪里有商品经济，哪里就存在竞争。社会主义经济是在公有制基础上的有计划的商品经济，因此必然会有竞争。所以，社会主义企业之间的关系，首先是互相协作、互相支援的关系，但又是互相竞争的关系。根据商品经济的基本规律——价值规律的要求，商品必须按照社会必要劳动时间所决定的价值量进行等价交换，而社会必要劳动时间又是通过生产条件不同的商品生产者之间的竞争形成的。所以，竞争关系存在的客观经济条件就是商品生产者的个别劳动时间和社会必要劳动时间之间的差距。不同商品生产者所获利益的大小，取决于生产某一种商品所耗费的个别劳动时间和社会必要劳动时间的比例关系。谁如果能把个别劳动时间降低到社会必要劳动时间以下，谁就能够盈利多，在竞争中处于有利地位；谁的个别劳动时间如与社会必要劳动时间相一致，则收入恰好能补偿支出，并有盈利；谁的个别劳动时间如果高于社会必要劳动时间，则不仅不能获利，还要发生亏损，在竞争中处于不利地位。因此，价值规律以社会必要劳动时间为统一的、公正的尺度，衡量一切，检验一切，评判一切，对企业生产和经营的经济效益进行公正的评价，鼓励先进，鞭策落后，奖优罚劣。通过竞争，商品生产内在的规律，转化为外部的压力，强制地支配着每一个商品生产者。逼着他们改进技术，改善经营管理，提高劳动生产率。所以，竞争是推动商品生产发展的一种动力，是价值规律得到贯彻、实现的重要条件。恩格斯说过："只有通过竞争的波动从而通过商品价格的波动，商品生产的价值规律才能得到贯彻，社会必要劳动时间决定商品价值这一点才能成为现实。"

但是，社会主义企业之间的竞争和资本主义条件下的弱肉强食有根本的区别。

它表现在：第一，竞争的目的不同。社会主义企业之间的竞争是在国家统一计划的指导和法令的管理下，为社会主义现代化建设服务的竞争。其目的是为了促使企业以最少的劳动耗费取得最大的经济效益，生产出更多的、价廉物美、适销对路的产品（或提供各种良好的服务），以满足人民不断增长的物质和文化生活的需要，同时为国家建设提供更多的资金积累。而资本主义竞争是以竞争者的根本利益相对抗为基础、在生产无政府状态下进行的。竞争的目的是资本家之间为了争夺市场、追逐剩余价值和攫取高额利润。第二，竞争的性质不同。社会主义竞争是在生产资料公有制基础上，各个企业之间在根本利益一致的条件下，首先形成的互相协作、互相支援、合作互利的关系，而且竞争本身就是一种互助合作关系。通过竞争，让企业在市场上直接接受广大消费者的评判和检验，优胜劣汰。优胜的企业，国家在精神上和物质上给予奖励，企业所获得的盈利是作为扩大再生产、谋取集体福利和职工奖励的基金；对后进的企业，国家则区别情况、及时引导和帮助它们改进技术，改善经营管理，发展生产，淘汰不适合社会需要、极端落后、不受消费者欢迎的质次价高的劣质产品和企业；对关、停、并、转的企业，国家也会统筹安排，不会导致工人失业。所以，社会主义企业间的竞争不体现任何剥削关系，而是体现先进帮后进、后进赶先进的社会主义互助、合作关系。资本主义的竞争是在生产资料私有制基础上，资本家剥削和掠夺劳动人民，为得到高额利润的竞争。竞争体现的是剥削和被剥削的关系及资本家之间弱肉强食、你死我活的斗争关系。竞争的结果，使一些竞争能力较弱的企业破产、倒闭，工人失业；少数大资本家大发横财，吞并中小企业。第三，竞争的范围不同。在社会主义制度下，对生产和流通的基本方面实行有计划的调节，竞争只在一定的范围内起一定的补充作用。资本主义竞争是在无政府状态下进行的，竞争和价值规律一起对资本主义生产和流通起着自发的、盲目的、全面的调节作用。第四，竞争的手段不同。社会主义竞争实际是社会主义企业相互之间在生产效率、产品成本、产品质量、花色品种和包装装潢等方面的比较、竞争，所以不需要、也不允许采用资本主义的竞争手段，即资本家为了击败竞争对手，不惜采取弄虚作假、损人利己、尔虞我诈、威逼利诱乃至使用暴力等手段。总之，社会主义竞争和资本主义竞争具有不同的性质，不能同日而语。

正确地引导社会主义竞争，对增强企业的活力，改变人们的精神面貌具有十分重要的作用。竞争有利于打破阻碍生产发展的相互封锁和垄断，改变独家经营的状态，广泛调动企业的主动性和积极性；有利于及时暴露企业经营和产品生产的缺点，促使企业改善经营管理，改进技术，提高服务质量，增加花色品种；有利于促使企业挖掘潜力，降低成本，提高经济效益，增加盈利，使企业和职工更紧密地从切身的物质利益上关心生产和经营成果。通过竞争，还可以造就一大批钻研业务、善于经营、有知识、有干劲、懂业务的经营管理干部和技术人才，改变人们的精神面貌。竞争开展起来后，人们会珍惜时间、重视效益，形成新的价值观，即时间就是金钱、效益就是生命。它会强有力地冲刷着历史遗留下来的许多传统弊端，改变人们的观念结构、心理结构和生活方式，一扫千百年来所形成的那种墨守成规、安于现状、不求上进、不讲效益、办事拖拉、漫不经心的坏风气。总之，倡导竞争，育人生财，利国利民，是一种办好社会主义企、事业的"催化剂"。当然，竞争中也可能出现某些消极现象和违法行为，但只要各级政府机关进行引导，加强管理和监督，问题就会得到解决。

（载《云南日报》）

论社会主义计划经济和价值规律的关系

（1985 年 4 月）

中共中央《关于经济体制改革的决定》（以下简称《决定》）指出，我国以城市为重点的整个经济体制改革的实质和基本任务是从根本上改变不适合我国国情的、束缚生产力发展的僵化的模式，"建立起具有中国特色的、充满生机和活力的社会主义经济体制，促进社会生产力的发展"。为此，"首先要突破把计划经济同商品经济对立起来的传统观念，明确认识社会主义计划经济必须自觉依据和运用价值规律，是在公有制基础上的有计划的商品经济"。本文试图从理论和实践的结合上谈一点对社会主义计划经济和价值规律的关系的认识。

一、社会主义经济是有计划的商品经济

社会主义制度的产生，标志着人类社会开始由阶级剥削和阶级压迫的社会制度向消灭剥削、消灭阶级的社会制度的根本转变。它以生产资料的社会主义公有制取代了生产资料的私有制；劳动产品归全社会所有，个人消费品实行按劳分配。在这一前提下建立起来的社会主义经济，是有计划的商品经济。

《决定》指出："社会主义社会在生产资料公有制的基础上实行计划经济。"社会主义生产是社会化的大生产，各部门、各行业、各地区之间相互联系、相互依赖，客观上要求国民经济各部门必须在统一计划的指导下按比例协调发展。同时，由于生产资料社会主义公有制的建立，把国民经济各部门、各行业、各企业、各地区在经济利益根本一致的基础上联合成为一个统一的整体，使一切生产经营活动服从于满足整个社会及其成员经常增长的物质和文化的需要。这一共同目的，促使国民经济的有计划、按比例发展成为可能。恩格斯指出："一旦社会占有了生产资料……

社会生产内部的无政府状态将为有计划的自觉的组织所代替。"① 这说明，计划经济是作为生产资料资本主义私有制基础上社会生产无政府状态的对立物而出现的。实行计划经济能够在整个国民经济范围内合理地、有效地利用人力、物力、财力和自然资源，能够调整国民经济各部门的关系，能够适应社会化大生产的客观要求，在全国范围内合理配置生产力，保证社会生产按比例地协调发展。总之，只有按照社会主义国民经济有计划、按比例发展规律的要求，有计划地组织社会生产、交换、分配和消费，才能使社会再生产顺利地进行，整个国民经济顺利地发展。新中国成立 35 年来，我们实行计划经济，集中大量的人力、物力、财力、进行大规模的社会主义经济建设，建立起独立自主的、比较完整的工业体系和国民经济体系，从而取得了在旧中国根本不可能取得的巨大成就。

社会主义的计划经济不能建立在自然经济的基础上，必须建立在商品经济充分发展的基础上，因而社会主义计划经济又是商品经济。长期以来，我们把自然经济和计划经济相混同，用以自给自足为特征的自然经济思想指导我国经济体制的建立，从而形成了一种同社会生产力发展不相适应的僵化的模式。其表现是：在经济生活中，不重视商品生产，轻视商品流通，反对商品经济；只追求生产发展速度，不讲究经济效益；只重视实物的直接分配、无偿调拨，不讲究商品的适销对路、等价交换；在生产过程中盛行轻视技术进步和花色品种的增加以及质量的提高；在决策结构方面，权力过分集中于国家机关，企业成为主管部门的附属物，缺乏作为相对独立的商品生产者的经营自主权，没有活力；在经济组织结构方面形成政企不分、条块分割的封闭式经济；在经济利益结构方面平均主义严重，企业吃国家的"大锅饭"，职工吃企业的"大锅饭"，等等。把社会主义计划经济看成是没有商品、价值、货币、价格等概念的自然经济。受历史上重农轻商、闭关自守、忽视商品生产和商品交换的影响很深。其实，自然经济和社会主义计划经济在本质上是互相对立的。因为，自然经济排斥社会分工，排斥社会化大生产，排斥商品经济，也排斥计划经济。在社会主义发展阶段，由于科学技术的进步、生产专业化程度的提高，社会分工不是缩小而是更为广泛地发展了，生产社会化的程度更高了。结果，国民经济各部门、各企业、各地区之间，既互相独立，又互相依赖、互相制约。另一方面，劳动仍然是劳动者谋生的手段，劳动者只有通过劳动取得收入，才能满足自己的生活需要。而劳动者的劳动又存在着脑力劳动和体力劳动、复杂劳动和简单劳动、熟练劳动和非熟练劳动的差别，各个劳动者在同一时间内向社会提供的劳动，不仅存

---

① 《马克思恩格斯选集》第3卷，第323页。

在着数量的差别，而且存在着质量的差别。这就形成各个生产者有不同的经济利益，彼此都不能无偿地占有对方的劳动产品、侵占对方的物质利益。他们各自的劳动产品都需要按照等价的原则进行交换。这种由经济利益不同的生产者为交换而进行的生产就是商品生产。因此，在社会主义发展阶段，商品经济必然存在，而且是不可逾越的必经阶段，任何企图超越商品经济的思想和做法都会受到客观经济规律的惩罚。商品经济是社会主义必然有和必须有的生产方式。商品经济的充分发展，是社会生产力发展的强大推动力。它打破了停滞、孤立、闭关自守的自给自足的自然经济体系，使墨守成规的单一性农业为商品性的多种经营所代替，向生产的专业化、商品化和现代化转变，向生产的深度和广度进军；使先进的科学技术和生产手段代替落后的生产手段，有效地促进生产力的发展和经济的现代化。所以，只有商品经济的大发展，才有社会主义社会生产力的大发展。同时，商品经济的充分发展，为社会创造日益丰富的物质财富，为市场提供充足的商品供应，繁荣市场，从而能够更好地满足城乡人民不断增长的物质文化需要，提高人民的生活水平，最终实现社会主义生产的目的。只有商品经济的充分发展，才能真正搞活经济，推动企业提高效率，灵敏地适应复杂多变的社会需求。总之，新中国成立以来的实践证明，什么时候我们注意发展商品经济，什么时候经济就繁荣，市场就稳定；哪个地区放手发展商品经济，哪个地区就有活力，就富得快；只有在坚持社会主义的前提下大力发展商品经济，经济才能搞活，国家才能富强，人民才能富裕。所以，大力发展商品经济是走向社会主义现代化、实现国强民富的必由之路。

多年来，一种流行的看法认为，商品经济是资本主义特有的范畴，它必然导致社会生产的无政府状态，因而认为它和社会主义计划经济是互相排斥、互不相容的。其实，这是一种误解。在生产资料社会主义公有制基础上所产生的计划经济和商品经济的生产方式是并行不悖的。计划经济和商品经济生产方式的有机结合形成有计划的商品经济，这正是社会主义发展阶段的特征。但是，计划经济和商品经济不是机械的板块式结合，而是互相渗透、互相融合。计划经济是发展商品经济的规范，商品经济是计划经济的基础；商品经济离开了计划经济就是涣散的、无政府状态的经济，计划经济离开了商品经济就缺乏生机和活力。所以，明确社会主义经济是有计划的商品经济，在理论上是对马克思主义政治经济学的一个重大发展，也是我国实行经济体制改革的理论基础，在实践中将会产生巨大的物质力量，使社会主义经济生机盎然、气象一新。

二、社会主义计划经济必须以价值规律为基础

既然社会主义经济是在生产资料公有制基础上的有计划的商品经济，因而产生并发挥作用的客观经济规律，就不是某一个经济规律，而是社会主义条件下的经济规律体系。首先，社会主义生产关系代替了资本主义生产关系而引起的经济条件的根本变化，产生了一系列社会主义所特有的经济规律。诸如：社会主义基本经济规律、社会主义物质利益规律、国民经济有计划按比例发展规律和按劳分配规律等。其次，因商品经济的存在而产生的价值规律、竞争规律、供求规律等。最后，在一切社会形态中都存在的生产关系一定要适应生产力发展的规律，在社会主义条件下仍然存在并发挥作用。在这诸多的经济规律中，生产资料社会主义公有制形式在多种经济形式中占据统治地位，因此，社会主义基本经济规律是一个基本的规律，发挥着主导的作用，决定着社会主义经济的本质和发展方向。同时，所有的经济规律之间又都存在着互相渗透、互相制约和互相依存的关系。所以，社会主义经济的总体运动，不是某一个规律作用的结果，而是社会主义经济规律群体共同作用的结果。我们研究经济规律，既要研究单个的经济规律，更要从总体上、从相互关系上研究经济规律的群体。因此，我们按客观经济规律办事，就不能只按某一个经济规律的要求办事，而是要按经济规律体系的合力作用办事。这样，才能避免片面性和形而上学。

社会主义经济既然是计划经济和商品经济的统一，那么，作用于计划经济的客观规律和作用于商品经济的客观规律都应同时存在并发生作用。可是，近半个世纪以来，在政治经济学理论上存在着一种传统的观点，认为社会主义特有的国民经济有计划按比例发展规律和商品经济的价值规律是互相排斥、互相对立的。因而认为实行计划经济就要否定价值规律；承认并发挥价值规律的作用就必然破坏计划经济。其实，这种观点是错误的。因为，社会主义经济是计划经济和商品经济的统一体，这个统一的基础不是别的，恰恰是自觉依据和运用价值规律为有计划发展社会主义经济服务。《决定》指出："实行计划经济同运用价值规律、发展商品经济，不是互相排斥的，而是统一的，把它们对立起来是错误的。"自觉依据和运用价值规律是实现计划经济和商品经济相结合的纽带。尊重和运用价值规律，体现了社会主义经济是商品经济的要求；自觉运用价值规律，为有计划发展经济、满足人们物质文化需要服务，则反映了社会主义经济是计划经济的要求。因此，抓住价值规律这个根本环节，就抓住了问题的症结，就沟通了计划经济和商品经济的内在联系，最终把

计划性和商品性统一起来，从而能够比较全面地把握社会主义经济运动的规律。这也是当前经济体制改革的一个核心问题。

价值规律成为计划经济和商品经济相统一的基础就在于价值规律的基本内容和要求。价值规律的基本内容和要求是：商品的价值量由生产该商品的社会必要劳动时间决定，商品交换要以价值为基础实行等价交换。但是，各个商品生产者由于生产商品的主客观条件不同，生产同种单位商品所耗费的个别劳动时间也就不同。但商品的价值量不是由生产同种单位商品的个别劳动时间决定的，而是由生产同种单位商品的社会必要劳动时间决定的。不仅如此，耗费在某一种商品总量上的社会劳动，只有同这种商品的社会需要量相适应，商品的价值才能完全实现。这就是说，每个生产企业不仅要力求将商品的个别劳动时间尽量缩短，最好是低于社会必要劳动时间，而且，还要使本部门生产同类商品的总量与社会需要量相适应，这样，生产商品所耗费的劳动量才能成为社会必要劳动量。由此可见，决定商品价值量的社会必要劳动量，不仅是衡量每个商品生产者劳动耗费的尺度，而且是检验商品生产者的劳动耗费是否符合社会需要的尺度。生产商品的社会必要劳动量，会驱使商品生产者千方百计地使自己的商品适应社会的需求，从而有利于社会经济的协调发展。这种通过客观的社会过程由社会必要劳动量衡量和检验一切生产的经济活动，促使生产者节约劳动耗费，适应社会需求的客观必然性，正是价值规律的本质要求。在这个根本点上，价值规律的基本要求和社会主义的计划经济是一致的。计划经济的本质含义，是根据国民经济有计划按比例发展规律和其他规律的要求，保持国民经济各部门、各地区和社会再生产各环节之间的重大比例关系平衡协调，促进国民经济大体按比例地、高效益地发展。国民经济各部门和社会再生产各环节之间的比例，归根到底是社会总劳动量在各种不同生产部门和其他职能部门之间的分配比例；生产经营的经济效益，则是劳动耗费和有用劳动成果之间的比较。在现阶段商品货币关系仍然存在的条件下，劳动还要通过价值来表现。离开了对价值及其运动规律的认识和运用，就不可能正确地核算劳动和分配劳动、确立社会生产的最佳比例关系，也不可能计算劳动消耗和有用劳动成果。因此，制定以调节和分配社会劳动为基本内容的国民经济计划，必须以价值规律为依据。所以，社会主义的计划经济和价值规律并不是互相排斥、互相对立的，而是互相统一、互相依存、互相渗透的。社会主义计划经济必须建立在自觉依据和运用价值规律的基础上。

价值规律在社会主义商品经济中所发挥的作用和在资本主义商品经济中的作用相比，具有以下特点：第一，价值规律发生作用的经济基础不同。在资本主义条件下，价值规律是在生产资料资本主义私有制基础上，同剩余价值规律一起发生作用；

在社会主义条件下，价值规律是在生产资料公有制基础上，同社会主义基本经济规律和国民经济有计划按比例发展规律一起发生作用。第二，人们依据和运用价值规律的程度和形式不同。在资本主义制度下，价值规律作为一种自发的异己的强制力量，盲目地事后调节着社会生产，统治着商品生产者。正如马克思说的，这个作用"可以在市场价格的晴雨表的变动中觉察出来，并克服着商品生产者的无规则的任意行动"①。在社会主义条件下，企业的劳动具有一定程度的直接社会性，社会可以自觉地依据和运用价值规律，在全社会范围内进行事前的直接的调节，使社会主义经济有计划地发展。虽然价值规律也有事后的间接的调节作用，但这不是调节的主要形式，只是事前直接调节的补充。它有助于检验事前的直接调节，并及时校正事前直接调节的误差，从而使事前的直接计算和调节更加符合价值规律和其他经济规律的要求，有利于避免和克服计划工作中的主观性。第三，价值规律发生作用的目的和范围不同。在资本主义制度下，生产者以攫取最大限度的利润为目的。在剩余价值规律的制约下，价值规律在资本主义社会中发挥着整个生产调节者的巨大作用。而在社会主义制度下，国民经济是有计划发展的，生产不是由价值规律全面调节，而是由社会主义基本经济规律、国民经济有计划按比例发展规律制约的。而且，价值规律作用的范围也受到了一定程度的限制。土地、矿山、银行、铁路等一切国有的企业和资源不是商品，不受价值规律的调节。第四，价值规律发生作用的后果不同。在资本主义条件下，价值规律自发调节作用的结果，必定会引起社会劳动的巨大浪费，少数人发财，大批中小生产企业倒闭破产，促使资本主义各种矛盾日益尖锐化。在社会主义制度下，正确利用价值规律作用的结果，能促使企业加强经济核算，改善经营管理，降低活劳动和物化劳动的耗费，推动国民经济的健康发展。

三、摆脱"左"的束缚，充分发挥价值规律在社会主义经济建设中的积极作用

多年来，由于"左"的指导思想的影响和片面学习外国的经验，认为价值规律与社会主义经济在本质上是不相容的。因此，只允许价值规律在极狭小的范围内、在一定程度上调节商品流通，从而对价值规律的作用加以限制乃至取消。当前，要搞好以城市为重点的整个经济体制的改革，必须从理论上和实践上对充分发挥价值规律的积极作用进行再认识。

首先，要发挥价值规律在一定程度上调节社会劳动在不同生产部门之间分配的

---

① 《马克思恩格斯全集》第23卷，第394页。

作用。马克思指出："在资本主义生产方式消灭以后，但社会生产依然存在的情况下，价值决定仍会在下述意义上起支配作用：劳动时间的调节和社会劳动在各类不同生产部门之间的分配。"① 在社会主义制度下，社会劳动在国民经济各部门之间的分配，是根据社会主义基本经济规律和国民经济有计划按比例发展规律的要求，通过计划经济来调节的。但在商品生产存在的条件下，各种比例关系的确定，既要考虑到社会需要的使用价值量，又要考虑到商品的价值量。要实现国民经济有计划按比例地发展，不能离开价值规律。在社会主义经济活动中，如何按比例地分配社会总劳动，如何在国民经济各部门之间分配生产资料和劳动力，客观上要求以价值为基础。社会主义计划经济必须建立在商品价值的基础上，建立在商品经济的基础上。过去，我们认为生产资料不是商品，忽视价值，忽视价值规律在生产领域，特别是在生产资料领域中的调节作用。生产不考虑劳动消耗，不考虑市场需要，不考虑产品的适销对路。单纯为完成上级下达的计划而生产，对市场的供求情况不了解，造成货不对路，产品质量差，花色品种少，物资积压多，经济效益低，严重地浪费了人力、物力和财力。因此，国家在制定和执行国民经济计划时，必须自觉地依据和运用价值规律，合理分配社会劳动，才能使国民经济的发展符合社会生产客观存在的比例，实现社会主义经济的有计划发展。同时，只有以价值为基础，制定合理的价格，才能正确利用价值指标，衡量劳动消耗和投资效果，选择最优的比例，制定出合理的计划，保证社会劳动的节约，提高经济效益。例如，当前我们面临农村产业结构的调整，许多地方农村的产业结构不合理，只有单一的粮食作物，而没有注意发展经济作物，更没有注意发展林业、畜牧业、加工业、采矿业、煤电能源工业、运输业等，这些基本上还没有起步。为了尽快从根本上改变贫穷落后地区的面貌，使广大农民逐步富裕起来，必须建立农村新的产业结构。而这项计划的实现，在很大程度上依赖于自觉依据和运用价值规律，充分发挥其调节生产的积极作用。

其次，要充分发挥价值规律调节社会主义商品流通的作用。在我国社会主义制度下，自觉运用价值规律来调节商品流通：一方面，表现为国家要按照计划经济的要求，有计划地组织商品流通，通过制定合理的商品价格，促使商品流通计划的顺利实现；另一方面，表现为对于其他大量不纳入国家计划管理的商品，则可借助于价值规律在流通领域的调节作用，由商品价格在一定范围内的变动来调节供求，使产需基本平衡。由于这一类商品生产的情况经常变化，消费者的需求千差万别，致使计划工作很难及时、准确地根据这些变化对产需关系作出调整，因此，供求之间

① 《马克思恩格斯全集》第 25 卷，第 963 页。

的矛盾会经常出现。过去，我们对大多数商品实行统购包销、直接调拨，供求的矛盾不但没有解决，反而把国民经济搞得死气沉沉。实践证明，要解决好供求之间的矛盾，仅仅依靠计划安排是不够的，还必须充分运用价值规律。对某些积压的商品，可以采取降价的办法扩大销售；对某些短缺的商品，则可以把价格提高一点以限制消费；对于一些鲜活商品，可采取合理的季节差价，使不同季节的供需之间保持相对平衡。同时，必须冲破地区、部门、单位和各种经济形式间的相互封锁，鼓励农民进入流通领域，长途贩运商品，进城办工厂、开商店、设旅馆，使货畅其流。

再次，要发挥价值规律是商品生产者公正尺度的作用，鞭策企业改进技术，提高劳动生产率，改善经营管理，发展生产，增强企业的活力。商品价值量是由生产商品的社会必要劳动时间（量）决定的，但是，不同企业生产同一种产品所耗费的劳动量是不一样的，有的低于、有的高于社会必要劳动量。低于社会必要劳动量的企业，就会得到较多的盈利；而高于社会必要劳动量的企业，就只能得到较少的盈利，甚至亏损。这种情况直接影响到企业及其职工的物质利益。价值规律以社会必要劳动时间作为统一的尺度，衡量一切、检验一切、评判一切，对企业生产和经营的经济效果进行公正的评价，鼓励先进，鞭策落后，奖勤罚懒，优胜劣汰。这样，各个企业就会围绕着个别劳动时间和社会必要劳动时间的矛盾运动展开竞争，有效地增强企业的活力，推动企业改进技术，改善经营管理，提高劳动生产率，降低成本，提高质量，增加花色品种，加快产品的更新换代，使企业具有真正的活力。

此外，价值规律还是一个大学校。它有助于造就一批钻研业务、善于经营、有知识、有干劲、懂业务、开拓型的经营管理人才；它使我们的社会主义经济生机勃勃、竞相进取；它冲刷着历史遗留下来的许多传统弊端，改变着人们的观念结构、心理结构、消费结构和生活方式，一扫过去那种墨守成规、安于现状、不求上进、不讲效益、办事拖拉、闭关自守的落后状态，能使人们珍惜时间、奋发向上、重视效益，形成"效率就是生命，时间就是金钱"的新的价值观。

总之，社会主义经济是在公有制基础上有计划的商品经济，不仅不能把实行计划经济同运用价值规律、发展商品经济对立起来，还必须使计划经济建立在自觉依据和运用价值规律的基础上，以发挥其积极的作用。为此，在经济管理体制上要相应的进行改革，建立科学的计划体制、价格体系，综合运用经济杠杆，使各种经济手段发挥其功能。社会主义的计划体制应该是统一性和灵活性相结合的体制，从我国的实际情况出发，国民经济计划的总体，只能是粗线条的和有弹性的，并通过计划的综合平衡和经济手段的调节，做到大的方面管住管好，小的方面放开放活。对关系国计民生的重要产品，需要由国家统一调拨分配的部分，对关系全局的重大经济活动，实行指令性计划；对大量的一般性的经济活动，实行指导性计划。无论是指令性计划还是指导性计划，都是计划经济的具体形式，都必须自觉依据和运用价值规律。对于部分农副产品、日用小商品和修理服务行业，可以完全放开，实行市场调节。随着计划体制的改革，必须进行相应的价格体系的改革。同时，要注意综合运用和发挥各种经济杠杆的作用，加强宏观调控，从各个方面推动社会生产力的发展。

（载《云南社会科学》1985 年第 2 期）

论社会主义竞争和清除封建遗毒

（1986 年 8 月）

党的十二届三中全会《关于经济体制改革的决定》为发展社会主义商品经济翻开了历史的新篇章。随着社会主义商品经济的蓬勃发展，社会主义竞争以其内在固有的必然性产生并发挥着强有力的作用，不仅从经济上冲击着自给自足的自然经济体系，而且有效地涤荡着几千年所形成的封建主义的宗法观念、等级观念、特权思想以及狭隘、保守、愚昧落后等意识形态，从而为清除封建遗毒提供了最有力的武器。与此同时，清除封建遗毒又能为社会主义商品经济的发展和有效地开展社会主义竞争扫清障碍，最终推动社会生产力的发展和社会主义精神文明的建设。

一、社会主义竞争的客观性

竞争是商品经济的产物。哪里存在着商品经济，哪里就存在着竞争。既然社会主义经济是有计划的商品经济，毫无疑问，必然有竞争存在并发生作用。社会主义商品经济发展越充分、越广泛，社会主义竞争的存在及其作用也就越广泛、越经常，并越来越为人们所接受。特别是随着对外开放、对内搞活经济的发展，社会主义竞争的客观必然性更强烈地支配着人们的意志和行动，促进生产的发展和社会的进步。

竞争是不以人们的主观意志为转移的客观存在，是属于商品经济所共有的范畴。

首先，从生产上看，商品价值的决定离不开竞争。在商品经济条件下，生产商品的社会必要劳动时间决定商品价值量这一规律的本身就包含着竞争。因为，生产某一商品所耗费的社会必要劳动不是偶然决定的，而是通过生产条件不同的商品生产者之间的竞争而形成的。不同商品生产者所获利益的大小，取决于生产同一商品所耗费的个别劳动时间和社会必要劳动时间的比例关系。如个别劳动时间低于社会必要劳动时间，就能获得较多的利益；反之，则会发生亏损，甚至破产倒闭。所以，个别劳动时间和社会必要劳动时间之间的矛盾及其运动是商品生产者之间产生竞争关系的客观经济条件。它迫使各个商品生产者不断采用新技术，为使个别劳动时间降低到社会必要劳动时间以下而竞争。这正如马克思所指出："社会分工使独立的商品生产者互相对立，他们不承认任何别的权威，只承认竞争的权威。"①

其次，从流通来看，商品价值的实现也离不开竞争。商品在流通领域中进行交换要以价值为基础实行等价交换，其实质是实现商品的价值。这对商品所有者来说，可谓生死攸关的大事。为此，他们不仅在生产上竞相采取新技术生产价廉物美的商品，而且在市场上以价值为基础，通过价格波动与同行展开竞争；与此同时，还和货币所有者（买者）展开竞争。此外，作为货币所有者手中的货币是一种特殊商品，从质的方面看，具有无限的权力，能同一切商品相交换；但从量的方面看，则是一个既定的量，所能购买到的商品是有限的。货币这种质的无限性和量的有限性就决定了货币所有者之间在市场上的竞争：当某些商品供不应求时，他们竞相争购；当某些商品供过于求时，则择优选购。在这里，无论是争购，还是选购，都包含着货币所有者之间、商品所有者之间以及货币所有者与商品所有者之间围绕着价值实现的竞争。

最后，只有通过竞争，价值规律才能得到贯彻。在现实的商品交换活动中，因供求关系的影响，价格常常和价值相背离，这不仅没有否定价值规律，恰恰是价值规律作用正常的表现形式。因为，市场价格的波动和差别在很大程度上是由竞争引起的。没有竞争，也就不会产生价格的波动和差别，价值规律也就难以得到贯彻。所以，恩格斯说："只有通过竞争的波动从而通过商品价格的波动，商品生产的价值规律才能得到贯彻，社会必要劳动时间决定商品价值这一点才能成为现实。"②

竞争不仅是商品经济发展的必然产物，也是实行对外开放、对内搞活经济的客观要求。我国实行对外开放是一项基本国策，也是一个长期的战略方针。这个"对外开放"既是对国外的开放，也是对省外的开放。处在当今科学技术突飞猛进、生产迅速发展的时代，在国际上，我们要接近和赶上发达国家的先进水平；在国内，落后贫困地区要赶上先进富裕地区的水平，必须积极参与竞争，发展生产。否则，客观上存在的差距不仅不会逐步缩小，而且只会逐渐扩大。历史的教训是：落后就要遭受欺侮、奴役和压迫。这已为中国近百年的历史所证明。

当然，由于社会经济制度不同，社会主义竞争同资本主义竞争相比，在竞争的性质、目的、范围、手段和结果等方面都有根本的区别和自身的特点。

总之，社会主义竞争以社会必要劳动时间为统一公正的尺度，衡量一切、检验

① 《资本论》第1卷，第363页。
② 恩格斯：《在爱北裴特的演说》。见：《马克思恩格斯全集》第2卷，第600页。

一切、评判一切，对企业生产和经营的经济效益进行公正的评价，鼓励先进、鞭策落后。同时，社会主义竞争强有力地冲击着历史上遗留下来的许多传统的弊端，改变着人们的观念结构、心理素质和生活方式，为肃清封建遗毒、建设社会主义精神文明创造条件，为建设具有中国特色的社会主义社会增添生机和活力。

二、封建遗毒是开展社会主义竞争、建设社会主义精神文明的障碍

开展社会主义竞争的核心是为社会成员和企业创造一种公平均等的竞争环境，以统一公正的尺度去衡量、检验和评判一切，鼓励先进、鞭策落后，优胜劣汰，不断推动生产的发展和社会的进步。但是，根深蒂固的封建遗毒却妨碍着竞争的深入发展。因此，认真肃清封建遗毒是摆在我们面前的一项紧迫任务。

我国是一个封建历史绵延很长的国家。新中国成立前，没有经历过商品经济充分发展的阶段；新中国成立后，受"左"的指导思想的影响，长期闭关锁国，禁止竞争，限制商品经济的发展，尤其是"文革"时期，是非颠倒、夜郎自大，到了登峰造极的地步，致使经济的发展停滞、缓慢，思想观念愚昧、落后，现在已日益显现出同经济体制改革、建设社会主义精神文明不相适应，确切地说，已成为社会主义建设事业的一大障碍了。

根深蒂固的封建遗毒表现在我们的政治生活、经济生活、思想意识和生活方式等各个方面：

从政治生活方面看，封建主义的宗法观念、等级观念、特权思想、家长制作风和任人唯亲等都程度不同地存在。表现之一：强调人治，忽视法制。多年来，我们组织管理国家不是依靠"法治"，而是靠"人治"。以权代法，以言代法，不讲民主，不顾法制。特别在"文革"期间，作为国家的根本大法——《中华人民共和国宪法》——被践踏，人身安全得不到保障。最典型的是经人民代表大会选举产生的国家主席未经任何法律手续就被置于死地。领导工作中喜欢搞家长制作风、一言堂。有的人一旦掌握了一点权力，就以权谋私，为所欲为。而人民参与政治生活决策的积极性远未充分调动起来。例如，美籍华人陈香梅女士撰文批评"北京友谊商店不友谊"，《人民日报》刊登后，震动很大。接着，报纸上就报道了"各级领导都非常重视"、"采取有效措施改进工作"的情况，这是很值得欢迎的。可是，许多地方服务态度不好由来已久，成了"老大难"问题。见诸报端的批评稿件（其中还有全国和地方人大代表的批评稿）何止三两件？殴打顾客，甚至把顾客活活气死在柜台前的事也未见什么"严肃处理"。这是人微言轻、我行我素的结果。表现之二：关系

网扩张，不正之风盛行。干部的选拔、任免往往受亲属、同乡、同学以及裙带关系的影响。有的单位领导班子中二叔、三叔在一起；有的办公室里坐着两亲家上班；更有甚者，舅子老表都调来，形成一种血缘、姻亲的关系网，其危害极大，宗法观念取代了党性原则，破坏了社会主义同志式的合作关系，阻碍了人们均等的竞争机会，压抑着人才的正常成长。这种对社会主义肌体起腐蚀作用的关系网，已为人们深恶痛绝。电视剧《新星》主人公李向南是靠人际关系掌权搞改革的，其普遍意义则令人感到遗憾和不可取。有人评论说，这是中国政治文化生活的一大悲剧。表现之三：行政管理机构臃肿、庞大，层次太多，官僚主义严重。这不仅使政府机构办事效率低、贻误大事，而且也妨碍人们聪明才智的发挥。一个正职，若干个副职，责、权分割，互相推诿，名义上人人负责，实际上是人人不负责，官僚主义丛生。结果是清谈之风盛行，深入生产第一线解决问题的甚少，大量的人却淹没在"文山会海"里，文件却在旅行中；多说空话、少办实事的"冗官"、"冗员"也必然增多。据统计，全国的干部人数从 1980 年的 1 900 万人，增加到 1985 年的 2 650 万人。5 年间增加了 760 多万人。照此发展下去，到 2000 年就会净增 2 300 多万人。怪不得一些非医疗单位也出现了"五官科"（正副科长 5 人）的笑话。

从经济生活方面看，尊重权力超过尊重客观经济规律，往往不按照经济运动的规律来组织和管理经济，而是按"长官意志"来组织和管理经济，致使企业之间缺乏竞争，缺乏生机和活力。表现之一：国家对国民经济的管理体制高度集中，统得过多、管得过死，地方和企业的权力很小。特别是处在生产经营第一线的企业，基本上没有自主权，形同上级行政机构的附属物，成了算盘上的珠子——拨一下，动一下。结果，不利于企业积极性、主动性和竞争性的发挥；而中央主管部门又陷于繁忙的事务中，包揽了许多不该管、也管不了的具体经济活动，应该管的事情却又没有管好。表现之二：在管理方法上，主要是按照行政系统、行政区域、依靠行政手段来组织管理经济，割断了经济活动的内在联系，同社会化大生产、同商品经济的发展和竞争的要求不相适应。结果，使各个地区、各个部门自成体系，画地为牢，以邻为壑，互相封锁，追求"大而全"、"小而全"，搞重复建设、重复生产，不仅造成人力、物力、财力的浪费，而且人为地造成经济垄断，阻碍竞争、阻碍技术的进步。表现之三：在分配上搞平均主义，把封建主义和小农经济的思想当做社会主义及其优越性来宣传。结果，造成企业吃国家的"大锅饭"，职工吃企业的"大锅饭"，给人以错觉，好像贫穷是社会主义的本色。其经济运行的公式是：高积累——高投资——高就业；低工资——低消费——低效率。平均主义泛滥实际上是保护落后、打击先进、阻碍竞争，必然破坏生产力的发展。此外，以权谋私、干部经商、办公司成风，这也是半封建半殖民地官僚资本遗毒的表现。发达资本主义国家的法律都明文规定禁止官员经商。官员一旦经商就是败坏声誉的丑闻，有的下台，有的要受法律制裁。如果创造一种公平的、均等的竞争环境，任何干部也无法凭借手中掌握的权力去经商。总之，在经济生活中，封建遗毒的存在致使经济活动缺乏竞争的压力、缺乏生机和活力。

在思想观念和生活方式上，安于现状、墨守成规、不思进取、缺乏朝气。表现之一：推崇中庸思想。我国自孔孟以来，宣扬中庸之道，教育人们不偏不倚、不前不后，提倡守旧怀古，越古越老、越陈旧越好。这同发展社会主义商品经济要求人们具有开放、竞争、进取和创新等思想观念形成尖锐的对立和冲突。表现之二：在评选干部时，"苛人之短，不用人之长"。看到的往往是缺才，而找不到人才。这正如"骏马能历险，而犁田不如牛；坚车能载重，而渡河不如舟"。有的领导喜欢俯首帖耳、唯唯诺诺，对上司察言观色、很会巴结的人，认为他们老实听话。尽管他们不思进取、明哲保身、工作无能，却因谋官有道、做官有术而步步高升。可是，不少的改革者、创新者，冲击了某些陈旧的传统观念、思维方式，修正了某些传统的行为准则，甚至以自己的行动冲破世俗偏见反而遭到嫉妒诽谤、刁难和打击，有的还成了众矢之的。例如，天津新港船厂厂长王业震，就曾遭受过"乱箭穿身"之苦，甚至有被捕的传闻，而后他却登上了天津市人代会主席团的宝座。昆纺女工邓阳昆冲破世俗偏见，与滚雷英雄安忠文结婚后，却遭到造谣中伤。一旦谁出了点名、冒了点尖，有人就戴上变形眼镜，以扭曲的眼光去观察人家，甚至霸道地认为"我没有冒尖，你也别想冒尖"。这种狭隘心理表现出的嫉贤妒能和旧的习惯势力，毁掉了多少"冒尖"者啊！表现之三：愚昧落后的生活方式。近几年，农村经济有了显著的发展，农民的收入增加了，物质生活条件改善了。但是，精神生活没有相应的得到改善。求神、拜佛等封建迷信活动盛行，买卖婚姻、赌博、偷盗等时有发生，婚丧之事大操大办而负债累累，等等，此类旧社会的遗毒又沉渣泛起。这些情况越是落后的地方越严重。

三、倡导竞争，清除封建遗毒，建设社会主义精神文明

在社会主义条件下，按照社会主义原则开展的竞争，是发展社会主义经济的推动力，是建设社会主义精神文明的催化剂，也是造就"四化"建设人才的优选法。但是，不肃清封建遗毒则是难以奏效的。

首先，在大力发展社会主义商品经济的同时，要倡导竞争、鼓励竞争。通过竞

争，激发人们的奋发进取精神，鄙视落后、鄙视保守，对于有创见、有竞争力、革新成绩卓著者要给予表彰、奖励。

其次，要在政治上、经济上自上而下创造一种公平的竞争环境，提倡民主，健全法制，铲除竞争的障碍。例如，选拔干部要广泛地实行公开招聘制，不论资历、学历，不能以"官阶"论人之长短。实行能者上台、无能者下台，不搞变相的终身制（指这里不行调那里，官衔不动）。

再次，对于那些利用职权任人唯亲、搞关系网、谋取私利的人，处罚要重，不能搞"下不为例"、轻描淡写地批评几句。这种"检讨一阵子，舒服一辈子"的办法于国、于民有害无益。对于那些安于现状、饱食终日、无所事事的领导者，要及时把他们从领导岗位上撤下来。特别是对那些不学无术、嫉贤妒能、造谣中伤、专司整人的人，要给予惩治。

改革，是一场革命，对于人们的思维方式、生活方式都会产生重大的影响。我们应当通过发展商品经济，运用竞争的规律来促进社会经济发展的良性循环，来激励人们努力学习，不断进取，勇于改革，为社会主义物质文明和精神文明建设贡献力量。彻底清除封建遗毒的影响，为政治、经济、文化体制的改革扫清道路是刻不容缓的历史任务。

（参加云南省理论讨论会论文）

商品经济的充分发展是社会经济 发展不可逾越的阶段

——对发展社会主义商品经济的再认识

（1986 年 10 月）

人们对商品经济在社会主义阶段的地位和作用的认识，经历了一个曲折漫长的过程，在科学社会主义发展史上有经验、也有教训。今天，我们从理论和实践的结合上，进一步探讨社会主义商品经济理论，对于推动我国经济体制的改革，自觉地大力发展商品经济，加快社会主义建设步伐，具有十分重要的意义。

一、历史的回顾

自苏联十月社会主义革命胜利、在世界上建立了第一个社会主义国家以来，在对待商品经济问题上，经历了一个曲折的认识过程。有经验，有教训，有影响。新中国建立后，曾在商品经济问题上有过两次失误：一次是 1958 年搞"大跃进"、刮"共产风"，取消商品经济，搞"一平二调"；另一次是"文革"时期，把商品货币关系说成是"产生资本主义的土壤和条件"。其结果都是挫伤了群众的生产积极性，使国民经济的发展极度困难。这表明，发展社会主义商品经济是一个重大的理论和实践问题，关系到社会主义的兴衰成败，关系到坚持和发展马克思主义的大问题。

马克思、恩格斯在《哥达纲领批判》、《反杜林论》中提出了在当时条件下所预见的社会主义社会中商品经济已经消亡的见解。其基本观点：一是认为商品经济存在的条件是社会分工和私有制。由于社会主义生产资料公有制的建立，故使商品经济失去了存在的经济条件而消亡。二是认为社会经济中心能够直接以劳动时间为尺度，按社会需要、有计划按比例分配社会总劳动到国民经济各部门。人们投入的劳动一开始就直接表现为社会劳动，而且，计算人们所费的劳动也不再经过商品货币关系这条迂回曲折的道路了。三是认为商品经济和计划经济是对立的。既然社会主义经济是计划经济，商品经济就必然取消。

列宁关于商品经济的思想在实践中经历了取消商品经济、取消货币形式、恢复和发展商品经济的三个阶段。第一阶段（1900—1919 年）取消商品经济，实行军事共产主义和余粮收集制。第二阶段（1920 年前后）取消货币形式，实行工业品与农产品之间直接的物物交换。第三阶段（1921 年后）恢复和发展商品经济。取消军事共产主义，实行新经济政策，以粮食税代替余粮收集制，恢复和发展以货币为媒介的商品交换。新经济政策的核心是恢复和发展商品经济，把劳动者的积极性建立在个人物质利益的基础上。通过实践，列宁认为，商品交换是农民唯一可以接受的与工业联系的方式，并号召共产党员学会经商，在经济活动中要进行经济核算，要做一个精明能干的商人。他在《十月革命八周年》中强调："无产阶级国家必须成为一个谨慎、勤勉、能干的'主人'，成为一个精明的批发商。"这是列宁对马克思主义政治经济学的重大贡献。

斯大林坚持社会主义社会要发展商品生产的思想。1951 年他在《苏联社会主义经济问题》一书中，对 1929 年生产资料私有制的社会主义改造完成后、在全民所有制和集体所有制占统治地位并实现了农业集体化的条件下，是否保留商品生产的长期争论作了总结。其基本观点有三：一是从社会主义社会存在两个物质生产部门和两种公有制出发，论证了保留商品生产的必要性。二是分析了社会主义商品生产的性质以及不会导致资本主义的原因。三是重申价值规律的客观性，批判可以改造规律的错误观点。但斯大林在理论上也有其不彻底和缺陷：（1）不承认生产资料是商品，而仅仅保留着商品的"外壳"，实际是否认全民所有制经济内部有商品关系。（2）认为价值规律对社会主义生产只起影响作用而无调节作用。这些观点不仅直接影响苏联建立起以政企不分和高度集中为特征的城市经济管理体制，而且也影响包括中国在内的几乎所有社会主义国家也相继建立起高度集中的计划经济模式。

毛泽东的商品经济思想既有前进的方面，也有后退的地方。前进的方面是：（1）社会主义社会的消费资料和生产资料都是商品，在经济落后的中国要大力发展商品生产。（2）强调价值规律是一个伟大的学校，教育我们几千万干部和几万万人民要很好利用它。可惜这些正确的思想在实践中没有很好贯彻。后退之处是：他认为社会主义社会的商品制度和货币交换跟旧社会差不多，只能在无产阶级专政下加以限制。这在实践中就限制了商品经济的发展和价值规律的作用。

我们党总结了国内外社会主义经济建设正反两方面的经验，吸收了我国经济理论界多年来的研究成果，在党的十二届三中全会通过的《关于经济体制改革的决定》中，作出了"社会主义经济是公有制基础上有计划的商品经济"的科学论断。这一重大的理论突破是来之不易的，它必将在经济、政治、思想、文化等各个领域给社会主义事业带来生机和活力。

二、一个重大理论突破的意义

确认社会主义经济是公有制基础上有计划的商品经济，具有重大的理论和实践意义：

1. 它为大力发展商品经济、提高社会生产力奠定了理论基础。这一科学论断表明，商品经济既非社会主义的"异己力量"，也非社会主义一定时期不得不保留的旧社会的痕迹，而是社会主义本身存在的实质性的经济关系。因此，我们可以理直气壮地大力发展商品经济，促进社会生产力的迅速发展。

2. 它为划清社会主义商品经济和其他商品经济的界限提供了客观依据。社会主义商品经济这一命题，既不同于自然经济和小商品经济，也不同于资本主义商品经济，更不同于共产主义的产品经济，而是作为共产主义初级阶段的本质特征表现出来的。所以，大力发展商品经济是社会主义本质特征的要求。

3. 它从根本上解决了计划经济和商品经济相互排斥的旧观点，明确二者是相互结合、融为一体的关系。社会主义计划经济的内容是商品，不是无价值属性的单纯产品；商品经济是在计划指导下发展的，不是盲目无政府状态的经济。这样，对于改善计划工作，加强国民经济的综合平衡，取得更大的宏观效益有着积极的推动作用。

4. 它为全面改革和完善经济管理体制、搞活经济和提高经济效益提供了科学根据。长期以来，我们是以产品经济面貌出现的自然经济模式来发展社会主义经济的。在经济体制上形成了一种同生产力发展要求不相适应的僵化模式，致使企业和职工的主动性和积极性受到压抑，社会主义经济失去活力。今天，按照商品经济的要求来改革经济体制，应考虑：（1）要建立以公有制为主体的多种所有制形式并存、多种经营方式共同发展的新格局。特别要改变国有大中型企业无权的状况，使企业真正成为相对独立的、自主经营、自负盈亏的社会主义商品生产者和经营者。（2）要建立多层次的决策体系。必须改变我国长期以来形成的、不利于商品经济发展的、高度集中的决策体系，改变国家和企业之间的家长制关系，使之向各按其职责范围的多层次决策方向转化；国家主管宏观经济决策，微观决策尽可能下放给企业和家庭个人。（3）为协调经济运行，要缩小指令性计划，扩大指导性计划，发挥市场机制和价值规律的作用。（4）改变行政性分权所造成的条块分割、相互封锁的状况，积极发展横向经济联系。以上四点考虑，已反映在"七五"计划所提出的三项改革任务中。

5. 它为实行对外开放的基本国策提供了理论依据。社会化大生产使分工和交换已从国内扩展到国际范围，从而加速本国、本地区经济的发展。中国只有实行对外开放，才能搞活经济、造就人才、增强国力。

6. 它为社会主义精神文明建设创造了物质条件。马克思说过："商品是天生的平等派。"按其本性要求自主、平等（等价）和竞争，这就要求人们互换劳动要遵守等价原则，从根本上冲击不劳而获、少劳多获的剥削阶级意识，有利于推动人们以劳为荣，走勤劳致富之路；有利于克服封建主义的等级观、宗法观和"以权谋私"（是一种具有浓厚封建色彩的超经济掠夺）的不正之风，培养人们的民主观和平等观；有利于促进社会分工的发展和科学技术的进步，营造尊重知识、尊重人才的新风尚，使人们逐渐树立科学社会主义的价值观、道德观、荣辱观、是非观；有利于培养人们胸襟开阔的心理素质和现代化的思维方式以及锐意改革的时代精神，造就一代新人。

三、商品经济的充分发展是社会经济发展不可逾越的阶段

商品经济的充分发展是人类社会经济发展进程的必经阶段。每一个社会的生产，都有它自己一定的经济形式，各个国家，无论其自然、历史、经济等条件如何不同，但其社会经济的发展，都要依次经历自然经济、商品经济和产品经济三个发展阶段。这是由生产力发展水平所决定而不以人们意志为转移的普遍规律。

自然经济是与低下的生产力水平和社会经济不发达相适应的封闭式的经济形式。其基本特征是：（1）生产的目的是为了生产者个人或经济单位自身的需要，即自给自足。俗称"男耕女织"。（2）生产手段保守落后。马克思说："这种形式完全适合于为静止的社会形态提供基础，如像我们在亚洲看到的那样。"① （3）生产规模狭小，与外界接触很少甚至不相往来，即闭关自守，"鸡犬之声相闻，老死不相往来"。

产品经济是与高度社会化生产相适应的，是分工极其发达、生产力水平很高、产品极其丰富的经济形式。其基本特征是：（1）实行高度社会化大生产，人们共同劳动、共同消费。（2）分工极其发达，由于商品货币关系消亡，人们不再通过商品货币形式进行交换。（3）社会将实行直接的资源分配、劳动分配和产品分配。

上述自然经济和产品经济是两种性质不同、生产力水平差别极大的经济形式。

---

① 《马克思恩格斯全集》第 25 卷，第 897 页。

由自然经济形式不能直接跨入产品经济形式，其间要经历一个相当长时期的中间阶段，这就是商品经济形式。

商品经济包括商品生产和商品流通，是一种以社会分工为前提、以交换为目的的经济形式。由于社会分工的存在、社会化大生产的要求和经济发展的客观需要，由于存在不同经济利益的实体，在一定的生产力发展水平的条件下，必须实行商品经济。商品经济的基本特征是：（1）它是一种社会化的经济形式。即生产是为他人、为社会，同时又要依赖于社会而生产。（2）它是一种开放型的经济形式。即冲破了民族、地区、国家的狭隘界限，使优质产品及其先进技术，像一种势不可挡的力量，沟通各方面的经济联系。（3）它是一种具有强烈竞争力和充分活力的经济。按照价值规律的要求，在同一自然时间内，谁生产商品的数量多、质量高，谁就能创造较多价值，获得较多收益。反之则少，甚至亏本倒闭。所以，商品经济的运动是外有压力、内有动力，能够不断提高劳动生产率的。（4）它对不同生产力发展水平具有较强适应性，既可适应比较低的生产力发展水平，又能适应比较高的生产力发展水平，并能促进社会分工和生产社会化程度的提高，从而为自然经济的全面瓦解和向产品经济过渡创造条件，成为使前后衔接起来的中间阶段。所以，商品经济的充分发展是社会经济发展不可逾越的阶段。

一个国家、一个民族，由于种种原因，其社会经济制度可以绕过人类社会发展的某一个阶段。但是，一切国家、一切民族的社会经济的发展却不能逾越商品经济的发展阶段。尤其是对经济落后、原来商品经济很不发达的社会主义国家来说，则更是如此。

关于发展商品经济的威力，马克思、恩格斯在《共产党宣言》中曾作过十分精彩的论述。他们认为，资产阶级开拓的便利交通和种类繁多的廉价商品，是摧毁一切古老万里长城和闭关仇外心理的"重炮"。这门"重炮"不仅使一切不甘心灭亡的民族必须尽快采用商品经济，而且"使乡村从属于城市"，"使未开化和半开化的国家从属于文明的国家，使农民的民族从属于资产阶级的民族，使东方从属于西方"[1]。这说明，商品经济能使生产迅速增长、社会经济蓬勃发展；能使人类摆脱人身依附和等级的束缚以及古老的秩序，超越血缘、地域以及民族的界限，使生产迅速社会化。从这个意义上可以说，一部近代社会发展史，也是商品经济蓬勃发展遍及世界的历史。因此，任何超越商品经济发展的观点和做法，都是违背社会历史发展规律的，在实践中不但不能获得成功，相反还会受到客观规律的惩罚。

---

[1] 《马克思恩格斯选集》第1卷，第255页。

在我国，特别是在云南，经济发展比较落后，地处边疆、民族地区和偏远山区，商品经济极不发达。因此，大力发展商品经济是一个具有决定意义的战略方针。其巨大的作用在于：（1）它是推动生产发展、振兴经济、富民兴滇的强大推动力。（2）它为社会创造物质财富，为市场提供充足的商品，改善人民生活，最终实现社会主义生产目的。（3）它为全面瓦解自然经济、消除封建遗毒的影响、完善社会主义生产关系创造物质条件。（4）它是促进社会主义精神文明建设的物质基础。

在我国，由于经济落后、闭关自守，往往以自然经济思想为指导建立经济体制。这种经济体制的弊端是：条块分割，自成体系，追求"大而全"、"小而全"；排斥商品流通，拒绝利用市场机制，否认价值规律的调节作用，害怕竞争，忌讳盈利；缺乏时间观念和效益观念；在分配上"统收统支"、吃"大锅饭"、捧"铁饭碗"等。在党的十一届三中全会前的近30年间，我国经济体制虽然有过这样或那样的演变，但是，以产品经济面貌出现的自然经济思想始终笼罩着经济运行的各个方面，使商品经济不能充分发展。所以，不冲破自然经济思想的束缚，不进行经济体制的改革，商品经济是发展不起来的。

（载《理论辅导》）

论社会主义资金市场

（1987 年 7 月）

　　随着经济体制改革的深入发展，我国在逐步建立和完善社会主义市场体系的过程中，相应地开拓和建立起资金市场，这是社会主义金融体制改革中的一件新鲜事物。本文拟就建立社会主义资金市场的重要性、形式、性质及其特点等问题作些探讨。

一

　　资金市场是指资金的供给和需求双方直接交易、融通资金的工具、渠道和方式，是随着商品经济的发展而产生的一种货币交易场所。对于活跃市场、推动社会经济的发展，具有十分重要的作用。

　　第一，建立社会主义资金市场能及时沟通金融信息，搞活资金的融通，解决资金短缺的困难，并有助于加强金融的宏观调控。随着经济体制改革的深入，全民所有制企业和集体所有制企业日益成为自主经营、自负盈亏的商品生产者和经营者。企业要适应市场的需要进行产品、技术、劳动等生产要素的调整和重新组合，就有赖于资金要素的带动，有赖于发挥资金的调节和催化作用。可是，企业要在短时期内筹集到足够的资金又是有困难的。因为，国家不可能拿出更多的资金来扩大信贷规模；即使有的银行资金有余，也往往由于信息不灵、渠道单一、范围有限而难以及时解决。建立资金市场，就是解决信贷资金余缺矛盾的有效办法。因为，余款银行和缺款银行或农村信用合作社都可以直接向资金市场登记，提出借贷资金的数量、拆出或拆进资金的要求和条件，从而在更大范围内沟通资金供需的信息。这样，既能解决国家建设资金的不足，又有利于满足企业对资金的需要，从而有力地促进生产经营的发展。不仅如此，从更深层次的意义上看，资金市场可以成为中央银行观察市场动态的"窗口"、感受市场脉搏的场所，从而掌握资金流通的信息，有助于对金融的宏观控制和管理。

　　第二，建立社会主义资金市场能有效地利用资金运动的时间差、地区差、行际差，提高现有资金的利用率，用较少的钱办较多的事。近几年，由于调整分配关系，我国市场的资金状况和供给渠道已发生了重大的变化。首先，从市场资金状况看，企业扩大自主权，留下部分折旧资金，实行利润留成，后来改征所得税，企业开始有了自己的资金；财政体制进行改革，实行分灶吃饭，各地区、各部门、各单位都有了一些预算外资金；国民收入中分给农民、职工、企业和地方的部分，财政部门不能无偿征收；随着农村实行家庭联产承包责任制，以及开展多种经营和提高农副产品收购价格等，使农民个人收入有所增加；城镇职工，或因增加基本工资，或因实行岗位津贴的奖金制度，或因家庭就业人口增加，收入也增多了。其次，从资金的供给渠道看，已从过去由财政拨款的单一渠道转变为从财政、银行、社会集资、外资等四条渠道供应，渠道增多，范围扩大。但是，这些资金，无论是国家的、企业的还是个人的，都不一定能很快地投入再生产运动。因为，折旧费在固定资产更新以前还会被暂时闲置起来；流动资金不一定能及时买到原材料；扩大再生产的资金也不一定能立即购买到设备而投入使用。结果，必然导致大量资金在时间上、空间上和地区上被暂时闲置起来。为了发挥效益，必须寻找一条新的出路。与此同时，在客观上又存在着新的路子。因为，有些企业需要购置新的机器设备，以增强生产能力，但一时又资金不足；或要试制新产品，进行技术革新和改造，也感到资金困难；特别是碰上季节性的商品（如甘蔗、烤烟等）大量上市的季节，需要一次性地大批购进，此时也会发生资金短缺的情况。在这种情况下，开拓和建立资金市场就能及时地利用资金运动的时间差、空间差和地区差，组织资金融通，调节资金的余缺，使之各得其所，提高资金的利用效益。如个旧市，1986 年积极引导企业利用多种渠道吸引社会闲散资金达 2 600 多万元，救活了相当一部分"半拉子"工程。

　　第三，建立社会主义资金市场有利于形成纵横交错的资金融通网络，能在更大范围内开展资金横向融通，促进横向经济联系。随着社会主义商品经济的发展，会冲破"条块分割"相互封锁的状态，按照经济合理的原则组织生产和流通。这样，不仅可以形成许多经济联合体，而且能充分发挥各地区、各行业、各企业的优势，以提高企业和全社会的经济效益。但是，横向经济联系的发展，首先遇到的是信贷资金的纵向分配和条块分割的障碍。因为，目前我国信贷资金的管理体制是以各专业银行为主的、实行按系统纵向分配资金的办法。这是在过去物资纵向分配体制下，按照"钱随物走"的原则建立起来的，形成了"条条"分割。可是，以行政区划管理经济，又形成资金上的"画地为牢"，造成"钱到地头死"的"块块"壁垒。在这种体制下，资金的横向流动，商品经济的发展，地区、部门、行业之间的横向经济联系都要受阻、发生障碍：一方面，它受到各专业银行"条条"的束缚；另一方面，又受到地区"块块"的限制。比如，资金短缺的时候，各专业银行和各地区都竞相限制资金的外流，影响资金的横向融通。要改变这种状况，实现资金的横向流动，促进商品经济的发展，就必须借助于社会主义资金市场。

第四，建立社会主义资金市场，可以发挥对资金吞吐聚散的功能，提高融资的广泛性和有效性。目前，我国融通资金的主要渠道是通过银行的存款和贷款等信用活动来实现的。随着企业财力的增大和个人收入的增加，社会闲散资金急剧增长，通过专业银行吸收存款，可以适当加以调节。但是，在投资方向上人们的要求取舍各不相同，有的人想投入生产，有的人想投入流通，这就需要通过资金市场，相应地扩大融资的形式和渠道。在坚持国家银行信用为主的前提下，要注意发挥商业信用、国家信用、消费信用等多种信用形式的作用。例如，通过发行国库券，并有计划地鼓励公司企业面向社会发行股票、债券，以及银行的金融债券等多方筹集建设资金，调节投资方向，尤其能把社会闲散的资金及时投向急需资金的部门、行业、企业和地方，从而把资金运用搞活，也能减轻游离资金向商品市场的冲击，发挥资金分洪工程的作用。

第五，建立社会主义资金市场，能使所有投资者与企业结成"命运共同体"，共享投资效益，共担投资风险，使责、权、利更好地结合起来。资金市场为股票乃至固定资产的抵押等提供了买卖的场所，从而实现产权的自由转移。这样，投资者不必担心自有资金长期冻结在一个地方、一个企业而拖延资金的收益时间，能在短期内得到股息和红利；而且为了急需，投资者还可在股票市场上抛售股票。由于企业股东多又比较分散，致使国家财政、银行及投资者不会背上沉重的债务、风险包袱，而将投资风险转向各企业的股东分担。由于股东与企业得失的一致性，就能有效地激发股东关心和爱护企业的主动性和积极性，使股东、职工和企业真正同舟共济，共同为办好企业出谋献策。

此外，建立社会主义资金市场还有利于培养一大批精明能干的社会主义金融管理人才。

二

我国的社会主义资金市场，是近几年随着商品经济的发展而逐步建立起来的，它由多种形式组成，发挥着不同的作用。

第一种是社会主义资金的拆借市场。这是适应横向经济联系的需要，发展银行之间以及银行和其他金融机构之间资金的拆借，以调剂地区之间、行业之间、企业之间资金余缺的一种形式。它包括：专业银行向中央银行的拆借；专业银行之间的拆借；专业银行内部的拆借；专业银行和其他金融机构之间的拆借。拆借利息率的高低和时间的长短一般是由拆借双方共同商定的。

第二种是社会主义证券交易市场。目前，在证券市场上进行交易的主要是股票。它是由全民所有制或集体所有制的公司、企业或经济联合体，经政府有关部门和中国人民银行的批准公开发行的一种有价证券。它证明购买股票入股者的票面金额和取得利息的权利。股票之所以能够在股票市场上买卖，是因为持有股票的人能凭借股票向发行股票的公司、企业取得一定的股息。股票持有者出售股票，就是转让票面金额和领取股息的权利，因此，必须取得相应的代价。股票价格的高低，除直接取决于票面金额外，还取决于银行存款利息率的高低。在通常情况下，当股息高于存款利息时，股票价格就上涨；反之，就下跌。其他债券的买卖也大体如此。

第三种形式是票据承兑市场，即票据的贴现。所谓商业票据，是商品购销双方，根据购销合同进行延期付款交易时，由收款人或付款人签发按期由付款人无条件付款的一种票据。将票据贴现是把商业的信用纳入银行业务，以促进资金的横向流动和加强管理的方法。它是指收款人在票据到期前需要资金时，将票据权力转让给银行，并且贴付一定的利息，向银行取得现款的一种资金融通办法。它包括贴现和再贴现两个层次。贴现是指企业用未到期的商业票据向其开户银行贴取现金；再贴现是指专业银行用对企业贴现获得的商业票据再向中央银行贴取现金。目前，我国企业之间存在的经济联系是转账形式或分期付款、延期支付等商业信用，往往造成销货单位的货款和银行贷款被拖欠。开办商业票据贴现后，能促使企业的赊销行为一律使用商业票据。因为，商业票据注明了清偿日期和逾期处罚条款，使收款单位能到期收到款项，使付款单位合理安排资金按时支付货款，从而将商业信用纳入银行信用的轨道。这样，既支持了工商企业生产经营的发展，又加强了对信贷的监督和管理，有利于搞活经济。

此外，我国民间的资金市场也正在逐步发展。民间资金市场是由群众自愿集资入股的，有金融信托合作社、金融服务部等。它是适应乡镇企业和农村商品经济发展的需要而产生的，实行独立核算、自主经营、自负盈亏，在业务上接受国家银行的管理和指导，自己有权根据资金流通规律的要求，按照国家银行资金自求平衡的处理原则，决定资金来源和编制信贷规划，开办各类储蓄和贷款业务，利息率一般以国家银行利息率为基础上下浮动，并参照信用社的利息率实行。民间资金市场，一般能将业务延伸到国家银行和信用社的触角伸不到的地方，因而辐射面比较广，加之手续简便、服务周到，不仅能吸收农村各个角落的游资，有效地把群众中蕴藏的资金潜力转移到生产投资上，变闲散资金为营运资金，提高资金的利用率，缓和农村资金供求紧张的矛盾，而且因民间信用借贷双方的权责明确、信用严格，比起银行和信用社来，资金的沉淀和损失较少。所以，它是国家银行和信用社的重要补充力量，能为农村商品经济特别是乡镇企业的发展不断输送"血液"，调剂资金的余缺。

我国社会主义资金市场的建立方兴未艾。国务院总理在全国人大六届五次会议的《政府工作报告》中强调指出："七五"期间，资金市场要加快发展。目前，全国规模最大、设备最好、业务范围最全的是由山西省太原市工商银行开办的太原金融市场，其交易大厅的建筑面积为900多平方米，业务范围包括资金拆借市场、证券交易市场和票据承兑市场。该市场既办理本市金融系统的资金拆借和票据承兑、股票债务的委托转让、证券买卖和贴现业务，也办理省际资金拆借和票据承兑贴现等业务，经营十分活跃。此外，广州、上海、天津、武汉、沈阳、重庆、昆明等城市也都陆续建立了资金市场。今后，随着商品经济的发展和金融体制的深化改革，将会出现更多的资金市场，从而形成一个不同层次、不同规模、不同形式的资金市场体系，共同组成纵横交错、互相联系、信息灵敏的资金融通网络，以便在更大规模和更大范围内开展资金的横向融通，进一步把资金市场搞活。

三

我国社会主义资金市场具有以下特点：

第一，我国的资金市场是建立在生产资料社会主义公有制基础上的。它是以社会主义国家银行为主导的、在人民政府和国家银行领导管理下的一个多种经济成分、多种形式、多种渠道和不同规模、不同层次的资金市场。在这个资金市场上，社会主义全民所有制的金融机构和资金实力占据主体和领导地位，集体经济和公私合营经济以及海外侨资的金融企业与资金实力处于从属和辅助地位，接受社会主义国家银行的领导和管理。

第二，我国的资金市场是有计划发展的。它是社会主义市场体系的一个重要组成部分，其经济活动必须根据国家的统一计划进行。无论是资金的拆借融通，还是证券的交易以及票据的承兑贴现，都必须在国家计划的指导和管理下进行。同时，发展资金市场的目的不是为了赚钱发财、谋取私利，而是为了搞活企业，提高现有资金的利用率，发展社会主义商品经济，促进社会主义生产力的发展，最终是为满足人民群众日益增长的物质文化需要服务的。

第三，我国资金市场的资金来源，主要是由社会主义的国家银行、国有企业、集体所有制企业、中外合资企业、机关事业单位、城镇职工、居民和农民等提供的。凡参加资金市场活动的单位和成员，必须在政治上坚持四项基本原则，在经济上遵守"平等互利，恪守信用，相互支持，共同发展"的原则，以保证资金交易的正常进行，促进资金的融通。

第四，我国的资金市场奉行独立自主的原则，为社会主义经济建设服务。虽然，我国的资金市场和国际金融市场有一定的联系，并通过联系利用外资，为我所用。但是，我国的资金市场是按照独立自主、自力更生原则建立的，不受任何外国金融市场的控制和支配。邓小平指出："中国的事情要按照中国的情况来办，要依靠中国人自己的力量来办。独立自主、自力更生，无论过去、现在和将来，都是我们的立足点。"虽然，我国在社会主义建设过程中，外汇的需求量大。但是，一定要坚持独立自主的原则，对外经济的一切活动必须在国家集中领导和统一管理下进行。尤其要加强外汇的统一管理，以便使我国的资金市场不受外国资本的控制和干扰，更好地为我国社会主义"四化"建设发挥其独特的功能。

（载《思想战线》1987年第4期）

实行承包制没有改变国有企业的性质*

（1987 年 12 月 11 日）

看了《张彩凤命运》的报道后，再结合学习党的"十三大"的文件，心里久久不能平静。《张彩凤命运》提出了一个根本性的问题：在深化企业改革中，全民和集体所有制企业分别实行承包、租赁经营责任制、资产经营责任制等以后，企业的性质变了没有？到底是社会主义性质的，还是资本主义性质的？是需要坚决支持、推进改革，还是要横加干涉、阻挠改革？

马克思主义的基本原理和我国改革的实践表明，社会主义企业在实行承包制、租赁制等经营责任制后，企业仍然是社会主义性质的。

首先，承包制、租赁制是在生产资料公有制基础上所采取的经营方式，不仅没有改变企业的社会主义性质，而且是在坚持社会主义公有制前提下，对经营机制的完善。因为，生产资料所有制是社会生产关系的基础，并决定生产关系的性质。生产资料所有制包括生产资料的所有权、占有权、支配权和使用权（通常把后三权称为"经营权"），其中生产资料所有权是基础和前提，所有权决定经营权；同时，经营权又是所有权的实现。所以，企业的经营过程就是生产资料所有权在经济上实现自己的过程。实现的形式既可以是所有权和经营权的相互统一，又可以是"两权"不同程度的分离。特别是随着生产社会化的发展，生产资料的"两权分离"就更为广泛。可是，长期以来，我国经济体制在高度集中管理的模式下，实行的只是"两权"合一，即国有国营；对集体经济也采取近似国营的办法经营。结果，企业既不承担自主经营的责任，也不享有自主经营的权利，成为主管行政机构的附属物，缺乏生机和活力。随着企业体制改革的深化，不仅一般小型企业实行承包制、租赁制，

---

* 本文是应约为《云南日报》开展"张彩凤命运"的讨论所作的阶段性总结。

而且大中型企业也广泛实行了承包经营责任制，使企业在生产经营和收益分配方面，通过签订承包合同，明确规定国家和企业、出租者和承租者各自的经济责任、经济权力和经济利益，实行所有权和经营权相对分离，使企业真正成为自主经营、自负盈亏的经济实体。各种承包责任制的共同点是：包死基数，确保上缴，超收多留，欠收自补。核心是使企业的责、权、利紧密结合，最大限度地调动企业和职工的积极性，提高经济效益，把企业搞活。因此，实行承包经营责任制的企业，无论是全员承包、集体承包，还是经营者个人承包，改变的只是企业的经营形式，并没有、也不可能改变社会主义全民所有制或集体所有制的性质。通过实行承包经营责任制，不断完善企业经营机制，就能较好地发挥生产资料公有制的优越性。这是适合我国国情、深化企业改革的重要步骤，是搞活企业的成功之路。联系张彩凤承包的企业来看，理所当然地仍然是社会主义性质的企业。

其次，承包后企业的职工之间，仍然是互助合作、平等互利的关系，职工的主人翁地位没有变。因为，在承包期间，职工是生产资料经营的承包者，实际行使了对资产的占有权、使用权和支配权，从而使职工主人翁的地位不是名义上而是实际上的联合劳动者，执行了所有者的权力，并通过厂长（经理）、车间、班组、个人层层承包，使责、权、利紧密结合起来，做到人人有目标、个个有责任，不仅把承包的任务最终落实到每个职工的身上，而且互相协作、互包互保、群策群力，形成集体优势。这样，企业盈亏、兴衰的担子，不单是压在经营者、承包人的肩上，而是由企业全体职工共担风险、荣辱与共了。由于职工不但参加企业的管理，而且参与决策、参加分配，发挥和尊重职工的民主权利，并使职工从承包经营中得到实实在在的物质利益，增强了爱护、关心企业的集体观念，提高了主人翁思想和素质。不仅如此，还能为造就一批有开拓精神、有经营决策和组织能力的企业家提供良好的环境和条件。

再次，实行承包制的企业能更好地把国家、企业和职工三者的利益关系正确结合起来，贯彻按劳分配原则。因为，实行承包制，明确规定了企业对国家、职工对企业两个层次的责、权、利关系。无论实行哪种承包形式，企业都是把上缴国家财政的部分以契约的形式肯定下来。在通常情况下，国家除得到承包的固定收入外，还可从企业缴纳的产品税、能源交通建设基金等方面增加收入，并随生产的发展而增加这部分收入。交够国家的，剩下就是企业自己的。这就在国家财政收入稳定增长的前提下，使企业有更大的自我积累、自我发展的能力，对国家和企业都有好处，是一个实现良性循环的路子。在企业和职工之间，通过建立各种形式的经济责任制把职工的劳动同他们的物质利益紧密联系起来。在国家政策允许范围内，企业能自主决定企业内部分配的形式和办法，运用多层次、多种类的分配方式，扩大工资差距，拉开收入档次，充分体现多劳多得、少劳少得的原则。现阶段我们的分配政策，既要有利于拉开合理差距、鼓励一部分人靠诚实劳动和合法经营先富起来，又要坚持共同富裕的目标。对各种收入，只要是合法的，都应依法保护；对不合法的收入则必须坚决依法取缔。当然，对合法的高收入，国家也要采取必要的措施，进行合理调节，以防止"两极分化"。

最后，实践是检验真理的唯一标准。我们检验改革是否符合社会主义的要求，最根本的是看能否促进社会生产力的发展，并在这个基础上不断满足人民的物质文化需要。近几年，企业实行承包、租赁经营责任制后，解放和发展了生产力，这是有目共睹的。

综上所述，可以看出，在新旧体制的碰撞中，改革，"这是一场革命"。因此，必须首先进行观念的变革，自觉地树立新观念，摒弃"左视眼"、"红眼病"等旧观念，才能推动改革的进行。

（载《云南日报》）

发展社会主义商品经济必须
开拓资金市场

（1988 年 1 月 2 日）

　　资金市场是随商品经济的发展而产生的一种货币交易场所。它是商品经济发展的"润滑油"、"催化剂"。商品经济愈发展，愈显示出资金市场的威力。因此，它既是商品经济发展的产物，又是商品经济得以充分发展的条件。要发展社会主义商品经济，就必须有计划、有步骤地开拓社会主义的资金市场。

　　首先，建立社会主义资金市场能及时沟通金融信息，搞活资金融通，解决资金短缺的困难，促进商品经济的发展；同时，也有助于了解资金市场的状况，加强对金融的宏观调节和控制。随着经济体制改革的深入发展，全民所有制企业和集体所有制企业日益成为相对独立和独立的经济实体，成为自主经营、自负盈亏的商品生产者和经营者。他们对资金的需求愈来愈迫切，可是，企业要在短期内筹措到足够的资金又是困难的。因为，国家不可能拿出更多的资金来扩大信贷规模；即使有的银行资金有余，也往往由于信息不灵，渠道单一，范围有限，没有一个能够直接沟通信息和融通资金的网络，也无力解决资金短缺的困难。建立资金市场，就能及时解决发展商品经济过程中信贷资金供需的矛盾。因为，余款银行、缺款银行和信用合作社都可以直接向资金市场进行登记，提出借贷资金的数量、拆出或拆进资金的要求和条件，从而在更大范围内沟通资金供需的信息，解决资金供需的矛盾。例如，1987 年初由昆明市工商银行发起、牵头，有云南省 17 个地、州、市工商银行中心支行参加而联合建立的昆明市资金市场，吸收了成都、重庆、贵阳等地的工商银行和昆明市的其他金融单位共 36 家。他们相互、及时提供资金供需的信息，成交十分活跃。仅开业的第一天，成交额就达 7 亿多元。银行及时收取这些信贷资金投入生产和流通，为一些企业解决了资金短缺的燃眉之急。不仅如此，资金市场还可以成为中央银行观察市场动态的"窗口"、掌握市场脉搏的场所，了解资金流通信息的来源，从而有助于对金融的宏观控制和管理。

其次，建立社会主义资金市场能有效地利用资金运动的时间差、地区差和行际差，提高现有资金的利用率，用较少的钱办较多的事。由于种种原因，资金在运动过程中会出现暂时"搁浅"现象，没有发挥出应有的作用。诸如企业的折旧基金在固定资产更新以前往往被闲置起来；流动资金又不一定能及时买到原材料；扩大再生产的资金也不一定能够立即购买到设备而投入使用。这样，必然会导致大量资金在时间和地区上被暂时闲置起来、不能发挥价值增殖的现象。这就需要为闲置资金寻找生财之路以获得效益。与此同时，客观上又存在着广阔的出路。因为，有的企业为了扩大生产需要购置新的机器设备，但一时又资金不足；或要进行技术革新和技术改造，开发新产品，也感到资金短缺；特别是碰上季节性的商品（如甘蔗、烤烟、粮食等）大量上市的季节，需要一次性大批购进，这时也会发生资金困难的情况。结果，一方面，有些地区、企业手里有暂时闲置的资金需要寻找出路；另一方面，有些地区、企业又出现资金短缺，急需寻找借处。在这种情况下，资金市场就能及时地利用资金运动的时间差、空间差和行际差调节资金的余缺，解决供需的矛盾。例如，云南省工商银行通过积极参与省内外资金市场的融资活动，筹集大量资金，及时为云南省烟草公司卷烟经理部、昆明重机厂等12个企业单位发放临时性贷款4 200多万元，解决了因集中进货等原因造成的资金困难；又对省内47个项目的技术改造、更新设备发放了委托贷款3 400多万元；还向重庆市信托投资公司拆出资金1 500万元。

再次，建立社会主义的资金市场，有利于打破"画地为牢"的格局，搞活资金的横向融通，促进发展商品经济中的横向联系。我国目前信贷资金的管理体制和商品经济的发展存在较大的矛盾：一方面是工商企业按照商品经济运行的规律，合理组织生产和流通，冲破条块分割，广泛发展横向经济联合，充分发挥各个地区、行业和企业的优势，以提高经济效益。另一方面是金融单位对信贷资金的管理体制又是以各专业银行为主，实行按系统纵向分配资金的办法，形成"条条"分割；而经济管理又实行行政区划的办法，"画地为牢"，往往造成"钱到地头死"的"块块"壁垒。这种体制不利于商品经济的发展。因为，资金短缺时，各专业银行和各地区都竞相限制资金的外流，影响资金的横向融通。为适应商品经济的发展，就应借助于资金市场，沟通彼此间的联系，实现资金的横向流动。例如，由云南省曲靖地区工商银行发起、牵头建立的滇、桂、黔三省（区）12个地州市工商银行的横向金融协作网，仅1987年上半年就融通资金11.3亿元，发放各种贷款40.4亿元，对发展协作地区的工农业生产，特别是对名优和创汇产品的生产发挥了积极的作用。据曲靖、昭通、玉溪地区的不完全统计，通过贷款支持粮食、商业部门调入适销对路的商品和粮食起了重要作用，解决了因受灾减产、粮食供应不足的困难。

建立社会主义资金市场，还可以广泛吸引社会闲散资金，兴办各种建设事业。社会的闲散资金对商品市场是一股强大的冲击力。各公司、企业或经济联合体在报请政府和中国人民银行批准后，通过发行各种债券或股票，能够大量吸收游资。这样，既减轻了对市场的压力，又有利于社会主义建设事业的发展。昆明旅游服务总公司在 1985 年和 1986 年先后两次发行股票 2 000 多万元，购买者甚为踊跃，最多的一户认购 400 多张，金额达 4 万多元。由于该公司筹集到了雄厚的资金，建成了多功能的旅游服务大楼——海棠饭店，促进了昆明旅游事业的发展。不仅如此，资金市场的建立还为股票、债券的发行、交易及固定资产的抵押等提供了买卖的场所。这样，不仅为企业发展商品经济的需要能筹集到急需的资金，而且投资者不必担心自有资金长期冻结在一个地方、一个企业而拖延了资金的收益时间，能在短期内得到股息和红利；为了急需，投资者还可在股票市场上抛售股票，通过股票的买卖，及时调剂资金的余缺，双方都得到了便利。现在，我国已在上海、沈阳等地试办了证券交易市场，买卖十分活跃。

近两年，全国和云南省都有计划地、有步骤地建立了一些多层次、多形式的资金融通网络，收到了良好的效果。全国相互融通的资金已达 300 亿元。仅昆明市就融通资金 34 亿多元，有效地促进了资金的横向流动和商品经济的发展。

（载《云南日报》）

论社会主义商品经济中的
竞争与协作

（1988 年 2 月）

贯彻中共中央《关于经济体制改革的决定》3 年以来，人们在理论和实践的结合上已较普遍地确认了我国社会主义初级阶段的经济"是在公有制基础上的有计划的商品经济。商品经济的充分发展，是社会经济发展的不可逾越的阶段，是实现我国经济现代化的必要条件"。可是，对于"社会主义企业之间的关系，首先是互相协作、互相支援的关系，但这种关系并不排斥竞争"，在思想和行动上还需要进一步解决。本文拟就社会主义商品经济中竞争与协作产生的条件、关系、特点和作用进行探讨。

一、竞争是贯彻价值规律的客观要求，协作是生产社会化的劳动形式

竞争是指商品生产者和消费者、供给者和需求者之间的经济关系，是各自在市场上为自己争取有利地位所作的努力。竞争随商品经济的存亡而存亡，是不以人们意志为转移的。在商品经济条件下，商品价值量的决定和实现要通过竞争，价值规律的贯彻更要通过竞争。现实的交换活动，因供求矛盾而使价格和价值不一致，这不仅不是否定价值规律，恰恰相反，正是价值规律发生作用的条件和表现形式。应该看到，市场价格围绕价值的波动正是由竞争引起的。正如恩格斯所指出："只有通过竞争的波动从而通过商品价格的波动，商品生产的价值规律才能得到贯彻，社会必要劳动时间决定商品价值这一点才能成为现实。"①

竞争与协作是一对矛盾。社会生产力的发展，一方面加强了商品生产者彼此之间的竞争，另一方面也提出了协作的要求。马克思认为："许多人在同一生产过程

---

① 《马克思恩格斯全集》第 21 卷，第 215 页。

中，或在不同的但互相联系的生产过程中，有计划地一起协同劳动，这种劳动形式叫做协作。"① 在生产实践中，协作不仅可以提高个人生产力，可以创造一种集体生产力，进而形成社会平均劳动，而且还可以节约生产资料。例如，建造一间可容纳20人生产的厂房比建造10间各容纳2人生产的厂房所耗费的投资要少。协作，一方面可以扩大劳动的空间范围，另一方面也可以相对地在空间上缩小生产领域，从而节约非生产费用。

回顾历史，人类劳动协作形式自古有之。从原始社会到资本主义社会及社会主义社会，从简单协作到以分工为基础的协作，从劳动者的分工协作到机器的分工协作，等等。协作的历史表明：分工与协作贯穿于人类社会生产过程的始终，是社会生产力发展的根本规律。

二、加强社会主义的竞争与协作，是完善社会主义生产关系的一个重要方面

社会主义商品经济虽然更强调协作，但不排斥、也排斥不了竞争。深化改革不仅要坚持四项基本原则、坚持改革开放，而且要有意识地引入竞争机制。当前，开展竞争有利于打破阻碍生产发展的封锁和垄断，及时暴露独家经营所掩盖的问题，以便对症下药，扬其所长，补其所短；有利于促使企业改进生产技术，改善经营管理，降低成本，不断提高产品质量；有利于促使企业根据商品经济的规律生产适销对路的商品，尤其注意到生产那些品种多、质量高、销量大、创汇率高、在国际市场上有竞争能力的"拳头商品"；有利于培养钻研业务、善于管理、精明能干的建设人才。当然，也应当看到，在竞争中也可能出现某些消极现象和违法行为，但只要各级有关部门加强教育和管理也是不难制止的。

如果说，竞争是商品经济的产物，那么，协作便是任何社会都存在的一种劳动形式。社会主义协作是以生产资料公有制为基础，在国家计划指导下，以满足社会成员日益增长的物质文化需要为目的的。协作提高的生产力表现为社会的生产力，其成果归劳动者所有。协作不仅可以在社会主义企业内部进行，而且可以在全国范围内有计划地进行，体现着劳动集体之间平等、互助、互利的关系。社会主义协作可以促进国民经济稳定协调地发展；可以合理使用人力、物力、财力，提高经济效益；可以促进社会主义生产关系的发展和完善；可以在集体劳动中培养人们的劳动观点和集体主义思想，克服轻视劳动、个人主义和本位主义思想，加强社会主义精

---

① 《马克思恩格斯全集》第23卷，第362页。

神文明建设，等等。总之，加强协作是社会化大生产的客观要求，是发展社会主义商品经济的必然趋势。

当前，在我国城乡广泛开展的横向经济联合就是加强协作、发展社会主义商品经济的基本形式。总结最近几年的实践经验，大体可归纳为三类。第一类是生产领域里的联合。这是主要的。它包括：（1）按照专业分工，把生产不同品种、规格、质量、款式的同类产品的企业组成同行业的联合，如汽车、自行车联合企业。（2）把从原材料、半成品在生产上依次完成一系列工艺过程的企业组成有机的"流水线"联合，如钢铁联合企业、锡业联合企业。（3）围绕整机把分散生产零部件和集中总装的企业组成一个混成的总装联合体，如电冰箱联合企业、电视机联合企业。（4）以某一资源或原材料为劳动对象的企业联合，如农副产品加工联合企业。（5）以开发某种新产品或"拳头产品"为中心，由具有生产条件的企业和具有技术优势的教学、科研单位组成的教学科研生产联合企业。（6）围绕名、优、特产品，把能够出口创汇的企业组成外向型的联合企业。（7）为发挥资源优势，加强专业协作，按照"扬长避短，形式多样，互惠互利，共同发展"的原则，组织跨地区、跨行业和多层次的横向经济联合，如东北地区的三省四盟（辽宁、吉林、黑龙江和内蒙古的东四盟）、西南地区的五省六方（川、桂、黔、滇、藏、渝）以及中原地区十五地市等，都是破除条块分割，形成以企业为主体的、多层次、多渠道、多形式的经济协作，共商开发地区经济的大政方针。第二类是流通领域的联合。主要是利用各自的优势，因各有所求，在国营、集体商业系统内，以合同形式组织的商业联合。例如，云南省大关县食品公司、百货公司、贸易公司，通过统一协调，利用区食品站人力、设备和资金的优势和点多、面广、腿长的特点，开拓工业品下乡的新渠道。根据互助互利原则，由百货公司、贸易公司供货让利；食品公司各食品站在坚持经营肥猪主业的同时，兼营工业品、副食品的批发零售业务。第三类是生产流通"一条龙"的综合性联合。包括：（1）工商双方联营联销，如昆明交电采购站与昆明自行车总厂对"金鸡"牌自行车实行联营联销，工商双方扬长避短、互利互惠。（2）高等学校或科研单位和产业部门以及商业部门建立起负责研究、开发、生产、应用、服务、销售、教学等业务的综合性实体。（3）乡镇企业中的农工商联合体，等等。上述形式中，企业之间的联合与协作是主要的。其特点是：联合类型由松散变为紧密，规模由小变大，时间由短到长，效益由低到高，竞争力由弱到强，双方积极性同步增高。

社会主义企业之间的关系既是社会主义的互助关系，又是社会主义的竞争关系：一方面，社会主义经济以生产资料公有制为基础，从而决定了社会主义企业之间首先是互相协作、互相支援的关系。企业之间没有根本的利害冲突，共同目标和根本利益是一致的，因而不仅需要而且可能互相协作和联合。因为，社会主义生产是在广泛社会分工基础上的社会化大生产，各企业之间的联系日益紧密，这就要求各企业按照专业化分工和协作的原则，发挥集体力量，组织起单个企业无法进行的生产，创造出新的生产力和产品。同时，产品的流通也要依靠企业间的合理分工与协作，才能使货畅其流，加快资金周转，降低流通费用，提高企业经济效益。另一方面，社会主义的商品经济决定了社会主义企业之间必然存在着竞争关系。在我国，任何一个企业都要在国家计划和法令的管理下，在为社会主义现代化建设服务的前提下，在市场上直接接受广大消费者的评判和检验，通过竞争增强企业活力。

社会主义企业之间竞争与联合关系的具体表现是：一方面，竞争作为企业外部的强制力量，使每个企业都面临严峻的考验，不仅对生产困难大、经济管理落后、谋求生存愿望强烈的企业是这样，就是对一些设备先进、经营管理好、希望不断提高经济效益的企业也是这样，企业普遍会在竞争的环境中不同程度地产生实现联合的紧迫感。例如，昆明市盘龙区原小南泡沫塑料厂因厂房破旧、设备落后和管理不善而长期亏损；上海塑料七厂虽被昆明泡沫塑料市场大所吸引，准备与小南泡塑厂联营，但对这种风险性联营又有顾虑。后来，由区政府出面作保，双方真诚合作，通过改进生产技术，改善经营管理，降低了成本，提高了产品质量，大大增强了企业活力。1987年上半年产值已达150万元，利润27万元左右，成为云南省最大的泡塑厂家，联营双方都得益。竞争还检验了横向经济联合。从1984年开始，昆明市盘龙区政府先后与北京、上海、广州、武汉等13个市的48个单位建立了经济联营和协作关系，项目已达76个，引进资金739万元，仅1987年上半年就联营开发出30多个新品种，提高了近40个老产品的质量，大大增强了企业的竞争能力。另一方面，联合并没有消除竞争，而是在更大范围和更高层次上继续竞争。企业在加入联合体之后，并不是进入了免于竞争的"避风港"，而是还会遇到新的更强的竞争对手，从而迫使企业要不断"扬长补短"，使横向经济联系日益巩固，并不断地向深度和广度发展。所以，联合或协作实质上是在缩小竞争者之间的差距，使彼此的水平逐渐接近，形成互相帮助、共同前进的新局面。例如，昆明市五华钢窗总厂原来在市场竞争中败北，后来与上海沪新厂联营，基本上解决了设备不足、技术落后和原材料供应的困难。为了确保钢窗的质量，解决钢门除油、除锈、防腐蚀的问题，该厂不仅从航天工业部32研究所引进了防腐科研成果，而且还同中国建筑科学研究院物理研究所开展技术联合，建立了物理测验站，为钢门窗的质量检测提供技术保证。在1986年省市行检中，该厂产品合格率达100%。这表明，竞争推动了联合，而联合后对现有人、财、物、技等的充分利用，又成为在竞争中继续取胜的关键。

正确认识和处理竞争与协作的关系，在很大程度上决定着联合体竞争力的大小和优势，决定着联合体自身的巩固和发展。企业之间实现横向经济联合后，竞争便进入更高层次，即从单个企业的竞争进入"群体"领域的竞争，这就要求与横向经济联合所具有的多层次、多渠道、多形式的特点相适应，采取增强联合体新的竞争能力的对策和方法。

三、倡导竞争，加强协作，促进社会主义商品经济的大发展

社会主义企业之间的竞争和协作并不是在任何情况下都会促进商品经济发展、获得最佳经济效益的。问题在于竞争的目标是否选准、竞争的手段是否正当以及联合的对象是否合适，等等。因此，对竞争和协作要加强引导，及时解决存在的问题。

首先，要有明确的目标，避免企业在竞争与联合中的盲目性。各企业应根据中央的方针政策、国内外市场的发展趋势和企业的专长，综合拟定出在经营战略上具有相当水平、经过奋斗可以达到的目标。企业只有把生产新型的、适销对路的优质产品作为目标，才能在市场的激烈竞争中获取胜利，才能通过竞争正确估量自己、认识别的企业，从而选择最佳伙伴，以便在自愿互利的基础上实现横向经济联合，显示出联合的优势。盲目的联合，只会挫伤生产积极性，或者在经济上劫富济贫，违背自愿互利原则。盲目生产和竞争，势必造成产品严重积压，资金周转不灵，最后只好关、停、并、转、散。例如，1985年春，在上海因西服"热"引起的领带"热"，除生产"敦煌"牌的上海领带厂和生产"熊猫"牌的上海外冈领带厂两家因强化质量、价格合理而正常营销外，其他100多家企业（有国营的、集体的、街道的、农村社队的、个体的以及各行各业第三产业的）一哄而起竞相生产领带，结果因供大于求和质量低劣，从畅销顶峰坠入滞销深渊。由于领带积压数百万条，资金周转陷入困境，致使每条领带的销价从5元降为0.4元。

其次，要重视非价格竞争。价格竞争是商品经济条件下人们熟知的，非价格竞争是价格竞争的对称，它是指在商品价格既定的条件下，商品生产经营者通过商品的品种、款式、质量、包装、服务等方面所开展的竞争。随着商品经济的日益发展，除价格竞争外，非价格竞争便成为更广泛、更高层次的竞争。当生产成本较高、一时又难以降低或市场价值相对稳定时，价格竞争就受到限制，非价格竞争就显得重要了。例如，在品种竞争中，人无我有，以稀取胜；在服务竞争中，文明经商，方便顾客，以礼取胜；在信誉竞争中，货真价实，包换包修，以诚取胜；在同等质量

的商品面前，以廉取胜；在同样价格的商品面前，以优质服务取胜。由此可见非价格竞争的重要性。云南省瑞丽县仅有 21 名职工的如意食堂，在同 300 多家饮食店的激烈竞争中，就是以非价格竞争取胜的。该店除了严格食品卫生管理、服务热情周到外，还备有川、滇、傣味，高、中、低档 60 多个品种，尤其是傣族风味食品如傣味鸡、酸笋煮肉等很受国内外游客的欢迎。结果，不仅营业额居大小饮食店之首，而且连年被评为省、厅、州级精神文明建设先进单位。广州市的商店为顾客着想，免费增添一个塑料提袋，生意兴隆，店主高兴、顾客满意。因此，企业之间的协作，既要有利于价格竞争，也要有利于非价格竞争。

再次，要防止横向经济联合特别是企业集团走向垄断。当前，在横向经济联合的基础上，出现了有利于推动社会生产力发展的企业集团。与常见的企业间的横向经济联合相比，已由单个的、分散的企业变为相对集中的企业。这种联合不仅是生产上的联合，而且还包括了销售、科研、服务等更广泛的内容，使资金、人才、物资、技术等生产要素实现最佳组合和合理配置，从而具有更高层次的竞争力、更大规模和更强的凝聚力。但如果在宏观上忽视引导和控制，则有可能产生排斥竞争和封锁技术的垄断，主宰同行业市场。因此，除国家指定由有关部门和单位专门经营的特种产品外，一般都不能搞只此一家、独家经营。

最后，要充分运用法律手段，保护联合，维护企业正当竞争的合法权益。国家要制定出企业法、竞争法、联合法等有关法令，使企业在联合与竞争中有法可依，企业的行为受法律的监督、约束，企业的正当权益受法律的保护，并依法调整好各方面的经济关系。

（载《云南社会科学》1988 年第 1 期）

价格体系的改革势在必行

（1988 年 8 月）

价格改革是当前群众十分关心的"热点"，也是经济体制改革的重点和难点。我国的改革经历了 10 个年头，现正进入非解决物价问题不可的关键性阶段。是前进还是后退？这直接关系到改革的成败。所以，价格体系的改革是经济形势发展的客观要求，是历史的必然。

价格体系，是指社会主义国民经济活动中，各种商品价格之间相互联系、相互制约的关系的总和。价格体系的内容包括国民经济各部门之间的商品比价关系、各部门内部的商品比价关系以及同类商品的差价关系。

我国现行的价格体系，由于长期忽视价值规律的作用和其他一些历史原因，存在着不合理甚至相当紊乱的现象。许多商品的价格，既不反映价值，也不反映供求关系，严重影响生产的发展和社会主义商品经济新秩序的建立，所以必须进行改革。

首先，价格体系的改革是发展社会生产力的必然要求。因为，不合理的价格体系正阻碍着社会生产力的发展。这主要表现在：

第一，各类商品的比价，尤其是工农业产品之间的比价不合理，不能比较准确地反映各种商品价值量之间的比例关系，不能引导生产部门根据国家计划均衡地发展各类商品生产、调动生产者的积极性、发展生产、满足市场对各类商品的需要。我国现行的农产品价格，特别是粮食、油料等主要农产品价格偏低，使不少农民把种粮当成"副业"，甚至抛荒外出跑买卖、打短工。据调查，近几年农用生产资料价格年年上涨，种田的投入年年增加，可粮价基本未动。由于种田的比较利益减少，致使农民干副业的多，做生意的多，种田的少，尤其是精耕细作种粮的更少。结果，导致粮食生产不景气，农副产品短缺，农业发展的后劲不足。与此同时，工业品的价格却在上涨。于是，有的农民形象地说："现在，工农业产品的比价已经不是'剪刀差'，而是'火钳差'啦！"这样，农民不愿意多投入，不愿搞集约经营、提高土地肥力，也不愿养猪积肥、扩大养殖业。农民是根据市场价格信号从比较利益中自发地调节生产门类、规模和销售走向的。尽管政府有关部门做了大量工作，但成效不大。问题的关键在于提高粮食和主要农副产品的价格，提高农民的生产积极性，使农民种粮、养猪和发展多种经营的比较利益增加，从而愿意多投入，引用良种，增施肥料，改善农田基本建设，增强农业发展后劲，扩大粮食和其他农副产品的生产，满足市场的需要。至于工业品内部的比价，也存在不合理的现象，特别是一些矿产品、原材料和能源的价格偏低，加之生产资料的价格又实行"双轨制"，更加剧了矛盾的严重性。由于价格没有正确反映生产商品的社会必要劳动量，也就不能公正地发挥核算劳动消耗和劳动成果的职能，因而也不能充分发挥价值尺度的职能，更不能很好地利用它去评判一切产品及其企业经济效益的高低。总之，这种不合理的价格体系，形同用一把被扭曲的尺子去衡量各部门、各企业的投入产出一样，缺乏准确性。一些部门和企业，由于产品价格过低，盈利甚微，甚至严重亏损，即便艰苦努力，改善经营管理，也得不到应有的补偿，这势必挫伤企业和职工的积极性。而另一些部门和企业，由于产品价格过高，即便经营管理不善，也可获得高额盈利，职工的报酬也随之增加，以致失去进取的动力和外界的压力。正是这种被扭曲的价格信号造成了企业的苦乐不均，影响了企业的活力和劳动者的积极性。不仅如此，被扭曲的价格信号还可能造成生产经营决策的失误。如有些本是无利的投资和项目，但因原材料价格偏低、产品价格偏高，而被误认为有利可图，就盲目建设、重复建设，该上的上不去，该压的压不下来。结果，"长线产品"继续生产，长期积压；"短线产品"继续短缺，供不应求，"市场引导企业"的作用难以发挥。特别是近几年，生产资料实行计划价格和协议价格的"双轨制"，致使计划内原料的供应数量减少、质量降低；计划外所供原料的比重大幅度增加。由于两种价差极大，也造成了一些不正常的现象。因为，计划内的平价原材料掌握在政府职能部门手中，致使一些企业经济效益的大小并不取决于企业自身经营管理的好坏，而是取决于政府机关的某些决定。也就是说，哪个企业得到政府批给的平价原材料愈多、优惠愈多，效益就愈高；反之，则低。结果，一些企业不是把主要精力放在增加品种、提高质量和降低成本上，而是千方百计找门子，疏通政府机关的掌权人士，争取多分配一些平价原材料。此外，价格政策的一些规定也不尽合理，亟须调整。如原材料价格放开后，要求产品价格管住；产地价格放开了，要求销地管住；上面放开了，要求下面管住；两头放开了，要求中间管住；等等。新闻纸的价格两年来就从每吨 800 元涨到 2 600 元，上涨了两倍多。一张报纸大小的白纸要卖 6 分钱，而一张经过采访、编辑、出版、发行的报纸，却只卖 5 分钱，加上发行费上涨，使报社面临严峻的生存危机。这说明，现行的价格体系没有充分反映价值规律的客观要求，没有给企业提供一种均等竞争的环境和机会，这样不利于生产的发展。

第二，同类商品的质量差价没有拉开，优质不优价、劣质不低价，致使优质产品生产缺乏积极性，供不应求；劣质产品滞销积压，充斥市场，却还在继续生产，严重影响了产品质量的提高。俗话说，一分钱一分货，讲的是质量差价的调节作用。现在社会需要的优质产品价低利薄，抑制了各方面投资生产的积极性；劣质产品反而利大可图，又刺激各方面竞相上马，盲目生产。结果，阻碍了生产结构、消费结构的合理调整和全社会经济效益的提高。商品质量低劣、以次充好，也是最大的涨价。例如，本来应当使用一年的电灯泡，但因质量低劣，只能用 3 个月，实际上等于灯泡价格上涨了 3 倍。这也是违背价值规律客观要求的，必须进行改革，实行按质论价。

第三，主要农副产品的购销价格倒挂（即销售价格低于国家收购价格），补贴越来越高，加重了国家的财政负担。国家采购的主要农副产品是人民群众的基本消费资料，特别是食品。30 多年来，我们对城镇居民的食品消费一直采取平均分配和低价销售的政策，形成一种福利性质的分配制度。政府往往是高价买进、低价卖出，用"暗补"的形式（即商品的卖价低于商品本身的正常价格）补贴价差。例如粮食，国家向农民收购小麦加工成面粉出售，每斤成本为 0.35 元，但卖给消费者的价格每斤只有 0.18 元，国家补贴 0.17 元。卖 1 公斤花生油，国家要补贴 1.6 元。至于城镇居民吃的肉、奶、蛋、菜，穿的棉布，烧的煤，用的肥皂等都要国家补贴。包袱越背越重，不仅加重了国家的财政负担，而且还因国家财力有限而影响农业生产的进一步发展。因为，农业生产形势愈好、愈丰收，国家收购量愈大，经营农副产品越多，亏损和补贴就越多。据统计，1978 年国家的用于因购销价格倒挂的差价补贴金额为 55.6 亿元，到 1984 年增加到 320 多亿元。在这 6 年中，财政收入仅增加 34%，而物价补贴却增加 4.8 倍。在财政增加的收入中有 69.7% 用于价格补贴上。1987 年，全国的价格补贴已达到 500 多亿元，其中，仅销售粮食的补贴就达 200 多亿元，约占全年财政支出总额的 1/6。所以，我国的财政基本上是"吃饭财政"。不仅如此，补贴的范围也越来越大。以城镇的住房补贴为例，按照正常的成本计算，每月房租每平方米使用面积为 1.56 元，而现在房租每平方米仅为 0.13 元，"暗补" 1.43 元。这样，一套 40 平方米的住宅，每月"暗补"57.2 元。正是"暗补"使房租过低，产生恶性循环，使住宅建设投资有去无回，仍然陷于"年年建房，年年修房，年年无房"的困境。1980 年至 1986 年国家投资 1 000 多亿元为全民所有制单位职工盖住房，可收回的房租仅占投资的 2% 左右，数额极小。这不仅不能实现住宅的简单再生产，还要补贴大量的维修资金。对住房者来讲，住房越多，享受的补贴越多,客观上刺激了一些人多占房、争好房,又使一些人无房可住。这就是被扭曲的价格体系在实践中造成的严重后果。正如邓小平最近指出的:"多年来,物价问题是国家的沉重负担。旧的价格制度不符合价值规律,国家每年都要拿出财政收入的很大一部分用于物价补贴,给经济建设增加了很大的包袱。要轻装前进,物价问题非解决不可。"

其次,价格体系的改革是确立新经济体制的客观需要。我国的经济体制改革发展到今天,已经到了非解决物价问题不可的关键性阶段。价格体系的改革是整个经济体制改革的核心。这是因为:

第一,建立社会主义商品经济新秩序,必须进行价格体系的改革。社会主义商品经济新秩序要求政府、企业、个人各自的权利和义务均有明确的规定,各方面的积极性和创造性都能得到合理的、充分的发挥;真正实现等价交换、平等竞争的原则;强化市场秩序,等等。如果不进行价格体系的改革,上述要求就不可能做到。当前,我们社会经济生活中存在许多无秩序现象,其原因正是我国的基本经济关系还未理顺,而基本经济关系是通过价格、工资等经济杠杆交织而成的,要理顺基本经济关系,必须对价格等经济杠杆进行配套改革。建立社会商品经济新秩序,要从传统的自然经济和超越历史发展的产品经济向商品经济转换,这就必须尊重和服从价值规律。进行价格体系的改革,正是为了更好地运用和掌握价值规律,在充分发挥价值规律作用的基础上,建立起商品经济的新秩序。这是和过去长期习惯了的旧秩序的一个根本不同之处。认识、尊重和充分发挥价值规律的作用,就会改变我们传统的经济生活,形成新的社会经济秩序。而要做到这一步,不改变扭曲的价格体系,不消除价格长期不反映价值、不反映供求的现象是不行的。正因为如此,价格体系的改革才成为建立社会商品经济新秩序的一个焦点,成为经济体制改革的核心。不能设想,我们一方面要大力发展商品经济,提倡按价值规律去组织全社会的生产、流通和消费;另一方面却可以保留严重背离价值规律的旧价格体系。离开价格体系的改革、发展商品经济、建立商品经济新秩序就成了一句空话,经济体制改革最终也会失败。

第二,价格体系的改革是整个经济体制改革过程中必须闯过的一大难关。我国的经济体制改革已经历了 10 年,有了一定的基础,现在面临的最大问题是价格体系的改革。因为,价格改革十分复杂,风险大,难度大。一方面,物价问题在整个社会经济生活中处于中心位置,它一头连着生产和流通,一头连着工资和消费,是各种社会利益关系中最主要的利益关系,是牵一发而动全身的敏感问题,关系整个国计民生;另一方面,价格又直接影响着数以万计的企业的经济效益和前途命运,影响着数以亿计的消费者的切身利益。所以，价格成为关系各行各业、千家万户的大问题，也是人民最关切、最热门的话题。面对改革前进过程中的这个关隘，只能有三种选择：一种是退回去。退到自然经济和产品经济的老路上去，使改革半途而废，让人民重新过经济紧张、商品匮乏、生活贫困的穷日子。这是违背社会发展规律和10亿人民意愿的。贫困不是社会主义，倒退是没有出路的。另一种是绕过去。这是回避矛盾的办法，国际国内的历史经验证明此路是行不通的。因为，发展商品经济如果不及早理顺被扭曲的价格关系，价格不反映价值，有价形同无价，那么，已经进行的改革将前功尽弃、化为泡影。这表明和反证了价格改革是绕不过去的。最后的、也是唯一的一种选择是长痛不如短痛，下决心、冒风险，走价格体系改革这一条路。通过价格体系的改革，为社会主义商品经济大发展创造一个良好的环境，为深化和推进经济体制改革铺平道路。我们不仅要下决心去冒这个风险，而且也有条件去冒全面改革物价和工资的风险。这是改革全局之必须，也是全国人民根本利益之所在。我们要因势利导，抓住历史给予的有利条件，坚决而稳妥地进行价格体系的改革，团结全国人民同舟共济、苦战过关。改革的前途是光明的，渡过难关是大有希望的。

综上所述，价格体系的改革，是发展社会生产力的客观要求，是建立社会主义商品经济新秩序的中枢环节，是推进经济体制改革必经的一道关隘。只要全国人民同心同德、共闯难关，就能完成历史赋予的重任。

（载《理论辅导》1988年第8期）

整顿经济秩序，全面深化改革

（1989 年 1 月 6 日）

我国经济体制改革已经历了 10 年，取得了明显的成效。当前，我国经济形势总的是好的，但也确实存在一些困难和问题。其中，突出的是通货膨胀，物价上涨幅度过大，社会分配中存在不公平现象，党政机关中也存在某些腐败现象。因此，中央确定了治理经济环境、整顿经济秩序和全面深化改革的方针，并且把明后两年的改革和建设的重点放在治理经济环境和整顿经济秩序上。这是十分正确的。但当前最重要的是要解决好两个问题：一是建设速度和规模要适度。关键是坚决把过旺的需求压下来，把通货膨胀的势头遏制住，逐步实现社会总需求和总供给的基本平衡。二是市场秩序要整顿好。这两个问题是相互联系的。物价上涨、通货膨胀会助长市场的混乱，加剧流通领域里的违法乱纪；而流通领域里的违法乱纪和市场的混乱又会推动物价上涨。由于我们还没有建立起一个完善的社会主义市场体系，以致出现了许多严重破坏社会主义经济的现象。从这个意义上讲，整顿市场秩序就成为治理经济环境、整顿经济秩序的中心内容，或者说，整顿经济秩序的关键就是整顿市场的秩序。

当前市场混乱的主要表现：一是价格混乱。近年来，在我国商品市场上，从日用消费品到高档消费品，从生活资料到生产资料，普遍出现搭车涨价、轮番涨价、变相涨价的混乱现象。不仅涨价面广、上涨幅度大，而且调价频繁、各行其是。特别是 1989 年 7、8 月份，在全国许多大中城市先后出现的市场抢购风潮，更推动了物价的普遍上涨，群众较普遍地感到通货膨胀的威胁。这种抢购商品的行为，是消费心态失衡的表现。

二是各类公司林立、政企不分，"官倒"、"私倒"严重。1988 年在国家工商部门注册的 36 万多家各类公司中，就有 25 万多家是在流通领域中参与社会财富分配的。这些商业性公司中不少是官商。其从业人员大多有一定的政治背景和权力，能够直接或间接弄到平价物资和紧俏商品；经营方式上明里暗里、直接间接运用非经济手段强买强卖、买空卖空。一些政企不分、官商不分的公司干扰了市场、谋取了私利。他们往往凭着一封介绍信、一张名片、一个电话、一纸执照、一个账号，便控制了巨额物资，获得了成千上万的利润，形成了"商品大旅游，价格滚雪球，"致使正常的商品交换失去了本来的意义，价格也"面目全非"了。与此同时，"私倒"或"官私合倒"的现象也严重存在。1987年，云南省5个团伙和17个个体户倒卖国家调拨给云南的"双优棉"15 000市担，牟取暴利达109万元。参与倒卖的浙江省永嘉县农民潘金巧等人，仅40天的倒卖竟发了56万元的横财。入滇的弹棉匠一夜之间竟变成了腰缠万贯的大富翁。

三是伪劣、假冒商品日益泛滥。近几年，伪造、冒充他人的注册商标、标记、包装或盗用其他企业名义，或用"中国制造"四个字，生产与销售假冒的铝锭、自行车、手表、奶粉、名烟、名酒等。据国家工商部门查获的一些大案来看，其特点是：规模大，数量惊人；品种多，范围广；档次高，手段恶劣，影响极坏。

四是缺斤少两，无证经营，偷税漏税，截留利润，虚报亏损，骗取补贴。据辽宁省城市调查队对辽宁全省12个市、4个县的2 047户居民进行调查的结果表明，因缺斤少两全省居民全年被克扣总额达1.3亿元。据国家税务局调查统计，全国50%以上的企业和80%以上的个体工商业户都存在偷税漏税问题。

市场秩序混乱，使国家控制下的物资、资金的正常流通改变了方向，破坏了计划商品经济的计划特征，破坏了由市场调节流通和引导企业的商品经济内在机制，结果，商品流通恶性循环，造成生产萎缩、消费环节负担过重、分配环节严重不公，进一步扩大了总供给和总需求失衡的矛盾。工农业产品之间一度缩小了的"剪刀差"，又重新"比价复归"，有些生产资料的价格甚至高于国际市场价格。更恶劣的是制售假冒的种子、农药和化肥，造成大片庄稼被毁，粮食颗粒无收。这既坑害了农民，也坑害了国家，引起了全社会的公愤。

以上表明，经济秩序，尤其是市场秩序混乱，影响范围广泛，后果比较严重，必须花大力气进行综合治理。第一，要雷厉风行地采取一系列切实可行的措施，认真整顿经济秩序。要采取强硬措施刹住乱涨价歪风；要果断地清理整顿各种公司，使政企分开、官商分开，对"倒爷"必须依法治之；要减少人为的中间环节，改革流通体制，以实现多渠道、少环节，搞活经济，提高经济效益，促进生产力发展的目的；要严格控制货币发行量，遏制通货膨胀。第二，要学会宏观调控与监督的艺术。在指导思想上，不能忽紧忽松、忽收忽放、大起大落，以免带来经济上的大滑坡；在方法上，要运用经济的、法律的、行政的各种手段，进行综合治理。第三，建立健全法制，维护社会主义市场的经济秩序。一方面，要让企业参与市场的均等竞争，优胜劣汰；另一方面，政府要为发挥市场竞争机制制定法规、创造条件。第四，需要有一个全面总结休整的阶段，以推动和深化改革。每个改革方案的出台要有连续性、协调性、可行性，要从我国国情出发，经过严密的论证和试验，趋利避害，稳步前进，才能在实践中减少失误，主动、积极地全面推进和深化改革。

（载《云南日报》）

关于整顿经济秩序的思考

（1989 年 1 月）

当前，我国经济形势总的是好的，但也存在一些严峻的困难和问题。突出的是通货膨胀，物价上涨幅度过大，社会分配中存在不公平现象，党政机关中也存在某些腐败现象。因此，中央提出今后两年改革和建设的重点是治理经济环境、整顿经济秩序。这正切中当前的时弊。笔者认为整顿经济秩序的关键就是整顿市场秩序。只有整顿好市场秩序，才能为全面深化改革创造有利条件，从而向市场增加有效的供给。在此就整顿经济秩序谈点看法。

一、当前市场混乱的主要表现

一是价格混乱，乱涨价成风。近年来，我国商品市场物价混乱，普遍出现搭车涨价、轮番涨价、变相涨价。从日用消费品到高档消费品，从生活资料到生产资料，涨价面宽、上涨幅度大、调价频繁，特别是 1988 年 7、8 月份，在全国许多大中城市出现的抢购风潮，更推动了物价的普遍上涨。1985 年至 1987 年间，全国物价总水平年平均达两位数，而 1988 年物价的上涨率达到了 20%，云南省为 22%。这就意味着自 1985 年以来，物价上涨率年年高于平均利息率，使实际利息率成为负数。实际利息率出现负数，就意味着宏观经济发展不协调，经济运行不顺畅。

二是各类公司林立，政企不分，"官倒"、"私倒"严重。从表面上看，这几年商品流通领域显得特别活跃，各种名目繁多的公司、商店、经营集团、贸易中心纷纷开张营业。到 1988 年，在国家工商部门注册的各类公司又猛涨到 36 万多家，其中，有 25 万多家是在流通领域参与社会财富分配的。有些公司不是靠守法和勤劳开展经销活动，而是略施小计，搞倒买倒卖而一本万利的。这样的公司又大多是政治特权和经济特权相结合的产物。其特点是：从人员的构成看，往往有一定的政治背景，或是党政机关工作人员，或是已离休、退休的党政干部，或是与这两者有特殊关系的人；从主办单位看，大都有权有势，能够直接或间接利用行政手段或其他非经济手段，弄到平价物资和紧俏商品；从经营方式看，总是明里暗里、直接或间接运用行政手段强买强卖，买空卖空，牟取暴利。这致使正常的商品交换失去了本来的意义，原来的商品价格也"面目全非"了。

三是伪劣、假冒商品日益泛滥。近几年，随着商品经济的发展，伪造、冒充他人的注册商标、标记、包装或者盗用其他企业名义，或用"中国制造"字样，生产与销售冒牌产品。继福建省晋江制造和销售假药案之后，相继出现的假冒产品有铝锭、自行车、冰箱、手表、彩电、奶粉、名烟、名酒等，来势凶猛，发展迅速。从国家工商部门查获的一些大案看，假冒、伪劣具有以下特点：第一，规模大，数量惊人。第二，品种多，范围广。第三，商品档次越来越高，伪造名牌高档产品，以假乱真，鱼目混珠，牟取暴利。第四，手段恶劣，影响极坏。

四是缺斤少两，无证经营，偷税漏税，截留利润，虚报亏损，骗取补贴。在商品短缺、物价上涨的情况下，商品经营者缺斤少两的情况更为严重。缺斤少两是偷窃消费者的行为；公私企业偷税漏税，则是偷窃国家的行为。近几年，全国企业和个体工商业户偷税、漏税、拖欠税款和抗税不交的情况相当严重，纳税秩序混乱。据国家税务局调查统计，全国50%以上的企业和80%以上的个体工商业户都存在偷税、漏税问题。与此同时，一些部门和地区以权代法、以言代法，甚至超越税收管理权限，制定与国家税法相抵触的"土政策"，大量减税免税、截留利润，减少了国家的财政收入，影响了税收杠杆作用的发挥。

二、市场秩序混乱的严重后果

市场秩序混乱，使国家控制下的物资、资金的正常流通改变了方向，破坏了有计划商品经济的计划特征。结果，商品流通恶性循环，造成生产环节萎缩、消费环节负担过重、分配环节严重不公，以致进一步扩大了总供给和总需求失衡的矛盾，后果确实是严重的。

一是推动物价上涨、通货膨胀，导致在更高水平上不合理的"比价复归"。由于市场混乱，价格不规则的轮番上涨，干扰了社会经济生活，使原来存在的矛盾进一步激化。农产品和工业品的价格轮番上涨，使得曾经一度缩小了的"剪刀差"，重新"比价复归"；原材料和工业制成品价格的轮番上涨，使原材料价格低、加工制成品价格高的局面并无根本改观；物价上涨幅度过大，职工提高工资的一点喜悦也被冲淡了。

二是企业负担加重，生产萎缩。一抢一倒，层层加码抽利，把价格抬到了离奇的高度，加剧了物资的紧张，使短缺的资源更是奇货可居，钢材、有色金属、化工原料、粮食等基本生产、生活资料相互带动，导致一大片物资紧张。原材料大混战给生产企业带来了难以承受的压力。据有的地方统计，1989 年上半年，因原材料涨价而亏损的企业占总亏损户的 29%。目前，我国已有 12 种主要生产资料的价格高于国际市场价格。其中，有 4 种高出 70%，8 种高出 40%。

三是影响人民群众的生活，坑害消费者和生产者。在收入一定的条件下，物价上涨，必然会使人民群众的生活水平下降。再加上产品质量低劣，尤其是一些冒牌货上市，假做真来真也假，人们深感忧虑，人们愤懑、发牢骚，心态失衡。

四是全民经商，有的人搞倒买倒卖，败坏了社会风气。随着生产的发展，社会分工越来越细，各司其职，正常运行，这本来是社会进步的表现。可是，我们走的却是一条反社会分工的、工农兵学商大家来经商的路子。社会上有一种"读书无用，经商赚钱"的近视症，一些学校的师生不把主要精力放在教和学上，而热衷于经商创收。加上知识贬值，近年来报考研究生的人数下降，甚至在校就读者还有人要求退学。

三、对策和思考

经济秩序混乱，影响范围广，后果比较严重，必须花大力气进行综合治理，以推进和深化改革。

1. 要雷厉风行地采取一系列切实可行的措施，认真整顿经济秩序。首先，要刹住乱涨价歪风。通过在全国范围内的物价、财务、税收大检查，坚决制止一切哄抬物价、乱涨价的现象。只有物价稳定，人心和整个大局才能稳定。其次，要坚决果断地清理整顿各种公司，政企分开、官商分开，泾渭分明。西方国家官和商是有明确界限的。如在美国，想赚钱就去从事工商业的经营，年收入可上百万美元。要当官，总统的年薪也才 20 多万美元。国家法律是不允许以权经商的。东汉王符在《潜夫论》中说得好："法令行则国治，法令弛则国乱。"故对待各类"倒爷"必须依法治之。再次，要减少人为的中间环节，制止层层加价使流通领域膨胀。我国商品流通体制改革的方向是：多渠道，少环节。目的是搞活经济，提高效益，促进生产力的发展。现在从事商品流通活动的有国营、集体、个体和各种公司、商店、中心等，渠道增多了，环节不仅没有减少，还因一环套一环，几经转手，价格大幅度上涨。同一市场上的同一商品，从批发到零售要经过四五道环节、七八个单位，使价格上涨 50% ~ 60%，结果加重了生产者和消费者的负担，肥了在流通中的经营者。因此，多渠道也要有适当的度，不能形成多环节，零售商不能当批发商，国营商业必须发挥平抑物价、保障供给的主渠道作用。最后，要严格控制货币发行量，遏制通货膨胀。如果商品量不变，货币量增加一倍，则物价上涨一倍，货币贬值一半。这是铁的规律，任何人都改变不了的。

2. 要综合治理，学会宏观调控、监督的艺术。多年来，我们在国民经济管理中走过一段曲折漫长的道路，往往是一放就乱，一乱就收，一收又死，一死又放，在"放——收——再放——再收"的过程中推进，由此带来的损失和后患是严重的。现在，我们面临的问题比过去广泛、复杂和深刻，需要努力探索，学会使用多种宏观调控手段，综合治理。在指导思想上不能忽紧忽松、忽收忽放，大起大落会带来经济上大滑坡和新的马鞍形。在方法上，要运用经济的、法律的、必要的行政干预以及纪律和思想教育等手段，多管齐下，才能收到成效。

3. 建立健全法制，维护社会主义市场的经济秩序。对社会主义市场经济秩序的建立，需要精心设计、严密组织，要有政策的引导、法规的保护、宏观的调控和科学的管理。为此，一方面，要让企业按照商品经济规律参与市场均等竞争，优胜劣汰。国有企业要加快改革步伐，建立明晰的产权制度和企业制度，使企业真正成为自主经营、自负盈亏、具有自我约束机制的商品生产经营者，促进企业机制和企业行为的合理化。另一方面，政府要为市场竞争制定法规、创造条件。国家要通过周密的论证，制定一系列法律制度来监督竞争的公正性，从而在法律上引导企业行为规范化，限制企业的不法行为，从而有组织、有秩序地建立社会主义市场体系。社会主义市场新秩序的内容，一是市场规则应该是统一的。竞争各方面都要共同遵守行为规范，在此基础上的竞争才能决出胜负。二是市场秩序是公平的。即市场活动的各行为主体，无论是公司、企业或个人都在基本相同的条件和环境中竞争。目前，市场竞争中的不公平现象要尽快克服。如价格双轨制，获得平价原材料的企业和购买议价原材料的企业就难以开展平等的竞争；"官倒"或"垄断"也造成不平等竞争。三是市场秩序要逐步趋于完善健全。即应具备系统的、能够基本覆盖整个市场活动的行为规范。

4. 改革需要有一个全面总结休整的阶段。我国的改革经历了 10 年时间，成绩是巨大的，但也暴露出许多问题。人们把这些问题形容为：经济秩序"乱哄哄"，经济生活"紧绷绷"。这就需要有一个回顾、反思和总结的阶段。每个改革方案的出台要有连续性、协调性、可行性，要经过严密的论证和试验。价格改革涉及经济体制改革的全局，是牵一发而动全身的最敏感、最棘手的问题，不能孤军深入，要有一个总体战略。与此同时，还要搞好各方面的配套改革，并相应采取正确的财政、税收、金融、外贸、外汇和收入分配等政策。特别是像我们这样一个人口多、底子薄的大国，情况复杂，任何一项改革都必须从我国国情出发，审时度势，趋利避害，精心筹划，稳步前进。改革的方向要坚定不移，步骤要积极稳妥。因此，需要有一个休整的阶段，总结经验教训，认清形势，积蓄力量，按照改革的蓝图和步骤，在实践中全面推进和深化改革。

（载《云南金融》1989 年第 1 期）

增加有效供给与抑制通货膨胀

（1989 年 4 月）

现阶段，我国的通货膨胀率已大大地超过了国家经济状况和人民群众经济生活的承受能力。

引起我国通货膨胀的原因虽然比较复杂，但归纳起来主要是两条：一是"需求膨胀"；二是"供给不足"。需求膨胀表现为：基本建设规模太大；生活消费的增长超过生产的增长。其中，基本建设的膨胀尤为严重，全国各地竞相投资、上项目，到处都是建筑工地，使社会总需求大大膨胀，超过了社会总供给。根据国家有关部门计算，从 1984 年以来，我国每年社会总需求超过社会总供给的幅度都高达 14%～16%，如此严重的总量失衡必然引起通货膨胀。针对上述原因，解决通货膨胀的对策也主要是两条：一条是压缩总需求。中央决定首先要把过大的社会总需求坚决压下来。其中，最直接、最有效的措施是压缩固定资产投资规模，控制集团购买力。另一条重要措施就是增加生产，解决"供给不足"的问题。从长远看，解决"供给不足"是摆脱通货膨胀困境的根本途径。因为，生产发展了，有效供给增加了，稳定人民币的币值才有可靠的物质保证；才能使投入的货币量同商品流通中需要借助于货币来实现的商品价格总额相适应；才能从根本上有效地抑制通货膨胀，保持物价的基本稳定。否则，生产没有发展，商品总量没有增加，只顾发票子，货币发行量增加一倍，物价必将上涨一倍，货币也就贬值一半。这是一条客观的必然规律。因此，抑制通货膨胀的根本措施就在于发展生产，增加有效供给。

可是，长期以来，我国生产上存在的主要问题是数量不足、质量不佳、品种单一、货不对路。因此，发展生产、增加有效供给的重要途径是：增加适销对路的商品数量，提高产品质量，开发新产品，使商品总供给不仅从总量上、而且从结构上满足社会的总需求。

首先，要大力发展市场需求的特别是人民群众基本消费需要的各种消费品。增加有效供给不是笼统增加所有产品的生产，而是有其一定的范围和重点的。在今后相当长的一个时期，第一，要着重增加粮、棉、油、肉、禽、蛋、菜等主要农副产品的生产。"民以食为天。"如果不首先解决人民群众的温饱问题，一切工作都无从谈起。云南省的农业形势和全国的情况近似，粮食连续 4 年因减产徘徊，人均占有粮食还远未达到全国的平均水平，则社会对粮食的需求量又大幅度地增加。由于全省人口的自然增长和省内外流动人口的膨胀达数百万之多，加上饮食服务业、食品加工业和其他用粮也随之增加，致使社会对粮食和其他农副产品的需要量大大超过了当前农业所能提供的商品量。这就是整个社会总需求超过总供给的关键所在。尤其是 1988 年在新粮登场之际出现的"谷熟米涨价"的反常现象，更是一个危险的信号。因为，粮价是其他农副产品比价的基础。如果 1989 年的粮食生产还不能提供更多的有效供给，粮食价格还会继续大幅度上涨、居高不下。结果，势必牵动肉食、禽蛋、蔬菜、水果等农副产品价格的上涨，最终必将导致其他商品价格的轮番上涨。如果这样，要把 1989 年的物价指数降到两位数以下、明显低于 1988 年的物价水平，显然是不可能的。因此，下决心、花大力气增加粮食和农副产品的生产，是增加有效供给、抑制通货膨胀的关键。为此，必须采取切实有效的措施，调整种植业结构，合理压缩烤烟面积，增加粮食种植面积，增加农业投入，包括增加预算内安排的资金、建立农业发展基金、调整农业信贷结构以及吸引农业投资等。积极推广科学技术，提高单位面积产量。第二，要发展人民生活必需的日用工业品和适销对路的轻纺产品的生产。人民生活的必需品包括盐、糖、洗衣粉、肥皂、火柴、卫生纸等都要认真组织生产，做到货源充足、供应及时，才能有效地稳定物价。云南省是食盐资源丰富的省区之一。可是从去年秋冬以来，许多地区群众杀猪宰羊腌制腊肉、牛干巴所需要的大量食盐发生断档脱销，既影响了生产生活，又影响了物价的稳定。第三，工业企业生产经营的产品一定要适销对路，符合消费者的需要。只有这样，才能扩大企业产品在市场上的占有份额，回笼货币，提高企业的经济效益。企业生产适销对路产品的数量越多，销售量越大，越能满足消费者的需要；越能加速资金周转，降低成本，稳定价格。反之，如果企业生产的产品无人问津，大量积压，既占压了资金，又不能回笼货币，还会因产品供应不足而推动物价上涨。我们讲经济效益，首先应当明确这样一个主要观点，就是以尽量少的活劳动消耗和物质消耗，生产出更多的符合社会需要的产品。二者关系密切，前半句是讲要尽可能地节约，使活劳动和物质的消耗尽量减少；后半句是讲要创造出更多的社会财富，关键是产品必须符合社会需要。只是讲生产出更多的产品还不行，这个提法不能体现经济效益。如果产品不符合社会需要，则生产得越多，积压得越多，占压的资金和浪费也越严重，既不能及时回笼货币，也无力平抑物价，同时，还会使有限的适销商品价格上升。目前，我国经济生活中突出的问题有两个：一个是总需求超越了现有生产力条件下总供给增加的可能性，使总需求大于总供给。另一个是供给结构与需求结构的失衡。有些商品的供求关系表现为货不对路、供大于求、商品积压；有些商品的供求关系则表现为供不应求、市场抢购、需求膨胀。这就形成了物资短缺的卖方市场，引起了物价上涨。要改变这种现象，一方面，要大力发展生产，增加产量；另一方面，要合理调整产业结构、产品结构，使产品适销对路，增加有效供给，形成买方市场，使总供给和总需求大体平衡，才能稳定物价，抑制通货膨胀。第四，还要增加能够回笼货币多的紧俏商品和出口创汇多的产品。这也是增加有效供给、平抑物价的重要措施之一。回笼货币多的紧俏商品，多数是高档耐用消费品，如彩电、冰箱、音响设备、组合家具等。这类商品价格高，需求量大，供不应求，如能增加产量，投放市场，就能吸收大量货币，抑制通货膨胀。1988 年，云南省市场物价上涨幅度大，特别是彩电、冰箱等家电产品的价格，大有野马脱缰之势，轮番上涨，高得惊人。但自 1989 年元旦以后，在昆明市场上出现了可喜的端倪，往日排队抢购的紧俏商品——彩电、冰箱、名牌自行车等大量上市，销售势头明显减弱，价格平稳并开始回落。全市有 9 个牌号的彩电现货出售。有的名牌彩电、冰箱、自行车的价格比物价部门核准的价格还要低 10% 左右，月销售量反而比 1988 年初略有下降；冰箱、自行车销售疲软，仅昆明电视台影视公司一家就有存货 500 多台。价格回落的一个重要原因是生产彩电、冰箱等紧俏商品的厂家大量组织生产，增加产品投放市场。云南电视机厂和电冰箱厂 1988 年 12 月就分别生产了 2.7 万台"山茶"牌彩电和 1.2 万台"兰花"牌冰箱供应市场，有效地缓解了供求矛盾，抑制了物价上涨。

其次，认真提高产品质量，也是增加有效供给、平抑物价、遏制通货膨胀的重要途径之一。实践反复证明，质量是产品的"灵魂"、企业的生命、市场有效供给的重要保证。企业生产的产品有无销路，取决于产品质量的高低和是否适销对路。一种产品质地优良、价廉物美，就会受到消费者的欢迎而家喻户晓，名扬四海，销量大增，就能有效地满足消费者的需要，稳定市场。现阶段，我国人民的生活还不富裕，职工的收入水平还不高，因此，产品质地优良、性能好、经久耐用，就等于提高了人们的实际生活水平；反之，产品粗制滥造，质量低劣，实际上加重了消费者的负担，降低了人们的消费水平。从这个意义上说，产品质量高、性能好、寿命长，与同类产品相比，一个能顶几个用，这就等于产品数量成倍地增长。如果企业生产出来的次品、废品很多，不能使用，那么数量再多，也等于一堆废物；产值再高，也分文不值，更无助于增加有效供给、缓和供求矛盾、平抑物价。可见，质量就是数量，质量就是效益。但是，近年来，部分工业品质量下降的现象却相当普遍。这不仅损害了消费者的合法权益，减少了市场的有效供给，扰乱了经济秩序，而且也影响了企业的信誉，危及企业的生存和发展。这主要是一些地方和企业只顾眼前利益，片面追求产值、速度，忽视产品质量的结果。少数企业甚至不讲职业道德，乘抢购之风，偷工减料，以次充好，变相涨价，以致有些名牌产品的质量也每况愈下。如有的电冰箱只耗电，不制冷；有的电视机图像不清晰；有的冷暖机既不能调暖，也不能调冷；昆明市场上的电热毯，经质检部门检测，合格率还不到30%。这说明，虽然产品的数量增加了，却因质量没有保证而不能为市场提供有效供给，反而造成市场的混乱和变相涨价。此外，在对外贸易中，提高产品质量，还是增加经济效益、扩大出口创汇能力的重要保证。因为，由于我国商品的质量低劣，性能太差，外观简陋，在国际市场上缺乏竞争力，上不了国外大百货公司的货架，卖不上好价钱，只能摆在地摊上作为二、三类"低价货"出售。这就反证了只有提高产品质量才能达到创汇高的目的，也才有利于国内市场的稳定。

再次，适时调整产品结构、不断开发新产品也是增加有效供给、抑制通货膨胀的有效措施。当前，我国正处于治理、整顿、调整的时期，调整的一个重要内容就是调整产业结构、产品结构，开发新产品，以解决总需求大于总供给和供求结构失衡的矛盾。多年来，由于旧经济体制的束缚，企业缺乏主动性、积极性、创造性，生产的产品老化、式样陈旧、款式单调，几十年一贯制，年复一年地复制"古董"，缺乏应变力、吸引力，不能有效地刺激新的消费需求和回笼货币，致使紧俏商品价格居高不下，冷背商品却继续充斥市场，供求矛盾难以缓和与平衡。广大群众对生活消费品和生产资料的需求是多种多样、不断变化的。企业要不断改进老产品，开发新产品，使产品丰富多彩、价廉物美，才能满足消费者的需要。同时，开发新产品，也是开辟潜在市场、引导消费分流、平衡供求矛盾的重要措施。企业能够及时改进技术，采用新技术、新工艺，使产品不断升级换代，形成多品种、多规格、多花色、多档次的产品结构，就能适应各类消费者的不同需求，扩大市场销量。不仅如此，再从企业自身发展的角度看，开发新产品，也是增强企业竞争力、扩大市场占有份额的重要手段。当今世界，商品的生命周期日趋缩短，企业以最高的效率将新产品投入生产走向市场，已成为决定企业竞争取胜的一个重要因素。面临激烈的市场竞争，若不能在一年半载或更短的时间内开发出一两个新产品，就有落伍乃至被淘汰的危险。最近几年，云南省家具行业在市场竞争中发展迅速，式样新颖，争奇斗艳，生产出各式各样的成套组合家具，一个新潮追赶一个新潮，不仅增加了有效供给，使消费者大开眼界，缓和了家具行业的供求矛盾，而且平抑了物价，稳定了市场，还淘汰了陈旧产品，从而推动了企业的技术进步。

（载《经济技术论坛》1989 年第 2 期）

生产适销对路产品，增加有效供给

（1989 年 9 月 28 日）

长期以来，我国生产上存在的主要问题是数量不足、质量不佳、品种单一。因此，发展生产、增加有效供给的主要途径是：增加适销对路的商品数量，提高产品质量，开发新产品，使商品的供给不仅从总量上，而且从结构上满足社会的总需求。

首先，要大力发展市场需要的，特别是人民群众基本消费需要的各种消费品。增加有效供给不是笼统增加所有产品的生产，而是有一定范围和重点的。在今后相当长的一个时期内，第一，要着重增加粮、棉、油、肉、禽、蛋等主要农副产品的生产。"民以食为天。"如果不首先解决人民群众的温饱问题，一切工作都无从谈起。因此，要下决心、花大力气增加粮食和农副产品的生产，这是增加有效供给、抑制通货膨胀的关键。为此，必须采取切实有效的措施，调整种植业结构，合理压缩烤烟面积，增加粮食种植面积，增加农业投入，包括增加预算内安排的资金、建立农业发展基金、调整农业信贷结构以及吸引农民投资等，积极推广科学技术，提高单位面积产量。第二，要发展人民生活必需的日用工业品和适销对路的轻纺产品。人民生活的必需品包括盐、糖、洗衣粉、肥皂、火柴、卫生纸等，这些都要认真组织生产，做到货源充足、供应及时，才能有效地稳定物价。第三，工业企业生产经营的产品一定要适销对路，符合消费者的需要。只有这样，才能扩大企业产品在市场上的占有份额，回笼货币，提高企业的经济效益。企业生产适销对路产品的数量越多，销售量越大，越能满足消费者的需要，越能加速资金周转，降低成本，稳定价格。反之，如果企业生产的产品无人问津，大量积压，既占压了资金，又不能回笼货币，还会因产品供应不足而推动物价上涨。目前，我国经济生活中突出的问题有两个：一个是总需求超越了现有生产力条件下总供给增加的可能性，使总需求大于总供给。另一个是供给结构与需求结构的失衡。有些商品的供求关系表现为货不对路，供大于求，商品积压；有些商品的供求关系则表现为供不应求，市场抢购，需求膨胀。这就形成了物资短缺的卖方市场，引起了物价上涨。要改变这种现象，一方面，要大力发展生产力，增加产量；另一方面，要合理调整产业结构、产品结构，使产品适销对路，增加有效供给，形成买方市场，使总供给和总需求大体平衡，才能稳定物价，抑制通货膨胀。第四，还要增加能够回笼货币多的紧俏商品和出口创汇多的产品。这也是增加有效供给、平抑物价的主要措施之一。

其次，认真提高产品质量，也是增加有效供给、平抑物价、遏制通货膨胀的重要途径之一。实践反复证明，质量是产品的"灵魂"、企业的生命、市场有效供给的重要保证。企业生产的产品有无销路，取决于产品质量的高低和是否适销对路。一种产品质地优良、价廉物美，就会受到消费者的欢迎，名扬四海，销量大增，就能有效地满足消费者的需要，稳定市场；产品质地优良、性能好、经久耐用，就等于提高了人们的实际生活水平。反之，产品粗制滥造，质量低劣，实际上加重了消费者的负担，降低了人民消费水平。从这个意义上说，产品质量高、性能好、寿命长，与同类产品相比，一个能顶几个用，这就等于产品数量成倍地增长。如果企业生产出来的次品、废品很多，不能使用，那么数量再多，也等于一堆废物；产值再高，也分文不值，无助于增加有效供给、缓和供求矛盾、平抑物价。可见，质量就是数量，质量就是效益。但是，近年来，部分工业企业片面追求产值、速度，忽视产品质量，少数企业甚至不讲职业道德，乘抢购之风，偷工减料，以次充好，变相涨价，有些名牌产品的质量也每况愈下。如有的电冰箱不制冷，电视机图像不清晰，冷暖机既不能调暖，也不能调冷，部分电热毯不合格。这说明，虽然产品的数量增加了，却因质量没有保证而不能为市场提供有效供给，反而造成市场的混乱和变相涨价。此外，在对外贸易中，也只有提高产品质量，扩大产品出口，才能达到创汇的目的。

再次，适时调整产品结构、不断开发新产品也是增加有效供给、抑制通货膨胀的有效措施。当前，我国正处于治理、整顿、调整的时期，调整的一个重要内容就是产业结构、产品结构、开发新产品，以解决总需求大于总供给和供求结构失衡的矛盾。目前，冷背、陈旧的商品充斥市场，供求矛盾难以缓和与平衡。广大群众对生活消费品和生产资料的需求是多种多样、不断变化的。企业要不断改进老产品，开发新产品，使产品丰富多彩、价廉物美，才能满足消费者的需要。同时，开发新产品，也是开辟潜在市场、引导消费分流、平衡供求矛盾的重要措施。企业能够及时改进技术，采用新技术、新工艺，使产品不断升级换代，形成多品种、多规格、多花色、多档次的产品结构，就能适应各类消费者的不同需要，扩大市场销量。再从企业自身发展的角度看，开发新产品，也是增强企业竞争力、扩大市场占有份额的重要手段。云南省家具行业近几年来，在市场竞争中发展迅速，式样新颖，出现各式各样的成套组合家具，一个新潮追赶一个新潮，不仅增加了有效供给，使消费者大开眼界，缓和了家具行业的供求矛盾，而且平抑了物价、稳定了市场，还淘汰了陈旧产品，从而推动了企业的技术进步。这就是一个很好的例证。

（载《云南日报》）

对市场"热"与"冷"的思考

(1989 年 12 月 8 日)

市场是商品交换的领域和场所，是商品经济的产物。它不仅是联结生产和消费、工业和农业、城市和乡村以及国民经济各部门之间的桥梁和纽带，而且能综合地反映社会生产和需求之间、积累和消费之间的状况。因此，市场就成了整个国民经济是否良性循环的"晴雨表"和"显示器"。认真反思近两年来我国市场由"热"转"冷"的极大反差，进一步整顿和健全市场秩序，对于我们在实行计划指导的同时，发挥市场调节的积极作用，以促进国民经济的健康发展，是具有重要意义的。

1988 年，市场热得发狂，什么商品都好销。多年积压在仓库里的冷背、残次商品均被人们抢购一空。这种过热现象不是一种正常的市场秩序，而是由一些异常因素形成的畸形市场的表现。因为，成千上万个大大小小的公司从事倒买倒卖、哄抬物价；投资不断膨胀，拉动消费膨胀，尤其是集团消费膨胀，讲排场、摆阔气，使办公设施高档化，公费宴请，大吃大喝，酒席标准高得惊人；近几年国民收入年均超分配千亿元以上，货币投放过多，使社会总需求大大超过社会总供给，造成虚假的繁荣。

1989 年的市场又出奇的平静，一改多年来市场绷得很紧的局面，由"热"变"冷"，处于疲软状态，过去紧俏的商品出现了滞销。据有关部门保守地估计，全国积压在工厂、商店的彩电至少有 150 多万台，冰箱、名烟、名酒、化肥等紧俏物资也滞销。据统计，工业企业待销售的产成品库存达 1 141 亿元，比去年同期上升了 40%。工商企业超储部分达 500 多亿元之多。

市场由 1988 年的购销过旺转为 1989 年的降温、疲软，是喜还是忧？对这个严峻的问题，需要认真研究，以便掌握经济运行的规律，变被动为主动。

首先，市场的兴衰终究要取决于生产，通货膨胀必然带来经济混乱，应牢固地树立反通货膨胀的思想。过去，重生产轻流通是不对的。近年来又走向另一个极端，"流通决定论"、"通货膨胀有益无害论"盛行。结果是，投资需求和消费需求"双

· 134 ·

膨胀"，基建投资和消费基金严重失控，经济过热，秩序混乱，物价腾飞。面对这种严峻的经济形势，党和政府果断地采取了治理整顿的方针，实施了一系列紧缩的措施，严格控制信贷规模和货币发行量，有效地压缩了投资需求和消费需求的膨胀。通过扩展分流渠道，引导货币回笼，调高储蓄利率，开办保值储蓄等，收到了成效。

1989年1—9月份储蓄存款就净增1 000亿元，出现了新中国成立40年来的高峰，其中，有80%左右是保值储蓄。与此同时，多管齐下，清理整顿各类公司，取缔打击了一批倒买倒卖的皮包公司，遏制通货膨胀，使市场逐步由混乱走上有序。这是治理整顿的首战效益，也是市场朝着健康方向发展的开始，是可喜的现象。因为，建立在通货膨胀基础上的市场"繁荣"是虚假的、脆弱的，也是不能持久的。市场在虚假性繁荣中向企业发出的关于供求、价格等信号是扭曲的、不真实的，甚至使企业热衷于投机性的生产经营活动，采取急功近利、短期行为的决策；通货膨胀也解除了企业的外部竞争压力。企业无需以降低产品成本、提高产品质量、开拓新产品来增强竞争实力、扩大产品在市场上的占有份额。这势必导致企业生产效率低，全社会的经济效益差，最终的受害者还是企业和广大消费者。因此，在我们这样一个人口众多、经济落后的大国，是绝不能搞通货膨胀的。市场的繁荣要建立在生产发展的基础上，必须牢固树立反对通货膨胀的思想，继续采取切实有效的措施，遏制通货膨胀，建立完善的社会主义市场体系。

其次，市场降温为合理调整产业结构和产品结构以及提高企业素质提供了一个极好的契机。最近几年，由于不正常的市场驱动和扭曲的价格体系，造成了我国产业结构的畸形发展。集中表现为：工业过热，农业过冷，加工工业和消费品工业热得失去了控制。仅电冰箱的压缩机生产线年生产能力就达1 300多万台，而市场对电冰箱的需求量最多不会超过500万台，显然，将有一大半的生产能力被闲置。相比之下，交通、能源等基础产业却远远落后于发展国民经济的需要。在农业内部，烤烟等经济作物过热，粮食生产过冷，使粮食的供需矛盾仍未根本解决。这表明，国民经济的投资严重倾斜于工业，倾斜于加工工业和消费品工业。现在，市场降温引起生产降温，生产降温引起了投资降温、消费降温。这是调整产业结构和产品结构的良机，为解决多年来没有解决好的结构性矛盾提供了宽松的环境。从宏观范围看，可以根据国民经济发展的需要和市场正常的供求情况，长期坚持持续、稳定、协调发展经济的方针，有利于满足人民群众物质文化生活的需要。特别是要制定有利于发展农业、能源、交通等基础产业的产业政策，调整好产业结构。从微观的角度看，企业要接受市场的检验、筛选和评判，要严格执行优胜劣汰的竞争原则。企业要生存、求发展，必须转变观念，转换机制，加强技术革新，改善经营管理，节约能源和原材料消耗，降低成本，提高产品质量，不失时机地调整产品结构，开发新产品，使产品适销对路，增加市场的有效供给。这样，才能提高企业的经济效益。对于质次价高、粗制滥造的产品，该压的要坚决压下去，该保的才能保上来。只有这样，才能使商品生产和商品交换实现良性循环。

再次，搞活资金流通，支持生产的稳定增长，稳定市场，稳定经济。随着紧缩银根，市场疲软，许多企业产成品胀库，资金沉淀，原材料购不进来，生产难以为继。据统计，1989 年 1—8 月份，全国工业总产值比去年同期增长 6.1%，8 月份的增幅比 7 月份的增幅回落 3.5 个百分点，经济呈现滑坡的趋势，市场喜中有忧。为了扭转这个趋势，当前，必须在控制总量、继续维持紧缩政策的前提下，切实调整信贷结构，搞活流动资金的使用。选好"启动"点，有重点、有目的地缓解企业资金紧张的燃眉之急，扶持生产，特别是全民所有制大中型骨干企业生产的发展。因为，它在我国国民经济中具有举足轻重的作用，其生产经营状况的好坏和经济效益的高低，直接关系到市场的稳定与繁荣，关系到国计民生和国家财政收入的大事，关系到确保重点骨干企业资金和物资的供应，事关大局。所以，国家要在资金、信贷、能源、原材料供应等方面，采取适度的倾斜措施，把"启动资金"用在刀刃上，提高资金的使用效益，支持和促进大中型骨干企业的发展。总之，银行和企业都要把有限的资金用好、用活，使金融、生产、市场走上良性循环的轨道。这也是一条防止生产"大滑坡"、摆脱目前市场疲软、促进经济发展的有效途径。

（载《云南日报》）

要正确看待市场疲软问题

（1989 年 12 月 8 日）

从党的十三届三中全会决定对国民经济进行治理整顿以来，治理整顿、深化改革已经初见成效。尤其是 1989 年下半年，过高的工业发展速度降了下来，固定资产投资规模有所控制，物价上涨势头趋于缓和，货币回笼比较好。但与此同时，又出现了市场疲软、资金紧缺、成本上升、效益下降等问题。这表明，经济形势还相当严峻，我们不能盲目乐观，更不能消极悲观、缺乏信心，特别是对市场由"热"到"冷"的变化，应该作出实事求是的分析，才能正确看待市场，趋利除弊，克服困难。

市场是商品交换的场所，是商品经济发展的产物。市场不仅是联系生产和消费、工业和农业、城市和乡村以及国民经济各部门、社会再生产各环节之间的纽带和桥梁，而且还是观察国民经济是否良性循环的"镜子"。

我国的市场是社会主义性质的统一市场，它是沟通产销、调节供求的有力杠杆，也是信息反馈和效用评价的场合。因此，了解市场动态，有助于企业在质量、价格、售后服务三大竞争环节上正确决策，进而取得良好的经济效益和社会效益。

前几年，我国市场供应一直很紧张，形成"什么东西都销得掉"的"卖方市场"。特别是 1988 年受物价猛涨、消费过热的影响，4 次抢购风潮席卷部分城乡市场，使各类消费品的销售超量、超常地增长。社会商品零售总额高达 7 440 亿元，比 1987 年增长了 27.8%，是新中国成立以来增长速度最快的一年。可是，1989 年情况大变，不仅生活必需品和一般日用消费品由"热"趋"冷"，就是高档耐用消费品也由"俏"趋"滞"。

造成市场由"热"变"冷"的主要原因：一是治理整顿为流通领域创造了较好的市场环境。在清理各类公司的同时，打击了制、销伪劣假冒商品的违法行为，改善了市场秩序；在压缩需求的同时，注意了增加有效供给；银行增强了储蓄（特别是保值储蓄）的吸引力，使消费分流，减轻了对市场的压力；坚持"双紧"方针，有效地抑制了需求膨胀；物价的涨势趋缓，消费者心理逐步恢复正常，从盲目抢购变为理智地选购，集团消费得到控制等。二是1988年抢购对1989年市场的滞后影响。我国市场的容量虽大，但人均购买力较低，1988年居民超前、超量购买的商品，增加了许多家庭消费品的贮存量，实际上是把1989年及以后的购买力提前实现了。加上1988年销售量的基数偏大，也影响1989年市场销售量的增长幅度。三是一些商品价格太高，也抑制了消费。我国是低收入的发展中国家，居民的生活消费是按生存资料、享受资料、发展资料的层次逐步推进的。对一些高档商品，有51%的家庭是望价却步；还有31%的家庭认为目前的售价仍然偏高，想等继续降价后再买。价格超过了消费者承受力的情况则突出表现在搪铝制品、服装、皮鞋、名烟、名酒等商品上。

市场疲软，使库存积压商品急剧增加。这不仅占压了企业的流动资金，使资金周转不灵，供求失衡，甚至还迫使一些企业因生产经营捉襟见肘而陷于停产或半停产状态。在市场急升骤降的形势面前，许多企业深感压力太大、困扰不少，产生了畏难情绪。

努力实现国民经济持续稳定协调发展，是一切经济工作的指导思想，也是治理整顿、深化改革的目的所在。面对市场大起大落的变化，我们应该冷静地思考，用辩证的观点来认识市场疲软的利弊：一方面，是治理整顿、紧缩银根、抑制需求的必然结果，是前进中出现的新问题，不必为暂时的困难而张皇失措、消极悲观。另一方面，还需看到弊中之利，树立信心，克服困难。因为，我国的市场，从根本上说还是短缺经济条件下的市场，社会总需求与总供给的矛盾，仍然是现阶段一切经济矛盾的症结。巨大的市场需求实际上为企业摆脱困境提供了可能。尽管现在部分产品的"买方市场"给企业带来了困扰，但同时也为提高企业素质提供了一个机会。企业要把握这个机遇，在革新技术、调整产品结构、加强管理、降低成本、提高质量、改善服务等方面狠下工夫，切实从过去只重视速度和规模，从涨价中增加收入，转到真正提高经济效益上来，为提高企业素质创造新的契机。例如，过去常讲质量是企业的生命，在市场需求过旺的情况下，难以入耳入心；现在，市场疲软，在优胜劣汰中，迫使企业重视质量，并及时调整产品结构，扭亏增盈，使企业出现生机。

为了给市场的平稳发展创造良好的环境，采取的主要措施，一是继续稳定物价。这是稳住6 000亿元结余购买力的关键。二是大力增产适销对路产品，增加市场有效供给。把新品、优品、小商品集中起来搞展销、联销，办街市，尤其是办农村集市，兼以优质服务，以刺激顾客的购买欲望。三是通过关、停、转，"限劣"、"扶优"。下决心淘汰一批坐吃山空（指耗能源、原材料和外汇高，产品质次无销路，长期亏损）的企业，把有限的人力、物力、财力用在经济效益好的企业上。四是国内能生产的产品要限制进口，以保护民族工业；需要引进的要制止盲目引进、重复引进，以遏制浪费。五是商业部门应积极筹措资金择优进货，对于目前表面上显得偏多、今后又可能趋紧的重要原材料和生活必需品，可进行一部分非常规储备。这既有利于企业的生产，又增强了平抑物价的力量。六是要正确引导居民消费。拓宽居民消费领域，提倡适度消费，以保持市场大局的稳定。

（载《昆明日报》）

进一步发展和完善社会主义商品流通体系

——对马克思主义关于社会主义商品流通理论的再认识

（1989 年 12 月）

在商品经济条件下，商品流通是社会再生产的一个重要环节。充分认识和发挥商品流通在社会再生产过程中的作用，对于促进生产的发展、经济的繁荣、提高人民物质文化生活水平具有重要意义。但是，在一个很长的时期，由于我们对商品流通在社会主义再生产过程中的重要性认识不足，结果产生了不少失误。可是，最近几年，又出现了"全民经商"、流通过热、市场混乱的势头，严重影响了国民经济的健康发展。因此，总结历史与现实的经验教训，对社会主义商品流通的规律进行重新认识是十分必要的。

一、重温马克思主义关于社会主义商品流通的理论

关于社会主义制度下商品生产和商品流通的理论和实践，在马克思主义经济思想发展史上曾经历了一段曲折的过程。马克思和恩格斯从他们所处的具体历史条件出发，曾认为在社会主义制度下不存在商品生产和商品流通。马克思在《哥达纲领批判》一书中写道："在一个集体的、以共同占有生产资料为基础的社会里，生产者并不交换自己的产品；耗费在产品生产上的劳动，在这里不表现为这些产品的价值。"恩格斯在《反杜林论》中也指出："一旦社会占有了生产资料，商品生产就将被消除。"马克思和恩格斯的伟大历史功绩在于把社会主义从空想变成了科学。但是，马克思主义不是教条而是行动的指南，还需要在实践中不断丰富、不断发展和不断完善。70 多年的社会主义的实践表明，社会主义不仅不能取消商品生产和商品交换，而且还要大力发展商品经济。因此，我们必须抛弃前人由于历史条件的局限而作出的个别论断，才能全面、系统、准确地理解马克思主义，使科学社会主义理论在实践中不断地发展。

从普遍意义上讲，流通是社会再生产的一个重要环节。马克思说，流通"是从

总体上看的交换"。在商品经济条件下，则表现为以货币为媒介的商品流通。

在社会再生产过程中，生产是起点，并决定着分配、交换、消费等的范围和方式，没有生产，就没有分配、交换和消费。交换"是生产以及由生产决定的分配一方和消费一方之间的媒介要素"，它一端联系着生产和分配，另一端则联系着消费，从而使生产和交换紧密联系，相互制约。正如恩格斯所指出："这两种职能在每一瞬间都互相制约，并互相影响，以致它们可以叫做经济曲线的横坐标和纵坐标。"在两者的相互关系中，生产处于主导地位，起决定的作用。同时，交换对生产也不是消极地适应，而对生产具有反作用，并在一定条件下起决定性作用。"当市场扩大，即交换范围扩大时，生产的规模也就增大，生产也就分得更细。"

列宁曾试图消灭商品生产和商品交换，在经济领域中建立起一套完整的生产和分配系统，通过公社形式直接进行社会产品的生产以及产品调拨和分配。但是，这种军事共产主义制度在实践中却没有获得成功，反而带来了巨大损失，危及新生苏维埃政权的巩固和发展。对此，列宁深感歉疚地说："现在生活说明我们犯了错误。"于是，列宁及时地纠正了错误，废除了"军事共产主义制度"，而实行"新经济政策"，即以"粮食税"代替"余粮征集制"，恢复商品生产和商品交换，发展商品经济。列宁总结了经验教训，十分重视商品交换，重视商业，强调指出："应当把商品交换提到首要地位，把它作为新经济政策的主要杠杆来对待。"并说："商业正是我们无产阶级国家政权、我们居于领导地位的共产党必须全力抓住的环节。如果我们现在紧紧抓住这个环节，那么不久的将来我们就一定能够掌握整个链条。否则，我们就掌握不了整个链条，建不成社会主义的社会经济关系的基础。"

斯大林在领导苏联进行社会主义革命和建设的过程中，对待商品经济，既有失误，也有成功。如实现农业集体化和机械化时，曾忽视城乡之间、工农之间的商品交换，对农民采取了义务征购制和义务交售制，影响了农民的生产积极性。后来，随着社会主义建设事业的发展，从许多经验教训中，斯大林已深刻感到发展商品经济的重要性，并在《苏联社会主义经济问题》一书中，阐明了社会主义时期，大力发展商品生产和商品交换不会导致资本主义；批判了价值规律能够被改造的观点，强调要尊重和运用价值规律，等等。但他同时又认为，在国有企业内部交换的产品不是商品；生产资料更不是商品，只保留着商品的"外壳"；对商品生产、商品交换以及价值规律的作用要进行限制，等等。这些观点显然又是不正确的。

毛泽东关于商品经济的思想基本上与斯大林相一致，有所发展，也有其不足。他认为，不仅消费资料是商品，而且生产资料也是商品。苏联不把拖拉机等大型生产资料出售给农民是不相信农民的表现。他在总结苏联的经验教训时指出："苏联的办法把农民搞得很苦。他们采取所谓义务交售制等办法，把农民生产的东西拿去太多，给的代价又极低。"针对这种情况，毛泽东说："我们对农民的政策不是苏联的那种政策，而是兼顾国家和农民的利益……工农业产品的交换，我们是采取缩小剪刀差、等价交换或者近乎等价交换的政策。"并指出："企图过早地否定商品、价值、货币、价格的积极作用，这种想法是对社会主义不利的，因而是不正确的。"但是，这些正确思想在实践中没有得到很好地贯彻。结果，在1958年，农村刮起了"共产风"，大搞"一平二调"，提出"吃饭不要钱，看病不要钱"等几个"不要钱"，取消商品生产和商品交换，要在十几年之内超英赶美，要"跑步进入共产主义社会"。在"文化大革命"中，商品生产和商品交被认为是产生资本主义和资产阶级的土壤，致使商业萎缩，市场冷落，小城镇破败，商品流通渠道单一，货不能畅其流，甚至把已经实现了集体化的农民的家庭副业、自留地和集市贸易也当成"资本主义尾巴"统统割掉，使国民经济遭受了严重损失。

党的十二届三中全会通过的《关于经济体制改革的决定》和"十三大"报告明确提出，我国处于社会主义初级阶段；社会主义经济是建立在公有制基础上的有计划的商品经济；社会主义的根本任务是大力发展生产力，发展商品生产和商品交换。这些科学的概括，是重大的理论突破，丰富和发展了马克思主义经济理论。

二、全面认识社会主义商品流通的重要作用

社会主义商品流通是社会主义再生产过程的重要环节，处于生产以及由生产决定的分配和消费的中介，是联结工业和农业、城市和乡村、国民经济各部门、各地区、各企业的桥梁和纽带。对社会主义商品流通的这种特殊地位和作用必须要有一个完整正确的认识，才能指导我们正确地实践，避免盲目性，增强自觉性，使我们的工作少走或不走弯路。

首先，社会主义商品流通是保证社会主义生产顺利进行的重要条件。社会主义生产是发展社会主义商品流通的物质基础。因为，只有生产发展了，增加了产品数量，提高了产品质量，才能为商品的正常流通提供物质保证。反过来，商品流通的顺畅与否，又直接或间接地影响生产，促进或阻碍社会主义经济的发展。首先，社会主义商品流通沟通了各个生产部门之间的物资交流，保证了社会主义扩大再生产的需要。其次，社会主义商品流通的发展，能促进社会主义生产规模的扩大，满足再生产的需要，以及社会分工的发展。再次，通过商品流通和市场竞争，有利于推动企业改善经营管理、提高产品质量、增加生产。最后，社会主义商品流通能及时

沟通生产者和消费者之间的联系，积极向生产单位反映消费者的需求和市场趋势，并通过产销合同、订购、选购等形式，协助生产企业调整产品结构，增加花色品种和规格，提高质量，实现产需结合，生产适销对路产品，扩大生产规模，满足市场需要。

其次，社会主义商品流通能促进社会主义分配原则的实现。社会主义的分配关系归根到底是由生产决定的。但是，由于社会主义还不可能进行社会产品的直接分配，而必须通过货币工资的形式，让每个劳动者用自己的货币收入，在商品市场上购买自己及其家庭所需要的生活消费品。商业部门则根据群众的消费需要，积极组织货源，并通过遍布城乡的商业网点，按照消费层次、消费结构及时合理地作好消费品的供应，从而最终实现个人消费品的分配。在商品流通中，国家还可根据政治经济形势发展的需要，通过价格杠杆，提高或降低价格，适当调节不同部门、不同企业和不同劳动者的收入，对国民收入进行一定的再分配。

再次，社会主义商品流通的发展，有利于满足劳动人民的消费需要。人们的消费需要能否得到满足，最根本的要取决于生产的发展。但是，商品流通对满足消费需要也起积极的作用：一方面，社会产品必须通过流通领域，才能最终进入消费。因为，流通是消费得以实现的必不可少的重要途径和环节。另一方面，流通部门还可通过自己的供销活动和宣传广告，介绍商品的性能，积极地引导消费，调节人们对消费的需求。

最后，社会主义商品流通，对于增加国家财政收入、积累资金也发挥着重要的作用。生产部门所创造的全部产品价值，只有通过商品流通，把商品销售出去才能实现。商品流通部门开展购销业务，不仅能为扩大再生产积累资金，而且实现了劳动者为社会劳动创造的价值，即社会主义盈利。

总之，社会主义商品流通是联结生产和消费、工业和农业、城市和农村以及国民经济各部门的重要环节。搞好商品流通，对于促进工农业生产的发展，增加市场有效供给，保证按劳分配的实现都有积极的促进作用。

三、反思与启示

新中国成立40年来，应该怎样对待社会主义商品流通，在理论和实践上都要认真地反思，总结历史的经验教训，以便在经济建设中搞好社会主义商品流通，活跃城乡经济，促进现代化建设。

首先，在理论和实践上都必须充分肯定，社会主义社会不仅必然存在商品流通，而且还要大力发展商品流通。在社会主义社会，由生产力发展状况所决定，存在着以公有制为主导的多种经济形式，都是具有独立和相对独立经济利益的不同经济实体。它们彼此之间要实现经济上的往来，并取得对方的产品，必须通过商品流通，实行等价交换，把产品当做事实上的商品来交换。这是商品生产者和经营者所能接受的唯一原则。因此，在工业和农业之间、全民所有制经济和集体所有制经济之间、社会主义公有制经济和非社会主义公有制经济之间、全民所有制经济内部各企业之间、集体所有制经济内部各经济组织之间都存在着商品交换关系。我们没有理由把商品流通看成是资本主义性质的，或是把它看成是无关紧要、可有可无的。商品流通在整个社会主义历史发展阶段都必然存在，是由生产力发展水平决定的。任何限制和取消商品流通、实行产品直接交换的思想和做法都是脱离实际、违背客观经济规律、不利于生产力发展的。

其次，不能只在困难时期想流通（商业）、形势好了忘流通，也不能把发展商业、活跃商品流通作为解决一时困难的权宜之计。回顾和总结新中国成立40年来的历史，什么时候重视商品流通，发展国营商业、合作商业以及其他形式的商业，则市场繁荣，经济活跃，商品供应充足，物价比较稳定，能基本满足人民物质文化生活的需要。反之，什么时候不重视商品流通，甚至限制或取消商品流通，则市场萧条，商品匮乏，物价上涨，人民物质文化生活的需要难以得到满足。例如，1953年开始的第一个五年计划时期，由于重视商业，整个国民经济协调发展，商品充裕，市场繁荣。可是，1958年的"大跃进"以及后来的"文化大革命"，贯彻"以阶级斗争为纲"、"以粮为纲"的方针，把发展商业视为发展资本主义，认为商业是"产生资本主义和资产阶级的土壤"。于是，限制商业，取消商业，关闭集市贸易；许多县和县以下地区的商店关门闭户，冷冷清清。这个教训太深刻了，痛定思痛，我们要从"日子难过想商业、日子好过忘商业"的多次反复中总结经验教训，切不可急功近利，对商品流通采取权宜的应急措施，而要从根本上重视商品流通的发展。

再次，对商品流通要正确地引导，加强管理，通过改革建立和健全商品流通体制。商品流通的市场是国民经济发展状况的"晴雨表"。生产发展，市场活跃，国民经济就兴旺；反之，生产停滞，市场萧条，则国民经济萎缩，人民生活困难。因此，搞活国民经济，首先就要搞活市场，搞活商品流通。党的十一届三中全会提出了"对外开放，对内搞活"的方针。为了贯彻这个方针，必须改革封闭的、少渠道、多环节的商品流通体系，逐步建立起多渠道、少环节、开放型的商品流通市场，以大中城市为依托，形成不同类型、不同层次、不同范围的经济活动中心，逐步形成合理的经济网络。这样，才能繁荣市场，搞活经济，增加商品供应，满足人民的物质文化生活的需要。但是应当承认，最近几年由于市场机制不健全，放松了对流通领域的监督和管理，出现了相当混乱的现象。其表现是：各类公司林立，政企不分，"官倒"、"私倒"严重；价格混乱，乱涨价成风，物价轮番上涨，通货膨胀；伪劣假冒商品泛滥成灾，坑害消费者；无证经营，缺斤少两，偷税漏税，截留利润，虚报亏损，骗取补贴，既增加了消费者的负担，又减少了财政收入，害国害民；尤为严重的是"工农兵学商，大家来经商"，搞乱了商品流通秩序，败坏了社会风气。这是从一个极端又走向另一个极端。因此，必须认真整顿经济秩序，在指导思想上，要避免忽紧忽松、忽收忽放的倾向。在制度上，要建立健全社会主义市场体系，不仅要建立和完善消费品和生产资料市场，而且要建立和完善资金、劳务、技术、信息和房地产等生产要素市场，充分发挥市场机制的作用。在方法上，要学会运用各种宏观调控、监督手段，运用经济的、法律的和必要的行政手段，加强工商行政管理和物价管理，严格执行市场管理法规，形成和维护健康的社会主义商品流通新秩序。

（载《思想理论教育》1989 年第 4 期）

充分发挥银行对压缩需求膨胀的调控作用

（1989 年 12 月）

当前，治理整顿已初见成效，金融形势有了明显好转，但前景仍不容乐观，更不能掉以轻心。因为货币发行过多，物价上涨的问题还没有根本解决。本文拟从压缩过旺需求的角度谈谈发挥金融调控的职能作用。

一、投资膨胀和消费膨胀是通货膨胀的两个主要特征

在我国，由于人们急功近利使经济行为短期化而导致的经济过热是酿成通货膨胀的主要病根；而投资膨胀和消费膨胀则是通货膨胀的两个主要特征。

消费膨胀有相当一部分是由投资膨胀转化而成的。因为，按照现在我国经济运行的状况，投资额中大约有 40% 会转化为消费需求。据此估算，1984—1987 年的 4 年内，仅由于投资增加而派生的消费需求就有 800 亿元左右。到了 1988 年，全社会固定资产投资完成额达到 4 314 亿元，比上年增长 18.5%。与此同时，消费需求的增长却快于投资需求的增长。1987 年投资需求的增长速度为 5.7%，1988 年的增长速度为 16.1%，而消费需求的增长速度 1987 年为 14.7%，1988 年为 26.1%。结果，货物与购买力的差额就由 1987 年的 744 亿元扩大到 1988 年的 800 亿元；年末结余购买力也由 1987 年的 4 234.6亿元增加到 1988 年的 5 500 亿元。在消费需求中，个人和社会的需求增长都很快。个人消费需求比 1987 年高出 13 个百分点，社会消费需求也比 1987 年高出 6 个百分点。

由于社会总需求包括投资需求和消费需求两方面，所以，总需求膨胀都兼有这两方面的膨胀，即投资需求和消费需求"双膨胀"。究其原因，主要是：

第一，政府行为导致投资需求膨胀。在社会主义初级阶段，由于生产力发展水平低，国家的经济实力不强。因此，把发展经济、增强国力作为首要的战略任务来

· 146 ·

抓，致使政府具有高增长的动机和强烈的发展欲望，在脱离国情的条件下，急于求成，竞相"上马"，致使投资需求日益膨胀。

第二，企业行为导致投资需求过旺。在旧体制下，投资是由中央政府集中控制的，企业行为对投资需求的影响不大。可是，经济体制改革以后，企业有了独立的财权和投资决策权，较普遍地具有强烈的投资欲望，也促使投资需求膨胀。

第三，政府、企业和个人三者行为共同导致消费需求膨胀。首先，从政府行为看，国家作为全体劳动人民利益的统一代表，一方面，既要满足劳动者个人消费的合理要求，又要不断满足集体、社会福利事业提高的要求；另一方面，为强化管理职能，又要使管理手段逐渐现代化。这两方面都会形成强大的膨胀压力，迫使国家增加消费基金的支出。其次，从企业行为看，由于企业有自身的经济利益，也具有增加消费的欲望和办法。特别是涉及国家与企业之间经济利益的分配时，企业总是想方设法抬高本企业工资总额。至于在决定工资总额、奖励基金总额、福利基金总额的分配时，企业则倾向于多发工资与奖金。这是当前消费基金膨胀的一个主要来源。据上海市统计局资料，近 3 年全市消费基金总额平均每年增长 15.7%，而同期国民收入平均每年仅增长 8.7%；职工工资、奖金总额平均每年递增 18.7%，而同期劳动生产率平均每年仅增长 2.5%。1988 年全国城镇居民生活费支出（扣除物价上涨因素）增长 3.2%，而明显的生活费收入仅增长 1.2%。"入不敷出"的原因在于：行政、企事业单位以"隐蔽"形式给个人增加收入，致使许多城镇居民的收入占国民生产总值的比重由 1984 年的 59.9% 上升到 1988 年的 62.6%。这种不正常的"隐蔽"形式的消费集中表现为向个人方面倾斜。据对四川省德阳市 13 户国营工商企业的调查，1985—1988 年 3 年间，经查证处理的、以什么"专项工程支出"、"营业外支出"、"百日安全奖"、"企业上等级奖"、"加班津贴"、"达标浮动"等为名义的隐性个人消费支出的金额达 569 万元之多，相当于同期劳动报酬总额的 10%，个别的高达 20%。某国有企业 1987 年至 1988 年以隐蔽方式向职工支付的各种奖金、津贴、实物等合计为 375 万元，相当于同期职工劳动报酬总额的 26.5%。有人推算，全国每年隐蔽性消费支出要以百亿元来计算。最后，从个人行为看，作为劳动者个人来说，当然是希望工资和奖金越多越好。虽然劳动者个人不能直接参与个人工资水平的决定，但是，作为企业的成员，构成群体后，或通过班组反映意见，或通过"职代会"提出要求，总是可以影响企业分配决策的。尽管国家明确要求企业将工资、奖金和补贴等消费基金控制在 1988 年 8 月份的水平上，但欲控反长，结果 1988 年 11 月、12 月分别比 8 月份增长 13% 和 43%；1989 年头两个月比 1988 年同期增长 60% 以上，比 1988 年 8 月份增长也达 55%。

第四，社会集团的消费起了有效的误导作用。我国社会集团消费总额在 1980 年以前，每年不超过 200 亿元；此后就迅速升级。1981 年至 1983 年不超过 300 亿元，1984 年超过 300 亿元后，1985 年和 1986 年都超过 400 亿元，1987 年猛增到 533 亿元，1988 年又增长到 665 亿元。这个数字仅仅是纳入正规渠道的数字，如果加上各种"漏洞"，可能会超过 1 000 亿元。1988 年 4 月，国务院提出了将社会集团购买力压缩 20% 的目标，但事与愿违，反比上年增长 20.3%，形成反差。虽然，国务院发过许多关于严格控制社会集团购买力的通知，但实际上社会集团购买力还是越过了先是 19 种，后是 29 种、31 种控购商品的规定，投向了其他许多高、中档消费品。真是花钱无处不公家！例如，1979—1984 年间引进外资 172 亿美元，从数量看，引进资金建设了几十个大企业，改造了上千个中小企业，也算可观。可是，在构成上，都是些高级的宾馆、酒店、餐厅和大型游乐场。从表面上看，引进的外资投向了生产，可实际上是投向了高消费，尤其为社会集团的消费与浪费创造了物质条件。1981—1986 年共花费 52 亿美元（合人民币 200 亿元）引进了各类汽车，在很大程度上满足了集团消费中少数人的私欲。

第五，"高消费阶层"的示范效应。目前，集体企业、全民企业、私营企业和个体工商户的工资总额年平均增长率已分别达到 18.6%、22.8% 和 57%。据粗略统计，1988 年国民收入分配中的 20% 为仅占总人口 3% ~3.5% 的个体工商户和各种承包承租者所占有，严重的分配不公形成了一个以现金为手段进行吃喝玩乐的"高消费阶层"。他们的示范效应推动着消费需求的急剧膨胀。例如，他们先富起来后购买了高级家用电器，其他人就争相看齐和跟上，否则，就会心态失衡，产生自卑感和失落感，致使不少家庭为争这口气而节衣缩食，甚至造成营养不良或负债也要购置彩电、冰箱等高档商品。

第六，攀比效应。投资需求和消费需求的"双膨胀"，还来自各企业、各阶层之间互相攀比的效应。攀比是一种媒介，因而效法者甚多。例如，某企业、某行业的投资项目纷纷"上马"，其他企业或行业就会竞相看齐而不顾自己的实际情况。又如，政府为改变收入悬殊而提高某些行业劳动者收入时，又激发了另一些行业劳动者调整收入的要求。这样互相攀比，也会促使需求膨胀。

第七，虚假的经济效益。有些企业不是靠提高劳动生产率和经营管理来取得经济效益，而是在很大程度上靠价格变动和市场不正常波动来取得经济效益。有的企业暗藏损失，随意挂账；有的企业冒打销售，虚记收入，甚至把物价上涨引起库存的升值作为经营收入分掉，形成虚盈实亏。这样，企业实际上是用银行贷款上缴了所得税和提取了利润留存，并将留利的 60% ~80% 用于奖金和福利，增大了消费基金膨胀的来源。如果剔除物价因素，实际的经济效益并不高甚至是下降的。

上述诸因素共同作用，势必导致国民经济的总量失衡而造成通货膨胀。

二、总结经验，充分发挥银行的调控作用

由于投资膨胀要以资金为基础，高消费行为离不开现金，所以，要总结经验，充分发挥银行的调控作用，从金融政策和具体措施上来遏制通货膨胀、抑制高消费。

第一，必须尊重和维护银行的贷款自主权。虽然中央三令五申要抑制经济过热，控制固定资产投资规模，减缓生产发展速度。但是，不少地方不仅没有压缩，反而还在膨胀。同时，在企业使用的流动资金中，自有流动资金的比重过低，一般为20％左右，高达30％的很少，甚至有5％以下或全部负债经营的。企业过分依赖银行贷款发展生产是与没有坚决维护银行贷款自主权分不开的。尽管地方政府可以协调、建议，但不能代替银行决定；贷与不贷、贷多贷少应由银行决定。否则，银行又回到"出纳"的位置上了。

第二，改革成本管理制度，发挥利率的杠杆作用。按照现行的成本管理制度，企业贷款的利息允许列入成本中支付，构成商品价格的因素之一。这不仅直接削弱和淡化了企业的利率风险意识，而且加大了产品成本，成为"成本推进型"通货膨胀的一个重要因素。从而银行调整和提高利率，不仅无助于抑制通货膨胀，还会因成本不适当的提高而引起物价进一步上涨，变成新一轮通货膨胀的重要诱因。为此，必须同时改革财务成本管理制度，把利息从产品成本中列支改为从利润中支付。其好处，一是可增强企业的利率风险意识，重视利率杠杆的调节作用；二是可迫使企业减少资金借入，消除企业对银行信用的过旺需求，减轻银行的信贷压力；三是可以降低成本，有效地抑制物价与利率的轮番上涨，有利于遏制通货膨胀。

第三，控制信贷规模，改"税前还贷"为"税后还贷"，并取消还贷提"两金"的办法。实践证明，"税前还贷"实际上是用财政资金提高固定资产投资，弱化了还贷手段，让企业不承担还款责任，不承担用贷款搞基建的任何风险，加上税前还贷可以提留"两金"（奖金和福利基金），致使利率杠杆对企业的筹资与投资经营活动失去调节作用。不仅如此，还助长了企业盲目贷款，扩大了消费基金增长的渠道；诱发企业用奖金挤福利基金、用福利基金挤生产发展基金，而生产则靠银行贷款来维持的现象。例如，四川纳溪县19户企业1988年承包基数为392万元，而实现的利润为1 080万元，其中5个企业实现的利润为承包基数的4~9倍，竟无1户按期还贷的。改为"税后还贷"并强化还贷手段的好处，一是可以减轻财政负

担，增强财政的宏观调控能力；二是可以充分发挥利率杠杆的调节作用，有效地控制信贷规模，防止信用膨胀；三是引导企业及时调整信贷规模与资金营运方向，从而恢复企业贷款效益与还款能力的内在联系；四是为强化还贷手段，银行应参与企业承包全过程。凡有贷款的企业，其承包合同中应有依法借款、用款、还款，并经银行审核同意的条文；对到期或逾期不还贷款者，银行可视其不同情况，采取减贷、停贷和加收罚息等手段，促使企业改变经营管理，按期归还银行贷款。

第四，扩大股票和债券的发行，将部分消费基金转化为生产基金。应当允许一些经济效益好和有发展前途的企业，发行一定数量的股票和债券。这样，既可缓解目前城乡居民手持约 1 500 亿元现金对市场的冲击和压力，又可增加市场的有效供给，以便回笼现金。

第五，大力增加居民储蓄，推迟和分解过热的消费。把居民手中的部分现金变为储蓄存款，既能削弱消费膨胀的势头，也为增加供给扩大了资金来源。除了大张旗鼓地宣传储蓄利国利民，继续开展保值储蓄、有奖储蓄等以外，各银行要重视抓好个体工商户的存款工作。他们人数虽少，但存款的潜力却很大。这是当前吸收存款的薄弱点和难点，也是改善资金运动、变"体外循环"为"体内循环"的有效措施之一。湖北省荆州地区银行已经取得了可行的经验。首先，了解到个体工商户封闭储源的原因：一是怕政策变了，钱在银行取不出来，加之国家信贷政策上限制向个体工商户贷款，遂形成"你不来，我也不往"的局面；二是怕银行的作息制度难以满足存、取款项的时间要求；三是银行信贷超负荷运行，致使可用头寸不足，担心存款后，购货划汇不及时，贻误盈利机会。其次，采取了有效对策：一是开办个体工商户存—贷—业务，有来有往，以贷吸储。实践的结果，并非即存即贷，而是存多贷少。公安县工行 1989 年第 1 季度吸收个体工商户存款 350 万元，占全部新增存款的 1/3，而新增贷款只有 13 万元。二是在个体工商户中聘请协储员，按协储额的 1‰的比例搞有偿协储。三是根据个体工商户开门早、关门迟、人手少的营业特点，开办流动服务，上门收储。每天清晨为他们送零钱，傍晚逐户上门收存款，吸储额大幅度上升。四是加强网点配套，建立存、放、汇三位一体多功能储蓄所，满足他们存、贷、汇（取）的要求，起到以汇促存的作用。总之，只要银行恪守秘密、方便、灵活的信用原则，搞好储蓄，实现消费分流是大有可为的。

第六，整顿金融秩序。一要坚决整顿企业多头开户的现象。一个企业只能在一家银行开立结算户，才便于银行监督。否则，有的企业在工行的贷款还不上，可在其他银行的账户上却有存款。这就干扰了银行的监督，使银行的贷款无法收回，且为需求膨胀提供了条件。二要整顿"厂内银行"越轨经营。一些企业的"厂内银行"超越经营范围，自搞定、活期储蓄和办理贷款业务，聚集大量现金不交存银行，并非法办理社会集资、发行债券和提高利率，结果冲击了银行的正常业务，有损银行信誉，影响了金融调控手段的充分发挥。

（载《云南金融》1989 年第 12 期）

论社会主义计划经济和市场
调节相结合

（1990 年 4 月）

　　正确认识计划经济和市场调节相结合的经济运行机制产生的客观性、含义和相结合的形式，对于贯彻治理整顿、深化改革的方针，促进我国社会生产力的发展，具有十分重要的理论意义和实践意义。

一、我国社会主义社会实行计划经济和市场调节相结合的客观性

　　根据马克思主义的基本原理，紧密结合中国的实践，总结新中国成立 40 年来，特别是近几年来社会主义建设和改革的经验教训，《中共中央关于进一步治理整顿和深化改革的决定》明确提出了"我国社会主义经济是建立在公有制基础上的有计划的商品经济"。经济体制"改革的核心问题，在于逐步建立计划经济和市场调节相结合的经济运行机制"。这表明，我们所要建立的社会主义商品经济运行机制，是与建立在私有制和雇佣劳动基础上由市场自发调节的资本主义商品经济有本质区别的。即是建立在生产资料公有制基础上，实行有计划发展而不是盲目无政府状态的商品经济；是以满足劳动人民日益增长的物质文化需要、实现共同富裕为目的的有计划的商品经济。它的运行机制是实行计划经济和市场调节相结合、统一性和灵活性相结合，既区别于完全由市场调节的资本主义经济运行机制，也有别于完全由国家计划调节的产品经济的运行机制，是具有中国特色的社会主义商品经济运行机制。它的产生有其客观必然性。首先，是由生产力的发展状况决定的。我国幅员辽阔，生产力发展水平低、不平衡、多层次、落差大。既有运用先进技术手段的现代化机器大生产，又有使用一般技术乃至手工劳动的小生产；既有少数规模大、生产高度集中的大型企业，也有为数众多、分散的中小型企业以及个体经济。对关系国计民生的重要产品的生产及其大中型企业要实行计划调节，而对一般产品的生产及

中小型企业，特别是一些零星分散的小商品及小型企业，则只能在国家计划指导下实行市场调节。其次，是由生产资料所有制结构决定的。现阶段，我国建立起以社会主义生产资料公有制为主体的包括全民、集体、个体、私营经济、中外合资经营企业、合作经营企业和外商独资经营企业在内的多种经济形式和经营方式。对这众多经济形式的经济活动，要采取与之相适应的调节形式：对主要从事工业生产的全民所有制经济要依靠国家计划调节；对主要从事农业、商业、服务性的集体经济，特别是个体、私营经济，则要通过计划指导和市场进行调节。再次，是由社会供求的复杂性和多变性决定的。我国人口众多、地域广阔、交通不便、信息不灵，群众消费需求量大、品种多、差异大、变化快，而生产企业有数十万个，产品有千百万种，难以由国家包揽起来并通过计划组织生产和供应，也要依靠计划和市场相结合的机制来调节。最后，实践已经证明，只有实行计划经济和市场调节相相合，才能保障国民经济持续稳定协调地发展。党的十一届三中全会后，改革了高度集中的计划体制，逐步建立了有计划商品经济的体制。但是，近几年又有忽视国家计划调节、削弱计划手段、放任市场调节的倾向。这也是造成经济秩序曾一度严重混乱、经济生活震荡的原因之一。例如，云南省文山壮族、苗族自治州的三七生产，从 1983 年到 1989 年，在种植面积、产量、价格上出现大起大落，每公斤售价从 200 多元猛跌至 30 元左右，给生产经营者带来了严重损失。究其原因，正是忽视计划指导、放任市场调节、使生产和销售几乎处于盲目状态的结果。正如江泽民同志所指出："如果一味削弱乃至全盘否定计划经济，企图完全实行市场经济，在中国是行不通的，必将导致经济生活和整个社会生活的混乱。"[1] 因此，必须建立一种适合中国情况的、把计划经济和市场调节结合起来的商品经济运行机制，才能促进整个国民经济持续稳定协调地发展。

二、社会主义计划经济和市场调节的含义

社会主义经济既是计划经济，又是商品经济，是计划经济和商品经济的统一体。这个统一体包含两层意思：其一，是说社会主义经济首先是计划经济。社会主义的生产和流通是有计划发展的，不是盲目的无政府状态的。其二，是说社会主义经济是商品经济，即商品经济是计划经济的实体和表现形式。两者相互结合就形成有计划的商品经济体制。

---

[1] 江泽民：《庆祝中华人民共和国成立 40 周年大会上的讲话》。

社会主义有计划商品经济的运行机制是计划机制和市场机制的有机结合。所谓有机结合就是互相渗透、互相依存、互相补充，其结合点是指两者相互衔接的共同点和要求的一致性。这个共同点和一致性就是自觉依据和运用价值规律。因为，实行计划经济就要求有计划按比例地分配和调节社会劳动到国民经济各部门，使社会生产和社会需求相适应，以实现国民经济有计划按比例地协调发展。与此同时，价值规律也有两个方面的要求：一方面，通过商品个别价值和社会价值之间的矛盾运动，实现社会劳动时间的节余；另一方面，通过社会总产品的供求矛盾运动，实现社会总劳动的按比例分配。这就是说，各个生产企业不仅要力求将商品的个别劳动时间等于、最好是低于社会必要劳动时间，而且还要努力使本部门生产的同类商品的总量与社会总需要量相适应，从而使商品的价值完全实现。价值规律的要求驱使商品生产者千方百计地使自己的商品适应社会需要，以利于商品生产的发展。从这个意义上讲，价值规律的基本要求和计划经济的要求是一致的。因此，我们在制定国民经济计划时，必须以价值规律为依据，在自觉运用价值规律的基础上，把两者有机地结合起来，合理分配和调节社会劳动，促进社会经济的协调发展。

三、社会主义计划经济和市场调节相结合的形式

计划经济和市场调节相结合是要通过一定的形式来实现的，包括指令性计划、指导性计划、市场机制、国家的各项经济政策和经济法规等。

指令性计划是指国家对关系国计民生的重要产品由国家调拨分配，对关系全局的重大经济活动下达具有强制性的直接计划，以保证国家的重点建设，为社会主义经济的稳定发展提供重要的物质条件。指导性计划是指国家对那些比较重要的产品和经济活动下达的不具有强制性的间接计划。它是通过经济手段指明经济活动的方向、目标和准则，及时发布经济信息，提供必要的统配物资，引导和调节企业经济活动和市场变化，以促进整个国民经济均衡协调的发展。市场机制是通过价格、税收、信贷、工资、奖金等经济杠杆进行调节的。经济法规是经济行为的立法化，它是约束经济主体的经济行为的基本准则，为社会经济调节机制的有效运行提供法律保障。通过以上形式调节社会总供给和总需求的平衡；调节人力、物力和财力的流向；调节产业结构、产品结构和生产力的布局，以促进经济的均衡发展。总之，建立计划经济和市场调节相结合的运行机制是一个长期的过程。在不同的发展阶段和国民经济发展的不同时期，计划经济和市场调节相结合的程度、方式和范围还要不断地调整和改进。在治理整顿的阶段，为了有效抑制社会总需求，控制通货膨胀，

平抑物价，必须强调集中，加强对部分经济活动的直接计划管理，增强计划性。一俟宏观经济和市场比较平稳，国家直接控制就可少些，经济杠杆和市场调节作用又可大些。但总的指导原则仍然是计划经济和市场调节相结合，不可偏废和互相取代。

（载《理论辅导》1990 年第 4 期）

市场疲软的成因和对策研究

（1990年5月）

一、表　现

市场疲软、资金紧张是目前影响我国经济发展的两大突出问题。从1989年第二季度开始，我国整个市场呈滑坡态势，由1988年的"旺、涨、抢、乱"转变为银根紧缩、销售下降、消费热急剧降温、市场疲软的状态。其主要表现和特点是：

第一，来势过猛，社会商品零售总额急剧下降。1989年，云南全省社会商品零售总额为154亿元，比上年增长2.7%，但扣除涨价因素后，全省社会商品零售总额则下降13%，实为负增长。这是近20年来没有发生过的现象。

第二，市场"热"与"冷"的落差太大。近几年，彩电、冰箱、收录机等商品紧俏，成了抢手货，价格也一涨再涨仍供不应求。但从1989年开始，这些昔日的紧俏商品大量滞销。据统计，全省电视机、收录机、自行车、电冰箱等商品销售量的下降幅度为12.5%~46.7%；一向为消费者青睐的名烟、名酒也由"俏"转"滞"，即使降价销售，也不景气；长期畅销的白糖、茶叶、木耳、八角、草果等土特产品，也出现了前所未有的滞销现象，昔日的"皇帝女儿"今日也难"出嫁"了。

第三，工商企业库存明显增加，使经济运转不灵。直接受消费热降温影响最大的是家电产品销售锐减，数以百万元计的彩电、冰箱、自行车积压在工厂、商店里。库存增长速度最快的恰恰是近几年最抢手的"热门货"。全国工商企业超储部分的金额有500多亿元之多，本来企业的流动资金就十分紧张，而产品滞销积压，犹如雪上加霜，处境更难。

二、难　题

市场是测定国民经济是否均衡发展的"晴雨表"和"显示器"。因为，国民经济各部门、各行业相互促进和制约的状况会透过市场行情表现出来。目前，市场疲软给国民经济的发展带来了一些新的难题：

一是资金短缺。货币是商品流通的媒介物和润滑剂。货币流通是由商品流通所引起、受商品流通制约，并为商品流通服务的。它随商品流通的规模、范围和速度的变化而变化。同时，货币流通的数量和速度对商品流通又起制约作用。比如，流通过程中所需货币不足，必然会影响商品的正常流通。近年，中央针对投资和消费双膨胀，果断地实施了财政、信贷双紧方针，有效地稳定了市场、稳定了物价。但是，紧缩犹如一柄双刃剑，如果力度掌握不好，又会使企业因流动资金不足而影响生产经营活动。而且，由于市场销售不景气，"商品－货币－商品"循环链的局部中断，一方面，许多商业企业因缺款而无法保证正常合理的进货而影响购销业务，使生产萧条。商业流动资金短缺，又迅速波及生产企业的产品销售。这样的连锁反应就形成流通停滞。另一方面，又引发众多工商企业之间互相拖欠货款的"债务关系"。因为，工商企业即使能以信誉担保购进产成品，也无力支付货款；生产经营单位售出产品后也没法及时收回货款。结果，"三角债"、"多角债"、"连环债"越网越大，互相牵制，使有限的流动资金储量往往难以正常运转而沉淀下来。在这种情况下，企业为了推动生产经营活动，又产生了对新增流动资金的更大需求，加剧了资金短缺的严重性和紧迫性。可见，商品经济的运行犹如江河航行：河水干涸，难以行舟；河水畅流，则轻舟快速。

二是工业发展速度回落过猛，部分企业生产下降，城镇待业人员增多，待业率上升。市场降温必然引起生产降温。企业由于资金缺乏，债务负担加重，产品的结构和质量不适应市场需求，使一些企业开工严重不足，处于停产或半停产状态。一些生产家电产品的厂家已停止生产。据统计，1990 年 1—2 月份，全国乡及乡以上工业企业的总产值为 2 562 亿元，比去年同期下降 0.9%。从产值构成看，轻工业产值下降 1.6%，重工业产值下降 0.2%；从产品构成看，大部分日用机械、日用电器生产普遍下降，机电设备生产下降幅度更大，部分建筑材料也有下降。据对预算内工业企业的分析，1 月份销售收入下降 13%，成品库存上升 59.4%。国家统计局的公报指出：因产品滞销引起库存上升，连锁反应之势将进一步蔓延，我国工业面临十分突出的困难。由于工业企业开工不足，将出现相当数量的剩余劳动力，加上城镇需要安置的就业人员增多，使我国面临新中国成立后的第二次就业高峰。据有关部门统计，1990 年云南省城镇待业人员将达 17 万人，加上农村的富余劳动力，安置任务就更为艰巨了。这不仅关系到国民经济的健康发展，而且关系到社会的安定团结。

三是经济效益下降。近几年，工业企业的经济效益在原材料、工资、流通费用等成本因素大幅上涨、劳动生产率没有明显提高的情况下持续下降。在生产、建设、流通领域中都普遍存在着投入多、产出少、物耗高、浪费大和效益差的情况。目前的市场疲软，销售下降，库存增加，费用上升，成本增高，亏损面扩大，使企业在原有基础上又增加了经济效益下降的新的拉动因素。这种发展态势，是当前经济生活中困难重重的症结所在，也给相当一部分企业完成承包指标带来了困难，成为经济发展的致命伤。据统计，云南省预算内国营工业企业可比产品成本1989年比1988年上升19.6%，企业亏损面增加2个百分点，亏损额增长28%，产成品资金占用增长76.9%，商业和供销社系统实现的利润比上年下降，亏损面和亏损额都在增加。这是一个严峻的问题，反映出生产经营活动中投入多、产出少、效益低，将有一个继续下滑的趋势。

三、成　因

第一，从历史的沉积原因看，1984年下半年开始，我国就出现了经济发展过热、工业超高速增长的情况。投资需求和消费需求的"双膨胀"远远超过了现有国力和生产力的承受程度。其间，虽然提出了财政信贷双紧的方针，但未能坚决贯彻，致使问题越积越多，只好靠财政赤字、靠大量发票子、靠举借内债来支撑。一句话，靠通货膨胀建立起一种虚假的"繁荣"。但这种"繁荣"是脆弱的，是不能持久的。因为，由通货膨胀所刺激起来的总需求扩张大大越过了社会总供给，是被扭曲的，不真实的。似乎人们什么东西都要买，企业什么东西都好卖，多年积压在仓库的冷背、残次商品都被抢购一空。结果，市场秩序混乱，价格扶摇直上；过热的市场导向，又刺激了企业生产过热、基建过热、社会消费过热，从而导致抢购风潮席卷城乡市场，直接威胁到经济和政治的稳定。正是由于这种"繁荣"是建立在需求过旺、供给不足、结构失衡和经济秩序混乱的基础上，必然使市场从"发狂"变为疲软，从"顶峰"跌入"低谷"，从一个极端走向另一个极端。这是多年来积累的一些深层次问题的集中反映，是几年来经济过热、通货膨胀加剧带来的结果，不是一种偶然现象，有其历史的必然性。

第二，市场疲软是治理整顿的阶段性效应。中央针对近几年存在的严峻问题，果断地实行治理经济环境、整顿经济秩序的方针，采取了一系列的紧缩措施，收紧银根，严格控制财政信贷规模和货币发行量，有效地压缩需求膨胀；同时，注意发展生产，增加有效供给；通过消费分流，引导货币回笼，减轻了对市场的压力；银行调整储蓄利率，开办保值储蓄，增强了储蓄的吸引力，使1989年储蓄存款净增上千亿元。其中，80%左右是保值储蓄。云南省去年储蓄存款余额达86亿元，比上年增长35%，是多年来少有的。与此同时，还多管齐下，清理整顿各类公司，取缔、打击了倒买倒卖的皮包公司和制售伪劣商品的行为；加强物价管理，使物价涨势逐渐趋缓，人们的惊恐心理逐步恢复正常，从盲目抢购变为理智地选购；严格控制集团消费，初步改善了市场秩序。结果，市场降温，由热转冷，出现了疲软。

第三，1988年抢购风潮对市场销售的滞后影响。我国是一个人口众多的国家。虽然市场的容量很大，但人均收入水平比较低，有支付能力的需求有限。在抢购风中，城乡居民超量购买的商品，有相当一部分还没有被消耗，实际上是增加了许多家庭消费品的贮存量。这不仅是把1989年乃至以后几年的购买力提前实现了，而且还因1988年销售基数偏大使尔后的销售量不可能有大幅度增长，甚至在扣除物价上涨因素后还是负增长。

第四，结构失衡。商品结构不尽合理，式样陈旧，质量低劣，不适销对路造成积压，与有些日用必需品的短缺同时存在；加之一些商品的价格居高不下，也抑制了消费需求。中国是低收入的发展中国家，群众生活消费的次序是先满足生存资料的需求，解决温饱之后，才能向享受资料和发展资料的需求推进。因此，对彩电、冰箱、录像机等高档耐用消费品，买得起的人已经买过了，现在还有一些人想买却望价兴叹无力购买。价格过高，超越了人们承受力的情况，表现在一般日用品上，如服装、皮鞋、呢绒、名烟、名酒等。据国家统计局1989年对全国629个县33 080家农户的抽样调查表明，每100人对服装的需求量比上年减少18件，下降9.1%。这也是影响市场疲软的一个重要原因。

四、对　策

我国当前的经济形势是既有喜，也有忧。一方面，治理整顿已取得初步成效，整个经济情况正在向良性循环的方向发展；但另一方面，也确实存在市场疲软、工业发展速度回落过猛、经济效益不高甚至下降等严重困难。对这些前进中的困难，我们要认真研究，具体分析，不能掉以轻心，要积极寻找对策，变压力为动力，变不利因素为有利因素，以实现国民经济持续、稳定、协调地发展。

第一，要继续认真贯彻治理整顿的方针。市场疲软不是孤立的问题，而是整个经济形势的综合反映，故要综合治理。目前，国民经济中存在的困难和问题，从根本上说，仍然是多年来社会总需求远远超过社会总供给，国民收入超分配，通货膨胀明显加剧的结果。因此，要继续贯彻治理整顿的方针，要坚决控制社会总需求，压缩投资需求和消费需求的过快增长，特别是集团消费。这是解决矛盾的一个重要措施。

第二，调整产业结构和产品结构，增加有效供给，提高经济效益。目前，我们所面临的是市场销售疲软与市场供应短缺并存和经济效益差的问题。据有关方面估计，1990 年市场供应的产品仍有 40% 是紧缺的（包括棉纺织品、洗涤用品、铝制品等生活必需品和一些生产资料仍然是供应不足）；约有 40% 是稳定的；充裕的有 20% 左右（主要是供大于求的高档耐用消费品和质次价高、款式陈旧的商品）。而且，从商品可供量和居民手持货币量的比例来看，也是每况愈下的。目前，全国工商企业库存商品总值与全社会结余购买力之间尚有 2 000 多亿元有"缺口"。这表明，我国的市场状态仍然是短缺的，即需求过大、供给不足是基本的。目前，市场疲软，从时间上看是暂时的；从结构上看，供大于求，销售不畅的商品主要是耐用消费品和质次价高的商品；从总量上看，无论是副食品，还是日用工业品，总的供求关系还是偏紧的。1990 年全云南省供求总量上的缺口仍有 10 亿元之多。可见，解决市场疲软和提高经济效益的重要途径，是按照市场需求组织生产，调整产品结构，增加花色品种，提高产品质量。多年来，我国经济处于过热状态，国民经济中的各种关系绷得很紧，总量一紧，全盘都紧。企业的主要精力是追求产品数量和发展速度，结果，许多商品因不适销对路而大量积压，效益很差。现在，市场由旺转疲，是市场选择商品，选择企业，需求和供给之间的结构性矛盾犹如水落石出，明显地暴露出来了。企业求生存、谋发展，必须转变观念，转换机制，加强技术革新，改善经营管理，提高企业素质，根据市场需求的变化，及时调整产品结构，生产适销对路的产品，有效地开辟潜在市场，平衡供求矛盾，提高经济效益。

第三，搞活资金流通，支持工农业生产的稳定增长，稳定市场，稳定经济，防止市场的反弹。目前的金融形势面临两难的境地：一方面，抽紧银根的负效应可使生产下降、供给萎缩；另一方面，松动银根，则通货膨胀，物价上涨又会再度兴起。结果，紧缩银根的目的还未达到，资金短缺的矛盾又突现出来。要跳出两难的循环怪圈，摆脱困境，可靠的对策应该是：把握、控制好支持的对应点，通过引导流向，优化结构，实行信贷倾斜，以达到既治理膨胀，又防止萎缩，促进经济稳定发展的目的。具体地说，就是银行的信贷政策要继续贯彻"控制总量，调整结构，保证重点，压缩一般，适时调节，提高效益"的方针。要按照国家的产业政策和信贷政策发放贷款。要把大力支援农业放在重要位置上，重点支持农业、能源、交通和原材料等基础行业。当前，要积极支持春耕生产，争取农业丰收，为稳定经济、稳定市场打好基础。在继续对大中型工商企业实行资金倾斜的同时，还要适当兼顾经济效益好的中小企业和乡镇企业。特别是对关系国计民生的重点商品（如粮、油、猪等）所需资金，应按国家计划和政策优先安排。要坚决压缩和控制不尽合理的贷款，在控制全年信贷规模总量的前提下，可适当调剂各个时期的信贷规模。当前在资金特别紧张、已影响经济的正常运行时，要适当扩大信贷规模。要协助企业搞活产成品，搞活商品积压的资金，支持国营商业、物资供销部门发挥主渠道"蓄水池"的作用，积极收购适销对路产品，特别是增加人民生活必需品的库存，以支持生产事业。总之，银行和企业都要把有限的资金用活、用好，使金融、生产、市场步入良性循环的轨道。

第四，疏通和扩大商品流通渠道，工商携手，共渡难关。市场疲软与流通不畅、渠道闭塞有关。工商企业要克服"各自打扫门前雪，休管他人瓦上霜"的本位思想，树立全局观念，协同作战，扩大商品流通渠道，使货畅其流。国营商业在商品流通中肩负稳定市场、促进生产的重任，起着购销、吞吐、调剂和储备的作用，要利用其与消费者直接见面、网点遍布城乡、联系面广、信息灵通，既熟悉生产、又熟悉市场等有利条件，采取多种方式，推销地方产品。要一手抓稳定市场，保证人民生活必需品的供应；一手抓搞活市场，以销促购，以销促产。要注意面向农村，因为，地方产品的主要市场是农村。而工业企业腿短、线少，销售产品受到限制。要充分利用国合商业的销售网络，大力向农村推销。如云南省的糖酒蔬菜公司针对省区食糖、酒类、冬春早蔬菜积压的情况，以变应变，积极组织力量向全国 20 多个省区推销。1989 年年末一次就销售食糖 2 万多吨，粉丝几千件。反过来，又增加了这些商品的收购，支持了农业，促进了生产的发展。

目前，市场回升的端倪已经出现。只要认真推进各项有效措施，经济情况是会逐步好转的。

（载《云南金融》1990 年第 5 期）

金融活动怎样贯彻计划经济与市场调节相结合的原则

(1990 年 12 月)

　　金融部门是资金运动的总枢纽和货币供应的总闸门，既要加强宏观调控，又要推动微观搞活。在宏观上，要更多地实行计划调节；在微观上，偏重于实行市场调节。随着治理整顿和经济体制改革的深入发展，贯彻计划经济与市场调节相结合的基本方面是：

　　首先，要建立和健全经济和金融的宏观调控体系。在我国，由于当前市场发育程度比较低，缺乏能进行经济结构调整的自动调节机制，因而宏观经济方面比较突出的问题是结构问题，畸轻畸重，难以保持均衡发展。例如，最近几年，国民经济的运行严重倾斜于工业，特别是加工工业；工业过热，农业过冷，尤其是五金家电产品热得过头，产品大量积压滞销，浪费人力、物力、财力；重视粮食生产不够，多年徘徊不前；在社会再生产过程中，重流通、轻生产，致使生产萎缩而流通急剧膨胀。因此，国民经济的宏观调控应把结构调整放在中心地位，适时地制定和实施合理的产业政策，并以此为契机，建立健全整个国民经济的宏观调控体系，包括金融、财政、税收、价格等。由于经济决定金融，金融反作用和服务于经济，所以，要以产业政策为导向，确定信贷资金的投向，从而通过调整信贷结构促进产业结构的调整，完善金融系统的调控体系。当前，要继续贯彻执行"控制总量，调整结构，保证重点，压缩一般，适时调节，提高效益"的方针，把适时调整信贷结构、加速资金周转作为重点，按照产业政策投放资金。要特别注意支持农业、能源、交通和原材料等国民经济基础产业的发展；支持大中型骨干企业的生产、农副产品和外贸出口商品的收购，国家计划内重点固定资产投资项目，群众生活必需品和市场短缺商品的生产。通过金融业务的宏观调控，促进国家产业政策的落实，调整和优化产业结构，真正限制和淘汰那些质次价高无销路的产品、长期亏损企业和长线产品。

其次，在不同的发展阶段、不同的经济领域要掌握好计划经济与市场调节的结合度。既然计划经济与市场调节是"你中有我，我中有你"的关系，因而就不能违背相互结合的原则，把国民经济的活动机械地划分为计划一块、市场一块，或集中控制的一块、自发运行的一块。在具体操作上，对于不同的发展阶段，不同的经济领域，计划与市场必须相互结合，但应各有所侧重。例如，最近一个时期，实施紧缩政策，强调计划约束性，是完全必要的。但又出现了"一刀切"，忽视市场调节的倾向，因而在一定程度上又影响了治理整顿的预期效果，较突出地表现在对急剧膨胀的过热经济实行"釜底抽薪"的高度紧缩之后，经济骤然降温，市场由"热"急剧转"冷"。事实上，客观经济的运行是有其规律性和连续性的，在紧缩计划的同时，要把握机动灵活地调整银根松紧的契机，才能保持经济的适度增长和良好效益。可是，我们在紧缩计划时，往往忽视了市场的机动灵活。结果，经济形势急剧下滑，市场一蹶不振，在销售环节上，无论怎样大甩卖、优惠，市场的起色不大，全国甚至出现了近10年来的首次负增长。有鉴于此，目前，银行调整了措施，采取了积极灵活的货币政策，如信贷投放适时适量的调节、降低存贷款利率等。这一系列政策在一定程度上促进了经济的回升。在调整产业结构时，也必须处理好计划与市场的结合度。因为，当前产业结构的失衡，在一定程度上是由市场调节功能不健全造成的。例如，工业中加工工业过热，基础工业严重滞后。其原因之一就是国家对加工工业注入了较多的市场调节机制，表现在优惠的价格政策，竞争优势，消费者对轻工产品的需求量大，加上银行的大量资金供给，致使加工工业高速增长。而与此同时，能源、交通等基础工业，由于关系国民经济命脉，因而大都受国家指令性计划的约束，市场调节显得十分微弱，其产品价格由于牵动面大，虽长期脱离价值也难以调整。结果，就出现了"天方夜谭"式的价格等式：8斤石油原油只能换1斤酱油；5 000多斤石油原油只能换1斤茅台酒。举世闻名的大庆油田只好靠18家中外银行贷给的100多亿元维持生产，不得不走上举债度日的艰难道路。这表明，基础产业的产品，在价格上国家不会有大的优惠，地方政府更不愿将大量资金投入无利可图的产业。由于加工工业和基础产业各自在运行上依靠不同的调节机制和动力机制，前者有较多的市场调节，富有竞争性，有利可图；后者缺乏市场调节，缺乏竞争性，少利或无利可图。这样，在计划与市场调节的部门，程度上分布不完整和不均衡的情况下，加工工业必然急剧增长，基础产业必然滞后，产业结构失衡不可避免。因此，在不同的部门、产业，调节的机制其侧重点尽管有程度和范围的差别，但都必须贯彻计划和市场相结合的原则，掌握好结合度，既要强调计划的约束性，又要重视市场调节的功能。对加工工业适度保证其资金需要，在确保其正常参与市场竞争的情况下，加强计划的指导，避免盲目性。在基础工业中要适度增加市场调节的比重，逐步推行价格改革，以增强竞争力和企业动力。

再次，要处理好宏观价格和微观价格的关系。计划与市场的结合，最明显的表现是在价格形式上，要使二者能够有机结合，促进国民经济持续、稳定、协调地发展。宏观价格包括物价总水平，主要商品的比价以及战略性价格如利率、汇率、工资等，更多地要实行计划调节，以保持物价结构的合理性和物价的稳定；微观价格可以放开。管住宏观价格，放开微观价格，就能够实现计划与市场的结合。从利率看，这是国家控制和调节国民经济的重要手段之一。我国的利率体系基本上是以计划利率为主，从而在宏观调节中发挥了重要的作用。例如，1988 年 9 月较大幅度地调高了存、贷款利率，1990 年又适当调低了存、贷款利率。这些都是国家根据经济发展的需要采取的刚性措施。1988 年存、贷款利率的调整，一方面使存款者的利息收入增加，银行存款进一步得到稳定和增长；另一方面，由于贷款利率提高，对经济效益差、产品滞销的企业又起到限制和淘汰的作用。结果，对稳定金融和物价，推动企业改善经营管理，压缩长线产品，提高产品质量发挥了积极的作用。但是，由于计划利率在全国是一个标准，同等利率对大型骨干企业和有关国计民生的产品的生产无多大差别和优惠，因而该保的没有保好，该压的没有压下，导致了大范围的经济回落，企业不景气，开工不足，失业和隐性失业者增多，失业率提高；企业之间相互拖欠，形成"三角债"、"多角债"，使银行头寸奇缺。由此可见，计划利率是必要的，是实现宏观调控的重要手段，但却不是万能的。在发挥计划利率主导作用的情况下，也可以有一定的浮动利率来补充，相互调节，从而建立起一个既有计划性又有灵活性的、比较完善的利率体系。银行自己掌握一定的利率主动权，可以对开户企业的经营情况、发展前景进行全面的考察，该提高的提高，该降低的降低，该保的保，该压的压，不仅在贷款项目上实施倾斜政策，而且要在利率上也能实施倾斜利率，使"点贷"体现重点产业和利率的双重作用。所以，作为宏观调节手段的利率、汇率等必须有较强的计划性和统一性，但也应该有一定的灵活性。至于微观商品价格则可有较大的灵活性，使计划经济与市场调节在实践中结合得更好些。

（载《云南金融》1990 年第 12 期）

再论计划经济和市场调节相结合

（1991 年 2 月）

随着社会主义经济理论研讨的深入和实践的发展，人们对计划经济和市场调节相结合的认识正在逐步深化。本文拟就计划经济和市场调节相结合的作用、形式与过程再发表一点粗浅的看法。

一、正确认识计划经济和市场调节相结合的作用

长期以来，人们已形成这样一种思维模式：一提计划性，就认为应把国民经济的一切活动都统统纳入国家计划的轨道，把计划不适当地夸大到包揽一切、覆盖一切的程度，并把它置于指令性计划指标的直接强制范围内，竭力追求高度集中、统一的机制，而且把这种经济体制和社会主义直接等同起来。一讲市场性，又认为是推行私有化，推行市场经济，与社会主义格格不入，把计划和市场割裂开来、对立起来。实践证明，这种认识是不正确的。把计划机制看成无所不能、完美无缺是不切实际的。尤其处在中国这样一个人口众多、幅员辽阔、交通不畅、信息不灵和经济发展水平很不平衡的条件下，国民经济要实行完全的计划化是不可能的，单一的计划经济也是没有出路的。因此，党的十二届三中全会作出了改革与社会生产力发展不相适应的经济体制的决定。其中，也包括改革计划体制，首先要突破把计划经济同商品经济对立起来的传统观念，摆脱旧的羁绊，建立新的思维方式。在此基础上，确认社会主义计划经济并不排斥商品经济，而是建立在公有制基础上的有计划的商品经济，必须自觉依据和运用价值规律。据此，通过改革旧的计划体制，扩大了市场机制，使二者有机地结合，促进了社会生产力的发展。

但是，正如不能把计划机制看成完美无缺一样，对市场机制也不能认为"市场万能"。因为，当今世界，纯粹依靠市场经济也是行不通的。即使是社会主义商品经济的广泛发展也会产生盲目性。通过经济体制的改革，计划调控这只"有形的手"范围缩小，作用弱化，市场调节这只"无形的手"在活跃市场，推动竞争，刺

激企业增加活力等方面起了明显的作用，但是，也日益暴露出某些自发性和盲目性，并波及社会生产的各个领域、各个地区，其教训也是深刻的，应当认真总结和吸取。

在工业生产领域，特别是加工工业，由于投资期比较短，利润率比较高，收效比较快，故在短短几年时间里就掀起一股"电冰箱热"、"彩电热"、"电扇热"等等。其中，以"乳胶手套热"最典型。1986 年，世界上许多国家和地区因艾滋病蔓延而纷纷来华订货、投资办厂。到 1989 年底，全国乳胶手套生产线从 4 条猛增到1 100多条，生产厂家达 450 家，生产能力达 150 亿只，大大超出国际市场的总需求量。1989 年我国外贸收购量仅有 5 亿只，只相当于总产量的 1/30，每只手套价格惨跌至 3 美分，不够补偿成本。现在，全国已有 90% 的生产线停产，其余也处于"半饥半饱"状态。以一条生产线投资 100 万元计，全国为此付出的代价有多大就可想而知啊！

农业的情况也颇为近似。市场价格信号诱使成千上万的农民生产利益比较高的产品，形成起伏甚大的"粮食波动"、"棉花波动"、"生猪波动"、"烟草波动"。云南省种植三七的情况最为突出。前几年三七的价格一涨再涨，平均综合价从 1983 年每公斤 88 元涨到 1988 年的 200 多元。1989 年，文山壮族、苗族自治州三七种植面积和产量分别达到历史最高年的 1.8 倍和 1.4 倍，总产量超过全国总需求量的 50%，呈现出"百业经七，一本万利"之势。可是，好景不长，到了 1990 年的 7、8 月份，三七价格每公斤暴跌到 30 元左右，使投入颇高的七农无利可图，甚至负债累累，三七成片成园地荒芜。三七生产形成"价格猛涨——生产猛上——价格暴跌——生产萎缩"的恶性循环。

总结历史的经验，我们既不能把计划经济与市场调节对立起来，也不能把计划经济或市场调节描绘成完美无缺或一无是处，而要正确估量二者的作用。它们之间不是互相对立和排斥的，而是可以密切结合的：一方面，计划的形成要以市场的需求状况及其发展趋势为依据，计划的作用要通过市场来贯彻和实现，乃至计划的偏差也要在市场中得到检验和校正；另一方面，市场需要计划的指导和管理，通过计划克服市场在利益关系上的局限性和经济活动中的短期行为，使市场在计划的调控下形成有组织、有规则、有秩序的市场，而不是自由放任、盲目发展的无政府状态的原始市场。我国经济体制改革的核心问题就在于，逐步建立和完善计划经济和市场调节相结合的经济运行机制，也就是把计划经济的优越性和市场调节的灵活性有机结合起来，扬二者之长，避二者之短，使国民经济走上稳定、协调发展的健康之路。

二、计划经济和市场调节应采取多样化的结合形式

在计划经济和市场调节相结合的形式上，也要突破传统的结合方式，应该从实际出发，采取多领域、多层次、多渠道、多样化的结合。其结合的范围、程度和方式应当根据不同时期、不同发展阶段的实际情况去建立和完善。概括地讲，二者结合的基本形式是：指令性计划、指导性计划和市场机制。这三种形式是互相补充、缺一不可的。其中，指导性计划是关键的结合点，是二者相结合的主要形式。因为，指导性计划使产品的生产和流通，一方面，要受市场的调节，另一方面，要服从计划的导向。二者结合的程度和效果，则取决于指导性作用的范围和在社会经济生活中的比重。因此，要制定出切实的指导性计划和有效实施办法。

此外，还有其他形式：一是在国民经济的不同层次、不同范围内实现计划经济和市场调节相结合。因为，国民经济的运行包括宏观、微观层次，包括中央、地方和基层范围。微观经济活动是国民经济活动的基础，主要是通过市场调节表现出来。宏观经济活动是国民经济活动的主导，主要通过计划调控表现出来。因此，宏观经济的调控和微观经济的调节相联系实质上就是计划经济和市场调节有机结合的具体体现，通过计划和市场的有机结合，增强微观经济的活力和有序性，提高宏观经济调控的有效性。

二是在国民经济的不同部门、不同行业、不同产品中实现计划经济与市场调节相结合的方式、范围和程度也是不相同的。对关系国民经济命脉或有关国计民生的重要产业、重要产品如粮食、油料、钢材、主要农业生产资料等，计划化程度要高一些，应分别实行指令性计划管理；凡重要的工业和农副产品，生产集中、供应面广或生产分散，但需要保证重点地区或供应出口的商品，如针织品、生猪、铁丝和重要药品等，实行指导性计划管理，由国营商业和供销社在经营中保持适当的比重；对于其他的一般性商品和上述两类商品完成计划外的部分，可以完全放开，实行市场调节，由购销双方协商议价。

三是在国营、集体、个体、"三资"等不同所有制的企业、大中小不同规模的企业以及生产方向不同的企业（军工、民用等），实行计划经济与市场调节的范围、侧重点和程度，也是不相同的。大型的对国营军工企业或生产国计民生重要产品的企业，要较多地实行指令性或指导性计划；其他一般性的中小型企业应较多地实行指导性计划和市场调节。从流通领域的批发和零售环节的不同所有制结构看，二者相结合的程度也是不同的。批发是商品流通的枢纽，具有调节市场供需的重要职能，

也是国家宏观调控市场的关键，因而国营商业和供销社在批发环节中应占主要部分，并强调计划性，以实现在流通领域中的主渠道作用，并对其他经济成分的企业发挥制约和引导的作用。零售是商品流通的末梢，通过零售网点，满足消费者的需要。在零售环节上，则应积极发展多种经济成分包括集体、私营和个体商业，以发挥它们点多面广、经营灵活、适应性强的积极作用，有利于提高服务质量，搞活市场。

四是在不同的区域，由于地理位置、交通条件、经济发展水平参差不齐，二者结合的范围和程度也应有所不同。例如，沿海和内地，城市和农村，一般地区和边疆少数民族地区以及经济特区都应有较大的差别。显然，特区要以市场调节为主。

三、计划经济和市场调节相结合要有一个发展过程

任何事物的产生、发展和完善都有一个逐步发展的历史过程。计划经济和市场调节的结合也是这样。

首先，要建立和完善经济法规。经济法规是经济行为的立法化，即用法律形式确定下来的经济生活的规范和经济活动的准则。包括合同法、工业企业法、环境保护法、中外合资经营企业法，等等。据此，对工农业生产、财政金融、交通运输、商品流通、环境保护、对外经济关系等方面进行法律的保护和制裁。凡从事生产经营活动的单位、企业和个人都要共同遵守统一的法规，开展均等的竞争，保护、支持正当的经营活动，取缔和制裁非法的经营活动。这样，才能实现宏观调控和微观搞活的结合。

其次，要进一步建立和完善经济杠杆，培育市场体系。经济杠杆是用来调节社会经济活动和经营者利益的手段，包括税收、信贷、价格、利息、工资、奖金等。由于指导性计划是计划经济与市场调节相结合的关键，而指导性计划的有效实施又取决于经济杠杆的配套作用。为此，要理顺经济杠杆间的关系，特别是价格体系的完善，使其相互协调，促进经济发展。同时，我国的市场比较单一，发育程度较低，缺乏调整经济结构的自动调节机制，以致总量失控、结构失衡。要逐步培育和完善市场体系，包括生产资料市场、消费品市场、资金市场、技术市场等，为计划经济和市场调节的有机结合提供良好的条件。

最后，在指导思想和实际操作上，要循序渐进，不能急于求成。要分阶段、分地区逐步推进，并要有具体的实施方案，才能逐步建立和完善计划经济和市场调节相结合的运行机制。

（载《理论辅导》1991 年第 1 期）

正确运用金融杠杆，促进
地方经济发展
——读《社会主义金融工作》一书
（1991 年 5 月）

最近，读了汤国彦、周新云等同志编著的、云南民族出版社出版的《社会主义金融工作》一书，颇受启发，得益良多。这本献给地方党政干部的实用通俗读物，是根据马克思主义的基本原理，紧密结合我国改革开放的实践，比较全面、系统地阐述了社会主义金融业务的理论和方法，为广大干部特别是分管经济工作的党政干部提供了一把掌握金融知识、学习金融业务的钥匙，因而受到读者的欢迎和社会的好评。该书的特点是：

首先，具有指导性。理论研究成果的生命力在于它的超前性和指导性。随着我国经济体制和金融体制改革的逐步深化，金融部门已成为国民经济活动中资金供求的主要集聚者和分配者，而筹集资金的多少和分配是否合理，在很大程度上决定着经济发展的规模和速度；银根的松紧，货币供应量的多少，也直接关系到物价的稳定和经济的发展。因此，金融已成为对国民经济进行宏观调控，促进其持续、稳定、协调发展的重要手段。这样，就引起了社会各界对金融业的关注。该书正是适应这一需求而问世的。它从社会主义有计划商品经济出发，阐述了社会主义的金融理论，介绍了我国现代金融业务和金融管理的方针、政策和措施，对实际工作具有很强的指导作用。

其次，具有较强的实践性。该书紧紧围绕地方党政干部和从事经济工作的干部在与金融部门的业务联系中经常遇到的问题，提供了解决问题的基本理论和方法。例如，正确认识和运用经济决定金融、金融反作用于经济的原理，处理好货币供应规律和信贷资金运动规律、企业资金与银行信贷资金、银行信贷资金与财政资金、中央银行基础货币与各专业银行信贷资金等的关系。又如，了解贷款的一般原则、基本程序和贷款的几项禁令，以便用好、用活贷款，以及怎样运用金融市场筹集建设资金、强化金融管理等，该书都作了针对性的回答。同时，还编入了《中华人民共和国银行管理暂行条例》等 11 个现行金融管理条例和办法。这些都有利于地方党政干部和从事经济工作的干部在实践中正确掌握和运用有关理论、方针、政策，搞好工作。

最后，该书通俗易懂，具有普及性。金融业务是一项科学性和专业性很强的工作，不少党政干部甚至从事经济工作的干部想学学不懂、想管管不了，望而却步，难以涉足金融领域开展具体工作。该书化难为易，用比较通俗的语言，阐述了金融业务的基本范畴、基本原理和运行机制，如存款、贷款、保险、金融信托、金融租赁、银行证券、贴现、商业票据、股票、现金管理、转账结算、外汇、利息、利率，等等，使读者易于掌握其内容，收到事半功倍的效果。

该书结构清晰，文字比较简明，是一本可读性和实用性较强的好书。它对广大干部群众来说，是学习金融知识、了解和开展金融业务、搞好经济工作的有益读物。

本文是应邀为《社会主义金融工作》一书所写的书评。

（载《云南金融》1991 年第 5 期）

解放思想，加快步伐，把国有大中型企业推向市场

（1992 年 3 月 13 日）

进一步解放思想，加快改革开放的步伐，搞好国有大中型企业，充分发挥"国家队"的主力军作用，这既是一个现实问题，又是一个理论问题。本文就此谈一点粗浅的看法。

近些年来，国有大中型企业管理体制的改革取得了一定的成绩。但是，从总体情况看，企业的活力还不够，还存在一些比较突出的问题：一是盈利水平下降，亏损面和亏损额增加。投入多、产出少、效益低已是一个普遍性的问题。二是产品积压，质量低，缺乏竞争力，造成对有限的资金、资源和人力的浪费。三是资不抵债，负债经营，增加了国家的财政负担。企业经营的目的之一是为了获取合法的利润，可是，现在有相当一部分企业不仅不能获利，反而严重亏损。云南省有一个企业，固定资产仅1 000多万元，而负债已达2 000多万元。现在，该企业靠向财政要钱发工资。

产生上述问题的原因是多方面的，其中一个主要的是企业经营机制存在明显的缺陷，企业基本上没有摆脱对行政主管部门的依附关系，企业的生产经营和投资活动，直接受到行政的干预，缺乏自主经营、自我改造和自我发展的能力。对这种状况必须进行改革。改革的出路就在于切实把国有企业特别是大中型企业毫不犹豫地推向市场，使它在市场的大海里扬帆破浪、奋力前进。

首先，要割断"脐带"，转换经营机制。长期以来，国有企业特别是大中型企业习惯于依赖联结国家母体的"脐带"过活，自身缺乏生机和活力。因此，要果断地割断这条"脐带"，彻底实行政企职责分开、两权分离，使企业真正成为自主经营、自负盈亏、自我改造和自我发展的经济法人，进入商品市场的海洋去独立运行，从而增强应变力、竞争力、开发力、增殖力、进取力和凝聚力，企业才能获得生存

和发展。总之，企业经营机制转换的实质在于通过权力的扩大和运用，使企业能够自己掌握自己的命运。经过多年的实践和探索，人们已逐渐认识到，为适应发展社会主义有计划商品经济的需要，必须建立计划经济和市场调节相结合的经济体制和运行机制，把计划经济的长处和市场调节的长处有机地结合起来，建立一个符合我国实际的经营机制。正如有的企业负责人说："给钱给物，不如给个好机制。"可见，转换企业经营机制是深化经济体制改革的重点。为此，就要坚决贯彻执行《企业法》，认真落实企业的生产经营自主权，包括经营决策、发展战略、营销方式、用人制度、内部分配等各个环节都应该由企业自主经营。这样，就为企业自负盈亏提供了前提，使企业真正做到既负盈又负亏，独立承担经营风险。也只有这样，才能形成切实有效地调动企业和职工积极性的激励机制、风险机制，彻底打破"铁饭碗"，使企业真正成为社会主义有计划商品经济的商品生产者和经营者。

其次，要切实转变企业的生产方向，要为市场需要而生产。由于生产是为了满足消费需要，所以，生产是手段，消费是目的。如果没有消费，生产就失去了意义。社会主义的生产目的是最大限度地满足人民群众日益增长的物质文化生活需要。这种需要，在有计划商品经济的条件下，直接表现为人们有支付能力的市场需求。故企业要根据市场的需要而生产，根据市场需求及其变化来组织生产和调整产品结构。可见，市场是企业生存和发展的土壤。没有市场，企业就没有存在的余地。这既是公正的，又是无情的。企业的兴衰存亡只能通过铁面无私的"法官"——市场来检验和评判。国家把企业推向市场，企业则应积极主动地走向市场，把市场作为自己生产经营活动的出发点和归宿，不断地研究市场、了解市场，从而驾驭市场，主动适应市场的需要。如果不了解市场的动态，不研究市场的走势，尽管产品已滞销了，还凭计划不断地生产不符合市场需要的产品，就会造成产值增加、产品积压、供求失衡。所以，企业不仅要以市场为本，了解市场，而且要生产适销对路的产品，增加花色品种去开发市场。我国有11亿多人口，又是一个多民族的国家，市场广阔，消费需求差异极大。企业要生产适应不同民族、不同层次、不同地区需要的产品，才能满足国内市场的需要。不仅如此，还要积极开拓国际市场，扩大对外贸易。云南省原来处于对外开放的末梢，现在已成为对外开放的前沿，面对东南亚和世界市场，开发的前景十分广阔，潜力很大。例如，昆明生产的"金鸡"牌自行车因适应农村载重运输的要求，在农村和东南亚市场销路都很好。因此，企业要转变方向，从面向产值、速度转为面向消费者，面向品种、质量和效益。总之，要把工作的重点转移到调整产品结构和提高经济效益的轨道上来，才能增强企业自身的活力。

再次，企业要加强技术改造，提高产品质量，增强竞争能力，才能稳固地占领和扩大市场。许多国有企业资格老，设备旧，技术落后，工艺老化，产品档次低，品种单一，更新换代缓慢，缺乏竞争力，直接影响着经济的发展和对市场的占领。再加上工业部门物质消耗占总产值的比重高，致使企业经济效益下降。因此，加强技术改造、实现技术进步就成为企业增加品种、提高质量和经济效益，从而增强企业活力和竞争力的重要手段和物质基础，也是当前国有大中型企业面临的重要课题。技术改造的标志是设备上档次，技术上水平，以新设备、新技术、新工艺为手段，扩大品种，提高质量，增加性能和附加价值，增强产品竞争能力，占领和扩大市场。

最后，行政主管部门要转变作风，提供服务。"领导就是服务。"政府主管部门要按照政企职责分开、计划经济和市场调节相结合的改革方向，进一步改善对企业的管理方式，对企业的生产经营、技术改造等经济活动不要再直接管理，逐步缩小指令性计划，让企业在国家计划指导下，按市场需要进行生产经营活动，发挥市场调节的作用。同时，要积极为企业排忧解难，为企业在市场的海洋里顺利航行创造良好的外部条件，借以增强国有大中型企业的活力。

（载《云南日报》）

论非价格竞争

（1992 年 10 月）

我国正面临改革开放的热潮，要搞好国有企业特别是国有大中型企业，核心是转化企业的经营机制，把企业推向市场，建立市场经济体系，促进社会生产力的迅速发展。把企业推向市场，就是要使企业在市场竞争中求生存、求发展，真正成为自主经营、自负盈亏、自我发展、自我约束的商品生产和经营单位。企业走向市场参与竞争的基本形式，既包括价格竞争，也包括非价格竞争。在目前商品供求关系相对稳定、国有企业经济效益下降的情况下，价格竞争的局限性已日益明显。与此同时，也显现出非价格竞争的独特作用。为此，本文拟就非价格竞争的特点、作用及其途径发表一些粗浅的看法。

非价格竞争是市场竞争的一翼

商品经济既是一种利益型和增殖型的经济，又是一种市场型和竞争型的经济。有商品经济就有市场，有市场就有竞争，这是不以人们的意志为转移的客观存在。竞争是公开的、平等的"淘汰赛"，它既能使一些企业增强活力、大展宏图、大显神威，也能使一些企业在偌大的商品市场上无立锥之地、破产倒闭。因此，竞争是残酷的，也是神圣的。正如马克思所深刻指出：商品生产者和经营者"不承认任何别的权威，只承认竞争的权威"。① 商品经济竞争的基本形式有价格竞争和非价格竞争。价格竞争是人们所熟悉的。它是指商品生产经营者通过采用先进技术、提高劳动生产率、降低成本、使商品的个别价值低于社会价值的办法，以较低的市场价格在竞争中处于优势地位。这种竞争形式虽然重要，也很奏效，但却不是万能的。人们常常看到一些厂商在市场不景气的时候，用"忍痛"大减价、"赔本"大甩卖的办法来促销。我国不少商品在国际市场上也常采取削价销售的办法，想借此扩大销

---

① 《马克思恩格斯全集》第 32 卷，第 394 页。

路，提高市场占有份额。殊不知仅靠这一"招"只会事与愿违：商品愈是降价销售，人们觉得其档次愈低，愈无人购买。这样，不但赚不到钱，还赔了本。有些商品本来是高档货，却因降价销售反倒成了地摊货、等外货，不能登超级市场的"大雅之堂"，令生产经营者十分遗憾。实践表明，价格竞争固然是市场竞争重要的一翼，但不是唯一的一翼。正像一只鸟单靠一只翅膀是飞不起来一样。所以，商品经济愈发达，市场竞争就愈不能只靠这种比较古老原始的价格竞争形式，还必须同时讲究非价格竞争，才能使企业求得生存和发展。

非价格竞争是价格竞争的对称。它是指在商品价格既定的条件下，商品生产经营者在商品的质量、品种、款式、包装、服务等方面所开展的竞争。具体地说，非价格竞争表现为：在各类商品面前，以款式新颖、适销对路取胜；在同类商品面前，以质优取胜；在同等质量的商品面前，以价廉取胜；在同一价格的商品面前，以优质服务取胜。这两年在全国范围内开展的"质量、品种、效益年"活动，就是重视非价格竞争的具体体现。

市场竞争从主要依靠价格竞争逐渐向非价格竞争扩展，有其发展的历史过程。随着商品经济的发展和市场的扩大，非价格竞争日益表现出特殊的重要性。因为，生产社会化程度提高了，商品生产经营者越来越重视和尽可能采用先进技术和设备，提高劳动生产率，减少消耗，降低成本，以最小的投入获得最大的利润。这不仅使价格竞争达到十分激烈的程度，同时也造成价格竞争的局限性：成本耗费不可能使商品价格无限度地降低。在这种情况下，生产经营者便在质量、品种、规格、花色、款式、服务等方面狠下工夫，寻找新的竞争手段和出路。无论在国内市场或在国际市场，商品的品种多、规格齐、花色好、款式新，就能使消费者在既定的消费水平上获得满意的消费品。特别是产品质量好，群众信得过，就能在消费者中树立良好的信誉，为产品打开销路创造条件，成为生产经营者在竞争中取胜的关键。至于产品售后维修方便，服务周到，更能为消费者解除后顾之忧、增加安全感，消费者也乐意购买。因此，随着生产的发展、社会的进步，人们消费结构的日趋合理和消费水平的不断提高，非价格竞争的重要性日益明显，既可弥补价格竞争的局限性，又可开创更为全面和完善的竞争新格局。总之，要重视和运用竞争的客观规律，使价格竞争和非价格竞争有机结合、相辅相成，促进商品经济的发展。

应当看到，非价格竞争和价格竞争又是有差别的，彼此是不能取代的。

首先，两者产生的基础不同。价格竞争是建立在生产商品的个别价值与社会价值之间差额的基础上的。商品的个别价值降低，与社会价值之间的差额越大，则商品的竞争力就越强；反之，商品的竞争力就越弱。非价格竞争则是建立在生产经营者开发新产品的能力（包括品种、质量）或提供服务的水平与社会多样化要求之间的差距为基础的。如果企业能适应社会需求的不断变化，使产品更新换代，推出新产品面市，则商品的竞争力就不断得到强化；反之，商品的竞争力就逐渐弱化。

其次，两者承担风险的大小不同。价格竞争是在商品供求关系既定的条件下展开的，竞争的重心在于如何降低商品的个别价值，扩大与商品社会价值之间的差额，获取更多的超额利润。为此，企业主要依靠加强技术革新，改善经营管理，挖掘生产潜力来降低商品的个别价值。在市场供求关系起伏不大的情况下，价格竞争具有较大的稳定性，企业承担的风险就比较小，因而也乐于进行价格竞争。非价格竞争不是对原有的商品生产及其结构的简单重复和维持现有的供求关系，而是锐意开拓新产品和重新构造市场供求格局，因而具有明显的市场导向性。而市场的需求又是复杂多变的，具有很大的时效性。今年走俏的商品明年可能变成滞销货，因此，若对市场情况了解甚少，信息不灵，听凭领导机关的意志行事，就容易造成经营决策上的失误，从而与市场需求之间，在商品的数量、质量、款式和结构上出现较大的偏差，迫使企业承担较大的风险。

再次，两者竞争的途径和范围不同。价格竞争的关键是降低商品的个别价值，因而企业讲求投入产出的效益，注重生产的规模经营，实行定型的、大批量的均衡生产，以达到少投入、多产出、高效益的目的；其竞争范围也相对稳定。非价格竞争的关键是开发新的商品领域，增加花色品种，建立新的市场，培育新的社会需求，因而企业侧重于商品特色的经营，实行多品种、小批量、创新性的生产。所以，在拓宽新的商品市场、满足消费者多样化的需求上，竞争的范围更广泛些，方法也灵活多样化一些。

又次，两者竞争的结果也不相同。价格竞争的结果，将促使企业产品的成本下降，数量增加，并刺激消费需求上升，从而有利于调节商品总供给和总需求之间量的平衡，缓解商品的供求矛盾。非价格竞争是开发新产品，是商品在结构、质地、款式、特色以及服务等方面的竞争，能及时地诱导消费，增加市场的有效供给，解决生产与消费之间在价格以外的诸多矛盾，满足市场多样化的需求。

最后，两者竞争的限度不同。当生产成本较高，一时又难以降低，或市场价格相对稳定时，价格竞争就受到限制。非价格竞争是除价格外，在品种、质量、效益等方面进行的，因而在广度和深度上是无限的。

综上可见，非价格竞争有别于价格竞争，具有自身的特点。要善于运用非价格竞争来弥补价格竞争的局限性，才能取得市场竞争的全面胜利。

非价格竞争是企业走向市场、增强活力的重要条件

企业转换经营机制就是要彻底割断国有企业，特别是国有大中型企业长期依赖国家"母体"过日子的"脐带"，走向市场，参与竞争，接受市场的检验、评判和淘汰。因为，市场既是公正的"法官"，又是无情的"法官"，企业的兴衰存亡，只能通过这个铁面无私的"法官"来评判。大浪淘沙，优胜劣汰，适者生存。非价格竞争对把企业推向市场发挥着越来越重要的作用。

首先，开展非价格竞争，有利于提高产品的质量。质量是产品的"灵魂"，是企业的"生命"，是增强企业竞争力的物质保证。企业生产的产品，有无销路和市场竞争实力，取决于产品质量的高低和适销对路的程度。如果产品质地优良，适销对路，就会受到消费者欢迎，并使企业及其产品名扬四海、家喻户晓、供不应求。反之，则会坑害消费者，最终必然使企业及其产品丧失竞争力而失去市场。消费者在市场上选购商品，认购的标准往往是一看质量，二看价格，而且，最后起决定作用的常常是商品的质量。比如，人们喜欢买名牌货无非是认为名牌质量优等、靠得住、信得过。当前，有些企业见利忘义，制售伪劣商品，实际上是自食恶果的"自杀"行为。商品经济发展的实践反复证明，产品质量的好坏决定着企业的兴衰成败。企业在生产上"一丝不苟，精益求精"，才能争创优质的名牌产品，才能在非价格竞争和价格竞争中立于不败之地。1992年在全国开展的"质量万里行"活动，其重要和深远意义就在于抓住了企业的根本。黑龙江省八五〇农场视产品质量如生命，从1985年起就开展以提高质量为中心的攻关活动，生产的"卫星"牌奶粉，以其色泽纯正、奶味香浓、颗粒均匀、冲调方便快捷为特色，连续荣获省、部、国家级的优质产品奖，在国内奶粉市场滞销、鲜奶供应充足的情况下，成为供不应求的抢手货，而且在欧洲市场上也颇受消费者欢迎。

其次，开展非价格竞争有利于提高企业的经济效益。我国目前有相当一部分国有企业不同程度地存在着经营亏损，其主要原因是产品质量差，经济效益低。因此，提高产品质量，增加经济效益是企业面临的主要任务。所谓产品质量高，表现为产品性能好，使用效率高，寿命长，与同类产品相比，一个能顶几个用。从这个意义上讲，质量就是数量，质量就是效益。没有产品的高质量和服务的高水平，就没有经济上的高效益。所谓企业的经济效益高，就表现为较少的劳动生产出较多的、质地优良、适销对路的产品，或提供适合消费者需要的优质服务。由于质量是进行非价格竞争的基本条件，是企业取得经济上高效益的基础，因此产品质量好，能充分

合理地使用原材料、燃料，节省人力和物耗，实际上就等于用同等数量的原材料和工时生产出更多的有用产品，也就是使企业减少消耗，降低成本，增加盈利，提高效益。反之，产品质量低劣，不仅无竞争力，而且耗费了人力、物力、财力，不仅没有增加社会财富，反而是对社会劳动的极大浪费。同样，企业为消费者提供优质服务，也是创优等效益的重要条件。礼貌待客、服务周到，能密切企业和顾客的关系，有利于产品销售和提供劳务的竞争能力，增加企业经济效益。营业员、服务员、推销员每天都同广大顾客接触，他们说话和气，态度热情，文明礼貌，能使顾客感受到被尊重的平等和谐气氛，从而使顾客盈门、"回头客"增多，结果增加了企业的经济效益。我国一些城市的商业、服务业开展"微笑"服务取得的经验是：在服务一流的企业里，受欢迎的服务员带来的营业额最高。这条经验的实质是成功地引入了非价格竞争。因为，"微笑"服务向人们反复地进行这样简单的强化教育：哪里引入了非价格竞争，"微笑"就在哪里出现，经济效益就在哪里增加。"微笑"受客观规律的驱使，好似铁的纪律。它来自于营销人员、服务人员中"顾客就是上帝"的消费意识；这种意识又来自于"微笑"产生的显著效益。"微笑"服务改善了服务员、营业员与顾客之间的关系，形成相互尊重、平等友好、热情和蔼的气氛。这既有利于提高服务人员的素质，又有利于提高经济效益和社会效益。

再次，开展非价格竞争，有利于开发新产品，满足社会多样化的需求。产品质量的好坏，固然关系到企业的兴衰和命运；而不断改进老产品，积极开发新产品，增加花色品种，扩大产品销路，也直接影响企业的竞争实力。如果一个企业缺乏开拓创新的精神，产品的质量、品种几十年一贯制，就没有竞争力，必然缺乏生机和活力。企业在竞争中的成功之道是：刻意创新，锐意进取，做到人无我有、人有我新、人新我优、人优我廉、人廉我快（供货或提供服务及时）。在当今商品使用寿命日趋缩短的情况下，以最高的效率推出新产品、投入生产走向市场，已成为企业进行非价格竞争取胜的一个重要因素。在科学技术日新月异的今天，企业若不能在半年或更短的时间内开发出一两个新产品来，就有落伍的危险，竞争对手就会从你的手里夺走生意，占领市场。故人们戏称新产品的开发是市场上非价格竞争中的"新式武器"。在全国，许多企业家很注意在开发新产品上"做文章"。经营皮鞋的企业家，常常以"三天定鞋样，七天上市场"的速度，将新产品投放市场，出奇制胜。不仅如此，还乘胜前进，又去积极开发无人问津的另一些新产品，使新产品的开发层出不穷、延续不断。日本三洋电机公司从20世纪50年代后期到60年代中期不断地推出新产品，是同行中少有的企业。1961年首创分离式空调器之前所有空调器均为窗式空调器，虽然比较舒适，但安装不便，噪音大，无法普及。三洋电机公司的技术人员经过精心研制和改进，把冷气机合成为冷暖两用的"空气调节器"，既方便了消费者，又打开了产品的销路，有效地提高了竞争实力。这表明，一切有远见、有胆识的企业家，面对国内外市场的挑战，总是十分重视非价格竞争，他们努力开发新产品、争取成为叫得响的"拳头产品"，以此来不断占领市场。

又次，开展非价格竞争，有利于提高企业转换经营方向的灵敏度。企业走向市场，其生产经营的方向就要适应市场的需求、适应消费者的需求。市场既是商品经济发展的产物，也是商品经济发展的条件。对企业来说，市场是企业生存和发展的土壤。企业能否适应市场的需求、及时灵活地调整经营方向，是企业营销决策能否成功的关键。由于市场总是处于不断变化之中，企业只有主动走向市场，把消费者的需求作为自己生产经营活动的出发点和归宿，深入地了解和研究市场，努力使自己经营方向的转换与市场的变化相吻合，从而自觉地驾驭市场，主动地适应市场的需要，才能在竞争中取胜。否则，就会被市场的冷热变化所困扰而处于被动地位。比如，前几年比较畅销的彩电、冰箱和收录机，现在就难以销售了，尤其是中低档家用电器，更是大量积压难以售出。尽管有的厂家和商店采取削价优惠，甚至不惜"血本"把价格一降再降，仍然无人问津。这就是企业重视价格竞争、忽视非价格竞争、生产经营方向与市场需求变化不相适应的结果。

最后，开展非价格竞争，有利于提高服务质量，树立企业的良好形象，赢得消费者的信赖，巩固和扩大市场。提供优质服务是非价格竞争的一项重要内容，包括为消费者购买、维修、退换商品提供的各种服务。长期以来，受产品经济和"左"的思想影响，在许多工商服务企业中，"官工"、"官商"作风严重，不少职工不是把自己放在为用户、为顾客、为广大消费者服务的位置上，不是把顾客当做自己的客人来对待，而是以商品分配机关的管理人员自居，把售货员与顾客的关系歪曲为施舍与接受施舍的关系，或者把服务员的工作看成低人一等的侍候人的工作。因此，服务项目少，水平低，质量差。更为恶劣的是，个别营业员竟然同顾客吵嘴甚至打架，影响极坏，使企业在非价格竞争中败北。这种种现象同改革开放、发展商品经济的要求是背道而驰的。工商企业的营销服务人员，是直接沟通生产、销售和消费者之间联系的桥梁和纽带。如果服务周到，礼貌待客，处处为顾客着想，使顾客感到进店进厂十分方便，亲切、周到、满意，就会形成一种无声、无形的宣传力量，扩大影响，树立起优质服务的企业形象，从而增强销售和服务中的竞争优势。例如，广东省珠江进出口汽车维修公司，在1982年创建时就订下了一个信条：在汽车维修行业竞争激烈的条件下，既要重视价格竞争，收费低廉，更要重视非价格竞争，要以高超的技艺、优质的服务取胜。为此，该公司从国外引进了第一流的检测维修设备和技术，用先进的设备、精湛的技艺和优质的服务，及时为用户"治愈"汽车的各种"病患"。一些患"老大难"病症的汽车，进了"珠江"维修公司，就能及时进行检测，查出病因，"治愈"出厂。有位漆师傅是全国同行业中唯一获得英国ICI公司汽车调漆喷漆指导证书的人，任何一辆撞得千疮百孔的坏车，一经他的"治疗"，就可以焕然一新。这样的服务质量一传十、十传百，大大地增强了顾客对"珠江"公司的信赖，结果顾客盈门、生产兴隆。又如，云南省曲靖烟草公司带头走出红土高原，与海南省三亚市烟草公司在全国旅游胜地——三亚市合资兴建三亚麒麟大酒店，以其完备的设施、两省的民族风情特色和优质的服务，在三亚市旅游服务中获得顾客的好评，成为目前全国烟草行业中第一家集旅游、贸易、娱乐为一体的优质的高级涉外宾馆。

综上所述可见，在企业走向市场、转换经营机制、积极参与市场竞争中，价格竞争固然是一个重要手段，但是，随着商品经济的充分发展，科学技术的进步，产品更新换代的加快，消费者需求的多样化和市场不稳定因素的增加以及竞争环境的逐步完善，非价格竞争的重要作用已日益显著，因而不能忽视和低估。

开展多形式、多途径的非价格竞争

面对国内外市场激烈竞争的严峻考验，国有企业特别是国有大中型企业，既不能满足于价格竞争，更不能继续躺在国家身上过太平日子，而要通过多种途径，开展多种形式的非价格竞争。

首先，要加强技术改造，积极引进先进技术和设备，为进行非价格竞争奠定良好的物质基础。我国现有的数十万个工商企业，虽有比较雄厚的物质基础，但设备陈旧，工艺落后，消耗大，效益低，而且参差不齐。其中，有相当多的轻工、食品、纺织等企业的技术水平十分落后，很难生产出20世纪90年代的新产品。这些企业生产的产品，且不说在国际市场上无销路，就是在国内市场上也是岌岌可危、缺乏竞争力的。为了摆脱困境，一个重要的途径就是加强对旧设备的技术改造和更新，积极引进先进的技术和设备，提高生产经营过程的科学技术水平，增添新品种，提高产品质量，从而增强非价格竞争的实力。河北省邯郸市棉纺四厂是一个有40多年历史的老企业，拥有近12万枚纱锭，产量虽大，但质量不佳，品种单一，在国际市场上备受冷落，在国内市场上也缺乏竞争力，致使工厂效益极差而陷入困境。但该厂果断地进行技术改造，以国内外优质产品作参照，抓住薄弱环节猛攻技术关，使棉花生产线的"硬件"设备很快就接近国际先进水平，产品也一步一步地攀登上国际棉纱质量的高峰，超过竞争对手——台湾高尔夫纱优级标准，乌斯特条干均匀度也突破了国内外市场上的先进水平，备受消费者的信赖和欢迎。在香港市场上，尽管邯棉四厂的棉纱以每件高出所有厂家同类产品10美元的价格销售，仍供不应求，成为国际市场上的抢手货。又如，江苏无锡洗衣机厂生产的"小天鹅"全自动洗衣机，由于加强了技术改造，剔除了质量瑕疵，在电脑控制版上增加了稳压线路，使部分地区电压不足、不稳的问题迎刃而解；洗衣机外壳以塑料粉涂代替烘漆，使"小天鹅"耳目一新，其王牌八型电脑洗衣机，从外观造型到内材质量以及性能均可与日本松下的"爱妻号"媲美。所以，面对国内洗衣机市场群雄林立、竞争激烈、销售疲软的情况，"小天鹅"洗衣机仍然连续几年独占鳌头。

其次，要注意产品的特色，使产品成为热门货和抢手货。企业在生产上要努力使同一成本的产品，在品种、规格、花色、款式、质量上都具有特色，以获得消费者的喜爱，从而增强非价格竞争的实力。云南是一个多民族的、资源丰富的边疆省份，具有资源优势和区位优势两大特点，面临省外和国外东南亚、南亚以及世界两大市场，前景十分广阔。全省工商企业要充分利用这两大优势，集中力量研制和开发一大批具有云南民族和地方特色的、档次比较高的工业品、工艺品、装饰品、纪念品和食品；还要大力开发和生产云南省的传统工业品，要以烟、糖、茶、中成药、珠宝、玉石、云腿、民族服装、扎染、民族手工艺制品为重点，形成一大批具有竞争力的"拳头"产业和"拳头"产品，打入国内和国际市场。例如，昆明市官渡区与港商合资兴办的昆明康发家具制造有限公司，利用云南省丰富的木材资源和通过边境贸易进口的优质木材，采用先进技术，生产出适合国际市场需要、又具有云南民族特色的高中档木质家具，销往东南亚和香港、台湾等地区，颇受消费者欢迎。该公司也成为云南省家具行业中首屈一指的大型企业。

再次，及时捕捉经济信息，是进行非价格竞争的支撑点。当今世界是信息的时代，在市场瞬息万变、竞争激烈的情况下，信息是企业参与竞争的"瞭望哨"，是企业家的"耳目"。企业家无论是办工厂、开商店，或是搞农业、服务行业和乡镇企业，都必须作出正确的决策。为此，就需要眼观六路、耳听八方，广泛地搜集各种经济信息，并进行处理、分析和判断，作出科学决策。要认真把握和充分利用信息所提供的机遇，才能避免主观随意性和盲目性，使生意兴隆，在竞争中取胜。天津市通用机械厂在为辽河油田修理一台减速机时，了解到石油部和胜利油田正在物色试制一种新式链条式抽油机的工厂，该厂立即召开会议，通过对各种情况的分析，认识到随着石油生产基地的东移，天津市已处在中原、胜利、华北、大港、辽河、渤海等各大油田的包围之中，开发石油设备、形成"拳头"产品，乃是天赐良机。

他们抓住这个机遇，在深入调查研究的基础上，经过短短 5 个月的努力，终于试制成功了第一批链条式抽油机。新的抽油机的诞生，是对传统的游梁式（俗称"瞌头机"）抽油机的革命。样机通过鉴定后，立即引起各大油田的广泛关注，在一个月内就有辽河、胜利、大港等油田与该厂签订生产 160 台的订货合同。美国、澳大利亚、中国香港等国家和地区的一些外商闻讯后，也纷纷前来洽谈购买这种设备的事宜。胜利油田还制订出 3 ~ 5 年内逐步实现用链条式抽油机代替游梁式抽油机的规划。仅此一项，3 年内市场需求量就将增加千台以上，其他油田的需要量也将大幅度增长。由此可见，天津市通用机械厂根据对一条信息的准确判断，把握良机，立即行动，形成一个具有竞争优势的"拳头"产品，扩大了市场占有份额。经验表明，企业竞争靠产品，产品靠信息；信息不灵通，到头一场空。

最后，加强管理，提高职工素质，实现优质服务，以德取胜。改善服务态度、提高服务质量是进行非价格竞争的一个"绝招"。这就要求工商企业和旅游服务行业的营业员、推销员、服务员、驾驶员要态度和蔼，热情诚恳，礼貌待客，服务周到，塑造企业的良好形象，提高知名度。因为，信誉不是靠一件产品、一次买卖能树立起来的，而是在无数次的买卖和提供的服务中逐渐形成的，是靠企业职工的素质和职业道德积累起来的。一句话，是广大消费者和用户对某种商品、某项服务、某个企业所作的客观评价和信赖。如果消费者公认某个企业为"信得过企业"，其生产经营的商品就不会掺杂使假、粗制滥造而使顾客担心。企业有了消费者的信赖，其生产经营的商品就能畅销无阻。"诚招天下客"，企业也会兴旺发达。因此，关键是要提高企业职工的素质，严格维护职业道德，精通业务，牢固地树立信誉观。新加坡航空公司以其优质服务广揽八方宾客，成为与 40 多个国家 70 多个城市通航的国际大型航空公司。在当今国际航空业的激烈竞争中，它连续三年荣获世界第一，成为首屈一指的佼佼者。其奥妙就在于优质服务有绝招。

总之，随着商品经济的充分发展，市场竞争环境的日益成熟，非价格竞争已成为市场竞争的一种重要形式。所有企业特别是工商企业和旅游服务行业都应重视这一竞争形式，并在实践中通过各种有效途径，取得非价格竞争的胜利。

（载《云南社会科学》1992 年第 5 期）

正确认识计划与市场的关系

（1992 年 11 月 27 日）

我国经济体制改革确定什么样的目标模式，是关系整个社会主义现代化建设全局的一个重大问题，其核心是正确认识和处理计划与市场的关系。党的"十四大"把建立社会主义市场经济体制作为我国经济体制改革的目标，从根本上改革束缚生产力发展的旧经济体制，也就是从传统的、高度集中的计划经济体制转向社会主义市场经济体制。这表明，我们已一步一步地接近实际，对计划与市场的关系在认识上正不断地深化。

这一改革目标的确定，是具有根本性质和决定意义的突破，具有深远意义。

商品经济是一个包含商品生产和商品交换的总概念。市场经济是商品经济发展的高级阶段，是高度社会化和市场化的商品经济。它以市场为中心，把一切经济活动都市场化、货币化，是调节经济运行、推动经济发展的有效机制。因此，市场经济不是商品经济的量的增加，而是一种质的飞跃。

本来，市场是人们从事商品交换的场所，是社会化大生产和商品经济条件下资源配置的一种手段、一种形式，本身并不具有独立的社会属性，不反映社会制度的性质。可是，长期以来形成的思维模式是：计划经济 = 社会主义，市场经济 = 资本主义，认为市场调节的背后必然隐藏着资本主义的幽灵。其实，社会主义能不能搞市场经济，早在 1979 年邓小平与一位美国学者谈话时就指出，市场经济只限于资本主义社会，这肯定是不正确的，社会主义为什么不可以搞市场经济？1992 年初，邓小平在"南巡"谈话中进一步指出，计划经济不等于社会主义，资本主义也有计划；市场经济不等于资本主义，社会主义也有市场。计划和市场都是经济手段，计划多一点，还是市场多一点，不是社会主义与资本主义的本质区别。这些精辟的论断，从根本上解除了旧的传统思想的束缚，使我们对计划与市场关系的认识有了新的重大突破。过去，虽然好不容易在理论上确认我国经济是有计划的商品经济，但却忌讳讲市场取向和市场激励的市场经济，其根源仍是把市场经济等同于资本主义，对市场经济中存在的诸如证券、股市、破产、企业兼并以及典当等这些适应商品经济和社会化大生产的东西，也往往贴上资本主义的标签而拒绝使用，担心市场扩大一步，社会主义就退让一步，资本主义就逼近一步。这样，我们就陷入了既想发展商品经济，又害怕市场和市场经济的困扰之中。这些都是思想不解放的表现。今天，要"解放思想"，"换一换脑筋"，才能理直气壮地向市场经济迈进。

人们害怕甚至反对市场经济的"理由"，一是把市场经济看作资本主义的专利，认为搞市场经济就是搞资本主义。其实，计划经济和市场经济都是经济运行方式和经济调节手段，不是区分社会主义与资本主义的根据和标志。二是把市场经济的本质特征看做是私有制，因而它是公有制的"异化力量"。其实，市场经济就是商品经济，是具有一定社会化程度的商品经济。有商品经济就必然存在市场。市场经济同商品经济一样，作为经济手段，既可以在私有制条件下存在和发展，也可以在公有制条件下存在和发展，不能把市场经济与公有制对立起来。今天，我们要大力发展以多种形式的公有制为主导、多种所有制共同存在、相互竞争的新型所有制关系，就要建立与之相适应的市场经济体制，才能促进社会生产力的发展。三是担心市场经济必然产生无政府状态。其实，当今世界上还没有一个国家实行不受任何宏观管理的、完全自由放任的市场经济。在社会主义公有制条件下，我们的计划调控、宏观管理完全可以搞得更有成效，避免市场的自发性。由此可见，我国经济体制的转变，首要的是观念、思维方式的转变，实质上是对社会主义的重新认识。

实践是检验真理的唯一标准。总结我们自己的经验教训也说明，只有从计划经济旧体制转向市场经济新体制，才能解放生产力，促进经济大发展。计划与市场是资源配置的两种手段，可以同时并存和相互补充。可是，计划经济和市场经济作为两种经济体制，则不能同时并存和互补。新中国成立后，我们一直实行以高度集中的指令性计划为特征的计划经济体制，对于 20 世纪 50 年代恢复国民经济、发展生产、保障供给是有效的。可是，随着社会主义经济建设的发展，商品经济的扩大，市场对经济的调节功能增强，国内外市场的联系更紧密了，计划经济体制的弊端就暴露出来了。因计划经济的实质是以计划配额来统管和分配资源，这种指令性分配经济，不利于商品经济的发展和企业积极性的发挥。同时，因政府职能转变和其他配套改革滞后，窒息了企业的生机和活力。结果，政府将人财物、供产销、内外贸易等大权都揽在自己手里，企业的日子不好过，怎么能搞活呢？相比之下，市场取向的改革实践又提供了正确的经验。

有一段时间，市场疲软，发展缓慢。可是，在沿海发达地区，尤其是广东珠江三角洲和经济特区，由于发展外向型经济却出现了经济大幅度增长的新局面。因为，外向型经济是更高层次的商品经济。它面向国际市场的需求，通过引进外资、引进先进的技术设备和管理，改善自己的产业结构，增加品种，提高质量，以增强竞争实力。否则，就无法生存和发展。今天，经济生活国际化，他们对外开放更要考虑世界经济和世界市场的运行法则，要改变过去那种关起门来搞社会主义的做法，才有利于振兴中华、建设有中国特色的社会主义。

（载《云南日报》）

论中国社会主义市场经济新体制

（1993 年 2 月）

我国经济体制改革确定什么样的目标模式，是关系整个社会主义现代化建设全局的一个重大问题。这个问题的核心是正确认识和处理计划与市场的关系。

改革开放是时代的潮流。回顾 14 年的改革历程，从党的"十二大"提出"计划经济为主，市场调节为辅"的原则，到党的十二届三中全会确立"有计划的商品经济"的新概念，再到"十三大"报告提出社会主义有计划商品经济的体制应该是"计划与市场内在统一的体制"，以及党的十三届七中全会《关于制定国民经济和社会发展十年规划和"八五"计划的建议》中形成的"计划经济与市场调节相结合"的提法。这次"十四大"进了一大步，在总结十几年经验教训的基础上，进一步解放思想，从我国的实际出发，把建立社会主义市场经济体制作为我国经济体制改革的目标。也就是说，从传统的、高度集中的计划经济体制转向社会主义市场经济体制。这对从根本上改革束缚生产力发展的旧经济体制，是具有根本性质和决定意义的突破，是来之不易和有重大而深远意义的。

商品经济是一个包含商品生产和商品交换的总概念。市场经济是商品经济发展的高级阶段，它和商品经济既有联系，又有区别：市场经济是高度社会化和市场化的商品经济，有统一的市场和完整的市场体系。也就是说，市场经济是以市场为中心，把一切经济活动和经济关系都市场化、货币化，成为调节经济运行、推动经济发展的有效机制。因此，市场经济不是商品经济的量的增加，而是一种质的飞跃。不仅如此，这两个概念还分别从不同角度来界定同一种经济类型。商品经济是同自然经济相对立的一种形式。在我国现实条件下，它是同产品经济相对立的一种经济形式。市场经济则是同"集中计划"或"统制经济"相对立的概念。市场是社会化大生产和商品经济条件下资源配置的一种手段、一种形式，本身并不具有独立的社会属性，不反映社会制度的性质。

中国的社会主义现代化建设要走市场经济的道路是有客观必然性的。

首先，市场经济作为人类社会的共同创造，是人类的共同财富。它不反映社会制度的特征，因而与姓"社"还是姓"资"的问题没有本质联系。这是因为，第一，市场的出现和扩大是商品经济发展的产物，是生产社会化、专业化发展的结果。在商品经济的社会里，"一切商品对它们的所有者是非使用价值，对他们的非所有者是使用价值，因此，商品必须全面转手。"① 市场就是商品全面转手的场所，也就是人们从事商品交换的地方，其产生和演变就是人们在交换活动中对成本与效率进行比较和选择的结果。最初，"一对一"的物物交换，人们确实感到诸多不便，随后才逐渐演变为以货币为媒介的商品流通，进而又被有多数人参与、拥有较多交易商品、时间和地点都相对固定的集市所取代，从而使成本降低和效率提高。随着大宗商品交易的出现，便形成以实物交割为主的各类现货批发市场（如粮食、药材、服装等市场），进而出现了在合约标准化和有相应结算系统基础上、以合约转让为手段的期货交易和期货市场。这样，就拓宽了市场的广度，推进了市场的深度，增强了市场的流动性，从而大大地降低了成本和提高了效率，为商品实现"惊险的跳跃"提供了广阔的"舞台"。这也说明，商品"交换的深度、广度和方式都是由生产的发展和结构决定的"②。第二，市场作为一种机制，不仅在周而复始、不断循环的再生产运动中，成为沟通产销、调节供求、实现生产与消费统一的有力杠杆，而且，通过合理配置提高资源效用，成为配置社会资源的有效手段。市场的出现，与以个人或家庭为单位无须通过市场交换的资源配置相比，是历史的一大进步。以后，随着人们交往的扩大和技术的进步，尤其是各种通信手段的发展，如电话、电报、大哥大、BP 机等，使各种信息主要是价格信息的传递更加迅速准确，从而让市场协调资源配置的作用范围越来越广阔、越来越有效。这样，市场就成为人们普遍接受的一种形式。例如，云南省元谋县生产的冬早蔬菜就是在"南菜北运"的交换过程中，面对"三北"（即东北、华北、西北）的市场，元谋人重新评估和组合自己所拥有的"天然温室"资源和大宗蔬菜产品，才大大提高了资源和产品的效用的。元谋每年为"三北"地区提供的蔬菜总量占南菜北运总量的 1/4，即"三北"地区每 4 个人中，就有 1 个人吃着元谋的蔬菜。结果，既满足了市场需求，又增加了菜农的经济收入。玉溪卷烟厂生产的香烟，在全国市场上走俏。这同玉溪地区的土质好、烟农的栽培技术高、烟厂工人的加工质量好有密切关系。因此，玉溪地区的农民不会把烟田移作他用，而去种蔬菜或包谷；工厂也不会建造在远离生产烤烟的地方。

---

① 《马克思恩格斯全集》第 23 卷，第 103 页。
② 《马克思恩格斯选集》第 2 卷，第 102 页。

可见，充分合理的资源配置是人们通过市场的交换来逐步实现的。第三，市场是一个体系。为了提高市场运行的整体效益和降低交易成本，不仅要培育种类商品市场，还要建立和健全各类生产要素市场，包括技术信息市场、房地产市场、劳务市场和股票、证券等金融市场等。只有构成一个完整的市场体系，并使其逐步规范化，才能发挥市场作为资源配置手段的作用。以上三点的分析表明，市场经济的存在和发展，既不是一种偶然，也不是人们的一种主观臆造和偏好，而是人们在从事商品生产和商品交换时，不断地把成本与效率进行比较的自然结果。因此，市场的产生和发展，在本质上是一个社会的自然历史过程，不存在姓"社"还是姓"资"的问题。可是，由于传统思想的束缚，使人们形成这样一个思维模式：计划经济＝社会主义，市场经济＝资本主义，认为在市场调节的背后，必然隐藏着资本主义的幽灵。其实，社会主义能不能搞市场经济，早在1979年邓小平与一位美国学者谈话时就指出，市场经济只限于资本主义社会，这肯定是不正确的，社会主义为什么不可以搞市场经济？1992年初，邓小平在"南巡"讲话中进一步指出，计划经济不等于社会主义，资本主义也有计划；市场经济不等于资本主义，社会主义也有市场。计划和市场都是经济手段，计划多一点还是市场多一点，不是社会主义与资本主义的本质区别。这些精辟的论断，从根本上解除了旧的传统思想的束缚，使我们对计划与市场关系的认识有了新的重大突破。过去，我们在理论上好不容易才确认我国经济是有计划的商品经济，但却忌讳讲市场取向和市场激励的市场经济，其根源仍是把市场经济等同于资本主义，对市场经济中存在的诸如证券、股市、破产、典当、企业兼并等这些适应商品经济和社会化大生产的东西，也往往贴上资本主义的标签而拒绝使用，担心市场扩大一步，社会主义退让一步，资本主义就逼近一步。这样，我们就陷入了既想发展商品经济、又害怕市场和市场经济的困扰之中。今天，我们搞市场经济，要认认真真"换一换脑筋"，才能理直气壮地向市场经济迈进。

有些人害怕和反对市场经济的"理由"，一是把市场经济看做资本主义的专利，认为搞市场经济就是搞资本主义。其实，计划经济和市场经济都只是经济运行方式和经济调节手段，不是划分社会主义与资本主义的根据和标志。二是把市场经济的本质特征看做是私有制，认为市场经济是公有制的"异化力量"。其实，市场经济就是商品经济，是具有一定社会化程度的商品经济。有商品经济就必然存在市场。市场经济同商品经济一样，作为一种经济手段，既可以在私有制条件下存在和发展，也可以在公有制条件下存在和发展。因此，不能把市场经济与公有制对立起来。三是担心市场经济必然产生无政府状态。其实，在当今世界上，没有一个国家实行不受任何宏观管理的、完全自由放任的市场经济或称"纯粹市场经济"。在社会主义公有制条件下，我们的计划调控、宏观管理完全可以搞得更有成效，避免市场的自发性。由上可见，我国经济体制的转变，首要的是进行观念、思维方式的转变，实质上是对社会主义的重新认识。

其次，总结我国自己的经验教训，也说明高度集中的计划经济体制，不可能极大地解放生产力，促进社会经济的发展。实践是检验真理的唯一标准。如果说计划与市场作为资源配置的两种手段，二者可以同时并存和相互补充的话，那么，计划经济体制与市场经济体制则是截然不同的两种经济体制，二者不可能同时并存，也不存在互补的问题。新中国建立后，我们一直实行以高度集中的指令性计划为特征的计划经济体制。在50年代，实行这种经济体制，对于国民经济的恢复，对于发展生产、保障供给、进行社会主义建设是有效的。要承认这个客观事实，否则，很容易得出计划经济十恶不赦的结论，也解决不了人们的认识问题。但是，随着社会主义经济建设的实践的不断推进，尤其是改革开放14年来的实践的不断推进，计划经济体制就日益显现出它的弊端并走向反面——无效了。1981年10月，党的十二届三中全会《关于经济体制改革的决定》（以下简称《决定》）突破了把计划经济和商品经济对立起来的传统观念，确立了"有计划的商品经济"的新概念，不仅提出了必须自觉依据和运用价值规律的问题，还表明了要大力发展商品经济的意义和决心。《决定》指出，"商品经济的充分发展，是社会经济发展的不可逾越的阶段，是实现我国经济现代化的必要条件。"邓小平对这个《决定》作了高度评价，认为没有前几年的实践，不可能写出这样的文件。现在，我国的经济规模比20世纪50年代大得多，也复杂得多。在20世纪50年代适用的一些做法，很多已不再适用。如果现在再照搬20世纪50年代的做法，是不行的。因为，随着商品经济的发展、市场的扩大，市场对经济的调节作用增强了，不仅在国内有统一市场，而且，同国际市场的联系与接轨也愈来愈密切。而计划经济的实质是以计划配额来统管资源和分配资源，结果是配额排斥了选择，统管取代了竞争。这种指令性分配经济，最终不利于商品经济的充分发展，而且，造成资源的巨大浪费。在这种体制下，政企不分，企业不能自主经营、自负盈亏，成了政府某主管部门的附属物，好像算盘上的珠子，拨一下，动一下，缺乏积极性。改革以来，虽然颁布了《企业法》、《全民所有制工业企业转换经营机制条例》，但仍因政府职能转变及其他配套改革滞后，使《企业法》赋予企业的各种经营权还没有完全落实，企业活力不强，效率不高，一批企业的日子不好过。现在，政府管了许多应当由企业自己管的事，致使政府机构越来越庞大，人浮于事，效率低下。群众中流传着这样的顺口溜："一杯清茶一支烟，一张报纸看半天；一间房子一个部，一张桌子一个处。"这就是对机构臃肿、效率低下的形象比喻。为了维持庞大机构的运转，财政就不断地向企业收税利，企业负担越来越重，经济效益不断下降；反过来，又进一步加剧了财政的困难。于是，财政又去加重企业的负担，形成了恶性循环。这也是国有大中型企业至今没有真正搞活的原因之一。结果，政府用"婆婆"管"小媳妇"的办法来管理企业，把人财物、供产销、内外贸等大权都揽在自己手里，企业怎么能搞活呢?!不仅如此，还因政府部门集中掌管着资金、物资、分配、项目审批、产品进出口等大权，企业要办点事难得很，必须给政府"烧香拜佛"，使成千上万个企业天天围着政府机关转。这样，官僚主义、以权谋私的不正之风就盛行起来。相比之下，市场取向的改革实践提供了正面的经验。有一段时间，市场疲软，发展缓慢。可是，沿海发达地区，尤其是广东珠江三角洲和经济特区，却由于外向型经济的发展出现了与全国不同的新情况，出现了经济大幅度增长的新高潮。外向型经济是更高层次的商品经济。它面向国际市场，为适应国际市场的需求，引进外资，引进先进的技术设备和管理，改善自己的产业结构，提高产品质量，不断推出新产品，全力以赴创名牌，以增强自身的实力，参与国际市场的竞争。否则，企业就无法生存和发展。浙江省宁波甬港服装总厂是以生产中高档"杉杉"牌西服为主的企业，由于在 1989 年前后实行了迥然不同的机制和经营方式，使企业经历了"苦"和"甜"的两种命运。1980—1989 年基本上受传统计划管理的束缚，经营机制僵化，管理水平落后，到 1989 年 5 月累计亏损 300 多万元，银行贷款 800 万元，资不抵债，濒临倒闭。此后，企业实行新的以市场为主的经营方式，形成新的内部管理体制，使生产经营出现了重大转机。1990 年，生产西服 15 万套，创利 420 万元，"杉杉"西服被评为省优产品。1991 年川企业进入"产品创名牌、效益上台阶"的新的发展阶段。"杉杉"成了中国西服的四大名牌之一；产量虽与上年持平，利润却增长 150.91%。今天，"杉杉"商标已具有相当身价，成为企业无形的资产。现在，企业已从跟着消费者的需求走发展到吸引消费者跟着企业走了。"杉杉"到哪里，哪里就有他们的市场，企业的日子也好过了。这说明，市场取向的改革是正确的，尤其是对我国恢复关贸总协定缔约国地位后，参与国际市场的竞争是有导向作用的。今天，随着经济生活的国际化，我们对外开放就要考虑世界经济和世界市场的运行法则，才有利于参加国际市场的竞争。因此，搞市场经济就要改变过去那种关起门来搞社会主义的做法，才有利于振兴中华，建设有中国特色的社会主义。

再次，历史证明，从统制经济向市场经济转变是世界各国的共同发展趋势。所谓"统制经济"，是指在非常时期（如战争、经济危机、各种灾害）由国家统一管制的强制性经济。历史的经验值得总结。凡属战争年代建立起来的统制经济，一旦进入和平时期就必须向市场经济转变。这个带规律性的趋势，不仅适用于资本主义，也适用于社会主义。正如邓小平所讲，实行计划经济的不一定是社会主义，实行市场经济的不一定是资本主义。第二次世界大战爆发，迫使交战国家转入统制经济。其中，以日本、德国、苏联、中国最为典型。统制经济的特点是实行中央集权的指令性计划经济。日本在"九一八"事变后，侵占我国东北后便在国内试行统制经济。农民种的大米、白面要上交，然后就把橡子面、再生布配给农民，违者作为经济犯罪处理。"七七"事变后，从1937年至1950年，日本又强化了国内的统制经济。由国家经济安定本部向企业下达指令性计划，包括品种、成本、工资、价格、利润等均下达指标，原材料、动力等由国家供应，就是私人企业也必须接受国家下达的指令。德国从1933年希特勒上台后，自称实施计划经济，也就是统制经济。苏联为对付日、德反苏，也从为逐步恢复市场的新经济政策转为备战经济。为了保证发展重工业，也实行指令性计划。同时，搞农业集体化，取缔私人企业。因物资匮乏、通货膨胀，便实行计划分配和计划调配，统制物价。我国在1937年"七七"事变后，也转入战时经济，对外汇、外贸、花纱布均实行统制，对煤炭、石油、食糖进行分配和专卖。新中国建立后，为争取时间，恢复国民经济、抗美援朝、发展重工业，也采取指令性计划，实行计划分配和计划调拨，对粮、棉、油、布等派购统销，实行票证制度。第二次世界大战结束后，联邦德国和日本，分别于1948年和1950年废除统制经济转入市场经济。由于经济的迅速发展，使这两个战败国成为经济强国。苏联在20世纪30年代搞计划经济是有效的，但后来一直保留计划经济体制，并在理论上强调社会主义计划经济的优越性，批判市场经济。这就影响到其他社会主义国家相继实行计划经济。到了20世纪70年代，计划经济已日益显现出它的弊端和无效。这集中表现在：经济效益难以提高和经济发展的滞后。于是，经济体制改革的潮流、要搞市场经济的呼声才遍及包括我国在内的许多社会主义国家。这段历史证明，由于社会化大生产和科学技术的蓬勃发展，人们的需求千变万化，由一个机构来制订统一的计划并机械地执行，不仅难以满足人们的需要，而且势必窒息企业的生机和活力，阻碍生产力的发展。因此，必须实行市场经济，才能调动地方、企业、职工和农民等各方面的积极性，把经济搞上去。

最后，我国的生产资料所有制结构，也要求建立与之相适应的市场经济体制。在所有制问题上，我们也要"换一换脑筋"。由于长期受传统思想的束缚，认为所有制是最重要的，而不管它是否有利于生产力的发展。于是，在理论上，所有制似乎成了评判经济发展的标准；在实践上，人为地拔高所有制，认为所有制越大越公越纯就越好。其实，就经济发展与社会进步来说，所有制只是手段，而不是目的。

我们不是为了维护某一种所有制才去发展经济，相反，正是为了发展经济、发展社会生产力才去调整和完善所有制的。在单一所有制的情况下，是不可能发展商品经济和市场经济的。因为，商品是人们用来交换的劳动产品，同一所有者之间，虽然可以在模拟的"市场"上进行"交换"，但不可能实行真正的市场经济。今天，我们只能从有利于发展社会生产力的角度来对待和调整所有制结构。我们既然要大力发展以公有制为主导、多种所有制共同存在、相互竞争的新型所有制关系，就必须建立与之相适应的市场经济体制，从而促进社会生产力的发展。

总之，党的"十四大"提出的市场经济和建立社会主义市场经济新体制，为我们从过去单项、分散的改革走向整体配套的改革奠定了最基本的思想理论基础。搞市场经济是思想解放的产物，而市场经济新体制的建立，还有待于进一步解放思想。一句话，我们应当按照市场经济的要求来推进我国经济体制的改革。

（载《云南社会科学》1993 年第 1 期）

转变政府职能是转换企业经营
机制的关键

（1993 年 2 月）

众所周知，社会主义国家具有经济管理的职能。但是，长期以来，由于受高度集中的计划经济体制的影响而形成一种误解，认为国家管理经济就是政府直接经营企业，致使政企不分，以政代企。改革开放以来，企业的经营自主权逐步扩大。1992 年，国务院又颁布了《全民所有制工业企业转换经营机制条例》，使经营机制的转换成为企业改革乃至经济体制改革的重点。政府职能的转变及其他各项配套措施滞后，《企业法》赋予企业的各种经营权还没有能够完全落实，不少企业实际上仍然不能摆脱政府附属物的地位，还是政府行政机构的延伸，活力不强，效益不高，积极性、主动性未能充分发挥出来。如不认真转变政府职能，企业转换经营机制实际上也是不可能的。

转变政府职能的紧迫性和必要性在于：

第一，转变政府职能是全面落实企业经营自主权的迫切要求。经济体制改革的中心环节在于转换企业经营机制，重点就是要落实企业自主权。可是，现在许多政府部门还习惯于行政干预企业的经营活动，使企业的投资决策权、产品定价权、产品销售权、劳动人事权、工资分配权等得不到落实。企业的自主经营无从谈起，也就失去了活力和发展的积极性。

第二，转变政府职能是从传统的计划经济体制走向社会主义市场经济体制的客观需要。市场经济的体制就是企业生产经营活动以市场为导向的体制。企业生产什么，怎样生产，生产多少，都服从于市场的需求，并由市场来决定资源和生产要素的配置。转换企业经营机制，就是要按照发展社会主义市场经济的要求，通过调整健全企业的经营行为，以便在国家的宏观调控下，割断与政府"母体"之间的"脐带"，从政府的"怀抱"扑向市场的"海洋"，成为自主经营、自负盈亏、自我发展和自我约束的市场主体。如果企业的大事小事都是政府说了算，政府用"婆婆"管"小媳妇"的办法来管企业，把企业的人财物、产供销、内外贸等权利都揽在自己手里。结果，不仅割断了企业和市场的联系，窒息了企业的活力，还造成企业自身的"软骨病"和依赖性。有些企业面对市场经济，勇气不够，信心不足，裹足不前，给了自主权不会用，习惯于找市长，而不会去主动找市场，其原因也就在于此。相比这下，被称为"异军突起"的乡镇企业，从出生之日起，在国家计划的盘子里就不占有份额，既没有管死它的"婆婆"，也没有封住它的"笼子"。它们面向市场，参与市场竞争，从中求得生存和发展。如今它们在全国工业总产值和出口创汇额中三分天下有其一；在全国农村经济总产值中，三分天下竟有其二，已经成为我国国民经济中举足轻重的力量。因此，政府应主动转变职能，真正从体制上、机制上、政策上帮助企业摆脱计划经济体制的束缚，确立"独立商品生产者和经营者"的地位，为企业走向市场创造一个良好的外部环境，理直气壮地走向市场。

第三，转变政府职能是企业制度改革的客观要求。社会主义全民所有制企业制度的改革既包括对企业也包括对政府的要求。这两个方面相辅相成、相互制约，是企业转换经营机制的内因和外因。从企业内部的因素来讲，企业制度的改革就是要把《条例》中规定的赋予企业的14项经营自主权落实到位；从企业的外部因素来讲，就是要转变政府职能，如果政府不转变职能，或转变不充分，则企业转化经营机制就有落空的危险。政府运用经济手段、法律手段来调节经济，本着"宏观管好，微观放开"的原则，掌握政策，信息引导，组织协调，提供服务和必要的检查监督，凡是国家法令规定属于企业行使的职权，政府都不要干预，把不该管、管不了、管不好的事放手放权，企业奔向市场的双脚才会放开。

第四，转变政府职能也是实现"小机关、大服务"的改革方向，加强自身建设的需要。政府管了许多不该管、也管不了和管不好的事，导致政府机构臃肿，人浮于事，办事效率低下。这不仅阻碍企业经营机制的转化，而且在政治上、经济上都不利于政府自身的建设。从经济上说，为了维持庞大的政府机构的运转，财政支出加大就要增加企业负担。在政治上，由于政府部门集中掌管着资金、物资、分配以及项目审批、产品进出口等大权，企业办事必须围着政府机关转，结果滋长了政府部门的官僚主义，助长了以权谋私，而真正应由政府管的事又管不好。因此，政府必须转变职能，实现政企分开，下放权力，精兵简政，提高效率，既可以实现"小机关、大服务"的目标，又有利于加强自身的建设。

（载《理论辅导》1993年2期）

市场经济：人类社会发展的共同规律

（1993 年 3 月）

　　江泽民同志在党的"十四大"报告中强调指出，我国经济体制改革的目标是建立社会主义市场经济体制。这是改革 14 年来伟大实践的基本总结，是具有根本性质和决定意义的突破，是来之不易的，也是具有重大而深远意义的。搞市场经济对我们来说还是新课题，本文仅就市场经济作为人类社会的共同创造、是人类的共同财富、不反映社会制度的特征为题谈点意见，旨在有助于我们认真学习"十四大"精神并在实践中努力宣传，贯彻落实。

　　商品经济是人类社会经济发展的普遍规律。它是一个包含商品生产和商品交换的总概念。市场经济是商品经济发展的高级阶段，是高度社会化和市场化的商品经济，有统一的市场和完善的市场体系。也就是说，市场经济是以市场为中心，把一切经济关系和经济活动都市场化、货币化，成为推动经济发展的有效机制。从人类社会发展的实践来看，商品经济是内容，市场经济是形式；商品经济是理论概括，市场经济是现实表现，二者始终是共生共存不可分离的。市场经济作为人类社会的共同创造，是人类的共同财富，不反映社会制度的特征，因而与姓"社"还是姓"资"没有本质联系。

　　第一，市场的出现和扩大是商品经济发展的产物，是生产社会化、专业化发展的结果。在商品经济社会里，"一切商品对它们的所有者是非使用价值，对它们的非所有者是使用价值，因此，商品必须全面转手。"[①] 市场就是商品"全面转手"的地方，也就是人们从事商品交换的场所，其产生和演变本身就是人们在商品交换活动中，对成本与效率进行比较和选择的结果。最初，那种买卖双方不见面的物物交换往往因需求不对口而空等一天，后来才逐渐演变为以货币为媒介的商品流通；进而被较多人参加、拥有较多交易品种、时间和地点都相对固定的集市所取代，从而

---

① 《资本论》第 1 卷，第 103 页。

使成本降低和效率提高。随着大宗商品的交易，还出现了实物交割为主的各类现货批发市场，如粮食、药材、服装、钢材等批发市场。后来，还出现了在合约标准化和有相应结算系统基础上、以合约转让为手段的期货交易和期货市场。这样，就拓宽了市场的广度，推动了市场的深度，增强了市场的流动性，从而大大降低了成本和提高了效率，并为商品不断地实现由商品到货币的"惊险的跳跃"提供了广阔的"舞台"。这正如马克思所说，商品"交换的深度、广度和方式都是由生产的发展和结果决定的"①。

第二，市场作为一种机制，不仅在周而复始、不断循环的再生产运动中成为沟通产销、调节供求、实现生产与消费统一的有力杠杆，而且作为社会资源配置的手段，通过合理配置，能提高资源的总效用。市场一旦出现，与以个人或家庭为单位无须通过市场交换的资源配置相比，是历史的一大进步。以后，随着各种通信手段的迅速发展，诸如电报、电话、传真、BP机等的发展和广泛应用，使各种信息，主要是需求信息和价格信息的传递更加及时和准确，从而让市场协调资源配置的作用范围越来越广阔，越来越有效，结果，市场就成为人们普遍接受的一种形式。例如，云南省元谋县生产的冬早蔬菜就是在"南来北往"的交换过程中，面对"三北"（即华北、东北、西北）地区的市场需求，元谋人重新评估和组合自己所拥有的"天然温室"资源和大宗蔬菜产品，才大大提高了资源和产品总效用的。元谋每年为"三北"地区所提供的蔬菜总量占南菜北运总量的1/4，即"三北"地区每4个人中，就有1个人吃着元谋的蔬菜。这样，既满足了市场的需求，又增强了菜农的经济收入。玉溪卷烟厂生产的香烟在全国是位居前茅的名烟，在市场上走俏，这同玉溪地区的土质好、烟农的技术高、加工质量好有关。所以，玉溪地区不会把烟田移作他用而去种包谷或蔬菜，也不会在远离生产的地方去建烟厂。这些充分合理的资源配置是人们长期通过市场的交换来实现的。

第三，市场还是一个规范化的体系。为了提高市场运动的总体效益和降低交易成本，不仅要培育各类商品市场，还要建立和健全各类生产要素市场。这包括技术信息市场、房地产市场、劳务市场和股票、证券等金融市场。只有构成一个完整的市场体系，并逐步规范化，才能使市场作为一个基本手段，顺利运行，发挥功能。

以上分析说明，市场经济的存在和发展，既不是一种偶然，也不是人们的主观臆造和偏好，而是人们在长期的商品产生和商品交换过程中，不断地把成本与效率进行比较的自然结果。因此，市场经济的生产和发展，在本质上是一个社会的自然

---

① 《马克思恩格斯选集》第3卷，第102页。

历史过程。从人类社会发展的实践来看，市场经济无非是借助于货币实现的交换关系的总体表现。在马克思主义的经济学中，这从来就是同商品经济连在一起的经济问题而不是一个政治问题，不存在姓"社"还是姓"资"的问题。

可是，长期以来，由于传统思想的束缚，人们形成这样一个思维模式：计划经济是社会主义的基本特征，市场经济是资本主义的基本特征，认为市场调节的背后必然隐藏着资本主义的幽灵。其实，社会主义能不能搞市场经济，早在1979年邓小平同志与一位美国学者谈话时就指出，市场经济只限于资本主义社会，这肯定是不正确的，社会主义为什么不可以搞市场经济？小平同志"南巡"讲话中进一步指出，计划经济不等于社会主义，资本主义也有计划；市场经济不等于资本主义，社会主义也有市场。计划和市场都是经济手段，计划多一点还是市场多一点，不是社会主义与资本主义的本质区别。这些精辟的论断，从根本上解除了旧的传统思想束缚，使我们在计划与市场关系问题认识上有了新的重大突破。过去，我们在理论上好不容易才确认我国经济是有计划的商品经济，但却忌讳讲市场取向和市场经济，其根源仍是把市场经济等同于资本主义，对市场经济中存在的诸如证券、股票、破产、典当、企业兼并等这些适应商品经济和社会化大生产的东西，也往往贴上资本主义的标签而拒绝使用，担心市场扩大一步，社会主义退让一步，资本主义就向前一步。这样，我们就陷入了既想发展商品经济、又害怕市场和市场经济的困扰之中。这些都是"思想不解放"的表现。把商品经济和市场经济对立起来，在逻辑上讲不通，在实践上会搅乱商品经济的运行过程，扭曲经济改革的历史进程。今天，要搞市场经济就得"换一换脑筋"，才会理直气壮地向市场迈进。

人们害怕和反对市场经济的"理由"，一是把市场经济看做资本主义的专利，认为搞好市场经济就是搞资本主义。其实，计划经济和市场经济都只是经济运行方式和经济调节手段，不是划分社会主义与资本主义的根据和标志。二是把市场经济的本质特征看做是私有制，认为市场经济是社会主义公有制的"异化力量"。其实，市场经济就是商品经济，是具有一定社会化程度的商品经济。市场经济同商品经济一样，作为配置资源的经济手段，既可以在私有制条件下存在和发展，也可以在公有制条件下存在和发展。许多事实有力地证明，愈是向市场靠拢，经济愈活跃，市场商品愈丰富。所以，不能把市场经济与公有制对立起来。三是担心市场经济必然产生无政府状态。其实，没有市场是万万不能的，但市场也不是万能的。分化性、自发性就是市场经济最一般的特征。在当今世界上，没有一个国家实行不受任何宏观管理的、完全自由的市场经济或称"纯粹市场经济"。在社会主义公有制条件下，我们的计划调控、宏观管理完全可以搞得更有成效，避免市场的自发性。综上可见，我国经济体制的转变，首要的是进行观念、思维方式的转变，实质上是对社会主义的重新认识。

　　总之，"十四大"提出的市场经济和建立社会主义市场经济新体制，为我们从过去单项、分散的改革走向整体配套的改革奠定了最基本的思路。搞市场经济是思想解放的产物，而市场经济新体制的建立，还有待于进一步解放思想。一句话，我们必须按照市场经济的要求来推进经济体制的改革。

（载《云南民族学院学报》1993 年第 1 期）

论社会主义市场经济的基本功能

（1993 年 4 月）

当前，我国正进入改革开放的新阶段。"十四大"确立了我国经济体制改革的目标模式是要建立社会主义市场经济体制。从高度集中的计划经济体制走向社会主义市场经济体制是一个根本性的转变。这对今后我国经济体制的改革和经济的发展必将产生深远的影响。因此，正确认识和深入研究社会主义市场经济理论，具有十分重要的理论和实践意义。本文拟就社会主义市场经济的基本功能作一些探讨。

市场经济是商品经济充分发展的高级阶段，它丰富了商品市场的概念和内涵，形成了广泛的市场体系。它不仅大大发展了商品市场，而且建立了十分发达的生产要素市场，包括劳动力市场、金融市场、技术市场、信息市场以及产权市场等，形成了信息化、金融化、知识产业化的市场体系。而且，它是从一个地区范围向全国乃至全世界范围发展的、高度发达的全球性的经济形式。市场经济是人类社会实践活动的一种创造，是人类共同拥有的一种文明成果，与社会制度没有必然的联系。我国把经济体制改革的目标模式，确定为建立社会主义的市场经济体制，这是总结新中国成立以来，特别是党的十一届三中全会以来，发展市场经济实践的结果，也是我国人民在改革开放中所获得的最具有深远意义的思想解放的成果。发展市场经济就必须了解市场经济的基本功能，从而逐步建立、健全社会主义市场经济体制。

市场经济的基本功能也应该是社会主义市场经济的基本功能。它对我国社会生产力的发展、经济的繁荣、国家的富强和人民生活水平的提高都具有十分重要的作用。

一是沟通经济联系的纽带。社会主义市场经济的首要功能是沟通工业和农业、城市和农村、沿海和内地以及部门之间、地区之间、企业之间的商品交流。生产资料的流通保证了生产过程所耗费的原材料、燃料在实物形态上得到补偿，在价值形态上得到实现。生活资料的流通，使劳动者获得所需要的消费品，保证劳动力的再生产。特别是随着社会分工的发展、交换的扩大，经济联系迅速从一个县、市、省的范围扩展到全国乃至世界的范围。因为，没有任何一个国家和地区拥有自己所需要的一切资源、能够生产自己所需要的一切产品，只有通过地区之间、国际之间的经济技术合作与交流，互通有无，才能更好地促进国民经济的迅速发展和经济效益的不断提高。从全国的情况来看，随着改革开放的推进和市场经济的发展，全国城乡市场商品充足，市场繁荣。从农村市场来看，过去被看做"资本主义尾巴"而要被割掉，如今则是蓬勃发展的一派兴旺景象。例如，被誉为全国十大批发市场之一的山东省寿光县蔬菜批发市场，连续 5 年日销售蔬菜 60 万公斤，年成交额 1.67 亿元，人称"江北第一家"。云南省呈贡县东大河蔬菜批发市场，已跻身于全国十大蔬菜批发市场行列，并以菜质好闻名遐迩。每天进入市场的蔬菜有 30 多万公斤，高峰时可达 40 多万公斤。省内外进场的交易者每天达 2 万人次。这个市场的辣椒、西红柿和大白菜等 100 多种蔬菜，远销黑龙江、北京、河南、陕西、深圳、珠海、香港等地。在省内的销量更大，昆明市场上近一半的蔬菜就是从这里批发的。不仅如此，它还是云南省冬早蔬菜的集散地之一，年成交额 5 000 多万元。全国各地的市场为人民群众提供了日常生活所需要的肉禽蛋、水产品、干鲜果、干鲜菜等消费品，大大丰富了城乡居民的菜篮子。再从日用百货看，最近几年形成的温州桥头纽扣市场，各色纽扣应有尽有，八方客户纷至沓来，纽扣成交额高达 1 亿元，被称为"东方第一纽扣市场"。从国际市场的经济情况看，随着社会化大生产的发展和国际分工的深化，许多国家（包括资本主义国家和社会主义国家）都不同程度地卷入了经济国际化的洪流，没有一个国家可以离开国际分工体系而闭关锁国、万事不求人。日本和瑞士是资源贫乏的国家，可是，他们利用别国之长，弥补自己之短，使经济获得了迅猛的发展。当今世界，国与国之间的经济联系更加频繁密切，国际商品交换、技术交流、资金运动、劳务合作，在规模和发展速度上达到了空前的程度。由此可见，通过国际市场的经济联系沟通世界各国的经济交往已成为当今社会发展的必然趋势。

二是合理配置资源的有效手段。长期以来，我国运用计划经济体制作为配置资源的基本手段。主要是通过指令性计划的配额方式来统管资源和分配资源。生产和社会需求不仅千差万别，而且不断变化。可是，来自于纵向的行政指令、信息传递和反馈的层次过多，效率极低，便割断了经济生活的内在联系，所以，难以做到及时、准确、灵活，常常使计划脱离实际，以致盲目投资、重复建设，大而全、小而全比比皆是，造成人力、物力、财力和资源的极大浪费。同时，这种行政计划体制也割断了地区之间、部门之间、行业之间、企业之间的经济联系，人为地造成经济垄断和封锁，使有限的资源不能合理地有效利用，不仅造成浪费，还导致短缺和积压同时并存，使短缺成为社会主义经济长期存在的普遍现象。按照社会主义市场经济的要求，就是要使市场对资源配置起基础性的作用。也就是一切经济活动都要根据价值规律的要求，适应供求关系的变化，在全社会范围内比较合理地配置资源，充分发挥各种资源的作用。这样，则要求每个企业必须以最少的活劳动和物化劳动的消耗获得最大的劳动成果，实现最高额的利润，节约原材料的消耗，提高资源的利用率，取得最佳经济效益。最近几年，我国逐步通过市场配置资源，已取得一定效果。例如，南菜北运，云南省干热河谷地区的冬早蔬菜，大量运往东北、华北、西北等地区，仅元谋县的大洋葱、西瓜等就达四五万吨。这既满足了"三北"地区广大群众的生活需要，也增加了元谋县菜农的经济收入。这就充分发挥了地区的资源优势、经济比较优势，取得了规模效益，从而加快了区域专业化分工的发展。我国地域辽阔，地理气候差别较大，资源分布也不均衡。在不同地区、不同地理气候、不同资源的条件下，在同一时期可以种植不同品种的蔬菜、水果。这有利于农副产品在全国范围内的品种、数量调节，疏旺补淡。全国东西南北中，各有优势，互为基地、互为市场、优势互补，就能实现资源的合理配置和有效利用。

三是调节社会供求的灵敏机制。社会商品的供求矛盾是市场经济的一对矛盾。在一般情况下，市场上各种商品的供给和需求状况及其发展趋势，是综合反映社会生产和需要之间、国民经济各部门之间、积累和消费之间是否协调发展的主要标志。它是整个国民经济运行状况的"晴雨表"。同时，商品供求矛盾的存在和发展也制约着商品流通的规模、构成和方式。在一定时期，社会商品供求的平衡是相对的。这表现在：商品总量的平衡、商品结构的平衡、商品供求在时间上的平衡以及在空间市场分布上的平衡。因此，通过什么方式来调节供求矛盾，保持商品供求的相对平衡，对于促进国民经济的协调发展具有特别重要的意义。长期以来，我们是运用计划的手段调节供求关系的。计划调节的设计和实施者实质上是政府，其微观基础只能是作为政府机构附属物的工厂，而不是真正意义上的经济实体企业，实施调节的手段是行政服从，调节的信息获取和传输也主要是纵向的，信息的载体是指令性计划、指标、指令、命令，等等，环节很多，过程很长，传递的信息往往失真，难以适应不断变化的供求关系，致使市场上商品的积压和脱销同时存在。市场调节的情况则完全不一样：市场调节的实施者是市场，其微观基础是自主经营、自负盈亏的经济实体企业，调节的手段是经济利益的激励与约束，调节信息的获取和传输是横向的，调节信息的载体是价格，通过价格对社会供求关系进行双向调节：一方面，价格信号比较准确、及时地反映市场供求状况的变动，价格跌落，需求往往增加；反之，价格上升，需求往往减少。另一方面，通过价格变动自发地引导生产、引导消费。因为，当某种商品供不应求、价格高于价值时，自然就会吸引许多商品生产者来生产这种短缺的商品。反之，如果商品供过于求，价格低于价值时，就会有许多生产经营者自动放弃或减少这种商品的生产和经营，去生产经营其他有利可图的商品，从而使社会商品的供给和需求在总量、结构、时间和地区分布上都大体均衡。例如，我国的纺织工业，解放初期不过 500 万枚纱锭，而且设备极其陈旧，效率低下。但由于供不应求，几十年来纺织工业一直是高利润的行业。因此，发展的规模达到 3 700 万枚纱锭，比解放初期增加 7 倍，而且许多设备都比较先进，实际生产能力比解放初期增长 14 倍，大大超过了我国人口增长 2.5 倍的速度。结果，纺织品大大供过于求，纺织行业开工不足，利润急剧下降，普遍亏损。所以，纺织业必须大大压缩，以适应市场的需求。这就是市场经济调节供求的作用。这只"看不见的手"控制着市场经济的运行，调节着整个社会需求的变化，因而对市场的调节是比较平衡、自然和谐的，一般不会出现大起大落的现象。

四是铁面无私的"法官"。市场既是商品经济发展的产物，又是商品经济存在和发展的土壤和条件。一种商品的价值、一个企业的命运、一个行业的兴衰，都取决于市场的评价，都要接受市场的检验、评判和淘汰。市场经济的价值评判标准是客观的，既公正，又无情，是铁面无私的"大法官"。一种商品质量的好差，是由消费者、市场的比较评判而产生的。一种产品，如果质地优良，款式新颖，适销对路，就会受到消费者欢迎；反之，最终必然使产品及其企业丧失竞争力而被淘汰。可见，质量是产品的"灵魂"，是企业的生命。例如，山东烟台张裕葡萄酒以其独特的风格和优等的质量名扬天下。该厂建厂 100 年来，其产品远销世界 30 多个国家和地区，先后荣获 11 枚世界金奖和 18 枚国家奖。一个企业素质的好坏，经营管理水平的高低，最终也要取决于市场的评判。管理有序、经营有方，就会在消费者心目中树立起产品及其企业的良好形象。实际上就是苦心经营的企业，以"诚招天下客"，用一流的产品、优质的服务、热情诚恳的态度，通过成千上万次的交易活动，才逐渐塑造了自己的良好形象、提高了知名度。反之，一些企业则以自己不好的经营行为和管理水平，败坏了声誉，砸了自己的牌子。市场评判的标准是公平的、客观的，也是严酷的。有人形容企业及其产品一旦进入市场，如走钢丝、如履薄冰，万万不可掉以轻心。面对市场，每个企业、每个生产经营者都要千方百计地改进技术、改善经营管理、降低成本，提高产品质量和服务水平，生产适销对路的产品，增强竞争实力。

五是调整产业结构、实现国民经济良性循环的根本途径。长期以来，我们推行的是一种以产品经济面貌出现的高度集中、统一的计划经济体制，为计划而生产。

经济运行的计划取向，使生产远离市场，产业结构不合理，国民经济难以实现良性循环。市场经济体制与此恰恰相反，产业结构的演变以市场为导向，根据市场的需要而生产。特别是通过发展第三产业，带动第一、第二产业的发展，以实现国民经济的良性循环。因为，第三产业的商业、服务业具有协调产业关系、改善产业结构的特殊功能。发达国家的第三产业一般占国民生产总值的60%，占就业人数的60%左右。而我国第三产业的产值仅占国民生产总值的27.2%，就业人数只有18.6%，这同我国经济发展水平极不相称。因此，加快发展第三产业，大力发展商业、服务行业，发展市场经济是促进第一、第二、第三产业协调发展的重要条件。例如，甘肃省的临夏回族自治州是全国的特困地区，人均年收入不足100元，百万农民近乎赤贫。由于这里是古丝绸的必经之道，故经过10年以商振州的努力，使这片沉寂贫瘠的"经济沙漠"出现了生机盎然的"经济绿洲"。全州农村"无户不农，无家不贾"，平均每5人中就有1人经商，每1万人中有128个商业网点、98个专业市场，不仅形成了西北地区最大的皮毛、茶叶、木材专业市场，而且成为联结中原农业区与青藏高原地区的旱码头，使全州的经济不断振兴。

六是促进社会生产力迅速发展、实现国民经济现代化的有效途径。市场经济的巨大功能归根到底是推动社会生产力的迅猛发展、实现国民经济的现代化。市场经济的发展程度是生产力发展程度的标志，这是经济发展的一般规律。首先，经济的现代化意味着生产的高度社会化，而市场经济的充分发展，必然进一步促进社会分工的扩大，使生产更加专业化和社会化，大大提高劳动生产率，推动社会生产力的发展。其次，市场经济是一种利益型和增殖型的经济，人们从事生产经营活动，必然要进行成本和效率的比较，从而推动企业采用新技术、新设备，改善生产条件、改善经营管理、降低成本，追求效率和利润的最大化，必然有利于实现企业的现代化和国民经济科学技术水平的提高。同时，市场经济的发展，有利于积极开拓国际市场，利用国外资金，引进国外先进技术和设备，也加速了国民经济的现代化。再次，市场经济的发展，能增加国家、企业和个人的收入，有利于积累资金和提高人民的生活水平。特别是我国广大农村，随着市场经济的发展，能迅速增加积累，改善生产条件，改善人民生活。改革开放14年以来，我国农业获得飞速发展，粮食、棉花、油料、烟叶、猪牛羊肉、水产品等的产量都居世界第一。其原因，归根到底是由于一马当先跨入了市场经济，大大解放了生产力。主要表现为：（1）取消人民公社制度，实行以家庭联产承包为主、统分结合的双层经营机制，先于国营10多年把亿万农户推向了市场，成为自主经营、自负盈亏的生产者和经营者。（2）取消农产品的统购制度，放开绝大多数农产品的购销价格，推动农业向生产商品化、经营市场化转变。长期统管的 100 多种农产品，现剩下的少数几种也将逐步放开。（3）乡镇企业成为市场经济的先导力量。"异军突起"的乡镇企业是中国 9 亿农民继家庭联产承包制后的又一伟大创举。它从诞生之日起就是依靠市场获得原材料、资金、技术、人才、劳动力和销售产品的，在市场上参与竞争，发展壮大，我国社会总产值达 11 621 亿元，乡镇工业产值 8 709 亿元，分别占全国社会总产值、全国工业总产值的 26.5% 和 30.8%。全国社会总产值从 1 000 亿元发展到 1.1 万亿元用了 31 年时间，而乡镇企业从 1 000 亿元发展到 1.1 万亿元仅用了 8 年时间。不仅如此，乡镇企业对国家的贡献也是与日俱增的。仅 1991 年，乡镇企业就向国家财政缴纳税金 454 亿元，占全国税金的 15%；在 1985—1991 年国家税金净增量中，乡镇企业净增占 33.5%。1991 年乡镇企业出口商品交易额达 670 亿元，占全国外贸收购总额的 29.6%，为国家创取了大量外汇。（4）农村市场经济的活跃，改变了农村经济结构，促进了农村经济的繁荣与发展。长期以来，我国农村单一经营种养业。随着农村市场经济的发展，推动了农村城市化的进程，越来越多的农村富余劳动力转入城镇从事第二、第三产业，大大增加了农副产品的供应，改善了城乡人民的生活；农民收入增多，又增大了对农业的投入，促进了农业生产的发展。

（载《云南金融》1993 年第 4 期）

建立社会主义市场经济体制是
历史的必然

（1993 年 5 月）

党的"十四大"确立的我国经济体制改革的目标是建立社会主义市场经济体制。这个目标的确定，无论在理论上，还是在实践上，都是具有根本性质和决定意义的突破，是改革开放以来经验教训的科学总结，是人们进一步解放思想的重大成果，对于建设有中国特色的社会主义具有重大而深远的意义。

一、市场经济是人类社会共同创造的财富

市场是商品经济发展的必然产物，是生产社会化、专业化发展的结果。回顾历史，人们对"一对一"的物物交换感到诸多不便；于是，逐渐演变为以货币为媒介的商品流通；继而进一步发展为交易人、品种、时间和地点都相对固定的集市贸易；随着大宗商品交易的发展，便出现了现货批发市场、期货市场。这个演变的交换过程，实质上是人们对成本与效率进行比较和选择的过程。其结果是，拓宽了市场的广度，推进了市场的深度，增强了市场的流动性，大大降低了成本和提高了效率，为商品不断地实现"惊险的跳跃"提供了广阔的"舞台"。可见，商品交换的深度、广度和方式都是由生产的发展和结果决定的。市场作为一种机制，是配置社会资源的一种手段。随着人们交往的扩大、技术的进步，特别是各种通信手段的发展，市场协调资源配置的范围越来越广阔、越来越有成效，市场便成为人们普遍接受的一种形式。例如，云南省元谋县的冬早蔬菜在"南菜北运"的交换活动中，面对"三北"（华北、东北、西北）地区偌大的市场，元谋人重新评估和优化组合自己拥有的"天然温室"资源和大宗蔬菜产品，便大大提高了资源和产品的总效用。元谋每年提供给"三北"的蔬菜总量占南菜北运总量的1/4，既满足了市场的需要，也增加了菜农的经济收入。可见，合理配置资源是通过市场的交换来实现的。不仅如此，

市场还是一种规范化的体系，不仅要培育好各类商品市场，还要建立包括技术信息市场、房地产市场、金融市场等在内的各类生产要素市场，才能降低成本、提高市场运行的整体效益。因此，市场经济的产生和发展，在本质上是一个社会的自然历史过程。从人类社会发展的实践来看，市场经济无非是借助于货币实现的交换关系，不反映社会制度的特性，不存在姓"社"还是姓"资"的问题。可是，长期以来形成的思维模式认为，计划经济是社会主义的基本特征，市场经济是资本主义的基本特征。这是不对的。邓小平同志指出，计划经济不等于社会主义，资本主义也有计划；市场经济不等于资本主义，社会主义也有市场。计划和市场都是经济手段，计划多一点还是市场多一点，不是社会主义与资本主义的本质区别。这些精辟的论断，从根本上解除了旧的传统思想束缚，免去了搞市场经济的困扰，使我们能够理直气壮地向社会主义市场经济迈进。

二、总结新中国成立以来的经验教训，高度集中的计划经济体制束缚了生产力的发展，必须进行根本性的改变

第一个五年计划时期形成的以高度集中的指令性计划为特征的计划经济体制，主要是学习苏联的模式建立起来的。当时，为集中全国的人力、物力、财力，保证156项重点工程的建设，我国实行计划经济，这对于发展生产、保障供给是起了重要作用的，要承认这个客观历史事实。否则，很容易得出计划经济一无是处的结论。这既不是历史地看问题，也不利于今天的思想解放。但是，随着社会主义经济的发展，经济规模的扩大，经济结构的复杂，人民的需求不仅千差万别，还不断变化，市场对经济的调节作用日益增强，不仅在国内有统一的市场，国际市场的联系也愈加密切，而计划经济的弊端也越加暴露出来，其要害是以计划配额来统管资源和分配资源，不仅不利于社会生产力的发展，而且造成资源的巨大浪费和经济运行的迟钝。这主要表现在：第一，政企不分，政府对企业管得过多，统得过死；企业没有自主权，成了政府机构的附属物，活力不强，效率不高，缺乏积极性。第二，分配上的"大锅饭"，搞平均主义。第三，排斥了商品生产、价值规律和市场的作用。结果，政府管了许多应该由企业自己管的事，使机构越来越庞大。为了维持庞大的政府机构的运转，财政就不断地向企业收锐利，企业负担越来越重，经济效益不断下降，反过来又进一步加剧了财政的困难，于是财政又去加重企业的负担，形成恶性循环。如果继续实行计划经济，政府仍用"婆婆"管"小媳妇"的办法管企业，把人财物、供产销、内外贸等大权都揽在自己手里，企业怎么能搞活呢?! 不仅如

此，由于政府部门集中掌管着资金、物资的分配、项目审批、产品进出口等等大权，企业要办实事很难，四处"烧香拜佛"而贻误时机。这样的体制也使官僚主义、以权谋私等不正之风盛行起来。例如，20 世纪 50 年代的上海夏天，炎热高温，企业要增添一些如电风扇之类的降温设施，企业没有自主权，要经过 11 个单位审批，盖 11 个公章，等到最后一个公章盖完后，夏天已经过去了。这样的体制不适应生产力的发展。这正如毛泽东同志在《论十大关系》中所指出："把什么都集中于中央或省市，不给工厂一点权力，一点机动的余地，一点利益，恐怕不妥。"可是，人们对这种体制的弊端也有一个认识过程，老是在你管或我管上做文章，总是一统就死，一死就叫，一叫就放，一放就乱，一乱又统，一统又死……难以从这样一种循环状态中解脱出来，没法确定一个正确的改革目标。实践证明，我们只有对高度集中的计划经济体制进行根本性的改革，才能真正解放生产力、发展生产力。

三、14 年的改革实践证明，市场取向的改革方向是正确的

实践是检验真理的唯一标准。前两年，我国市场疲软，发展缓慢。可是，在沿海经济发达地区，尤其是广东珠江三角洲和经济特区却出现了经济大幅度增长的高潮。广东省每年经济增长比全国高了 3 个百分点，高于"四小龙"。而珠江三角洲又比广东省平均高了 3 个百分点。重要的原因是市场调节的比重增大，占 90% 以上，特别是新办的各类企业，从诞生之日起在国家计划的盘子里没有份额，实行市场机制，原料自己找，产品自己销，盈亏自己负。粤西山区云浮市，把山上的死石头投入市场后，身价倍增。全市办起 2 600 多个石料建材厂，产品品种、规格、花色有 500 多个，年产值达 6 亿多元。建材业使这个贫穷山区实现了"村村发财，家家致富"，全市经济陡然崛起。群众深有体会地说："过去穷是穷在石头上，现在富也富在石头上。"实践表明，实行市场经济，使市场全面调节经济资源、生产要素，刺激了生产，搞活了流通，解放和促进了生产力发展。因此，走市场取向的路、搞市场经济是一个正确的方向。

四、我国的生产资料所有制结构，也要求建立与之相适应的市场经济体制

过去在"左"的思想影响下，我国在所有制结构上，取向单一化，认为越大、越公、越单一就越好。其实就经济发展与社会进步来说，所有制只是手段而不是目的。我们不是为了巩固某一种所有制而去发展经济，相反，是为了发展经济、发展

社会生产力去调整、改革所有制关系。"一个所有者"不可能发展起市场经济，因为，商品是人们用来交换的劳动产品。同一所有者之间，虽然可以在模拟"市场"上进行"交换"，但不可能实行真正的市场经济。今天，我们只能从有利于生产力发展角度来对待和调整所有制的结构，大力发展以公有制为主体、多种所有制共同存在、相互竞争的新型所有制关系，就必须建立与之相适应的市场经济新体制。

五、历史证明，从统制经济向市场经济转变是世界各国的共同发展趋势

所谓统制经济是在非常时期（如战争、灾害）由国家统一管制的强制性经济，其特点是实行中央集权的指令性经济。凡战争年代建立起来的统制经济，一旦进入和平时期则必须向市场经济转变。这一带有规律性的趋势不仅适用于资本主义，也适用于社会主义。实行计划经济的不一定是社会主义，实行市场经济的不一定是资本主义。第二次世界大战爆发，迫使交战国家转入统制经济，其中，以日本、德国、苏联、中国最为典型。如，日本在"七七"事变后，1937－1950年，实行统制经济。由经济安全本部向企业下达指令性计划，原材料、动力等均下达指标。私人企业也必须接受国家下达的指令。德国从1933年希特勒上台后，自称计划经济，实行的也是统制经济。苏联为对付日、德反苏，也从逐步恢复市场的新经济政策转入备战经济。为了发展重工业，实行指令性计划，同时搞农业集体化，取缔私人企业。因通货膨胀，物资匮乏，便实行计划分配和调拨，统制物价。新中国建立后，为争取时间恢复国民经济，建立重工业，也采取指令性计划，实行计划分配和调拨，对粮、棉、油、布匹等实行统购统销和票证制度。"二战"结束以后，联邦德国和日本这两个战败国分别于1948年和1950年废除统制经济转入市场经济，从而迅速发展成为经济强国。苏联在20世纪30年代搞计划经济是有效的，但后来一直保留着并在理论上强调社会主义计划经济的优越性，批判市场经济。到20世纪70年代，计划经济已日益呈现出它的种种弊端。这集中表现为经济效益难以提高和经济发展滞后。于是，要搞市场经济的呼声才遍及包括中国在内的许多社会主义国家。这段历史也证明，随着社会化大生产和科学技术的蓬勃发展，人们的需求千变万化，由一个统一的计划来包罗万象，并机械地执行，不仅难以满足人们的需求、造成社会资源的浪费，而且势必窒息企业的生机和活力，阻碍生产力的发展。只有实行市场经济，才能合理配置资源，调动各方面的积极性，加速经济的发展。

六、中国要重返关贸总协定，也需要搞市场经济

我们进行社会主义建设的经验之一是不能关起门来搞社会主义。当前，世界经

济向国际化、集团化、一体化方向发展的趋势日益明显，整个世界经济是你中有我，我中有你，密不可分。中国要走向世界，参与国际分工和国际竞争，尤其是要重返关贸总协定，就必须遵守国际贸易的统一规则，在运行机制上必须和世界接轨。世界上是以市场经济运行为基础的，如果国际上搞市场经济，我们还是搞高度集中的计划经济，结果，两种体制在两个轨道上运行，不要说参与，恐怕连门都进不去。例如，首钢提出要进入世界 500 强企业的行列，可是人家说我们的财会制度和国际上不一样、标准不一样，不好衡量，所以进入 500 强企业行列就很困难。因为会计制度的要害是反映盈利水平的差别，我们现在不是按照国际惯例来计算盈亏，你说盈了，人家认为是亏了。因此，很难榜上有名。

总之，"十四大"提出建立社会主义市场经济新体制，为我们从过去单项、分散的改革走向整体配套的改革奠定了最基本的思路。不仅如此，经过 14 年的改革实践，已为建立社会主义市场经济体制创造了许多有利条件。比如，我国的经济运行机制正在发生变化，指令性计划大大减少；企业的原材料供应和产品销售，70% 以上靠市场调节；国家定价的范围大大减少，比重不到 30%；国家统一分配的物资也大大减少。当然，搞社会主义市场经济是思想解放的产物，而市场经济新体制的建立，还有待于进一步解放思想、进一步大胆实践，以便促进经济的大发展，"十四大"确立的建立社会主义市场经济体制的目标也就一定能够实现。

（载《理论辅导》1993 年第 5 期）

中国重返关贸总协定与经济体制改革

（1993 年 5 月）

重返关贸总协定成了当今中国的一个热门话题。对此，人们既高兴，又担忧。高兴的是中国重返关贸总协定，意味着中国将得到向往已久和比较稳定的国际贸易环境，平等地进入国际市场，成为国际贸易活动中的重要一员；同时，"复关"也意味着中国将向世界进一步敞开大门，让更多的外国产品进入国内市场，弥补国内商品的不足，以丰富国内市场，加快我国经济建设的步伐。但喜中也有忧。忧的是"复关"后，势必取消关税壁垒、降低关税，逐步取消进口许可证和行政审批手续，使国内企业面临更为严峻的竞争局面。因此，一些企业及其主管部门左顾右盼、忧心忡忡，担心国门一开，中国的市场将被占领，几十年苦心经营的民族工业就会受到严重的影响。随着"复关"日期的日益逼近，人们在思考、在徘徊，在机遇和挑战面前，正努力寻求新的答案。为此，我们拟围绕重返关贸总协定与经济体制改革这个主题，对关贸总协定的性质、任务和基本原则，"复关"后面临的机遇和挑战，"复关"与我国经济体制改革等三个问题作些探讨。

一

《关税和贸易总协定》（简称 GATT）是当今协调世界经济关系的一个重要国际组织形式。它既是 104 个缔约方在国际贸易活动中必须共同遵守的一部"贸易法典"，又是一个国际组织和一项国际协议。它的主要任务是：组织并主持减让关税的多边贸易谈判，使每一个缔约方在相互关系中受益。因此，人们把它与国际货币基金组织、世界银行这三大组织统称为当今时代协调世界经济关系的三大支柱，是一个"经济联合国"。

世界上许多国家和地区都在积极谋求参加关贸总协定。其主要原因是：当今全球贸易使许多国家和地区相互联系、相互依赖的程度越来越紧密，而关贸总协定是 104 个缔约方为保护自身利益、对重大经济问题拥有充分发言权的讲坛；不仅如此，它还是世界贸易领域削减关税、实行非关税壁垒等多边贸易谈判和解决贸易争端并寻求扩大贸易机会、保护自身利益的重要场所。因此，1946 年从筹建"国际贸易组织"的 15 个国家开始，到今天已发展为拥有 104 个国家和地区的规模极大、范围极广的世界的经济组织。中国是发起国之一，但在 20 世纪 50 年代初退出关贸总协定，迄今已 40 余年。处在国际贸易十分发达、国际经济交往十分频繁的今天，我国却游离于这一世界性经济组织之外，因而在与许多贸易对手进行角逐的时候，发生了一个自身无法解决的大难题。这就是，因为没有参加关贸总协定，没有按照共同协定的规则行事，既抓不到对方犯规的依据，更找不到公正断案的"裁判"。也就是说，中国在同 104 个缔约方进行贸易交往时，除中国外，他们彼此之间通过关贸总协定可以互相获得许多好处，而中国则不一定能够获得。这是一方面。另一方面，缔约方彼此发生贸易争端，不能随便采取报复制裁的手段。可是，对没有参加关贸总协定的中国，却可以轻易地制裁报复。这就是中国置身于关贸总协定之外所付出的代价。由此可见，中国需要重返关贸总协定是十分重要的。其实，关贸总协定也需要中国，正像中国需要世界，世界也需要中国一样地重要。

关贸总协定的内容比较广泛，其主要原则和规则是：第一，以市场经济为基础，以平等自由竞争为基本原则，价格随供求关系变化而涨落。关贸总协定正是在市场经济的基础上，运用公开、公正和公平的竞争原则，鼓励先进，鞭策落后，"优胜劣汰"，不断地推动着各国经济的发展和科学技术的进步和经济实力的增强。但是，自由贸易的积极作用也不是绝对的，它好像一把双刃剑，既约束别人，也约束自己。第二次世界大战结束后，随着科学技术的进步和世界产业结构的演变，经济强国的一些传统产业便开始衰落。如美国的钢铁制造产业逐步衰落，纺织、服装等产业的竞争实力也不如发展中国家和地区了。与此同时，发展中国家的一些轻纺工业，如服装、食品、玩具等产业则迅速发展起来。例如，世界纺织品服装市场主要集中在几个发达国家。其中，美国、欧洲共同体、日本是当今世界三大纺织品和服装消费市场，其进口额占世界服装进口额的 74%。而服装的主要出口国家和地区则是中国香港、中国内地、中国台湾地区和韩国，每年出口服装总值达 3 369 亿美元之多，占当年世界服装出口总额的 38.4%。此外，近几年东盟各国、印尼、孟加拉、越南等国家也形成亚洲另一个新型的服装出口区。亚洲这两大服装出口地区的出口额已占世界服装出口额的 50% 左右，在国际市场上起举足轻重的作用，而且，所占比重还有继续上升的趋势。由于类似的经济发展态势，发展中国家也愿意接受自由贸易、平等竞争的原则，要求发达国家开放国内市场，尤其是劳动密集型产业的市场，以便主动参与国际分工和国际市场的竞争。第二，互惠互利的原则。对贸易的减让要有给有取，互相得利。我们中国人称之为投桃报李、互惠互利。这对发达国家来说，要求总体减让对等；对发展中国家来说，是互惠，使贸易交往国各有所得。第三，非歧视性原则。在国际贸易交往中，对国内外产品要一视同仁，不附加任何带歧视性的条件。这是关贸总协定的基石，也是关贸总协定成功的奥秘。它包括无条件的最惠国待遇和国民待遇。其中，无条件最惠国待遇包括两层意思：一是一个缔约方给予另一个缔约方的贸易优惠和特权，必须同时给予所有缔约方；二是这种贸易优惠和特权必须是无条件的。相比之下，目前美国执行中美双边贸易协定给予中国的就是有条件的最惠国待遇。这既不符合多边贸易自由的原则，也不符合中美贸易协定。第四，视关税为唯一的保护手段。关贸总协定对缔约方一些特殊的工业也允许进行保护，其唯一的手段就是关税，而不能采取其他非关税壁垒的办法。第五，贸易壁垒递减原则。缔约方之间相互约束部分或全部产品的关税率，必须共同遵守，不得擅自更动。从发展的过程看，自关贸总协定成立以来，工业发达国家制成品的平均关税率从40%左右下降到了目前的5%左右，促进了贸易的发展。第六，公平贸易原则。主张公平贸易，反对倾销和出口补贴。由于国际社会仍没有把中国看成关贸总协定的成员国，因此，各国对我国的反倾销案往往实行不同的标准，使反倾销容易成功，严重影响了我国产品的出口。第七，一般禁止数量限制的原则。总之，无论任何一个缔约方在参加关贸总协定时，都必须按照上述七项原则来组织自身的经贸活动。中国要恢复关贸总协定缔约国席位，就要熟悉这些基本原则，才能做到既发展国际贸易，又不违反关贸总协定的原则，维护自身的经济利益。

二

近年来，由于国际形势发生巨大变化，长期的东西方两极对峙格局已经终结，世界正向多极化方向发展，经济"热战"代替了政治"冷战"。世界经济格局的演变为我国进入更广阔的国际市场、利用多边贸易体制、促进我国经济的发展，既带来良好的机遇，又面临严峻的挑战。

从机遇的角度看，由于我国经济更广泛深入地参与世界经济一体化，就会缩小我国同世界各国之间经济发展和经济收入以及消费水平等方面过大的差距，从而有利于逐步改善和提高我国人民的生活水平。我国重返关贸总协定，实际上就是要获得同世界各国一样能够充分熟悉、利用这种机遇的平等权利。具体地讲，会迎来的机遇有：第一，我国的经济利益会获得更大的安全保障。因为，从世界经济发展的态势看，各国之间的经济贸易往来关系不是疏远和隔离，而是愈加紧密、相互依存。

彼此相互渗透的程度日益加深，就意味着你中有我、我中有你，谁也离不开谁。我国恢复关贸总协定席位后，实际上就是把我国经济贸易的发展和世界经济贸易的发展直接联系起来，把我国自身的经济利益和世界的经济利益紧密地结合起来。有你的利益就有我的利益，有我的利益也就有你的利益。由于利益关系的密切化，就可使我国的经济利益获得更大的安全保障。任何国家要想损害中国的利益，不可能不损害他们自身的利益。因此，他们的行动就不能不受到关贸总协定的原则和自身利益关系的同时约束。第二，有利于我国的一些名优产品在国际市场上形成竞争优势。战后，科学技术的发展，世界产业结构的变化，使发达国家一些传统产业竞争性减弱、新产业的竞争性增强，从而有利于逐步扩大中间产品在国际市场上的份额，形成竞争的优势地位。例如，从轻纺工业看，根据有关方面的统计，中国内地、中国香港、中国台湾地区近年来服装出口势头看好。1989年香港服装出口140亿美元，占当年世界服装出口的14.3%，位居世界第一。美国是香港服装最大的出口市场，其次是法国、英国、比利时等，1991年输出量大增，德、英两国成衣增值四成，比利时增值六成二。可见，中国内地、中国香港、中国台湾地区在国际服装市场上起举足轻重的作用。又如，云南省卷烟在国际市场上声誉日高，特别是名优烟外销势头旺盛，与洋烟一争高低。1992年，红塔山卷烟价格每件调高到270美元，比美国剑牌烟还高出100多美元，仍供不应求。这表明，"复关"后必将进一步扩大我国一些产品尤其是名优产品在国际市场上所占份额，并将进一步促进我国相关产业的发展，形成竞争优势。第三，为我国更快更好地建立和完善社会主义市场经济体制创造有利条件。"十四大"确定了我国经济体制改革的目标模式是建立社会主义市场经济体制。从传统的高度集中的计划经济体制走向社会主义市场经济体制是一个根本性的转变、质的飞跃。"复关"后就为我国的产品及其企业走向国际市场、为我国经济体制的转换、为我国的市场经济同国际市场经济联系接轨开辟了道路。因为，我国重返关贸总协定，就将根据总协定的规则，要求各主要发达国家给予我国无条件的最惠国待遇，取消对我国实行的歧视性的数额限制、歧视性的反倾销、反补贴标准和技术进口的限制等，使我国外贸在国民经济中的地位迅速提高。1991年，我国出口额相当于国民生产总值的20%，进口额相当于18%。1992年又有了进一步发展。据海关统计，1—10月我国进口贸易额达到1 248亿美元，比1991年同期增长20%，有些产品对国际市场的依赖程度越来越高，走向市场的势头越来越旺盛。例如纺织品，1990年的纺织工业总产值为1 327亿美元，当年出口149亿美元，占产值的11.2%，而1984年出口只有66亿美元，到1991年就增加到178亿美元，增长近300%。这样快速的发展正是得益于国际市场的开放。否则，许多厂家就可能关门，特别是丝绸业80%是依靠国际市场的。由此可见，我国市场经济的发展，也需要有个良好的国际环境，与国际市场相衔接，才能大展宏图。第四，有利于我国产业结构的合理调整和逐步优化。改革前，我国出口产品中70%以上是农副土特产品、初级制成品，经济效益不佳。近几年来逐步发生了变化。根据海关统计，1991年，我国出口的工业制成品已占出口总额的77%。出口产品结构逐渐优化，反映了我国产业结构日趋合理的变化。"复关"后，我国将继续从出口农副土特产品为主转向出口工业制成品为主，从进口替代战略转向以内需为后盾的出口导向战略。我们要通过进出口贸易的演变，通过国际市场的影响，以适应市场经济的需要，推动国内产业结构的优化和竞争力的增强。第五，为建立中华经济圈、实现民族统一、国家繁荣富强提供了大好时机。目前，世界经济日益向区域化方向发展。伴随欧洲大市场的形成，中华经济圈包括中国内地、中国香港、中国澳门和中国台湾地区，其贸易额在1991年为4 020亿美元，占世界贸易总额的6%左右。如果把这四个地区联为一体，形成一个统一的大市场，将对促进世界经济的发展作出积极的贡献。因为，市场、技术、资本、劳动力、销售技术等各种要素相互结合起来互相渗透，就可能形成一种群体优势，形成亚洲乃至世界市场上具有竞争力的优势产业，使中华民族受益，使世界经济受益。

但是，任何事物都有正负两个方面的效应，有机遇必然有挑战。中国重返关贸总协定也是如此。"复关"之后，中国除争取到应有的权利外，也要承担必要的义务。其中，最重要的义务就是开放国内市场。这就意味着，除保留关贸总协定允许的进口限制措施外，大部分非关税壁垒都必须取消，只能以关税作为主要的保护手段。我国向关贸总协定成员国开放市场，就将国内产业置于国际竞争之中，关税的保护程度将在以后各个"回合"的关税减让谈判中逐步降低。这样，我国的贸易保护条件将发生急剧的变化。其变化是：大幅度减让关税；削减非关税壁垒，使非关税措施透明化、规范化；与贸易相关的经济政策和管理体制必须进行多方位的调整。因此，重返关贸总协定对我国经济的影响主要是两个问题，即对国内市场和经济体制的影响。

对国内市场的影响可从近期和远期的发展来看：在近期，市场开放后，最直接、最大的冲击莫过于本国货和外国货在价格上的比较，并将在成本、价格、品种、质地和市场占有率上表现出来。从行业看，对重化工基础工业和高新技术产业的影响大，对劳动密集型产业的影响相对要小。从产品看，冲击比较大的是计算机、录像机、复印机、汽车、摩托车、彩电、数控车床、广播电视设备、通信设备、自动化精密印刷机械等。这些产品的产值约占我国工业总产值的1/3左右。如果考虑到产业的关联度，则受影响的产业和产品将是相当广泛的。例如，国产汽车、摩托车受到冲击，相联系的机械、钢铁、冶炼等几十个行业都会受到不同程度的冲击。如果再考虑到产品质量、款式、包装装潢及消费者愿意选购进口洋货的心理，则所受冲击是大的。从长期发展情况看，随着"乌拉圭"回合谈判的结束，关贸总协定所规范和管辖的贸易领域，将从传统的货物贸易扩大到服务贸易、知识产权和与贸易相关的投资措施等新领域。这将引起整个国际贸易格局的变化，也必将对我国贸易、投资和企业的生产经营活动产生深远的影响。具体地说：第一，将使我国技术引进的成本大大提高。因为，关贸总协定强化与贸易有关的知识产权保护，将大大提高我国引进技术的成本，从而决定了我国企业走自我开发与研制技术为主的道路。这也关系到我国对传统产业的改造及产业结构的合理调整。第二，将使我国引进外资遇上困难。因为，新的投资协议的主要内容：一是规定出口任务是非法的，即外资在本国投资办企业，本国不得硬性规定产品外销的比例；二是规定当地生产成分是非法的，即规定外国投资生产的产品，其国产化程度必须达到多少是非法的。最近几年，以"三资"企业为主的各种类型的工业产值，每年以40％的速度增长，是各种所有制成分中增长最快的。此类企业与国内其他企业相比较，除有相同的廉价劳动力外，还有先进的管理方式、技术与设备的优势以及政策上的优惠，因而具有较强的竞争力。我国"复关"后，将取消上述出口任务、国有化程度和优惠政策等非关税壁垒限制，结果"三资"企业的产品首先会挤占国内市场，进而影响国内其他企业的产品出口。第三，对服务贸易自由化的要求，将使我国第三产业在尚未发展成熟时就受到来自国外强有力的竞争。

至于给我国经济体制带来的影响则不可低估。因为，关贸总协定缔约方认为，我国外贸制度及整个经济体制与总协定的要求有较大的差距，即我国现行的经济体制如何与以市场经济为主的国际贸易体系相协调的问题。集中表现为：第一，关贸总协定要求简化进口体制，实行贸易自由化，进口调节由行政干预转向以关税税率等经济杠杆调节为主。但我国的现状是：一方面，地方政府与企业仍缺乏严格的约束机制，难以单纯用汇率和关税来影响进口需求；另一方面，外贸管理体制的转换也碰到了难题，如果由计划为主急速地转向市场调节，又缺乏相应的配套措施，有可能导致进出口管理及对外贸易的混乱，引起宏观调控上的不适应。第二，关贸总协定对减少地方封锁和部门、行业的保护以及建立全国的统一市场，提出了更高、更紧迫的要求。可是，我国40多年所建立的却是一个条块分割、封闭的经济体制。这种体制弊病甚多，既与国际市场脱节，又在国内市场互相封锁，形成"诸侯经济"，必须进行全面改革。但由于牵扯的利益面广，涉及各方面利益关系的调整，故改革难度大。第三，面临思想观念的转变。长期以来形成了封闭、狭隘、守旧的观念，安于现状，墨守成规，害怕竞争，担心改革，不思进取，乃至在姓"社"和姓"资"上绕圈子，阻碍了生产的发展、社会的进步，也阻碍了深化经济体制的改革。

<h2 style="text-align:center">三</h2>

恢复我国在关贸总协定的席位，能使我国更快地走向世界经济大舞台，以便加快我国经济建设的进程，促进生产发展，增强我国的经济实力，提高人民的物质文化生活水平。为此，我们要把握机遇，变冲击为动力，以适应"复关"的需要。

我国重返关贸总协定的实质，就是要使我国现行的经济体制与以市场经济为基础的国际经济体制相衔接。为此，必须对我国现行经济体制进行全面、深入的改革。

首先，要建立和完善社会主义市场经济体制。关贸总协定运行的基础是市场经济，对各成员国也作如此要求。在人类历史上，资本主义之所以能够形成战胜封建主义的强大物质技术基础，就是因为实现了社会化大生产，实行了市场经济，把生产、流通、分配和消费更广泛、更紧密地联系起来，实现资源的合理配置和经济效益的提高。市场经济的精髓，可以说就是社会分工的充分发达、资源的合理配置和经济效益的显著提高。"十四大"明确提出建立社会主义市场经济体制，使我国的经济运行和世界范围的市场经济顺利接轨，为重返关贸总协定扫清障碍。实践证明，104个缔约方没有一个因参加关贸总协定、推行市场经济、提倡公平竞争而垮台的；反之，由于参加关贸总协定扩展国际贸易而带来经济腾飞者则不乏其例。这是一方面。另一方面，由于没有参加关贸总协定，也不愿意改革经济体制、推行市场经济，因而使政权彻底垮台的也不乏其例。所以，当务之急是加大经济体制改革的力度，积极建立和完善市场经济体制。

其次，坚决果断地把国有大中型企业推向市场，建立和完善自主经营、自负盈亏的企业经营体制。因为"复关"之后，国内市场和国际市场的交融"重叠密度"日益增大，广泛参与国际市场的竞争对企业来说是一个必经的阶段。可是，我国的企业长期以来是依赖联结国家"母体"的"脐带"过活的，企业自身有"软骨病"，缺乏生机和活力，效益低，亏损面大，甚至资不抵债。因此，要果断地把企业推向商品经济的"海洋"去独立运行，增强竞争力、应变力和出口创汇力，不致因"复关"撤除对国内企业的保障之后而无法生存。而且，还能在国际市场竞争中得到发展。打开国门，我国企业首先就撤除了关税壁垒的保护，要与洋货比高低，必须起点高，用国际市场通行的标准来要求自己。否则，产品价格不仅比洋货高，而且款式陈旧，质量又没有人家好，消费者就不愿意购买。另外，国门大开，相互竞争，可以直接借鉴国外的先进技术和管理经验，发展自己的优势产业。据报道，台湾的饮料市场初期被雀巢、麦氏、可口可乐所占领，台湾自制的卡门饮料一蹶不振，严重亏损。后来，由于引进先进设备，改进销售手段，降低成本，经过五六年的奋斗，卡门饮料终于成为台湾销售额最大的饮料产品。不仅称雄于台湾，而且成为亚洲最大的粉末饮料中心，并跻身于世界五大名牌饮料行列之中。事实表明，企业在市场竞争的压力之下，被迫学习和把握先进的科学技术，在竞争中才能取胜。同时，"复关"后国家要取消对外贸易企业的补贴，使企业不仅自主经营，还要独立核算，自负盈亏，承担经营风险，增强竞争实力，才能求得发展。

再次，深入外贸体制的改革。如果说"复关"是对我国经济体制改革提出全面的挑战，那么外贸体制改革则是首当其冲。因为，长期形成的高度集中的外贸体制，使进出口贸易所占份额小，出口产品的竞争力弱。1990 年，我国出口额创汇达到 620 亿美元，1992 年 1—10 月达到 652 亿美元，但也仅及德国的 1/7、美国的 1/6 和日本的 1/5，只占世界出口贸易总额的 1.8%，排列在中国香港、中国台湾地区、韩国和瑞士等地区和国家之后的第 15 位。从本质上讲，一个国家对外经贸实力的高低取决于外贸经济体制的设计、改革和政策的选择。为了扩大对外贸易，必须做好两方面的工作：一是转变政府的管理职能，从管微观事务转到进行宏观调控，建立一个科学的、以间接调控体系为主的外贸体制。二是促使外贸企业走上自主经营、自负盈亏的道路。总之，实行外贸政企分离，建立和完善外贸宏观管理，以经济杠杆和法律手段为主、以行政管理手段为辅调节进出口贸易。

又次，进行价格体制的改革。如果没有适应市场经济的价格体制，关税杠杆就会因为缺乏科学的着力点而高低失准，那么从数量限制转向以关税和汇率为主的贸易保护手段就无法依靠价格机制来调节。从外贸角度看，只有理顺国内价格体系，才能通过汇率合理化与国际市场价格有机衔接在一起，要把以市场供求状况为基础的价格形成机制作为价格体制改革的方向。

又次，改革固定汇率制度，实行两种汇率的合一。我国现行的人民币汇率制是以美元为基础、与国际市场挂钩的，除有官方汇率和市场汇率两种价格外，还有黑市交易价。"复关"后，要逐步实行单一汇率制，使官方汇率逐步向市场汇率靠拢，合二为一。

最次，正确对待民族工业。"复关"必然有短期的震动，民族工业会受影响，甚至在一段时期可能陷入困境。但也要看到：一方面，我们可以利用关贸总协定的有关条款，对我国的幼稚工业进行有效的保护，一旦幼稚工业成熟起来，最终也要取消有限度的保护。另一方面，应该坚信，"复关"之后，我国的市场不会被洋货全部占领，冲垮一部分、让出一部分是必然的。可谓"将欲取之，必先予之"。我国的民族工业不会因此而崩溃，整个行业也不可能垮掉，一些企业因此而关门淘汰，当然也是必然的。这就是引进竞争机制、实行优胜劣汰的结果。

（载《思想战线》1993 年第 3 期）

论社会主义市场经济*

（1993 年 6 月）

我国经济体制改革的目标模式是要建立社会主义市场经济体制。这是经过党的"十四大"确立并已正式载入宪法的。这个根本性的转变，对我国社会主义经济体制的改革和社会经济的发展必将产生深远的影响。因此，正确认识和深入研究社会主义市场经济理论，对加快改革开放的步伐和建立社会主义市场经济体制具有重要的理论和实践意义。本文拟就社会主义市场经济的基本特征、功能和建立社会主义市场体制等问题作些探讨。

一、社会主义市场经济的基本特征

市场经济是商品经济充分发展的一个高级阶段。它和一般商品经济相比有两个明显的区别：其一，它扩展了商品经济的概念，形成了一个广泛完整的市场经济体系，以市场为中心，调节社会经济的运行。一方面大大发展了传统的物质产品的商品市场，包括消费资料市场和生产资料市场；另一方面又培育建立了生产要素市场，包括劳动力市场、金融市场、技术市场、信息市场以及产权市场，等等。把社会的一切经济关系和经济活动都市场化、货币化、信息化，以市场为中心调节经济运行，实现资源的优化配置，成为推动经济发展的有效机制。所以，市场经济是一种高度社会化的商品经济。其二，它是从一个地区范围向全国乃至世界范围发展的、高度发达的全球性的经济形式。追根溯源，它是人类社会实践活动的一种创造，是人类共同拥有的一种文明成果。今天，我国把经济体制改革的目标模式确定为建立社会主义市场经济体制，是总结十一届三中全会以来积极发展市场经济实践的结果，也是全国人民在改革开放中所获得的最具有深远意义的思想解放的成果。

社会主义市场经济仍属于市场经济的范围，仍是一种经济手段。我们研究分析

---

* 该文是与刘绍文同志合作撰写的。

社会主义市场经济的基本特征和功能是作为经济手段而不是作为社会制度来考察的。因此，市场经济不等于资本主义，社会主义也有市场经济。它并不因为存在于不同的社会政治制度和不同的思想理论观念而失去它作为经济手段、作为商品经济充分发展的一般特征。也就是说，市场经济本身并不反映社会制度的特征，与姓"社"还是姓"资"没有本质的联系。目前，我们需要探讨的是它所具有的最基本的特征，即构成市场经济框架并使之得以正常运行的最基本的制度要素，以便从这些基本特征出发，去改革高度集中统一的计划经济体制，使之顺利过渡到市场经济体制，促进社会的发展、经济的繁荣和人民物质文化生活水平的提高。

市场经济或者说社会主义条件下市场经济的基本特征主要表现在开放、平等、自主、竞争、分化、法制等方面。

一是市场经济的开放性。这个特征产生于社会分工和发展商品经济的客观要求。社会分工越发达，专业化程度越高，交换越频繁，越需要打破封锁，实行开放。商品经济就是市场经济，它突破封闭的自然经济，为市场而生产，并通过交换实现商品的使用价值和价值。市场经济的开放性表现在：第一，向交易者开放。市场向所有的商品生产者和经营者、买者和卖者开放，向国有企业、集体企业、个体企业、私营企业、三资企业等不同所有制企业和个人开放。任何企业和个人的正当买卖行为不受封锁和限制，即人不分公私、地不分南北、物不分工农，都可以自由交易。第二，地区开放。市场经济不是诸侯式的封闭堡垒型经济，是没有区域和国界限制的。用马克思的话来说，市场经济是超越血缘、地域、民族的界限，是人类从封闭的自然经济走向开放的商品经济，是从初期的城堡型经济走向全国乃至世界的市场经济。它排斥地域壁垒，打破行政封锁，冲破民族、地区和国际等狭隘界限的束缚，像一门"重炮"摧毁一切古老的城池和闭关仇外的心理，使商品和技术像一种势不可挡的力量，沟通地区之间的经济联系。当今世界，更是成了"域民不以封疆之界，固国不以山溪之险"的完全开放的经济。所以，跨国公司成了当今世界经贸活动的一种主要形式。第三，行业开放。经营的行业是没有限制的，不仅冲破了区域"块块"的限制，而且冲破了行业、部门隶属关系等"条条"的束缚。作为经营主体的企业，往往是一业为主、多种经营、农工贸、贸工农、商工贸等一体化的集团化经营，从而有利于生产的社会化、商品化。

二是市场经济的平等性。市场经济不是"官吏经济"，没有地（师）、县（团）的等级之分，更无亲疏贵贱之别。马克思在《资本论》中讲商品生产和商品交换是"天生的平等派"，其根源来自于商品经济的基本规律——价值规律——的要求，即商品的价值量取决于生产商品的社会必要劳动量，商品交换以商品价值量为基础，实行等价交换。市场经济的平等性表现在：第一，地位平等。在商品生产和商品交换的经营活动中，所有的市场参与者在进入市场和从事交易活动时，没有社会地位尊卑贵贱的区别，没有经济成分好坏的悬殊。交换者不能享有任何所有制的、行政的、宗法的特权，也不能凭借某种社会权力和地位获得某些特殊的优惠待遇和等级差别。在市场上，对国有商业、集体商业、个体商业、供销、销售批发商、代理批发商等都一视同仁。第二，机会均等。一切参加商品生产、商品交换活动的当事人，在交易活动的竞技场上，大家都站在同一条起跑线上，面对市场的竞争机会是平等的，没有先跑的权力，没有优先照顾、特殊关怀的待遇，人人都按同一规则即市场规则行事。因此，商品生产者和经营者彼此都不能借助于某种超经济的行政权力或垄断地位，使一方在产品的生产、销售和原材料的购买上得到某种支持或限制，而使另一方蒙受损失，以致破坏机会均等的原则。第三，交换是等价的。市场经济通行的原则是等价交换。当然，从个别商品的交换看，由于供求关系的影响，价格往往背离价值。但是，从一个较长时期看，从市场的总体情况看，商品的总价格和商品的总价值是相等的。这不是对价值规律的破坏和否定，恰恰是价值规律作用的表现形式。第四，公买公卖。在市场上，买卖双方的行为必须是货真价实、自愿公平的。不能借助于某种行政的权力、长官的意志、社会的关系，强加于买方或卖方，估买估卖。因为利用行政权力和社会地位与商品交换联系在一起的超经济行为，就会产生权力变为经济利益的不公平机制，使一些大权在握的部门和人在交换活动中凭借某种权力，获得大量的权力经济利益。权力一旦进入市场，无论是钱权交换或权权交换，都会搅乱市场，失去公正。同时，公平买卖也反对欺行霸市、缺斤短两、以次充好、以假乱真等欺诈行为。这些都是同公平买卖原则背道而驰的。

三是市场经济的自主性。企业是市场经济活动的主体，不是行政机构的一级组织或附属物。它必须是自主经营、独立核算、自负盈亏、自我改造和自我发展的经济实体，是独立的商品生产者和经营者。市场经济的自主性来自商品经济产生的两个基本条件：一个条件是社会分工；另一个条件是生产资料和产品属于不同的所有者，因而各自具有独立的经济利益。如果生产资料和产品都属于同一个所有者，具有完全一致的经济利益，则商品生产和商品交换就失去了意义，也就没有市场经济了。市场经济的自主性表现在：第一，自主经营。参加市场经济活动的每个企业，都必须具有生产经营自主权，包括生产经营活动的决策、发展战略、投资决策、新产品的开发、产品定价、营销方式、进出口经营、用人制度、工资奖金、企业内部机构设置、横向经济联合等都应该由企业自主，使企业真正能够掌握自己的命运。这些年来，人称"老大"的国有企业为什么在市场竞争中敌不过人称"老乡"的乡镇企业呢？一个重要原因就是缺乏自主权。第二，独立核算，自负盈亏。企业是一个独立的经济实体，有自身独立的经济利益。在生产经营活动中，不能长期依赖联结国家"母体"的"脐带"过日子，只负盈不负亏，不承担任何风险。作为国有企业，必须切实割断与国家联结的"脐带"，勇敢地走向市场，实行独立自主的经营，独立承担经营风险，以收抵支，并有盈利，真正做到既负盈，又负亏。第三，自我改造和自我发展。企业的发展和壮大，有赖于提高生产技术水平，推进技术进步。企业有权根据生产发展的需要和社会的进步，适时地进行技术革新、技术改造，以新设备、新技术、新工艺装备企业，使设备上档次、技术上水平，实现自我改造和自我发展。实现企业的自主权，关键是政企分开，转变政府职能。政府只有放弃对企业的行政干预，从过去计划经济的框架中解放出来，变直接管理为间接管理，变分钱分物为统筹规划、掌握政策、组织协调、提供服务和必要的检查监督，才能为市场经济的自主性和企业实现自主权提供良好的外部条件。

四是市场经济的竞争性。竞争是市场经济的必然产物。有市场经济就必然有竞争。这已成为市场经济最显著的一个特点。竞争作为强制性的客观经济规律，支配着商品生产者和经营者的行为。竞争产生于商品经济的基本规律——价值规律——的要求。因为，第一，商品价值的决定离不开竞争。商品价值量是由生产商品的社会必要劳动时间决定的，从而社会必要劳动时间和个别劳动时间的矛盾运动必然产生竞争。第二，商品价值的实现也要在竞争中完成。商品生产者和经营者为实现商品的价值，在市场上必然围绕着商品销售的时间、价格和销售方式以及售后服务而展开竞争。第三，价值规律的作用也必须借助于竞争才能得到贯彻。这是因为，受供求关系的影响，使价格围绕价值上下波动。这在很大程度上是竞争引起商品价格的波动和差别；也只有通过竞争，商品价格以价值为基础、按照等价原则交换才能成为现实。所以，竞争性是和市场经济、价值规律紧密结合在一起的一个基本特征。市场经济的竞争性表现为：第一，买方竞争、卖方竞争、买卖双方之间的竞争。买方竞争是指同一商品购买者之间为争夺有利的购买条件而展开的竞争。这在商品供不应求和节假日的集中购买中往往会出现。卖方竞争是指同行商品的卖方围绕争夺有利的销售条件，尽快销售商品以实现其价值。无论是买方竞争或是卖方竞争，最终都表现为买卖双方的竞争。这种竞争引起价格的涨落和供求关系的变化，时而表现为"买方市场"，时而表现为"卖方市场"。第二，价格竞争和非价格竞争。这是市场竞争的左右两翼。价格竞争是指商品生产经营者通过采用先进技术、改善经营管理、提高劳动生产率和降低成本，使商品的个别价值低于社会价值，从而以较低的市场价格销售，在竞争中处于优势地位。这是人们比较熟知的传统的竞争形式。

非价格竞争是指在商品价格既定的条件下，商品生产经营者通过在商品质量、花色品种、款式、包装、服务等方面所开展的竞争。这是比较高级的竞争形式。现代企业的生产经营活动十分重视非价格竞争，因为人们购物选择的条件是：商品质量、购物环境、价格。第三，企业之间的竞争、部门之间的竞争和国际市场的竞争。企业之间的竞争是市场竞争的起点。它是围绕产品的生产与销售以及原材料的购买而展开的竞争。部门之间的竞争是围绕利润率的高低，通过资本的自由转移来实现的。国际市场的竞争可以说是国内市场竞争范围的国际化。它在产品的生产与销售以及原材料的购买方面展开，以争取有利的销售条件和扩大市场占有份额。第四，完全竞争和不完全竞争。完全竞争是指在公平均等条件下的自由竞争。它为参与竞争的各方提供均等的竞争机会和条件，使价格和市场一般都不受某种力量所左右，竞争手段和行为都规范化。完全竞争实质上是一种在统一客观标准的约束下均等的自由竞争。不完全竞争又称为垄断性竞争。它集中表现为对价格的垄断、地区的垄断和行业的垄断。所以，垄断是一种不平等的竞争，直接破坏了公平的原则。垄断往往保护落后、安于现状，不利于科学技术的进步，阻碍社会生产的发展和市场的繁荣。竞争是平等公开的"淘汰赛"。通过竞争，大浪淘沙，优胜劣汰，适者生存。竞争使企业大展宏图，大显神威；也会使企业在偌大的市场上无立足之地，一败涂地。所以，竞争决定着企业的兴衰成败，由此给市场经济的正常运行不断注入新的"血液"，推动着商品经济的大发展。

五是市场经济的自发性和盲目性。虽然，市场经济是必须要搞的，但它并非是万能的，而是具有自发性和盲目性的。因为，市场经济的主体是分散独立的商品生产者和经营者，他们为追逐利润的最大化，在竞争中处于有利地位，总是有利才上，即利大大干、利小小干、无利不干。在投资方向、产品生产、新产品的开发、技术选择上都取决于利润率的高低。但是，往往由于对市场供求总体情况不甚了解，在价格信号的诱导下，一哄而起，造成对社会资源的滥用和浪费，甚至污染环境，破坏生态平衡。例如，最近几年，国内市场出现的大起大落，彩电、冰箱、收录机等家用电器的大量上马、重复建厂，导致产品的大量积压。据报道，我国彩电年生产能力为 2 000 万台，而实际销售量才 1 000 万台，闲置 1 000 万台。一些乡镇企业在生产经营中的不良现象，也是市场经济自发性和盲目性的表现。因此，必须加强宏观调控和政策约束。

六是市场经济的分化性。这是一种客观存在，也是十分严峻的。一些工商企业和商品生产经营者扩大生产规模，利润上升，呈现蒸蒸日上之势。与此相反，有的工商企业和生产经营者则资不抵债，乃至破产倒闭。这种分化是价值规律作用的结果。首先，由于商品生产经营者的生产经营条件各有差异，条件好的生产经营者，劳动生产率高，生产商品所耗费的个别劳动时间少，其生产成本则较低；而条件较差的生产经营者，劳动生产率低，生产商品所耗费的个别劳动时间多，其生产成本则较高。这样，在市场竞争中，前者就处于有利地位，后者则处于不利地位，甚至竞争败北，亏本破产。其次，各个商品生产经营者选择的市场条件也有很大差异。有的工商企业生产经营的商品，质地优良、款式新颖而供不应求，则价格高于价值。由于适销对路，能满足市场需求，增加市场有效供给，便处于竞争的有利地位。而有的工商企业生产经营的商品货不对路、式样陈旧、质地不佳，价格低于价值，则处于竞争的不利地位。结果，不可避免地会出现强弱、贫富的分化。这说明，价值规律和竞争规律作用的结果，不仅不可能保证收入分配的平等，而且为取得效率往往要以牺牲一定的公平为代价。但市场经济的分化性却有利于提高效率，降低成本，优化企业结构，调节社会供求，提高社会总体经济效益。

七是市场经济的法制性。市场经济必须是有序的法制经济。这是一件事情的两个方面，越是竞争，越需要建立完善的法制。市场经济的运行有赖于法律的规范化。因为，第一，市场经济的基础是主体多元化的经济。由于经济主体之间存在着不同的经济利益关系和复杂的产权关系以及经营关系，必须加以法律规范，使各自的责、权、利明晰化，市场经济才能有秩序地运行。第二，市场的竞争要有公平的规则和法律的保护。市场经济的公平竞争犹如体育场上的公平竞赛一样，需要具备一些客观条件，如公平的比赛规则、公正的"裁判"、公众的监督等。只有具备这些条件，特别是通过法律形式来规范个人、企业和政府各自的行为，公平竞争才能有序、有效地进行并取得最佳效益。第三，市场经济是一种契约化经济，也需要法律规范。因为，市场经济的运行往往是通过合同关系、信用关系的形式进行的。这就更需要运用法律、法规的手段来保证契约、合同关系，才能保护其信用得到有效的实施。第四，市场经济是受国家宏观调控的经济。随着社会的发展和科学技术的进步，市场体系日益完善，完全放任自流的市场经济已不复存在。针对市场经济主体多元化所生产的自发性、盲目性和分化性，更需要政府进行必要的宏观调控。其手段主要是通过经济杠杆、经济政策、经济措施进行间接调控。但必须在相应的法律保证下，才能有效地发挥调控作用。总之，市场经济的有序化、法制化是市场经济充分发展的客观要求，也是市场经济从不成熟、不完善走向成熟和完善的一个重要标志。一些发达国家的市场经济能运行良好是与其有一套完备的法制体系密切相关的。为了保证社会主义市场经济的正常运行，应该积极着手制定相关的法律、法规。诸如：（1）关于市场经济主体行为规范化的法律有公司法、私营经济法、个体经济法，等等。（2）关于市场经济秩序化方面的法律有反垄断法、公平竞争法、消费者权益保障法、证券交易法，等等。（3）关于宏观调控方面的法律。政府进行宏观调控必须依据法律，以法律为准绳，依法治国。相关的法律有投资法、预算法、银行法、国有资产管理法，等等。（4）关于契约、信用方面的法律。契约、信用、合同等都是市场经济最基本的"细胞"，要有相关的法律规范。（5）以商业道德和职业道德行为准则为基础的相关法规。市场经济的法治不仅意味着诉诸法律、法规的各种强制手段，也意味着人们的社会经济活动要有相关的法律来规范。这是保障社会主义市场经济实现良性运行的重要条件。

综上所述，市场经济也包括社会主义市场经济最基本的特征，实际上就是市场经济的运行规则。这是需要全面认识、深刻理解的。同时，也要充分认识我国要建立的市场经济是和社会主义制度相结合的，是社会主义市场经济。

中共中央十四届三中全会作出了《关于建立社会主义市场经济体制若干问题的决定》，对建立社会主义市场经济的总体框架提出了五个方面的基本内容。即：

1. 建立以公有制为主体、多种经济成分共同发展的现代企业制度。建立以公有制为主体的现代企业制度是构建社会主义市场经济体制的基础。因此，要通过国有企业经营机制的转换，建立适应市场经济要求的产权明晰、权责明确、政企分开、管理科学的现代企业制度。

2. 建立全国统一开放的市场体系，实现城乡市场紧密结合，国内市场和国际市场相互衔接，促进资源的优化配置。要充分发挥市场机制在资源配置中的基础作用，就需要有一个载体，这个载体就是市场，因此要培育和发展社会主义市场体系。当前就要发展生产要素市场，规范市场行为，形成统一、开放、竞争、有序的大市场。

3. 转变政府职能，建立健全宏观经济调控体系，保证国民经济的正常运行。

4. 建立以按劳分配为主体、多种分配方式并存的分配制度。要体现效率优先、兼顾公平的原则。作为劳动者个人的劳动报酬，要实行多劳多得、少劳少得，合理拉开差距；要坚持鼓励一部分地区、一部分人通过诚实劳动和合法经营先富裕起来；要提倡先富带动和帮助后富，逐步实现共同富裕。

5. 建立多层次的社会保障制度，为城市和农村居民提供同我国国情相适应的社会保障，促进经济发展和社会稳定。所要建立的多层次社会保障体系包括社会保险、社会救济、社会福利、优抚安置和社会互助、个人储蓄积累保障等。

以上五个方面是互相联系、互相制约的有机整体，它们共同构成了我国社会主义市场经济体制的基本框架。

二、社会主义市场经济的基本功能

市场是商品买卖关系的总和，即商品交换的领域和场所。有商品生产和商品交换，就必然有市场。在商品生产充分发展的市场经济条件下，商品的生产和交换、商品的使用价值和价值、地区之间的经济联系都是通过市场来实现的。因此，市场能集中反映一个国家、一个地区经济活动的情况和商品供求的变化及其发展趋势。从这个意义上说，市场是整个国家经济发展状况的"晴雨表"和"显示器"。

市场经济的基本功能也应该是社会主义市场经济的基本功能。它对我国社会生产力的发展、经济的繁荣、国家的富强和人民生活的富裕，都具有十分重要的作用。

第一，它是沟通经济联系的纽带。社会主义市场经济的首要功能是沟通工业和农业、城市和农村、沿海和内地以及部门之间、地区之间、企业之间的商品交流。生产资料的流通保证了生产过程中所消耗的原材料、燃料及有关设备在实物形态上得到补偿，在价值形态上得到实现。生活资料的流通，使劳动者获得所需要的消费品，保证劳动力的再生产。特别是随着社会分工的发展、交换的扩大，经济联系迅速从一个县、市、省的范围扩展到全国乃至世界的范围。因为，任何国家和地区不可能拥有自己所需要的一切资源，只有通过地区间的、国际的经济技术合作与交流，互通有无，资源互补，才能更好地促进国民经济的迅速发展和经济效益的提高。从全国的情况来看，随着改革开放的推进和市场经济的发展，全国城乡市场商品充足，市场繁荣。以农村市场为例，过去作为"小自由"、"资本主义尾巴"要割掉的，如今却是一派蓬勃发展的兴旺景象。云南省呈贡县东大河蔬菜批发市场已跻身于全国十大蔬菜批发市场行列之中，并以菜质好而闻名遐迩。每天进入市场的蔬菜有30多万公斤，高峰时可达40多万公斤，交易者达2万多人次。菜豌豆、辣椒、西红柿、大白菜等100多种蔬菜，远销黑龙江、北京、河南、陕西、深圳、珠海、香港等地。在省内的销量更大，昆明市场上近一半的蔬菜是从这里批发的。同时，它还是云南省冬早蔬菜的集散地之一，年成交额5 000多万元。全国各地的市场为人民群众提供了日常生活所需要的肉、禽、蛋、水产品、干鲜果、干鲜菜等消费品，大大丰富了城乡居民的菜篮子。再从日用百货看，最近几年形成的温州桥头纽扣市场，各色纽扣应有尽有，八方客户纷至沓来，纽扣成交额高达1亿元，被称为"东方第一纽扣市场"。从国际市场经济的情况看，随着社会化大生产的发展和国际分工深化，一切国家无论是资本主义国家或是社会主义国家都不同程度地卷入了经济国际化的洪流，没有一个国家可以离开国际分工体系而闭关锁国、万事不求人。日本和瑞士是资源贫乏的国家，他们利用别国之长，弥补自己之短，使经济获得了迅猛的发展。当今世界，国与国之间的经济联系更加频繁密切，国际商品交换、技术交流、资金活动、劳务合作，在规模和发展速度上达到了空前的程度。可见，通过国际市场的经济联系来沟通世界各国的经济交流已成为社会发展的必然趋势。

第二，它是合理配置资源的有效手段。这里讲的资源，不是指未开发的社会资源，而是指人们可以掌握、支配、利用的人力、物力、财力和土地等经济资源。这样的社会经济资源在任何时候都是有限的，而社会对资源的需求却是众多的、无限的。因此，如何把有限的资源配置到社会需要的众多领域、部门、产品和劳务的生产上去，而且配置得最为有效，产生最佳效益，从而最大限度地满足社会的需要，是一个非常重要的问题。一般说来，资源配置有两种方式：一种是计划方式，一种是市场方式。

长期以来，我国是运用计划经济体制作为配置资源的基本手段的。主要是通过指令性计划的配额方式来统管资源和分配资源。社会需求不仅是千差万别的，而且是不断发展和变化的。可是，来自于纵向的行政指令、信息传递和反馈层次过多，效率极低，便割断了经济生活的内在联系，所以，难以做到及时、准确、灵活，常常使计划与实际相脱节，以致盲目投资、重复建设，大而全、小而全比比皆是，造成人力、物力、财力等资源的极大浪费。同时，这种行政体制也割断了地区之间、部门之间、行业之间、企业之间的经济联系，人为地造成经济垄断和封锁，使有限的资源不能合理地有效利用，不仅造成浪费，而且还导致短缺和积压同时并存，使短缺成为社会主义长期存在的现象。按照社会主义市场经济的要求，市场对资源的配置要起基础性的作用，也就是一切经济活动都要根据价值规律的要求，适应供求关系的变化，在全社会范围内比较合理地配置资源，充分发挥各种资源的作用。这就要求每个企业，必须以最少的活劳动和物化劳动的消耗获得最大的劳动成果，实现利润的最大化，提高资源的利用率，取得最佳经济效益。最近几年，我国逐步通过市场配置资源已取得一定效果。例如，南菜北运。云南省干热河谷地区的冬春早蔬菜大量运往东北、华北、西北等"三北"地区，仅元谋县的大洋葱、西瓜等就达4万~5万吨，既满足了"三北"地区广大群众的生活需要，又增加了元谋菜农的经济收入。这就充分发挥了地区的资源优势、经济比较优势，取得了规模效益，从而加快了区域专业化分工的发展。我国地域辽阔，地理气候条件差别较大，资源分布各有优势，可以互为生产基地，互为市场，优势互补，以实现资源合理配置和有效利用。

第三，它是调节社会供求的灵敏机制。社会商品的供求矛盾是市场经济的一对主要矛盾。在一般情况下，是综合反映社会生产和需要之间、国民经济各部门之间、积累和消费之间是否协调发展的主要标志，是整个国民经济运行状况的"晴雨表"。同时，商品供求矛盾的存在和发展也制约着商品流通的规模、构成和方式。在一定时期，社会商品供求平衡是相对的。表现在：商品总量的平衡、商品结构的平衡、商品供求在时间上和空间市场分布上的平衡。因此，通过什么方式来调节供求平衡以促进国民经济协调发展具有特别重要的意义。长期以来，我们是运用计划的手段调节供求关系的。计划调节的设计和实施者实质上是政府，其微观基础只能是作为政府机构附属物的工厂，而不是真正意义上的经济实体企业，实现调节的手段是行政服从，调节的信息获取和传输也主要是纵向的，信息的载体是指令性计划、指标、命令等，环节多、过程长，传递的信息往往失真，难以适应不断变化的供求关系，致使市场上的商品积压和脱销同时存在。市场调节则完全不一样。设计者和实施者是市场，其微观基础是自主经营、自负盈亏的经济实体企业，调节的手段是经济利益的激励与约束，调节信息的获取与传输是横向的，信息的载体是价格，通过价格对社会供求关系进行双向调节，一方面价格信号比较准确、及时地反映供求变动；另一方面，通过价格变动自发地引导生产和消费。因为，当某种商品供不应求、价格高于价值时，自然就会吸引许多商品生产者来生产这种短缺的商品。反之，就会促使许多生产经营者自动放弃或减少生产经营供过于求的商品，去经营其他供不应求的商品，从而使社会商品的供求大体均衡。这只"看不见的手"控制着每个企业的运行，调节着整个社会的供求，因而对市场的调节是比较平稳的，一般不会出现大起大落的现象。

第四，它是铁面无私的"法官"。市场既是商品经济发展的产物，又是商品经济发展的土壤和条件。一种商品的价值，一个行业的兴衰存亡都取决于市场的评价和裁判。因为，市场经济的价值评判标准是客观的、公正的、无情的。产品的质量、企业的信誉不是自封的，而是来自市场和消费者的评价，是企业苦心经营的结果。有人形容企业及其产品一旦进入市场就犹如走钢丝，万万不可掉以轻心，否则会自己败坏声誉、砸牌子。所以，市场竞争，优胜劣汰，大大有利于企业素质的提高、经济的发展和市场的繁荣。

第五，它是调整产业结构、实现国民经济良性循环的根本途径。长期以来，我们推行的是一种以产品经济面貌出现的高度集中统一的计划经济体制，为计划而生产。经济运行的计划取向使生产远离市场，产业结构不合理，畸轻畸重，国民经济难以实现良性循环。市场经济体制与此恰恰相反，产业结构的演变以市场为导向，根据市场的需要而生产和调整产业结构，特别是通过发展第三产业带动第一、第二产业的发展，实现国民经济的良性发展。因为，第三产业的商业、服务业具有协调产业关系、改善产业结构的特殊功能。发达国家的第三产业一般占国民生产总值的60%，占就业人数的60%左右。而我国第三产业的产值仅占国民生产总值的27.2%，就业人数只有18.6%，农村就更为落后。这同我国经济发展水平极不相称。因此，加快发展第三产业是促进各产业协调发展的重要条件。

第六，它是促进社会生产力迅速发展、实现国民经济现代化和提高人民生活水平的有效途径。市场经济的巨大功能归根到底是推进社会生产力的迅猛发展，实现国民经济的现代化。市场经济的发展程度是生产力发展程度的标志，这是经济发展的一般规律。首先，经济的现代化意味着生产的高度社会化和大发展。而市场经济的充分发展，必然促进社会分工的进一步扩大，使生产更加专业化和社会化，必将大大提高劳动生产率，推动社会生产的发展。其次，市场经济是一种利益型和增值型的经济。人们在从事生产经营活动中，必然要进行成本和效率比较，从而推动企业采用新技术、新设备，改善生产条件、改善经营管理、降低成本，追求效率和利润的最大化，必然有利于实现企业的现代化和国民经济科学技术水平的提高。同时，市场经济的发展，有利于开拓国际市场、利用国外资金、引进国外先进技术和设备，这也加速了国民经济的现代化。再次，市场经济的发展，能增加国家、企业和个人的收入，有利于积累资金和提高人民的生活水平。特别是我国广大农村，长期处于自然经济状态，资金短缺，技术落后，群众生活水平低。随着市场经济的发展，能迅速增加积累，改善生产条件，改善人民的生活。改革开放14年来，农业获得了很快发展，粮食、棉花、油料、烟叶、猪、牛、羊肉和水产品的产量都名列世界第一。其原因，是农村一马当先地跨入了社会主义市场经济，大大解放了生产力。主要表现为：（1）取消人民公社制度，实行了以家庭联产承包为主、统分结合的双层经营体制，先于国有企业10多年，把亿万承包农户推向市场，成为自主经营、自负盈亏的商品生产者和经营者。（2）取消农产品的统购派购制度，放开绝大多数农产品的购销价格，推动农业向生产商品化、经营市场化转变。长期统管的100多种产品已经放开，现在剩下的少数几种也将逐步放开。（3）乡镇企业"异军突起"，成为社会主义市场经济的先导力量，是中国9亿农民继实行家庭联产承包责任制之后的又一伟大创举。它从诞生之日起就依靠市场获得原材料、资金、技术、人才、劳动力和销售品，发展壮大成为市场经济发展中最具生命力的主力军。1991年，全国乡镇企业产值11 621亿元，乡镇工业产值8 709亿元，分别占全国社会总产值、全国工业总产值的26.5%和30.8%。全国社会总产值从1 000亿元发展到1.6万亿元用了31年时间，而乡镇企业从1 000亿元发展到1.6万亿元仅用了8年时间。不仅如此，乡镇企业对国家的贡献也是与日俱增的。仅1991年就向国家财政缴纳税金454亿元，占全国税金的15%；在1985年至1991年国家税金净增量中，乡镇企业净增占33.5%。1991年，乡镇企业出口商品交易额达670亿元，占全国外贸收购总额的29.6%，为国家创取了大量外汇。（4）农村市场经济的活跃，改变了农村经济结构，促进了农村经济的繁荣和发展。过去，我国农村长期单一经营种植业，随着农村市场经济的发展，推动了农村城市化的进程，越来越多的农村富余劳动力转入城镇从事第二、第三产业，大大增加了农副产品的供应，改善了城乡人民的生活；农民收入增多，又增加了对农业的投入，促进了农业生产的发展。

三、培育发展社会主义市场体系

社会主义市场经济是多种市场互相联系、互相制约所形成的市场集合体和系统。它是市场经济运行的基础和前提。目前，我国的市场体系既不发达，更不完善，只是刚刚起步。为了建立社会主义市场经济体制，必须加大流通体制改革的力度，大力培育和发展全国范围统一的市场体系。

第一，进一步完善和发展消费品市场，特别是农副产品批发市场。目前，消费品市场尚不发达，特别是在农村，买难、卖难的现象很普遍，往往是"产地卖不掉，销地买不到"。故应大力发展交通运输事业，改革流通体制，鼓励个体经商户。要根据各地经济发展水平和商品的流向，建立不同类型、具有地方特色的粮食、烟叶、蔬菜等农副产品批发市场。

第二，大力发展生产资料市场。长期以来，我国的生产资料大部分通过物资部门以计划的形式统一分配，真正进入市场流通的部分很少，市场发育程度极低。为了实现企业的自主经营、自负盈亏，合理使用生产资料；也为了使生产资料适销对路，接受市场的评判、检验，必须把生产资料作为商品全部推向市场，形成正常的价格机制、竞争机制和供求机制。要陆续建立金属材料、机电设备、化工轻工、燃料、建筑材料等市场，使生产资料市场和消费品市场成为市场体系的主体。

第三，建立和完善功能比较齐全的其他生产要素市场，包括技术市场、金融市场、劳动力市场、信息市场等。

技术市场是指把技术或技术成果当做商品，与其他商品一样进入流通，实行交换。也就是通过市场把技术传递、应用、渗透到生产经营活动中去，以提高劳动生产率，发挥其改善经营管理和促进生产的积极作用。它包括技术的转让、推广、普及、技术服务、技术开发等。大体又分为两类：一类是技术的软件市场，即技术专利、技术专门知识和商品使用权的买卖活动等。它通过技术交易、咨询服务、成果鉴定、学术交流等形式，广泛地交换技术信息、买卖技术资料。另一类是技术的硬件市场，即技术的成果，主要是新技术产品、新工艺、新装备等。建立技术市场，要相应确立技术作价原则，制定专利制度等。

金融市场是市场经济高度发展的产物。它是资金供求双方直接交易、融通资金的形式。按其交易对象可分为三种类型：（1）资金拆借市场。这是适应市场经济发展的需要，在银行和其他金融机构之间开展资金拆借，以调剂地区之间、企业之间资金的余缺。（2）证券交易市场或股票市场。股票是由公司、企业或经济联合体发行的一种有价证券；持有股票的人凭股票可以从发行股票的企业取得一定的股息；出售股票就是转让领取股息的权利，因此，必须取得相应的代价。股票价格的高低，直接取决于股息的多少和银行存款利息率的高低。一般情况下，当股息高于存款利息率时，股票价格就上涨；反之，则下跌。（3）票据承兑市场，即票据的贴现。贴现是指企业用未到期的商业汇票向其开户银行贴取现金。专业银行用对企业贴现获得的商业汇票向中央银行贴取现金叫再贴现。目前，我国企业之间存在的经济联系是转账形式或分期付款、延期支付等商业信用，往往造成销货单位的货款和银行贷款被拖欠的现象。开办商业票据承兑贴现后，能促使企业的赊销行为一律使用商业票据。因为，票据上注明了清偿日期和逾期处罚条款，使收款单位能到期收到款项，使付款单位合理安排资金，按时支付货款，从而将商业信用纳入银行信用的轨道。这样，既支持了企业生产，又加强了对信贷的监督和管理，可避免形成三角债、多角债。

劳动力市场是生产要素市场之一。它是劳动者选择职业、企事业单位挑选合格劳动者的场所。它是运用市场机制使劳动力合理流动，避免学用不一致或用非所长，甚至"有人没事干、有事没人干"的现象，打破劳动力的部门所有制、单位所有制，建立起纵横交错的劳动力流动网络，及时调节劳动力的供求，使劳动力和生产资料实现最佳结合，做到物尽其用、人尽其才。这既有利于提高劳动者的积极性、主动性和创造性，又有利于促进生产经营事业的发展和经济效益的提高。

要积极建立信息市场。经济信息是企业家的耳目，是生产经营者进行科学决策的必要条件。信息市场的建立是市场经济发展的迫切要求。因为，无论办工厂、开商店，还是搞农业，要使生产经营获得成功，必须及时、准确地获得经济信息，如市场商品的供求信息、市场发展趋势的信息、技术信息，等等，才能主动走向市场、占领市场和增加效益。因此，需要有专门信息传递和反馈的经济实体，形成信息市场，将信息以商品的形式进行交换。

第四，建立产权市场。产权市场包括房地产市场、固定资产的兼并、拍卖等。当前，主要是积极培育发展房地产市场。房地产市场是土地、房屋等建筑物让渡使用权的特殊商品市场。土地和建筑物是社会生产和生活的必要物质条件。我国土地属于国家和集体公有，但也是商品。由于土地占有和使用的垄断，同样存在绝对地租和级差地租，土地也有价格。在买卖土地占有权和使用权时，也必须支付土地价格。无论国家征用土地或单位转让土地，都必须按市场土地价格交易。因此，地产的商品化，有利于发展市场经济，合理分布工商企业和居民区，合理使用和保护有限的土地资源。地产作为一种特殊商品，必然要有买卖土地占有权和使用权的地产市场。同时，房屋等建筑物的商品化，也必然要建立房地产市场。长期以来，我国城市居民住宅是作为一种福利设施由国家包下来的，低廉的房租，不仅不能维持简单再生产，甚至连维修保养费都收不回来。因此，城镇特别是大中城市要加快住房制度的改革，逐步实行住房商品化。故发展房地产市场也是当前体制改革的重要任务之一。

（载《云南社会科学》1993 年第 3 期）

加快复关步伐，实现国内市场与国际市场顺利接轨

（1993 年 8 月）

建立社会主义市场经济体制是我国经济体制改革的目标。实现我国市场经济和国际市场经济的接轨是经济体制改革的一项重要内容。为此，就要求我国的市场经济要符合国际市场经济的运行规则，按照国际惯例办事，相互交融，形成一体化的格局。我国重返关贸总协定实际上是为国内市场经济与国际市场经济顺利接轨找到了合适的媒体和桥梁。因此，有必要就关贸总协定的性质、任务、基本规则以及"复关"后我国面临的机遇和挑战等问题进行深入的探讨，才能把握时机、因势利导，实现两者的结合。

《关税及贸易总协定》简称《关贸总协定》，是世界 110 个缔约方在国际贸易活动中共同缔结的一个"贸易法典"和国际贸易组织。它的基本任务是：第一，作为"贸易法典"，是缔约方的国家和地区在国际贸易活动中必须共同遵守的行为规范、规则。第二，它是一个国际贸易的协调机构。通过它组织并主持减让关税的多边贸易谈判，协调矛盾，减少贸易摩擦，使各缔约方在协调相互关系中受益。因此，人们把它称之为"经济联合国"，并把它与国际货币基金组织、世界银行等组织合称为当今世界协调相互经济关系的三大支柱。

我国作为 1946 年筹建"国际贸易组织"的发起国之一，由于政治原因于 1950年退出了关贸总协定，迄今已游离于"关"外 40 余年。这给我国参与国际市场的经济贸易活动带来了诸多障碍：一方面我们不能获得一个贸易伙伴应有的平等地位；另一方面，在发生贸易纠纷时，又找不到公正、合法断案的"裁判"。为了尽快与国际市场经济接轨，加快我国经济建设的步伐，必须争取尽快重返关贸总协定。

关贸总协定的内容比较广泛，其基本原则和规则主要是：（1）以市场经济为基础，以平等的自由竞争为基本原则，价格随供求关系而涨落。通过自由竞争鼓励先

进、鞭策落后，推动各国科学技术的进步和经济的发展。大浪淘沙，优胜劣汰，适者生存。许多国家正是得力于自由竞争而迅速发展起来成为经济强国的。（2）互惠互利的原则。即商品经济平等交换的原则。在贸易的减让中要有给有取，互相得利。（3）非歧视性原则。在国际贸易活动中，不论国内产品和国外产品，都一视同仁，不附加任何带歧视性的条件。这是关贸总协定的基石，获得缔约方的一致拥护。它包括无条件的最惠国待遇和国民待遇两个方面。（4）视关税为唯一的保护手段。对缔约方的一些特殊工业（例如幼稚工业）可以通过关税进行保护。（5）贸易壁垒递减的原则。要求对关税采取逐步减让的办法来维护缔约国之间的利益。一般工业发达国家制成品的平均关税已从40%左右下降到了目前的5%左右，从而促进了贸易的发展。（6）公平贸易原则。其核心仍然是商品经济等价交换的原则，主张公平贸易，反对倾销，反对政府出口补贴。所谓倾销是指一个国家的公司或企业以低于国内产品售价或成本价格向国外出售商品的行为。进口国可以向出口国征收反倾销税。对政府出口补贴，进口国可根据出口国政府补贴幅度的高低征收反补贴税。以此来禁止上述两种不公平的行为。（7）一般禁止数量限制的原则。关贸总协定条款认为，对缔约方实行进出口数量限制是违背自由竞争原则的，只有在某种特殊情况下才允许数量限制。即使这样，也必须遵守非歧视性原则。以上这些原则和规则是参加关贸总协定的各个缔约方必须共同遵守的。我国要重返关贸总协定，实现和国际市场经济的接轨，必须熟悉和遵守这些规则，才能既发展国际贸易，又能维护自身的经济利益。

我国重返关贸总协定将会促使我国的市场经济更广泛、更深入地参与世界市场经济一体化，大大增强我国经济和世界经济的交融度，从而逐步缩小我国同世界各国之间在经济发展、经济收入和消费水平等方面过大的差距，为增强国家经济实力、提高人民群众的消费水平创造有利的条件。具体地讲，第一，我国的经济利益将获得更大的安全保障。"复关"后，实际上是把我国经济贸易的发展和世界经济贸易的发展直接联系起来了；把我国自身的经济利益和世界的经济利益紧密地结合起来了。有你的利益就有我的利益；有我的利益就有你的利益。这样，相互结合、相互渗透，谁也离不开谁，从而使我国的经济利益获得更大的安全保障。第二，有利于我国的一些产品在国际市场上形成竞争优势。由于科学技术的进步，世界产业结构的变化，传统产业的竞争性减弱，新兴产业的竞争性增强，从而有利于我国的一些产品（如纺织、服装、鞋帽、玩具等轻纺工业品）在国际市场上迅速发展。同时，"复关"也自然消除了与邻国之间的贸易限制，为我国扩大边境贸易带来了机遇。第三，为我国更快、更好地建立健全社会主义市场经济体制创造有利条件。"复关"

后，我国将根据总协定的规则，要求各主要发达国家给予我国无条件的最惠国待遇，取消对我国实行歧视性的反倾销、反补贴和技术进口限制等。这就为我国产品和企业走向国际市场，使我国市场经济体制的建立并与国际市场经济接轨、形成一体化的格局，创造一个良好的国际环境。第四，有利于我国产业结构的合理调整和优化。长期以来，在高度集中统一的计划体制下，我国产业结构单一化、畸形化，出口产品中70%以上是农副土特产品和初级制成品，经济效益不佳。"复关"后，将加强出口产品的市场取向，通过国际市场的影响，适应市场经济的要求，推动国内产业结构的调整和优化，增强产品的竞争力。第五，有利于国外产品进入国内市场，增加有效供给，改善人民群众的生活。"复关"后，国外质优价廉的商品将大量涌入我国市场，从而使国内市场的商品供给丰富多彩、琳琅满目，使消费者能在更大范围内选购商品。这样，将促进人们消费结构的改善、消费层次的变化和消费水平的提高，使消费逐步走向多元化和高档化。第六，云南作为资源大省将会获得较多的实惠。长期以来，云南在进出省的商品结构中，往往是资源和初级制成品按国家计划调拨价或低价出省，然后再以较高的价格从省外购回工业制成品。在高度集中的计划体制下，人为地形成价格高低悬殊，上游初级产品价格低，下游工业制成品价格高，附加值大。这一高一低的价格落差，使云南省的一些产业部门特别是消费者蒙受损失。"复关"后，云南省消费品市场的商品，不仅有来自省外的，而且有大量来自国外的。在市场上，国内外商品将一视同仁地以平等条件参与竞争，从而导致产品价格的趋同或下跌。这对云南省一些产业部门特别是对广大消费者是有利的。同时，作为资源省的初级产品价格，为适应国际市场的需要将会获得相应的调整，从而使云南省的相关产业提高经济效益、增加财政收入。第七，为建立中华经济圈、实现民族的统一和国家的富强，提供了大好时机。中华经济圈包括我国大陆、香港、台湾及澳门等地区，其贸易额在1991年为4 020亿美元，占世界贸易总额的6%。如果把这四个地区合为一体，成为一个统一的大市场，把资本、劳动力、技术、管理、销售等各种要素结合起来，实现资源的优化配置和生产要素的优化组合，形成群体优势，不仅有利于各地区经济的发展，而且将在世界市场上具有很强的竞争力。

正像任何事物都有正负两方面效应一样，"复关"既有机遇，也必然有挑战。因为，"复关"除获得应有的权利外，也必须履行相应的义务。其中，最重要的义务就是开放国内市场。这就是说，除保留关贸总协定允许的进口限制措施外，大部分非关税壁垒都将被取消，而只能以关税作为唯一的保护手段。开放国内市场将使国内产业置于国际竞争之中，接受开放带来的强大冲击。

首先，对国内市场的影响。从近期看，最直接、最大的影响莫过于本国货和外国货在价格上的比较了。由于价格高低的悬殊必将在成本、品种、质量、技术水平等方面表现出来。其中，对重化工基础产业和高新技术产业影响较大，对资本及技术含量比较低的劳动密集型产业的影响相对要小些。从品种看，冲击比较大的产品有计算机、录像机、彩电、汽车、摩托车等。这些产业的产值约占我国工业总产值的 1/3 左右。如果考虑到产业和产品的关联度，其影响范围还是相当广泛的。从长远看，随着关贸总协定所规范的贸易领域从传统的货物贸易向服务贸易、知识产权和与贸易相关的投资措施等新领域的扩展，对国际贸易的格局和我国的经济贸易将带来深远影响。具体地讲，第一，引进技术的成本将大大提高。"复关"后，我国将按照国际惯例尊重知识产权，不能再随心所欲地仿制他国产品。若再生产或仿制1986 年以后登记了的专利产品，就需要支付使用费和专利购置费。初步估计，仅上海一年就要付出五六亿美元进口专利技术费。第二，引进外资带来一定影响。关贸总协定的新投资协议认为，引进外资开办企业规定出口任务是非法的。本国不得硬性规定产品外销的比例，而且规定当地生产成分的比例也是非法的。我国"复关"后，将取消上述非关税壁垒限制，结果"三资"企业的产品会首先挤占国内市场，就会影响国内其他企业的产品出口。第三，对服务贸易自由化的要求，也将使我国第三产业在尚未发展成熟时，就受到了来自国外强有力的冲击。

其次，给我国经济体制带来的影响。"复关"实质上是对我国整个经济体制提出了挑战，核心问题是我国现行的经济体制如何与以市场经济为基础的国际贸易体制接轨的问题。过去我国实行高度集中统一的计划经济体制与关贸总协定建立的以市场为基础的经济体制是相悖的。今天，我们讲"复关"，相应的要使我国的经济体制进入世界经济体制这个"关"，使之相互交融和接轨。因此，转变我国传统的计划经济体制为市场经济体制是"复关"的前提。与此同时，"复关"还面临一个转变思想观念的问题。因为，长期以来，我们把市场经济和社会主义相对立，把竞争和资本主义相等同，经常在概念演绎上兜圈子。结果，阻碍了社会的进步和经济体制的改革。

"复关"面临着机遇和挑战，我们要积极创造条件，加快经济体制改革的步伐，促使国内市场经济和国际市场经济顺利接轨。为此，一要尽快建立健全社会主义市场经济体制。自 1986 年我国申请"复关"以来的 6 年多里，举行过 14 次会议。谈判中一个重要的阶段就是审查我国的经济制度。其核心是两个问题：一个是对我国经济体制的描述，即对体制性质的分析；另一个是对企业经营机制的分析。二者是相互联系的，其实质是考察实行的是计划体制，还是市场体制。因为，迄今为止，参加关贸总协定的 110 个国家和地区，没有任何一方是以计划经济体制的身份加入的。与此同时，关贸总协定的谈判代表还认为，一个国家是否真正搞市场经济，其重要标志就是看企业是否真按市场经济规律办事、独立自主地以追求高经济效益为其冲动力。故尽快建立我国社会主义市场经济体制是实现经济接轨的根本条件。二要把国有企业特别是大中型企业引向市场，转变企业经营机制。国门开放，首先撤除了关税壁垒对企业的保护，洋货进入国内市场，企业要求生存，必须用国际市场通行的标准规范自己的行为，增强自身的竞争实力；必须割断联结国家母体的"脐带"，迫使企业提高素质，以便在竞争中取胜。三要深入进行外贸体制的改革，一方面，转变政府对外贸的管理职能，从管微观事务转到以宏观调控为主；另一方面，促使外贸企业走上自主经营、自我发展的道路，增强在国际市场上的竞争力。四要积极进行价格体制和固定汇率制的改革。如果不能建立既反映价值又反映供求、适应市场经济需要的灵活的价格体制，则运用关税杠杆调节进出口贸易的实际效果就大为减弱，也不利于进出口贸易的发展。同时，要改革固定汇率制，使官方汇率向市场汇率靠拢合一。这样，才能通过汇率合理化与国际市场价格有机地衔接起来。

总之，我国重返关贸总协定将给整个国民经济的发展，特别是给民族工业的发展带来短期的震动，甚至可能在一段时期会使某些产业陷入困境，但其发展的前景必然是给全国的经济活跃注入新的"血液"，带来经济的腾飞。

（载《理论辅导》1993年第8期）

产权明晰是市场经济的客观要求

(1993 年 12 月 3 日)

一、旧的产权制度束缚了社会生产力发展

过去，我们所建立的是与传统计划经济相适应的单一的高度集中的产权制度。这种产权制度基本上为国家（或全民）所有，而企业、劳动者和公民都没有产权，并且这种产权是不能交易和转让的。从表面上看，全民所有制采取国家所有制的形式，产权关系似乎是清晰的，既不是集体所有，更不是个人所有。既然是全民所有，顾名思义是人人有份的。可是，我们每一个人，包括国有企业的直接生产者和管理者都感觉不到自己是所有者，没有享受到所有者应有的权力、义务和利益。在现实工作中，国有资产成了"人人所有，人人没有"。

现有的国有企业制度与发展市场经济相矛盾。旧的产权制度，其产权基本上是国家所有，产权是封闭的、是国家的，不能进入市场进行交换和转让，与市场相隔离。而市场经济的一个显著特点就是为交换而生产；交换就是商品所有权的转移。因此，产权为国家所有和发展市场经济是相矛盾的，它阻碍着生产要素的合理流动和优化组合，结果，技术设备老化落后，产品陈旧单一，几十年一贯制，严重地阻碍了新技术的采用，产品缺乏竞争力，企业缺乏活力，难以适应市场的需要。改革十几年来，为了搞活国有企业，我们采取了许多措施，包括利改税、拨改贷、缩小指令性计划、推行经济责任制和搞承包、租赁等，但这些改革都是围绕国家作为企业产权制度的主体进行，往往在所有权和经营权适当分离上做文章，结果是分而不离。这些改革都没有触及国有企业生产力的基点——国有资产的界定和产权制度的建立。所以，改革还只是处于局部性、浅层次的改革。其根本问题在于避重就轻，避开主体（公有产权），实行外围突破（大力发展非公有制经济）。结果，国有产权的改革严重滞后，效益不佳，而对国有经济发展迅速，生机勃勃，使国有经济与发展市场经济的矛盾日益突出。

在旧的产权制度下，国有资产大量流失，"全民所有"、"国家所有"，往往成为

"无人负责"、"无主所有";没有产权界定，企业的产权关系模糊不清，似有非有，企业难以实现责、权、利的统一；职工对资产漠不关心，对资产的安全和增值缺乏责任感。结果，在我们的经济生活中，对维护和坚持公有制就出现了许多形而上学的现象：一是只看产权在形式上是否归国家所有，而不看是否实现了公有资产的保值和增值；二是只看国有经济所占比重的大小，而不看它是否在整个国民经济中能不能发挥主导、示范和影响的作用；三是只重视资产的物质形态（有几个工厂、车间和几台设备），不重视价值形态的转换，缺乏商品的观念；四是只重视静态固守，不重视流动形态下的保值和增值。总之，看重的是形式，而不是本质，当高度集中的大一统的国家行政控制体制一旦打破，这种"人人所有，无人负责"的公有制概念，就成了一些人攫取公有资产的条件，或利用权力化公为私。这正如有些顺口溜所说："世界有个'加拿大'，中国有个'大家拿'。"

二、对国有企业产权改革的思考

我国现行的国有企业产权制度改革的基本出发点是社会主义市场经济的基本法则。市场经济是一种开放的、社会化、现代化的商品经济，是通过市场交换而不是通过计划调拨对资源配置发挥基础性作用的经济，它必然是一种具有自主性、利益性、竞争性和法制性的经济。它对国有资产的要求必然是：产权结构的多样化，产权关系的明晰化，产权关系的市场化、货币化和产权配置的效率化。这就要求严格界定财产的归属，要以契约和法律的形式划定所有者、经营者、投资者在各项权能上的责、权、利关系，目的是要真正实现权力、责任、利益的统一，增强企业活力，提高经济效益。界定国有企业产权的关键要确立国家对企业的财产所有权和法人所有权，建立真正的法人资产制度，赋予企业法人所有权，实现事实上的"政企分离"。

建立现代企业制度的形式是国有企业实行公司制。这样，就能有效地实现出资者所有权与企业法人财产权的分离，有利于使企业彻底摆脱对政府的依赖，进一步解放生产力。

要建立现代企业制度，实行公司制，就需要有步骤地对国有企业进行清产核资、界定产权，明确和划清企业资产的归属，强化产权约束。所有权是生产资料所有制的核心问题。在所有权、占有权、支配权和使用权交易中，所有权不仅可以制约其他三权，而且可以凭借所有权获益。在计划经济体制下，由于产权关系模糊，缺少产权约束，那时，投资办企业是不考虑投资回报的。企业只有计划约束而无产权约束，这也是原来公有制的弊病所在。现在要通过清产核资、明晰关系，强化产权约束，使企业成为市场的主体，并在市场上开展竞争。

（载《昆明日报》1993 年 12 月 3 日）

把握市场的"魔方效应"*

(1994年1月11日)

这篇有材料、有分析的报道，颇有启示。它反映了当前经济体制改革中一个带普遍性的问题，即国有企业如何从被动地推向市场变为主动地驾驭市场、求得生存和发展。

的确，市场犹如一个变化无穷的"魔方"，但也并非不可捉摸的"幻境"。市场有其自身变化运行的规律。如果能够认识和把握它，就能运用自如地排除障碍、编织出新美的图案，给企业带来良好的经济效益；反之，就会亏损，甚至破产倒闭。市场的"魔方效应"就看人们怎样去驾驭它了。

长期以来，国有企业在高度集中的计划体制下，是依赖联结国家"母体"的"脐带"过日子的。其运行机制形同算盘上的珠子——拨一下，动一下，对市场了解甚少，反应迟钝。因此，一旦被推向市场，势必会胆怯、困惑而失利。可是，德宏州的11个糖厂并未望而却步，而是理直气壮地走向市场，适应市场的需求，苦练内功，反败为胜，取得了良好的效益。这表明：第一，企业要明确树立适应市场需求的新观念，以市场为导向，按需求而生产。市场是企业生存和发展的土壤。企业的兴衰成败只能通过市场来检验和评判。因此，企业要把市场作为自己生产经营活动的出发点和归宿，不断地研究市场，主动地适应市场的需求，以增强企业的生命力。第二，企业要加强销售网络和营销队伍的建设，积极开拓市场，扩大市场占有率。蔗糖是一种生产集中化程度较高、销售分散化程度较强的产品。产品生产出来后，必须及时沟通产销之间、城乡之间的联系，使货畅其流，才能避免买难和卖难、脱销和积压同时存在的现象。我国人均食糖的消费水平很低，市场潜力很大，要打破地区、部门、行业的封锁，形成一个多渠道、少环节、覆盖面广的商品流通网络；并要建立一支熟悉业务、了解市场、精明能干、走南闯北的营销队伍。第三，企业

---

* 本文是应约为《云南日报》刊发《我是"孙悟空"》的长篇报道而在《名人点评》栏目撰写的文章。

要建立"眼观六路,耳听八方"的信息网络。经济信息是企业的"耳目",是进行科学决策、使经营成功、提高效益的重要条件。及时搜集和分析商情,掌握市场的动态和走势,就能有效地组织生产经营活动,驾驭市场,取得"时间就是金钱,效率就是生命,速度就是胜利"的最佳效益。

(载《云南日报》)

转变观念，把握市场运行规律*

（1994 年 2 月 27 日）

正确引导农民奔向市场，是推动农村经济发展、实现小康、走共同富裕道路的有效途径。

首先，要转换脑筋，转变观念。观念的变革是行动的先导。自古以来，中国的传统观念是"士、农、工、商"，商为各业之末。人们视买卖为不务正业，是一种耻辱，因而导致广大农村长期处于封闭落后的自然经济状态，与城市相比差距越拉越大。可是，当农民一旦觉醒起来，摒弃陈腐观念和摆脱自然经济的羁绊，就会激发起闯荡市场的积极性，以惊人的勇气"跳出农门"，走南闯北，把新鲜的蔬菜水果等农副土特产品源源不断地运往各地，开辟市场，创造自己的新天地；通过开工厂、办商店和贩运商品，增加收入，推动农村经济的全面发展，走农工贸结合、城乡结合、脱贫致富的道路。

其次，要学习市场知识，把握市场规律，主动驾驭市场。长期以来，农民多与土地打交道，对市场特别是对现代市场了解甚少，既陌生，又胆怯。市场犹如一个变化无穷的"魔方"和"海洋"，有自身的变化规律。如果只凭一股热劲，乱碰乱撞，不仅难以实现预期的经济效益，还会蚀本甚至破产倒闭。因此，要引导农民认真学习市场知识，认识和运用市场规律，学会与市场打交道的本领。农民要树立适应市场需求的生产经营观念，以市场为导向，按需求调整产业和产品结构，把市场作为生产经营活动的出发点和归宿。要建立合理的营销方式和营销渠道，积极开拓市场，搞活流通。此外，还要建立"眼观六路，耳听八方"的信息网络，及时搜集和分析商情，掌握商品供求、价格涨落的动态和走势，有效地避免"瞎子摸象"所造成的积压和脱销并存以及"谷贱伤农"、烂市的现象，取得最佳的经济效益。

再次，要形成拳头产品，实现规划经营，增强竞争力，扩大市场占有率。市场

---

* 本文是应邀参加《云南日报》"怎样引导农民奔市场"专题讨论所作的发言。

经济是优胜劣汰竞争型的经济。要在竞争中立于不败之地，就要引导农民从传统、粗放、小规模的经营方式转变为使用先进技术和生产方法，实行集约化和科学管理的规模经营，形成具有竞争力的拳头产品、系列产品。近几年来，富民县已成为云南省举足轻重的禽蛋商品基地。700多养鸡专业户，带动了千家万户，一年生产的商品蛋占昆明市场销售量的1/2。更具有启发意义的是建水县的地方名特产品——烧豆腐，实行专业化分工、规模化生产，年加工黄豆近万吨，产烧豆腐10多亿块，创造产值4 000多万元，并带动了原料供应、运输、生猪饲料、销售、商业、餐饮服务等一大批产业，富裕了千家万户。这些都是很好的例证。

最后，要加强市场建设，形成城乡结合、相互促进的市场网络。市场是商品交换的场所、商品活动的舞台。通过市场买卖沟通买者和卖者、城市和农村、工业和农业之间的经济联系，实现商品的使用价值和价值。云南省农村商品市场既不发达，更不完善，致使流通不畅，买难、卖难现象较为普遍。各地要根据发展需要和商品流向，建立多功能、多形式、多成分并具有地方特色的工业品和农贸市场，特别是建立粮食、烟叶、牲畜、蔬菜等农副产品批发市场，引导农民大力发展商品经济。

（载《云南日报》）

建立现代企业制度是国有企业
改革的方向

(1994 年 4 月 27 日)

中共中央十四届三中全会《关于建立社会主义市场经济体制若干问题的决定》明确指出，我国国有企业改革的方向是要建立适应社会主义市场经济要求的产权清晰、权责明确、政企分开、管理科学的现代企业制度。这既是适应社会化生产、发展市场经济的需要，又是今年我国经济体制改革整体推进、重点突破的一项重要任务。

现代企业制度是相对于传统企业制度而言的。它是适应市场经济的社会化生产发展的需要而在实践中逐步形成的，是人类共同创造的文明成果。这种以公司为基本形式的新型企业制度，有明确的法人地位、清晰的产权关系、科学的管理体制和合理协调的政企关系，能推动企业不断扩大，使生产发展、社会进步和经济繁荣，因而广泛存在于当今世界经济比较发达的国家和地区，成为世界经济发展的潮流。

在我国，建立现代企业制度也势在必行。

首先，建立现代企业制度是我国国有企业改革的方向。15 年来，国有企业的改革沿着扩大企业经营自主权、搞活国有大中型企业的思想，经历了放权让利、实行两步利改税、推行承包经营责任制、转换企业经营机制等四个阶段的"松绑"、扩权、让利，调整了国家和企业之间的分配关系，收到了一定的成效，使企业经营机制得到了初步转换，并出现了一批能适应市场变化、具有一定活力的国有企业。但是，国有企业固有的"顽症"依然存在。因为，这些改革的一个显著特点是，只局限于政策性的调整，没有从根本上解决深层次的矛盾，国有大中型企业的经营机制未能实现根本性的转变。问题的症结是：国有企业产权主体虚置或缺位，名义上是"全民所有"，实际上往往处于无人负责的状态。政府的许多部门都以所有者的身份干预企业的生产经营活动：计划部门控制投资权；财政部门掌握收益权；经贸部门管着经营权；企业主管部门执掌财产处置权和经营者的人事任免权。虽然，每个部门都在对企业的生产经营活动进行指挥和干预，但却没有一家真正承担对企业的最终经济责任。这种"全民所有，政府各部门分别代表"的状况，实际上是肢解了产权主体，使"人人所有"变成了"人人都没有"。结果，有权力的不承担责任，而有责任的却没有权力。正是由于国有资产的产权主体不明晰，才导致企业既不能从资产的增殖中获得产权利益，也不对自己的经营后果承担资产的保值增值责任，更无法实现真正意义上的自负盈亏和市场竞争中的主体地位，故缺乏生机和活力。因此，必须深化企业改革，使企业真正成为自主经营、自负盈亏的法人实体，并充满生机和活力。

其次，建立现代企业制度是建立社会主义市场经济体制的基础。我国经济体制改革的目标是建立社会主义市场经济体制。为了实现这个目的，需要有一个在性质、内容、规则、运行机制等方面与之相适应的基础。这就是建立以公有制为主体的现代企业制度。因为，在市场经济条件下，企业面对的是自主、开放、竞争的市场，必须具有对市场运行的高度适应性和机动灵活的调节性，才能使自己的生产经营活动适应市场供求变化，使成本适应竞争价格，使产品及时更新换代、适销对路，让"市场"而不是"市长"真正成为决定企业兴衰成败命运的"法官"。企业自主经营、自负盈亏、自我发展和自我约束，是企业适应市场经济需要、有"活力"的表现。这要来自于企业是产权主体的产权制度。因为，企业拥有包括国家在内的出资者投资形成的全部法人财产权，并同时享有获得资产收益的权利和承担经营风险的责任。这是建立现代企业制度的关键，也是形成市场行为机制的前提。可是，长期以来，国有企业是行政机构的附属物，产品生产是几十年"一贯制"，结构调整缓慢，价格变化迟钝，营销方式呆板，机构臃肿，人浮于事，造成人力、物力、财力和资源的大量浪费，企业缺乏"活力"。其原因是企业没有成为市场经济的主体，进不了市场。所以，在建立社会主义市场经济宏观总体框架的同时，必须注意建立与之相适应的微观基础即现代企业制度，使之相辅相成，有利改革，促进发展，保持稳定。

再次，建立现代企业制度是避免国有资产大量流失、提高经济效益的有效途径。多年来，由于国有企业的产权关系不明晰、组织制度不合理、管理制度不科学，形成"企业躺在国家身上，职工躺在企业身上"吃"大锅饭"的状况，导致国有资产大量流失和浪费，大多数国有企业患了经济效益低下的"企业病"。据统计，1/3 明亏，1/3 潜亏，只有 1/3 盈利，整体经济效益不佳。1991 年底，全国预算内国有企业的亏损额达 1 000 多亿元，加上企业挂账累计 1 045 亿元，潜亏 1 000 亿元，总计亏损额达3 000多亿元，成为经济发展的沉重包袱。为了摆脱这种严峻的困境，曾采取过"厂长负责制"、"承包制"等一系列扭亏增盈的办法，但收效甚微。亏损额不但没有减少，反而有继续增加的趋势。据报道，1993 年，全国乡和乡以上工业企业亏损面比1992 年扩大了1 个百分点；而国有大中型企业的亏损率竟高达34% 。如云南省最近才被一家"老乡"企业——呈贡钢厂——兼并的昆明毛纺厂，原是1986 年建成的中型国有企业，时至今日，不仅没有为国有企业积累资金，反而累计亏损1 000多万元，负债总额为3 824.18万元，而企业的资产总额仅有3 006万元。因资不抵债，产品又大量积压，工厂被迫破产。近几个月，千名职工每人每月只能领到50 元生活费。造成这种状况的原因虽多，但产权关系不明晰、产权制度不健全是最重要的一条。如果这种状况不改变，必将严重影响国民经济的发展。

最后，建立现代企业制度是参与国际市场竞争、与国际市场接轨的需要，市场经济的发展早已超越血缘、民族和地域的界限，成为一种全球性、开放性的经济。当今世界已形成完全开放的经济格局，国内市场和国际市场已逐步融合。1993 年，我国进出口贸易总值达1 958亿美元，从世界主要贸易国家和地区第32 位上升到第11 位；进出口贸易总值占国民生产总值的比重已达到1/3。这表明，我国经济的发展正大步迈向世界，参与世界经济一体化的进程。随着我国"复关"的实现，国内市场要和国际市场接轨，将面临更严峻的挑战，国内的企业和产品要进入国际市场参与竞争，国外的企业和产品要进入"国门"参与国内的竞争。为此，必须大力提高企业的素质，转换经营机制，建立现代企业制度，使企业规范化，符合国际通行的规则，以便与国际市场顺利接轨。

（载《云南日报》）

完善的企业法人制度是建立现代企业制度的核心

（1994 年 5 月 14 日）

现代企业制度是由传统的或古典的企业制度经历了近 300 年的实践而产生的。它是一种公司法人制度。公司是法人的实体，具有明确的法人地位、清晰的产权关系和责权关系，能够以独立的法人财产行使民事权利和承担民事责任。

我国绝大多数企业徒有法人的名义。这突出表现在正常的生产经营过程中，似乎任何一个有权力的部门都可以对企业进行指挥和干预。可是，当经营不善、发生亏损乃至资不抵债时，却没有一个部门来承担最终经济责任。国有资产所有者的代表往往对"自己"资产的损益关切度低，甚至造成巨大损失，对其地位的升迁也毫无影响。这正是国有资产产权主体不明晰、产权主体虚置、权责不清的结果，也是长期以来国有企业潜伏的深层次矛盾的表现。今天，我们建立现代企业制度，是要进行企业制度的创新，核心是进行产权制度的改革，明晰产权关系，建立完善的企业法人制度。

完善的企业法人制度有其重要的作用。第一，企业的法人财产权是形成企业追逐自身利益的内在动力机制的基础，是企业生产经营活动的出发点和归宿。企业作为市场经济活动的主体，只有获得对资产的占有权、使用权、支配权和收益权、处置权，并有权排除他人对自己财产权的侵犯，才真正有了"自主权"，才有信心、有动力、有条件投入人力、物力、财力等各种资源，实现自主经营、自负盈亏和自我发展、自我约束；才会促使企业为追求持久的长远利益而克服短期行为，从而实现国有资产的保值和增值。

第二，企业法人财产权明确了企业和政府的关系，使其各司其职，有利于政企分开和经济、社会的协调发展。企业具有法人资格，就明确了自身的法律地位，也就明确界定了与政府之间形成的责、权、利关系。当政府以社会管理者的身份出现时，企业是纳税人，要依法向政府交纳税金；当政府以投资者的身份出现时，企业与政府处于平等的民事法律地位，双方的权利义务关系由法律来规定，双方的财产关系必须依照法律和契约来调整。政府无权把企业当成自己的附属物，从而使企业彻底摆脱对政府的依赖。

第三，法人财产的损益关系，促进企业形成有力的行为约束机制。伴随企业法人财产权的确立，产权明晰，权责清楚，企业的权、责、利明确，从而形成企业自身的责任风险。为此，企业必须对出资者负责资产的保值和增值，承担经营风险，既负盈，又负亏，从而形成一个内在的强有力的责任约束机制。

第四，企业法人财产权的确立，有利于产权的合理流动，促进对社会资源的优化配置。法人财产是一种完全意义上的商品，可以在市场上进行买卖交易，既可引导社会资源的合理流动和优化组合，使处于长线的、闲置的、无效益的资产流向短线的、急需的、效益好的部门；同时，又可以使效益好、竞争力强的企业兼并效益差、竞争力弱的企业，使所有效益好的企业都能最大限度地盘活资产，实现资产价值最大化，从而促进资产的合理流动，调整经济结构，合理配置资源，提高全社会资产的营运效益。总之，建立完善的企业法人制度、明晰产权关系是建立现代企业制度的核心，也是国有企业改革的方向。只有通过深层次的改革，才能建立起产权清晰、责权明确、政企分开、管理科学的现代企业制度，促进社会生产力大发展。

（载《云南政协报》）

现代企业制度的核心是企业法人制度

（1994 年 7 月）

建立现代企业制度是当前人们普遍关注的问题之一。它既是国有企业改革的方向，又是经济体制改革整体推进的突破口。

现代企业制度也可称为企业法人制度或公司法人制度。建立现代企业制度的核心就是要建立完善的企业法人制度。我国国有企业长期存在的主要问题是没有形成一个完善的企业法人制度，或者是徒有其名而无其实。主要表现为：

1. 产权主体虚置或缺位。这些年来，国有企业的改革沿着扩大经营自主权、搞活国有大中型企业的思路，经历了放权让利、实行两步利改税、推行承包经营责任制、转换企业经营机制等四个阶段，调整了国家和企业之间的利益分配关系，收到了一定的效果。但是，这些改革的一个明显特点是只局限于政策性的调整，没有从根本上解决长期形成的产权关系模糊、国有企业没有真正法人财产权的深层次矛盾。国有企业名义上为全民所有，实际上往往处于无人负责的状态，产权主体虚置或被肢解。政府的许多职能部门都以所有者的身份去干预企业的生产经营活动：计划部门控制投资权；财政部门掌握收益权；经贸部门管着生产经营权；企业主管部门执掌财产处置权和经营者的人事任免权，等等。形式上每个部门都在指挥和干预企业的生产经营活动，但却没有一个部门对企业真正承担最终经济责任。这种"全民所有，政府各部门分别代表"的状况，实际上是肢解了产权主体，使"人人所有"变成了"人人都没有"、"人人负责"变成了"人人都不负责"，使部门和企业的领导者、经营管理者和生产者都没有感受到自己是所有者。结果，有权力的不承担责任，而有责任的却没有权力。正是由于国有资产的产权主体不明晰，缺乏明确的企业法人制度，致使企业既不能从资产的增值中获得产权利益，也无力对自己的经营后果承担资产保值、增值的责任，企业缺乏活力。可见，国有企业制度的改革实际上是企业产权制度的改革。

2. 国有资产大量流失，经济效益不好。由于国有企业产权关系模糊，企业没有形成真正法人财产权，在生产经营活动中往往只负盈不负亏，国家对企业承担无限责任，企业向国家转嫁无限风险，形成"企业躺在国家身上，职工躺在企业身上"吃"大锅饭"的状况。结果，企业不关心资产的保值、增值，使资产大量流失，整体经济效益不佳。目前，国有企业 1/3 明亏，1/3 潜亏，只有 1/3 盈利。也就是说，全国每三个国有企业就有两个是亏损的，大多数企业患上了经济效益低下的"企业病"。1991 年底，全国预算内国有企业的亏损额高达 1 000 多亿元，加上企业挂账累计 1 045 亿元，潜亏近 1 000 亿元，总计亏损额达 3 000 多亿元。这么大的亏损由国家来承担已成为我国经济发展的沉重包袱。为了摆脱如此严峻的困境，相继采取了"厂长负责制"、"承包经营责任制"等一系列扭亏增盈的办法，但收效甚微。据报道，亏损额不但没有减少，反而还有继续增加之势。1993 年，全国乡和乡以上工业企业亏损面比 1992 年扩大了 1 个百分点；而国有大中型企业的亏损率竟高达 34%。同时，国有资产流失的情况也十分惊人，每年流失额高达数千亿元。其中，个人回扣不少于 500 亿元；产品质量损失 100 亿元以上；灰色分配大约 1 000 亿元；化公为私数百亿元。这些不良现象，如果继续发展下去，经济效益会每况愈下，必将严重影响国民经济的发展。因此，必须下决心动"大手术"，着力解决好国有企业的产权关系，重建新的企业法人制度，才能从根本上解决大面积亏损和资产严重流失的问题，提高国有企业整体的经济效益。

3. 长期以来，在计划经济体制下，国有企业是国家行政机构的附属物，形同算盘上的珠子——拨一下，动一下，既无内在动力，也无外部压力，同新的市场经济体制发生了深刻的矛盾：第一，市场经济要求企业是独立的经济利益主体，实行自主经营、自负盈亏。可是，原来的企业却不具有独立性和自主权，往往只负盈不负亏，缺乏主动性和创造性。第二，市场经济是竞争性的经济，大浪淘沙，优胜劣汰，适者生存。可是，原来的企业远离市场，缺乏竞争，产品生产几十年"一贯制"，结构调整缓慢，价格变化迟钝，营销方式呆板，机构臃肿，人浮于事，造成人力、物力、财力的大量浪费，不能实现资源的合理配置和生产要素的优化组合，企业竞争实力脆弱。第三，市场经济要求决策权力和决策风险分散化。可是，原来的企业生产经营活动则是由国家和上级主管部门决策的，且决策者又不承担经营风险和责任。以上情况表明，旧有企业产权制度是不适应市场经济需要的，必须重塑国有企业的产权关系，使企业真正成为独立的商品生产者和经营者，成为市场经济的主体。这也是构建社会主义市场经济体制的微观基础。否则，产权关系不明晰，没有完善的企业法人制度，市场经济是发展不起来的，社会主义市场经济体制也是难以构建的。

建立完善的企业法人制度即建立国际通用的公司法人制度。它是指与注入资本金的行为相联系的、具有一定法律约束力的财产关系。企业为进入市场、参与竞争、获取利润，出资构造了一种经济组织，并使其人格化，具有独立的法律地位。也就是使企业成为能够独立享受民事权利、承担民事责任的经济实体。它们拥有自身的资本金、名称、场所和明确的经营范围。依法确立企业的法人财产权，是建立企业法人制度的关键，也是企业行为能力的基础。企业不仅能做到有人负责，而且能做到有能力负责。它一旦确立，国有企业就是国家出资构造的企业法人。企业中国有资产的所有权属于国家，企业拥有法人财产权，所以，"两权分离"实际上是国家所有权和企业法人财产所有权的分离，在此基础上，建立起以企业法人为主体的各种股份责任制。这是对传统的政企不分、产权模糊的国家所有制形式的根本改革。国家仅以出资者的身份拥有企业财产、享有所有者的权益，即资产收益权、重大决策权和选择管理者权等三项基本权利，但不直接干预企业的生产经营活动。企业则以其全部法人财产，依法自主经营、自负盈亏、照章纳税，对国家承担资产保值、增值的责任。

完善的企业法人制度具有四方面重要作用：

第一，企业的法人财产制度是形成企业追逐自身利益的内在动力机制的基础。企业作为市场经济活动的主体，只有获得对资产的占有权、使用权、支配权、收益权、处置权，并有权排除他人对自己财产权的侵犯，才真正有了企业法人财产权，才有信心、有动力、有条件投入人力、物力、财力等各种资源，实现自主经营、自负盈亏、自我发展、自我约束；才会促使企业为追逐持久的长远利益而克服短期行为，从而实现国有资产的保值和增值。关于明确企业的法人财产权是企业进行生产经营活动的出发点和归宿的观点，美国经济学家、1991 年诺贝尔经济学奖获得者科思在其论著中，曾就"养牛种麦"事件作了有趣而深刻的论述。他说，有两块分属于两位主人使用的土地，一块地养牛，另一块地种麦。由于两块地毗邻相连，牛群越界吃麦之事时有发生；而且，牛群越大，吃麦越多。科思问：两块地到底是种麦好，还是养牛好？也即土地资源怎样配置才好？他指出，解决这个问题的关键是明确产业的分属权，他们自己就会找到解决问题的恰当方式。例如，牛群的主人，他会比较养牛的边际效益和相应带来小麦损失使边际费用增加的情况。他会比较是付赔偿费，还是修栅栏，还是干脆买下种麦地养牛。哪样更合算，他会根据利润最大化原则作出决策，从而使土地获得最有效的利用。

第二，企业法人财产制度明确了企业和政府之间的关系，以便政企分开、各司其职，有利于社会、经济的协调发展。企业具有法人资格，有明确的法律地位，也就明确界定了与政府之间形成的责、权、利关系。当政府以社会管理者的身份出现时，企业是纳税人，要依法向政府缴纳税金；当政府以投资者的身份出现时，企业与政府处于平等的民事法律地位，双方的权利义务由法律来规定，双方的财产关系必须依照法律和契约来调整。政府无权把企业当成自己的附属物，从而使企业彻底摆脱对政府的依赖。

第三，法人财产的损益关系会促进企业形成有力的行为约束机制。伴随企业法人财产权的确立，产权明晰、权责清楚，企业的权、责、利明确，从而形成企业自身的责任风险。企业必须对出资者负责资产的保值和增值，主动地适应市场，承担经营风险，既负盈，又负亏，形成一个内在的强有力的责任约束机制。

第四，企业法人财产权的确立，有利于产权的合理流动，促进社会资源的合理配置。法人财产是一种完全意义上的商品，可以在市场上进行买卖交易，既可引导社会资源的合理流动和优化组合，使处于长线的、闲置的、无效益的资产流向短线的、急需的、效益好的部门，又可使效益好、竞争力强的企业兼并效益差、竞争力弱的企业，让所有效益好的企业都能最大限度地盘活资产，实现资产价值最大化，从而有利于促进资产的合理流动，调整经济结构，合理配置资源，提高全社会资产的运营效益。

当今日本的企业大多数是以独立法人形式存在的私人企业。大企业几乎都是有限责任公司和股份有限公司，是独立的商品生产者和经营者，是不依附于任何其他组织而独立的法人实体。它面对竞争激烈的市场，按照利润最大化原则，开展自己的经营管理活动。经营权和所有权分离，经营者处于非常独立自主的地位，因此，在日本经济的发展过程中，以制造为中心的大型企业，对于建立健全国民经济体系与产业结构，促进经济的迅速发展和巨额国民财富的形成，推动技术革新和技术进步，发展对外经济关系与扩大进出口等方面，都发挥了主导作用。在制造业中，大企业仅占企业总数的0.6%，从业人员占32.2%，而产值却占51%。据此，可以说，日本经济发展的成功，首先是与一大批具有法人地位的、著名大企业的经营有道紧密联系在一起的。

（载《税收与企业》1994年第7期）

社会主义市场经济给农村带来了活力
——为《人在市场》一书作序

（1994 年 7 月）

社会主义市场经济给农村和农民带来了什么？农村如何抓住机遇发展社会主义市场经济？这本展示"宣威农民闯市场"的《人在市场》，从一个"点"上对上述问题作了较为全面和深刻的回答，因而值得人们一读。

谈起中国农村 15 年来的历史性变迁，人们不会忘记安徽省凤阳县的小岗村。

15 年前的那个冬日，小岗生产队队长严俊昌、副队长严宏昌把全村 18 家农民的户主召集到会计严立华家。严宏昌将他起草的分田到户"契约"念给大家听："我们分田到户，家家户户签字盖章。如以后能干，每户保证完成每户全年上交的公粮，不再向国家伸手要钱要粮。如不成，我们干部坐牢杀头也甘心，大家社员们保证把我们的小孩养活到 18 岁。"

18 条汉子把沾满印泥的手指歪歪斜斜地戳在"契约"上。改变历史进程的大幕由此拉开。

15 个春秋弹指逝去。据报道，"今天的小岗村人过着温饱有余但并不富足的生活"。当年的生产队长严俊昌说得明明白白："我们仓里的粮食堆满了，可兜里的钱不多，生活质量不高。待有了钱，我想买个冰箱。"

小岗村人落伍了，也许这落伍只是暂时的。但小岗村的落伍和大邱庄、华西村的崛起，以及在中国农村随处可见的后进与发达的"落差"却昭示了一个道理：农村第一步改革即家庭联产承包责任制完成后，如果全体农民仍然被拴在脚下有限的耕地上劳作，而不是大力发展商品农业、市场农业，农民收入的大幅度增加和农村的现代化还是难以变成现实。

从上述广阔的社会背景来观察和思考问题，我们就能品味到"宣威农民闯市场"这个话题为什么这样引人注目。

宣威是云南第一大县（市），总人口超过 120 万人，耕地面积 105 万亩（其中水田 10 万亩），原本是一个人多地少、气候冷凉、灾害频繁、经济较为落后、人民生活较为贫困的山区农业大县。党的十一届三中全会前，农村年人均占有粮食 250

公斤左右，人均年收入100元上下，大多数地方的农民群众基本处于"吃粮靠返销，花钱靠救济"的状况。由小岗村肇始的家庭联产承包责任制在较短的时间里基本解决了农民群众的"吃饭"问题，也极大地解放了农村劳动力。面对人多地少和"粮仓"渐满而"钱袋"依旧空瘪的矛盾现实，宣威农民传统的商品意识很快地激发出来，很多人毅然离开祖祖辈辈赖以谋生的土地，或成群结队、或单枪匹马外出干运销、搞建筑。没几年，宣威的农民运销商和农民建筑队便蜚声省内外，闯出了大市场。运销业、建筑业为积累资金、培养和锻炼经营人才、发展和壮大乡镇企业立下了汗马功劳，成为宣威农村产业结构大调整的"启动产业"。在历史的大演进中，一大批农民企业家脱颖而出，成为宣威城乡经济和社会发展的重要支柱之一。宣威之所以能实现由县到市的"飞跃"，其中就凝集着广大农民，尤其是农民企业家的功劳。

宣威农村的社会主义市场经济快速、健康发展，是历届县委、政府对农村改革，对农民企业家采取正确引导、保护、扶持政策的直接成果。这种引导、保护和扶持不仅仅是赋税上的优惠、倾斜，更集中地表现为对以市场机制为取向的农村改革的坚定不移的支持。宣威的农民勤劳能干，宣威的各级党委、政府具有远见卓识，两者结合，塑造了宣威市今天较为健康的经济格局，为日后的大发展奠定了坚实基础。

《人在市场》这本书的作者是3位新闻记者。他们以新闻记者特有的"新闻眼"和"新闻鼻"，敏感、准确地捕捉和展示了改革开放15年来宣威农村发生的广泛而深刻的变化：农民商品意识、市场意识的大觉醒，农民企业家群体的大崛起，以乡镇企业为"主角"的民营经济的大发展，等等，并总结和揭示了导致这种变化的内在原因。它是一部文学化的宣威农村市场经济发展史，也是一项颇有新意、给人以启迪的研究成果。其出版发行，既有助于宣传宣威、提高宣威的知名度，也对其他地方农村的改革与发展有一定的借鉴意义。

当前，我国的经济体制改革已进入了整体推进、重点突破的"攻坚"阶段。党的十四届三中全会通过的《关于建立社会主义市场经济体制若干问题的决定》，为进一步深化农村改革指明了方向。宣威撤县建市以后，在一个较长的历史时期内仍将是"农业市"，农村城市化和农业现代化的进程将并肩前进。我们相信宣威的各级党委、政府一定会一如既往地重视和加强农业、农村和农民工作，带领全市人民早日奔小康，实现现代化。

（载秦玉汉、张光旭、王廷尧著《人在市场》一书第1~4页）

论建立现代企业制度

（1994 年 8 月）

中共中央十四届三中全会《关于建立社会主义市场经济体制若干问题的决定》（以下简称《决定》）明确提出，我国国有企业改革的方向是建立现代企业制度，它是建立社会主义市场经济体制的基础，也是今年经济体制改革整体推进、重点突破的一项主要任务，具有重要的理论意义和现实意义。因此，引起了各级领导、广大企业家和理论工作者的普遍重视，成为人们广泛议论的热门话题。本文力图从理论和实践的结合上，就建立现代企业制度的内涵、基本特征、必要性和实现的途径等问题，进行初步探讨。

一、一种科学的企业制度

现代企业制度的形成有一个历史的发展过程，并具有其自身的内涵和特征。

现代企业制度是相对于传统的企业制度而言的。它有一个产生、发展和不断完善的过程，是市场经济和生产社会化发展的需要而在实践中逐步形成的文明成果，是人类共同创造的财富。现代企业制度在市场经济发达的国家经历了 300 年的实践和探索。17 世纪最早出现的企业制度是个体业主制，其特点是企业由业主个人出资、个人经营，并以个人的全部财产对其债务承担无限责任；尔后，又出现了合伙制，其特点是企业由 2 人以上的人按契约共同出资、合伙经营，对经营的成果共同承担连带无限责任。这两种企业制度虽然已具有现代企业制度的雏形，但都存在着共同的缺陷，即企业法律地位脆弱，融资渠道狭窄，资本规模小，投资风险大，不能适应市场经济和社会化生产进一步发展的需要。随着现代科学技术的进步、社会生产规模的扩大和市场经济的发展，兴办企业所需资本的数量越来越多，客观上就要求有更多的资本进行更大规模的合资经营。因此，人们经过长期的探索，终于创造出一种新型的企业制度，或称为公司制度。这种制度具有明确的法人地位、清晰的产权关系、科学的管理体制和合理协调的政企关系，即形成了现代企业制度。这种制度是适应市场经济和社会化生产发展的需要而产生的，它推动着企业不断扩大，使生产发展、社会进步和经济繁荣。因此，当今世界经济比较发达的国家和地区，基本上都采取以公司制为主要形式的现代企业制度。美国公司制的资产占全美的85%，销售额占近90%。德国70%以上的资本额属于各类公司。现在，以公司制为基本形式的现代企业制度是世界经济发展的潮流。

党的十四届三中全会的《决定》，明确提出了我国国有企业改革的方向是要建立适应社会主义市场经济需要的产权清晰、权责明确、政企分开、管理科学的现代企业制度。具体地讲，现代企业制度，其质的规定性包括三项重要的内涵：

首先是完善的企业法人制度。这是现代企业制度的核心，也就是国际通用的公司法人制度。它是指与注入资本金的行为相联系的、具有一定法律约束力的财产关系。企业为进入市场、参与竞争、获取利润，出资构造了一种经营组织，并使其人格化，具有独立的法律地位，也就是使企业成为能够独立地享受民事权利、承担民事责任的经济实体。它们拥有自身的资本金、名称、场所和明确的经营范围等。依法确立企业的法人财产权，既是企业法人制度的核心，也是企业行为能力的基础，不仅使企业做到有人负责，而且使企业做到有能力负责。它一旦确立，国有企业就是国家出资构造的企业法人。企业中国有资产的所有权属于国家，企业拥有法人财产权；所以"两权分离"不能只是所有权和经营权的分离，实际上应该是国家所有权或投资者所有权与企业法人所有权的分离，并在此基础上建立以企业法人为主体的各种股份责任制，这是对传统的政企不分和产权模糊的全民所有制或国家所有制形式的根本改革；国家仅以出资者的身份拥有企业财产权，享有所有者的权益即资产收益权、重大决策权和选择管理者权等三项基本权利；但不直接干预企业的生产经营活动。企业则以其全部法人财产，依法自主经营、自负盈亏、照章纳税，对国家承担资产保值、增值的责任。完善的企业法人制度具有四个重要的作用：第一，企业的法人财产制度是形成企业追逐自身利益的内在动力机制的基础。企业作为市场经济活动的主体，只有获取对资产的占有权、使用权、支配权、收益权、处置权，并有权排除他人对自己财产权的侵犯，才真正有了自主权，才有信心、有动力、有条件投入人力、物力、财力等多种资源，实现自主经营、自负盈亏、自我发展、自我约束，才会促使企业为追逐持久的长远利益克服短期行为，从而实现国有资产的保值和增值。明确企业的法人财产权是企业进行生产经营活动的出发点和归宿的观点，美国经济学家、1991年诺贝尔经济学奖获得者科思在其论著中曾有一段对"养牛种麦"事件有趣而深刻的论述。他说，有分属于两位主人使用的两块土地，一块地养牛，另一块地种麦。由于两块地毗邻相连，牛群越界吃麦之事时有发生，而且牛群越大，吃麦越多。科思问两块地到底是种麦好，还是养牛好？也即土地资源怎样配置才好呢？科思提示，解决这个问题的关键是明确产业的分属权，他们自己就会找到解决问题的恰当方式。他会比较养牛的边际效益和相应带来小麦损失使边际费用增加的情况，他也会比较是付赔偿费，还是修栅栏，还是干脆买下种麦地来养牛，哪样更合算，他会根据利润最大化的原则作出决策，从而解决土地的最有效利用的问题。第二，企业法人财产权明确了企业和政府之间的关系，以便政企分开、各司其职，有利于经济、社会的协调发展。企业具有法人资格，就明确了自身的法律地位，也就界定了与政府之间形成的责、权、利关系。当政府以社会管理者的身份出现时，企业是纳税人，要依法向政府交纳税金；当政府以投资者的身份出现时，企业与政府处于平等的民事法律地位，双方的权利、义务由法律来规定，双方的财产关系都必须依照法律的契约来调整。政府无权把企业当成自己的附属物，从而使企业彻底摆脱对政府的依赖。第三，法人财产的损益关系，促使企业形成有力的行为约束机制。伴随企业法人财产权的确立，产权明晰，权责清楚，企业的权、责、利明确，从而形成企业自身的责任风险，企业必须对出资者负责，必须义不容辞地既负盈、又负亏，主动地适应市场，承担经营风险，负责资产的保值和增值，形成一个内在的强有力的责任约束机制。第四，企业法人财产权的确立，有利于产权的合理流动，促进社会资源的优化配置。法人财产是一种完全意义上的商品，可以在市场上进行买卖交易，实现财产权益的全部或部分转移。通过产权交易，既可引导社会资源的合理流动和优化组合，使处于长线的、闲置的、无效益的资产流向短线的、急需的、效益好的部门；同时，又可以使效益好、竞争力强的企业兼并效益差、竞争力弱的企业，使所有效益好的企业都能最大限度地盘活资产，实现资产价值最大化，从而有利于促进资产的合理流动，调整经济结构，合理配置资源，提高全社会资产的营运效益。

据有关部门统计，目前，全国约有 1/3 的国有资产处于闲置或低效高耗状态中。我国从 20 世纪 80 年代初期开始，便出现了以产权为内容的交易市场。经过几年的发展，产权交易已给国民经济带来明显效益，并日渐成为社会主义市场经济条件下优化配置国有资产的重要方式。据统计，整个 80 年代，全国共有 6 900 多户企业被兼并，转移存量资产 80 多亿元，减少亏损企业 4 095 户，减少亏损额约 5 亿元。到 20 世纪 90 年代，产权交易有了进一步发展。目前，全国已有 1 万多家企业被兼并。近一年来，天津、上海、广州、武汉、深圳等 16 个城市产权交易市场共兼并和出售企业 2 900 多家，转移存量资产 60 多亿元，重新安置职工 40 多万人。上海 1990 年共对 151 户工业企业进行产权转移，有 11.32 万职工加入到重新优先发展的产业行列，使 28 亿元固定资产运营效率逐步提高。昆明产权交易市场自 1990 年成立以来，成交企业 62 户，其中兼并的国有和集体企业 28 户。通过兼并使这些企业的存量资产向高效益方向合理流动，促进了企业结构和产品结构的调整，产生了极好的经济效益和社会效益。1992 年，昆明彩印厂兼并了昆明市棉毯厂，充分利用了棉毯厂的土地优势，投资 300 万元建立了彩印分厂，专门生产商标。当年就偿还了棉毯厂 130 万元的债务，同时，对原棉毯厂的 260 名职工经过培训上岗，使近 120 名退休职工的生活福利得以解决。昆明市水泵厂兼并盘龙铸造厂，一年时间使铸造厂面貌大变，实际销售收入 1 521 万元，利润 145 万余元。

日本的企业大多数是以独立法人形式存在的私人企业。大企业几乎都是有限责任公司和股份有限公司，是独立的商品生产者与经营者，是不依附于任何其他组织而独立的法人实体。面对竞争激烈的市场，按照利润最大化的原则，开展自己的经营管理活动。由于经营权和所有权分离，经营者处于一种非常独立自主的地位。因此，在日本经济的发展过程中，以制造业为中心的大型企业，对于建立健全国民经济体系与产业结构，促进经济的迅速发展和巨额国民财富的形成，推动技术革新和技术进步，发展对外经济关系与扩大进出口等方面，都发挥了主导作用。在制造业中，大企业仅占企业总数的 0.6%，从业人员占 32.2%，而产值却占 51%。据此可以说，日本经济发展的成功，首先是与一大批具有法人地位的著名大企业的经营有道紧密联系在一起的。

其次是有限责任制度。这是市场经济条件下，出资者实行自我保护的一种有效办法。其内容包括两个方面：一方面，企业作为独立的经济法人实体，以其包括国家授予的全部法人财产为限，对自己的民事行为承担责任，清偿债务；另一方面，企业因经营管理不善，无力偿还到期债务时，应依法宣布破产。在实施破产清盘时，出资者只以其出资数额为限，对企业承担责任。具体地讲，就是企业亏损要区别两种责任形式：一种是民事责任，一种是经营责任。这两种责任应由不同的主体来承担。企业作为独立的法人，是承担民事责任的主体，履行这种责任的形式是以企业的资产抵补亏损，破产还债。而直接承担经营责任的责任人是厂长、经理，履行这种责任的形式是对厂长、经理进行经济和行政的处罚。同时，企业职工也应按企业内部规定的经济责任承担相应的责任。总之，企业实行有限责任制度的目的是：（1）使企业在生产经营中形成的利润和资产的增值，直接或间接都应属于出资者所有，任何机构都不能加以干预和截留；（2）如果企业经营不善破产时，出资者最大的损失，则以投入企业的资本金为限。这样，不仅减少了投资者的风险，而且增大了出资者获利的机会，还能有效地改变目前我国国有企业在生产经营中只负盈不负

刘学愚 孙德华文集

亏、由国家负无限责任的状况。因此，有限责任制度是在发展市场经济过程中，出资者既敢于和乐于向经营者让渡更多权利，使其独立自主地生产经营，又能实行自我保护的一种有效手段。

最后是科学的组织管理制度。建立和实施规范的企业组织管理制度，使企业的权力机构、监督机构、决策和执行机构之间相互独立、相互制约的权责明确，以形成健全的制衡和约束机制。这有利于调动所有者、经营者、生产者各方面的积极性，做到所有者放心、经营者精心、生产者用心，使其利益得到保障、行为受到约束。具体内容包括：（1）企业的组织形式。公司制是世界上市场经济发达国家企业组织形式的主体，其中，以有限责任公司和股份有限公司为其基本形式。（2）组织管理体系。公司依法成立股东大会、董事会、监事会。股东大会是企业的最高权力机构；董事会是股东大会常设代理机构，履行公司权力机构的职权；董事长是企业的法人代表，经理由董事会任命，对董事会负责；监事会是企业生产经营活动的监督机构，对股东大会负责。通过以上的机构把出资者、经营者、生产者等联系起来，其相互关系以法律和公司章程的形式加以确立和实现，最核心的是健全股东大会、董事会、监事会和经理人员等层次的组织机构和权力系统，分别行使重大经营决策权、监督权、日常经营决策和执行权等。（3）管理制度。按照精干、高效的原则，合理设置企业内部科室机构，形成新的劳动用工制度、分配制度等。企业拥有用工自主权，在政府培育和发展的劳动力市场上，实行企业和职工之间双向选择、合理流动的就业机制。企业享有工资分配的自主权。这一切都是为了提高企业的工作效率、决策水平、整体素质、产品质量和经济效益。

现代企业制度不仅具有上述三项内涵，而且还有它自身的五个特征：第一是产权关系明晰。企业的资产所有权属于出资者，其中，包括国有资产的所有权属于国家；企业拥有包括国家在内的出资者投资所形成的全部法人财产权，成为享有民事权利、承担民事责任的法人实体。产权关系明晰，既是现代企业制度的一个基本特征，也是市场经济发展的基本要求。明晰产权关系，就企业来说，既能保证国家和国有资产的最终所有权，又能保证国有资产的保值和增值；就政府而言，既能按照市场经济发展的需要调整政府各部门之间的利益结构，便于对国有资产的管理，又能使企业在市场竞争中充分行使经营自主权，实现国有资产的保值和增值。所以，明晰产权关系、确立企业的法人财产权，有利于"政企分开"、"政资分开"。第二是自主经营、自负盈亏。企业以其全部法人财产，依法自主经营、自负盈亏、照章纳税，对出资者承担保值增值的责任。这样就彻底割断了企业长期联结国家"母体"的"脐带"，没有依赖，才能真正做到自主经营，既负盈，又负亏，独立承担

· 260 ·

经营风险，在商品市场的海洋里独立运行，从而增强企业的应变能力、竞争能力、开发能力、进取能力和增值能力，使企业获得生存和发展，真正成为市场经济的主体。第三是出资者有明确的权益和责任。出资者按其投入企业的资本额享有所有者权益，包括经营资产获得的收益权、参与企业生产经营活动的重大决策权和选择企业管理者权等三项主要权利。企业破产时，出资者只以投入企业的资本额为限，对企业债务负有限责任。由于现代企业制度明确了出资者的权利和责任，使出资者既能按其投入企业的资本额享有相应的权益，同时，又必须承担相应的债务责任。这表明，权利和责任是相互对应的，也是统一的。第四是企业的经营目的是提高经济效益。企业根据市场需求组织生产，以提高劳动生产率和经济效益为目的，政府不能直接干预企业的生产经营活动。明确企业的生产经营目的是提高劳动生产率和经济效益，也就是说以追逐利润的最大化为企业的出发点和最终归宿，从而有效地避免了企业既是经济组织又是政治组织的双重性质和既要发挥经济职能又要发挥社会职能的双重矛盾。企业能够集中精力改进技术，改善经营管理，提高劳动生产率，增加经济效益。同时，企业要服从市场竞争规则，由市场来决定其生死存亡的命运。对一些长期亏损、资不抵债的企业要宣布破产，政府不再为其"输血补氧"，背上包袱；企业也可免于陷入无底的债务深渊而不能自拔。第五是科学的企业领导体制和组织管理制度。为了妥善地调节所有者、经营者和企业职工之间的关系，形成激励和约束相结合的经营管理机制，必须建立和健全科学的企业领导体制和组织管理制度。

二、建立现代企业制度势在必行

在我国，建立现代企业制度是客观形势发展的需要，又是经济体制改革整体推进的重点，势在必行。

首先，建立现代企业制度是我国国有企业改革的方向。15年来，国有企业的改革沿着扩大企业经营自主权、搞活国有大中型企业的思路，经历了放权让利、实行两步利改税、推行承包经营责任制、转换企业经营机制等四个阶段的"松绑"、扩权、让利，调整了国家和企业之间的分配关系，收到了一定的成效，使经营机制得到了初步转换；还出现了一批能适应市场变化并具有一定活力的国有企业。但是，国有企业固有的"顽症"依然存在。因为，这些改革的一个显著特点是只局限于政策性的调整，没有从根本上解决深层次的矛盾，致使国有大中型企业的经营机制未能实现根本性的转变。问题的症结是国有企业产权主体虚置或缺位，名义上为全民所有，实际上往往处于无人负责的状态。政府的许多部门都以所有者的身份去干预企业的生产经营活动：计划部门控制投资权；财政部门掌握收益权；经贸部门管着生产经营权；企业主管部门执掌财产处置权和经营者的人事任免权。虽然，每一个部门都在对企业的生产经营活动进行指挥和干预，但却没有一家真正承担对企业的最终经济责任。这种"全民所有，政府各部门分别代表"的状况，实际上是肢解了产权主体，使"人人所有"变成了"人人都没有"、"人人负责"变成了"人人都不负责"，部门和企业的领导者、经营管理者和生产者都没有感受到他们自己是所有者。结果，有权力的不承担责任，而有责任的却没有权力。正是由于国有资产的产权主体不明晰，才导致企业既不能从资产的增值中获得产权利益，也不对自己的经营后果承担资产的保值、增值责任，更无法实现真正意义上的自负盈亏和市场竞争中的主体地位，故缺乏生机和活力。因此，必须深化企业改革，理顺产权关系，转换企业经营机制，建立现代企业制度。所有国有企业制度的改革，实际上是产权制度的改革，使企业真正成为自主经营、自负盈亏的法人实体，充满生机和活力。

其次，构建现代企业制度是建立社会主义市场经济体制的基础。我国经济体制改革的目标是建立社会主义市场经济体制。为了实现这个目标，就需要有一个在性质、内容、规则、运行机制等方面与之相适应的基础。这就是建立以公有制为主体的现代企业制度。因为，在市场经济条件下，企业面对的是自主、开放、平等、竞争的市场，必须具有对市场运行的高度适应性和机动灵活的调节性，才能在生产经营活动中适应市场供求变化，使企业成本适应竞争价格，使产品及时更新换代、适销对路，让"市场"而不是"市长"真正成为决定企业兴衰成败命运的"法官"。可是，长期以来，国有企业是国家行政机构的附属物，形同算盘上的珠子——拨一下，动一下，既缺乏内在的动力，又无外部的压力。这种企业制度同市场经济体制发生了深刻的矛盾。表现为：（1）市场经济要求企业是独立的经济利益主体，实行自主经营、自负盈亏，而我们原来的企业却不具有独立性和自主权，往往只能负盈而不能负亏，缺乏主动性和积极性。（2）市场经济是一种竞争性经济，大浪淘沙，优胜劣汰，适者生存。可是，我们原来的企业却远离市场，缺乏竞争，产品生产几十年"一贯制"，结构调整缓慢，价格变化迟钝，营销方式呆板，机构臃肿，人浮于事，造成人力、物力、财力的大量浪费，不能实现资源的优化配置和生产要素的优化组合，企业竞争力脆弱。（3）市场经济要求决策权力和决策风险分散化，而我们原有的企业生产经营活动往往是由国家和上级主管部门决策，决策者却又不承担经营风险和责任。这些情况表明，原有的企业制度是不适应市场经济需要的，必须重建新的企业制度，使企业真正成为独立的商品生产者和经营者，成为市场经济的主体。这也是构建社会主义市场经济框架的微观基础。没有这样的主体，市场经济是发展不起来的。因此，在建立社会主义市场经济宏观总体框架的同时，必须建立与之相适应的微观基础，即现代企业制度，使之相辅相成，有利改革，促进发展，保持稳定。

再次，建立现代企业制度是避免国有资产大量流失、提高经济效益的有效途径。多年来，由于国有企业的产权关系不明晰、组织制度不合理、管理制度不科学，形成"企业躺在国家身上，职工躺在企业身上"吃"大锅饭"的状况，导致国有资产大量流失和浪费，国有企业的整体经济效益不佳，1/3 明亏，1/3 潜亏，只有 1/3 盈利。即全国每三个国有企业有两个是亏损的。也就是说，大多数国有企业患上了经济效益低下的"企业病"。据有关方面统计，1991 年底全国预算内国有企业的亏损额高达 1 000 多亿元，中小企业挂账累计 1 045 亿元，潜亏近 1 000 亿元，总计亏损额达 3 000 多亿元。这么大的亏损已经成为经济发展的沉重包袱。为了摆脱如此严峻的困境，曾采取过"厂长负责制"、"承包制"等一系列扭亏为盈的办法，但收效甚微。亏损额不但没有减少，反而还有继续增加之势。据报道，1993 年，全国乡和乡以上工业企业亏损面比 1992 年扩大了 1 个百分点，而国有大中型企业的亏损率竟高达 34%。例如，1994 年 3 月才被一家"老乡"企业——云南呈贡钢厂——正式兼并的昆明毛纺厂，原是 1986 年兴建的一个中型国有企业，也是云南省唯一的精纺呢绒毛纺织企业。时至今日，不仅没有为国家和企业积累资金，反而累计亏损额达 1 000 多万元，负债总额为 3 824.18 万元，而企业的资产总额仅有 3 006 万元。因资不抵债、产品质量低、大量积压，工厂被迫停产，占地 60 多亩的厂区四处静悄悄，大部分职工每月发 50 元生活费，苦不堪言！造成如此凄苦状况的原因虽多，但最主要的一条是产权关系不明晰、产权制度不健全。与此同时，国有资产严重流失的情况也十分惊人。据有关方面统计，每年流失的国有资产不下数千亿元。其中，个人回扣不少于 500 亿元，产品质量损失 100 亿元以下，灰色分配不少于 1 000 亿元，化公为私数百亿元。如果这些现象继续发展下去，国有企业的经济效益继续滑坡，亏损面继续扩大，国有资产流失严重，必将严重影响国民经济的发展。所以，必须下决心动"大手术"，着力解决好国有企业的产权关系，重建新的企业制度，才能从根本上扭转国有企业长期大面积亏损的局面，提高整体经济效益。

最后，建立现代企业制度是参与国际市场竞争、与国际市场接轨的需要。市场经济的发展，已超越血缘、民族和地域的界限，成为一种全球性、开放性的经济。当今世界已形成一种完全开放式的经济格局，国内市场和国际市场已逐渐融合。1993 年，我国出口贸易总值达 1 958 亿美元，从世界主要贸易国家和地区的第 32 位上升到第 11 位。进出口贸易比重（也就是对外贸易的依存额）目前已达到国民生产总值的 1/3。这表明，我国的经济发展正大步迈向世界，参与世界经济一体化的进程。随着我国"复关"的实现，国内市场要和国际市场接轨，我们将面临严峻的挑战：不仅国内的企业和产品要进入国际市场参与竞争，而且国外的企业和产品也要进入国内，参与国内市场的竞争。为此，必须大力提高企业的素质，转换经营机制，建立现代企业制度，使我国企业的各项制度和一切生产经营活动都规范化，符合国际通行的规则，以便与国际市场顺利接轨。

三、积极稳步地建立现代企业制度

建立现代企业制度是整个经济体制改革的一个重点，是一项涉及面广、难度大的复杂工程。它是企业内部和外部的制度创新。内部改革主要是产权制度的变革；外部改革涉及社会保障制度、金融体制、财政体制、政府职能、物价改革等多方面的改革。因此，要采取积极稳妥的办法，先试点，后推广，以达到预期的目的。

首先，选择良好的组织形式。建立现代企业制度的基本形式是公司制。根据我国的实际情况，公司制可以采取多种形式的有限责任公司和股份公司：（1）国家独资公司。这适宜于投资主体单一、资产规模较大、产品特殊（主要是军工产品）、管理水平较高、发展条件较好的大中型企业。（2）国家控股的股份有限公司。一般适宜于支柱产业、基础产业的骨干企业。通过国家控股发挥国有企业的主导作用和影响范围。（3）国家、企业法人和股民参股的股份有限公司。（4）中外合资的股份有限公司。股份有限公司适宜选择竞争性强、生产要素需要重新组合的国有大中型企业。它是对市场经济发展适应性最强的一种现代企业组织形式。因为它的选择层面多、包容量大，大公司搞大股，小公司搞小股，既可以有代表国家利益的机构参股，又可以让居民自由购股，是一种可以跨城乡、跨地区、跨国家的产权组织形式，有利于资金的流动、集中和分解。故应该大力推广，使之成为我国国有企业的主体形式。

其次，对国有资产要进行公正、客观、科学的评估。要实现国有企业的公司化改造，关键性的环节是要搞好国有资产的界定和评估工作。目前，在一些推行股份制的企业中，较普遍地存在着重估资产不实的问题。在中外合资企业中，对外资是低价高估（主要是用设备入股时，报价偏高）；对中资主要是高价低估，一般是评估偏低，有的竟低估 50% 左右。比如，企业使用的土地属于国家所有，理应计入国有产权。可是，有些企业竟把土地这项资产忽略了，或没有如实估价计入国有股。

又如，国有资产经过评估，对增值的部分列为公司的"公积金"，为全体股东所共有；更有甚者，从"公积金"中划出一部分，以"送股"方式送给个人，使国有资产评估失真、大量流失。鉴于上述情况，对国有资产的评估，应由独立的中介性服务机构来承担。具体地说，应由注册会计师客观公正地进行评估。担任评估工作的会计师应负一定的法律责任，发挥会计师作为"经济警察"的监督作用。不仅如此，还要减少行政干预，实事求是地严格按照《国有资产评估管理办法》、按操作规程执行。在评估时，既要全面考虑有形资产的价值，也要考虑无形资产的价值。对有形资产要按重置成本法计算。土地，应根据国有土地管理办法和市场行情如实评估。对无形资产则要以保障债权人利益为前提依法让渡；对专利和专有技术要考虑其使用范围、保密期限等因素，以充分体现无形资产的有效价值。

再次，建立健全社会保障制度。企业制度的改革，不仅需要深化内部体制的改革，而且需要有一个良好的外部环境，包括使福利分配社会化、市场化。主要是建立社会化的失业、养老保障和医疗保险制度。应采取国家、企业、职工三方面合理分担的办法，建立多层次的社会保障体系，成立多种形式的社会保障公司，使劳动者及其家庭成员的健康医疗、退休养老和失业，既不依赖原单位，又无后顾之忧。职工住房也要改变由单位分房的制度。公有住房应由企业化的公司管理，使住宅商品化、社会化，从而为劳动力在不同企业间的自由流动扫除一大障碍。同时，还要形成一个灵活的资本重建制度。目前，在许多国有企业，干部和工人的界限森严，"工人永远是工人，厂长、经理永远是干部"；而现代企业制度则要打破界限，统称"企业职工"。现在，资本重建的行政限制太多，一个新公司的注册太难，要经过许多单位盖章核准，但注册后不易破产，不利于企业生产要素的重组。应该提供一些条件，工人失业了、在其他单位找不到工作时，可以通过自由集资或贷款，办工厂、开商店，自己当经理、老板。这样，也有利于经济发展和社会稳定。

又次，切实转变政府职能。建立现代企业制度的基本条件是消除政府对企业的直接干预，彻底转变政府特别是地方政府的职能。在社会主义市场经济条件下，企业是市场经济的主体。在国家、市场、企业的相互关系中，国家与市场之间、市场与企业之间是实线联系；而国家与企业之间是虚线联系，是间接调控的关系。故政府部门不能直接插手企业的生产经营活动，政府只管立法，制定市场规则，征收税负，提供服务，采取刺激或收缩的经济政策，对国民经济进行宏观调控，搞好基础设施建设，为企业创造良好的经济发展环境和社会环境。

最后，积极稳步地建立现代企业制度。建立现代企业制度是一项深刻的经济变革。既然是变革，就要冲破现有的权力和利益格局；要探索和实践，总结经验，逐步推广。建立公司制也不是简单地更换企业名称，挂个牌子，一哄而起，搞"翻牌"公司，而是要进行实质性的改革，实实在在地转换企业经营机制，不搞形式主义，以期收到实效，建一个成功一个，才能有利于现代企业制度的建立。

（载《云南学术探索》1994 年第 4 期）

深化国有企业的改革，充分发挥
主力军的作用

（1995 年 2 月）

  搞好国有企业特别是大中型企业、建立现代企业制度是今年经济体制改革的重点，也是当前经济发展的难点和中心环节。国有企业是社会主义制度的根基、国民经济的命脉，也是国家财力的主要源泉和先进生产力的代表。搞好国有企业的改革不仅关系到我国国民经济能否持续、快速、健康地发展，而且关系到社会主义制度能否巩固的大问题。近 10 多年来，国有企业的改革已取得明显成绩，初步解决了传统计划体制遗留给企业的许多矛盾和困难，但也不可忽视现存的困难和问题。目前所面临的几乎都是难度很大的深层次矛盾，严重阻碍着企业的健康发展。解决矛盾的途径在于企业的制度创新，通过机制转换、建立现代企业制度，才能更好地发挥国有企业主力军的作用。

一、国有企业目前面临的主要困难

  首先是产权责任不明。10 多年来，国有企业的改革沿着扩大企业自主权、搞活国有大中型企业的思路，经历了放权让利、实行两步利改税、推行承包经营责任制、转换企业经营机制等四个阶段的"松绑"、扩权、让利，调整了国家和企业之间的分配关系，收到了一定的效果，使经营机制得到了初步转换，还出现了一批能适应市场变化并具有一定活力的国有企业。但是，国有企业固有的"顽症"依然存在。因为，这些改革的一个显著特点是只局限于政策性的调整，没有从根本上解决深层次的矛盾，致使国有大中型企业的经营机制未能实现根本性的转变。问题的症结是，国有企业产权主体虚置或缺位，名义上为全民所有，实际上往往处于无人负责的状态。政府的许多部门都以所有者的身份去干预企业的生产经营活动：计划部门控制投资权；财政部门掌握收益权；经贸部门管着生产经营权；企业主管部门执掌财产处置权和经营者的人事任免权。虽然每个部门都在对企业的生产经营活动进行指挥和干预，但却没有一家真正承担起对企业的最终经济责任。这种"全民所有，政府各部门分别代表"的状况，实际上是肢解了产权主体，使"人人所有"变成了"人人都没有"、"人人负责"变成了"人人都不负责"，部门和企业的领导者、经营管理者、生产者都没有感受到他们自己是所有者。结果，有权力的不承担责任，而有责任的却没有权力。正是由于国有资产的产权主体不明晰，才导致企业既不能从资产的增值中获得产权利益，也不对自己的经营后果承担资产的保值、增值责任，更无法实现真正意义上的自负盈亏和市场竞争中的主体地位，故缺乏生机和活力。因此，必须深化企业改革，理顺产权关系，转换企业经营机制，建立现代企业制度，使企业真正成为自主经营、自负盈亏的法人实体，充满生机和活力。

其次是经济效益不佳，国有资产流失严重。多年来，由于国有企业的产权关系不明晰、组织制度不合理、管理制度不科学，形成"企业躺在国家身上、职工躺在企业身上"吃"大锅饭"的状况，导致国有资产大量流失和浪费，国有企业整体经济效益不佳，1/3 明亏，1/3 潜亏，只有 1/3 盈利。大多数国有企业经济效益低下，已成为经济发展的沉重包袱。为摆脱这一困境，曾先后采取过"厂长负责制"、"承包制"等办法，但收效甚微，亏损还有继续增加之势。据报道，全国国有大中型企业的亏损率竟高达 34%。1994 年的情况并不令人乐观。年初，国有企业获利大幅度下降，亏损大幅度增加；经多方努力，在 4 月以后呈现好转势头。到 11 月底，国有工业企业亏损面由 3 月末的 49.6% 下降到 41.4%，亏损户数减少 3 238 户，扭亏增盈取得一定成绩。但形势仍很严峻。例如，1994 年 3 月被一家"老乡"企业——云南呈贡钢厂——正式兼并的昆明毛纺厂，原是 1986 年兴建的一个中型国有企业，也是云南省唯一的精纺呢绒毛纺织企业。迄今，不仅没有为国家和企业积累资金，反而累计亏损 1 000 多万元，使负债总额达 3 824.18 万元。因企业资产总额仅有 3 006 万元，资不抵债，产品质量低、大量积压，被迫停产，大部分职工每月发 50 元生活费回家休息。造成这一局面的原因虽多，但最主要的一条是产权关系不明确、产权制度不健全、国有资产流失惊人。据有关方面统计，全国每年流失的国有资产有数千亿元。其中，个人回扣不少于 500 亿元，产品质量损失 100 亿元以上，灰色分配 1 000 亿元，化公为私数百亿元。所以，必须下决心动"大手术"，解决好产权关系，重建新的企业制度，才能从根本上扭转国有企业长期大面积亏损的局面，提高整体经济效益。

再次是经营机制不适应市场经济的发展。我国经济体制改革的目标是建立社会主义市场经济体制。为了实现这个目标，就需要有一个在性质、内容、规划、运行机制等方面与之相适应的微观基础，即建立以公有制为主体的现代企业制度。因为，在市场经济条件下，企业面对的是自主、开放、平等、竞争的市场，必须具有对市场运行的高度适应性和机动灵活的调节性，才能适应市场供求变化。可是，长期以来国有企业是国家行政机构的附属物，缺乏内在的动力和外部的压力。这种企业制度同市场经济的发展是矛盾的。表现在：（1）市场经济要求企业是独立的经济利益主体，实行自主经营、自负盈亏；而企业却不具有独立性和自主权，往往只负盈不负亏，缺乏主动性和积极性。（2）市场经济是优胜劣汰的竞争性经济；而企业却远离市场，产品结构调整缓慢，价格变化迟钝，营销方式呆板，机构臃肿，人浮于事，人力、物力、财力大量浪费，不能实现资源的优化配置和生产要素的优化组合，竞争力脆弱。（3）市场经济要求决策的权力和风险分散化；而企业生产经营活动往往是由国家和上级主管部门决策，决策者又不承担经营风险和责任。因此，在建立社会主义市场经济宏观总体框架的同时，必须建立与之相适应的微观基础即现代企业制度使之相辅相成，有利改革，促进发展。

最后是不适应与国际市场接轨的需要。市场经济的发展已超越血缘、民族和地域的界限，成为一种全球性、开放性的经济，国内市场和国际市场已逐渐融合。我国的经济发展正大步迈向世界，参与世界经济一体化的进程。随着国内市场和国际市场的接轨，不仅国内的企业和产品要进入国际市场参与竞争，而且国外的企业和产品也要进入国内市场参与竞争。为此，必须大力提高企业的素质，转换经营机制，建立现代企业制度，使企业的各项制度和生产经营活动都规范化，符合国际通行的规则，以便与国际市场顺利接轨。

二、建立现代企业制度是国有企业改革的方向

党的十四届三中全会的《关于建立社会主义市场经济体制若干问题的决定》明确提出国有企业改革的方向是要建立适应社会主义市场经济需要的产权清晰、权责明确、政企分开、管理科学的现代企业制度。由于其自身的本质特征决定它还是解决国有企业深层次矛盾的有效途径。

首先，完善的企业法人制度是解决国有企业产权责任不明的根本办法。现代企业制度的核心是企业法人制度，即国际通用的公司法人制度。它一旦确立，国有企业就是国家出资构造的企业法人。企业中国有资产的所有权属于国家，企业拥有法人财产权；"两权分离"不能只是所有权和经营权的分离，实际上应该是国家所有权或投资者所有权与企业法人所有权的分离，并在此基础上建立以企业法人为主体

的各种股份责任制，这是对传统的政企不分和产权模糊的全民所有制或国家所有制形式的根本改革；国家仅以出资者的身份拥有企业财产，享有所有者的权益即资产收益权、重大决策权和选择管理者权等三项基本权利，但不直接干预企业的生产经营活动。企业则以全部法人财产依法自主经营、自负盈亏、照章纳税，对国家承担资产保值、增值的责任。完善的企业法人制度具有四个重要的作用：第一，企业法人财产权是形成企业追逐自身利益内在动力机制的基础。企业是市场经济活动的主体，只有获得对财产的占有权、使用权、支配权、收益权、处置权，并有权排除他人对自己财产权的侵犯，才有信心、有动力、有条件投入人力、物力、财力等多种资源，实现自主经营、自负盈亏、自我发展、自我约束，才会促使企业为追逐持久的长远利益而克服短期行为，从而实现国有资产的保值、增值。所以，明确企业的法人财产权是企业进行生产经营活动的出发点和归宿。第二，它明确了企业和政府的关系，以便政企分开、各司其职，有利于经济、社会的协调发展。明确企业的法人资格和法律地位，就界定了与政府之间的责、权、利关系。当政府以社会管理者的身份出现时，企业是纳税人，应依法向政府交纳税金；当政府以投资者的身份出现时，企业与政府处于平等的民事法律地位，双方的权利义务由法律来规定，双方的财产关系依照法律和契约来调整，政府无权把企业当成自己的附属物，从而使企业彻底摆脱对政府的依赖。第三，法人财产的损益关系，促进企业形成有力的行为约束机制。由于产权明晰、权责清楚，企业的权、责、利明确，必须对出资者负责，既负盈，又负亏，主动适应市场，承担经营风险，负责资产的保值、增值，形成一个内在的强有力的责任约束机制。第四，它有利于产权的合理流动，促进社会资源的优化配置。法人财产是一种完全意义上的商品，可在市场上进行交易，实现财产权益的全部或部分转移。通过产权交易，既可引导社会资源合理流动和优化组合，使处于长线的、闲置的、无效益的资产流向短线的、急需的、效益好的部门；又可使效益好、竞争力强的企业兼并效益差、竞争力弱的企业，最大限度地盘活资产，实现资产价值最大化，从而促进资产的合理流动和优化配置。调整经济结构，提高全社会资产的营运效益。昆明产权交易市场自 1990 年成立以来，成交企业 62 户。其中，兼并的国有、集体企业 28 户，使其存量资产向高效益方向合理流动，促进了企业结构和产品结构的调整，产生了极好的经济效益和社会效益。如 1992 年昆明彩印厂兼并了昆明市棉毯厂，充分利用棉毯厂的土地优势，投资 300 万元建立起专门生产商标的彩印分厂，当年就偿还了棉毯厂 130 万元的债务；同时对原棉毯厂的 260 名职工进行培训上岗，使近 120 名退休职工的生活福利得以解决。昆明市水泵厂兼并盘龙铸造厂，仅一年时间使铸造厂面貌大变，实际销售收入达 1 521 万元，利润为 145 万元。

其次，有限责任制度是市场经济条件下，使出资者的利益和责任直接联系起来，实行自我保护的一种有效办法。企业作为独立的经济法人实体，以其包括国家授予的全部法人财产为限，对自己的民事行为承担责任、清偿债务。当企业因经营管理不善无力偿还到期债务时，应依法宣布破产。在实施破产清盘时，出资者只以其出资数额为限对企业承担责任。也就是说，对企业亏损要区别两种责任形式：一种是民事责任；另一种是经营责任。这两种责任应由不同的主体来承担。企业作为独立的法人，是承担民事责任的主体，履行责任的形式是以企业的资产抵补亏损，破产还债；直接承担经营责任的是厂长、经理，履行责任的形式是对厂长、经理进行经济和行政的处罚。至于企业职工也应按企业内部规定的经济责任承担相应的责任。总之，企业实行有限责任的目的是：（1）使企业在生产经营中形成的利益和资产的增值都应直接或间接属于出资者所有，任何机构都不能加以干预和截留。（2）如果企业因经营管理不善破产时，出资者最大的损失是以投入企业的资本金为限。这样，不仅减少了投资者的风险，而且增大了出资者获利的机会，能有效地改变目前国有企业只负盈不负亏和由国家负无限责任的状况。

再次，科学的组织管理制度，包括选择适宜的公司形式、建立科学的管理制度和体系等，使企业的权力机构、监督机构、决策和执行机构之间相互独立、相互制约，以形成权责明确、健全的制衡和约束机制。其目的是调动所有者、经营者、生产者各方面的积极性，使所有者放心、经营者精心、生产者用心，使其利益得到保障，行为受到约束，有效地改变国有企业长期存在的制度不严、纪律松弛、效率低下的状态。

总之，通过建立现代企业制度，使国有企业产权关系明晰、政企分开、自主经营、自负盈亏，成为市场经济的主体。根据市场需求组织生产经营活动，增强竞争实力，提高经济效益，以充分发挥国有企业主力军的作用。

三、转变政府职能是转机建制的关键

国有企业转换企业经营机制、建立现代企业制度的关键是政企职责分开、转变政府职能。长期以来，受高度集中的计划经济体制的影响，误认为国家管理经济就是政府直接经营企业，致使政企不分、以政代企。近些年来，通过改革，有所变化。但企业应拥有的经营自主权仍未完全落实，不少企业仍处于政府机关附属物的地位，是政府行政机构的延伸，严重阻碍企业经营机制的转换和现代企业制度的建立。

转变政府职能的紧迫性在于：

首先，它是实现政企职责分开、转机建制、建立现代企业制度的迫切要求。经济体制改革的重点是转换企业经营机制，逐步建立现代企业制度，关键是要落实企业自主权。可是，至今不少政府仍以各种形式干预企业的生产经营活动，使企业的投资决策权、产品定价权、产品销售权、劳动人事权等得不到落实。这样，企业自主权从何谈起?！企业的制度创新既包括对企业也包括对政府的要求。这两个方面是相辅相成、互相制约的内因和外因。从企业的内部因素来讲，企业制度的改革就是要把国务院颁布的《全民所有制工业企业转换经营机制条例》赋予企业的 14 项经营自主权落实到位，逐步建立现代企业制度；从企业的外部因素讲，就是要求转变政府职能，促使政府对企业由微观管理转向宏观管理、由实物管理转向价值管理、由直接管理转向间接管理，主要运用经济和法律的手段来调节经济。凡是国家法令规定属于企业行使的职权，政府都不要干预，把不该管、管不了、管不好的事放手放权，才能为现代企业制度的建立创造良好的外部环境。建立现代企业制度的核心问题是政企职责分开，首先是要理顺产权关系。对国家而言，要把国家的资产所有者职能与社会管理者职能分开；把政府的国有资产行政管理职能与营运职能分开。从国家与企业的关系而言，要实现出资者所有权与企业法人财产的分离，确立出资者所有权在企业中的法律地位，从而明确国有资产的投资主体。

其次，它是从传统的计划经济体制走向社会主义市场经济体制的客观要求。企业生产什么、怎样生产、生产多少，都应服从市场的需要，并由市场来决定资源和生产要素的配置。转机建制就是要按照发展社会主义市场经济的要求，通过调整健全企业的经营行为，以便在国家宏观调控下，割断与政府"母体"联系的"脐带"，走向市场，成为自主经营、自负盈亏、自我发展和自我约束的市场主体。如果企业的大事小事都由政府说了算，政府用"婆婆"管"小媳妇"的办法来管理企业，其结果不仅割断了企业和市场的经济联系、窒息了企业的活力，而且还会造成企业自身的"软骨病"和依赖性，面对变幻无穷的市场束手无策。

再次，它也是实现"小机关、大服务"的改革方向、加强政府自身建设的需要。政府管了许多不该管、管不了也管不好的事，导致机构臃肿，人浮于事，办事效率低下。这不仅阻碍了转机建制，而且在政治上、经济上都不利于政府自身的建设。从经济上说，为了维持庞大的政府机构的运转，加大了财政支出，增加了企业负担；在政治上，由于政府部门集中掌管着资金、物资的分配以及项目审批、产品进出口等等大权，企业要办点事必须围着政府机关转，也会滋长政府部门的官僚主义，助长某些人以权谋私。因此，政府必须转变职能，实行政企分开，下放权力，精兵简政，才能提高办事效率，实现"小机关、大服务"的目的，有效地为转机建制服务。

（载《云南省政协七届三次全会发言材料》）

解放思想，促进个体私营经济的发展

（1995 年 3 月）

改革开放以来，通过调整生产资料所有制结构，个体私营经济获得了一定程度的发展，现已日益显现出其在国民经济中的重要作用。

首先，它有利于创造社会财富，增加市场有效供给，满足群众需要。灵活分散，方便群众，是个体私营经济在生产经营上的特点。它既能比较迅速、准确地反映社会需求的变化，又能采用各种技术，及时生产和提供各种产品与服务，满足社会生产和群众生活的需要。例如，云南省冬春早蔬菜年产量达 6.5 亿公斤，在流通领域依靠国家、集体、个人一齐上的办法，贩运到省内外销售，既丰富了群众的菜篮子，又使菜农获得了可观的经济效益。

其次，它能扩大劳动就业，增加群众收入，促进社会稳定。个体私营经济的发展不仅能安置城镇待业青年，吸收部分农村富余劳动力，而且为国有企业"下岗"人员提供了重新就业的途径。据统计，到 1993 年底，全国个体私营经济共吸纳了 3 311.3 万人就业，超过了近 10 年国有企业新增职工的人数。这样，既充分利用了我国的劳动力资源，增加群众收入，促进社会稳定，也大大节省了由国家"包"就业所花的费用。据有关方面分析，每增加一户个体经济，就能减少一个贫困户；每培育一户私营经济大户，就能解决 50～100 人的温饱。因此，发展个体私营经济是解决云南省 700 万人脱贫致富的一项重大的战略措施。

再次，它有利于合理开发利用资源，促进社会生产的发展。因为，个体私营经济一般都能因陋就简、拾遗补缺、就地取材地开发资源，甚至利用国有企业淘汰或闲置的厂房、设备、边角废料，使潜在的生产力转变为现实的生产力。

最后，它有利于减少国家的投入而增加财政收入，这些年，个体私营经济是在银行贷款和财税减让少有优惠的条件下，通过自筹资金、自主经营、自担风险发展起来的。对国家来说是少投入甚至无投入也能增加收入。据报道，1989 年至 1993 年个体私营经济共上缴税款 956.4 亿元，相当于国有企业上缴税款的 17%；所缴各种费用也相当于上缴税款的 3 倍多。在一些经济发达地区，其比重则更高，最高的可达 60%，已成为当地财政收入的主要来源。

虽然，云南省个体私营经济已有一定程度的发展，到 1993 年底，个体经济已达 44 万户，从业人员 64 万；私营企业 1 563 户，从业人员 3 万多。但和全国相比仍有很大差距。主要表现在：（1）增长速度缓慢。据统计，全国个体私营经济在户数、人员、资金、产值、营业收入、商品零售额等方面都有大幅度的增长。私营经济增长 64.4%，而云南仅增长 12.8%。（2）比重太小，尚未充分发挥其作用。1992 年广东省工业总产值 3 479 亿元中，非公有制经济为 1 105 亿元，占 32%；而云南省工业总产值 477 亿元中，非公有制经济仅为 15 亿元，只占 3.8%。（3）国家政策落实滞后或扭曲。因受"左"的思想影响，在一些地方仍把个体私营经济列入"另册"，使其在贷款、用地、产品出口、引进技术和人才以及产品评质定级等方面都感困难。同时"三乱"现象十分严重。假国营、假集体、假外资、假校办、假知青、假残疾等"六假"企业也不少，其实是个体私营企业。戴"红帽子"是怕政策多变和希望得到政策照顾。这些问题给国家对企业实行分类管理带来不便，尤其不利于国家准确地把握经济情况，并对经济运行和资源配置进行宏观调控，以促进市场经济的发展。

要鼓励和发展包括个体私营经济在内的非公有制经济，关键是解放思想，用政策去调动积极性。

马克思主义认为，物质资料的生产和再生产是人类社会存在和发展的基础。发展生产力、增加社会财富的总量是社会主义社会的根本目的。生产资料所有制是生产关系的基础，是受生产力制约并为发展生产力服务的。所以，发展生产力是目的，一定的所有制形式是手段。云南是少数民族最多的边疆省份，由于自然、经济、历史的原因，各地区、各民族之间生产力发展水平差异很大，而且很不平衡，特别是山区和民族地区生产力低下的状况还没有根本改变。这种低水平、多层次、不平衡的生产力状况，客观上要求有多种不同的所有制形式和经营方式与之相适应，才能促进社会生产力的发展。因此，明确所有制是手段不是目的，才能理直气壮地从客观实际出发，调整所有制结构。那种认为公有制的比重越大越好；所有制越纯越好；怕非公有制经济发展了会动摇公有制经济的主体地位，会贫富悬殊、两极分化的顾虑和把非公有制经济打入"另册"的做法，都是受"左"的影响的表现，必须坚决摒弃。今天，发展社会主义市场经济，应从"三个有利于"的原则出发，认真执行国务院"三不限制"的政策，即各地适宜发展什么就发展什么不受限制；项目规模可大可小不受限制；发展速度能多快就多快不受限制。不必担心这个快了，那个慢了；这个多了，那个少了。即使在局部地区部门，非公有制经济的成分多一些，也不可能在总体的量和质上改变我国社会主义所有制的性质。非公有制经济仍然是共产党领导下、与社会主义制度相联系的一种补充形式。同时，还要注意为个体私营经济创造公平竞争的市场环境，才能促进其迅速健康的发展。

（载《云南统一战线》1995 年第 1 期）

论产品质量、名牌效应与企业竞争

（1995 年 8 月）

企业是市场经济的主体。产品质量是企业进入市场、表现竞争力的关键。特别是优质名牌产品是关系一个企业、一个地区乃至一个省、一个国家科技水平和经济实力整体形象的重要标志。凡有远见卓识的企业家都把产品质量好坏视为企业知名度高低的象征，是与企业生命攸关的大事。可是，长期以来，我国相当一部分工业产品的质量不高，优质名牌产品不多，式样陈旧，致使企业效益不佳，甚至亏损严重。当前，面临国内市场与国际市场的交融接轨，云南的产品不仅要深入国内市场，而且正走向国际市场，抓住机遇，迎接挑战。因此，增强产品的竞争力、提高云南产品和企业的知名度、扩大市场占有率、加快经济的发展是一项紧迫的任务。本文拟从历史和现实、理论和实践的结合上对提高产品质量、创立名牌效应与增强企业竞争力的关系以及相应的对策作些探讨。

一、提高产品质量和创立名牌是企业竞争取胜的基础

历史犹如一面镜子，给人以启迪。第二次世界大战后，日本作为一个战败国，经济十分困难。在国际市场上，日货因质量差，常遭冷遇，人们不屑一顾。其形势非常严峻。这使日本举国上下认识到要想扩大出口、摆脱困境，必须提高产品质量，创立名牌，树立产品的良好形象。面对严酷的形势，日本领导者提出了"质量救国"的口号！经过艰苦的努力，终于在不太长的时间里甩掉了质量不好、信誉不佳的帽子，创立了一大批颇有影响的名牌产品，如松下电器、东芝电视、丰田汽车等，在国内外市场上树立起日货的优质名牌信誉，使之家喻户晓，从而大大地提高了产品和企业的知名度，增强了竞争力。这对日本经济的振兴，特别是对出口贸易的发展、扩大产品销路、占领国际市场起到了积极的推动作用。虽然，日本"质量救国"的口号不完全适合我们中国的国情，但其成功的经验值得我们借鉴。今天，我们提出"质量立国"、"质量兴国"的口号是具有重要的理论和现实意义的。因为，

产品质量不能只从一般经济意义上，而要从我国现代化建设的战略高度，从提高全民族素质的高度来认识。产品质量既是企业职工集体智慧和企业竞争实力的体现，也是一个国家民族精神的体现。中华民族是勤劳勇敢、一丝不苟的民族。我们祖先留给我们那些精雕细刻的劳动产品，其工艺的精湛为世人瞩目和称誉。可是，今天一些企业所缺乏的正是"一丝不苟"的态度和"精益求精"的精神。因此，我们从市场竞争的角度，从实现国民经济现代化和弘扬民族精神的高度，对提高产品质量、创立名牌产品和企业的重要意义还有必要进行再认识。

首先，质量是产品的"灵魂"和企业的"生命"，是企业竞争取胜的物质基础。一个企业有无竞争实力，就要看它能否生产并及时提供为市场所需要的、适销对路的优质产品。因为，质地优良、适销对路的产品在市场上会受到消费者的欢迎，由此使产品及其企业都家喻户晓，名扬四海，供不应求，提高知名度；反之，产品质量低劣，无人问津而积压滞销，致使企业的资金难以周转，无力维持再生产，甚至濒临破产倒闭。所以，企业在生产上的"一丝不苟"、"精益求精"是争创优质产品、名牌产品，形成大批量、有竞争优势的"拳头产品"必须具备的基本条件。只有坚持"以质取胜"，重视创立名牌产品、"拳头产品"，企业才会生机勃勃，在竞争中不断取胜。名牌是一个企业和地区的精华和骄傲。创立名牌有巨大的效应。因为，一个名牌往往顶得上几个、几十个甚至上百个牌号的效益，不仅可以兴厂、兴市、兴省、兴国，形成一个大产业，从而带动一个地区经济的发展；而且，名牌能呼唤社会、呼唤投资、呼唤规模，获得良性循环的最佳效益。反之，企业在生产经营上忽视产品质量和创立名牌，在竞争中必然败北。这就是市场经济的客观法则。玉溪卷烟厂是我国最大的、也是亚洲第一的现代化卷烟企业。其产品在国内市场的覆盖率已达95%以上，1994年创税收110多亿元，成为全国同行业创税利的第一大户。取得如此辉煌成绩的关键是玉溪卷烟厂始终把握着产品质量这把"金钥匙"，坚持创名牌、保优质，使一类产品达到100%。为满足市场需要的"拳头产品"、"名牌产品"——"红塔山"、"阿诗玛"、"红梅"等系列名烟，产生了神奇的"名牌效应"，从而使企业面对卷烟市场的激烈竞争，在全国200多家大小卷烟厂、几千种牌号的角逐中独占鳌头，为国家作出了重大贡献。

其次，提高产品质量、创立名优产品是减少消耗、降低成本、提高经济效益、实现经济良性循环的根本途径。从微观角度讲，产品质量高就表现为产品性能好，使用效率高，寿命长；与同类产品相比，一个能顶几个用。从这个意义上讲，提高产品质量就意味着增加产品的数量和提高企业的经济效益。因此，质量就是数量和速度，质量就是效益和竞争力。如果产品质量差，几个不顶一个用，从使用价值来说其实际数量将同质量下降成比例地减少；质量低劣所耗费的人力、财力、物力，又是对社会财富的极大浪费。因此，没有产品的高质量，企业就缺乏以物质作基础的竞争力，也就没有经济的高效益。再说，产品质量好，能节约原材料、燃料，节省人力和设备，就等于用同样多的原材料和工时，生产出更多更好的产品。这样，就能减少消耗，降低成本，增加盈利，提高效益。可见，质量又是效益的基础。从宏观角度讲，提高经济增长的质量也包括提高产品质量和增加经济效益，这是实现经济良性增长的两个轮子和根本途径。但长期以来我国经济建设存在的严重问题是：急于扩大基本建设规模，上新项目、铺新摊子，走外延扩大再生产的路子。结果是：重数量，轻质量；追求发展速度，忽视经济效益；企业及其产品的竞争力都很脆弱。所以，速度快、质量低、效益差已成为长期困扰我国经济发展的症结。据有的省区调查，积压的商品高达30%～40%。当然，我国的劳动生产率低、消耗大，也制约了效益的提高和经济的发展。例如，服装是我国第一大宗出口产品，平均每件的售价仅3美元左右；而发达国家出口的服装平均每件的售价是80～100美元。相比之下，我国产品的档次低、质量差、附加值小、缺乏名优产品是其重要原因。因此，中央一再强调，必须坚定不移地贯彻执行"注重效益，提高质量"的方针，通过提高产品质量和效益来提高整个经济增长的质量。

再次，提高产品质量、创立名牌是增强产品出口创汇能力、提高国家信誉和国际市场占有率的重要方面。一位到我国考察的外国企业家曾坦率地指出，中国企业和外国企业的最大差距是产品质量差。事实也确是如此。目前，我国许多商品的质量低劣，性能太差，外观丑陋，很难摆上国外大百货公司的货架，常被摆在地摊上作为"低级货"出售。不久前，中国机械设备进出口总公司下属的一家地方公司向德国科隆市出口的600吨供杠铃杆用的电铸盘，质量低劣，许多电盘凹凸不平，合模错位、中孔歪斜，无法穿过杠铃杆，完全是一堆废品。据此，对方提出了索赔要求，使我国在经济上、声誉上蒙受了很大损失，影响极坏。我国驻德国代办处的同志在处理索赔报告上写道："作为中国人，这是耻辱，我十分气愤。这是在搞出口吗？外商专门来订我们的货，可我们的工作人员、我们的工厂漫不经心，竟然这样不争气！产品如此低劣！怎能打入国外市场与国际优质产品竞争？如果我们把一些贵重的进口材料加工成质量低劣的地摊货，还有什么效益可言?!"因此，每个企业都应吸取教训，把保证产品质量、维护国家声誉视为自己的神圣职责；把工作马虎造成质量低劣看成是自己的失职和耻辱，并以实际行动来预防和洗刷。只有提高中国货在国际市场上的竞争力，才能扩大出口创汇能力和市场占有率。美国著名企业家亚科卡说得好："出口竞争的唯一出路在于提高产品质量。"美国人对一些产品因质量低劣带来的恶果，表现出极大的关切和痛心。他们说："谁也不曾想到，由于一个密封圈的质量不过关，致使美国损失了一架航天飞机和几位优秀的宇航员。"这是一个"小不治酿成大祸"的典型。

最后，创立名牌优质产品，也包括开发新产品、增加新品种。这是增强企业竞争力的"新式武器"。企业在市场竞争中的成功之道是：人无我有，人有我新，人新我优，人优我廉，人廉我快（供货及时）。如果一个企业缺乏开拓创新精神，只生产老产品，就会缺乏生机和活力，就会在竞争中失败。当今的市场瞬息万变，商品更新换代的时间日趋缩短，如何以最高的效率和质量推出新产品、投入生产走向市场，已成为企业竞争取胜的一个重要因素了。有的经济学家说中国没有真正意义上的企业，只有工厂、车间。因为，他们不思进取，无所创新，只会年复一年地生产同一种产品。这种观点，虽不尽全面，但也有一定道理。它说明企业的创造力、竞争力来源于开发新产品、增加新品种，引导消费，刺激需求，开辟潜在的市场。瑞士是世界钟表生产的王国、名牌表之乡。但它不停留在老产品的生产上，而是不断更新、增加品种、提高质量，特别是面临世界市场上日本和香港钟表业的冲击、出口大受影响之时，瑞士钟表业强化名牌意识、创新意识，在弘扬名牌的前提下，力求品种花样翻新、创造需求、开拓市场。于是，多功能薄型表、首饰表、宝石翠钻表等新产品应运而生；在机械表的领域里，始终独领风骚；石英钟表的品种多、款式新，亦获得长足的发展。据瑞士联邦钟表联合会发表的统计报告，1994年全联邦钟表出口总额大增，达到创纪录的79.59亿瑞士法郎，比上年净增5%；出口的整表为3 750万只，主要集中在15个国家和地区，其中以香港最多，美国次之。结果，瑞士钟表仍以其高质量、新品种、新款式继续引导和占领世界钟表的消费市场。

二、存在的问题及其原因探析

现在，困扰国有企业进入市场成为市场主体并具竞争实力的一个重要原因仍然是产品质量低，而且还有质量继续下滑之势。1994年，国家技术监督局抽查了2 068种产品，合格率为69.8%，比上一年下降1个百分点。其中，中小型企业产品质量下降的情况尤为严重，合格率下降达8个百分点。据29个省、市、自治区消费者协会统计，1995年第一季度共受理消费者投诉85 438件，比1994年同期上升16%。从投诉问题的性质看，产品质量问题居高不下，占投诉总量的40%以上。据报道，我国产品质量总体水平大约落后于发达国家10～15年，有的甚至20～30年。由于名优产品少、产品质量低、产销率不高、生产工艺过程的监控检测差造成的损失，相当于我国有 10% 的工厂在长期制造废品、次品、返修品，使有限的人力、物力、财力资源被大量浪费。结果，一方面，我们是经济落后、供给不足、资源有限的国家；另一方面，资源浪费又很严重。加之，这些年国外名牌产品不断涌入我国市场，使我国原已存在的产品质量问题更为严重和突出，不仅一般日用生活品，甚至连一些名牌产品的质量也有每况愈下之势。最典型的是有的电冰箱只耗电、不制冷，还制火；电视机图像不清晰；收录机只转不响；手表走走停停；冷暖机既不能调冷，也不能调暖；一双几百元乃至上千元的"名牌"皮鞋穿几天就开裂蹦口。尤其令人气愤的是假酒等伪劣食品还会置人于死地。不仅生活资料，甚至钢材、水泥、化肥、电线电缆等生产资料也粗制滥造、以次充好，影响和破坏了工农业生产，扰乱了市场的正常秩序，导致了收入分配的紊乱，引起了人民群众的不满。其原因是多方面的。

首先，生产经营企业缺乏质量意识、创立名牌产品的意识，管理放松，制度不严。表现为：一是企业领导往往重数量、轻质量。在改革体制转换企业经营机制的过程中，强调企业自主经营，走向市场；加之国民经济发展速度比较快，市场对商品的需求量较大，一些企业领导便误认为企业走向市场，就是企业生产什么商品就能卖出什么商品，生产的商品越多，占领的市场就越大，片面追求数量，忽视质量，尤其是受追求利润最大化的驱动，往往是"萝卜快了不洗泥"，尽可能加快速度，节省成本。于是，偷工减料，以次充好，增加收益。为此，企业领导也忙于跑市场、跑营销、跑资金、跑产品、跑应酬而忽视抓产品质量的基础工作。二是企业职工素质比较低，技术培训滞后。高质量的产品是由高素质的职工生产出来的。这些年吸收的新工人较多，一些中小企业使用的合同工多，对这些新职工往往未经严格培训和考核就直接上岗，他们连一些基本的操作规程、质量要求都不熟悉，自然难以保证产品质量。特别是大多数企业是劳动密集型企业，职工素质的高低与产品质量关系极大。不可设想，一个文盲半文盲的职工，没有经过严格的技术培训和考核，上岗后能为企业生产出高质量的产品?! 三是生产管理滑坡，纪律松弛，检测制度不严。这些年来，在劳动纪律、生产管理上有下滑的现象。从产品设计、生产工艺过程的操作、材料消耗定额、产品质量的检验到运输、保管和原材料的供应等都缺乏严格的管理和监督。一般多注意从结果上对最终产品的质量监督，而忽视了从生产的始点上形成各个环节的全面质量管理。四是流通领域中的秩序混乱，假冒伪劣商品泛滥，使市场"失灵"。一些商业、供销、物资部门，销售"价廉物劣"的商品以获取高额回扣；而货真价实的商品却难以销售，形成市场销售的恶性循环。例如，有的制药厂严格按照国家药品标准生产，但在廉价假药的冲击下，即使保本微利也难推销，造成产品积压。面对工厂的生存和上千名职工的安置，也被迫偷工减料，搞廉价倾销，还给采购员或经销单位大量回扣，从而导致产品质量下降。这样，在市场上就出现优不胜、劣不汰，甚至"劣胜优汰"的怪现象。

其次，存在不公平竞争的影响。不同所有制的企业在市场竞争中，往往面临不同的政策，享受不同的待遇而存在不公平的竞争。但所有企业都受追逐利润最大化的驱动，必然导致各自凭借自身的条件，采取一些不正当竞争手段，如偷工减料、滥用名牌、刊登虚假广告、以次充好、以假乱真牟取暴利等，也使产品质量下降。

再次，与宏观管理不力有关。这几年，在全国范围内开展的"质量、品种、效益年"和"质量万里行"等活动，虽然收到了一定的效果，但对生产经营企业的质量行为还缺乏强有力的措施，以形成激励机制和制约机制。《产品质量法》颁布了，但执法不严，贯彻不力。有些地方政府担心伤筋动骨，会损害企业的积极性，影响职工的安置就业和社会的稳定，影响税收的来源和地方经济的发展，故对企业产品质量不好甚至下降的现象，采取"打鸟政策"——睁一只眼、闭一只眼，听之任之，甚至采取地方保护主义政策，网开一面，有法不依、执法不严，为低质企业、低质产品开"绿灯"。例如，有一个县的钢铁厂生产的劣质钢材销售到县外用于基本建设，大获暴利后，用700万元上缴县财政收入，占该县财政收入总额的50%。在这样的条件下，如果对钢铁厂生产销售劣质钢材严令查处，无异于扼住了该县财政收入的"咽喉"、断了其财源。同时，该县还在辖区边界设立关卡，以堵住邻县生产的优质酒进入本县市场，保护自产低质酒的销路。部分外地酒经过"千辛万苦"进入该县市场后，有关部门竟利用行政手段查封、处罚经销单位。这实际上是在保护落后，纵容劣质产品的生产和销售。

最后，消费者追求廉价甚至贪图便宜的消费心理也为劣质产品的制售提供了条件。多年来，我国消费品市场是商品短缺的"卖方市场"，往往是凭证供应、排队购物，人们缺乏择优选购的余地。现在，随着生产的发展、产品的增加，原来的"卖方市场"正逐步转变为"买方市场"，人们不仅能买到商品，而且可以选择购买质地、款式、价格等较为满意的商品。可是，人们多年来形成的消费心理和消费习惯（如贪图便宜货）仍然根深蒂固，宁愿买个寿命仅一年的廉价灯泡，而很少愿意花多不到一倍的钱去买个寿命可达10年的优质灯泡。这也为劣质产品倾销提供了条件。

此外，还与我国集团消费、畸形消费和公款吃喝等不正之风有关。在购置消费品时看重拿"回扣"，重价不重质；请客送礼看包装，为节省费用，买质次价廉的商品，等等，也为劣质品的生产销售开了方便之门。

三、标本兼治的思考

综上所述,产品质量下降已成为令国人担忧的一种"公害"。但它不是孤立的,而是与改制转机、法制建设、社会文化心理密切关联的一种社会现象。立足当前,瞻望未来,21 世纪是质量第一的世纪。产品质量的好坏决定了企业竞争力的强弱,决定了企业的前途和命运。质量好将成为"文明"占领市场最强有力的"武器"。因此,应引起举国上下的高度重视,形成治标与治本相结合的共识,采取切实有效的措施予以解决。

首先,企业必须牢固树立"质量第一"、创立名牌产品和名牌企业的意识。产品质量的好坏是由企业生产决定的。企业在产品的研究、开发、设计到生产制造,直到装配、储存、运输、销售、售后服务等各个环节,都要树立"质量第一"、"用户至上"、"一丝不苟"、"精益求精"的全员质量意识。而且,还要树立精品意识、名牌意识和弘扬民族精神的意识,通过名牌、精品带动整个企业和一个地区经济的腾飞。企业的全体员工都要为创名牌、把产品推向国内外市场、为中国人扬眉吐气而献计献策、尽心尽力。

其次,正确处理质量与产量、质量与名牌、质量与效益、质量与发展的关系。多年来,我们在经济发展过程中,往往是追求产量,攀比速度,忽视质量,其结果是,投入多,产出少,浪费大,效益低。这是违背效益原则、违背以市场为基础优化配置资源原则的。因此,无论国家和企业、宏观和微观都必须把注意力切实转变到提高质量和效益的轨道上来,走投入少、产出多、消耗低、质量好、效益高的发展道路。在处理关系时,产量与名牌、效益与发展一定要服从质量。因为,从产品使用价值发挥作用的结果来看,质量就是数量和速度,质量就是效益和竞争力,有了产品的高质量就会产生名牌产品、名牌企业和名牌效应,市场就赋予企业旺盛的生命力。当今世界最大的快餐连锁店"麦当劳"是个颇有说服力的典型。由于它提供的快餐食品质量优等、快捷、方便,深受广大消费者的欢迎。比如,烤好的汉堡包和薯条必须分别在 10 分钟和 6 分钟内售出,超过这个时限都要立即倒掉,以保证每件食品的高质量。因此,企业发展,生产兴隆。在 79 个国家共开设15 205家快餐店。其中,设在莫斯科普希金广场的"麦当劳"快餐店 5 年来吸引顾客达7 300万。"麦当劳"公司 1994 年一年的全球营业额高达 83 亿美元,利润为 12.2 亿美元;每个商店年平均营业额为 180 万美元。取得显著的名牌效应,且竞争势头强劲,成为全球饮食服务行业中的佼佼者。据报道,北京亚运会期间,原定由北京"麦当劳"

快餐店供应运动员的快餐，但该店考虑到制作好的快餐不能在限定时间内运到就餐地点会影响食品质量，遂谢绝了这笔利润丰厚的订货。由此足见其企业的眼光：为了确保食品质量，维护企业在全球的声誉，不惜减少产品的数量和经济收入。

再次，要全面强化质量管理，确保产品质量的不断提高。商品的竞争从本质上讲是质量的竞争。确保商品质量，创立名优产品，是现代企业质量管理的核心和目标，也是企业生产经营状况的集中表现，更是企业各项工作的综合反映。因此，企业必须牢牢抓住产品质量这个"牛鼻子"，对影响质量的各种因素进行全面系统的分析、管理和整顿。一是要建立健全质量保证体系，逐步达到完善和高效。健全管理机构，对全厂的质量工作进行组织、协调、检查和监督；强化质检手段，形成厂部、车间、班组一体化的质量管理网络，通过全面控制，实现对用户的质量保证。二是严格执行各项规章制度。在质量管理过程中，应以预防为主，实行全方位、全过程的管理。因为，优质产品是生产（包括设计）出来的，不是靠最后检查出来的。要以防为主、防检结合，把重点放在事前控制不合格产品的设计和生产上；同时，也要进行事后的严格检查，才能使产品的生产自始至终都符合质量要求。日本本田汽车公司的全球战略就是严格管理，保证产品质量，注重社会效益。本田汽车公司董事长川本神彦说："假设缺陷率为1%，甚至1‰，那么，对于买了有毛病的汽车的顾客来说，缺陷率就是100%。一辆汽车有2万多个零件，每个零件对于整车的质量都很关键，不允许任何一个零部件出毛病，否则，就算不上一辆本田车。"这就是本田汽车公司对产品生产每个环节一丝不苟、严格质量管理的成功经验。

最后，就政府和社会而言，要认真贯彻质量管理的各项法规，进一步完善质量管理和保护消费者权益的制度。质量的管理不能随心所欲、各行其是，必须纳入法制的轨道，依法行事。质量管理、标准计量、商检、药检、船检、工商行政、卫生防疫等质量检查监督部门都要理直气壮地依法履行职责，正确运用法律手段，对制售伪劣商品、损害消费者权益的生产经营者要依法制裁；情节恶劣、后果严重的要严厉惩治，毫不宽容。其实，惩治伪劣商品就是有效地保护优质产品、合格产品和名牌产品，就是鼓励支持机会均等的正当竞争。同时，还要动员广大群众积极参与监督，形成最广泛、最经常、最有力的社会监督行为，并借助报刊、广播、电视等新闻媒体形成及时的社会舆论力量，反映群众的呼声，向社会"曝光"，成为社会监督的有效手段，切实维护优质产品、名牌产品的声誉，维护守法经营者和广大消费者的合法权益。

（载《云南社会科学》1995年第4期）

大力推进国有中小型企业的改革

（1996 年 5 月）

切实加快国有企业改革的步伐，逐步建立现代企业制度是我国经济体制改革的中心环节。多年来，特别是最近两年，通过理论的探讨和实践的总结，并借鉴经济发达国家的经验，总结出搞活搞好国有企业的最佳战略选择，就是"抓大放小"。即，集中力量抓好一批影响国民经济全局的国有大型骨干企业，充分发挥其在国民经济中的主导作用；同时，大胆放开放活一大片中小型企业，使其更加充满生机和活力，真正成为国民经济的重要组成部分。二者相辅相成，互相促进，以大带小、以小促大，形成一个紧密联系的有机体，达到国有企业改革的目的。

本文拟着重探讨国有中小型企业的特殊地位和作用、改革的难点和紧迫性、改革的对策研究等问题。

一、对国有中小型企业特殊地位和作用的再认识

我国国有中小型企业的数量大、分布面广、经营的行业多而复杂，在国民经济中发挥着重要的作用。可是，长期以来，在指导思想和实际工作中却存在着"重大轻小"（忽视中小型企业改革和发展）的倾向。因此，有必要对国有中小型企业的特殊地位和作用进行再认识。

1. 国有中小型企业不仅是国民经济的重要组成部分，而且是国有经济发展的新的增长点，是活跃市场、满足社会多样化需要的基本力量。据统计，全国国有企业有 28 万多家。其中，大型企业有 1 万家左右，其余占 95％以上的是中小企业，它们几乎遍布于全国每一个县、市。中小企业与国有大企业控制国民经济命脉的主体地位相比较，则具有另外一种社会、经济的全局意义。一般说来，国有中小型工业企业的产值大约占全国国有工业总产值的 2/3 以上。例如，经济发达的江苏省，其中小企业也比较发达。1994 年国有小型工业企业的产值为 1 011 亿元，占该省国有工业企业总产值的 54％。虽然，云南属西部地区发达的省份，但中小企业也占相当比

重。1993 年中小工业企业创造的产值为 250 亿元，占全省工业总产值的 47%，实现销售收入 307 亿元，占全省工业销售收入的 1/2。不仅如此，由于社会经济的发展，一方面，随着社会分工的扩大和细化，人们消费状况逐步改善（包括消费水平和质量的提高、消费结构的科学合理），社会需求日趋多样化；另一方面，国有中小企业对满足社会日益增长的、多样化的社会需求，又具有得天独厚的优势。例如，服装、食品加工、制药、日用工业品以及商业、餐饮、服务、旅游等行业，中小企业都占优势，对培育建立新的经济增长点，发挥着十分重要的作用。

2. 国有中小型企业是县、市经济的主体和财政收入的主要来源。全国有 2 000 多个县、市，其中绝大多数无国有大型企业，主要是中小型企业。它们所经营的行业多种多样，对当地经济的发展起着积极的促进作用，已成为本地财政收入的重要来源。一般说来，中小企业的贡献约占地方财政收入的一半以上。云南省大多数县、市的发展也主要得益于中小企业。1994 年，全省 4 231 户地、县工业企业中，4 027 户是小型企业，占企业总数的 95.3%。包括各地、县办的水泥厂、钢铁厂、机械厂、食品厂，等等，成为地、县经济发展的主要支柱。因此，搞活中小企业对于搞活整个县、市经济至关重要。

3. 国有中小型企业是解决城镇人口就业的重要场所和吸纳农村富余劳动力的有效途径。我国国有中小型企业数量多、分布广，且大多数是劳动密集型企业，因而吸收劳动力的数量比较多，其职工人数约占国有企业职工总数的 70% 左右。1994 年，江苏省国有小企业为 3 618 家，占全省国有企业总数的 95%；职工 160 万人，占国有企业人数总数的 65%。云南省国有中小企业职工占国有企业职工总数的 75% 左右。由此可见，搞好国有中小企业对增加城镇人口就业、缓和失业以及吸纳农村富余劳动力、充分利用人力资源、稳定社会秩序都是有重要作用的。

4. 国有中小型企业是国有大企业发展的重要依托。随着社会分工的扩大和国民经济市场化、生产社会化、工业现代化的发展，中小企业与大企业（集团）的关系更加密切，形成了相互依存、相互促进、共同发展的总趋势。大企业或企业集团的发展，在很大程度上有赖于中小企业的支持和协作，为大企业配套生产、配套服务，提供有利的协作条件。如生产零部件、包装运输器材。玉溪卷烟厂是中国乃至亚洲最大的卷烟生产企业，围绕"龙头"大企业，形成了品种齐全的烟机配件、卷烟辅料、印刷包装三大产品体系，包括复合铝箔纸、三醋酸甘油酯、滤嘴棒、水松纸、商标等，很快就形成了大企业带动中小企业、中小企业支持大企业，彼此协调、共同发展的良好格局。

5. 国有中小型企业的发展能有效地推动农村工业化和城镇化的建设。现代文明的一个重要标志是农村的城镇化和农业的现代化。发展中小型企业能及时沟通工业和农业、工人和农民、城市和农村在地域上的联系，在利益关系上的调节和融合，相互促进，相互支持。最近几年，曲靖市通过发展中小企业，包括国有中小型企业带动农业，使之从一个农业县演变发展为工商业城市，并一跃成为在云南省仅次于昆明市的第二大城市。其成功给人的启示：一是通过发展中小工业企业，实现工农结合、城乡结合，彼此相得益彰。我国社会主义市场化建设道路的特点是以城带乡，以工补农，以农促工，城乡结合，工农互助，优势互补，协调发展。曲靖市通过发展中小型企业进行积累，以资金、技术、设备和人才支持农村，大力发展农业和乡镇企业；同时，围绕工业和城市建设的需要，建立起专业化程度较高的粮食、烤烟、蚕丝、蔬菜等八大生产基地，实行适度规模经营，从而形成一个比较稳定的、有良好产销关系的，包括生产、加工、销售一条龙的经济格局，推动农业生产的商品化、专业化、社会化和农村现代化的进程。二是通过发展中小企业，按照市场经济通行的原则，以经济利益最大化为出发点，实行多领域、多层次、多形式的纵横结合，实现资源和生产要素的优化组合，以大带小、以小促大，形成卷烟、汽车制造、化工等一大批优势产业和龙头产品，大大推动了城市化建设；反过来，城市化又推动了工业化，二者相互结合，相互促进。三是通过发展中小企业促进第三产业的发展和经济结构的调整。曲靖市工业的发展、城市的繁荣和人民群众消费水平的提高，带来了商业、饮食、旅游、文教、卫生等第三产业的迅速发展；而商业、餐饮等服务业的大发展，又是经济结构联系的润滑剂，具有协调产业关系、改善产业结构的特殊功能，从而进一步促进产业关系的发展和城市的繁荣。

总之，实践表明，国有中小企业是国有企业的一个重要方面军，是国民经济的重要组成部分。搞好国有中小企业对国民经济的发展，特别是对地区经济的发展具有重要作用。

二、加速国有中小型企业改革的难点和紧迫性

1. 国有中小企业与大型企业相比，有其自身的一些特点。首先，数量多、涉及面广。全国 20 多万家国有中小型企业几乎分布于全国每个县、市。经营的行业多而复杂，包括机械、冶金、纺织、食品、印刷、化工、服装、家具制造、商业、饮食、旅游等，涉及生产、流通和消费各个领域以及人们生活的各个方面。

其次，区域分布相对集中，发展极不平衡。虽然，国有中小型企业遍布全国，云南省 17 个地州的 127 个县、市都有中小型企业，但呈地域上相对集中、发展上极

不平衡的态势。一是多数中小型企业集中在资源产地。据统计,分布于资源产地的国有中小工业企业约占国有中小工业企业总数的 2/3。如茶厂、糖厂、木材加工、橡胶等多数都集中在资源产地。二是集中于中心城市和经济发达地区。江苏省国有中小型企业多数集中于苏南地区,苏北地区则相对少些。云南省的国有中小型企业多集中于昆明、玉溪、曲靖、楚雄等地州市,而丽江、思茅、昭通等地则较少。

再次,国有中小企业多数是生产初级原材料和劳动密集型产品。就云南的情况看,煤炭采选、有色金属采选、非金属采选、建筑、建材以及食品加工、纺织、服装、家具制造等行业的中小型企业,基本上都是生产原材料和劳动密集型产品。

2. 国有中小型企业面临的问题和改革的难点。首先是设备陈旧,生产技术落后,水平低,竞争力弱。国有中小企业特别是建厂时间比较早的中小企业,生产技术和设备比较原始落后。一是设备陈旧、老化。过去,往往重视大企业和新建企业的设备更新,忽视中小企业和老企业的技术改造,致使大量设备的役龄长或超期服役,不仅有新中国建立初期建厂时的设备照旧运转,甚至还有新中国建立前的二三十年代的设备仍在继续使用。二是生产工艺技术落后。相当数量的中小企业生产工艺水平还停留在原始操作的阶段,和先进工艺水平的差距大。如,印刷行业有 40% 左右的企业仍在使用传统排版印刷技术。三是厂房等建筑物简陋老朽,企业危房多,安全设备不配套,生产条件和环境很差。正是由于中小企业的生产技术设备条件普遍太差,所生产产品的数量和质量都难以满足人们日益增长的消费需求,故在日趋激烈的市场竞争中处于更为不利的境地,严重影响了企业的发展。

其次,企业规模小,效益低。据统计,国有中小型工业企业的户均固定资产净值为 500 万元,最少的还不足 1 万元,经营规模比较小。加之行业结构、产品结构又多生产初级产品和原材料产品,因此,工业经济的整体水平不高。不仅如此,突出的还有中小企业的经营成本普遍偏高。因为,虽说是中小企业,规模小、产值低,但"麻雀小,肝胆全",机构设置、人事配备,一应俱全,致使费用开支大,经济效益差。

再次,资本积累不足,企业负担重,资金紧张。由于历史和现实的原因,国有中小企业长期处于资金积累不足、滚动效益差、负担重、举步维艰的状态。一是国家投入有限。多年来,国家建设投资存在"重大轻小"的倾向,忽视对中小企业的投资,致使中小企业"先天不足"。二是企业滚动资金中自有滚动资金所占比例极小,绝大部分要依靠银行贷款。有的企业生产经营情况好,能获得贷款;生产经营情况不好的企业,则难以获得贷款,致使资金运转困难。三是企业留利少。企业为扩大生产经营规模或更新改造设备,必须筹措资金和还本付息,特别是各种不合理的摊派费用,使开支增大、留利减少。四是企业"包袱"重。国有中小企业多数是老企业,建厂时间早,富余人员多、老职工多、离退休人员多。有些企业富余人员占职工总数的一半;离退休职工人数和在职职工人数也几乎各占一半。结果,职工工资、退休金、医疗福利等开支大,企业负担重,很难积累资金。目前,大多数国有中小型企业都普遍存在资金短缺、周转不灵、相互拖欠债务的现象,使企业开工不足,甚至处于停产、半停产的状态。结果,利润减少,亏损面扩大。云南省国有中小工业企业的亏损面高达44.6%,开工率低,一些企业的平均工时还不到50%,甚至资不抵债,成为当地财政的沉重"包袱"。

又次,企业产权主体不明晰,管理不善。国有企业的一个通病是产权主体不明晰。名义上为全民所有,实际上往往处于无人负责的状态。表面上大家都管,其实大家都不管,没有一家对企业真正承担最终经济责任的。职工对企业的安危和前途缺乏关心和信心。中小企业的管理不善相当普遍,其具体表现:一是人力资源的浪费。许多企业机构臃肿,人浮于事,甚至出现了一线、二线和机关科室人员各占1/3的"三三制"情况。结果,有人没活干、有活没人干,相当多的人无所事事,以致我国人均生产率很低,只及发达国家的1/40 ~ 1/60。二是原材料浪费严重。企业中浪费原材料的跑、冒、漏、滴现象随处可见。三是设备的维修养护极差,完好率和利用率都不高。四是财务管理混乱,用公款大吃大喝,甚至亏损企业还买高级轿车讲排场。对上述管理不善的种种现象,可以概括为"三高两低"——人耗高、物耗高、能耗高、质量低、效益低。

3. 加速国有中小企业改革的紧迫性。在努力搞好国有大型企业改革的同时,要加大对国有中小型企业改革的力度。这就需要解放思想,从战略发展的高度来认识加速国有中小型企业改革的紧迫性和全局意义。

首先,这有利于推动国有大型企业的改革。因为,国有中小型企业的改革是国有大企业改革的"外围战役",和大型企业的改革是相辅相成、相互促进的。搞好中小企业自身的改革,也就为大企业的改革创造了有利条件,从而深化和推进国有企业全局的改革。这项改革不仅所选择的是由表及里、先易后难、循序渐进的战略方针,是符合中国实际的"渐进式改革"规律的;而且,是建立现代企业制度的重要生长点。通过中小企业的改革,形成充满生机和活力的良好运行机制,有利于促进大企业积极建立现代企业制度。

其次,这有利于正确处理政企关系,使企业摆脱困境。国有中小型企业量多面广,所拥有的资产约占全部经营性国有资产的一半。搞好搞活国有中小企业的改革,不仅涉及全国各个县、市,而且等于盘活经营性国有资产的一半,实现价值的保值和增值。这对解决长期困扰中小企业的政企关系、企业债务、社会保障等问题，使其摆脱面临的困境，提高经济效益都是十分有益的。

再次，还有利于经济增长方式的转变，提高经济增长质量。过去，在计划经济体制下，人们热衷于投资、上项目、铺新摊子，搞大而全、小而全的重复建设。结果，不仅投入高，产出低，投资回报率不高，效益差，而且浪费资源，破坏生态环境，经济增长的质量不高。现在，在社会主义市场经济体制下，通过改革，国有中小型企业要以市场为导向，按照市场原则、竞争原则、效率和效益原则，实现资源的合理配置和生产要素的优化组合，走集约经营的路子，着力提高经济增长的质量。尤其要通过引进资金、设备、技术、人才和先进的经营方式与管理方法，提高整体经济效益。

三、国有中小型企业改革的对策研究

1. 改革思路的选择。加大对国有中小型企业改革的力度已成为人们议论的热门话题。焦点之一是如何确立改革的思路？总结实践的经验，首先要解放思想，更新观念。即扫除思想障碍，为加快国有中小型企业的改革创造一个良好的软环境。人们受旧思想观念的束缚，对国有中小型企业的拍卖、转让、破产持怀疑态度，怕瓦解公有制；认为推行股份合作制是把所有制转变为私有制，是搞资本主义。其实，这是误解。因为，将国有中小型企业出售给职工个人，再把企业改造成股份合作制，即把国家所有制形式转变为另一种公有制形式——集体所有制，是对原来超越生产力发展水平的国有中小型企业的国家所有制的扬弃，而选择有利于生产力发展的集体所有制。至于发展个体经济和私营经济，在云南省也还刚刚起步，不是多了，而是少了，应大力促进其发展。这些都是社会主义市场经济条件下，为适应生产力发展客观要求而形成多种经济成分共同发展的必然。

其次，要以产权制度改革为核心，以民营化为方向，选择中小型企业改革的模式。虽然产权制度的改革是国有企业改革的核心，但是大型企业和中小型企业又是各有侧重的。大企业的改革要着眼于理顺国有经济内部的产权关系，实行制度创新，建立现代企业制度，改革的方向是实行公司制，建立股份有限公司和有限责任公司。而一般中小型企业的改革应跳出国有经济的框架，改变企业国有化的性质，改革的主要方向则是实行合作制或股份合作制。也就是通过改革把国有中小型企业国有经济的形式转变为合作制形式的民营企业。与此相适应，企业职工转变为企业的投资主体和产权主体，实行股份制的资金联合和合作制的劳动联合，以及股份制和合作

制相结合的经济形式。企业职工既联合劳动、按劳分配，又联合投资、按股分红，共负盈亏，共担风险，劳动者和企业资产之间形成直接的利益关系。这种改革是以国家向企业职工出售国有企业产权的方式，一方面，收回国有资产；另一方面，实行产权主体的换位或公有制两种形式的换位，即从全民所有制的国有经济形式转变为集体所有制的合作经济形式，从而促进生产力的发展。

再次，国有中小型企业的改革要同产业结构和所有制结构的调整结合起来。国有大型企业通常是资本和技术密集型企业，掌握着国民经济的命脉。国家作为国有资产的所有者应该在企业改制中居于主导地位，牢牢掌握关系国计民生的重要产业、重要企业和重要产品，充分发挥国有经济的主导作用。而国有中小型企业多为不掌握国民经济命脉的劳动密集型企业，规模小、分布广，劳动者在企业改制中处于主体地位。通过改革，彻底解决长期以来所形成的单一化的公有制结构，国家没有必要也不可能把几十万个中小企业特别是小型企业统统包起来，而要放开搞活，发展多种经济成分、多种经营方式，从事多种行业的生产经营活动，平等竞争，共同发展，满足市场需求，繁荣城乡经济。

又次，要遵循盘活国有资产存量、优化国有资产增量、搞好国有资产总量、提高经济效益的原则。国有企业改革的目的之一，就是要提高国有资产的营运效益，增强国有资产的实力。通过改革，应有选择地把国有资产逐步从国有中小企业特别是小企业经营的领域退出，集中力量投向影响国民经济的支柱产业和骨干行业，把有限的资产投向发展国民经济最急需的产业。至于一般性行业的中小企业则可交给社会和其他经济成分去经营。例如，从20世纪80年代初期起，上海就有领导地进行试点，将国有小企业改组为股份合作制企业。有些小企业在改制后，职工积极性提高，为适销对路、满足市场需求，努力试制新产品，增加新品种，提高产品质量，改善经营管理，降低成本，扭亏为盈，增加经济效益。结果，不仅盘活了国有资产的存量，而且优化了增量，搞活搞好了总量。总之，国有中小企业特别是小型企业的改革，要以产权制度的改革为核心，以民营化为方向，结合产业结构和所有制结构的调整，提高国有资产的整体营运效益，增强国有经济的实力。

2. 进一步放开搞活国有中小型企业的基本形式。根据云南省和全国各地的实践经验，放开搞活国有中小型企业的基本形式主要有：（1）股份制改造。通过公开竞价的办法，把企业的全部产权出售给多个法人，组成有限责任公司或股份有限公司，并依据《公司法》的有关规定，登记注册，进行运作。（2）股份合作制。将企业产权的全部或大部分定向出售给本企业职工，成为股份合作制。从本质上讲，这种形式在所有制关系上表现为合作制，在财产关系上表现为股份制。其特点是：全员认股后，职工既是劳动者，又是所有者；既是投资主体，又是产权主体；企业领导者由股东直接选举产生，职工具有监督、管理企业的权力；实行按劳分配与按股分红相结合的分配形式。(3) 租赁。既可是整个企业的租赁，又可是仅限于固定资产的租赁。在企业所有制性质不变的条件下，由承租方按照租赁合同进行经营。固定资产的租赁主要适用于企业固定资产的切块出租；小型商业企业可采取租卖结合的办法，即固定资产实行租赁，流动资产则由承租人购买，实行国有民营。(4) 承包。继续采取国有独资企业形式承包给个人或集体经营。承包制还可细分为双层承包，即企业对国家承包，车间、班组对企业承包。每个层次实行分级核算，由企业统一纳税。(5) 兼并。将濒临破产或倒闭的国有中小型企业，由大企业、优势企业兼并后，不再拥有法人地位，把资产交给经营能力强的企业家，在更大范围内根据市场经济原则进行资源配置，围绕重点企业、重点产品、重点项目，进行企业组织结构的调整。这既可利用弱势企业的某些有利条件，又可壮大优势企业，从而提高企业的整体素质。(6) 联合。通过组建企业集团，把国有中小型企业联合起来，搞规模经营和集约经营，解决中小企业"小而全、小而散、小而低（指质量和效益）"的问题，既能保留中小企业经营机制的灵活性，又能有效地增强企业整体的竞争力。(7) 分离。采取"金蝉脱壳"、"划块逃生"的办法，对处于困境、解救无望的企业，将其中可以或可能搞活的部分切块分出，并与原企业脱钩，独立核算，自谋生路。(8) 托管。将负担过重、管理水平、经济效益差的企业，全面托付给善经营、会管理、效益好的企业，或者实行"一长两厂制"即由优势企业的厂长兼任劣势企业的厂长，原企业的法人地位可继续保留，而人财物、产供销则由优势企业统一管理。或者划小核算单位，实行"一厂多制"。(9) 出售拍卖。对于资不抵债、濒临破产的，或长期经营不善、连续多年亏损的企业，可以出售拍卖。出售方是国有资产投资主体；出售方式是公开竞价拍卖；买方是当地法人、合伙人、自然人，也可以是境外投资者。(10) 破产。对经营不善、长期亏损、不能清偿到期债务、扭亏无望、不能履行法人权利和义务的企业，应取消其法人资格，宣布破产，以减少资产损失，使其另谋生路。以上 10 种形式归纳起来是三种类型：第一类是将国有资产出售给职工个人，改组建制为股份合作制企业；第二类是将国有资产租赁或承包给集体或个人，实行国有民营；第三类是将国有资产出售给个人，实行私有私营。这三种类型都具有民营经济的性质，适合我国社会主义初级阶段生产力水平低、发展不平衡的客观实际，有利于促进生产力发展，因而具有普遍推广的价值。特别是第一类股份合作制，是适应当前生产力发展水平的一种公有制形式，因而应是国有中小型企业改革的首选形式。总之，对国有中小型企业改革的形式很多，各地在实践中也有不同的创造，应根据各地的实际情况，从"三个有利于"出发，真正放开、搞活、搞好，发挥其重要作用。

（载《云南改革》1996 年第 3 期）

正确认识和处理银企关系，促进地方经济的蓬勃发展

（1999年2月）

银行和企业的关系是我国社会主义市场经济运行中最主要的经济关系之一，也是我国经济体制改革的一项重要内容。如何正确认识和处理二者之间的关系，对促进地方经济的发展具有十分重要的意义。

银行和企业之间是"唇齿相依，荣辱与共"的关系。现代银行业是商品经济充分发展的产物。当商品经济发展到一定阶段，借贷资本就从产业资本中分离出来，专门从事借贷中介与支付中介的活动。所以，银行业从诞生之日起就和企业结下了不解之缘。我国的企业，特别是国有企业与金融部门的关系更具特殊性，其70%以上的资金都来源于银行的信贷资金。可以说银行是企业资金需求的最大供应者，从而影响着企业的兴衰存亡；企业生产经营活动的持续、稳定发展，又为金融部门增加了资金来源。因此，可以说企业是市场经济的"细胞"，银行是市场经济的"血管"，两者在国民经济活动中相辅相成、相互制约、休戚与共。尤其在企业的改制过程中，与金融部门的联系日趋频繁，利益关系更趋密切，企业经济效益的好坏，将直接影响金融部门经营利润的多少。一方面，银行业要更新观念，强化服务职能，树立为企业生产经营服务的思想，通过各种形式，为企业提供多种优质服务，充分发挥在现代经济活动中的枢纽作用。另一方面，企业也必须强化信用观念，按期偿还到期贷款和利息，不能以为银行和企业都是国家的，就把希望寄托在国家的减免政策上。为了正确处理好银企关系，银行应当继续从各方面做好工作。

首先，要拓宽融资渠道，改善投资结构，提高信贷质量。资金是经济发展的第一推动力和持续推动力。鉴于云南省大多数企业资金偏紧、发展实力不足的情况，金融部门应积极参与企业的经营与运作，拓宽融资渠道，为企业的发展提供强有力的支持。一是要继续发挥银行贷款的主导作用。在我国现有经济条件下，银行贷款

仍是企业资金来源的主要渠道，要积极组织资金，千方百计增加资金总量，及时解决企业的资金需求，努力发挥银行的主导作用。据有关方面统计，1998 年第 1—3 季度，云南全省金融机构各项贷款余额比上年同期增长 15.46%，比年初增长 10.75%。第四季度贷款幅度还有继续加大的趋势。二是要通过报批，运用发行股票、债券等形式向资本所有者筹集资金，促进居民储蓄转化为企业债券、股权。这样，一方面可将社会闲散的资金最大限度地转化为企业的生产建设资金，扩大企业的资金来源，使企业在转机建制过程中拥有对资金完全的使用权；另一方面可减少居民的即期消费，增加社会的长期投资，带动相关企业的发展。不仅如此，对化解银行风险，增强企业的发展实力，提高企业的经营灵活性及应变能力，加快经济的发展都有重要的作用。三是要优化投资结构，引导贷款投向，把钱用在刀刃上。在信贷投放上要积极支持云南省的基础产业和支柱产业的发展；在优势产业和优质项目上要突出云南特色，发展特色经济。目前，在大多数商品供求基本平衡的情况下，要发展"人无我有，人有我优，人优我廉"的特色产品，才能形成竞争优势，赢得市场，获得效益。在选择支持的项目上，要防止跟在别人后面跑，使投资结构及产品趋同，形成生产能力过剩；许多企业以同一水平、同一产品，争夺同一市场，形成恶性竞争。要支持一项，成功一项，切实提高信贷质量。

其次，要积极支持国有企业的改革。国有经济在国民经济中占有举足轻重的地位，对全省经济的发展起主导作用。银行作为国有经济的一个重要组成部分，同时又是企业最大的债权人，应责无旁贷地主动配合和支持企业的改革，理顺银企关系，推动国有企业改革的深入发展。从云南省实际情况出发，对国有企业的改革要根据市场的需要和国家的产业政策，进行战略性的调整和改组。要"抓大放小"，"有所为，有所不为"，支持一批、发展一批、限制一批、淘汰一批，有进有退，大刀阔斧地对工业产业结构、产品结构和企业组织结构进行调整。以资本为纽带，对国有资产进行联合重组，引导其向关系国民经济命脉的重要行业、基础产业和高投资回报率产业转移和集中，逐步退出一些效益差和可以由其他社会资本经营的行业，从总体上提高国有经济的质量和效益，更好地发挥主力军的作用。为此，一是要支持、培育大企业、大集团。全国的实践表明，组建企业集团可以实现规模经营，最大限度地降低成本（包括交易成本），提高市场占有率，扩大产品销售收入，分担运作风险，提高综合经济效益。四川长虹电子集团 1997 年的盈利额突破 30 亿元；长虹电视机的销售量占全国的 1/7，效果十分明显。同时，要推行银行集团贷款方式，帮助企业集团解决大额资金需求的困难。二是支持全面放开中小企业。银行通过自身的业务，支持企业改制，推行股份制、股份合作制，采取改制、改组、兼并、破产、联合、出售、承包、租赁、委托经营等多种形式，搞活中小企业。三是对资不抵债且濒临破产的企业，要采取果断措施，能拍卖的实行拍卖，将所得收入，归还积欠的银行贷款和其他债务；不能拍卖的，则依据《破产法》进行清算，变卖资产，清偿债务。

再次，加大对民营企业的信贷支持。民营企业已经成为我国国民经济重要的组成部分，对发展生产，增加有效供给，活跃市场，上缴国家税金，吸收社会富余劳动力，减少社会再就业压力，都发挥着重要的作用。但从云南省的情况看，民营企业的发展速度比较慢、数量少、规模小、水平低、技术落后。因此，要从"三个有利于"的原则出发，大力发展民营企业。金融部门要在信贷资金的投放上予以支持，加大投入力度，在贷款利率和流动资金贷款期限等方面，要分门别类，区别对待。要优先支持耗能低、经营管理较完善、效益好、国家建设和人民生活急需的市场前景好的名牌优质产品和有发展潜力的企业。

最后，要加大对科技产业的信贷支持。我们处于世纪之交，面临知识经济时代的挑战，高新技术产业特别是信息产业将成为经济发展的第一支柱；先进科学技术的贡献率正逐步取代传统的劳动生产率成为创造财富和价值的决定性因素，成为经济和社会发展的核心和动力。为此，正处在转轨过程中的传统金融业，如何通过金融服务手段参与科技成果产业化，促进金融业和科技产业的融合，是摆在银企关系中的重要课题。要做好这方面的工作，金融业一是要在信贷业务拓展中树立为高新技术产业服务的全新观念。高新技术产业往往是高投入产业，仅靠企业自有资金运作是难见成效的。这就需要银行提供各种优质服务和项目融资。二是应向知识密集型企业实行信贷倾斜。知识经济具有投入产出率高、报酬递增、连续增长等特征。银行应在其中寻找新的业务增长点，把对高科技产业的资金投入作为信贷业务的重点，借以改善信贷结构，支持地方经济的发展，并能消除不良资产的困扰，促进自身业务的平稳发展。三是要关注和搜集科技成果的信息，确定贷款投向。银行应充分利用自身信息网络广的有利条件，对企业进行分类，建立科技信息库，物色一批资金雄厚、对高新技术有开发能力和要求的企业，通过牵线搭桥，提供较为优惠的担保、抵押、信用等贷款方式，促成与科研单位相互合作，从而为高科技产业的发展提供有力的信贷支持。

总之，随着计划经济体制向社会主义市场经济体制的转变，银行与企业正逐步建立"平等、互利、守信"的新型银企关系。银行通过更新观念，强化金融服务职能，为企业提供优质服务，就大有作为，能有效地促进地方经济的蓬勃发展。

（载《云南金融》1999年第2期）

社会主义与经济建设篇

实践是检验经济政策的唯一标准

——从落实农村经济政策谈起

（1978 年 10 月 30 日）

实践是认识的基础和源泉，实践是检验真理的唯一标准。这是马克思主义的根本观点、根本方法。真理需要经过实践才能证明其是否是真理，理论、政策、方针也要经过实践的检验才能证明其是否正确。

当前，广大农村正在认真贯彻落实党的各项农村经济政策。大量事实说明，实践是检验真理的唯一标准，也是检验经济理论和经济政策的唯一标准。

实践是制定政策的出发点

我们党所制定的各项农村经济政策，是从实践中来的，是根据农村的实际情况，根据扩大农民群众的意见和要求，根据农村社会主义经济建设的实践和社会主义客观经济规律制定出来的。它代表了广大人民群众的最大利益和愿望。毛泽东说过："我们是马克思主义者，马克思主义叫我们看问题不要从抽象的定义出发，而要从客观存在的事实出发，从分析这些事实中找出方针、政策、办法来。"[①] 我们共产党是彻底地为人民的利益而工作的，广大人民群众的最大利益就是党制定政策的出发点和归宿。各项经济政策都必须以合乎最广大人民群众的根本利益为最高标准。因此，我们党所制定的正确政策就具有强大的生命力。比如，当前我们认真落实湘乡经验，减轻农民不合理负担的问题，这是党中央的一项重大决策。它深刻地反映了社会主义客观经济规律和广大农民的迫切要求，是一项深知民情、大得人心、有效地促进农村生产迅速发展的重要政策。湘乡经验中提出的八个方面的问题，在云南省各地也都程度不同地存在，只是表现形式略有不同。如名目繁多的摊派平调，非生产性人员、非生产性用工、非生产性开支增加，请客送礼，大吃大喝；一些工厂、交通运输、商业部门经营管理不善，产品质量低劣，短斤少两，把亏损转嫁给生产

[①] 《毛泽东选集》4 卷本，第 810 页。

队，等等。上述种种现象，严重地破坏了现阶段党在农村的经济政策，挫伤了农民的社会主义积极性。党中央针对农村的现实情况，及时批转了湘乡经验，受到了全国亿万农民的热烈拥护。为什么党中央的这一重大决策在农村会得到如此强烈的反响？重要的原因是这项政策抓住了问题的实质，从实际出发，深刻地反映了农村经济问题的要害所在，是一个尊重和维护生产队所有权、维护"三级所有，队为基础"的根本制度的问题，是一个巩固和发展集体经济、改善社员生活、调动社员积极性、促进农业生产大发展的问题，是一个正确处理国家、集体和个人的经济利益，巩固工农联盟的大问题。总而言之，说到底就是一个要不要尊重客观经济规律、按照客观经济规律的要求办事的问题。它深刻地说明了，人们的正确思想、理论、政策既不是从天上掉下来的，也不是自己头脑里固有的，而是从社会实践中、从人民群众的实践中产生的。

实践是检验政策的唯一尺度

理论、方针、政策、办法，等等，提出来了，还要不要回到实践中接受检验呢？马克思主义告诉我们，理论、方针、政策、办法，等等，均属于认识的范畴，人们的认识过程不可能一次完成，还必须回到社会实践中，回到人民群众中接受革命实践的检验。只有千百万人民群众的实践，才是检验真理的尺度。比如，劳动"定额管理、评工记分"制度，这是我国广大农民从农业合作化以来，在生产的实践中，在经营管理的实践中逐步总结建立起来的一项管理制度，是经过实践反复检验证明了有利于生产发展、有利于巩固集体经济、深受群众欢迎的管理制度，是一项贯彻"各尽所能、按劳分配"原则的重要措施。人民公社《六十条》明确规定，生产队要实行定额管理、评工记分制度。可是，林彪、"四人帮"却把它诬蔑为"修正主义的管、卡、压"，是"工分挂帅"。这样一来，搞乱了思想，颠倒了是非，破坏了政策。在农村，砍掉"定额管理、评工记分"制度，结果形成"出工一窝蜂，干活磨洋工，收工打冲锋"，劳动涣散，纪律松弛，干和不干一个样，干多干少一个样，技术高低一个样，干好干坏一个样。破坏了按劳分配原则，挫伤了广大群众的劳动积极性，必然大大降低劳动生产率。实践充分证明，搞好定额管理、评工记分，是贯彻"各尽所能、按劳分配"原则的好办法，是人民公社的一项重要的经济政策，是经过实践反复证明了的好制度。而"四人帮"所鼓吹的"政治工分"、"语录工分"是精神万能的活标本，已被实践扫进了垃圾堆。

执行政策要从当地的实际情况出发

尽管党所制定的一系列农村经济政策，经过实践检验证明是正确的，但是，我们在执行政策时，还必须做到从当地的实际情况出发，才能使政策真正落到实处，发挥它指导实际的巨大作用。

多年来，林彪、"四人帮"鼓吹意志论、精神万能，违反客观实际，违背客观经济规律，给我国经济上、政治上带来了严重的损失。那种不顾具体条件、不进行具体分析、不搞调查研究、不尊重客观经济规律、凭"长官意志"办事的主观主义、形式主义的恶习有所滋长。要冲决洗刷那种墨守行政层次、行政方式，凭发指示、打电话指挥生产，不讲经济效益、经济效果、经济责任的老框框；要彻底改变那种小农经济式、封建衙门式的管理方法，才能适应高速度发展农业生产的需要。比如，怎样正确贯彻执行"以粮食为基础，农、林、牧、副、渔全面发展"的方针，就需要各级干部从实际出发，有主有次，全面规划，相信群众，依靠群众，尊重生产队的自主权，而不能主观武断，不能搞唯心主义。如，有的地方主要是种植经济作物，有的城市郊区专门种植蔬菜，牧区以发展畜牧业为主等，这本来是合理的，是符合客观实际的。可是在个别地区、个别社队，由于处理不当，造成损失，这是应该引起注意的。因此，在执行政策中必须坚持一切从实际出发，大兴调查研究之风，才能不断发现和解决执行政策中遇到的新问题，使党的政策得到切实的贯彻执行。

总之，我们的经济理论和经济政策来源于实践，又必须回到实践中接受检验，才能在实际工作中发挥其威力。这是多年来证明了的一条真理。

（载《云南日报》）

无产阶级的重要历史使命

(1979 年 1 月 22 日)

党的十一届三中全会决定，把全党工作的着重点转移到社会主义现代化建设上来。这是一项英明、及时的重大决策，是具有深远历史影响的伟大转变。

无产阶级在夺取政权、实行所有制社会主义改造以后，把工作的着重点转移到社会主义现代化建设上来，这是无产阶级的历史使命。早在 100 多年以前，马克思和恩格斯在《共产党宣言》中就指出，无产阶级在夺取政权、实现生产资料的公有制以后，必须"尽可能快地增加生产力的总量"①。列宁在领导苏联进行社会主义革命和社会主义建设的过程中，对此也有过许多重要的论述。十月革命刚刚成功后的 1918 年，列宁就指出："在任何社会主义革命中，当无产阶级夺取政权的任务解决以后，随着剥夺剥削者及镇压他们反抗的任务大体上和基本上解决，必然要把创造高于资本主义社会的社会经济制度的根本任务，提到首要地位；这个根本任务就是提高劳动生产率。"②他又说："既然资产阶级政权已被推翻，组织建设就成为主要任务了。"③列宁非常重视经济建设，重视提高生产力，把它提到无产阶级的根本利益和社会主义能否胜利的高度来看待。他特别强调指出，无产阶级取得政权以后，它的最主要、最根本的利益就是增加产品数量，大大提高社会生产力。没有这个条件，就谈不上社会主义的胜利。

毛泽东同志根据国际国内革命和建设的经验，对于无产阶级夺取政权以后党的工作中心应该转移到社会主义经济建设上来，历来是十分重视的。早在我国新民主主义革命取得全国胜利的前夕，他在党的七届二中全会上就曾指出，从我们接管城市的第一天起，我们的眼睛就要向着这个城市的生产事业的恢复和发展，城市中的其他工作都是围绕着生产建设这一个中心工作并为这个中心工作服务的。并且他一

---

① 《马克思恩格斯选集》第 1 卷，第 272 页。
② 《列宁选集》第 3 卷，第 509 页。
③ 《列宁全集》第 29 卷，第 38 页。

再强调，只有将城市的生产恢复起来和发展起来了，人民政权才能巩固。在全国完成了土地改革，特别是在生产资料所有制的社会主义改造基本完成以后，毛泽东同志一再指出，要把全党、全国的工作中心转移到社会主义经济建设和技术革命方面来，并亲自领导全党、全国人民实行工作中心的转移。1956年，毛泽东同志在最高国务会议上说，社会主义革命的目的就是为了解放生产力。继而发表了《论十大关系》等一系列的重要讲话，全面地、系统地论证了政治斗争和经济建设以及经济建设内部的各种关系，强调一定要努力奋斗，把我国建设成为一个强大的社会主义国家。毛泽东同志总是强调，只有社会生产力的比较充分的发展，我们的社会主义经济制度和政治制度，才算获得了自己的比较充分的物质基础，国家才能巩固，社会主义社会才算从根本上建立起来了。新中国建立20多年的革命实践也充分证明了毛泽东同志的英明论断：什么时候我们党的工作中心转移到社会主义建设方面来，国民经济的发展就快，人民的生活水平就有显著的提高；反之，国民经济的发展就停滞不前，人民就要受苦。第一个五年计划期间，我国工业总产值平均每年递增18%，比同期资本主义世界工业生产增长率高出3倍；职工工资平均每年递增7.4%。相反，1958年后，职工工资不能正常增长，劳动生产率也不能正常增长，工业生产增长速度也低于第一个五年计划期间。特别是近10多年来，由于林彪、"四人帮"的干扰和破坏，再加上我们还缺乏社会主义经济建设的系统经验，工作中出现了一些缺点和错误，致使党的工作中心没有能够转移到经济建设上来，造成了国民经济发展缓慢，甚至到了崩溃的边缘。这是一个沉痛的历史教训，我们必须深深记取。

把全党工作的着重点转移到社会主义现代化建设上来，是历史发展的客观要求，也是人民的迫切愿望。总结新中国建立以来正反两个方面的经验，我国人民更加感到，只有把全党的工作着重点集中到大搞经济建设、迅速发展生产力、高速发展国民经济方面，才能建成社会主义现代化强国，才能为社会主义的政治制度和经济制度建立强大的物质基础，使无产阶级专政日益巩固和加强。工作中心的转移，是一个直接关系到经济建设的发展、关系到"四个现代化"的实现、关系到无产阶级政权的巩固的大问题。何况我们是在"一穷二白"的基础上开始社会主义经济建设的，生产水平很低，生活水平也很低。以农业劳动生产率来说，我们现在要几亿人口搞饭吃，粮食问题没有过关，每个农业劳动力平均一年生产的粮食不过2 000斤左右。云南省的一些地区比这个还要低。就是说，每个农业劳动力生产的粮食只能养活3个人。而美国一个农业劳动力平均生产粮食达10多万斤，可以养活几十个人。从工业劳动生产率看，我国钢铁工业的劳动生产率也只有国外先进水平的几十分之一，相距甚大。这种情况充分说明，只有从上到下、党内党外，全力以赴大搞经济建设，加快社会主义建设的步伐，努力提高劳动生产率，才能在本世纪内实现"四个现代化"，建成社会主义强国；也才能在生产迅速发展的基础上，显著地改善人民群众的生活，充分显示社会主义制度的优越性。从国际上来看，战争危险仍然严重存在，苏修亡我之心不死。最近，苏越加紧勾结，就是苏联霸权主义全球战略布局中的一个新动向。我们必须提高警惕，加强战备，加速实现国防现代化，把我军装备提高到一个新的水平，随时准备粉碎一切来犯之敌。要做到这一点，没有国民经济的高速度发展，没有强大的物质技术基础是不行的。从长远来看，把党的工作着重点转移到社会主义现代化建设上来，加快国民经济的建设速度，建立强大的物质技术基础，创造比资本主义更高的劳动生产率，才能彻底战胜资产阶级和一切剥削阶级，逐步缩小三大差别，为过渡到共产主义创造条件。加速实现"四个现代化"，是无产阶级的重要的历史使命，是时代对我们的要求。让我们积极创造条件，尽快完成工作着重点的转移。

（载《云南日报》）

满足劳动者需要是社会主义生产的目的

（1979 年 12 月 15 日）

任何一个社会的生产，都不是为生产而生产，总是有一定的目的的。社会生产的目的不是由人们主观意志决定的，它是客观存在的，是由社会生产关系，首先是由生产资料所有制的性质决定的。生产资料掌握在谁的手里，生产就为谁的利益服务。因此，有什么样的生产资料所有制和什么样的生产关系，就有什么样的生产目的。

在原始社会，土地、牧场、山林等主要生产资料归原始公社全体成员共有，其生产目的就是维持公社全体成员的生存。在奴隶社会和封建社会，生产资料掌握在奴隶主阶级和封建地主阶级手里，社会生产的目的是为奴隶主和封建主生产剩余产品，是直接为保证他们的寄生生活服务的。在资本主义社会，生产资料掌握在资本家手里，生产就是为资产阶级的利益服务，生产的目的只能是为了榨取最大限度的剩余价值。马克思曾尖锐地指出："资本的目的不是满足需要，而是生产利润。"①只有在保证能给资本家提供劳动力和剩余价值的限度内，劳动者的消费才被看成是需要的。

在社会主义社会，由于生产资料的公有制代替了资本主义的私有制，生产关系的性质发生了根本的变化，劳动者成了生产资料和劳动过程的主人。劳动者与生产资料的直接结合，使劳动的性质发生了根本的变化，共同劳动所创造的社会产品，成为供全体劳动者共同享用的财富。列宁说得好："共同劳动的产品将由劳动者自己来享用，超出他们生活需要的剩余产品，将用来满足工人自己的各种需要，用来充分发展他们的各种才能，用来平等地享受科学和艺术的一切成果。"② 这就是说，社会主义生产的目的不是为了利润，不是追逐剩余价值，不是为生产而生产、为计划而生产，而是为了满足广大劳动者的需要。斯大林同志明确指出，社会主义的基本经济规律，就是

---

① 《马克思恩格斯全集》第 25 卷，第 285 页。
② 《列宁全集》第 2 卷，第 81 页。

"用在高度技术基础上使社会主义生产不断增长和不断完善的办法，来保证最大限度地满足整个社会经常增长的物质和文化需要"。社会主义的这个生产目的，是由生产资料社会主义公有制的性质决定的，舍此不可能有第二个目的。

但是，我们也必须明确，在社会主义制度下，社会需要包括两个部分：即劳动者个人需要和公共需要。劳动者的个人需要是指劳动者维持生存、延续后代、改善物质和文化生活、发展体力和智力等方面的需要。这种需要代表着劳动人民的个人利益和目前利益，是直接用消费资料和各种消费性的服务来满足的。劳动者的公共需要是指扩大再生产、国家行政管理、国家建设以及发展科学、教育、文化、卫生、保健等方面的需要。这种需要代表着劳动人民的共同利益和长远利益。公共需要和劳动者个人需要在根本上是一致的。因为，从一方面来说，满足劳动者的公共需要是社会主义存在和发展的条件，是不断满足劳动者个人需要的前提。只有全社会在生产、科学技术、文教卫生等方面的迅速发展，劳动者个人的物质文化生活水平的提高，才有雄厚的物质基础；只有加强无产阶级专政和国防力量，劳动者的幸福生活才有可靠的保障。从另一方面来说，不断满足劳动者的个人需要并使之逐步提高，又是满足公共需要的最终目的。所以，二者是密切联系、相互制约的。同时，也必须看到，两者之间也存在着一定的矛盾。这是因为社会产品的总量在一定时期总是有一定限度的，用于满足公共需要的部分多了，用于满足个人需要的部分就会减少；反之，也是一样。这就是说，积累与消费的比例关系要处理得当，整体利益和个人利益、长远利益和目前利益的关系要统筹兼顾。前些年，由于林彪、"四人帮"的干扰破坏，根本不把人民群众的需要放在眼里，生活长期没有得到应有改善，影响了劳动者积极性的充分发挥，生产也遭到破坏。粉碎"四人帮"以来，人民群众的生活虽然有所改善，但由于我国目前生产力发展水平不高，加上人多、底子薄，多年来人民消费上的鸿沟很难一次填平，只有在发展生产的基础上，才能逐步解决。

明确了社会主义生产的目的，我们在制定国民经济计划和执行国民经济调整、改革、整顿、提高的方针时，就应自觉遵循社会主义基本经济规律；企业单位在安排生产任务时，必须从满足人民的需要出发，再也不能搞为生产而生产、为计划而生产、为库存而生产了！人民需要的买不到，人民不需要的却大量生产，造成积压和浪费的现象，不能再继续下去了！斯大林同志说得好："跟满足社会需要脱节的生产是会衰退和灭亡的。"[①] 只有根据人民的需要进行生产，并在发展生产的基础上，不断改善和提高人民群众的物质和文化生活水平，才能充分调动亿万劳动群众

---

① 《苏联社会主义经济问题》第 60～61 页。

建设社会主义的积极性，加速实现"四个现代化"的进程。这条社会主义基本经济规律是一定不能违背的，违背了就会受到惩罚，所以我们必须牢牢掌握。

（载《云南日报》）

国家领导经济的重要手段——经济立法

（1980 年 12 月 12 日）

华国锋同志在五届人大三次会议上的讲话中指出，为了适应发展经济的需要，要逐步开展经济立法工作和经济司法工作。这是对我国实践经验的总结，也是国家领导经济所面临的一项紧迫任务。

现阶段我国的社会主义经济，是以生产资料的公有制为基础、国营经济为主体、容许多种经济成分同时并存的社会主义商品经济。把这种新型的、有计划的商品经济管理好，乃是社会主义国家的一个重要职能。可是，在很长时间内，却把管理经济片面地理解为国家利用行政机构，使用行政命令和行政手段去指挥经济活动；不仅如此，还从经济管理体制和方法上去适应高度集权的行政管理体制。结果，使得经济活动的各个环节过死，使得社会生产和社会需要脱节，束缚了经济的发展。当然，国家管理经济并不排除运用必要的行政方法和行政手段，但主要的应该是制定各种经济法规，通过经济立法和经济司法来组织社会生产。早在我国解放战争时期，各解放区就制定过一些有关工业、农业、商业以及交通运输等方面的章程、条例和规定，对于发展解放区的经济、保障供给是起了积极作用的。新中国建立以后，为了实行土地改革、巩固公有制和改造私营工商业，国家也曾在土地、粮食、计划、合同、供销、工商管理、货币票据、信贷结算等方面制定和实施了一系列的法规和法令。这些经济方面的立法，对于国民经济的恢复和发展，起了推动和保障的作用。"十年动乱"期间，"四人帮"把经济法规当做"修正主义"来批判和砸烂，造成"无法无天"的混乱局面。现在有些企业产品少，质量差，成本高，利润低，纪律松弛，事故不断发生，人力、物力、财力的极大浪费，一个很重要的原因就是没有经济立法，成了无章可循、无法可守。可见，用法律的办法管理经济是当务之急。

现在我们工作的着重点是搞经济建设。要把经济工作搞好，必须抓好经济立法，充分发挥它对于实现"四化"的积极作用。首先，经济立法能有效地排除经济活动中人为的干扰，真正做到按客观经济规律办事。现行的行政机构往往以权力随意处理经济问题，甚至以言代法，搞瞎指挥，结果造成经济活动的混乱和重大的经济损失。无论是搞瞎指挥的上级机关，还是不执行上级正确的行政命令的下级机关，都不承担任何法律和经济的责任，最多是检讨了事。如果在以法律形式确定经济秩序的情况下，社会主义客观经济规律的要求，就能比较准确地反映到法律上，就能明确经济活动中各个环节的法律地位，就能划分经济领导机关和生产单位各自的权利和义务，就能明文规定哪些行为是合法的应受到保护、哪些行为是非法的而应受到禁止，从而要求大家都依法办事。这就为按照客观经济规律来管理经济提供了法律保证。其次，经济立法能有效地监督国家计划的执行，并有利于反对官僚主义和浪费。多年来，基本建设战线太长，浪费严重，收效很慢，又长期得不到解决，一个重要的原因是没有制定基本建设管理法。又如干部的官僚主义所造成"劳民伤财"的重大损失，没有从经济上予以制裁，更没有追究法律责任。这些教训都说明有必要抓好经济立法，从法律上来监督国家计划的执行。任何行政部门，任何行政领导个人，都不能随意改动、违背、触犯法律规定，违者就给以法律上的制裁。这比用行政命令要有效得多。最后，经济立法能有效地调解各种经济纠纷，审理各种经济案件，建立和维护正常的经济秩序。目前，我国的经济管理机关、工业商业企业和生产队数以万计，它们之间正广泛而频繁地发生着纵横交错的经济关系。这就需要经济立法作为统一的准则来协调各方面的关系。尤其是实行计划调节和市场调节以后，广泛地推行了经济合同制，在工业企业之间、工商之间，特别是农商之间发生的合同纠纷日益增多。这就要求有"合同法"，对于不执行合同的单位或个人，不仅要负道义上、经济上的责任，还要负行政上、法律上的责任，从而促使各单位以及个人严守合同纪律，按质、按量、按期去完成合同所规定的任务。

（载《云南日报》）

明确社会主义生产目的，搞好国民经济调整

（1981 年 1 月 23 日）

新中国建立以来，我国经济建设是取得了巨大成就的。但是，长期以来，我国社会主义经济建设受着"左"倾思想的影响。在"十年浩劫"期间又遭受林彪、"四人帮"的摧残破坏。在粉碎"四人帮"以后的头两年，我们对"十年浩劫"所造成的严重后果估计不足，同时也没有很好地总结、清理新中国建立以来经济建设中的"左"的错误和肃清"左"倾思想的影响，因此继续在经济工作中急于求成，提出了一些过高的不切合实际的口号和目标，制定了超过我国国力的国民经济发展规划和年度计划，搞"洋冒进"，大量消耗了有限的财力、物力，加剧了国民经济的比例失调。党的十一届三中全会后，中央确定了对国民经济实行"调整、改革、整顿、提高"的八字方针。这是我国经济建设工作中的一个根本转折点。两年来，在调整国民经济的各项工作中虽然取得了一些新的进展，但是，由于我们对经济调整方针的认识不充分，执行不得力，以致加重了某些比例关系的失调，出现了财政赤字，潜伏着严重的财政经济危机。主要表现在以下几个方面：

第一，在国民收入的分配上，重视积累，轻视消费；在积累基金的分配上，重视生产性积累，轻视非生产性积累；在生产性积累的分配上，重视重工业，轻视轻工业和农业。我国第一个五年计划时期，积累占国民收入的 24.2%，消费占 75.8%。实践证明，这个比例关系是恰当的。它既促进了生产较快的发展，又保证了人民生活水平有较大的提高。可是在 1970 年至 1978 年期间，积累率平均为 33%，其中，1978 年、1979 年都超过了这一平均数。就是在积累基金的使用上，对重工业的投资过多、过猛，对农业、轻工业的投资则过少过慢。1978 年，在基本建设投资总额中，重工业投资占 55% 以上，而农业只占 10% 多一点，轻工业更少，只占 5% 左右。结果，重工业更重，轻工业更轻，农业落后，形成一个以钢为中心的重、轻、

农的畸形经济结构，使农、轻、重的比例严重失调，人民群众的日用消费品得不到满足。

第二，基本建设规模过大，盲目引进，重复建厂，大大超出我国国力所能负担的程度和实际生产的需要。1978年全国基建投资已很高，近两年又继续上升，引进的一些大型项目，有的是重复建设，有的不适用，有的国内已有相当的生产能力，还要从国外进口成套设备，形成国内机械行业闲着无活干的奇怪局面。人们形象地说：这是"花钱买了口'金锅'，用来炒腌菜"。这些年来，不仅搞了大的、洋的项目，而且搞了许多小型企业。年年喊压缩基本建设规模，而实际上，不仅没有压下来，反而纷纷上了马。中央压了，地方上了；预算内压了，预算外上了；财政压了，银行贷款上了；国内压了，国外贷款上了。结果造成重复建设、盲目建设，以小挤大，技术设备落后的挤技术设备先进的，老厂挤新厂等错误。工商企业从35万个增加到40万个。例如，云南省茶叶加工厂，原有24个，加工能力31万担。近两年盲目发展到47个，加工能力达到46万担。可是1980年总共才收购毛茶22.7万担，不足生产能力的一半。根据现有原料，已有的加工能力在万担以上的21个茶厂就足够了，等于重复建设了十几个。又如，云南省已有颇具规模的昆明、玉溪两个卷烟厂，可是又在一些地区建了烟厂。结果，原料分散，新建厂设备不配套，技术不过关，产品质量差，浪费严重。

第三，积累和消费的总和超过了国民收入，国家安排的基本建设开支和行政管理费用的支出也超过了财政收入，以致出现了财政赤字、物价上涨，人民群众的生活受到影响。我们的货币流通量与商品流通量的比例都低于正常的水平，物资、财政、信贷和外汇的平衡遭到严重破坏。

综上所述，我们的经济发展走了一条高积累、高指标、低质量，盲目追求高速度，搞"土冒进"，走"洋冒进"的路子。这是一条徒具虚名却招实祸的路子，导致了国民经济的比例严重失调，生产没有健康地发展，人民生活没有得到应有的改善。国民经济的现状提出了一个十分尖锐的问题：究竟经济工作怎么搞才不会比例失调？社会主义建设怎么搞才既有利于生产的发展又能在生产发展的基础上不断地改善人民生活？"四化"怎么搞才符合中国的实际？总之，社会主义经济应该遵循什么方向？达到什么目的？这是一个亟待回答的迫切的、现实的问题，要从理论和实践上作出科学的回答。当然，影响这个问题的原因是多方面的，有政治的、经济的、思想的因素。但是，从经济工作来说，从马克思主义政治经济学的基本原理来说，主要的根源还在于是否真正弄清了社会主义生产目的。因为社会主义生产目的所要回答的就是宏观经济目标，就是整个社会主义的目的，也就是社会主义生产所要遵循的出发点和它的最终归宿。只有明确社会主义生产目的，才能把握住国民经济发展的总方向，为全面贯彻调整的方针扫清思想障碍。

马克思主义认为，社会主义的生产目的是满足广大人民群众日益增长的物质和文化生活的需要。用列宁的话来说，就是"如何使全体劳动者过最美好、最幸福的生活。只有社会主义才能实现这一点。我们知道社会主义应该实现这一点，而马克思主义的全部困难和全部力量，也就在于了解这个真理。"① 斯大林继承和发展了这个思想，第一个把社会主义基本经济规律表述为："用在高度技术基础上使社会主义生产不断增长和不断完善的办法，来保证最大限度地满足整个社会经常增长的物质和文化的需要。"这个思想在我们党的第八次全国代表大会所通过的党章总纲中明确规定为："党的一切工作的根本目的，是最大限度地满足人民的物质生活和文化生活的需要。"社会主义生产目的构成了社会主义基本经济规律的主要内容，它具有客观性，不是由人们的主观兴趣随意确定的；是由生产关系的性质，首先是由生产资料所有制的性质所决定的。在社会主义制度下，生产资料掌握在广大人民群众手里，不断满足劳动人民日益增长的物质和文化生活的需要，既要实现高度的物质文明，又要实现高度的精神文明，使劳动者在体力和智力的一切方面都获得充分的自由的发展。这就是社会主义的生产目的。这个目的在整个社会主义经济活动中居于首要的地位，是组织社会主义生产的出发点和最终目的，是实行国民经济调整方针的理论基础和根本指导思想。

从当前来看，我国的经济形势是大好的，但是也潜伏着某种危机。因此，1981年《人民日报》元旦社论强调指出："为了使整个国民经济从被动转入主动，使财政收支和信贷收支从不平衡转入平衡，使'四个现代化'的建设得以在稳定的基础上健康前进，党中央和国务院决定实行进一步的认真的调整。"调整是当前经济发展的关键，是经济工作的中心，是发展国民经济的积极方针，它是符合全国人民的根本利益的。随着这一方针的贯彻，将使我国国民经济的发展获得一个可靠的前进阵地，将使我国国民经济的结构获得改善。因而最终必将使得我国社会主义经济获得持久的比较快的向前发展。

但是，在我们的实际工作中，一些同志对三中全会后提出的以调整为中心的八字方针，认识是不足的，在一些部门和地区贯彻是不得力的，既要扬长还要补短，只愿上短线，不愿下长线，甚至已是长线的还在拉长，该压缩的压不下去，该退的退不了，国民经济调整的方针得不到认真贯彻。这说明只有真正明确社会主义生产

---

① 《列宁选集》第3卷，第571页。

目的，才能从根本上扭转经济工作的指导思想和经济工作的立足点，牵住了经济调整的"牛鼻子"，从而才能使各行各业有共同的语言，明确各个经济部门的职责，该上的上，该退的退，使我们的经济工作从根本上摆脱"左"的束缚，纠正"左"的错误，真正从社会主义生产目的出发，从中国的实际出发，从国力出发，在一切经济工作中，认真执行"实事求是、量力而行、循序渐进"的原则，真正做到在生产发展的基础上不断改善人民生活。

总之，真正弄清社会主义生产目的，是搞好调整的指导思想；而进一步抓紧调整，则是实现社会主义生产目的的重大措施。

（载《云南日报》）

自然经济阻碍社会主义生产目的的实现

——对云南经济发展的思考

（1981 年 1 月）

马克思主义认为，社会生产的目的不是由人们的主观意志所决定，而是由社会生产关系，首先是由生产资料所有制的性质决定的。在社会主义社会，生产资料社会主义公有制的性质，决定了社会主义的生产目的应当是也只能是满足人民群众不断增长的物质文化的需要。长期以来，由于种种原因，社会主义生产目的没有很好地实现。本文拟从云南的实际情况出发，力图说明自然经济是阻碍社会主义生产目的实现的一个主要原因。

一、得天独厚的优势

云南地处祖国的西南边陲，是一个多山、多民族、多宝藏的"三位一体"的边疆省份。自然条件、民族构成既十分复杂，又十分优越。全省有 39 万多平方公里的土地，绝大部分地区都是高山起伏、河流纵横。山地和高原约占全省总面积的 94%，平坝仅占 6%。地势高低悬殊，最高的地方海拔在 5 000 米以上，终年积雪；最低的河谷地带，海拔仅有 76 米。地势的悬殊引起气候垂直变化相当显著。同一地区往往具备寒、温、热三带的气候，形成了独特的"立体气候"，即所谓"一山分四季，十里不同天"。山顶白雪皑皑，而谷底却是热带"飞地"了。与此相适应也就形成了"立体农业"，在同一地区寒、温、热三带的作物都会同时并存。云南具有得天独厚的自然条件和十分丰富的资源。全省森林面积有 1.4 亿亩，居全国第 2 位。森林覆盖率达 24.9%，蓄积量 9 亿多立方米，居全国第 4 位。植物种类丰富多彩，有 1.5 万余种，相当于全国的一半，比全欧洲之和 6 000 余种还多得多；特别是经济林木几乎应有尽有，稀有珍贵树种也有数十种之多，具有很高的经济价值。如用铁力木、柚木、紫檀做乐器出口，价值连城。用丽江的云杉制成钢琴和风琴的音板与键盘、提琴的板面，其共鸣性能极好，音响纯净，令人有"余音绕梁，三日不绝"之感。依兰香的花所提取的高级香料，是世界名贵香水——巴黎香水——的定香剂。一两依兰香油值一两黄金。全国仅有的 5 万多平方公里的湿热带宝地，云南就占有 1.4 万多平方公里，可以种植橡胶等特种经济林木。因此，云南素有"植物王国"之称。山区又盛产药材 500 多个品种，由全国统管的 70 种药材，云南就占 50 种之多，如黄连、虫草、天麻等都是很名贵的药材，在国内外市场上很受欢迎。所以，云南又被誉为"药材之乡"。在动物资源方面，全省家畜、家禽种类很多，特别是野生动物更是丰富，珍稀种类约占全国的 20%。例如，濒临绝迹的滇金丝猴，是十分珍贵的一种动物。这都是我国宝贵的自然资源。故云南又有"动物王国"之称。同时，还有储量很丰富的矿产资源。世界上已知的有用矿物 140 多种，云南就有 100 种之多。其中，锡矿、磷矿在全国不仅储量最多，而且品位最高，故有"有色金属王国"之称。此外，云南还是风景秀丽之乡，有驰名中外的石林、四季如春的昆明和丰富多彩的名胜古迹，是旅游、休闲、疗养的胜地。

云南是全国少数民族种类最多、人口最多、差异很大的省份，可谓我国兄弟民族的"缩影"。在全国 50 多个少数民族中，云南就有 25 个（总人口 5 000 人以上）。在全省 3 100 多万总人口当中，少数民族就占 1/3，且分布广泛，几乎遍及每个县、市和公社。而各个民族的政治、经济、文化的发展是很不平衡的，情况是千差万别、各具特点的。新中国建立前，他们分别处于封建社会、奴隶社会以及保留原始公社残余思想和习俗的不同历史阶段，是一部"活的社会发展史"。因此，各少数民族的衣、食、住、行、用都有许多差别，都有许多特殊的需要。

综上所述，云南具有得天独厚的自然条件。可以说，云南山是金银山、树是摇钱树，是一个大有作为的"聚宝盆"。云南具有发展商品经济的最大优势，为满足各族人民的物质文化需要提供了前提条件。

但是，由于历史上的种种原因，特别是极"左"路线的影响，在"十年浩劫"中大肆批判"边疆特殊论"、"民族落后论"，搞"一刀切"，加剧了云南经济文化的落后状况，这在广大民族地区显得更加突出。全省 25 个少数民族虽然都进入了社会主义社会，但在经济、政治、文化和道德观念上，都还较浓厚地保留着旧社会遗留下来的残余影响和习惯，其根源就在于自给自足的自然经济还占相当大的比重，商品经济没有得到大的发展。其结果成了生在宝山，两手空空，"端着金饭碗去讨饭"，许多社队集体经济空虚，社员生活贫困，广大人民群众的物质文化需要远远没有得到满足。这不仅违背了社会主义基本经济规律的要求，而且也影响到各兄弟民族之间的和睦团结和边疆的巩固。尤其云南是祖国西南的门户，与东南亚三国接壤，生产的发展、人民生活的改善还直接关系到祖国的声誉和社会主义制度的优越性。

二、自然经济束缚着社会主义生产的发展

新中国建立后，云南的经济情况和全国一样，有了很大的发展和变化。一方面，工农业生产以旧社会不可比拟的速度迅猛增长，取得了显著的成绩。1978年，工农业总值（按1970年不变价格计算）达到95.75亿元，比1949年增长6.4倍，平均每年递增7.1%。但是，另一方面，经济发展水平还是很低的，在相当大的范围和程度上自然经济还居统治地位。1978年，农业总产值占全省工农业总产值的42%，大大高于全国农业总产值占全国工农业总产值的25.6%的比例。商品经济极不发达，物质产品不丰富，交通闭塞，文化落后。新中国建立30年了，没有能够使各族人民富裕起来，群众的生活水平，特别是山区、边疆和少数民族地区的生活水平还相当低，落后面貌没有从根本上改变。有的社队连吃饱穿暖都成问题。简单的生产方式，简单的生活方式，束缚着生产的发展，严重地阻碍着社会主义生产目的的实现，背离了社会主义基本经济规律的客观要求。我们要敢于承认这个现实，揭露矛盾，改变现状。

云南自然经济的落后性表现在农业、轻工业、交通运输业和商业等各个方面。

在农业方面：第一，表现为生产水平低，产量不稳定。全省的农业生产基本上是靠手工劳动和畜力耕耘，现代化生产还只是萌芽。1978年，机耕面积是408.6万亩，只占耕地面积总数的10%，远远低于全国机耕面积占耕地面积40.9%的水平。每亩耕地的化肥施用量、用电量也都低于全国平均水平。由于粗放经营，导致农业生产水平低。1978年全省粮食平均单产313斤，比全国的347斤少34斤。按人口计算的农业总产值，1978年全国人均为152元，云南仅为130元，比全国低22元。3万多个山区生产队人均收入还在40元以下。农业的发展与人口的增长尤其不相适应，人均占有粮食逐年下降。1978年粮食总产量创历史最高水平，达到172.8亿斤。但按总人口和农业人口平均计算的产量则分别为559斤、624斤，比云南人均占有粮最高的1956年还分别少了94斤、103斤；也比按总人口计算的全国人均粮食产量636斤低77斤。山区和半山区人均占有粮食的水平更低，有的社队才达到200多斤。据统计，从1958年到1978年的20年中，云南农业人口平均每年递增2.4%，而粮食产量平均每年单产仅递增1.9%，粮食的增长赶不上农业人口的增长。第二，表现为粗放经营，广种薄收。全省除少数坝区的高产田外，许多地区经营粗放，在一些山区和民族地区尤为突出，仍沿袭毁林开荒、刀耕火种的原始经营方法。这种落后的耕作方法，不仅带来了低下的农业生产力水平，而且严重地毁坏

了自然资源和生态平衡。据统计，西双版纳自治州在1959年至1979年的20年中，通过各种方式毁坏的森林达493万亩，经济价值达30多亿元。第三，表现为粮食和其他农副产品的商品率很低。全省农副产品的商品率是：粮食占10%，肥猪占50%，菜牛占1.8%，山羊占1.9%，绵羊占6%。一些山区和民族地区基本上是种粮自己吃、盖房自己住、织布自己穿，除了食盐、火柴、煤油向购销点购买外，其他东西很少购买。甚至有的山区农民堂屋里的火塘终年不断火种，连火柴都不买。纺纱车、织布机等工具，全由男人制作，纺织、漂染、缝纫则由妇女承担。这是一种典型的自然经济。由于商品经济不发达，1979年全省农村人均现金收入仅35元，比全国水平低40元。第四，表现为畸形的单一经济结构。长期以来，片面强调"以粮为纲"，忽视各地区、各社队的自然特点和各民族生产上的差异，孤立地抓粮食生产，忽视了因地制宜地开展多种经营，而是毁林开荒，弃牧种粮。结果，粮食生产不仅没有发展，林、牧、副、渔等多种经营也遭到了破坏。草场荒芜，牲畜减少，有的地区青山绿水变成了穷山恶水，造成了恶性循环，致使农业内部比例严重失调，农业经济畸形发展。1978年全省农业总产值40.1亿元。其中，农业（种植业）占66%，林业只占5.7%，畜牧业占16.4%，副业占11.5%，渔业占0.2%。林、牧、副、渔的产值只相当于农业（种植业）总产值的1/3强。有的社队比这个比例还要低得多。这些年来，我们搞单一性经济，做了许多蠢事、笨事，结果得不偿失。不少地方不惜把大面积的贵重林木砍倒，仅仅换取几十斤包谷；有的地方把稀有的贵重树木砍来当柴烧，而国家又不得不以1吨1万元的价格从国外进口红木。怒江地处高山峡谷，是发展经济林木和药材生产的宝地，但因片面强调粮食生产，致使群众生活日益困难，国家供应的粮食一年比一年增多。新中国建立初期注意发展多种经营，群众以药材换粮食，国家供应全州的粮食不到100万斤，现在是2000多万斤，增加20多倍，致使全省粮食供应发生截然的变化，从一个净调出省变成净调入省，1957年全省调出粮食8700多万斤。20年后，1977年调入粮食3.6亿多斤。总结这个教训，难道还不值得我们深思吗？

轻纺工业方面：新中国建立前，云南的轻纺工业基础薄弱，新中国建立后有了较大的发展。1979年的总产值为1949年的20倍，但与全国相比差距还是很大。由于农业自然经济的长期落后性，直接制约着轻纺工业的发展。从原料来看，80%靠农业提供。这些年来，由于指导思想的片面性，忽视因地制宜发展多种经营，经济作物发展缓慢，从而影响到轻纺工业的原料来源。如蚕丝，全省有4个丝织厂，拥有100万吨的年生产能力，需蚕茧1.5万担，但是目前只能供应8000担，使企业处于"半饥半饱"的状态。又如烤烟，其产量近年来虽有较大增长，但因烟叶质量下降，1979 年上等烟仅占 1.44%，中等烟占 44%。结果，烟厂产值下降，市场甲、乙级香烟供应紧张，国家税收减少。具体说来，由于农业的制约及其他原因使轻工业发展缓慢的表现是：第一，生产水平低。1978 年全国轻纺工业总产值占工农业总产值的 31%，云南只占 25%；按人口平均计算的轻工业产值全国为 188 元，云南为 77 元，仅相当于全国水平的 41%；在全国 29 个省、市、自治区中名列倒数第三，仅略高于西藏和贵州。第二，轻工业产品的自给率低，依赖性大。从云南省商业部门的纯销售总额同省外调入的比例看，1957 年为 1∶0.3（即每销售 1 元的商品要相应的从省外调入 0.3 元的商品）。20 年以后的 1978 年仍为 1∶0.3。虽然销售额的绝对数是增加了，但比例没有变化。再从 1978 年几种主要日用工业品省内纯购进额占省内纯销售额的比重看，棉布占 50%，汗衫、背心占 22%，收音机占 8.5%，自行车占 0.2%。大部分要靠从省外调入，所以在商业部门中流传着"一上海，二天津，地方品，打补丁"的说法。第三，民族特需商品的种类不多，数量不足。全省生产民族特需商品的企业，仅占工业企业总数的 1%；生产的产值仅占全省工业总产值的 0.49%。品种和数量都远不能满足各族人民的需要。如民族服装、棉毯、元羽绸、金丝线呢、筒裙、花边、插头环、手镯、戒指等经常供不应求，甚至长期脱销。广南县一带的苗族妇女喜欢穿麻裙，但工厂没有生产，商店没有卖的，他们只好自己种麻，搓麻线，织麻布，缝麻裙，一年苦到头就缝制一条麻裙来穿。第四，设备简陋，技术落后。多年来，对轻纺工业的投资都比较少，仅占 3%～5%。重视建新厂，忽视对老厂的技术改造。所以，不少工厂的生产和技术还停留在 20 世纪 50 年代甚至 40 年代的水平。特别突出的是全省轻纺工业的技术人员只占职工总数的 1.3%。由于技术人才缺乏，技术落后，设备简陋，直接影响了产品种类的增加、式样的更新和质量的提高。有些产品 20 年如一日，质次价高，比京、津、沪地区同类产品的价格还高 20%～30%，甚至 50%。日用搪瓷制品的数量不少，是可以满足本省需要的。但是，品种单调，在市场销售的 120 个品种中，本省只能生产 42 种。一方面群众需要的品种生产不出来，另一方面又大量积压，不得不削价处理。

云南农业的自然经济，也直接、间接地影响了商业的发展。表现是：第一，商业网点稀少，从业人员不足。特别是山区、边疆和民族地区，商品交换更为冷落，影响到各族群众的物质文化需要。以全省农村商业网点为例，1979 年比 1957 年集体零售商业网点减少了 760 个，从业人员减少 6 200 多人。有证个体商贩减少 2 585 人，约减少 4/5。农村商业从业人员只占农业人口的 2.8‰，比 1957 年下降 0.2‰。至于饭馆、旅社、照相等饮食服务行业的网点就更少了。全省平均 1.8 万人才有一个饭馆，3.3 万人才有一个旅社，9.2 万人才有一个照相馆，10 多万人才有一个洗澡堂。第二，零售商业网点的分布不合理。多年来，商业网点不是按经济区划建立，而是按行政区划设点。一般都是以公社建供销社，以大队建购销店，布局不合理，使商品流通缓慢。农副产品的商品率本来就很低，还不能及时收购起来供应城市、工矿区人民的需要；同时，也影响到工业品及时下乡，供应广大农民的需要。一些农民为买一部收音机或缝纫机，要跑几十里甚至上百里的路；不少社员进城治病或赶街（集），翻山越岭几十里路却无饭馆吃饭，无旅店歇脚。所以，在一些山区和边远地区的少数民族社员几年甚至一生不赶一次街，不照一张相，这怎么说得上"最大限度"满足群众物质文化的需要呢？连最低限度的需要也没有达到。地区的商业网点也大都集中在市中心的主要街道，而在边缘地区、工矿区以及新建居民区零售网点配置很少，经营的商品太单调。

此外，交通运输不发达，也是自然经济长期存在的原因和结果。云南的地势是山高坡陡沟箐深，河流纵横，交通不便。目前，全省尚有8%的公社、41%的大队和59%的生产队不通公路。在这些地区，运输靠人背马驮，致使商品流通十分困难，山货药材等土特产品运不出来，群众需要的工业品不能及时运进去。现有的公路也是以昆明为中心向全省东南西北成辐射状态发展的，纵向线多，横贯线少；内地多，边疆少；坝区多，山区少；从滇西北到滇东南的横贯线、迂回线更少，直接影响到社会主义生产目的的实现。

云南经济上的落后还反映在文化教育、意识形态等方面。从高等教育看，1979年，全国平均每万人口在校大学生人数为15.5人，而云南仅6.1人，在全国各省、市、自治区中只略高于西藏而居次末位。在广大的农村，特别是在少数民族地区，文盲和半文盲有所增加。一些少数民族生产队还实行刻木记工分或数包谷籽记工分的办法，这并不一定都是因为没有识字、算账的会计，而是由于文化落后，90%是文盲和半文盲，群众对你记的密密麻麻的账本根本看不懂，信不过。所以，还是"刻木记工分，看得清，数得来，保险"。此外，在一些地区，封建迷信色彩浓厚，甚至出现抢婚、逼婚，导致逼死人的悲剧。

三、打破自然经济，发展生产，提高各族人民的生活水平

30年来，云南省国民经济的发展虽有显著的成绩，但基本上是属于自然经济状态，商品经济极不发达，严重地阻碍着社会主义生产目的的实现，因而各族人民的生活改善不多。根据社会主义基本经济规律的要求，还需要从三个方面努力。

第一，要打破自然经济，大力发展商品经济。自然经济是生产力水平低下和社

会分工不发达的产物。它具有生产规模狭小、经济单位分散、因循守旧、闭关自守等特点。它与在公有制基础上进行社会分工、以交换为目的的社会主义商品经济相对立，严重地束缚了社会经济的发展，从而阻碍着社会主义生产目的的实现。要吸取历史的教训，就必须因地制宜、扬长避短，发挥云南资源丰富、潜力很大的优势，从山区、半山区、高寒山区、河谷地区和平坝地区的实际出发，宜农则农，宜林则林，宜牧则牧，多种经营，全面发展。这样，才能符合自然规律和经济规律的要求，才能为实现社会主义生产目的创造物质基础。同时，要放宽政策，不搞"一刀切"。边疆和内地、民族地区和汉族地区、山区和平坝地区都各具特点，在经济上要放宽，要灵活，要稳定。如生产资料所有制可以有多种形式、多层次的经济结构。对集体经济的管理和责任制，要看生产实际的需要和群众的管理水平，不要主观臆断、强求一律。对于地广人稀、经济落后、生活贫困的地区，政策上更要放宽，既可实行包产到组，也可实行包产到户或到人，以便广开生产门路，调动群众的生产积极性，增加生产，扩大收入，从而为实现社会主义生产目的提供政策保证。

第二，加速轻纺工业的发展。首先，要摸清云南省轻纺工业的情况，从实际的需要和可能出发，进行整顿调整。其次，要扬长避短，发挥优势，突出重点。主要抓两个方面：一方面是少数民族衣、食、住、行、用等的特殊需要；另一方面是香烟、食糖和茶叶等，力争在短期内有一个较大的发展。为此，既要增加投资，更要挖掘潜力，不断提高劳动生产率。

第三，要大力发展交通运输业、商业和旅游、服务业。

（载《思想战线》1981年第1期）

走一条中国式的社会主义建设道路

——学习陈云同志20世纪50和60年代的几篇讲话

（1981年3月6日）

最近，联系我国30年来经济建设的实践，重温陈云同志在20多年前的一些讲话，倍感亲切。他的许多观点和主张，切中时弊，不仅在当时是正确和可行的，而且现在看来也还是正确和可行的。

陈云同志讲话的内容涉及社会主义经济建设的目的、规模、速度、方法和体制等许多方面，其中心是如何建设一个繁荣昌盛的社会主义新中国，也就是如何走出一条中国式的社会主义建设道路。本文想谈一点自己的学习体会。

搞经济建设的目的是为了改善人民的生活

陈云同志明确指出，搞经济建设的目的就是为了改善人民的生活，搞国防建设也是为了保障人民生活的改善。1962年，他在"中央财经小组会议上的讲话"中一再告诫大家："我们花了几十年的时间把革命搞成功了，千万不要使革命成果在我们手里失掉。现在我们面临着如何把革命成果巩固和发展下去的问题，关键就在于要安排好6亿多人民的生活，真正为人民谋福利。"陈云同志还反复强调，农民是个大头，把这个大头安排好了，中国的大局就定了。所以他认为，人民生活是大事，解决人民生活问题"应该成为重要的国策"。陈云同志所讲的这些道理，就是要求我们真正按照社会主义生产目的办事，处理好经济建设和人民生活的相互关系。这也是当前我们进一步调整国民经济的根本指导思想。

为了保证人民群众物质文化生活的需要，陈云同志指出，在社会主义经济建设中，既要建立工厂、矿井，解决生产资料的生产和供应，同时，也要解决生活资料的生产和供应，二者要相适应。只有正确处理好"骨头"和"肉"的关系，才能使再生产顺利进行。在原材料的供应上，陈云同志提出"先生产，后基建"的主张。首先要保证生活必需品的生产部门最低限度的需要，其次要保证必要的生产资料生产的需要，剩余部分才用于基本建设。总之，"农业问题、市场问题，是关系5亿多农民和1亿多城市人口生活的大问题"。农业好转了，工业和其他方面才会好转，工业和整个国民经济的发展最终都要取决于农业，取决于农村能够提供多少剩余农产品。

建设规模要和国力相适应

陈云同志说："建设规模的大小必须和国家的财力物力相适应。适应还是不适应，这是经济稳定或不稳定的界限。像我们这样一个有6亿人口的大国，经济稳定极为重要。建设的规模超过国家财力物力的可能，就是冒了，就会出现经济混乱；两者合适，经济就稳定。"这可以说是我们搞社会主义建设的根本指导思想。基本建设投资的多少，并不决定于钞票有多少，而是决定于原材料有多少。其规模的大小不仅不能超过农业的负担能力，而且也不能超过工业的基础。这些年来，在经济建设上我们都是走了一条重基建、轻生产、高积累、低效率的路子。这条路子脱离实际，脱离我国国情，脱离我国国力所能承受的能力。这是"左"倾错误思想的突出表现。我们是一个人口众多、底子很薄、商品经济很不发达的国家。农村经济占很大比重，绝大部分是自给自足。我们看自己，比人家，办事情，提要求，搞建设，都不能脱离这个现实，要从这个实际出发，否则就要犯"左"的错误。总结过去的经验教训，我们必须把经济工作的指导思想端正过来，真正从我国的国情出发，从国力出发，量力而行。从这个基本点出发，也才能搞好当前的国民经济的调整。当前，该下的，我们要痛痛快快地下，不要怕"伤筋动骨"。现在，再不能犹豫不决了，迟痛不如早痛。

陈云同志认为，应该把实现社会主义现代化的基础放在现有的企业上面，主要靠挖、革、改。不是靠多上基建、多铺新摊子、大量增加能源和原材料消耗，而是要靠发挥现有企业的作用、进行合理的技术改造、降低消耗、提高质量、提高效率来扩大社会主义生产。只有走这条路子，才能在我们这样一个人口多、底子薄的大国，处理好积累和消费的关系，处理好生产的发展和人民生活改善的关系，从根本上解决财政经济的困难，求得经济的稳定增长。

经济建设要着眼于自力更生，正确处理好引进外资、引进技术设备的关系。陈云同志说："我们必须建设若干大厂，但外汇不足，设备不能全靠进口，要以自力更生为主。"而且又说："我们是一个大国，在工业建设中，对这几种必要物资，如果单靠进口来弥补差额，是靠不住的，因为数量太大，难以全部解决。"利用外资，引进技术设备，这是我国当前的一项重要政策措施，但是要头脑清醒，不要"崇洋非中"，要把经济建设的基点建立在自力更生的基础上。像我们这样一个大国，是买不进一个现代化的，还得靠全国人民自己干出来。

在国家计划工作中要搞好综合平衡

陈云同志十分重视国民经济计划工作中的综合平衡。他指出："所谓综合平衡，就是按比例；按比例，就平衡了。"综合平衡是保持国民经济比例协调的基本条件，如果破坏了全局的综合平衡，必然导致国民经济各种比例关系的严重失调。所以，陈云同志指出："搞经济不讲综合平衡，就寸步难移。"而且提出计划工作要随时随地注意组织物资、财政、信贷三个平衡的观点。最重要的就是全局的综合平衡。这是防止经济建设规模超过国力的一种有效制约方法。陈云同志反复告诫我们："应该看到，如果我们的财政收支不能平衡，社会购买力和商品供应量之间不能大体平衡，物价就会乱涨，市场就会混乱，这对于经济的发展和人民生活的稳定都会带来十分不利的影响。"

陈云同志总结多年计划工作的经验，指出按什么线搞综合平衡是一个十分重要的问题。是按长线、中线，还是短线？这些年来，我们的计划工作在"左倾"错误的影响下，基本上是按长线搞平衡，并把这种平衡褒称为"积极平衡"。按短线平衡被批判为"消极平衡"。结果，材料、半成品大量积压，半截子工程比比皆是，基建项目形不成新的生产能力，造成严重浪费。实践证明，所谓"积极平衡"的最大教训就是不能平衡。所以，陈云同志说："按短线搞综合平衡，才能有真正的综合平衡。"陈云同志还强调指出："计划指标必须可靠，而且必须留有余地。""看起来指标低一点，但是比不切实际的高指标要好得多，可以掌握主动，避免被动。"所以，我们的计划，不仅不能留缺口，而且必须留有充分的余地。如果满打满算，不留余地，寅吃卯粮，不注意以丰补歉，不瞻前顾后，一遇到意外事件，就会陷于被动，导致综合平衡的破坏和国民经济比例关系的严重失调。

经济建设要深入细致、稳扎稳打，不要急于求成

陈云同志从我国人口多、底子薄、经济落后的实际情况出发，对社会主义经济建设的速度、方法提出了一系列十分宝贵的意见。

早在 1959 年正当人们头脑发热时，陈云同志就提出反对乱撞乱碰，批评那种不顾客观条件，违反客观规律，把幻想当做真理，凭主观意志办事，或者把将来有可能实现的事情，勉强地放到现时来做的现象。1962 年，他在总结我们经济工作经验

教训的基础上强调指出：我们的工作部署，要反复考虑，稳扎稳打。"慎重一点，看得准一点，解决得好一点，比轻举妄动、早动乱动好得多。"我们"工作的基点应该是：争取快，准备慢"。在经济建设的速度问题上，陈云同志历来是持慎重态度的，力图能够出现一个稳定的国民经济增长速度，哪怕增长得慢一点，但不要走弯路，至少要少走弯路。俗话说得好："不怕慢，只怕弯。"慢一点毕竟是前进，而走了弯路，就难免离开目的地越来越远了。即使速度搞慢一点，发现了还可以加快。所以，陈云同志说："纠正保守比纠正冒进容易些。因为物资多了，增加建设是比较容易的；而财力物力不够，把建设规模搞大了，要压缩下来就不那么容易，还会造成严重浪费。"在实际工作中，我们决不要再盲目追求高速度，在生产上既不要搞高指标，也不允许对实际可能实现的指标不接受，不努力完成。陈云同志认为，经济工作是一项艰苦复杂细致的、十分具体的工作。他说："做经济工作要有战略眼光，要算大账。同时，也要算小账。""我们的经济工作，必须越做越细，对经济建设中的问题都要进行具体分析。"只有进行具体分析，才能安排妥当。陈云同志反复强调，要做好经济工作，必须深入进行调查研究，要全面了解和分析实际情况，对各种意见、设想和方案进行多方面的比较，并且一定要经过反复考虑后才作出决定。简言之就是："全面、比较、反复。"他说："领导机关制定政策，要用 90% 的时间作调查研究工作，最后讨论决定，用不到 10% 的时间就够了。"要使我们的政策措施符合实际，真正做到实事求是，必须深入实际，坚持调查研究。只讲实事求是，不进行调查研究，实事求是就会成为一句空话，仍然会出现主观主义、盲目蛮干，给"四化"建设带来损失。所以，调查研究就是"摸着石头过河"，踩稳步子再前进，顺利进行社会主义建设。

经济体制改革要有利于发展社会主义经济

1956 年，针对社会主义改造基本完成以后出现的新问题，陈云同志在党的"八大"会议的发言中，提出了宏观经济要强调统一集中、微观经济要机动灵活的观点。要把国家经营、集体经营和个体经营结合起来、计划和市场结合起来、国家市场和自由市场结合起来，使社会主义经济的发展既集中又分散，既统一又灵活，以便克服高度集中统一所产生的弊病，有利于社会主义经济的发展。同时，也指出了如何防止体制改革后出现的问题。他说："今后各地方和企业，都有机动的财力，比较好办事；但如果管理不好，就会坏事。""体制改变以后，地方更可以因地制宜地办事。但是，必须加强全国的平衡工作"，加强集中统一领导。陈云同志的这些富有远见卓识的观点，至今仍是我们在进行经济体制改革时必须注意的。

（载《云南日报》）

社会主义建设规模必须和国力相适应

——学习陈云同志在 1957 年的一次讲话

(1981 年 4 月 24 日)

"建设规模的大小必须和国家的财力物力相适应。适应还是不适应，这是经济稳定或不稳定的界限。""建设的规模超过国家财力物力的可能，就是冒了，就会出现经济混乱；两者合适，经济就稳定。"陈云同志在 1957 年 1 月的一次讲话中提出的国力制约建设规模的理论，已被建设实践证明是正确的；用以指导今天的"四化"建设，尤其是对于搞好国民经济的进一步调整，克服当前潜在的危险，更有重大的现实意义和深远的历史意义。

从新中国建立 31 年的实践看，我国经济的发展速度时快时慢，很不正常，可以说是在一条崎岖的道路上蹒跚前进。除了"十年浩劫"时期林彪、"四人帮"的严重破坏外，主要是经济工作中"左"的错误造成的。由于不顾客观可能，片面追求高速度、高指标，必然在国民收入分配上搞高积累，在基本建设上搞高投资。从主观上讲盼的是高速度，但事与愿违，得到的却是低效率、低消费。这正是"左"的错误做法带来的必然结果。其主要教训是：第一，由于社会主义社会积累基金主要是用于基本建设，而基本建设规模过大就挤了人民群众的消费，挫伤了劳动群众的生产积极性，影响了国民经济发展的速度。我们国家大，贫穷落后，要尽快地改变面貌，多搞一点积累，多搞一些基本建设是可以的，要求人民群众艰苦奋斗也是必要的。但是，无论如何，我们一定要使生产发展的最后结果，在全体人民生活的改善上得到应有的实际的表现。第二，基本建设规模过大，不能保持物资和资金的平衡，扩大再生产就难以实现。陈云同志根据我国的实践经验，简单、通俗地阐明了马克思关于再生产的原理。他指出："应该看到，基本建设搞多少，不决定于钞票有多少，而决定于原材料有多少。"目前，基本建设规模过大，基本建设战线过长，使得钢材的保证程度只达到 85%，水泥、木材只达到 60% ~70%。在基建缺乏物资保证的条件下，即或钞票很多，物资紧张的状况也不能改变，还会带来变相涨价的后果。由于违反了社会再生产的原理，不仅扩大再生产难以实现，甚至连简单再生产也要受到损害。第三，在片面强调发展重工业的思想指导下，建设规模过大，加剧了农、轻、重比例关系的失调，从而延缓了整个经济建设的进程。因为重工业建设过程中需要大量的人力和物力，所需的生活资料又要靠农业和轻工业来提供。由于农业和轻工业能提供给全社会消费用的生活资料，在一定的生产水平下是个确定的量，其数量是不可以随意扩大的。因此，用于重工业的部分增加，则用于社会其他方面的部分就要减少。重工业超过了农业和轻工业实际能够向重工业提供物资的能力。这就是我国农、轻、重比例严重失调的基本原因，也是经济建设的主要教训之一。本来应该牢牢记取的，可是在粉碎"四人帮"后的头两年，由于对"十年浩劫"所造成的严重后果估计不足，又没有来得及清理过去经济工作中指导思想的"左"的错误，还是急于求成，又提出了一些不切实际的过高的指标和口号，把本来已经超过国力的基本建设规模又继续扩大，使本来已经严重失调的比例关系更加失调。尽管党的十一届三中全会提出了以调整为中心的八字方针，但由于过去"左"的错误思想的影响，我们不少的同志对经济调整方针认识不深，执行不力，在采取提高人民消费水平的措施的同时，没有把"超负荷"的基本建设规模相应地退下来，因而没有从根本上改变经济工作的被动局面。

为了使整个国民经济从被动转入主动，把实现社会主义现代化放在切实可靠的基础之上，党中央和国务院决定对经济工作实行进一步的认真调整。其中一个重要内容就是调整建设规模使之与国家财力物力相适应。为此，第一，必须进一步贯彻党的思想路线，端正指导思想，正确认识我国的国情国力。我国是一个社会主义制度的东方大国，幅员辽阔，资源丰富，但各地区自然条件和经济发展很不平衡；在近10亿人口中有8亿农民，人民勤劳勇敢、有智慧，但科学文化水平低，有1亿多青年还是文盲或半文盲；国民经济有了一定规模，已经形成了独立的、比较完整的体系，但按人口平均的国民收入很低，商品经济不发达，技术和管理落后。因此，我们想问题、办事情、订计划，都要从我国自然、经济、文化等方面的国情出发，以便使经济建设的规模符合我国的国力，真正做到实事求是、量力而行。第二，必须采取相应的制约方法来防止和纠正建设规模超过国力的危险。陈云同志以社会再生产原理和社会主义基本经济规律为依据，不仅提出了国力制约建设规模的正确理论，而且在实践中总结出一套防止建设规模超过国力的有效方法。这就是：（1）财政收支和银行信贷都必须平衡，而且应该略有节余，否则财政上就会出现赤字。之所以要"略有节余"，是因为随着我国经济建设规模的日益扩大，物资的周转量、库存量都要适当增加，才能使物资供需平衡。所谓"财政结余"，并不是结余钞票，而是结余相应的物资。（2）在原材料供应紧张的情况下，必须有分配的顺序。首先要保证生活必需品的生产部门最低限度的需要，其次要保证必要的生产资料生产的需要，最后把剩余的部分用于基本建设。采取"先保证生产，后供应基建"的排队方法，主要是为了维持最低限度的人民生活的需要，避免盲目扩大基本建设规模，挤掉生活必需品的生产。（3）人民购买力提高的程度必须同消费物资的可供量相适应，而购买力的增长必须和消费品增长的程度相平衡。（4）基本建设规模和财力之间的平衡，不单独看当年，而且要瞻前顾后。如果不瞻前顾后，只和当年勉强平衡，势必造成基本建设投资猛长，而在下一年又不得不减下来。（5）我国农业经济比重很大，农业生产与财政收入有很大关系。我国工业建设和整个国民经济的发展归根到底要取决于农业经济的发展状况。因此，在一个相当长的时期内，农业对经济建设规模的约束力是很大的。基本建设规模过大，不仅在农业遇到自然灾害时负担不了，即使在正常年景，也难以维持。

总之，建设规模必须从我国的国情国力出发，并受国力的制约。这样，经济就稳定，就发展。如果只从主观愿望出发，搞"超负荷"的建设规模，势必出现经济混乱。这是我国经济建设应当记取的一个重要教训。

（载《云南日报》）

走独立自主、自力更生的道路

——学习《关于建国以来党的若干历史问题的决议》的一点体会

（1981 年 8 月 7 日）

具有重大现实意义和深远历史意义的《关于建国以来党的若干历史问题的决议》（以下简称《决议》）中指出，独立自主、自力更生是毛泽东思想的三个基本方面之一。它贯穿于毛泽东思想的各个组成部分，表现在中国共产党人的革命活动中，也是我国革命和建设事业一贯坚持并取得胜利的一条基本原则。

"独立自主、自力更生"的基本含义，就是要从中国实际出发，依靠群众进行革命和建设。无产阶级革命是国际性的事业，需要各国无产阶级互相支援，但是完成这个事业，首先需要各国无产阶级立足于本国，依靠本国革命力量和人民群众的努力，使马克思列宁主义的普遍原理同本国革命的具体实践相结合，把本国的革命事业做好。在民主革命阶段，在党的初创时期，我们曾经犯过把马列主义教条化、生搬硬套外国革命经验的错误，不善于根据本国的具体情况来决定自己的方针、道路，致使革命遭到种种挫折和失败，付出了重大的代价。毛泽东同志坚持独立自主、自力更生，把马列主义的普遍原理与中国革命的具体实践相结合，找到了一条适合我国情况的、由失败转为胜利的道路。这就是建立农村革命根据地、人民武装和以农村包围城市、最后夺取全国政权的道路。实践证明，这是一条正确的道路、胜利的道路。正如《决议》所总结的，28 年斗争的胜利充分说明："中国革命的胜利，从根本上说是中国共产党坚持独立自主、自力更生的原则，依靠中国各族人民自身的力量，经历千辛万苦，战胜许多艰难险阻才取得的。"

新中国建立以来，我们仍然坚持了独立自主、自力更生的原则，打破了帝国主义的包围、封锁，发展了同各国人民的革命友谊，在国际事务中我们倡导和坚持了和平共处五项原则，同全世界 124 个国家建立了外交关系，同更多的国家发展了经济、贸易和文化交往，为我国的社会主义建设创造了有利的国际环境。在社会主义革命和建设事业中，我们坚持了这条原则，同样取得了巨大的成就。在对生产资料私有制进行社会主义改造方面，我们没有照搬苏联现成的经验，而是从中国的国情出发，创造性地开辟了一条适合中国特点的社会主义改造的道路。对个体农业、手工业、资本主义工商业进行了比较顺利的改造。基本上实现了生产资料公有制和按劳分配，消灭了剥削制度，建立和发展了社会主义经济。在旧中国遗留下来的"一穷二白"的基础上，建立了独立的比较完整的工业体系和国民经济体系。1980年全国工业固定资产达到4 100多亿元，比1952年增长了26倍。虽然工作中有过挫折和失误，但工农业生产得到了显著的发展，棉纱、原煤、发电量、原油、钢铁、机械工业等，都成倍、成十倍地增长；粮食增长近1倍；棉花增长1倍多；原子弹、人造卫星和运载火箭的成功发射，等等。这些都是坚持独立自主、自力更生而取得的丰硕成果。

现在，我们要建设高度民主、高度文明的社会主义现代化强国，同样需要坚定不移地贯彻独立自主、自力更生的原则。像我们这样一个地域辽阔、10亿人口8亿农民、经济文化比较落后、底子又薄的大国，要完全依靠外援进行现代化建设是不可能办到的，只能从中国的具体实际出发，依靠中国人民自身的努力，自力更生、艰苦奋斗才能实现。

当然，我们坚持独立自主、自力更生的原则，并不是主张自给自足、闭关自守，建立与世隔绝的封闭性经济。世界上一切民族和国家，都有各自的长处，只有互相学习，取长补短，才能不断前进。特别是像我国这样一个在半殖民地半封建社会基础上建立起来的社会主义国家，原来的生产力发展水平就十分低下。为了争取在较短的时间内改变我国贫穷落后的面貌，就需要有分析、有批判、有选择地把其他国家好的、适用的经验学过来，引进必要的先进的科学技术和先进设备，有利于壮大社会主义经济力量，加快"四化"建设的步伐。坚持独立自主、自力更生的原则，并不排斥发展对外经济关系。这是社会主义建设中互相联系、互相依存的两个方面。独立自主、自力更生地发展本国的社会主义经济，是发展对外经济关系的基础；而发展对外经济关系又有利于增强本国自力更生地发展社会主义经济的能力。所以，毛泽东同志说，我们要以"自力更生为主，争取外援为辅"。既不能把独立自主、自力更生和学习外国对立起来，也不能把自力更生和闭关自守等同起来。但是，在向外国学习时，也要注意防止另外一种倾向，即不从我国的实际情况出发，盲目引进设备，照抄照搬外国的经验，"崇洋非中"，照猫画虎，亦步亦趋，照着别人的脚印走路。正如《决议》提出："尽管我国经济文化还比较落后，我们对待世界上任何大国、强国和富国，都必须坚持自己的民族自尊心和自信心，决不允许有任何奴颜婢膝、卑躬屈节的表现。"

在新中国建立以前和新中国建立以后，无论遇到什么样的困难，我们都没有动摇过独立自主、自力更生的决心，没有在任何外来压力面前屈服，表现了中国共产党、中国各族人民的大无畏的英雄气概。同样，我们坚信，只要全国人民紧密团结在党中央的周围，坚持走独立自主、自力更生的道路，一个高度民主、高度文明的现代化的中国，一定能巍然屹立在世界的东方。

（载《云南日报》）

社会主义制度是我国今后进步和发展的基础

——学习《关于建国以来党的若干历史问题的决议》的一点体会

(1981 年 11 月 6 日)

1949 年 10 月 1 日，中华人民共和国宣告成立。在中国共产党的领导下，有步骤地、成功地实现了从新民主主义到社会主义的伟大转变，基本上完成了对生产资料私有制的社会主义改造，开展了有计划的、大规模的社会主义经济和文化建设。从此，占世界人口 1/4 的中国进入了人类历史上崭新的社会主义社会。正如党的十一届六中全会通过的《关于建国以来党的若干历史问题的决议》（以下简称《决议》）所指出："社会主义制度的建立，是我国历史上最深刻、最伟大的社会变革，是我国今后一切进步和发展的基础。"这既是对社会主义制度的充分肯定，也是无比正确的科学论断。

社会主义制度的建立，消灭了几千年的剥削制度和剥削阶级，结束了少数剥削者统治多数人的历史。广大劳动人民在政治上获得了真正的解放，从被压迫阶级上升为统治阶级。在 960 万平方公里的土地上建立和巩固了工人阶级领导的、以工农联盟为基础的人民民主专政即无产阶级专政的国家政权。劳动人民第一次获得了当家做主的权利，成为国家的主人，自己掌握了自己的命运，结束了任人宰割的屈辱时代。人民拥有自己的强大的军队，对外可以防御和抵抗帝国主义、霸权主义的侵略、扩张、破坏和武装挑衅，保卫祖国的领土和主权不受侵犯，维护伟大祖国的独立、安全和民族尊严；对内可以有效地镇压、打击一切反革命分子阴谋颠覆和破坏活动，保卫社会主义革命和建设事业的顺利发展。人民有了自己的政府，人民政府是代表人民的意志和根本利益的，它的宗旨是为人民服务。对外，它积极开展与各国人民经济技术和文化的交流，促进我国经济技术和文化的发展，加强与各友好国家的交往，团结世界反霸力量，制止和推迟战争的爆发，为我国经济建设争得一个和平的国际环境；对内，它促进和巩固全国各民族统一和团结（包括台湾回归祖国），形成和发展各民族平等互助的社会主义民族关系；巩固和加强全国工人、农民、知识分子和其他各阶层人民的大团结；发展广泛的统一战线，团结一切可以团结的力量，调动一切积极因素，为社会主义建设贡献自己的力量。对于那些破坏社会主义革命和建设的犯罪分子，则根据法律、纪律给予惩办和制裁。这就能保证社会主义经济建设有一个安定团结的政治局面。

再是人民掌握了国家的经济命脉，包括财政、银行和国有企业，能够独立自主、自力更生地有计划地进行经济建设。因为，社会主义社会是建立在以生产资料公有制的基础之上的，劳动人民成了生产资料的主人，劳动者与生产资料在公有制基础上直接结合起来，根据社会的需要有计划地进行生产。正如恩格斯所指出的："社会一旦占有生产资料并且以直接社会化的形式把它们应用于生产，每一个人的劳动，无论其特殊用途是如何的不同，从一开始就成为直接的社会劳动。"① 社会主义公有制使生产资料和劳动力得到充分合理的应用，极大地解放了社会生产力。同时，在社会主义制度下，由于生产资料不再归私人占有，也不再是取得消费品的手段，个人消费品是按照每个劳动者向社会所提供的劳动数量和质量为依据进行按劳分配，多劳多得、少劳少得、不劳动者不得食。任何有劳动能力的社会成员都必须尽自己的能力为社会劳动，否则就没有资格向社会领取个人消费品。这一原则的实行，是对几千年来"不劳而获，劳而不获"的人剥削人的分配制度的根本否定，是人类历史上分配制度的一场深刻的革命。实行按劳分配，把劳动和报酬直接联系起来，把劳动者的个人利益同集体利益、国家利益密切地结合起来，这就使劳动者从物质利益上关心自己的劳动成果，能够极大地鼓励劳动者勤奋劳动，积极钻研和掌握科学技术，努力提高自己的劳动技能，积极进行技术革新和技术革命，这也就必然会大大提高全民族的科学技术水平，有效地促进生产力的迅速发展。随着社会主义生产的发展，劳动人民的物质文化生活必将逐步提高，社会主义制度的优越性就能充分显示出来，它必然大大激发起广大劳动人民对发展生产和社会主义制度本身的热爱，从而汇集成为进行"四化"建设的力量源泉。

在社会主义制度下，党和政府不仅重视物质文明的建设，而且也十分重视精神文明的建设，努力提高全国人民的科学文化知识水平。32 年来，共培养出高等和中等各类专门人才近 900 万人。同时，重视对广大人民群众进行马列主义、毛泽东思想和党的方针、政策的教育，不断提高人民群众的社会主义觉悟，努力造就既具有高尚理想、道德、情操，又有科学文化知识的一代新人。

上述所说的一切，构成了国家宝贵的物质的和精神的财富，形成了我们今后建

---

① 《马克思恩格斯选集》第 3 卷，第 348 页。

设一个现代化的、高度民主、高度文明的社会主义强国的坚实可靠的基础，也是我们前进的坚强阵地。

社会主义制度是一个崭新的制度，它和任何新事物一样，必须有一个完善的过程，甚至会遭到挫折和失误。但是，它却适应客观发展的需要，代表着历史前进的方向，符合广大人民的根本利益，得到人民群众的支持和拥护，具有强大的生命力。正如《决议》所指出的："我们的社会主义制度由比较不完善到比较完善，必然要经历一个长久的过程。这就要求我们在坚持社会主义基本制度的前提下，努力改革那些不适应生产力发展需要和人民利益的具体制度，并且坚决地同一切破坏社会主义的活动作斗争。随着我们事业的发展，社会主义的巨大优越性必将越来越充分地显示出来。"那种对社会主义社会产生怀疑和悲观的论调，是完全没有根据的。

（载《云南日报》）

中国国情和社会主义建设道路

——学习《关于建国以来党的若干历史问题的决议》的体会

（1982 年 6 月）

党的十一届六中全会通过的《关于建国以来党的若干历史问题的决议》（以下简称《决议》），总结新中国建立 32 年以来的基本经验、论述我国社会主义"四个现代化"建设的正确道路时指出："社会主义经济建设必须从我国国情出发，量力而行，积极奋斗，有步骤、分阶段地实现现代化的目标。我们过去在经济工作中长期存在的'左'倾错误的主要表现，就是离开了我国国情，超越了实际的可能性，忽视了生产建设、经营管理的经济效果和各项经济计划、经济政策、经济措施的科学论证，从而造成大量的浪费和损失。我们必须采取科学态度，深入了解和分析情况，认真听取各方面干部、群众和专家的意见，努力按照客观经济规律和自然规律办事，努力做到各经济部门按比例地协调发展。我们必须看到我国经济文化还比较落后这个基本事实，同时又必须看到我国经济建设已经取得的成就和经验以及国际经济技术交流的扩大等国内国际的有利条件，并充分利用这些有利条件。既反对急于求成，也反对消极情绪。"在认真领会《决议》精神的基础上，我们结合学习陈云同志有关社会主义经济建设的理论和有关讲话，就我国的基本国情和社会主义建设道路问题，谈一点粗浅的体会。

一、正确认识中国国情的重要性

新中国建立 32 年来，我们取得了巨大的成就，在经济建设方面基本上完成了对生产资料私有制的社会主义改造，实现了生产资料公有制和按劳分配；在旧中国遗留下来的"一穷二白"的基础上，建立了独立的、比较完整的工业体系和国民经济体系。这就为我们实现"四化"奠定了一定的物质基础，创立了可以依靠的前进阵地。历史经验表明，认清中国国情，从实际出发，我们的革命和建设事业就顺利，就前进；脱离了中国的实际，我们就会摔跤、走弯路。因此，清醒地分析形势，准确地认清国情，才能找到一条适合我国实际情况的社会主义建设道路。《决议》提出的"社会主义经济建设必须从我国国情出发，量力而行"的论断，也就具有深远的理论意义和实践意义。

1. 只有认清中国国情，才能正本清源，端正经济工作的指导思想，使经济建设从根本上摆脱"左"的束缚，走上协调、健康发展的轨道。《决议》指出："由于我们党领导社会主义事业的经验不多，党的领导对形势的分析和对国情的认识有主观主义的偏差，'文化大革命'前就有过把阶级斗争扩大化和在经济建设上急躁冒进的错误。后来，又发生了'文化大革命'这样全局性的、长时间的严重错误。这就使我们没有取得本来应该取得的更大成就。"其间，虽然20世纪60年代初在遭受严重挫折以后进行了调整，纠正了1958年脱离中国国情的高速度、高指标、高积累的错误，但由于没有在思想认识上正本清源，因而经济情况一好转，"左"的一套又重新抬头。甚至粉碎"四人帮"后的头两年，也犯了新形势下的旧错误。这就说明，只有认清中国国情，才能从根本上吸取教训，端正经济工作的指导思想。

2. 只有认清中国国情，才能扬长避短，充分发挥我国的优势，制定出符合我国国情的方针、政策和措施。像《决议》所批评的那样，"离开了我国国情，超越了实际的可能性，忽视了生产建设、经营管理的经济效果和各项经济计划、经济政策、经济措施的科学论证，从而造成大量的浪费和损失"的现象，再也不能继续下去。我们必须采取科学态度，深入了解和分析情况，一切从实际出发，"不唯上，不唯书，要唯实"，"全面、比较、反复"，严格按照实事求是的原则，才能走出一条稳妥、可靠的自己的道路。

3. 只有认清中国国情，才能增强建成社会主义现代化强国的决心和信心。《决议》中说："经过建国三十二年来成功和失败、正确和错误的反复比较，特别是经过近几年来的思考和总结，全党同志和我国各族爱国人民的政治觉悟是大大地提高了。我们党对社会主义革命和建设的认识程度，显然超过了新中国成立以来任何一个时期的水平。"这里的"认识"，显然包括对国情的认识在内，因而"要求祖国兴盛起来的党心、军心、民心"更加奋发。事实上，我们对国情的认识越清醒、越充分，当然也就更有可能使自己的想法和行动符合实际情况，更能达到预期的目的，从而使实现"四化"的决心更加坚强，建设工作更有成效。

二、对基本国情的分析

什么是中国的基本国情呢？陈云同志最近指出："我们是10亿人口、8亿农民的国家，我们是在这样一个国家中进行建设。"这就是中国的基本国情，也是我们搞经济建设的基本条件和困难所在。这一个基本国情，至少有如下特点：

1. 人口众多，农业人口比重大，劳动力资源丰富；消费量很大，生活水平却很低。现在，我国总人口已超过 10 亿。其中，农业人口 8.1 亿，是世界上人口最多、农民比重极大的国家。新中国建立以来，平均每年净增人口 1 400 万，其中农业人口每年净增 1 160 万人。据国家统计局计算，约需增加消费基金 30 亿元；按每人口粮500 斤计算，需增产粮食 60 亿斤；按每人用布 20 尺计算，需增产布 3 亿尺，即需增产棉花或化纤 40 万担。从全国人口平均的消费水平看，自 1958 年到 1976 年的近 20年间，粮、油、棉布等基本消费品还因人口的猛增而有下降的趋势。从全国粮食消费量看，1956 年为 409 斤，1976 年为 383 斤，减少了 26 斤，降低了 6.3%。1977年，全国有 243 个县集体分配的口粮在 300 斤以下，占全国生产队总数的 10.6%。据有关部门统计，集体分配的口粮在稻谷区达不到 400 斤、在杂粮区达不到 300 斤的，全国约有 1 亿人口，短缺粮食大约 100 亿斤。目前，全国职工和农民中都有相当一部分困难户，穷县、穷队的比重还很大。如果以人均分配 50 元以下为穷县、穷队计算，全国尚有穷县 283 个，占总县数的 12%；穷队尚有 137 万个，占全国总队数的 27%。如云南的怒江、四川的康定和贵州的一部分地区，穷队社员的生活还相当困难。以上情况表明，我们要从上述实际情况出发，确定经济建设总方针，要极大地关心人民群众，特别是广大农民群众的物质文化需要。

2. 经济文化落后，底子薄，生产技术发展不平衡，劳动生产率低，剩余产品少。新中国建立 32 年来，我们的工农业生产有了显著的发展。按绝对量来说，现在我国钢的产量占世界第 1 位。但是，按人口平均计算，我们的生产发展水平还是比较低的。1980 年，我国国民生产总值为 4 412 亿美元，人均总产值为 441 美元，在世界 158 个国家和地区中居第 120 多位，相当于 19 世纪 60 年代美国的水平。同时，我国生产技术发展水平也不平衡。从工业的技术装备看，除少数企业是现代化的装备外，大多数还是中间技术和相当普遍的手工劳动和半手工劳动，多数是 20 世纪60 年代、50 年代甚至 40 年代的水平，有的技术还很落后。从农业生产力的状况看，一方面出现了少量的现代化生产工具和颇具规模的生产项目；另一方面，普遍的还是手工劳动、畜力耕耘，甚至在个别地区还是刀耕火种，抵御自然灾害的能力很薄弱。总之，无论是工业或者农业，劳动生产率和剩余产品率都是很低的。我国的重工业基本上是"自我服务型"的，不能为农业、轻工业和人民消费提供较多的剩余产品。广大农村更是处于半自给自足或自给自足的自然经济状态，商品经济很不发达，农副产品的商品率低，剩余产品不多。例如，我国一个农业劳动力一年平均生产的粮食为 2 000 斤，肉类 52 斤，蛋类 14 斤。这说明我国农业劳动生产率是低的，还是 8 亿农民搞饭吃的状态。由于工农业劳动生产率低，每年所创造的国民收入不多，除了用于满足 10 亿人口的消费以外，能够用于积累的部分很有限，这就直接制约着我国经济建设的规模，势必影响整个国民经济的发展。马克思指出："富的程度不是由产品的绝对量来计量，而是由剩余产品的相对量来计量。"① 所以，剩余产品的多少以及剩余产品率的高低，是衡量一个国家富裕程度和满足社会需要水平的主要标志，也是制约国家建设规模大小的主要依据。我国的剩余产品不仅绝对量少，相对量也少，这就是我国国情中包含的主要困难，并制约着我国经济建设的规模、速度和经济结构类型。所以，陈云同志说："我国农业对经济建设的规模有很大的约束力。"

3. 我国虽然是农业大国，但农业的自然资源并不很丰富，按人口平均的水平还很低。我国地域辽阔，土地总面积 144 亿亩。其数量之多，仅次于苏联，和美国、加拿大差不多。但人均占有面积只有 14.5 亩，不仅大大低于上述 3 个国家，也比世界平均每人 49 亩的水平低得多。在土地总面积中，可用于农、林、牧的面积约为 66.5 亿亩（占全国土地总面积的 46%），按人口平均，每人只有 6.5 亩。在可用面积 66.5 亿亩中，现有耕地面积约为 14.9 亿亩，按人口平均每人只有 1.5 亩。这既远远低于人少地多的国家，也低于人多地少的印度。我国森林面积约为 18 亿亩，按人口平均只有 1.8 亩，只相当于世界平均水平 15 亩的 1/8。草原面积约为 33.6 亿亩，按人口平均为 3.4 亩，还未达到世界平均水平的 1/3。以上说明，我国农业资源的人均占有量都低于世界的平均水平，与我国人口数量极不相称，显得严重不足。这个情况表明，我们必须极大地重视粮食生产，要有大农业、大粮食的思想，努力提高农业的集约化经营，改变部分地区耕作粗放的状况，提高土地利用率和劳动生产率，并积极开展多种经营来解决人民最基本的生活需要。

综上所述，我国的基本国情既有它的有利方面，也有它的困难所在。多年来，由于对国情缺乏认真分析，看到有利的方面比较多，看到困难的方面比较少，主观主义，脱离实际，急于求成。特别是林彪、江青两个反革命集团的干扰和破坏，给经济建设带来了巨大的损失，延缓了社会主义进程，妨碍了社会主义制度优越性的发挥。党的十一届三中全会拨乱反正，确立了实事求是、一切从实际出发、理论联系实际的思想路线，使我们党开始摆脱"左"的路线的桎梏，走上了正确的道路。现在，党的十一届六中全会通过的《决议》又明确提出了"从我国国情出发，量力而行"的经济建设方针。这一方针正在指引全国人民走上一条切合中国实际的社会

---

① 《马克思恩格斯全集》第 23 卷，第 257 页。

主义建设道路，为祖国的未来开辟了一个光辉灿烂的前景。

三、走一条中国式的社会主义建设道路

新中国建立前夕，毛泽东分析我国国民经济的状况时指出，中国现代性的工业占10%左右，这是旧中国半殖民地半封建社会性质在经济上的表现，这也是中国革命时期和革命胜利后一个相当长时期内一切问题的基本出发点。"从这一点出发，产生了我党一系列的战略上、策略上和政策上的问题。对于这些问题的进一步的明确的认识和解决，是我党当前的重要任务。"① 从这一点出发，陈云同志在讲话和文章中提出了社会主义经济建设的一系列战略、策略的问题，涉及的内容极为广泛，包括社会主义经济建设的目的、途径、规模、速度、方法和经济体制，等等，其中心是围绕着如何建设一个繁荣昌盛的社会主义新中国，也就是如何走一条符合我国国情的中国式的社会主义建设道路的问题。这条道路的基本要求就是量力而行，循序渐进，不图虚名，讲求实效，很好地解决"人民日益增长的物质文化需要同落后的社会生产之间的矛盾"，不断改善人民的生活。党的十一届六中全会公报概括说："《决议》肯定了三中全会以来逐步确立的适合我国情况的建设社会主义现代化强国的正确道路，进一步指明了我国社会主义事业和党的工作继续前进的方向。"下面，我们通过陈云同志的一系列论述，探讨这条"正确道路"的具体内容。

1. 搞经济建设的目的是真正为人民谋利益。如何使社会主义经济建设符合社会主义生产目的的要求，这是处理社会主义经济建设最根本的理论和实践问题。陈云同志根据社会主义基本经济规律的客观要求和马克思主义经典作家关于社会主义生产目的的科学论述，从我国的基本国情出发，提出了一整套科学理论，对马克思主义政治经济学作出了贡献。其基本内容是：

（1）搞经济建设的目的是为了改善广大人民群众的生活，搞国防建设也是为了保障人民生活的改善。1962年，他《在中央财经小组会议上的讲话》中一再告诫："我们花了几十年的时间把革命搞成功了，千万不要使革命成果在我们手里失掉。现在我们面临着如何把革命成果巩固和发展下去的问题，关键就在于要安排好六亿多人民的生活，真正为人民谋福利。"这段话指出了无产阶级经过艰苦奋斗所获得的政权，有得而复失的危险；要把革命成果巩固和发展下去，关键的问题就在于如何满足人民群众的物质文化需要。而把社会主义生产目的与无产阶级政权的巩固和

---

① 《毛泽东选集》第4卷，第1 368页。

发展直接联系起来，这在政治经济学发展史上是一个创举。陈云同志总结了 1956 年波、匈事件和国际共产主义运动的经验教训，特别是 1958 年我国的"大跃进"和三年困难时期的经验教训，深刻地指出，巩固和发展无产阶级专政的关键是如何安排好人民的生活，"真正为人民谋福利"。我们现在是 10 亿人口的大国，80% 的人口在农村，必须使广大农民群众有吃有穿，而且生活一年比一年好，在这个基础上来安排我们国家的建设。事实上，农民是个大头，把这个大头安排好了，中国的大局就定了。如果我们不首先关心 8 亿农民的温饱和富裕问题，而只是考虑向他们多购取城市需要的各种农副产品，而忘记千方百计帮助农民生产这些产品，就是杀鸡取卵、竭泽而渔，那就根本谈不上整个社会主义建设事业的发展。陈云同志说："收购农产品，手不要太狠，要注意改善农民生活，调动农民生产积极性。"所以，我们要经常注意让人民群众得到看得见的物质利益，要使每人每户都能得到好处。他认为，人民生活是大事，解决人民生活问题是"社会主义的重要国策"。上述这些深刻道理就是要求我们真正按照社会主义生产目的办事，处理好经济建设和改善人民生活的关系。这也是当前我们进一步调整国民经济的根本指导思想。

（2）生产资料的生产和供应要与消费资料的生产和供应相适应，扩大再生产必须在增加生产资料生产的同时，相应地增加消费资料的生产。为了逐步提高人民群众的物质文化生活水平，在社会主义经济建设中要不断扩大再生产，既要解决生产资料的生产和供应，也要解决生活资料的生产和供应，要使生产资料的生产和消费资料的生产相适应。如果生活资料的供应跟不上，必然引起物价上涨、实际工资下降，其后果是严重的。在这一方面，我们是有深刻教训的。对此，斯大林曾深刻地指出："跟满足社会需要脱节的生产是会衰退和灭亡的。"就一个工厂来看，如果只重视生产性建设，而忽视非生产性建设；只重视"骨头"，而忽视了"肉"，工厂就算建立起来了，但职工的生活福利，孩子的入托、就学等福利设施都没有相应跟上来，大家忙于买煤、买米、买菜，料理生活，结果往往拖了生产的后退。所以，为了扩大再生产，在增加生产资料生产和供应的同时，必须相应地增加消费资料的生产和供应。这是马克思所揭示的社会再生产得以正常进行的客观条件。在原材料供应紧张时，要坚持"先生产，后基建"的原则，即首先要保证生活必需品的生产部门最低限度的需要，其次要保证必要的生产资料生产的需要，剩余的部分才用于基本建设。这样的排列顺序是为了维持最低限度的人民生活的需要，避免盲目扩大基本建设规模，挤掉生活必需品的生产。

（3）要十分重视农业的发展。要"真正为人民谋福利"，满足广大人民群众的物质文化需要，就要大力发展农业，解决人民的基本消费需要。陈云同志指出：

"农业问题、市场问题，是关系五亿多农民和一亿多城市人口生活的大问题。"并针对粮食工作的重要性指出："我国粮食问题还没有过关。粮食定，天下定；粮食紧，市场紧。粮食现在仍然是稳定市场最重要的物资，一定要做好这一方面的工作。"这些年来，我们重视发展粮食生产是完全必要的，但是没有因地制宜和全面发展，竟然出现了退烟种粮、退蔗种粮、毁林开荒的现象。这显然是不对的。可是最近一个时期，个别地区和社队又从一个极端走向另一个极端，不顾条件，盲目减少粮食生产面积。据统计，1980 年全国粮食作物的种植面积比 1979 年减少了 5 000 万～6 000 万亩，以亩产 400 斤计算，就减少粮食 200 多亿斤。这是值得严重注意的问题。所以，党中央和国务院总结历史的经验教训，联合发出通知强调指出："我们的方针是：决不放松粮食生产，积极开展多种经营。"为此，既要积极发展经济作物，又要保证粮食的逐步增产，决不能因为扩大经济作物而挤掉了粮食生产。调整农业内部结构的步子不能操之过急，要稳步前进。只有农业的情况全面好转了，工业和其他方面才会好转。因为，工业和整个国民经济的发展最终都要取决于农业，取决于农业能够提供多少剩余农产品。

（4）要大力发展消费品工业。陈云同志历来重视消费品生产的发展。早在 1959 年《给中央财经小组各同志的信》中就强调指出："要专门安排一下日用必需品的生产。在安排工业生产的时候，应该专门拨出一部分原料和材料，安排日用必需品的生产。"而且又说，"轻工业和农业投资的比重增加，为轻工业和农业生产服务的重工业的投资比重也要增加。"实践证明，大力发展消费品工业具有重大的意义，是当前满足人民群众的物质文化需要、提高群众生活水平、组织货币回笼、稳定市场、解决财政经济困难的一个重要途径。党的十一届三中全会以来，党中央采取了一系列的政策，大力发展工农业生产，增加人民群众的收入，使人民群众的消费水平和消费结构都发生了变化，而发展消费品生产是满足群众需要的根本措施。而且，我国轻工业提供的税利，一般占财政收入的 20% 左右，30 年提供的税利总额占国家基本建设投资总额的 44%。轻工业具有建设周期短、收效快、投资少、积累高、换汇多的特点。所以，从长远意义上讲，大力发展消费品生产是中国经济走一条什么路子的问题。是继续走一条重型结构、经济效益低的路子，还是走一条轻型结构、经济效益高的路子？中央提出的对国民经济实行进一步调整的方针，除了要对国民经济的比例严重失调进行调整外，在一个较长的时期里，主要是调整经济结构，改善工业组织，解决经济效益差的问题。通过调整经济结构，把发展日用消费品生产摆在重要的位置上，使国民经济的活动都能围绕着不断满足人民群众物质文化的需要这一总目标来进行，实现国民经济结构的全面改革，走出一条投资少、见效快、经济效益高的新路子。同时，大力发展消费品工业以及商业、饮食服务业、旅游业等第三产业，也是解决就业结构和劳动力结构的问题。从长远来看，解决就业结构不仅限于城镇劳动力的就业，而且也要解决农村富余劳动力的出路。而消费品工业和第三产业是劳动密集型产业，能大量吸收劳动力和改变劳动力的构成。

2. 建设规模要和国力相适应。长期以来我国经济建设走了一条曲折的道路，曾经付出了高昂的代价。究其原因，就在于遵循还是违背一切从实际出发、实事求是的基本原则。坚持了就前进，就胜利，违背了就遭受损失，甚至停滞倒退。陈云同志是贯彻实事求是原则的模范。他身体力行，深入研究我国的基本国情，提出了国力制约建设规模的理论和方法。这是对社会主义经济建设理论的重大贡献。其主要内容是：

（1）建设规模的大小要从实际出发，从国力出发。1957年1月，陈云同志在《建设规模要和国力相适应》的讲话中明确指出：“建设规模的大小必须和国家的财力物力相适应。适应还是不适应，这是经济稳定或不稳定的界限……两者合适，经济就稳定。”这里把建设规模的大小是否和国家的财力物力相适应提到了整个国民经济稳定不稳定的高度来看待，揭示了马克思主义再生产理论最本质的联系。基本建设投资的多少，并不决定于钞票有多少，而是决定于原材料有多少。其规模的大小不仅不能超过农业的负担能力，也不能超过工业的基础。这就是说，经济建设规模是否和国力相适应，客观上有一个临界线。这就是每年用于基本建设的社会产品，只能是物质生产者所提供的剩余产品的一部分。它不仅不能挤占用以补偿消耗掉的生产资料和维持劳动才再生产的部分，而且也不能挤占用于提高全体人民生活水平的部分。基本建设规模如果超过上述临界线，就是和国力不相适应，就是不量力而行，就会出现经济混乱。这些年来，我们在经济建设上走的是重基建、轻生产、高积累、低效率的路子，也就是一条脱离国情和国力、超过临界线的路子，带来的后果是国民经济发展的大起落和比例关系的严重失调。历史的教训表明，我们切不可忘记我国是一个人口众多、底子薄、商品经济很不发达的国家，农村中绝大部分是半自给自足的经济。我们的情况与新加坡、韩国等国家和中国香港地区不同，与日本、西欧国家的情况也是不同的，他们没有8亿农民这个大问题。我们看自己、比人家，办事情，提要求，都不能脱离这个现实，否则就要犯“左”或右的错误。我们必须把经济工作的指导思想端正过来，真正从我国的国情出发，从国力出发，量力而行，才能搞好当前国民经济的调整，也才能保证国民经济稳定和健康地发展。所以，陈云同志说，压缩基本建设的投资额，其目的是为了适应国家财力物力的可能。而且指出：“我当时的办法就是‘砍’，‘砍’到国家财力、物力特别是农业生产所能承担的程度才定下来。"

（2）经济建设要着眼于挖潜、革新、改造。陈云同志认为，应该把实现社会主义现代化的基础放在现有的几十万个企业上面，主要靠挖、革、改，这是发展国民经济的前进阵地。20世纪70年代、80年代的技术水平不能凭空而起，要来自于20世纪50年代、60年代的积累规模的扩大，是外延形式的扩大再生产。但是，马克思指出："没有积累，还是能够在一定界限之内扩大它的生产规模。"① 这就是说，在原有基础上，在不增加积累的条件下，通过充分挖掘原有企业的生产潜力，仍然可以实现生产规模的扩大。过去，由于我们对实现扩大再生产在认识上有片面性，把积累视为扩大再生产的唯一源泉，认为不提高积累率，不扩大基本建设规模，就不能实现扩大再生产，因而往往忽视发挥现有企业在实现扩大再生产中的作用。例如，我国全民所有制企业共有固定资产4 500亿元，而实际发挥作用的只有2/3，还有1/3没有得到充分利用。又如，我们拥有金属切削机床249万台，居世界第3位，与美国1977年的254万台差不多，但设备利用率和劳动生产率都比美国低。结果，一方面现有企业的生产能力没有得到充分发挥，另一方面又去铺新摊子、上基建。"喜新厌旧"，重复建厂、盲目建厂很严重。1979年，全国对原材料、能源不足的工厂停了1 000多个。可是不久，同类企业却又新增了6 000多个。结果，原料分散，新建厂设备不配套，技术不过关，致使产品质量差，浪费严重，造成新厂挤老厂、小厂挤大厂、技术设备落后的厂挤技术设备先进的厂和三个人的"饭"五个人吃、谁都吃不饱的现象。这就进一步加剧了原材料、能源、交通运输不足的矛盾。我们的重点应该把现有企业搞好，现有企业是已形成的生产能力，比起新建企业投资要省得多，时间要短得多，见效要快得多。而基建是尚未形成的生产能力，所需要的时间长，投资多。如果我们只顾后者，不顾前者，其结果不仅不是扩大再生产，而且会缩小生产规模。所以，我们应该寻找一条新路子，不是靠多上基建，多铺新摊子，大量增加能源和原材料消耗，而是靠发挥现有企业的作用、进行合理的技术改造、降低消耗、提高质量、提高效率来扩大社会主义的再生产。只有走这条路子，才能在我们这样一个人口多、底子薄的大国，处理好积累和消费的关系，处理好发展生产和改善人民生活的关系，从根本上克服财政经济的困难，求得经济的稳步增长。

（3）经济建设要着眼于自力更生，正确处理好引进外资、引进技术设备和自力更生的关系。早在1957年陈云同志就说过："我们必须建设若干大厂，但外汇不足，设备不能全靠进口，要以自力更生为主。"又说，我们是一个大国，在工业建设中，

_____

① 《马克思恩格斯全集》第24卷，第565页。

对几种必要的物资，如果单靠进口来弥补差额，是靠不住的，因为数量太大，难以全部解决。陈云同志的这些主张至今还是十分正确的。粉碎"四人帮"后，我们发展了和各国的交往，引进一些必要的先进技术和设备是正确的。但却出现了另外一种情况。这就是引进外资和进口外国设备时不量力而行，过高地估计了支付能力和吸收外资的能力，盲目搞大的、洋的项目。有些非必要的产品也从外国进口，甚至国内已有相当生产能力的成套设备还要从国外购进，以致形成国内机械行业闲着无活干的奇怪现象。例如，汽车工业，我国生产汽车已有20多年的历史，全国有几十个汽车厂，几十万职工，机床拥有量达十几万台，汽车工业有相当的基础，而目前国内汽车制造厂生产任务并不饱满。在这种情况下，盲目进口汽车，不仅是对国家有限资金的浪费，而且不可避免地打击了国内机械工业的发展。总结历史的教训，过去照抄照搬苏联的全套经验是不对的，但是，今天如果照抄照搬西欧、美国、日本的全套经验也是不对的。所以，陈云同志最近说，利用外资、引进技术设备是我国当前的一项重要政策措施，但是要头脑清醒，不要"崇洋非中"，要把经济建设的基点放在自力更生的基础上。利用外资归根到底还要受国内商品出口能力的制约。我们能进口多少机器设备、原材料，不仅取决于国内的需要，还必须考虑到实际可能，这个可能就是我们的出口创汇能力。像我们这样的大国，是买不进一个现代化来的，还得靠全国人民自力更生干出来。

3. 在国家计划工作中要搞好综合平衡。搞好综合平衡是社会主义国民经济计划工作最根本的任务和基本方法。综合平衡的理论主要包括如下内容：

（1）强调综合平衡的重要性。"所谓综合平衡，就是按比例，按比例就平衡了。"综合平衡是保持国民经济比例协调的基本条件。"搞好经济不讲综合平衡就寸步难移。"按比例搞综合平衡，可以概括为四大平衡，即财政收支平衡、银行信贷平衡、物资供求平衡和外汇收支平衡。最重要的是全局性的综合平衡，这是防止经济建设规模超过国力危险的一种有效的制约方法。

（2）从短线出发搞综合平衡。"按短线平衡，才能有真正的综合平衡。"这些年来，我们的计划工作，在"左"倾错误的影响下，基本上是按长线搞平衡，并把它褒称为"积极平衡"。而按短线平衡则被批判为"消极平衡"。结果，原材料、半成品积压，半截子工程比比皆是，基建项目形不成生产能力，造成严重浪费。所谓"积极平衡"的最大教训就是缺口越来越大，国民经济不成比例。因此，我们一定要吸取教训。按短线平衡，生产就可以协调，产品就能够配套，经济就能稳定发展。

（3）关于计划指标的问题。"计划指标必须可靠，而且必须留有余地。""看起来指标低一点，但比不切实际的高指标要好得多，可以掌握主动，避免被动。"我们的计划不仅不能留有缺口，而且必须留有充分余地；如果满打满算，不留余地，不注意瞻前顾后、以丰补歉，遇到意外事件，就会寅吃卯粮，陷于被动。

4. 搞经济建设要树立"持久战"的思想，要深入细致，稳扎稳打，不要急于求成。陈云同志从我国的实际情况出发，对社会主义经济建设的速度、方法提出了许多十分宝贵的意见。主要内容有：

（1）经济建设要慎重行事，稳扎稳打。长期以来，在经济建设的速度问题上，只反保守不反冒进，只反右不反"左"，只从政治上强调高速度发展的必要性，不从经济上分析高速度发展的可能性，于是盲目追求高速度、高指标、高积累，基建项目越多越好，摊子越铺越大。结果，欲速不达。陈云同志早在1959年就严肃地批评了那种不顾客观条件、违反客观规律，或者把将来可能实现的事勉强放到现时来做的人。1962年，他在总结我们经济工作经验教训的基础上强调指出：我们的工作部署，要"慎重一点，看准一点，解决得好一点，比轻举妄动、早动乱动好得多"。"工作的基点应该是：争取快，准备慢"。在经济建设的速度问题上，陈云同志历来是持慎重态度的，力图保持一个稳定的国民经济增长速度，哪怕增长得慢一点，但不要走弯路，至少要少走弯路。1958年"大跃进"，一直绕到1966年还没有完全恢复，绕这么一个圈子浪费了七八年时间。要把我们这样落后的生产力水平提高到先进的生产力水平，真正实现国家经济发达、人民普遍富裕的宏伟目标，不是短时期的事，决不能急于求成。因此，对我国实现现代化的长期性、艰巨性必须有一个清醒的认识。况且，我们在今后20年所能达到的现代化水平也还不可能是经济发达国家现在的水平，而只能一个初步的、"小康社会"的水平。还要在这个基础上继续努力，才能逐步达到更高程度的现代化水平。因此，我们必须树立打"持久战"的思想准备，不要指望在短时期内出现什么奇迹；而只能是量力而行，循序渐进。正如胡耀邦同志所指出的："我们还要走一段相当长的艰难的路程。好比登泰山已经到了'中天门'，前面还有一段要费很大气力的路——三个'十八盘'。要爬过这一段路，才能到达'南天门'。由'南天门'再往前，就可以比较顺利地向着最高峰'玉皇顶'挺进了，到了那里就好比我们实现了社会主义现代化建设的宏伟任务。"

（2）经济工作必须越做越细，反对大轰大嗡。多年来，我们往往把经济工作看得简单、容易，好说大话、空话，不具体，不细致，不落实。陈云同志认为经济工作是一项艰苦复杂的工作，是十分具体的工作。1961年，他在《做好外贸工作》的讲话中说："做经济工作要有战略眼光，要算大账。同时，也要算小账。""我们的经济工作，必须越做越细，对经济建设中的问题都要进行具体分析。"例如，在安排建设项目的时候，要注意重中有轻、轻中有重。重中有轻、轻中有重是客观存在，只有具体分析，才能安排妥当。他对每项工作布置得都很细致、很具体。

（3）要深入调查研究，要全面了解和分析实际情况，对各种意见、设想和方案进行多方面的比较，并且一定要经过反复考虑后才作出决定。简言之，就是"全面、比较、反复"。要做好经济工作，必须深入进行调查研究，"全面、比较、反复"。"领导机关制定政策，要用90%以上的时间作调查研究工作，最后讨论决定，用不到10%的时间就够了。"要使我们的政策措施符合实际，真正做到实事求是，必须深入实际，坚持调查研究。调查研究就是"摸着石头过河"，踩稳步子，顺利进行社会主义建设。

5. 经济体制改革要有利于发展社会主义经济。1956年，针对社会主义改造基本完成以后出现的新问题，陈云同志在党的"八大"一次会议的发言中，为我国社会主义经济建设提出了一个具有深远意义的构想或模式。这个构想完全突破了苏联的模式，是从中国国情出发的一种创造。当时受到广泛的注意。今天我们进行经济体制改革时，许多方面还得回到这条路上去。这个关于经济改革总的设想，主要是："我们的社会主义经济的情况将是这样：在工商业经营方面，国家经营和集体经营是工商业的主体，但是附有一定数量的个体经营。这种个体经营是国家经营和集体经营的补充。至于生产计划方面，全国工农业产品的主要部分是按照计划生产的，但是同时有一部分产品是按照市场变化而在国家计划许可范围内自由生产的。计划生产是工农业的主体，按照市场变化而在国家许可范围内的自由生产是计划生产的补充。因此，我国的市场，绝不会是资本主义的自由市场，而是社会主义的统一市场。在社会主义的统一市场里，国家市场是它的主体，但是附有一定范围内国家领导的自由市场。这种自由市场，是在国家领导下，作为国家市场的补充，因此它是社会主义统一市场的组成部分。"这些观点，是深谋远虑的，其基本思想是宏观经济要强调统一、集中，微观经济要机动灵活，不能"一刀切"。总之，这与《决议》关于"社会主义生产关系的变革和完善必须适应于生产力的状况"的论述是完全一致的。从中国的实际出发，我们的经济结构应该是：从经济成分来讲，在发展国营经济和集体经济的同时，允许鼓励个体经营的存在发展，这是社会主义经济的补充；从对国民经济调节的手段来看，在国家计划指导下，把计划调节和市场调节结合起来，把国家市场和自由市场结合起来；从产业结构来看，要贯彻以农业为基础的方针，把农业放在优先地位，以农、轻、重为序安排国民经济计划；从技术水平来讲，应该有自动化的、半自动化的，机械化的、半机械化的，同时也有相当数量的手工劳动；就企业的规模来讲，应该是大、中、小相结合，在一个较长的时期内，小企业还占相当的数量。总之，我国的基本国情决定了我们社会主义经济结构的特点应该是多层次的；在管理体制上既集中又分散，既统一又灵活，以便克服过于集中所产生的弊病，有利于社会主义经济的发展。

综上所述，社会主义建设道路问题，是我国历史新时期中一个带根本性的问题。党的《决议》的发表，为一切理论工作者和实际工作者探讨、研究这一问题指明了方向。我们要在《决议》精神的指引下，结合马列主义经济理论的学习，从中国的国情出发，按客观的科学规律办事，走一条中国式的社会主义建设道路。只有这样，才能尽快把我们的国家建设成为现代化的、高度民主的、高度文明的社会主义强国。

（载《云南社会科学》1981 年第 3 期）

谈我国经济建设战略目标的新特点

（1982 年 11 月 19 日）

　　党的"十二大"提出的从 1981 年到本世纪末的 20 年间，我国经济建设总的奋斗目标是，在不断提高经济效益的前提下，力争使全国工农业的年总产值翻两番。这个战略目标是在总结历史的经验教训、充分反映我国经济发展客观规律要求的基础上制定出来的，具有许多新的特点。

　　首先，具有时代的特点。这个战略目标是在排除了"左"的干扰，拨乱反正，实现了历史性的伟大转变，重新确立了马克思主义实事求是的思想路线，及时地把全党工作的着重点转移到社会主义经济建设的轨道上，并对国民经济实行"调整、改革、整顿、提高"的基础上，我国的经济建设已开始走上适合国情、循序渐进、讲求实效、稳步发展这样一个新的历史条件下，经过广泛的调查研究、多种方案的分析比较、科学的论证才确定的。所以，这个目标是符合中国国情的，而不是徒有虚名的"高指标"。它不仅不是 1958 年和 1978 年两次冒进的重复，而且恰恰是吸取了过去两次冒进的教训，既是实事求是的，又是鼓舞人心的奋斗目标。按照工农业年总产值翻两番的要求，平均每年递增速度为 7.2%。实现这个发展速度虽然是艰巨的，但经过努力是可以实现的。

　　其次，这不仅是一个产值的目标，还是经济效益和发展速度相统一的目标。鉴于历史的教训，为避免片面追求速度、追求产值、忽视提高经济效益的偏向，"十二大"强调指出："在不断提高经济效益的前提下，力争使全国工农业的年总产值翻两番。"这表明，提高经济效益是实现翻两番的基本前提，是核心。总产值的增长速度要服从经济效益的提高，在保证提高经济效益的前提下求速度，走出一条社会主义经济建设的新路子。这个新路子较旧路子有一个根本转变，就是在指导思想上把速度作为经济建设的核心转变为把提高经济效益作为经济建设的核心。要实现经济效益好的增长速度，主要靠现有企业的挖潜、革新、改造，降低消耗，提高质量，向生产的深度和广度进军。

再次，这是生产建设和科学技术发展相统一的目标。到本世纪末要实现"翻两番"的目标，就要加快生产建设的步伐，大幅度增加工农业产品的产量和不断地提高产品的质量。靠老技术、老设备、老材料、老工艺翻两番是办不到的。只有依靠科学技术的进步，把生产转到新的先进的技术基础上才有可能实现。目前，世界上一些经济发达国家，如日本，其生产技术水平就是在近20年中发展起来的。我国现在的工业生产技术虽然还比较落后一些，但从现在起，经过20年的努力，赶上和在某些方面超过发达国家现在的水平是可能的。因此，实现宏伟目标的过程，也就是我国生产发展和科学技术进步相统一的过程。

又次，这是一个发展生产和提高人民生活水平相统一的目标。胡耀邦同志在报告中指出："不断满足人民日益增长的物质文化需要是社会主义生产和建设的根本目的。"实现了"十二大"提出的战略目标，我国主要工农业产品的产量和国民收入总额将居于世界前列，城乡人民的收入将成倍增长，人民的物质文化生活可以达到小康水平。所谓"小康水平"，是指人们的家庭生活比较宽裕，能够安居度日了。1981年，我国人均国民收入390多元，相当于220美元。20年后，如果实现了工农业年总产值翻两番的目标，国民收入也能翻两番，人口控制在12亿以内，则人均国民收入有可能达到735美元左右。如按资本主义国家的计算方法，国民收入中不仅有物质生产部门创造的净产值，还包括劳务、银行保险、政府等非物质生产部门的收入以及折旧费在内的所有收入，就可达950美元，大体上符合中等收入国家的水平，人民的生活就有比较显著的改善。

最后，经济战略目标的新特点还表现在充分正视困难和采取措施得力方面。过去，我们提出目标，往往只讲其利，不讲其弊；只讲实现的可能性，不讲实现的艰巨性。这次"十二大"所确定的战略目标，就给全国人民交了底，把客观存在的有利条件和实际困难，一是一、二是二地告诉群众，说明农业、能源和交通、科学和教育是关系全局的薄弱环节，必须牢牢抓紧。这样，就能引导群众正视困难和努力去克服困难。从实现战略目标的部署上看，要求也不是"一刀切"。前10年主要是打好基础，积蓄力量，创造条件，要求经济发展速度不要很快，在提高经济效益的前提下，平均每年增长速度为5%~6%或者再多一点。后10年，由于基础稳固，比例协调，"后劲"就会越来越大，发展速度就会比20世纪80年代高一些，从而有可能进入一个新的振兴时期。

（载《云南日报》）

一个具有中国特色的社会主义经济建设纲领

（1983 年 4 月）

中国共产党第十二次全国代表大会提出的全面开创社会主义现代化建设新局面的纲领，是一个具有中国特色的社会主义经济建设纲领。它既是一个宏伟的、振奋人心的纲领，又是一个科学的、切实可行的纲领，在中国历史和社会主义发展史上都具有划时代的意义。

一、符合中国国情的宏伟纲领

邓小平在"十二大"的开幕词中深刻地指出："我们的现代化建设，必须从中国的实际出发。无论是革命还是建设，都要注意学习和借鉴外国经验。但是，照抄照搬别国经验、别国模式，从来不能得到成功。这方面我们有过不少教训。把马克思主义的普遍真理同我国的具体实际结合起来，走自己的道路，建设有中国特色的社会主义，这就是我们总结长期历史经验得出的基本结论。""十二大"所提出的经济建设纲领，遵循这一指导思想，从我国的实际情况出发，实事求是地确定了我国经济建设的战略目标、战略重点和战略步骤，从 1981 年到本世纪末的 20 年，在不断提高经济效益的前提下，力争使全国工农业的年总产值翻两番，即由 1980 年的7 100亿元增加到 2000 年的 2.8 万亿元左右；为实现这个宏伟目标，最重要的是解决好农业问题、能源和交通问题、教育和科学问题等经济发展的战略重点；同时，在战略部署上分为两步走：前 10 年主要是打好基础，积蓄力量，创造条件；后 10 年要进入一个新的经济振兴时期。可见，这是一个完备的、科学的、具有中国特色的经济建设纲领。

首先，"十二大"所提出的经济建设纲领，既符合全国人民的根本利益和共同愿望，又反映了经济发展客观规律的要求。自党的十一届三中全会以来，我们逐步实现了工作着重点的转移。中央负责同志曾多次指出，我们是一个大国，人口多，80%在农村，资源丰富，但经济、技术和教育还比较落后。党的十一届六中全会的决议，在全面揭示我国国情时着重指出："社会主义经济建设必须从我国国情出发，量力而行，积极奋斗，有步骤分阶段地实现现代化的目标。""我们必须看到我国经济文化还比较落后这个实际，同时，又必须看到我国经济建设已经取得的成就和经验以及国际经济技术交流的扩大等国内国际的有利条件，并充分利用这些有利条件。既反对急于求成，也反对消极情绪。"自党的十一届三中全会以来，党中央和国务院深入地了解和分析情况，进行了多方案的比较、分析和预测，最后正式提出了这个战略目标和实现这个战略目标的战略重点、战略步骤和一系列切实可行的具体措施。它是一个来源于实践，又指导实践，贯彻着毛泽东思想的实事求是、群众路线基本原则的纲领。我们应该看到，在国际上，20年内实现工农业的年总产值翻两番的国家并不很多。在原来经济比较落后、技术水平比较低、农业人口比重大的大国中更是少见。按照西方国家通用的口径计算，1980年我国的国民生产总值约等于美国的1/9，苏联的1/4弱，日本的1/4，西德的2/3强。实现这个目标，我国国民收入总额和工农业产品的产量，就将居于世界的前列，接近于1980年居世界第3位的日本，而大大高于居世界第4位的西德，整个国民经济的现代化进程将取得重大进展。同现在的情况相比，我们的经济实力和国防实力将大为增强，我国的教育、科学、文化也将提高到一个新的水平。在这个基础上，我们国家的经济就可以从新的起点出发，以较快的速度达到经济中等发达国家的水平，从而大大缩短和经济发达国家的差距，彻底改变我国经济落后的面貌，成为政治上、经济上都十分强大的社会主义国家。这完全符合中国人民的根本利益，表达了中国人民的共同愿望，体现了我国经济发展的客观要求。

其次，"十二大"确定的经济战略目标，不仅是一个产值的目标，而且是一个经济效益和发展速度相统一的目标，是一个扎扎实实、不掺水分的目标。这个战略目标，没有使用主要工农业产品产量的实物指标，而是使用工农业的年总产值这一价值指标。工农业总产值这一高度概括的综合指标，集中地代表了一定时期生产发展的规模。所以，这个指标的提出并不是要人们片面地去追求产值、追求速度，而是为了在既定的目标下，更好地考察一个时期内基本建设和生产发展的总规模，及其对原材料、燃料、建设资金和劳动力的需求，从而科学地分析国民收入的结构、积累和消费的比例、人民物质文化生活水平提高的程度。总产值的指标并不是我们追求的终极目标。鉴于历史的教训，为了避免片面地去追求高速度、追求产值的增长，忽视经济效益的恶果，"十二大"提出的经济建设总的奋斗目标是："在不断提高经济效益的前提下，力争使全国工农业的年总产值翻两番。"这里已明确指出提高经济效益是实现工农业的年总产值翻两番的基本前提和核心，总产值的增长速度要服从经济效益的提高。速度服从效益，效益推进速度，经济效益和速度相统一。中央负责同志一再指出，我们要走出一条社会主义经济建设的新路子，这个新路子较旧路子有一个根本转变，这个转变是我们的指导思想和指导方针从把速度作为经济建设的核心转变为把提高经济效益作为经济建设的核心。真正做到在保证提高经济效益的前提下，实现尽可能达到的扎扎实实的没有水分的增长速度。从这个意义上来说，"十二大"提出的工农业年总产值，是一个扎扎实实的、没有水分的、经济效益好的速度，是靠不断挖掘潜力、降低消耗、提高质量、向生产的深度和广度进军的速度。这样的速度就能保证国家得到实利，人民得到好处。

同时，经济战略目标是生产建设和科学技术发展相统一的目标。到本世纪末，为了实现工农业的年总产值翻两番，加强薄弱的生产部门，扩大生产规模，大幅度增加工农业产品的产量，就要求科学技术有一个大的提高。针对国民经济各部门、各地区的不同情况，有的产品产量要翻两番、三番甚至四番，有的产品产量却只能翻一番，但整个工农业的年总产值必须达到翻两番的目标。据有关方面计算，到2000年时，能源总产量、钢、水泥、化肥、棉纱、纸等重要生产资料的产量，将比1981年增长1倍；发电量的增长与工业速度同步；机械工业的主要产品产量，可能增长3~4倍；一些新兴的工业部门，如电子、信息、核能、石油化工、新型材料等，都将得到迅速的发展。这必将极大地推动工业产量的提高和产值的增加。经过预测，我国工业主体部分的生产技术，在这20年内经过努力改造革新，到本世纪末争取达到现在经济发达国家的水平，就能够实现第二个倍增计划，并使新兴的工业部门逐步地成长起来。世界上一些经济发达国家的生产技术水平，就是在近20年中发展起来的。我国现在的工业生产技术相当于经济发达国家20世纪50年代或60年代初期的水平，从现在起，用20年的时间赶上和在某些方面超过经济发达国家现在的水平是完全可能的。况且，随着对外技术交流的日益密切，我们可以借鉴和利用世界上的新技术以加快建设步伐。例如，我国第二汽车制造厂革新发动机的技术，只用3年时间就使马力效率提高11%，降低油耗12%，按年产3万辆汽车计算，每年可节油30万吨。因此，宏观目标的实现，也就是我国生产发展和科学技术进步相统一的表现。

"十二大"确定的经济战略目标还是一个发展生产和提高人民生活水平相统一的目标。胡耀邦同志在报告中指出："不断满足人民日益增长的物质文化需要是社会主义生产和建设的根本目的。"实现了"十二大"提出的战略目标，我国国民收入总额和主要工农业产品的产量将居于世界前列，城乡人民的收入将成倍增长，人民的物质文化生活可以达到小康水平。我国 1981 年人均国民收入 390 余元，相当于 220 美元。20 年后，实现了经济战略目标的要求，工农业总产值翻两番，国民收入也能翻两番，人口能控制在 12 亿以内。那时，人均国民收入有可能达到 735 美元左右。如按资本主义国家的统计标准计算，则可达到 950 美元，大体上符合中等收入国家的水平，人民生活就可以有比较显著的改善。特别应该看到，我们的"小康"水平还具有社会主义的特点：一是我们的"小康"是全体人民普遍共同富裕的"小康"；二是我们的"小康"是人民能够得到实惠的"小康"；三是我们的"小康"是全体人民安居乐业的"小康"。总之，为实现这样的"小康水平"而努力，不正是无数革命先烈抛头颅、洒热血、前赴后继为之奋斗的共产主义实践的继续吗?!

此外，这个经济战略目标的特点还表现在充分正视困难、措施有效得力方面。过去，我们提出的口号和目标，往往只讲其利，不讲其弊；只讲实现的可能性，不讲实现的艰巨性。这次"十二大"所确定的战略目标就明确指出，农业、能源和交通、科学和教育是薄弱的环节，必须牢牢抓紧。把客观存在的有利条件和实际困难摆出来，有利于引导群众正视困难和积极去克服困难，做到知难而有备，有备而无患。所以，中央为实现战略目标提出的战略措施、战略步骤是扎扎实实的，是有效而得力的。

再次，"十二大"所提出的实现战略目标时需要特别注意解决的四个重要原则，是马列主义和中国具体实际相结合的又一典范。胡耀邦同志在报告中强调指出：为了促进社会主义经济的全面高涨，在全部经济工作中，要特别注意解决好四个重要原则问题，即：关于集中资金进行重点建设和继续改善人民生活的问题；关于坚持国有经济的主导地位和发展多种经济形式的问题；关于正确贯彻计划经济为主、市场调节为辅的问题；关于坚持自力更生和扩大对外经济技术交流的问题。这四个重要原则问题实际上是社会主义经济生活中的四对矛盾的辩证关系问题。每一个原则都反映了社会主义经济规律的客观要求，对我国社会主义建设具有重要的指导作用。集中资金进行重点建设和继续改善人民生活，体现了社会主义基本经济规律的要求和正确认识、处理社会主义社会主要矛盾的要求。同时，也反映了正确处理积累和消费比例关系的要求。要实现宏伟的战略目标，必须牢固地树立"全国一盘棋"的思想，由国家集中必要的资金，按照轻重缓急进行重点建设。"一要吃饭，二要建设"是我们开展经济工作的指导思想。城乡人民生活水平的提高，只能靠努力发展生产来满足，而不能靠减少国家的建设资金来解决。这样，才能使人民群众生活水平的提高建立在稳妥可靠的基础上。同时，由于我国生产力发展水平总的说来还比较低，而且无论从地区或是从生产部门看，发展都是很不平衡的。在生产发展极不平衡的条件下，生产关系一定要适应生产力发展规律的要求，就决定了我国现阶段以国有经济为主导的、多种经济形式并存的多层次结构，允许国有经济、集体（合作社）经济和个体经济的同时存在。所以，"十二大"的报告指出，在坚持国有经济的主导地位的同时，要积极发展多种经济形式。只有这样，才能广泛发挥各种经济成分的积极性，繁荣城乡经济，方便人民生活，加快社会主义经济建设。坚持计划经济为主和市场调节为辅的原则，既体现了社会主义经济规律特别是国民经济有计划按比例发展规律的客观要求，也反映了在存在商品生产的社会主义制度下的价值规律的要求。有计划的生产和流通是我国国民经济的主体，但同时也要发挥市场调节的辅助作用，才能补充国家计划的不足，把经济搞活。这表现在计划管理的方法上，创造性地提出了既集中统一又灵活多样的方法：对于关系国计民生的生产资料和消费资料的生产和分配，尤其是对于影响经济全局的骨干企业，实行指令性计划；对农业中粮食和其他重要农副产品的征购和派购，下达指导性指标。而对于许多产品和企业，主要运用经济杠杆以保证实现指导性计划。对于各种各样的小商品，则允许在国家政策法令规定的范围内，根据市场的需要自行生产和流通。正确处理坚持自力更生和扩大对外经济技术交流的关系，实际上反映了正确处理社会主义现代化建设和外国的关系。邓小平在"十二大"的开幕词中明确指出，独立自主、自力更生，无论过去、现在和将来都是我们的立足点。我们要坚定不移地实行对外开放政策，在平等互利的基础上积极扩大对外经济技术交流。同时，我们也要保持清醒的头脑，防止在对外经济活动中崇洋媚外，放弃原则，丧失立场。

最后，我国社会主义经济建设的纲领还表明，在进行物质文明建设的同时，必须努力建设高度的社会主义精神文明。在社会主义建设中二者关系十分密切，犹如鸟的两翼，互相依存，缺一不可。从根本上来说，一方面，物质文明的建设是社会主义精神文明建设的基础，没有经济的繁荣和发展，教育、科学、文化和艺术的发展就会受到限制，社会道德风尚也会受到经济落后的影响。所以，我们积极进行社会主义经济建设，发展生产，改善人民的物质生活状况，就为精神生产和精神生活的丰富和发展提供了坚实的基础。另一方面，社会主义精神文明的建设对物质文明的建设，不但起到巨大的推动作用，而且保证了它的正确发展方向。教育、科学、文化是一种潜在的生产力，一旦为广大劳动人民所掌握，就会转化成现实的生产力，推动生产的发展。社会主义精神文明建设中的思想建设，就是用共产主义思想来教育和武装人民群众，这是建设社会主义精神文明的核心。通过思想教育提高广大人民群众的思想觉悟，充分发挥建设社会主义现代化的积极性和创造性，有力地促进社会主义物质文明的发展，保证物质文明建设的社会主义正确方向。所以，物质文明和精神文明的建设，互为条件又互为目的。这是中国式社会主义建设道路的又一特点。

二、实现宏伟目标的科学根据和可靠保证

"十二大"提出的战略目标，是一个既富于革命精神，又符合严谨科学态度的实事求是的目标，是一个有充分根据和可靠保证、经过全国人民的努力奋斗可以实现的目标。

首先，有党中央的正确领导和安定团结的政治局面，有优越的社会主义制度和坚实的群众基础，这是实现战略目标的政治和组织保证。自党的十一届三中全会以来，通过全面拨乱反正，坚决消除了经济工作中长期存在的"左"倾错误，总结了正反两方面的经验教训，找到了符合中国国情的社会主义建设道路，制定和贯彻了一系列正确的方针、政策，使我国国民经济走上了稳步发展的健康道路。党的"十二大"进一步坚持和发展了党的十一届三中全会以来的正确路线，对社会主义现代化建设的指导思想更加明确，对我国经济建设规律的认识更加深刻，积累的经验更加丰富，不但制定了上述宏伟的发展战略，而且为这一战略的实现提供了科学根据和可靠保证。

从根本上说，我们有优越的社会主义制度，在全国范围内建立了生产资料公有制，这是生产关系方面的深刻变革，促进了社会生产力的迅速发展。特别是近几年来，认真纠正了过去存在的脱离我国生产力状况、片面追求"一大二公"的"左"的错误，在坚持公有制经济占主导地位的前提下，发展多种经济形式，实行各种形式的生产责任制，极大地调动了劳动者的积极性。今后，将根据我国生产力发展的状况，在坚持社会主义根本制度的条件下，继续改革那些不适应生产力发展要求的具体制度，创造出与之相适应和便于继续前进的生产关系的具体形式，必将大大促进生产力的发展。总之，"十二大"制定的经济建设纲领，是民心、党心、军心所向，表达了10亿人民振兴中华的坚强决心和强烈愿望。把100多年来全国亿万人民的共同心愿化为一个完整明确的经济建设纲领，在实践中必将为广大人民群众所拥护，成为动员群众、组织群众的有力武器，从思想路线上、政治上为全面开创社会主义建设的新局面提供了可靠的保证。

其次，我国地大物博，资源比较丰富，新中国建立33年来，已经建立了相当规模的物质技术基础，在工业、交通、农业基本建设和科学技术等方面都取得了一批

重要成就。在工业方面，我们逐步补齐了各个基本工业部门，建设了一批新兴的工业部门，如石油化工、电子、原子能、宇航等工业。工业布局日趋合理，逐渐形成了一个独立的、比较完整的工业体系和国民经济体系。1980 年同完成经济恢复时期的 1952 年相比，全国工业固定资产增长 26 倍多，达到 4 100 多亿元，金属切削机床 250 多万台，名列世界第 3 位。我们已能制造年产 150 万吨的钢铁厂设备和年产 120 万吨的采煤机组设备等大型成套设备。特别是在辽阔的西北、西南、华中、华北地区和少数民族地区新建了一批新兴的工业基地。国防工业也从无到有、从少到多地逐步建立起来。1982 年 10 月，我国潜艇向太平洋预定海域发射运载火箭成功，标志着我国运载火箭技术又有了新的发展。此外，铁路、水运、公路、空运和邮电通信事业都有了很大进步。同时，农业的基本建设和生产条件也有了显著的改变，生产水平有了很大的提高。全国水利灌溉面积已由 1952 年的 3 亿亩扩大到现在的 6.7 亿亩。1981 年拥有大中型拖拉机 79 万多台，小型和手扶拖拉机 204 万台，农用载重汽车近 18 万辆，化肥施用量达 1 330 万吨，农村用电量为 370 亿度，相当于新中国建立初期全国发电量的 7 倍。总之，我国已经建立了相当规模的物质技术基础，这个基础必将在今后的建设中发挥越来越大的作用，成为实现目标的物质保证。

再次，从新中国建立以来经济发展速度的历史和现状看，实现宏伟目标也是完全可能的。到本世纪末实现工农业年总产值翻两番，意味着平均每年增长速度为 7.2%。实践证明，这个速度经过努力是可以达到的。第一，自 1950 年至 1981 年，我国工农业总产值平均每年增长速度为 9.2%，除去发展特别快的三年恢复时期，1953 年至 1981 年的 28 年期间，年平均增长速度也是 8.1%。在过去的五个五年计划中，除第二个五年计划外，增长速度都超过了 7.2%。发展比较正常的 1953 年至 1957 年和 1963 年至 1966 年，工农业总产值平均每年递增都在 11% 以上。当然，我们走过一段曲折的道路，有过严重的失误。1958 年的"大跃进"和"文化大革命"的 10 年内乱，造成国民经济大起大落，摇摆不定，以致国民经济比例关系严重失调。今后不可能再有这样的大折腾、大挫折了，如果没有外敌入侵等特殊情况，国民经济将稳步、健康地发展。第二，粉碎"四人帮"以后的 6 年，特别是党的十一届三中全会以来的 4 年，工农业总产值平均每年增长速度都在 6% ~7%。这几年是国民经济大幅度调整的阶段，许多重工业产品产量下降，基本建设战线收缩。在这种情况下，尚能取得这样的发展速度，那么，经过对国民经济各种比例关系的调整，使其更趋合理后，在"全国一盘棋"思想的指导下，由国家集中必要的资金，统筹安排，保证重点建设，把农业、能源和交通、教育和科学搞上去，从而实现整个国家经济的更快发展是完全可能的。第三，从实现战略目标的部署上看，要求也不是等速的。胡耀邦同志在报告中指出：战略步骤的前 10 年主要是打好基础，积蓄力量，创造条件，要求经济发展速度不要很快。"六五"（1981—1985 年）和"七五"期间，由于调整、改革、整顿、提高的任务十分繁重，把经济发展的步子放稳一些，主要集中力量搞好调整，提高经济效益，奠定稳固基础，平均每年增长速度"六五"计划期间力争 5% 或者再多一点，"七五"计划期间力争 6% 或者再多一点。这样，就能避免重犯过去那种大起大落的错误，保证经济的稳步发展。到了"八五"和"九五"计划期间，基础稳固了，比例协调了，"后劲"就会越来越大，发展速度必将加快，因而将有可能开创一个新的经济振兴时期。那时，不仅将有可观的发展速度，而且将有良好的经济效益。预计发展速度可达 7% ~ 8% 甚至 10%，最后实现工农业年总产值翻两番。由此可见，"十二大"提出的战略目标和具体部署充分考虑了历史的经验教训，充分反映了经济发展客观规律的要求。这样，就能使我们既不重复盲目冒进、急于求成的"速胜论"错误，同时也能防止在困难面前踌躇不前的"悲观论"错误，积极稳步地实现战略目标。

此外，我们还要看到，我国有 10 亿人口，到本世纪末将增加到 12 亿。这就为工农业生产的发展提供了广阔的国内市场，特别是农村市场。我们是社会主义国家，随着生产的发展，人民群众特别是广大的农民群众的购买力将会逐步地提高，这对生产发展是一个强大的推动力，为战略目标的实现提供了有利的条件。当然，我们要严格实行计划生育政策，控制人口增长，以免带来一些相应的社会问题，影响人民生活水平的提高。

三、抓住战略重点是实现宏伟目标的根本环节

胡耀邦同志在报告中指出，通观全局，为实现经济战略目标，"在今后 20 年内，一定要牢牢抓住农业、能源和交通、教育和科学这几个根本环节，把它们作为经济发展的战略重点。"战略目标和战略重点有直接的联系，战略重点是为实现战略目标而选择的主攻方向，是实现战略目标的各项措施中的关键部分。根据客观实际情况，一定时期内把制约经济发展的主要的和薄弱的部门作为重点，相对地集中力量来加强这些方面的建设是很重要的。我国的农业、能源和交通、教育和科学这些年来虽有很大的发展，但是仍然严重落后于整个国民经济发展的需要，已经成为长期制约经济发展的根本性因素，阻碍着整个国民经济的发展，客观上迫切需要解决这几个方面的问题。为此，"十二大"把它们作为经济发展的战略重点，是一个重大的战略决策，对于实现年总产值翻两番具有决定性的意义。

农业是国民经济的基础。农业为我国城乡人民提供粮食、副食品和其他基本的生活资料，是工业，特别是轻工业原料的主要来源，是国家建设资金的一个主要来源。农村还是工业品的广阔市场。农业的全面发展，还可充分利用自然资源，提供农产品出口，换取外汇，为农村的富余劳动力开辟就业门路。农业的状况如何，对工业和整个国民经济的发展关系极大。我国社会主义建设的实践证明，哪一年农业上得快，当年和下一年工业和其他方面的发展就快，工作就主动；反之，哪一年农业上不去，当年和下一年国民经济其他部门的发展就受限制，工作就被动。近几年来，虽然农业生产发展的步伐明显加快了，但就整个国民经济的情况来看，农业还是比较落后的。农业的现代化程度低、劳动生产率低、商品率低的"三低"状况还没有从根本上改变，抵御自然灾害的能力还比较薄弱，在很大程度上还是靠天吃饭，每个农业劳动者所能提供的商品粮还较少，每年不得不进口相当数量的农产品。农业的落后状况与现代化经济建设需要之间的矛盾，已成为实现经济发展战略目标的一个突出问题，必须牢牢抓住农业这个重点。从党的十一届三中全会以来，我们已经逐步地找到了一条富有生命力的发展农业的新路子。目前，要继续完善各种形式的农业生产责任制，贯彻各项经济政策，决不放松粮食生产，积极发展多种经营，改善农业生产条件，实行科学种田，争取农业有一个较大的发展。

能源和交通是国民经济的两个重要物质生产部门。能源为国民经济提供燃料和动力，能源的开发和利用，直接关系到国民经济发展的规模和速度，特别在现代化建设中是一个带有战略性的问题。交通运输是国民经济的动脉，它是沟通全国各个地区之间、国民经济各部门之间的桥梁和纽带，是发展国民经济的"先行官"。我国地域辽阔，各地区之间经济的发展极不平衡，如何开发利用各地区的资源，扬长避短，发挥优势，促进国民经济的全面高涨，对实现经济战略目标关系极大。可是，能源和交通是我国当前经济发展中的薄弱环节，能源供应十分紧张。据有关部门计算，因缺煤缺电，全国有 20% ～30% 的设备能力没有充分发挥作用。所以，进一步开发能源已成为一项紧迫的任务。交通运输业中，运量和运力之间的矛盾极为突出。30 多年来，我国铁路货运周转量增加了 30 倍，而铁路通车里程只增加了 1.3 倍，薄弱区段越来越多，"卡脖子"区段的运输能力只能满足运量需要的 50% ～70%。由于交通运输动脉的运转不畅，严重地影响国民经济的正常发展。所以，发展能源和交通是当务之急。必须认真贯彻执行解决能源的正确方针，有计划地抓紧能源的开发和节约，而且，近期要把节约能源放在首位。我国能源浪费的现象十分惊人，如果把我国的能源利用率提高到目前日本的水平，就相当于我国现有的能源产量翻了两番。我们首先要争取单位能源所创造的国民收入超过我国曾经达到过的最高水平，然后逐步接近世界上工业发达国家的水平。发展交通运输，首先要加强铁路和港口的建设，同时也要注意水运、公路和邮电通信的建设，使交通运输适应整个生产建设事业发展的需要。

科学技术现代化是实现"四个现代化"的关键，教育又是科学技术现代化的基础。科学通过物化而成为现实的生产力，并体现在劳动者、劳动对象和劳动手段等方面。随着科学技术的日新月异，科学与生产的结合越来越密切，在生产上引起深刻的革命，成为现代生产力发展十分重要的因素。目前，我国科学技术就总体来说，仍然处于落后的状态，工农业劳动生产率低，经济效益差，经济结构、企业组织结构、产品结构不合理，在很大程度上反映了我国科学技术和经营管理水平不高的状况。此外，我国的科技人员少，群众平均的文化水平低，熟练工人和专业管理人员少，这些都直接和间接地影响着国民经济的发展。教育方面，各级、各类学校，无论在数量上还是在质量上都远不能满足国民经济发展的需要。要把科学和教育搞上去，必须尽早大大增加"智力投资"，在国家每年的预算支出中，提高教育经费所占的比重，尽一切努力加强和发展城乡各级各类教育事业，培养各种专门人才，提高全民族的科学文化水平。同时，还要特别注意加强对科学技术人才和企业管理人才的培养和使用。这是一个十分重要的问题。一个工厂、一个企业要有几个、十几个、几十个既懂技术又懂管理的"明白人"当家，企业才会有起色，出成果。这是问题的核心。总之，20 年规划能否实现，在很大程度上取决于教育和科学这个关键因素。

综上所述，"十二大"所制定的经济战略目标是宏伟的，但实现这个目标又不是轻而易举的，有许多艰巨的工作要做。但是，我们有许多有利条件，我们有决心、有信心去实现这个宏伟的目标。正如胡耀邦同志所说的："只要我们积极奋斗，扎扎实实地做好工作，进一步发挥社会主义制度的优势性，这个宏伟的战略目标是能够达到的。"

（载《云南社会科学》1983 年第 2 期）

发展云南省商品生产的几点意见

（1983 年 6 月）

　　大力发展商品生产，提高农副产品商品率，是迅速改变云南省自给自足的自然经济状态，使广大农民由穷变富，提高人民群众生活水平，实现工农业总产值翻两番的一个重要途径。党的十一届三中全会以来，特别是随着各种经济责任制的实行，云南省商品生产和商品交换有了蓬勃的发展，形势喜人。但是，在实际工作中也存在一些问题。为了排除障碍，更有效地发展云南省的经济优势，有几个问题是值得注意的。

　　首先，要特别注意商品生产的适销对路。商品是用来交换、能满足人们某种需要的劳动产品。因此，商品生产的目的不是为了供给生产者自身的消费需要，它直接是为了交换，为了售卖，为了满足他人的需要。在社会主义条件下，就是通过交换满足人民不断增长的物质文化生活的需要。如果生产出来的产品，市场不需要，生产不需要，人民消费不需要，售卖不出去。那么，生产出来的东西越多，积压就越多，浪费也就越大，生产的数量和积压、浪费的数量成正比的增长。马克思深刻地指出：商品的售卖"是商品惊险的跳跃"，"这个跳跃如果不成功，摔坏的不是商品，但一定是商品所有者"。[①] 马克思的这个论断不仅适用于资本主义的商品生产，而且也适用于社会主义的商品生产。在目前资金短缺，原材料、能源有限的情况下，如不能生产出适销对路的商品，就不能充分有效的发挥现有人力、物力、财力的作用，势必造成经济效益很差、浪费很大的后果。据有关部门统计，1981 年末，仅国内商业库存中滞销和冷背商品就约有 145 亿元，比上年增加 30 多亿元。例如，手表、电视机、洗衣机、电风扇、电表等库存量都有很大增加。云南省情况亦然。不全面调查研究，不进行市场预测，盲目生产，这种情况工农业生产都存在。机电产品、家用电器、木制家具的三门柜、涤卡服装、高跟皮凉鞋，一时市场行销，生产

---

① 《马克思恩格斯全集》第 23 卷，第 124 页。

2 2.2·
362 ·

部门不问数量、质量，蜂拥而上，大量投产，原来的畅销货变成滞销货。积压和脱销都同时存在，生产出来的不需要，需要的没有生产。由于产销脱节所引起的商品售卖的"惊险跳跃"，在社会主义条件下，虽然不会导致商品生产者的倒闭破产，但却造成资金的积压和人财物的浪费。所以，发展商品生产首先要讲适销对路，无论生产高、中档商品，还是生产大路货，不仅要保证一定的质量、花色、品种；也要有一定的数量界限，超过了一定的数量界限就是超过了市场的饱和状态，即便质量很好的产品也会造成滞销。因此，要特别注意社会需要量的测定。考察社会的需要既不是过去的需要，也不是未来的需要，而是现实的需要，是适合于现实投资水平和购买力水平的需要。电冰箱、洗衣机需不需要，当然很需要，但是生产的数量要与现实大多数人的购买力水平相适应，只有生产出来的产品符合社会的需要量，才能使生产产品的劳动消耗得到社会承认，才能使它的价值和使用价值得以实现，才能不致成为无效劳动、成为无用的东西。要使社会生产这种商品所耗费的劳动总量时间和社会需要这种商品应使用的必要劳动时间相适应，表现在市场上就是供给和需求大体一致，这正是价值规律在商品价值实现上的要求。所以，我们要认真研究市场的情况，特别是云南省城乡市场的情况，要面向广大的农村，沟通地区之间横向的经济联系，要首先着眼生产适合云南省 26 个民族、3 000 多万人口需要的产品。这不仅为广大人民群众所欢迎，而且也是提高经济效益的基本要求。

其次，要从实际出发，量力而行。新中国建立以来，我们经济建设上的一个严重教训就是没有从实际出发，离开了我国的基本国情，从而造成了大量的浪费和损失。我们发展商品生产、搞活经济也要接受这个教训。要遵循"不唯上，不唯书，要唯实"的精神，真正从实际情况出发，因地制宜，充分发挥各个地区的自然和经济优势。所以，要从省情、市情、县情、社情、队情出发，把我们所处环境的自然条件、经济条件、发展商品生产所需要的原料、燃料、设备、技术量力、交通运输等主观和客观的力量进作一番调查研究，认真分析，作出多方案的比较，找出其利弊，最后确定切实可行的发展项目，切忌盲目性。云南省处于特殊的地理环境，形成了特殊的立体气候、立体农业。自然资源十分丰富，素有"植物王国"、"动物王国"、"有色金属王国"、"药材之乡"的美誉，拥有得天独厚的优势。可是，云南省经济文化又十分落后，生产设备差，特别是现代化的生产设备更差，技术水平低，交通闭塞，经济力量十分薄弱。各地区、各县、各行业的发展也不平衡，有条件好一些的，也有条件差一些的。总之，我们尚处于待开发的地区。因此，各地区、各部门、各行业商品生产的发展要从自身的实际出发，扬长避短，量力而行。例如，全国电视机行销，我们能不能也大量生产呢？如果我们以己之短，比他人之长，必将处于劣势。如以己之长，战他人之短，必将形成优势。我们要选择那些原料来源丰富、有技术设备条件、有传统生产经验、产品有销路的项目，大力发展。要就地取材，就地生产，就地销售。成本低、效益高，见效快。不能舍近求远，去搞那些既无原料来源又无良好技术设备的产品，那将事倍功半，效益极低。从几百里乃至上千里之外去购买原材料进行生产，其结果是生产出的产品质次价高，做的当然是亏本生意。身在宝山要识宝，要研究如何充分发挥云南省各地区具有的"聚宝盆"、"摇钱树"的作用。近几年，昭通地区从自然和经济资源的实际条件出发，大力发展毛纺、皮革、罐头、酿酒等农副产品加工工业，效益显著，很有说服力。

再次，提倡专业化、社会化生产。专业化生产推动着社会化生产的发展，社会化生产的发展，必然要求专业化生产的发展。无论工业和农业，随着先进技术设备的出现，生产规模的日益扩大，分工愈来愈细，生产的专业化和社会化程度都将愈来愈高，必然促进商品经济的发展。这是不以人们的意志为转移的客观经济规律。列宁曾经指示："商品经济的发展使各个独立的工业部门的数量增加了；这种发展的趋势是：不仅把每一种产品的生产，甚至把产品的每一部分的生产都变成专门的工业部门；不仅把产品的生产，甚至把产品制成消费品的各个工序都变成专门的工业部门。"① 实行专业化、社会化生产，有利于提高生产技术水平，有利于合理地利用生产资料和劳动力，特别是能广泛地吸收农村剩余劳动力发展商品生产。同时，也有利于改进产品质量，降低成本，提高经济效益。工业要提倡专业化、社会化生产，农业也要提倡专业化、社会化生产。农业的专业化、社会化生产，既包括发展按农业区域和行业的专业化，也要大力发展按农户和劳力划分的专业户和重点户的生产。随着农业生产责任制的新发展，农田实行包干到户，各家各户除了经营自己承包的一份耕地外，出现了大批的发展多种经营的专业户、重点户。诸如养猪户、养牛户、养羊户、养蜂户、养鱼户、果树户、加工碾米户、五金修理户、印染户，等等。有些实行包干到户较早的地方，一些有技术专长、有传统生产经验的农户不愿经营农田，而愿意从事对他更有利的职业，有的退出了承包的土地；从传统的种植业分离出来从事种植业以外的养殖业、加工业等多种经营的专业化生产，并使种植业也逐步成为专业化生产。这样"离土不离乡"地分工分业，各展所长，积极发展农副产品的商品性生产，向生产的深度和广度进军，既促进了生产力的发展，又大大提高了农副产品生产的商品率，实现农业生产的社会化。这是我们国家也是我们云南省农村经济发展新局面的一个基本特征。它标志着我们国家从 8 亿农民搞饭

① 《列宁选集》第 1 卷，第 161 页。

吃的自给性、半自给性生产转向专业化、社会化生产的具有历史意义的开端。因此，要大力发展专业户、重点户的生产，在政策上和各种经济措施上要积极扶持专业户、重点户的生产和经营。

最后，要提高劳动生产率，降低单位产品成本，增强经济效益，并要大力提高科学技术水平。我们省科学技术落后，工农业劳动生产率比较低，单位产品成本高，效益差。所以，在市场上商品的竞争力弱，销路有限，影响了生产的发展。因此，提高科学技术水平是关键性的环节。科学技术通过物化而成为现实的生产力，并体现在劳动者、劳动对象和劳动手段诸方面，对发展商品生产至关重要。从我们省的实际出发，可以采取多种办法解决这个矛盾：一是在现有基础上利用当地的社会力量，举办多种专业训练班，采取短期培训的办法，诸如养蚕、养蜂、养鸡、缝纫、会计，等等，边干边学，投资少，收效快，人数多，有条件的可以建立各种中等职业学校，进行初中等专业人员的系统培训。二是采取向外招聘的办法，以较高的优惠待遇，聘请各方面的技术力量，壮大当地的科技队伍，发展商品生产。三是与省外、县外的业务、科技和对口单位搞经济联合，利用外地的技术、设备、资金等力量，结合本地的资源、劳力发展地区性生产。四是国家要继续重视当地民族科技人才的培养和提高，有计划地选送各方面的人员到外地学习。

总之，形势在发展，情况在变化，要不断地研究、解决发展社会主义商品生产中出现的新情况、新问题，有效地推动社会主义建设的发展。

（载《学习研究参考资料》1983 年第 36 期）

加强调查研究，搞好"四化"建设*

（1983 年 12 月）

一

伟大的马克思主义者、无产阶级革命家、理论家毛泽东同志诞辰 90 周年，我们怀着极其崇敬的心情，怀念他为我们党，为中国各族人民解放事业的胜利，为中华人民共和国的缔造和我国社会主义的发展，建立了永远不可磨灭的功勋。没有毛泽东同志的卓越领导和思想指导，"至少我们中国人民还要在黑暗中摸索更长的时间。毛主席最伟大的功绩是把马列主义的原理同中国革命的实际结合起来，指出了中国夺取革命胜利的道路"①。毛泽东思想是发展了的马克思主义，是我们党的宝贵的精神财富，它将长期指导我们的行动，从胜利走向胜利。今天，我们重温毛泽东同志的著作，倍感亲切，它的立场、观点和方法是我们研究社会主义建设实践中出现的新情况、解决新问题、总结新经验、开创社会主义新局面的指路明灯，永远照耀着我们前进。

毛泽东思想是一个完整的科学体系。毛泽东同志一向反对脱离实际、脱离中国的具体情况去照抄照搬马克思主义，把科学的马克思主义当做教条。他反对本本主义，提出"没有调查就没有发言权"的科学论断。他明确指出，加强调查研究是克服主观主义的最好方法。是正确贯彻执行党中央的路线、方针、政策的基本保证。调查研究的思想是毛泽东同志给我们留下的一个最宝贵的遗产之一，是我们党由小到大、由弱到强、从胜利走向胜利在作风上的一个最关紧要的问题。毛泽东同志历来十分重视调查研究，并且经常亲自动手进行调查研究工作。著名的《湖南农民运动考察报告》，就是毛泽东同志到湖南作了 32 天的实地调查，在广泛系统调查的基

---

* 该文是与李寿昌同志合作撰写的。

① 《邓小平文选》第 304 页。

础上，经过深入分析写成的。在第二次国内革命战争的艰苦岁月里，毛泽东同志率领工农红军转战南北，他都经常抓住时机进行农村调查。例如1930年5月的寻乌调查，1930年10月的兴国调查，1933年11月的长冈乡调查和才溪乡调查，这些都是著名的调查。它积累了许多内容丰富、生动具体，又具有深刻的马克思主义分析的调查材料，作出了科学的结论。1941年3、4月间，在延安整风运动的前夕，毛泽东同志又为他编著的《农村调查》一书撰写了著名的《〈农村调查〉的序言和跋》。当时出版这本书的主要目的就是"为了帮助同志们找一个研究问题的方法"，"指出一个如何了解下层情况的方法"①。也就是为了使全党各级领导机关和广大干部，大兴调查研究之风。《农村调查》一书在延安出版后不久，党中央设立了调查研究局，毛泽东同志亲自任主任。领导全党大力开展调查研究，使马克思主义理论同中国革命实践进一步结合起来。在延安整风运动时，《农村调查》的序言，被作为22个必读文件之一，对于批判、克服教条主义、倡导和坚持唯物主义思想、转变党的思想作风和工作作风起了重要的作用。中华人民共和国成立后，毛泽东同志也十分强调调查研究，并亲自进行调查研究，解剖"麻雀"。20世纪60年代初，针对工作中主观主义盛行、违背客观规律的状况，号召全党要大兴调查研究之风，一切从实际出发，并撰写了《人的正确思想从哪里来》的重要著作，进一步阐明马克思主义认识论的基本原理。

毛泽东同志关于实事求是、调查研究、一切从实际出发的思想启示我们，革命和建设的成功，要从实际出发，首先要依靠本国的革命者把马克思主义的原理同本国的国情结合起来，制定出正确的路线、方针和政策，并依靠广大人民群众的努力奋斗。照抄本本，照搬别国的经验，不深入调查研究，不和自己的实际情况结合起来，是不可能取得胜利的。当前，全国人民在积极进行物质文明和精神文明的建设过程中，不断出现新情况和新问题，更需要我们大力开展调查研究，及时解决问题，推动社会主义建设事业的进程。

二

坚持并认真贯彻毛泽东同志提出的实事求是、调查研究、一切从实际出发的思想，是客观形势的要求。这对于我们搞好各方面的工作，努力开创社会主义建设的新局面，实现"十二大"提出的宏伟目标，具有十分重要的意义。

---

① 《〈农村调查〉的序言和跋》。见：《毛泽东农村调查文集》第15、17页。

首先，加强调查研究是建设具有中国特色的社会主义的需要。邓小平同志在"十二大"的开幕词中指出："把马克思主义的普遍真理同我国的具体实际结合起来，走自己的道路，建设有中国特色的社会主义，这就是我们总结长期历史经验得出的基本结论。"这个科学论断是十分正确的。走自己的道路，建设有中国特色的社会主义，从根本上来说，就是把马克思主义的普遍真理同中国社会主义建设的实际结合起来。如何结合呢？首先最重要的就要对中国的情况有全面、透彻、正确的了解，才能从本国的实际情况出发，运用马克思主义的原理，探讨符合中国国情的建设社会主义的道路、方针和方法。毛泽东同志深刻地指出："中国革命斗争的胜利要靠中国同志了解中国情况。"[①] 又说，"要了解情况，唯一的方法是向社会作调查，调查社会各阶级的生动情况……只有这样，才能使我们具有对中国社会问题的最基础的知识。"[②] 毛泽东同志身体力行，在民主革命时期对中国的社会经济情况进行了广泛深入的调查，在此基础上，在革命实践中创造形成了武装斗争、统一战线和党的建设"三大法宝"，并创造出以农村包围城市、最后夺取全国胜利这样一条有中国特色的革命道路。新中国建立以后，我们在社会主义改造过程中，仍遵循着加强调查研究、一切从实际出发、走中国自己的道路这样一条路线，圆满地完成了对个体农业、手工业和资本主义工商业的社会主义改造，取得了伟大的胜利。党的十一届三中全会和"十二大"明确地提出了实现"四个现代化"要走我们自己的道路，要建设具有中国特色的社会主义的宏伟目标。要建设有中国特色的社会主义，这就需要把中国的国情搞清楚，诸如生产力的状况、自然资源、科学文化程度、经营管理水平，等等，都要有清醒的认识，"没有眼睛向下的兴趣和决心是一辈子也不会真正懂得中国事情的"[③]。社会主义建设事业是十分复杂、艰巨、需要进行长期奋斗的事业，很多情况和问题都是我们在战争年代甚至在粉碎"四人帮"以前所没有碰到过的。我们只有深入地调查研究，真正把握了中国国情的基本特点，才能从实际出发，走出一条适合中国情况的社会主义建设道路，建设有中国特色的社会主义。

其次，调查研究是正确地制定方针、政策和正确地执行方针、政策的基础。毛泽东同志指出："共产党领导机关的基本任务，就在于了解情况和掌握政策两件大事。""任何一个部门的工作，都必须先有情况的了解，然后才会有好的处理。"[④]

---

① 《毛泽东农村调查文集》第7页。
② 《毛泽东农村调查文集》第15、18页。
③ 《毛泽东农村调查文集》第16页。
④ 《改造我们的学习》。见：《毛泽东选集》第3卷，第802页。

"实际政策的决定，一定要根据具体情况。"① 调查研究，了解情况，从实际出发，这是我们党制定方针政策的先决条件。只有经过调查研究，经过对客观情况的全面系统的了解，对事物的现象进行透彻的分析研究，才能认识事物的本质，把握事物运动的规律，制定出正确的方针政策。我们党中央所制定的方针政策之所以正确，就因为它是根据对客观情况的调查研究制定出来的。例如党的十一届三中全会以来所制定的一整套农业政策，就是从我国农业生产力的实际状况出发，在坚持社会主义集体化道路，坚持土地等基本生产资料公有制不变的条件下，普遍实行各种形式的联产承包责任制，特别是实行包产到户和包干到户的责任制，极大地调动了广大群众的生产积极性，推动了农业生产的迅猛发展。我们党所制定的正确的政策，总是事先进行了大量调查研究，理论和客观实际相符合。我们的政策的失误，则往往是与不了解实际情况，或对客观情况了解不够而错误决策有关。所以，毛泽东同志说："按照实际情况决定工作方针，这是一切共产党员必需牢牢记住的最基本的方法。我们所犯的错误，究其原因，都是由于我们脱离了具体情况，主观决定自己的工作方针。这一点，应当列为全体同志的教训。"② 实践是检验真理的唯一标准。不但在制定方针、政策以及任务之前要进行调查研究，而且在方针、政策和任务制定出来以后，也仍然需要进一步调查研究，进一步实践，以便经过具体的实践，来检验我们所确定的方针、政策和任务是否真正符合客观实际，是否正确完善，是否需要修改补充。这就需要通过实践——认识——再实践的反复的过程，把握事物的规律性，使我们所制定的方针政策和任务更正确、更完善、更符合客观实际。在执行方针、政策的过程中，由于各地区、各个部门的情况千差万别，只有经过调查研究，才能结合本地区、本部门的实际情况，使党的方针、政策得到正确的贯彻执行。

再次，调查研究、了解情况是克服主观主义、做好各项工作的前提条件。我们要搞好工作，特别是领导工作，就要经常发现问题、提出问题和解决问题。问题如何发现，如何提出，又如何解决，首先要取决于对实际情况有正确、全面的了观。毛泽东同志指出："要搞好工作，必需经常地进行周密的调查研究，一切实际工作者必需向下作调查。对于只懂理论不懂实际情况的人，这种调查工作尤有必要，否则就不能理论和实际相联系。""没有调查就没有发言权。"③ 只有通过调查，对自己所处环境的客观情况、自然条件、经济条件以及承担的工作任务等有所了解，才能做到胸中有数，"知己知彼，百战不殆"。这是做好各项工作的基础。同时，加强调

① 《兴国调查》。见：《毛泽东农村调查文集》第8页。
② 《在晋绥干部会议上的讲话》。见：《毛泽东选集》第4卷，第1306页。
③ 《〈农村调查〉的序言和跋》。见：《毛泽东农村调查文集》第17页。

查研究，也是克服主观主义、使主观和客观相符合、计划和实际相符合的最好的方法。如果能深入实际，"解剖麻雀"，我们就能取得认识客观事物的较为详细、完整的第一手资料，从而就能够对客观事物由现象的了解进到本质的了解，从中得到规律性的认识。这就是陈云同志所说的，如何使我们的认识更全面些，更正确些，必须经过"全面、比较、反复"。通过调查研究，"摸着石头过河，踩稳了再前进"。特别是在工作的过程中，要能够准确地把握工作中的关键性问题，集中力量解决这些问题，推动工作的全面发展。这种准确性就是来自于对实际情况的了解、对实际情况的分析，从而作出正确的判断，当机立断，不致优柔寡断、错失良机。所以，广泛深入进行调查研究，从实际出发，是克服主观主义、搞好工作的前提条件。

最后，调查研究是解决问题的钥匙。认真调查研究的过程，就是获得解决问题的途径和方法的过程。毛泽东同志深刻地指出："调查就是解决问题。""你对于那个问题不能解决么？那么，你就去调查那个问题的现状和它的历史吧！你完完全全调查明白了，你对那个问题就有解决的方法了。一切结论产生于调查情况的末尾，而不是在它的先头。"① 通过广泛深入的调查，把事情的来龙去脉、历史和现状、产生的原因和存在的问题，都一一搞清楚了，解决问题的方法也就逐渐形成了。一切党政机关工作人员、企事业单位的工作人员，特别是担负领导工作的同志，只有经常深入实际，深入群众，进行调查研究，才能及时发现问题和解决问题。毛泽东同志曾经形象深刻地说过："调查就像十月怀胎，解决问题就像一朝分娩，调查就是解决问题。"② 现在，摆在全党、全国人民面前的任务是十分艰巨的，各个领域、各个部门、各个单位都有许多新情况、新问题，需要我们去研究、去解决，我们要遵循毛泽东同志的教导，以满腔的热情、眼睛向下的决心和甘当小学生的精神，深入工厂、农村、商店，深入社会主义建设的各个领域，认真进行调查研究，发现新情况，解决新问题，把社会主义现代化建设的事业不断推向前进。

三

开展调查研究，必须解决好以下几个问题：

1. 要充分认识调查研究的重要性，正确处理好调查研究与日常工作的关系。调查研究工作的重要性已逐渐被人们所认识，但在实际工作中，却存在着各种各样的误解和错误认识。如有人认为，"调查研究是领导机关和领导干部的事"，似乎与己

---

① 《反对本本主义》。见：《毛泽东农村调查文集》第2页。
② 《反对本本主义》。见：《毛泽东农村调查文集》第3页。

无关。有的人虽然承认调查研究重要，但总是强调"人少事多，没有时间和精力去搞调查研究"，把坚持经常工作与开展调查研究对立起来。还有的人把调查研究工作神秘化，认为自己"水平低，能力差，搞不了调查研究"。这些观点是不全面的。实际上，开展调查研究与坚持日常工作不但不矛盾，而且是做好工作的前提，是开创新局面的需要。只要合理安排时间，任何单位、任何人员，都是有条件进行调查研究的。

2. 要深入实际，深入群众，掌握第一手资料。调查研究，可以是在机关看材料、听汇报，也可以是走出办公室，深入基层，开座谈会，进行个别访问。我们要尽可能深入工厂、农村、商店，深入生产第一线，通过多种形式进行调查，掌握第一手资料。只有深入基层，接触实际，直接听取群众的意见，才能亲自感受到客观事物的变化，更深刻、更具体地了解客观事物的本质及其发展变化的规律性。只有亲自掌握第一手资料，办事情，下决定，心里才更踏实，才能做到"情况明，决心大，方法对"。在调查研究工作中，要树立艰苦细致的工作作风。从多方面了解与调查内容有关的情况，摸清事物的来龙去脉，掌握事物变化的因果关系，对问题要寻根究底，决不能满足于道听途说和一知半解。

3. 要坚持实事求是，如实反映情况。调查研究是为了了解事物的真实情况，认识事物的本质及其客观规律，因而必须具有实事求是的科学态度。首先要有虚心好学的精神和眼睛向下的决心。只有虚心好学，才能深入了解各方面的情况，听取各种不同的意见，并和群众讨论研究，从而取得较为系统全面并能说明问题的调查材料。要做到实事求是、如实反映情况，就必须反对人云亦云、偏听偏信，更要反对屈服于某种压力、看眼色、随风倒等恶劣作风。要像陈云同志所倡导的那样"不唯上、不唯书，要唯实"。

4. 要明确调查的目的，制订调查计划，编写调查提纲，注意调查方法。调查一定要有明确的目的性，否则就不能达到预期的效果。要根据党的方针政策和研究任务的需要，选好题目，明确调查的目的要求。要根据调查的要求去制订具体的调查计划，编写调查提纲，对调查对象所需了解的基本情况作出全面系统的规定，对调查的范围、深度也要作出相应规定。还要掌握调查技术，注意调查方法。调查的方法很多，如阅读材料、实地观察、听取汇报、个别访问、开调查会，等等，但最基本的方法是开调查会。按照毛泽东同志的教导："开调查会，每次人不必多，三五个、七八个人即够。必须给予时间，必须有调查纲目，还必须自己口问手写，并同到会人展开讨论。"① 通过座谈讨论、对比分析、综合研究，求得对客观事物的深刻了解，形成概念和理论的系统，以达到调查研究的目的。

（载《经济问题探索》1983 年第 12 期）

---

① 《〈农村调查〉的序言和跋》。见：《毛泽东农村调查文集》第 16 页。

论新时期非党知识分子的地位和作用

（1985 年 10 月 14 日）

　　最近，各民主党派、工商联在京召开了为"四化"服务表彰大会。这是各民主党派总结交流经验、检阅工作成果、表彰先进的一次盛会，也是各民主党派在中国共产党的领导下，坚持四项基本原则，对"四化"有所贡献的一次汇报会，更是动员起来、"团结奋斗，再展宏图"的一次誓师会。党中央十分重视这次大会的召开，一些领导同志出席了大会。习仲勋同志代表中共中央、国务院向大会致以热烈祝贺并讲了话。他强调指出："各级党委和有关部门要把各民主党派、工商联作为进行'四化'建设的重要依靠力量，要同各民主党派、工商联的同志在政治上互相关心、互相信任，真正做到'肝胆相照，荣辱与共'。"① 实践表明，参加各民主党派和无党派的知识分子的绝大多数，在生产、教学、科研和管理的第一线，任劳任怨、勤奋劳动，已经日益成为建设有中国特色的社会主义的重要依靠力量。

　　自党的十一届三中全会以来，各级党委遵照中央的指示，为落实好知识分子政策做了大量的工作，取得了一定的成绩。但是，由于"左"的思想影响，知识分子政策的落实还存在一定阻力，这就影响着知识分子主动性、积极性和创造性的充分发挥。因此，有必要从"四化"建设的战略高度，对新时期非党知识分子的地位和作用进行再认识。下边，笔者仅就这个问题谈点个人意见，不当之处，请同志们批评指正。

一

　　所谓"知识分子"，主要是指脑力劳动者和以脑力劳动为主的劳动者。知识分子可分为党内知识分子和党外知识分子。党内知识分子是依靠对象，这在理论上和实践上是早已明确和肯定了的。而非党知识分子是不是工人阶级的一部分？能不能

---

　　① 《人民日报》1985 年 10 月 3 日。

· 373 ·

作为依靠对象？这在理论上、思想上和实践上就不那么明确统一了。回顾新中国成立初期，当时的非党知识分子主要是小资产阶级、民族资产阶级的知识分子，是党的团结、教育、改造的对象，也可以说是团结对象、联合对象、统战对象，但不是依靠对象。新中国成立 30 多年来，随着生产资料所有制的社会主义改造基本完成，社会主义社会建立在生产资料公有制和社会化大生产的基础上，知识分子队伍发生了根本的变化：旧社会过来的知识分子绝大多数已成为社会主义劳动者，积极为社会主义服务；新社会自己培养的劳动人民的知识分子占知识分子总数的90%以上。所有这些知识分子，无论从他们的社会地位，还是从他们取得生活来源的方法以及为谁服务等方面来看，都已成为工人阶级的一部分。知识分子作为工人阶级的一部分，或者是直接从事物质生产，为社会创造物质财富和价值；或者从事精神生产，为社会提供精神产品，丰富人们的精神生活或者担任国家管理、司法和服务的工作，从事社会所必需的劳动。总之，我国知识分子队伍这种质的变化，决定了他们已从新中国成立初期的团结对象转变成了依靠对象。党的十一届三中全会以后，又作了进一步的明确，重新肯定了知识分子的绝大多数已经是工人阶级的一部分，和工人、农民一样，是国家的主人，是社会主义建设的依靠对象和依靠力量。因此，必须从指导思想上对知识分子政策进行拨乱反正，不要再提"团结、教育、改造"的方针，而应贯彻新时期党对知识分子"政治上一视同仁，工作上放手使用，生活上关心照顾"的政策了。这就是把知识分子，特别是把大量的非党知识分子作为依靠对象最根本的理由。同时，非党知识分子作为党的朋友，他们与党有一个政治联盟的关系，故既是依靠对象，又是统战对象。这样，非党知识分子在联盟中的地位也发生了质的变化，即从过去小资产阶级、民族资产阶级的知识分子变成了工人阶级的一部分，从而在统一战线中党与非党知识分子从阶级联盟的统战关系变成了工人阶级内部的统战关系。

二

非党知识分子具有一些特点和优势。这就是：第一，他们的人数是较多的。胡耀邦同志谈到非党知识分子作为统战对象时指出"这是大量的"。中共中央统战部副部长李定同志对非党知识分子的"量"讲得更具体一些。他说："在我国知识分子队伍中，共产党员总是少数，非党的占大多数。目前的比例大致为三七开，即非党的占 70%。有的地区、部门和单位，非党的比例还要高一些。"① 第二，分布面既广又相对集中。在全国各条战线或各个行业都有非党知识分子。可以说，七十二行，行行有他们。尤其是在科学、教育、文化、艺术等领域里，他们又是比较集中的。第三，文化水平较高，知识结构比较合理。他们是脑力劳动者，所从事的脑力劳动是比体力劳动或简单劳动更高级的复杂劳动。马克思称之为"自乘的或不如说多倍的简单劳动"。② 第四，有广泛的社会联系，影响的范围大、程度深。由于他们的家庭出身、个人经历和社会关系，在国内外各个阶层都有广泛的联系和影响。从横向上看，其影响不仅波及国内，也波及国外；从纵向或程度上看，其影响是两代甚至三代人。有些知名学者，不仅在国内，甚至在国际上都有较高的声誉，影响极大。第五，业务素质比较好。知识分子本来就学有专长，虽然长期以来由于执行"左"的路线，他们在历次政治运动中都成了被整的对象，但其中绝大多数仍身处逆境，孜孜以求，潜心于工作的钻研和业务上的提高，以为人民服务为己任而努力工作，做出了不少成绩，成为有强烈爱国心和事业心的普通一兵。由于他们业务素质好，因此，具有中、高级学衔的人数是较多的。今天，在学衔评定工作中，许多学科的评审组织成员中约有半数以上是由具有副教授以上学衔的非党知识分子担任的。这是"党外有人才"的表现。正是由于非党知识分子具有上述特点和优势，所以，在"四化"建设、完成祖国统一大业的征途上，他们将发挥重要作用。

1. 他们是社会主义现代化建设的人才。在我国这个 10 亿人口、非党群众占 94% 的大国进行现代化建设，是古往今来最伟大、最艰巨的事业。中共中央《关于经济体制改革的决定》十条中，最重要的是第九条，即"尊重知识，尊重人才"。非党知识分子中有国家需要的各种专门人才。胡耀邦同志说："知识分子是我们社会主义现代化建设所绝对必需的智力因素，是我们国家的宝贵财富。"③ 这个论断是包括广大非党知识分子在内的。

2. 他们是先进科学技术的传播者，是建设社会主义物质文明和精神文明的依靠力量。科学技术是生产力。从事科学技术的脑力劳动者，不仅在同样长的时间内比体力劳动者能创造更多的物质财富和价值，而且能通过广泛传播先进的科学技术，促进生产的迅速发展。要把我国建设成为"四化"强国，科学技术是关键；而发展科学技术又主要是靠脑力劳动。因此，脑力劳动正日益成为社会财富的重要来源。不仅如此，他们还通过提供精神产品，给人们以精神动力，保证社会主义建设的正

---

① 李定同志在全国落实知识分子政策工作座谈会上的讲话。
② 《资本论》第 1 卷，第 58 页。
③ 《知识分子问题文献选编》，第 11 页。

确方向，促进社会主义精神文明的建设。

3. 在实行对外开放、完成祖国统一大业中，他们发挥着重要的桥梁作用。在非党知识分子中，不少人在国内，在港、澳、台地区和国际上有着广泛的社会联系和较大的影响。他们热爱祖国，在争取台湾回归祖国、实现祖国统一大业和反对霸权主义、维护世界和平的事业中，正发挥着别人不可取代的积极作用。例如，全国政协委员、上海市工商联顾问荣漱仁女士及其丈夫杨通谊教授，其子女、亲友遍布港、澳、台地区和许多国家。我国实行对外开放政策以来，仅接待来自英、美、日、加拿大、联邦德国、澳大利亚、巴西等国和港、澳地区的探亲、观光、讲学、洽谈贸易及经济合作的亲友就有 300 多人。由于他们积极向亲友们宣传党的政策，使不少人解除了疑虑。亲友中，财力雄厚的企业家向国内转让新技术和新设备；颇有名气的专家、学者多次回国讲学并捐赠科技书籍和资料；有的亲友还把在上海占地数十亩的私人花园，作为建立科技中心的基地捐献给上海科技协会。遵照杨教授的姑母的遗嘱，国外亲友除将其姑母的 10 万美元的遗产作为文化基金全部献给国家用来发展文教事业外，还收其珍藏的宝玉、字画、诗集、著作，并运回祖国捐赠给国家。这仅是非党知识分子在团结海外同胞、共建祖国方面所起的重要作用的一个例子。

三

以上情况表明，要进行"四化"建设，要完成祖国统一大业，不认真落实知识分子政策，不重视调动非党知识分子的积极性是不行的。为此，应当解决几个主要的认识问题：

1. 继续清除"左"的影响、端正思想认识是落实知识分子政策的关键。党中央制定的新时期党对知识分子政策的完整内容是："政治上一视同仁，工作上放手使用，生活上关心照顾。"政治上一视同仁就是政治上的信任，这是这一政策的核心。落实政策的对象既包括党内知识分子，也包括非党的知识分子。为适应"四化"建设和全面改革的需要，就要经常地检查知识分子政策落实情况，督促知识分子政策的落实工作，使知识分子工作逐步走上轨道。落实政策既要从思想认识上、社会舆论上清除"左"的思想影响，又要在各项政治、经济和组织措施上彻底消除"左"的做法，提供组织保证。自党的十一届三中全会以来，各级党委在落实知识分子工作方面虽然取得了一定的成绩，但是，和党中央的要求相比，还有相当大的差距。这是因为，有些党员领导干部至今不承认非党知识分子是工人阶级的一部分、是党的依靠力量，错误地认为他们是"异己力量"，可用不可信，更不可靠。表现在：政治上对一些拥护中国共产党、坚持四项基本原则、工作上兢兢业业、任劳任怨、做出显著成绩的知识分子的入党要求置之不理，还以"骄傲"为由长期抵制着而不让其入党。甚至认为"知识分子好的都入党了，没有入党的都是有问题的"。对一些非党知识分子说长道短，评头品足，求全责备，百般挑剔，从政治上加以非难和歧视。结果，不是"肝胆相照"，而是"一荣一辱"了。这些都必须加以纠正。

2. 要帮助一些基层领导干部克服私心杂念，对非党知识分子要放手使用。一般说来，非党知识分子的业务能力比较强。近几年来，有的还被选拔到领导岗位上。各级党组织应该支持他们的工作。可是，有少数党员干部私心重，嫉贤妒能，怕别人超过自己，不但不给予他们支持，反而闲言碎语，贬低别人；对一些符合干部"四化"条件的非党知识分子，认为他们不是党员而不得选拔。这些做法，都是违背中央政策的。

3. 要正确对待知识分子的优缺点。长期以来，由于"左"的思想的支配，对非党知识分子的偏见很严重、很突出，常常把他们的优点和长处当成缺点和短处加以歧视和批判。比如对工作爱提意见，就说人家"不尊重领导"；对新的理论去独立钻研，就说人家"爱出风头"；对本职工作认真负责、埋头苦干，就说人家"群众关系不好"，甚至脱离了工作态度、能力和成绩去议论人家觉悟的高低；以和某个领导个人关系的好坏来衡量人家的是非，等等。这些，都必须列入纠正范围。对非党知识分子，应看本质和主流，不应求全责备，更不能颠倒过来、混淆是非。对于知识分子存在的缺点，要实事求是地批评和帮助，才能收到实效。

4. 各级党委要重视知识分子的信访工作。落实知识分子政策中会出现许多新情况、新问题，知识分子普遍感到反映意见难、没时间、没地方。最终可能是旧问题没解决反而遇到了新的困难。所以各级党委组织部门、劳动人事部门设立知识分子接待日、加强知识分子的信访工作就显得非常必要。但是，也必须清除一些糊涂观念，比如，认为知识分子来信来访就是"告状"，因而表现出厌烦情绪。胡耀邦同志作为党中央的总书记，在繁忙的工作中，平均每天要批阅一封人民来信。6 年多的时间里，共批阅人民来信6 000多封。这就为各级领导干部重视人民来信来访工作树立了很好的榜样。只要各级领导干部秉公办事，敢于负责，一件一件落实，一抓到底，落实知识分子的工作就能抓出成效。

5. 要帮助知识分子不断解除后顾之忧。由于历史的原因，目前知识分子比较突出的后顾之忧，一是房子问题。这几年许多知识分子住房有了改善，但问题仍然不少，有一些地方以"改善教师或科技人员住房"为名盖的新房，却通过制定"土政策"，分给了行政领导干部，使住房困难的教师与科技人员仍然没有改善多少。二是健康状况不佳问题。集中地表现在中年知识分子的身上。究其原因，是过去工资收入低、生活负担重和工作负荷重所致。现在，一些中年知识分子忙于工作，无暇查病、治病，健康状况不佳。希望有关领导从交通、治疗条件、药物及工作上予以重视，保护这些人的健康。三是其他服务问题。生活设施上如菜市场、邮局等应合理布局。那样，可节省时间，方便生活，最终有利于工作。例如，云大东一院、东二院住着三四千师生，却没有一个邮局、邮箱，收发信件、汇款要到三家巷口去排长队，很不方便。

（参加云南省统战理论讨论会论文）

论社会主义消费

（1985 年 12 月）

消费是社会生产和再生产过程中的一个重要环节。它同生产、分配、交换构成社会生产总过程的四个环节，形成相互联系、相互制约的有机整体。马克思把消费区分为生产消费和个人消费。前者是指劳动力和生产资料在生产过程中的使用和消耗，即直接生产过程；后者是指用生活资料供人们享用，以满足人们生活上的需要。本文所考察的是个人消费，也叫生活消费。

消费在社会主义经济运动中是一个十分重要的问题。因为，它既是社会主义生产的目的和动力，又是"按劳分配"的最终实现，还是社会主义经济关系在消费领域中的具体表现。可是，由于"左"的思想影响，长期把消费视为禁区，不敢探讨。自党的十一届三中全会以来，随着工农业生产的迅速发展和城乡人民收入的增加，消费问题日益为社会所瞩目。党的"十二大"提出，到本世纪末在工农业年总产值翻两番的基础上，要使人民生活达到"小康"水平。这就要求我们对社会主义消费的质和量进行研究，对我国人民现阶段的消费结构、消费水平以及今后发展的趋势作实事求是的探讨。

生产和消费的辩证关系

马克思主义认为，消费作为社会再生产的一个重要组成部分和不可缺少的环节，同社会生产之间有着深刻的辩证关系；实现生产和消费的统一，是人类各个社会的共同的一般的特征。

马克思在《〈政治经济学批判〉导言》中详尽地阐述了生产和消费的辩证关系：一方面，生产决定消费；另一方面，消费又反作用于生产。

生产决定消费的主要表现是：第一，生产为消费提供对象。这就解决了人们消费什么的问题。第二，生产发展水平决定消费水平。这就解决了人们能消费多少的问题。第三，生产结构决定消费结构，即生产结构决定消费对象在质和量上的构成问题。比如，我国人民在吃的主食方面，北方地区以麦面为主，而南方地区以大米为主，这便是由地区的生产结构决定的。第四，生产决定消费方式。这就解决了人们怎样消费的问题。比如，对于吃、穿、用的产品，如何吃，如何穿，如何用，都是由生产决定的。"用刀叉吃熟肉来解除的饥饿不同于用手、指甲和牙齿啃生肉来解除的饥饿"。① 这表明人们对于消费资料的利用方式有一个是否科学的问题。同样的食物因不同的吃法就有科学和不科学之分，甚至可以从中划出不同的文明时代。第五，生产决定消费的效益，即生产所提供消费品的数量、规格和质量等直接影响着消费的效益。第六，生产创造出消费的动力，即通过所生产的产品在消费者身上引起需要。因为生产在生产出消费对象后，也生产了消费者。例如，电视机的问世，就创造出亿万名电视观众。以上六点说明生产是消费的基础，生产决定着消费，没有生产就没有消费。所以，生产直接是消费。正如中共中央《关于经济体制改革的决定》（以下简称《决定》）所指出："生产是整个经济活动的起点和居于支配地位的要素，它决定消费。"

消费反作用于生产的表现是：第一，消费是劳动力再生产的一个条件。因为，衣、食、住、用、行等都是用来"生产人"的不同的消费形式，是为了人的体力和智力的全面发展。第二，消费使产品成为现实使用的产品。也就是说，产品的"最后完成"在于消费。因为，一切产品只有在消费中才能证实自己是产品。对此，马克思举了三个通俗的例子：一条铁路，如果没有通车，不被磨损，不被消费，不是现实的铁路；一件衣服，由于穿（被消费）才现实地成为衣服；一间房屋无人居住（不被消费），事实上就不成为现实的房屋。上述例子说明，消费是产品的"最后完成"。因为消费不仅能使产品适销对路，还能使生产者不断提高工艺水平，成为合格的生产者。所以，马克思说："消费不仅是使产品成为产品的最后行为，而且也是使生产者成为生产者的最后行为。"② 第三，消费创造出生产的动力，即消费创造出新的生产需要。如果说，生产为消费提供的是外在的对象，那么，消费为生产提供的就是想象的、主观形式的生产对象。以上三点表明，消费并不是消极的东西，而是能反作用于生产的要素。正如《决定》所指出："消费的增长又是产生新的社会需求、开拓广阔的市场、促进生产更大发展的强大推动力。在这个意义上，消费又决定生产。"所以，没有消费，生产就失去了存在的意义，因而消费直接是生产。日本企业家提出"下一道工序是用户"的口号表明资本主义国家的企业也懂得一点

---

① 《马克思恩格斯选集》第 2 卷，第 95 页。
② 《马克思恩格斯选集》第 2 卷，第 96 页。

消费对生产具有反作用的道理。

综上所述，生产和消费的辩证关系是：直接的同一性（生产直接是消费，消费直接是生产），互相依存、互为媒介，互相创造对方。由于生产是消费的手段，消费是生产的目的，所以，生产和消费的统一是各个社会共同的一般的特征。

社会主义消费的性质、特点和作用

在不同的社会制度下，由于生产关系的性质不同，消费的性质和作用也不同。

首先，就消费的性质来看，在资本主义条件下，生产的目的和决定性动机是为了追逐更多的剩余价值，由此而表现的是资本家个人消费的寄生性和掠夺性；雇佣工人的个人消费是资本生产和再生产的一个要素，是资本价值增殖的需要。所以，工人的生活消费不仅同资本家的生活消费、而且同整个资本主义生产之间都存在着对抗性的矛盾。在社会主义条件下，生产的目的和决定性动机是为了满足人民群众日益增长的物质文化生活的需要，因而从根本上消除了寄生性和掠夺性的消费。人民群众的生活消费是社会主义生产的目的、归宿和动力；尽管消费同社会生产之间仍有矛盾，但不具有对抗性。

社会主义消费同资本主义消费相比，具有以下特征：第一，社会主义消费是社会主义经济关系的本质表现，因而人民的消费水平将随生产的发展而逐步提高。第二，社会主义消费从消费者个人来说，虽然是自由选择的，有一定的随意性，但从社会总体来说是有计划的。具体表现在商品的供给和流通、货币的发行和流通都是在国家计划指导下合理安排的。第三，国家根据人民消费的需要，运用行政的和经济的手段，从宏观上自觉调节社会生产活动，使生产按照社会主义方向发展，服从和服务于满足人民消费需要这个根本目的。以上特征正是从消费方面反映社会主义经济制度优越性的。

其次，就消费的作用来看，在资本主义条件下，资本家与雇佣工人的生活消费不仅是资本主义物质生产过程所必需的因素，而且还是资本主义生产关系再生产所必要的条件，即一方面要不断地生产出资本家，另一方面要不断地生产出雇佣劳动者。在社会主义条件下消费的作用是：第一，它是社会主义再生产得以顺利进行的条件。在社会主义社会里，劳动力不是商品；劳动者是生产的主人，也是消费的主人。只有安排好劳动者的消费，保证劳动力的再生产，社会主义再生产才得以顺利进行。第二，它是完善社会主义生产关系，促进生产更大发展的动力。因为，消费的增长既是生产发展、社会财富增加的结果，又是产生新的社会需求、开拓广阔的市场、促进生产更大发展的强大推动力。这几年，轻纺工业上得快，消费就是动力。我们要运用市场广阔的优越条件，相应调整产品结构，大力发展消费品生产，以加快经济建设的步伐。第三，它还应该是使劳动者的体力和智力日益全面发展的保证。

正确对待消费，克服两种错误倾向

马克思主义关于生产和消费的基本原理以及我国的国情和国力，是指导我们正确对待消费的理论基础和实践依据。

《决定》指出，在生产发展允许的限度内不去适当增加消费而一味限制消费是不对的。因为，在生产增长的基础上，不断地提高人民的生活水平，是社会主义的生产目的，也是我们经济工作的一项基本原则。过去，受"左"的影响，认为"穷光荣，富则修"，要人们过"苦行僧"的生活。这是违背上述目的和基本原则的。抑制消费的结果，把消费对生产的反馈作用搞掉了，挫伤了群众的积极性，影响了生产的发展。不仅如此，还给人们在认识上造成一些混乱：一是认为重视消费会助长浪费。这个观点不对。因为合理的消费不等于浪费。两者的区别不在于花钱多少，而在于是否适应已经达到的社会经济水平，是否符合自己的支付能力，是否具有良好的消费效益。二是认为重视消费、美化生活是资产阶级生活方式。这个看法也不对。因为，生活方式是与生产方式相联系的。资产阶级生活方式是与资本主义生产方式相联系，以无偿占有雇佣工人的劳动为特征的；社会主义生活方式是与社会主义生产方式相联系，以自己的劳动所得为来源的。对于资产阶级生活方式，我们反对的是它的寄生性和腐朽性，即它的纵欲放荡、挥霍无度和损人利己，但并不因此否定人们生活的美好和丰富多彩。至于资本主义国家为满足社会消费在提供消费品和劳务方面的先进管理经验，我们还是要吸收和借鉴。三是认为重视消费会丢掉艰苦奋斗的优良传统。这更是一种误会。因为，在生活消费中，节约和艰苦朴素的要求是随着时间、地点和条件的不同而变化的。对于我国省吃俭用的传统，要作历史的分析。过去，我国生产力发展比较落后，人民消费水平较低，形成了省吃俭用的习惯。比如，革命战争年代、新中国建立初期和1960年困难时期，由于客观条件的限制，物资不丰富，也只能省吃俭用。所以，简朴的生活是由当时的经济条件所决定，并对克服困难、发展生产起过积极作用的。今天，由于生产的发展，产品的增多，人民的生活水平也应随之提高；如果仍然要人们"新三年，旧三年，缝缝补补又三年"地过日子，就会脱离实际、脱离群众，影响生产的发展和人民生活的改善。再说，随着生产的发展，逐步提高人民的生活水平，并不意味着丢掉艰苦奋斗的优良传统。因为，艰苦奋斗的内涵在不同时期不尽相同：在革命战争年代，主要是前仆后继，不怕牺牲，打碎旧世界；新中国建立初期，主要是忍饥受冻，白手起家，创建新中国；今天，主要是发扬不怕任何困难的精神，为祖国强盛、人民富裕奋发有为，建功立业。总之，要划清正当消费与铺张浪费的界限，划清正当消费、美化生活与资产阶级生活方式的界限，划清提高人民消费水平与丢掉艰苦奋斗光荣传统的界限，才能去掉思想束缚，为树立正确的消费观奠定思想基础。

《决定》指出的另一种倾向是，不顾生产发展的可能而提出过高的消费要求，也是不对的。因为，生产的发展和社会财富的增加，是我们改善生活、提高消费水平的根本前提，这是个"界限"或"度"。越过这个"界限"或超越这个"度"，片面追求高消费就成了无源之水，不仅办不到，即使一时上去了，也是昙花一现，要跌下来的。党的十一届三中全会以后，城乡实行各种生产责任制，使人民的收入普遍增加，消费需求正在从量的增加转向质的提高，从单一化转向多样化，从物质领域转向精神领域，表现为多层次和有个性的消费。但也必须看到，由于我国人口多、底子薄，还是个发展中的社会主义国家，目前，生产力发展水平较低，从而决定了人民的消费水平还不高，消费结构仍以生存资料为主，消费序列仍是吃的比重居首位；在农村，除极少数先富起来的专业户达到万元收入有较高的消费水平外，广大农民也只是吃饭穿衣问题基本得到解决，也还有几千万人的温饱问题没有完全解决。这就是今天中国的实际。看不到或不承认这个实际，片面宣传和盲目追求高消费是错误的，甚至是相当危险的。

俗话说："量入为出，吃饭穿衣量家当。"实事求是地讲究消费对劳动者个人及其家庭甚至国家都是有益的。超过生产发展的可能去追求高消费，我们也是有教训的。据统计，1984年全国工资总额比1983年增长19%，而同期全民所有制企业的劳动生产率仅提高8.7%。一年之中，工资数额增加之多，增长速度之快都是前所未有的。其中，由于滥发奖金、实物，仅第四季度的工资额就比1983年同期增长45.5%，特别是12月份的增长率比1983年同期增长54%。结果，1984年城镇居民的货币收入增长了22.3%，大大超过了同期国民收入增长11%、工农业总产值增长12.3%、工业劳动生产率提高9.2%的速度，使消费基金大大膨胀，难以控制，给市场带来了相当大的压力。尽管国家花了力气，既挖库存，又增加消费资料的生产和进口，但仍然难以平衡市场的供求，致使年底结余的社会购买力不小。这样，不但给1985年市场供求平衡增添了压力，还给城市经济体制改革，特别是给价格改革增加了难度。我们必须清醒地看到，货币的过量发行会使社会购买力的增长超过商品可供量的增长，也即货币的超前增长越过商品生产所能承受的限度，达到一定程度时，就会引起物价上涨。因为，商品的价值是由生产该商品所耗费的社会必要劳动决定的。从事商品生产的劳动者的工资和奖金大大增加以后，即转化到商品上的活劳动增加以后，商品价值必然提高，而反映商品价值的价格也要随之上涨，这是价值规律的客观要求。在这种情况下，要想价格仍然维持不动是不可能的，就像水涨了不让船高一样是办不到的。

正是由于滥发奖金、实物和乱长工资，流通货币过量发行，引起物价上涨，从而使消费者产生囤积心理并出现抢购现象，而不考虑所买商品对自己是否适用、价格是否过高以及储存是否方便。如果不及时采取有效措施，就会出现物价轮番上涨的不良循环，影响人民的生活和社会的安定。

总结历史和现实的经验教训，我们既不能用抑制消费的办法来搞建设，也不能脱离生产发展的可能，超越国力去追求高消费，对于关系全国 10 亿人民的生活要认真重视和正确引导。现在，中央和国务院对我国人民的消费问题已经作出重要决策，提出适当增加消费的方针，并从各方面采取有效措施来贯彻这一方针。

社会主义的消费结构和消费水平

消费结构是指人们在生活中消费的消费资料和劳务的种类及其比例关系。这是一定社会、一定时期人们消费状况的重要标志。所以，我们应当从消费结构这个始点范畴入手来研究社会主义的消费。

首先，必须对消费资料（包括劳务）进行科学归类。马克思在《资本论》第 2 卷分析社会资本再生产时，不仅把社会生产区分为生产资料的生产（即第 I 部类）和消费资料的生产（即第 II 部类），以揭示出社会资本再生产的实现条件，而且也曾将第 II 部类按照其产品的性质区分为两大副类：II a 是生产必要生活资料的副类；II b 是生产奢侈消费资料的副类。对于后一种分类，作了一些说明：第一，II a 这个副类"因为它们是必要的生活资料，所以也是资本家阶级的消费的一部分"，但这一部分"就质量和价值来说，往往和劳动者的不同"。第二，"烟草一类的产品，从生理学的观点看，是不是必要消费资料，在这里是一个毫无关系的问题，只要它在习惯上是必要消费资料就行了。"第三，奢侈消费资料"只会加入到资本家阶级的消费中去"。[①] 马克思进行后一种分类的目的是要揭露资本主义社会里资本家阶级和劳动者阶级在消费结构上的根本差别。

---

① 《资本论》第 2 卷，第 438 页。

其次，对社会主义消费结构的分类不能简单化。恩格斯在1891年为马克思的《雇佣劳动与资本》单行本所写导言中，对于资本主义制度消灭后的新的社会制度下消费结构的分类作过预见。他指出："在人人都必须劳动的条件下，生活资料、享受资料、发展和表现一切体力和智力所需的资料，都将同等地、愈益充分地交归社会全体成员支配。"① 这说明，社会主义的消费资料，可以分为生存资料、享受资料和发展资料。所谓生存资料是指衣、食、住、用、行中用以维持劳动力的生存的最基本的生活资料和卫生保健设施。所谓享受资料和发展资料是指除衣、食、住、行、用方面较丰富的物质生活资料外，还包括文化、教育、艺术、科技等方面较丰富的精神生活资料和各种性质的劳务消费品，不仅保证劳动者自身体力和智力的全面发展，使劳动者有健全的体魄、更丰富的科学文化知识，而且还有更健康更全面发展的后代。此外，还可根据不同标准从不同角度进行划分：（1）从消费对象存在的形式可划分为实物消费和劳务消费；实物结构和价值结构。（2）从消费对象的不同使用价值来分，可分为吃、穿、住、用、行等项。（3）从人们获取消费对象的途径可分为商品性消费和自给性消费。（4）从取得消费效益的范围来分可分为宏观消费结构和微观消费结构。（5）从消费的主体来划分可分为集体消费结构和个人消费结构。（6）还可以按照人们的不同职业、不同收入水平来区分不同社会集体的、不同阶层的各种类型的消费结构。总之，各种消费结构在各个不同的国家和同一国家的不同时期一般都是不同的。因此，对消费结构的科学分类，不能简单化，不能搞"一刀切"。

再次，要努力建立合理的消费结构。这就要从国情出发，要从有利于生产发展、有利于人民体力和智力的全面发展出发。具体说，合理的消费结构的建立应考虑：第一，要从我国现有社会生产力的发展水平出发，处理好积累和消费的比例关系，按照"一要吃饭，二要建设"的原则，统筹兼顾，使消费结构和消费能力同当前的生产能力相适应。第二，要从本国的经济自然资源条件出发，有利于资源的开发利用和自然生态的平衡。第三，要符合本国、本民族的风俗习惯，体现民族特点。第四，精神消费资料要符合建设社会主义精神文明的需要，有利于培养人民高尚的情趣和道德风貌。第五，最终要促进社会再生产的良性循环。

最后，要了解我国现阶段消费结构的变化和特点。总的变化是：吃的方面，主食比重下降，副食比重上升和讲究营养。穿的方面，棉织品比重下降，化纤、呢绒、绸缎比重上升，配套服饰比重上升，讲究美观、舒适、新颖。用的方面，由低档大

---

① 《马克思恩格斯选集》第1卷，第349页。

众化商品转向中、高档商品，特别是家用耐用消费品比重上升，对文化、教育、体育、娱乐用品的需求正在增加。住的方面，1979—1984年，国家对城市住宅建设投资865亿元，新建住宅5.8亿平方米，有4 000万户城市居民迁入了新居；人均住房面积从1976年的3.6平方米增加到1984年的4.8平方米，使住房从而也使交通的紧张状况得到缓和。在农村，投在住房上的消费资金跃居首位，仅1984年农村建成住宅约有6亿平方米。随之而来的是人们对家具、灯具、家用电器等的消费量也不断增加。在行的方面，我国人民主要是乘公共汽车和骑自行车；近年来摩托车已开始进入一些家庭。以上变化的主要特点是：第一，城乡居民的消费开始从温饱型向小康型过渡，即由节衣缩食的封闭型消费转向开放型的适度消费。第二，城乡居民的消费正在由供给型转变为选择型。过去，商品少，就用发票证、搞供给的办法来平衡需求；现在，随着商品的增加，消费选择性大大增强。消费者"储币待购"，不是名牌不买，质量不好不买，款式不新不买，价格不合适的不买，甚至服务态度不好也不买。第三，城市消费趋向高档化、多样化。第四，农村消费趋向城市化。随着农业生产由自给性向商品性转化，农村市场也发生了巨大变化。上海、北京、天津三大城市郊区农民的商品性支出已达80%以上。一部分先富起来的农民的吃、穿、用、行及家庭摆设开始向城市看齐，个别的已大大超过城市了。例一，广州市郊农民在广州城内兴办的农民酒家甚多，一般是有几十层楼、十分豪华的大酒店。1983年在南城大酒店工作的农村社员，人均分配的年收入达4 030元，平均月工资300多元，比广州市长的工资还高。例二，四川郫县德源乡电线加工专业户陈志德是全县三大勤劳致富的能人之一，有几万元收入。他用3万多元推倒茅屋，建造了一幢有客厅、卧室、阳台、书房、盥洗间、自来水塔的别墅式楼房。室内装有华丽别致的壁灯、吊灯，地面全部是人造大理石；又花近万元买了彩电、收录机、电冰箱、沙发、钢丝床和组合式家具。第五，不同年龄、不同性别、不同职业的人们表现为多层次的和有个性的消费。第六，在消费意识上，已从物质生活的需求扩展到精神生活的需求，正在努力形成文明、健康、科学的生活方式。总之，我国人民消费的变化和特点表明，目前，城乡人民仍以生存资料为主，其序列是食、衣、住、用、行。其中，吃的比重占人均年生活费用的首位，一般均在60%～70%以上，即当前联合国通用的恩格尔系数为60或70。收入水平越低的人，食品支出所占比重越大，恩格尔系数越大，说明生活水平越低。因此，我国人民消费结构中恩格尔系数较大正是我国目前生产力水平较低、人口多、底子薄、人民消费具有自己的特点的表现。

在社会主义社会，由于生产关系的性质和社会主义基本经济规律的要求，确定人民消费水平的基本原则是：在生产发展的基础上，最大限度地提高人民的消费水平。过去，因受"左"的影响，重视生产而忽视消费，在制订计划时，生产计划搞得很多，消费计划搞得很少，这不符合社会主义生产目的和基本经济规律的要求。党的十一届三中全会以来，为了扭转重生产轻消费的倾向，有效地逐步解决多年遗留下来的消费问题，国家采取了许多措施，使城乡人民的消费水平普遍有所提高。根据国家统计局公布的材料，我国人民物质文化生活提高的情况如下[①]：

表1

项　　目	绝对数（元）			平均每年增长速度（%）	
	1957 年	1978 年	1983 年	1958—1978 年 21 年平均	1979—1983 年 5 年平均
全国居民消费水平	102	175	288	2.6（1.8）	10.5（7.2）
农民家庭平均每人纯收入*	73	134	310	2.9	18.3（12.8）
职工家庭平均每人可用于 生活费收入	235	316	526	1.4（0.8）	10.7（7.4）
职工平均工资（全民单位）	637	644	865	0.1（−0.6）	6.1（2.8）

表2

项　　目	单位	1957 年	1978 年	1983 年
住房：每人居住面积：城镇*	平方米		4.2	5.9
农村*	平方米		8.1	11.6
储蓄：每人年底储蓄余额	元	5.4	21.9	87.5
交通：每百人拥有自行车	辆		7.7	15.4
城市每万人拥有公共车辆	辆	1.0	3.3	3.8
文化：每百人拥有电视机	部		0.3	3.5
每百人拥有收音机	部		7.8	20.9
每百人每天拥有报纸	份	1.0	3.2	4.2
每人每年拥有图书杂志	册	2.5	4.8	7.4

---

① 摘自《红旗》1984 年第 10 期。

项　　目	单位	1957 年	1978 年	1983 年
教育：每万人有各级学校学生数	人	1 111	2 228	1 975
①　其中：每万人有大学生数	人	6.8	8.9	11.8
卫生：每万人拥有病床数	张	4.6	19.4	20.7
每万人拥有医生数	人	8.4	10.8	13.3
就业：每一城镇就业者负担人口*	人	3.29	2.06	1.71
每一农业劳动力负担人口*	人	2.08	2.53	1.91
商业网点：每万人拥有网点数	个	42	13	64
②　每万人拥有人员数	人	118	63	163

注：表1、表2中"*"为抽样调查数；括号内数字为扣除价格因素后的实际增长或降低的速度；① 包括成人教育；② 包括各种经济形式的零售商业、饮食业、其他服务业。

1984 年，由于工农业生产大幅度增长，人民生活继续得到改善。全国城镇居民家庭平均每人可用于生活费的收入达到 608 元，扣除物价上涨因素，比 1983 年增长 12.5%；农民的纯收入，全国平均每人达到 355 元，比 1983 年增长 14.7%；随着生产建设的持续增长，通过各种渠道安排了3 000多万城镇劳动力就业，从而使职工和农民的收入继续增加，使城乡居民的平均消费水平由 1983 年的 288 元提高到 320 元左右，扣除价格上涨因素来看，从 1979 年到 1984 年间平均每年提高 7.3%，远远超过 1953 年到 1978 年的 26 年间平均每年增长 2.2% 的速度。与此同时，1984 年社会商品零售总额达3 357亿元，比 1983 年的2 849亿元增长 17.8%，吃、穿、用各类商品都继续向多品种、中高档和多样化方向发展。

影响社会主义消费的诸因素

由于我国幅员辽阔，各地区经济发展不平衡，人口众多，且性别、年龄、文化程度不同，各民族的风俗习惯不同，消费品的需求也不尽相同，从而表现为多层次和有个性的消费结构和消费水平。为了分析方便起见，撇开各种特殊情况，抽象为最一般的因素来考虑。

第一，生产关系的性质和生产力的水平。这是决定消费最根本的因素。一般说来，生产力发展水平高，为社会提供的消费对象就多；反之，则少。这是撇开生产关系性质的条件下说的。否则，无法解释现代资本主义国家生产力水平高、无产阶级却存在贫困的事实。实际上，生产关系的性质决定生产和分配关系的性质，即生产的目的是什么和如何分配的问题。社会主义生产关系的性质决定了社会主义生产的目的是为了满足人民物质文化生活的需要；决定了分配要根据"按劳分配"原则确定个人消费品归生产者的份额和比例。所以，这是决定消费结构和消费水平的基础。

第二，积累和消费的比例关系。这是决定消费的一个重要因素。正确处理积累基金和消费基金的比例关系实际上是正确处理国家建设和人民生活的关系。积累基金的增加用来保证社会主义扩大再生产；消费基金的增加用来保证逐步改善人民的生活。党的十一届三中全会以来，纠正了经济建设中"左"的错误，扭转了"重积累、轻消费"的倾向，使积累率由 1978 年的 36.5%，降到 1981 年的 28.5%，使国民经济得到调整和发展，人民生活也有较大改善。虽然，1983 年的积累率又回升到 30%，但因国民收入增长较快（9%），积累和消费的绝对量都得到了提高。积累比 1982 年增长 12.8%，消费比 1982 年增长 8.8%。实际上，在这一年的国民收入增加额中，用于增加积累的部分约占 40%，用于增加消费的部分约占 60%，基本上兼顾了积累和消费两个方面的需要。不仅如此，还应重视价值形式的比例与实物形式的数量要适应。马克思分析资本主义社会积累和消费关系时指出："这个运动不仅是价值补偿，而且是物质补偿，因而既要受社会产品价值组成部分相互之间比例的制约，又要受它们的使用价值、它们的物质形式的制约。"① 这就是说，积累和消费的比例，不仅要在价值形式上相适应，还必须与国民收入的物质构成相适应。这个要求对于实行有计划的商品经济的社会主义社会也是适用的。具体地说，积累基金主要用于基本建设投资以扩大再生产，应与社会所生产的生产资料的构成和数量相适应；消费基金主要用于满足劳动者的消费需要，应与社会生产的消费资料的构成与数量相适应。若在实物形式上过多或过少，就会造成积压、滞销或供应紧张、脱销。

第三，城镇居民的收入状况。这是直接影响消费的一个重要因素。国家为了改善城乡人民的生活，一方面，通过长工资、发奖金和津贴以及提高农副产品的收购价格增加人民的收入；另一方面，为减少城镇职工的家庭开支，保证人民的实际生活水平不因物价的上涨而降低，扩大了财政补贴的范围和数额。1979—1983 年，国家财政补贴的金额达1 136亿元，平均年递增 20.5%，高于此期间职工工资总额平均递增 10.5% 的速度。今后，随着生产的发展，经济效益的提高和国家财政收入的稳定增长，城乡人民的劳动收入将逐步有较大的提高，从而使人民的消费逐步有较大的增长。为此，一定要正确处理劳动生产率、工资和物价三者的关系。根据社会主义经济规律的客观要求和新中国建立以来的实践经验，处理上述三者关系的原则应

① 《马克思恩格斯全集》第 24 卷，第 437～438 页。

当是：劳动生产率的增长率＞工资增长率＞物价上涨率。这个不等式说明：只有劳动生产率增长率＞工资增长率，国家才能在生产发展中获得更多的财政收入；只有工资增长率＞物价上涨率，才能给人民带来真正实惠，不致因物价上涨而降低生活水平。因此，把工资增长率摆在低于劳动生产率增长率而又高于物价上涨率的位置上，既是稳定物价的关键，又是保证国民经济发展和人民生活逐步改善的关键。

第四，物价水平。这也是影响人民消费最直接的一个因素。价格对人民的消费具有重要的直接影响作用，是国家在一定时期消费政策的体现。在收入一定的条件下，物价直接影响着人们消费结构的宽窄和消费水平的高低。因此，价格的变动牵涉到人民的生活，是个牵一发而动全身的敏感问题。为了促进整个国民经济健康协调地发展，对长期忽视商品生产和价值规律作用形成的不合理的价格体系必须进行改革。为了保证价格体系改革的顺利进行，避免出现通货膨胀、轮番涨价，必须严格控制货币发行量。

第五，产业结构。这是影响人民消费结构的重要因素。产业结构是指各个产业部门之间的比例关系和相互关系。它包括生产资料生产和消费资料生产两大部类；每个部类又分为各个部门、各个行业。产业结构如何组成将决定着人们消费结构的状况。衡量和评价一定时期产业结构是否合理，最根本的标准是在实践中看它是否符合人民群众消费结构的需求。如果脱离人民的消费需求而建立的产业结构就应当进行调整，这正是消费结构对产业结构具有的反作用。因为，随着生产的发展和人民生活水平的提高，人民对各种消费品和消费服务在品种、质量、款式上都会提出更多更新的要求，从而影响产业结构的变化，要求生产部门或服务部门要从消费结构出发来安排生产和服务项目，真正做到最大限度地满足人民消费需要。总之，生产什么就供应什么的时代要逐步转向需要什么就生产什么的时代。

第六，人口状况。这是直接影响消费的一个重要因素。我国的国情之一是人口多，消费量大，消费水平不高。尽管工农业生产仅就总产量来说已跃居世界前列，但按人口平均其消费水平就很低了。所以，按人口平均的社会消费水平是同人口的数量及其增长率成反比的。例一，1978 年云南省农业大丰收，粮食总产量从 156 亿斤增加到 172 亿斤，但人均占有粮食是 559 斤，比 22 年前的 1956 年人均占有粮食 653 斤还减少了 94 斤。其根本原因是没有注意计划生育控制人口，致使人口增长率超过粮食增长率，粮食产量平均每年递增 1.7%，而人口每年递增却达 2.4%。例二，现在我国粮食总产量已达 8 140 亿斤，居世界第 1 位，但按人口计算平均每人只有 800 斤，还是很低的。因此，要继续实行计划生育、控制人口的基本国策，才能有效地提高全国人民的消费水平。

第七，消费心理和消费意识。这在一定条件下对消费结构和消费水平会产生有利和不利的影响。过去，商品少，发票证购买，消费者一定要在期限内实现购买。敞开供应后，肉、糖等销量反而下降，这是购买者消费心理松弛的一种表现。"薄利多销"合乎消费心理，因为消费者对乱涨价在心理上是反感和担心的，而低价足以引起消费者的注意并诱发其购买欲望。例如，上海录音机两次降价才刺激起人们的购买欲望。在消费意识上逐渐由物质生活的需求扩展到精神生活的需求。如积极参加文化、体育、娱乐等活动。

消费趋势的预测

到本世纪末，对我国人民的消费总的估计是：由于影响因素较多，错综复杂，因此，各项消费支出的比重不是呈直线而是呈螺旋形升降的；消费水平也将稳步增长而达到"小康"水平。

吃的方面，今后几年内，由于动物食品、加工食品、营养方便食品的增加，吃的比重还会略有上升，并注意营养的构成和必需量，但总的趋势是下降的。到本世纪末，全国人民吃的比重可能下降到50%左右，其中，城镇居民因房租调整和住宅商品化会使住的比重上升，从而使吃的比重可能下降到45%左右，达到联合国提出的恩格尔系数40~50的小康水平界限内。

穿、用的方面，其比重会有升有降，交替上升。例如，冬装趋于美观、暖和与轻便，夏装趋向凉爽、美观、多样化，春秋装趋向于多功能组合式的服饰等。同时，随着劳务消费的增加，穿、用的比重会下降。这也是世界各国居民消费结构发展变化的趋势。

住的方面，现在国际上通行的居住水平的标准是：第一级（即低级）是每人一个床位的标准；第二级（即中级）是每户一套住宅的文明（合理）标准；第三级（即高级）是每人一个房间的舒适标准。我国到本世纪末的"小康"水平是选择第二级（中级）标准。因为，选第一级太低解决不了问题；选第三级太高又达不到；根据我国控制人口的政策，今后三四口之家占绝大多数，选择第二级文明（合理）标准为好，既住得下，又分得开，比较适用。到时候，人平居住面积将达到8平方米（折合使用面积11~12平方米，折合建筑面积14.5~16平方米），这就要在现有人均居住面积4.8平方米的基础上，每年以0.2平方米的增速建设，实现每户一套住宅的"小康"水平。

总之，对于关系全国10亿人民的消费，要从中国的实际出发，认真研究，正确引导，努力做到在发展生产、提高劳动生产率和增强社会经济效益的基础上，量力而行地改善人民群众的物质文化生活，建立具有中国特色的消费结构和消费水平。

（载《经济教学与研究》1985 年第 8 期）

论社会主义消费的理论与实践

（1986 年 4 月）

消费是社会生产和再生产过程中的一个重要环节。它同生产、分配、交换构成社会生产总过程的四个环节，并形成相互联系、相互制约的有机整体。马克思把消费区分为生产消费和个人消费。前者是指劳动力和生产资料在生产过程中的使用和消耗，即直接生产过程；后者是指用生活资料供人们享用，以满足人们生活上的需要。本文所考察的是个人消费，也叫生活消费。

消费在社会主义经济运动中是一个十分重要的问题。因为，它既是社会主义生产的目的和动力，又是"按劳分配"的最终实现，还是社会主义经济关系在消费领域中的具体表现。自党的十一届三中全会以来，随着工农业生产的迅速发展和城乡人民收入的增加，消费问题日益为社会所瞩目。党的"十二大"提出，到本世纪末在工农业年总产值翻两番的基础上，要使人民生活达到"小康"水平。这就要求我们对社会主义消费的质和量进行研究，对我国人民的消费结构、消费水平作实事求是的探讨。

生产和消费的辩证关系

马克思主义认为，消费作为社会再生产的一个重要组成部分和不可缺少的环节，同社会生产之间有着深刻的辩证关系；实现生产和消费的统一，是人类各个社会共同的一般的特征。

马克思在《〈政治经济学批判〉导言》中详尽地阐述了生产和消费的辩证关系：一方面生产决定消费，另一方面消费又反作用于生产。

生产决定消费的主要表现是：第一，生产为消费提供对象。这就解决了人们消费什么的问题。第二，生产发展水平决定消费水平。这就解决了人们能消费多少的问题。第三，生产结构决定消费结构，即生产结构决定消费对象在质和量上的构成问题。第四，生产决定消费方式。这就解决了人们怎样消费的问题。比如，对于吃、穿、用的产品，如何吃，如何穿，如何用，都是由生产决定的。"用刀叉吃熟肉来解除的饥饿不同于用手、指甲和牙齿啃生肉来解除的饥饿"。① 这表明人们对于消费资料的利用方式有一个是否科学的问题。同样的食物因不同的消费方式就有科学和不科学之分，甚至可以从中划分出不同的文明时代。第五，生产决定消费的效益，即生产所提供消费品的数量、规格和质量直接影响着消费的效益。第六，生产创造出消费的动力，即通过所生产的产品在消费者身上引起需要。因为，生产在生产出消费对象后，也生产了消费者。以上六点说明生产是消费的基础，生产决定着消费，没有生产就没有消费，所以生产直接就是消费。

消费反作用于生产的主要表现是：第一，消费是劳动力再生产的一个条件。因为，衣、食、住、用、行等都是用来"生产人"的不同消费形式。第二，消费使产品成为现实使用的产品。也就是说，产品的"最后完成"在于消费。一切产品只有在消费中才能证实自己是产品。消费不仅能使产品适销对路，还能促使生产者不断提高工艺水平，成为合格的生产者。所以，马克思说："消费不仅是使产品成为产品的最后行为，而且也是使生产者成为生产者的最后行为。"② 第三，消费创造出生产的动力，即消费创造出新的生产需要。如果说，生产为消费提供的是外在的对象，那么，消费为生产提供的就是想象的、主观形式的生产对象。以上三点表明，消费并不是消极的东西，而是能反作用于生产的要素。正如中共中央《关于经济体制改革的决定》（以下简称《决定》）所指出："消费的增长又是产生新的社会需求，开拓广阔的市场，促进生产更大发展的强大推动力。在这个意义上，消费又决定生产。"所以，没有消费，生产就失去了存在的意义。日本一些企业家提出"下一道工序是用户"的口号，表明资本主义国家的企业家也懂得消费对生产具有反作用的道理。

综上所述，生产和消费的辩证关系是：直接的同一性（生产直接是消费，消费直接是生产），互相依存、互为媒介，相互创造对方。由于生产是消费的手段，消费是生产的目的，所以，生产和消费的统一是各个社会共同的一般的特征。

社会主义消费的性质、特点和作用

在不同的社会制度下，由于生产关系的性质不同，消费的性质和作用也不同。

首先，就消费的性质来看，在资本主义条件下，生产的目的和决定性动机是为

---

① 《马克思恩格斯选集》第 2 卷，第 95 页。
② 《马克思恩格斯选集》第 2 卷，第 96 页。

了追逐更多的剩余价值，由此而表现的是资本家个人消费的寄生性和掠夺性；雇佣工人的个人消费不论在劳动过程以内或以外进行，都是资本生产和再生产的一个要素，是资本价值增殖的需要。所以，工人的生活消费不仅同资本家的生活消费、而且同整个资本主义生产之间都存在着对抗性的矛盾。在社会主义条件下，生产的目的和决定性动机是为了满足人民群众日益增长的物质和文化需要，因而从根本上消除了寄生性和掠夺性的消费。人民群众的生活消费是社会主义生产的目的、归宿和动力；尽管消费同社会生产之间仍有矛盾，但不具有对抗性。

社会主义消费同资本主义消费相比，具有以下特点：第一，社会主义消费是社会主义经济关系的本质表现，因而人民的消费水平将随生产的发展而逐步提高。第二，社会主义消费从消费者个人来说，虽然是自由选择的，有一定的随意性，但从社会总体来说则是有计划的。具体表现在商品的供给和流通、货币的发行和流通都是在国家计划指导下合理安排的。第三，国家根据人民消费的需要，运用行政的、经济的和法律的手段，从宏观上自觉调节社会生产活动，使生产按照社会主义方向发展，服从和服务于满足人民消费需要这个根本目的。以上特点从消费方面反映了社会主义经济制度的优越性。

其次，就消费的作用来看，在资本主义条件下，资本家与雇佣工人的生活消费不仅是资本主义物质生产过程所必需的因素，而且还是资本主义生产关系再生产所必要的条件，即一方面要不断地生产出资本家，另一方面要不断地生产出雇佣劳动者。在社会主义条件下消费的作用是：第一，它是社会主义再生产得以顺利进行的条件。在社会主义社会里，劳动者是生产的主人，也是消费的主人。只有安排好劳动者的消费，保证劳动力的再生产，社会主义再生产才得以顺利进行。第二，它是完善社会主义生产关系，促进生产更大发展的动力。因为，消费的增长既是生产发展、社会财富增加的结果，又是产生新的社会需求、开拓广阔的市场、促进生产更大发展的强大推动力。这几年，轻纺工业上得较快，消费就是动力。我们要运用市场广阔的优越条件，相应调整产品结构，大力发展消费品生产，以加快经济建设的步伐。第三，它还应该是劳动者的体力和智力日益全面发展的保证。

正确对待消费，克服两种错误倾向

马克思主义关于生产和消费的基本原理以及我国的国情和国力是指导我们正确对待消费的理论基础和实践依据。

《决定》指出，在生产发展允许的限度内不去适当增加消费而一味限制消费是不对的。这是经济理论上的拨乱反正。因为，在生产增长的基础上，不断地提高人民的生活水平，是社会主义的生产目的，也是我们经济工作的一项基本原则。过去，受"左"的影响，认为"穷光荣，富则修"，要人们过"苦行僧"的生活。这是违背上述目的和基本原则的。抑制消费的结果，把消费对生产的反馈作用搞掉了，挫伤了群众的积极性，影响了生产的发展。

《决定》指出的另一种倾向是：不顾生产发展的可能而提出过高的消费要求，也是不对的。因为，生产的发展和社会财富的增加，是我们改善生活、提高消费水平的根本前提和物质基础，这是个"界限"或"度"。越过这个"界限"或超出这个"度"，片面追求高消费就成了无源之水，不仅办不到，即使一时上去了，也是昙花一现，要跌下来的。党的十一届三中全会以后，城乡实行各种生产责任制，使人民的收入普遍增加，消费需求正在从量的增加转向质的提高，从单一化转向多样化，从物质领域转向精神领域，表现为多层次和有个性的消费。但也必须看到，由于我国人口多、底子薄，还是个发展中的社会主义国家，目前生产力发展水平较低，从而决定了人民的消费水平还不高，消费结构仍以生存资料为主，消费序列仍是吃的比重居首位。在农村，除极少数先富起来的农民因收入多，有较高的消费水平外，大多数农民也只是基本上解决了吃饭穿衣问题，也还有几千万人的温饱问题没有完全解决。这就是今天中国的实际。看不到或不承认这个实际，片面宣传和盲目追求高消费是错误的，甚至是相当危险的。

俗话说："量入为出。"这对劳动者个人及其家庭甚至国家都要实事求是讲究消费是有益的。据统计，1984 年全国工资总额比 1983 年增长 19%，而同期全民所有制企业的劳动生产率仅提高 8.7%。一年之中，工资数额增加之多、增长速度之快都是前所未有的。其中，由于滥发奖金、实物，仅第四季度的工资额就比 1983 年同期增长 45.5%，特别是 12 月份的增长率比 1983 年同期增长 54%。结果，1984 年城镇居民的货币收入增长了 22.3%，大大超过了同期国民收入增长的 11%、工农业总产值增长的 12.3%、工业劳动生产率提高的 9.2% 的速度，使消费基金大大膨胀，难以控制，给市场带来了相当大的压力。尽管国家花大力气，既控库存又增加消费资料的生产和进口，但仍然难以平衡市场的供求，致使年底结余的社会购买力不小。这样，不但给 1985 年的市场供求平衡增添了压力，还给城市经济体制改革，特别是给价格改革增加了难度。我们必须清醒地看到：货币的过量发行势必造成社会购买力的增长超过商品可供量的增长，也即货币的超前增长越过了商品生产所能承受的限度。达到一定程度时，就会引起物价上涨。因为，商品的价值是由生产该商品所耗费的社会必要劳动决定的。从事商品生产的劳动者的工资和资金大大增加以后，即转化到商品上的活劳动增加以后，商品价值量必然提高，而反映商品价值的价格也要随之上涨，这是价值规律的客观要求。在这种情况下要想价格仍然维持不动是不可能的，就像水涨了不让船高是办不到的一样。

正是由于滥发奖金、实物和乱长工资，使货币发行过量，引起物价上涨，从而使消费者产生囤积心理、发生抢购现象，而不考虑所买商品对自己是否适用，价格是否过高以及储存是否方便。如果不及时采取有效措施，就会出现物价轮番上涨的不良循环，影响人民的生活和社会的安定。

总结历史和现实的经验教训，我们既不能用抑制消费的办法来搞建设，也不能脱离生产发展的可能，超越国力去提倡高消费。正确的做法是引导人们在力所能及的条件下合理安排消费。

社会主义的消费结构和消费水平

消费结构是指人们在生活中消费的消费资料和劳务的种类及其比例关系。这是一定社会、一定时期人们消费状况的重要标志。所以，我们应当从消费结构这个始点范畴入手来研究社会主义的消费。

首先，必须对消费资料（包括劳务）进行科学归类。马克思在《资本论》第2卷分析社会资本再生产时，不仅把社会生产区分为生产资料的生产即第 I 部类和消费资料的生产即第 II 部类，以揭示出社会资本再生产的实现条件，而且还将第 II 部类按照其产品的性质区分为两大副类：II a 是生产必要生活资料的副类；II b 是生产奢侈消费资料的副类。对于后一种分类作了如下说明：第一，II a 这个副类"因为它们是必要的生活资料，所以也是资本家阶级的消费的一部分"，但这一部分"就质量和价值来说，往往和劳动者的不同"。第二，"烟草一类的产品，从生理学的观点看，是不是必要消费资料，在这里是一个毫无关系的问题，只要它在习惯上是必要消费资料就行了。"第三，奢侈消费资料"只会加入到资本家阶级的消费中去"。马克思进行后一种分类的目的，是要揭露资本家阶级和劳动者阶级在消费结构上的根本差别。

其次，对社会主义消费结构的分类不能简单化。恩格斯在 1891 年为马克思的《雇佣劳动与资本》单行本所写的《导言》中，对于资本主义制度消灭后，新的社会制度下消费结构的分类作过预见。他指出："在人人都必须劳动的条件下，生活资料、享受资料、发展和表现一切体力和智力所需的资料，都将同等地、愈益充分地交归社会全体成员支配。"① 这说明，社会主义的消费资料，大体可以分为生存资料、享受资料和发展资料。所谓生存资料，是指衣、食、住、用、行、中用以维持劳动力生存的最基本的生活资料和卫生保健设施。所谓享受资料和发展资料，是指衣、食、住、用、行方面有较丰富的物质生活资料外，还包括文化、教育、艺术、科技等方面有较丰富的精神生活资料和各种性质的劳务消费品，这样，不仅可以保证劳动者自身体力和智力的全面发展，使劳动者有健全的体魄、有丰富的科学文化知识，而且还有更健康更全面发展的后代。此外，还可根据不同标准、从不同角度进行划分；（1）根据消费对象存在的形式，可划分为实物消费和劳务消费。（2）根据消费对象的不同使用价值，可分为吃、穿、住、用、行等项。（3）根据人们获取消费对象的途径，可分为商品性消费和自给性消费。（4）根据取得消费效益的范围，可分为宏观消费结构和微观消费结构。（5）根据消费的主体，可分为集体消费结构和个人消费结构。（6）还可根据人们的不同职业、不同收入水平，区分不同社会集团的、不同阶层的各种类型的消费结构。总之，各种消费结构在各个不同的国家和同一国家的不同时期一般都是不同的。因此，对消费结构的科学分类，不能简单化、搞"一刀切"。

再次，要从国情国力出发，从有利于生产发展，有利于人民的体力和智力得到全面发展出发，建立合理的消费结构。为此应考虑：第一，要从我国现有社会生产力的发展水平出发，处理好积累和消费的比例关系，按照"一要吃饭，二要建设"的原则，统筹兼顾，使消费结构和消费能力同生产能力相适应。第二，要从本国的经济和自然资源条件出发，有利于资源的开发利用和自然生态的平衡。第三，要符合本国、本民族的风俗习惯，体现民族特点。第四，精神消费资料要符合建设社会主义精神文明的需要，有利于培养人民高尚的情趣和道德风貌。第五，最终要促进社会再生产的良性循环。

最后，要了解我国现阶段消费结构的变化和特点。总的变化是：吃的方面，主食比重下降，副食比重上升和讲究营养。穿的方面，棉织品比重下降，化纤、呢绒、绸缎等的比重上升，配套服饰比重上升，讲究美观、舒适、新颖。用的方面，由低档大众化商品转向中、高档商品，特别是家庭耐用消费品比重上升，对文化、教育、体育、娱乐用品的需求正在增加。住的方面，1979—1984 年，国家对城市住宅建设投资 865 亿元，新建住宅 5.8 亿平方米，有 4 000 万户城市居民迁入了新居；人均住房面积从 1976 年的 3.6 平方米增加到 1984 年的 4.8 平方米，使住房的紧张状况有

---

① 《马克思恩格斯选集》第 1 卷，第 349 页。

所缓和。在农村，投在住房上的消费资金跃居首位，仅1984年农村建成住宅约有6亿平方米。伴随而来的是人们对家具、灯具、家用电器等的消费量不断增加。在行的方面，我国人民主要是乘公共汽车和骑自行车；近年来摩托车已开始进入一些家庭。上述变化的主要特点是：第一，城乡居民的消费开始从温饱型向小康型过渡，即由节衣缩食的封闭型消费转向开放型的适度消费。第二，城乡居民的消费正在由供给型转变为选择型。过去，商品少，就用发票证、搞供给的办法来平衡需求；现在随着商品的增加，消费的选择性大大增强。消费者要选质量好、款式新、价格合适的名牌商品才买，否则就"储币待购"。第三，城市消费趋向高档化、多样化。第四，农村消费趋向城市化。随着农业生产由自给性向商品性转化，农村市场也发生了巨大变化。上海、北京、天津三大城市郊区农民的商品性支出已达80%以上。一部分先富起来的农民吃、穿、用、行及家庭摆设开始向城市看齐，个别的已大大超过城市。第五，不同年龄、不同性别、不同职业的人们表现为多层次的和有个性的消费。第六，在消费意识上，已从物质生活的需求扩展到精神生活的需求，正在努力形成文明、健康、科学的生活方式。总之，我国人民消费的变化和特点表明，目前城乡人民仍以生存资料为主，其顺序是食、衣、住、用、行。其中，吃的比重占人均年生活费用的首位，一般均在60%~70%以上，即当前联合国通用的恩格尔系数为60或70。收入水平越低的人，食品支出所占比重越大，恩格尔系数越大，说明其生活水平越低。因此，我国人民消费结构中恩格尔系数较大，正是我国生产力水平较低、人口多、底子薄的表现。

在社会主义社会，由于生产关系的性质和社会主义基本经济规律的要求，确定人民消费水平的基本原则是：在生产发展的基础上，最大限度地提高人民的消费水平。过去，因受"左"的影响，重视生产而忽视消费，在制订计划时，生产计划搞得很多，消费计划搞得很少，这不符合社会主义生产目的和基本经济规律的要求。党的十一届三中全会以来，为了扭转重生产轻消费的倾向，有效地逐步解决多年遗留下来的消费问题，国家采取了许多措施，使城乡人民的消费水平普遍有所提高。

1984年，由于工农业生产大幅度增长，人民生活继续得到改善。全国城镇居民家庭平均每人可用于生活费的收入达到608元，扣除物价上涨因素，比1983年增长12.5%；农民的纯收入，全国平均每人达到355元，比1983年增长14.7%；随着生产建设的持续增长，通过各种渠道安排了3000多万城镇劳动力就业，从而使职工和农民的收入继续增加，使城乡居民的平均消费水平由1983年的288元提高到1984年的320元，扣除价格上涨因素，从1979年到1984年间平均每年提高7.3%，远远超过1953年到1978年的26年间平均每年增长2.2%的速度。与此同时，1984年社会商品零售总额达3 357元，比1983 年的1 849亿元增长17.8%，吃、穿、用各类商品都继续向多品种、中高档和多样化方向发展。

影响社会主义消费的诸因素

由于我国幅员辽阔，各地区经济发展不平衡，人口众多，且性别、年龄、文化程度不同，各民族的风俗习惯不同，消费品的需求也不尽相同，从而表现为多层次和有个性的消费结构和消费水平。为了分析方便，撇开各种特殊情况，抽象为最一般的因素来考察。

第一，生产关系的性质和生产力的水平。这是决定消费最根本的因素。一般说来，生产力发展水平高，为社会提供的消费对象就多；反之则少。这是撇开生产关系性质的条件下说的。否则，无法解释现代资本主义国家生产力水平高、无产阶级却存在贫困的事实。实际上，生产关系的性质决定生产和分配关系的性质，即生产的目的是什么和如何分配的问题。社会主义生产关系的性质决定了社会主义生产的目的是为了满足人民物质和文化需要，决定了要根据"按劳分配"原则确定个人消费品归生产者的份额和比例。所以这是决定消费结构和消费水平的基础。

第二，积累和消费的比例关系。这是决定消费的一个重要因素。正确处理积累基金和消费基金的比例关系，实际上是正确处理国家建设和人民生活的关系。积累基金的增加用来保证社会主义扩大再生产；消费基金的增加用来保证逐步改善人民的生活。党的十一届三中全会以来，纠正了经济建设中的"左"的错误，扭转了"重积累、轻消费"的倾向，使积累率由1978 年的36.5%降到1981 年的28.5%，使国民经济得到调整和发展，人民生活也有较大改善。虽然1983 年的积累率又回升到30%，但因国民收入增长较快（9%），积累和消费的绝对量仍然都得到了提高。积累比1983 年增长12.8%，消费比1982 年增长8.8%。实际上，这一年的国民收入增加额中，用于增加积累的部分约占40%，用于增加消费的部分约占60%，基本上兼顾了积累和消费两个方面的需要。不仅如此，还应重视价值形式的比例要与实物形式的数量比例相适应。马克思分析资本主义社会积累和消费的关系时指出："这个运动不仅是价值补偿，而且是物质补偿，因而既要受社会产品的价值组成部分相互之间的比例的制约，又要受它们的使用价值、它们的物质形式的制约。"[①] 这就是说，积累和消费的比例，不仅要在价值形式上相适应，还必须与国民收入的物

---

① 《马克思恩格斯全集》第24 卷，第437～438 页。

质构成相适应。这个要求对于实行有计划的商品经济的社会主义社会也是适用的。具体地说，积累基金主要用于基本建设投资以扩大再生产，它应与社会所生产的生产资料的构成和数量相适应；消费基金主要用于满足劳动者的消费需要，它应与社会生产的消费资料的构成与数量相适应。

第三，城镇居民的收入状况。这是直接影响消费的一个重要因素。国家为了改善城乡人民的生活，一方面，通过长工资、发奖金和津贴以及提高农副产品的收购价格增加人民的收入；另一方面，为减少城镇职工的家庭开支，保证人民的实际生活水平不因物价的上涨而降低，扩大了财政补贴的范围和数额。1979—1983 年，国家财政补贴的金额达1 136亿元，平均年递增 20.5%，高于此期间职工工资总额平均递增 10.5% 的速度，今后，随着生产的发展，经济效益的提高和国家财政收入的稳定增长，城乡人民的劳动收入将逐步有较大的提高，从而使人民的消费逐步有较大的增长。为此，一定要正确处理劳动生产率、工资和物价三者的关系。根据社会主义经济规律的客观要求和新中国建立以来的实践经验，处理上述三者关系的原则应当是：劳动生产率的增长率＞工资增长率＞物价上涨率。这个不等式说明：只有劳动生产率的增长率＞工资增长率，国家才能在生产发展的基础上获得更多的财政收入，使国家富强；只有工资增长率＞物价上涨率，才不致因物价上涨而降低人民的生活水平，使人民得到实惠。因此，摆正工资增长的位置，既有利于稳定物价，又有利于国民经济的健康发展和人民生活的日益改善。

第四，物价水平。商品价格是国家在一定时期消费政策的体现，对人民的消费有直接的影响。在货币收入一定的条件下，物价直接影响着人民消费结构的宽窄和消费水平的高低。因此，价格的变动直接关系到人民的生活，是个牵一发而动全身的敏感问题。为了促进整个国民经济健康、协调地发展，对长期忽视商品生产和价值规律作用形成的不合理的价格体系必须进行改革。为了避免出现通货膨胀、轮番涨价，必须严格控制货币的发行量。

第五，产业结构。产业结构是指各个产业部门之间的比例关系和相互关系。它包括生产资料生产和消费资料生产两大部类；每个部类又分为各个部门、各个行业。产业结构如何组成将决定着人们消费结构的状况。衡量和评价一定时期产业结构是否合理，最根本的标准是在实践中看它是否符合人民群众消费结构的需要。对于脱离人民消费需求而建立的产业结构应当进行调整，这正是消费结构对产业结构具有的反作用。因为，随着生产的发展和人民生活水平的提高，人民对各种消费品和消费服务在品种、质量、款式上都会提出更多更新的要求，从而影响产业结构的变化，要求生产部门或服务部门应从消费结构出发来安排生产和服务项目，真正做到最大限度地满足人民消费需要。总之，生产什么就供应什么的时代要逐步转向需要什么就生产什么的时代。

第六，人口状况。这也是直接影响消费的一个重要因素。我国的国情之一是人口多，底子薄，消费量大，消费水平不高。尽管工农业生产总产量已跃居世界前列，但按人口平均其消费水平却很低。所以，按人口平均的社会消费水平是同人口的数量及其增长率成反比的。1978 年，云南省农业大丰收，粮食总产量从 156 亿斤增加到 172 亿斤，但人均占有粮食是 559 斤，比 22 年前的 1956 年人均占有粮食 653 斤还减少了 94 斤。其根本原因是没有注意计划生育控制人口，致使人口增长率超过粮食增长率，粮食产量平均每年递增 1.7%，而人口每年却递增 2.4%。因此，我们要继续实行计划生育、控制人口的基本国策。只有这样，才能有效地提高全国人民的消费水平。

第七，消费心理和消费意识。这在一定条件下对消费结构和消费水平会产生影响。过去，商品少，凭票证供应，消费者一定要在期限内实现购买。敞开供应后，肉、糖等的销量反而一度下降，这是购买者消费心理松弛的一种表现。"薄利多销"合乎消费心理，因为消费者对乱涨价在心理上是反感和担心的，而低价足以引起消费者的注意并诱发其购买欲望。在消费意识上，正逐渐由物质生活的需求扩展到精神生活的需求。

总之，对于关系全国 10 亿人民的消费问题，必须从中国的实际出发，认真研究，正确引导，努力做到在发展生产、提高劳动生产率和增强社会经济效益的基础上，量力而行地改善全国人民的物质文化生活，建立具有中国特色的消费结构和相应的消费水平。

（载《云南社会科学》1986 年第 2 期）

发展生产力是社会主义社会的根本任务

——兼论生产力标准问题

（1988 年 1 月）

我们党运用马克思主义的基本原理，紧密结合实际，分析了中国的历史和现状，提出了我国社会还处于社会主义初级阶段的科学论断。这表明，经过 20 世纪 50 年代生产资料所有制的社会主义改造，我国已进入社会主义社会。但是，生产力仍然落后，商品经济不发达，现代化水平很低。因此，"十三大"再次强调生产力在社会主义社会的最终决定作用，并阐明了生产力标准问题。本文拟就发展生产力是社会主义社会根本任务的客观依据及其重大意义谈点个人的浅见。

首先，社会的进步，国家的强盛，人民的富裕，最终要取决于生产力的发展。这是因为：第一，生产力是一切社会发展的最终决定力量。马克思在《〈政治经济学批判〉导言》中指出："物质生活的生产方式制约着整个社会生活、政治生活和精神生活过程。"[①] 列宁在阐发马克思的这一唯物史观时进一步指出："只有把社会关系归结于生产关系、把生产关系归结于生产力的高度，才能有可靠的根据把社会形态的发展看做自然历史过程。不言而喻，没有这种观点，也就不会有社会科学。"[②] 马克思、列宁的这些深刻分析，把长期被唯心主义理论家们所颠倒的历史重新颠倒过来，揭示了整个社会历史发展的客观规律。第二，生产力是划分各种经济时代的标准。马克思说："各种经济时代的区别，不在于生产什么，而在于怎样生产，用什么劳动资料生产。劳动资料不仅是人类劳动力发展的测量器，而且是劳动借以进行的社会关系的指示器。"[③] "手推磨产生的是封建主为首的社会，蒸汽磨产生的是工业资本家为首的社会。"[④] 后来，列宁又进一步指出："蒸汽时代是资产阶

---

① 《马克思恩格斯选集》第 2 卷，第 82 页。
② 《列宁选集》第 1 卷，第 8 页。
③ 《资本论》第 1 卷，第 204 页。
④ 《马克思恩格斯全集》第 4 卷，第 144 页。

级的时代,电气时代是社会主义的时代。"① 从这些科学论断中,我们不仅可以看到生产力是一切社会发展的最终决定力量,而且可以看到革命导师所阐明的生产力标准这个历史唯物主义的观点。在实践中,如果违背这个标准,违反客观规律,就要受到历史的惩罚。我国 1958 年在大办人民公社、"大跃进"和"跑步进入共产主义"的口号下,搞"一平二调",刮"共产风";"文化大革命"期间进一步发展为批判"唯生产力论",限制商品生产和货币交换,提出"宁要社会主义的草,不要资本主义的苗",违背了马克思主义的历史唯物主义,极大地阻碍了生产力的发展,败坏了社会主义的声誉。实践证明,如果不根据客观规律的要求,不坚持生产力标准,而一味地追求生产关系的变革,以为通过"一大二公"的人民公社,就可以建成社会主义和通向共产主义,就不能不犯超越阶段的"左"倾错误。第三,彻底摆脱贫穷和落后要取决于生产力的发展。在人类历史的发展过程中,碰到的问题很多,但归纳起来,最根本的无非是剥削和贫穷两大社会经济问题,其他一系列问题都和这两个问题相联系,并由它产生和受其影响的。由此也可以说,马克思主义经济学所要解决的是消灭剥削制度和消灭贫穷落后,或者说是批判旧世界和建设新世界两大社会经济问题。通观古今中外历史,我们看到的是一幅幅广大劳动人民遭受剥削阶级及其统治者残酷剥削、生活极为贫穷落后的血泪史。每当剥削阶级对劳动者的剥削超过了一定限度、严重束缚了社会生产力发展、劳动人民无法生活下去时,往往就会出现官逼民反,爆发奴隶起义、农民起义,要求消灭剥削和贫穷。各个历史朝代的演变,在一定程度上又缓和了阶级矛盾和阶级斗争。但是,由于剥削制度没有根本改变,社会生产力水平低下,劳动人民受剥削、受贫穷的问题始终无法根本解决。资本主义制度的建立,资产阶级掌握了强大的机器生产力,采用先进的技术,创造了比先前一切世代全部生产力的总和还要大得多的生产力,使社会财富大大增加了。但是,在资本主义社会,机器是生产剩余价值的手段,并不是造福全体人民的工具。尽管工人群众的生活水平比过去有了许多提高,但是,工人阶级仍然不占有生产资料,仍然要出卖劳动力而遭受剥削,和资产阶级亿万富翁相比仍然是贫穷的。在现代资本主义社会,剥削和贫穷这两大社会经济问题仍然尖锐地存在着,只不过表现形式与过去有些不同而已。消灭剥削这个问题,在我国已经历史地完成了。而消灭贫穷,则要经历更为艰苦的过程、更长期的时间。因为产生贫穷的原因是多方面的,除了剥削制度外,社会生产力的落后是很重要的因素。所以,在消灭剥削制度后,要改变贫穷落后的面貌,最首要和最根本的任务就是发展生产力。特别是

---

① 《列宁全集》第 30 卷,第 303 页。

我国原来生产力水平就很低，现在尚处于社会主义初级阶段，大力发展生产力有更重要的意义。总之，推翻旧世界，并不是历史的终结，也不是马克思主义所要实现的全部目的。发展生产力，建设新世界，推动社会的进步、国家的富强，使广大劳动人民过上幸福美好的生活，这才是马克思主义经济学的新课题。

其次，大力发展生产力是解决社会主义初级阶段主要矛盾、充分显示社会主义制度优越性的根本途径。新中国建立30多年来，我们的社会主义建设取得了巨大的成就。但是，社会生产力发展水平还比较低，商品经济不发达，科学技术落后，人民生活仅仅基本解决温饱问题。这就是社会主义初级阶段的基本特征，它决定了我国现阶段的主要矛盾是人民日益增长的物质文化需要同落后的社会生产之间的矛盾。为了解决这个主要矛盾，根本的途径是发展生产力，集中力量进行现代化建设。赵紫阳同志在"十三大"报告中指出："社会主义社会的根本任务是发展生产力。在初级阶段，为了摆脱贫穷和落后，尤其要把发展生产力作为全部工作的中心。"关于这个问题，马克思、恩格斯曾指出，无产阶级在夺取政权、实现生产资料公有制以后，必须"尽可能地增加生产力的总量"。① 列宁在领导苏联进行社会主义革命和建设中，坚持和发展了马克思主义。他十分重视发展生产力，把它提到了无产阶级的根本利益和社会主义能否彻底战胜资本主义的高度来看待。列宁说："劳动生产率，归根到底是保证新社会制度胜利的最重要、最主要的东西。""资本主义可以被彻底战胜，而且一定会被彻底战胜，因为社会主义能造成新的高得多的劳动生产率。"② 今天，我国正在集中力量进行现代化建设，坚持把发展生产力作为经济建设的中心，逐步把生产力提高到实现工业化和生产的现代化、社会化、商品化的水平。这既是社会主义初级阶段的根本任务，也是十一届三中全会以来党的路线、方针、政策的根本指导思想。邓小平同志反复强调："社会主义社会的任务很多，但最根本的一条就是发展生产力。"③ 因为"社会主义优越性的充分发挥和吸引力的不断增强，归根到底，都取决于生产力的发展"。总结历史的经验，如果说我们新中国建立以来有缺点，那就是对发展生产力方面有某种忽略，致使生产发展缓慢、科学技术十分落后、人民获得的实惠不多。1987年4月，邓小平同志在接见捷克斯洛伐克社会主义共和国总理什特劳加尔时指出："贫穷不是社会主义。""搞社会主义，一定要使生产力发展。""要进一步建设比资本主义具有优越性的社会主义，首先必须建设能够摆脱贫困的社会主义。现在虽说我们也在搞社会主义，但事实上不够格。

---

① 《马克思恩格斯选集》第1卷，第272页。
② 《列宁选集》第4卷，第16页。
③ 《建设有中国特色的社会主义》增订本，第52页。

只有到下个世纪中叶，达到了中等发达国家的水平，才能说真的搞了社会主义，才能理直气壮地说社会主义优于资本主义。"我们要解决好社会主义初级阶段的主要矛盾，彻底改变贫穷落后的面貌，使人民安居乐业，过上幸福美好的生活，必须举国上下一心一意搞"四个现代化"，坚定不移地把发展生产力放在一切工作的中心地位，不急于求成，不贪大求全，不片面追求超高速度的增长，实事求是、脚踏实地使国民经济稳步发展，真正实现党中央提出的经济发展战略的三大部署，即第一步，实现国民生产总值比 1980 年翻一番，解决人民的温饱问题。这个任务现在已经基本实现了。第二步，到本世纪末实现国民生产总值在 1986 年的基础上再翻一番，人民生活达到小康水平。第三步，到下个世纪中叶，人均国民生产总值达到中等发达国家水平，人民生活比较富裕，基本实现了现代化。到那时，才算基本完成了社会主义初级阶段的历史任务，社会主义比资本主义优越就能够充分地表现出来了，人们就真正能理直气壮地说社会主义优于资本主义了。

再次，是否有利于发展生产力是检验一切工作的根本标准，也是调整生产关系和上层建筑、改革经济体制和政治体制的基本出发点和归宿。毛泽东同志早在 1945 年就说过："中国一切政党的政策及其实践在中国人民中所表现的作用的好坏、大小，归根到底，看它对于中国人民的生产力的发展是否有帮助及其帮助之大小，看它是束缚生产力的，还是解放生产力的。"在这里，已经提出了生产力标准问题。一切改革成败的关键都必须落脚到是否有利于发展生产力这一马克思主义的根本原则上。实践是检验真理的唯一标准，离开了这个"标准"就失去了评判是非的客观尺度。可是，长期以来，我们没有很好地坚持这个"标准"，却把生产关系的先进与否作为衡量一切工作的标准。认为生产资料公有化程度越高越好，公有的规模越大越好，所有制越纯粹越好；分配上没有差别，搞平均主义更好。结果，一方面，把许多在社会主义条件下有利于生产力发展和生产商品化、社会化、现代化的东西，当做"资本主义复辟"加以反对。如，把社会主义商品经济等同于资本主义商品经济，关闭集市贸易，取消自留地、家庭副业，废除奖金制，割资本主义尾巴等。另一方面，却又把许多束缚生产力发展的，并不具有社会主义本质属性的东西，或者只适合某种特殊历史条件的东西，当做"社会主义的原则"加以宣扬和固守，由此而形成过分单一的所有制结构和僵化的经济体制以及与此相联系的、权力过分集中的政治体制，严重束缚了生产力和社会主义商品经济的发展。所有这一切，从根本上来说都是由于忽视生产力标准造成的。痛定思痛，我们有必要重新理解和掌握历史唯物主义关于生产力标准这一基本观点，抛弃各种"左"的或右的错误倾向，从根本上消除那种不管生产力水平高低而任意变革生产关系的主观随意性。根据历史的经验教训，赵紫阳同志在"十三大"报告中郑重地重申："是否有利于发展生产力，应当成为我们考虑一切问题的出发点和检验一切工作的根本标准。"在社会主义初级阶段，特别是在当前，对生产关系和上层建筑的调整、对经济体制和政治体制的改革必须坚持这个标准。根据马克思主义的基本原则和我国的历史经验教训，在处理生产关系和生产力的矛盾运动时，要把握好以下基本原则：第一，在生产关系和生产力的矛盾统一中，不是生产关系决定生产力，而是生产力决定生产关系。有什么样的生产力，就只能有什么样的生产关系。生产关系既不能落后于也不能超越于生产力的水平，只能适应生产力的发展。否则，都会阻碍乃至破坏生产力的发展。生产关系一定要适应生产力的发展是人类社会发展最一般、最基本的客观规律。第二，对生产关系的调整和经济体制的改革，都必须以生产力的实际发展水平为客观根据，决不能凭借人们的主观意志，随心所欲地去"拔高"或"降低"，从而改变所有制和分配关系的性质。例如，"文化大革命"期间，对全民所有制企业一会儿收，一会儿放，甚至把一些技术设备很先进的大型企业下放给县或县以下的农村人民公社管理，致使设备损失破坏严重，生产效率急剧下降。反过来，在城镇经济生活中，又把一些小集体经济人为地"拔高"成大集体经济，把大集体经济"拔高"为全民所有制经济。这也破坏了生产力的发展。由此可见，我们判断某一种生产关系是否优越，某一种经营方式是否先进，某项经济体制改革是否合理，不能只看它的形式，而要看其本质，归根到底，要看它是否有利于解放和促进社会生产力的发展。我国在社会主义初级阶段建立以生产资料公有制为主导的、包括全民、集体、个体、私人企业、中外合资、合作或独资企业在内的多种所有制结构；在经营方式上，农村实行家庭联产承包责任制，在城市按企业规模大小和不同类型实行承包制、租赁制、资产经营责任制、股份制等。这既是从生产力实际水平出发，又有利于生产力发展的；分配上，在实行以按劳分配为主体的情况下，也实行按生产资料占有的状况、按资金、按经营成果、按股份多少等多种分配形式和分配政策，承认经营者在经营过程中获得机会收益、风险收益的合理性。提倡既要坚持共同富裕，又要拉开差距，允许和鼓励一部分地区、一部分企业和一部分人依靠自己的诚实劳动、正当经营和合法收入先富起来。这对大多数人才能产生强烈的吸引力和鼓舞作用，使越来越多的人一浪接一浪地走向共同富裕的道路。实践反复证明，农村实行家庭联产承包责任制不是倒退，而是对生产力发展的一次大的推动。第三，凡适应生产力发展的新的生产关系，一经建立就具有推动生产力以前所未有的速度迅猛发展的反作用。一种新的适合生产力发展的生产关系具有相对的稳定性、长期性和积极性。早在100多年前，马克思就明确指出："无论哪一个社会形态，在他们所容纳的全部生产力发挥出来以前，是决不会灭亡的；而新的更高的生产关系，在它存在的物质条件在旧社会的胎胞里成熟以前，是决不会出现的。"① 因此，我们对适合生产力发展的新的生产关系、新的经济体制，不能轻率地变革，要随着生产力的发展，不断地充实、完善和巩固它，使其充分发挥对生产力的能动作用。

（载《社会主义初级阶段理论研究文集》）

---

① 《马克思恩格斯选集》第2卷，第83页。

论"高消费"

（1988 年 1 月）

党的"十三大"的一个重要贡献，就是第一次在理论上系统地阐明了我国正处在社会主义的初级阶段。这是扎根于当代中国的科学社会主义理论。它不仅丰富了马克思主义的理论宝库，而且是指导一切经济活动的重要依据。本文拟根据社会主义初级阶段理论，对当前人民群众生活消费中出现的"高消费"欲望和倾向，加以重新认识和反思，以便长期坚持艰苦奋斗、勤俭建国的方针，提倡符合国情、民情的适度消费。

一、主要表现

所谓"高消费"是指在消费水平层次上的反映，是个相对而言的概念。中国今天出现的"高消费"并非以高收入为基础，而是由多种原因形成的一种畸形的欲望和倾向。其主要表现：从消费内容讲，是吃的讲排场，穿的讲时髦，住的讲宽敞，用的讲高档，行的讲快速。从波及范围讲，遍及社会集团和城乡居民以及孩子。例如，滥用公款请客送礼，巡回旅游，竞相购买豪华轿车，盖高级的楼、台、馆、所，并追求高档化的各种设施，等等。从消费特点讲，在城市主要是炫耀性、浪费性。如青年人结婚，除大摆筵席外，则是以"三双一彩"（双门电冰箱、双缸洗衣机、双卡收录机、彩色电视机）或"全机全鸭"（"全机"是指洗衣机、收录机、电视机、冷暖机等家用电器；"全鸭"是指鸭绒被、鸭绒垫、鸭绒枕和鸭绒衣服等）为目标的"家庭现代化"建设。在农村还增添了愚昧性的消费。许多农民在"只求温饱"之后、除以"盖新房"为目标外，还搞封建迷信活动。如，请巫医看病，找端公捉鬼，请道士念经超度亡灵，找阴阳先生看风水、选坟地、做寿木以及烧香求神拜佛，等等。更有甚者，极少数坏人以娱乐性消费为名，搞聚众赌博，贩卖淫秽书刊和放映黄色录像等，进行犯罪活动。从消费心理讲，"高消费"是消费心理失衡的一种主要倾向。如青年人对结婚费用的期望值普遍过高。据调查，武汉地区青年结婚的平均费用为8 300元，高者已逾万元。而他们的人均月收入仅71.5元，是"低收入，高消费"的典型。

二、严重后果

目前，我国生产力落后，商品经济不发达。在这样的特定条件下，人们对消费品和服务的"高消费"欲望和倾向，在实践中必然形成对市场的强大冲击波，给消费市场增加压力；对个人和家庭的经济生活也是一种无形的压力；最终导致供需失衡、收支失衡，影响国民经济的发展和人民实际生活水平的提高以及社会的安定团结。其后果之严重，是人们始未料未及的。

第一，"高消费"会使人们丢掉艰苦奋斗、勤俭建国、勤俭持家的光荣传统，自觉不自觉地助长了贪图享受、铺张浪费的消费风气。一些消费者在经济生活中存在攀比行为，喜欢与其他消费者在工资收入、消费支出、消费水平和消费方式上进行比较，甚至不顾自身的条件，盲目与生活优裕的消费者攀比：你有彩电，我也要买彩电；你家有单门电冰箱，我家就要有双门的。即使钱不够，借贷举债也在所不惜。结果，把消费的胃口越吊越大，目标越定越高，消费欲望也愈比愈向高层次攀升。有些人"宁肯亏肚子，也要顾面子"，把"高消费"看做个人及家庭社会地位的一种象征，买些并不适用的高档消费品当摆设，从而使自己在炫耀性和挥霍性消费中得到消费欲望的满足和消费心理的平衡。尤其严重的是，社会集团购买力率先争购高档消费品起了不好的带头作用，助长了羡慕虚荣、贪图享受的思想和比阔气、讲排场、铺张浪费的风气。例如，1977年全国社会集团购买力为134.7亿元，而1986年就增加到462亿元。其中，用50多亿元购买小轿车11.5万多辆，与1981年全国社会集团购买小轿车1.5万多辆的数字相比，猛增了10多万辆。

第二，不利于生产的发展。马克思在《〈政治经济学批判〉导言》中揭示生产与消费的辩证统一关系是：一方面，生产决定消费。表现在：生产不仅为消费提供对象，而且创造消费的方式，还创造出消费的需求。因此，为改善人民的生活，提高消费水平，必须大力发展生产。尤其是现阶段，我国还处于社会主义初级阶段，面临的主要矛盾是人民日益增长的物质文化需要同落后的社会生产之间的矛盾。为解决这个主要矛盾，发展生产力已经成为直接的中心任务。自党的十一届三中全会以来，由于以经济建设为中心，不断开拓新的生产领域，才创造出逐渐增多的物质财富，为提高人民的消费水平奠定了基础。9年来，国民生产总值、国家财政收入和城市居民平均收入大体上翻了一番，为市场供应提供了较多的货源，基本扭转了过去那种消费品长期严重匮乏的局面，不仅使绝大多数人民的温饱问题得到解决，而且部分地区开始向小康水平过渡。另一方面，消费又反作用于生产，即消费为生产不断提出新的社会需求，开拓广阔的市场，促进生产的发展。从这个意义上说，没有消费，也就没有生产，因为如果不是这样，生产就没有目的。但是，这个反作用必须是以消费水平提高的速度不能超过生产发展的速度为限的；否则，消费对生产的反作用就不是正效应而是负效应了。那种寅吃卯粮的"高消费"，就超越了生产所能承受的限度，不仅不会促进生产的发展，还会破坏再生产正常进行的条件。例如，"六五"时期的前三年，我国消费基金平均增长近 8%，已经快于同期国民收入平均增长 7.6% 的速度。可是到了后两年，消费基金以平均每年增长 13% 的速度猛增，不仅快于前三年，也超过同期国民收入增长 11% 的速度。又如 1984—1986年，我国人均国民收入分别为 547 元、656 元、735 元，而长期的消费水平分别为 328 元、407 元、451 元。这说明，新增国民收入的 60% 以上都被消费掉了。尽管这样，还不能满足被刺激起来的"高消费"欲望，许多耐用消费品未达到使用损耗期限就人为地被淘汰，使产品的淘汰率提高，更新周期缩短，造成社会财富和个人财产的巨大浪费。再看农村兴起的"建房热"。这虽然是农民收入增多、生活改善的一种表现，但其中有不少农户是为攀比而举债建房的。问题的严重性还在于：普遍占用大量的耕地和良田，并超过了国家规定的农村建房面积标准。结果，既减少了农业生产的用地面积，又减少了对农业生产的投资，造成了人多地少产量低、人少房多浪费大的不良后果。更为严重的是，凡婚丧嫁娶、逢年过节，就要请客送礼、大操大办，吃请名目繁多，摆酒席少则十多桌，多则近百桌。1986 年，云南禄劝彝族、苗族自治县撒营盘区农民一年中的婚丧、生孩子、杀年猪、建新房、过生日等酒席总目有 11 类之多，共办酒席 80 748 桌，按当地最低价格每桌 30 元计算，一年吃掉 240 万元，相当于全区一年农业总收入的 49%，是该区当年农业生产费用的2.7 倍。这种不良的消费风气，严重影响了生产的发展，延缓了脱贫致富的进程，最终不利于人民生活的改善。

第三，消费基金膨胀，加剧了市场供求矛盾，刺激着物价上涨。国民收入是由多个物质生产部门的劳动者在一定时期（通常按一年计算）内新创造的价值总和。从使用角度看，可以把国民收入归结为消费基金和积累基金。由于一定时期生产出来的物资就那么多，其价值就那么大，所以，消费少些，就能多些积累；反之，消费多些，积累就少些，二者是此长彼消的关系。在实践中应有一个恰当的比例关系，以兼顾国家建设和人民生活。可是，近年来，城乡居民的货币收入增长过猛，使消费基金不断膨胀。例如，1984 年全国工资总额比 1983 年增长 19%，而同期全民所有制企业的劳动生产率仅提高 8.7%。其中，第四季度的工资总额由于滥发奖金和实物就比 1983 年同期增长 45.5%，特别是 12 月份的增长率比 1983 年同期增长 54%。结果，1984 年城镇居民的货币收入增长了 22.3%。这个速度，大大超过了同期国民收入增长 11%、工农业总产值增长 12.3%、工业劳动生产率提高 9.2% 的速度，也是新中国建立以来所未有的。此外，由于基建规模的膨胀，在基建投资中有 40% 又转化为消费基金，从而加剧了消费基金的膨胀，其后果要么挤占积累资金，要么促发通货膨胀，最终不利于国民经济的发展，加剧了消费品供求矛盾，刺激了物价的上涨。如 1987 年末，全国居民储蓄存款余额第一次超过 3 000 亿元，其中，大多属持币待购性质，且大多集中在高档耐用消费品和农副产品的购买上。在上述消费品供不应求的情况下，如不采取限量供应、凭票供应等办法，势必推动物价的上涨。

第四，物质消费和文化教育消费的比例失调。在城镇居民中，有些人热衷于物质享受，不重视智力投资，甚至让孩子停学做生意、当童工。一些个体户让孩子弃学经商，赚钱后，在物质消费上的高水平和文化教育消费上的低水平形成强烈的反差。在农村，不少农民满足于孩子能识字、会算账而不愿多读几年书，所以，其文化教育的消费支出比用于搞封建迷信活动的支出还要低，文盲、半文盲、科盲、法盲人数不少，使农民处于致富心切又致富无门的境地，严重阻碍了商品经济的发展。

第五，"高消费"会造成虚假的市场繁荣，会把被扭曲了的需求信息反馈给厂家，必然会使企业决策上失误，影响企业的经营效果。前几年，有些单位用公款做西服发给职工个人，随之而来的是"西服热"、"领带热"。经中央明令禁止后，一落千丈的是"西服大战"和"领带大战"，一些厂家连连亏损负债。又如，现在很多电冰箱厂已把单门电冰箱列为淘汰品，以生产双门电冰箱为主，有的厂还觉得搞双门还不够劲，又要搞三门的。这种向"大容量、多功能"方向转化的速度大大超过消费增长的水平，也大大超过了我国原材料和电力供应的承受力。因此，轻工业部门最近不断提醒企业要正确引导消费，不要都往高档产品上找出路，应该把满足广大人民群众的基本生活需要作为我国轻工业的首要任务。

第六，为迎合消费者追求"高消费"的欲望和争购名牌商品的心理，一些商品生产者和经营者搞假冒商品、劣质商品坑害消费者，牟取暴利。

第七，"高消费"欲望和倾向，严重干扰了社会主义精神文明建设。尤其对少数图虚荣、比阔气的青年，往往是使他们走向犯罪的一个诱发因素。

三、产生原因

从客观上讲，高消费是由于经济体制改革处于新旧模式的交替转化时期，宏观经济管理调控不力、经济运行机制不够协调、改革措施不够配套等所致。正如赵紫阳同志所指出："消费的增长持续超过生产的增长，是改革初期很容易发生的问题。"从主观心理动因讲，则是由于消费者的"高消费"欲望即消费期望值过高所致。例如，一些宣传有失偏颇地将未来生活前景展示给广大消费者时，部分消费者在心理上产生错觉，把未来的消费目标超前强化，把个人的消费标准定得越高，甚至不惜借债赶时髦。买电视机一定要带彩的，电冰箱一定要进口的，洗衣机一定要自动的，等等。又如，一些企业的领导者在扩大企业自主权后，不注意约束短期经济行为，而以种种形式乱提工资，滥发奖金、实物和补贴，甚至挪用生产资金，截留上缴税利，增加职工个人的收入，迎合和满足职工个人的眼前利益，以显示自己的"领导有方和改革成效"。有的农民杀年猪摆酒席，把辛苦一年养大的肥猪杀掉一次吃光，以显示自己的"大方"和"富有"。具体地说，有如下一些原因：

第一，传统习惯势力的影响。我国几千年封建社会的影响，婚丧嫁娶、请客送礼由来甚久。人们往往以礼物的轻重来衡量彼此的友好程度。许多人明知不对，但认为已成常规，无力改变，说什么"不去送礼不行，不请客也不行，不摆酒席更不行"。所以，为了争"面子"哪怕亏肚子，就算借贷和躲债也在所不惜。至于愚昧性、浪费性的消费则更是封建传统势力和旧习惯影响造成的。如浙江温州地区富裕户的阴宅和阳宅都在崛起，"椅子坟"之多、耗资之巨均属罕见。江苏盐城乡镇农贸市场上的陪葬品除了原来的纸房、纸车、纸人、纸马以外，在大量上市的各色品种里，增添了结扎纸糊的彩色电视机、电冰箱、洗衣机、电扇等"高档商品"，其意是希望死者与活人同样得到"高消费"欲望的满足。

第二，受西方发达国家高消费的影响。对外开放以来，发达资本主义国家的消费水平和消费方式逐渐进入并扩大着我国消费者的视野，刺激一部分人消费欲望迅速提高。实际上，这些人一是不了解西方发达国家搞高消费的动因、性质和结果。二是脱离我们的国情、民情，盲目地向西方的高消费看齐。尤其是随着消费领域的扩大，在众多商品广告媒介作用的影响下，一部分消费者很容易接受和向往力所难及的高消费水平。加之，消费行为攀比效应，使得消费欲望愈比愈高。结果，就出现了"高消费"欲望与我国还是一个发展中的大国、生活水平不可能超越现实生产低水平而迅速提高的矛盾；出现了"高消费"欲望与现有经济收入之间的矛盾。为解决上述矛盾，根本的出路是发展生产力。但作为消费者个人，有的靠长期勒紧裤带去积攒，有的靠亲友赞助，有的靠借贷，有的铤而走险，谋财、行骗、犯罪。

第三，宣传工作的片面性。长期以来，由于受"左"的影响，重生产、轻消费和"先治坡，后治窝"的宣传引导，使消费水平长期在低层次上徘徊不前。党的十一届三中全会以后，在纠正了重生产、轻消费的倾向以后，又出现了另一种倾向——脱离我国国情而片面宣传"能挣会花"、"高消费"。例如，热衷于报道一些"电视村"、"彩电村"和富裕户家庭中的高档摆设以及钢琴进入普通农民家庭，等等。这在客观上给人以假象，似乎我国城乡人民的生活水平已经和中等发达国家差不多了。所以，宣传工作上的片面性，对脱离国情、民情的"高消费"欲望和倾向，确实起了推波助澜的作用。

第四，宏观经济管理也有失控的地方。这主要是货币的超经济发行使城乡居民的收入水平提高过快，消费基金增长过猛。所谓货币超经济发行就是指货币的发行量超过了物资的供应量，破坏了货币流通与商品流通的正常比例。其结果是货币贬值、物价上涨、宏观经济管理失衡。因为，商品的价值量是由生产该商品所耗费的社会必要劳动量决定的。从事商品生产的劳动者的工资和奖金增多后，即转化成商品上的活劳动增加，从而使商品价格随之提高。这是价值规律的客观要求。所以，票子发多了，如果没有足够的物资做后盾，要想价格仍然维持不动是不可能的，就像水涨了不让船高一样是办不到的。云南省宏观经济不平衡的一个很重要的原因就是城乡居民的货币收入提高过快。1984—1987 年，全省城乡居民收入增长 43%，增长金额平均在 71 元以上。这样的增长速度，既快于同期国民生产额增长 36%、也快于同期国民收入使用额增长 37%（注：云南属财政性补贴省，历年国民收入的使用额＞国民收入的生产额）、更快于同期工业劳动生产率增长 28% 的速度。结果，这三年里国民收入生产额人均增加 100 元，国民收入消费基金人均增加 90 元，购买零售商品支出人均增加 105 元。这表明，人均支出大于国民收入 5 元，大于消费基金收入 15 元。这种寅吃卯粮的情况从全国看也是如此。1984—1986 年，全国居民货币收入年平均增长 23.9%，剔除物价因素，年平均增长 15.6%，超过同期社会总产值年平均增长 13.5% 和国民收入年平均增长 11% 的速度。

四、相应对策

由于"高消费"的欲望和倾向是多种原因形成的，所以要采取综合治理的相应对策。

第一，要向群众进行我国处于社会主义初级阶段的教育，引导群众正确认识国情，联系民情、家情，认识"高消费"的危害性，为坚持艰苦奋斗、勤俭建国方针，建立合理的消费目标，执行适度消费政策奠定良好的思想基础。

第二，要正确引导消费。对农民的消费要有利于治穷治愚。一是要引导农民增加生产投资，改善生产条件，增强抗灾能力，提高投资效益，为脱贫致富打好基础；二是要鼓励农民智力投资，增加文化教育经费。不断克服消费上重物质、轻文化，重眼前、轻未来的局限性，不断清除消费上的愚昧性、浪费性。对城镇居民的消费一定要从自身经济收入的实际出发，使购买行为有序化。即先满足生存资料的需求，后满足享受、发展资料的需求；先吃饱、穿暖，后讲究吃好、穿好；先满足一般日常生活用品的需求，后满足耐用消费品的需求。不能把消费需求集中在少数几种高档耐用消费品上。

第三，加强宏观经济管理，严格控制货币发行量，使消费水平与生产发展水平、与个人的经济条件相适应。例如，我国现在家用电器的普及率已相当于日本人均1 000多美元的水平。家用电器增长过快，同我国年发电量3 000亿度的水平不相适应，用电量超过发电量的结果，不仅家用电器难以发挥效用，而且会影响日常的生活照明和生产用电。为减轻对消费品、主要是对高档耐用消费品市场的压力，可采取"分洪"的措施：严格控制基建投资规模，严格控制社会集团购买力，拓宽消费领域，多搞无形商品的保险业、旅游业消费，提高银行储蓄利息率，发行债券，出售商品住宅，实施奖金税和个人调节税，对一些严重供不应求的高档消费品课以购买税，对大操大办的婚宴要限制酒席桌数并征收"高消费"税，对售价特高而消费效益极低的消费品（如售价为800～1 000元一套的、一般只穿一天的结婚礼服）要限制生产。

第四，移风易俗，破除陈规陋习，改革婚丧礼仪。如城乡青年人结婚，不要彩礼，不大操大办，可倡导集体婚礼、广告婚礼、植树婚礼、贺词婚礼，既简朴、隆重、创新，又很有纪念意义。

（载《社会主义初级阶段理论研究文集》）

高消费是脱离社会主义初级阶段
国情的畸形消费

（1988 年 6 月 3 日）

我国正处于社会主义的初级阶段的理论，是指导我国一切经济活动的重要依据。我们依据这一理论来重新认识人民群众生活消费中出现的"高消费"欲望和倾向，对于长期坚持艰苦奋斗、勤俭建国的方针，提倡符合国情民情的适度消费是很有意义的。

所谓"高消费"是指在消费水平层次上的反映，是以生产发展和高收入为基础的一个相对而言的概念。中国今天出现的"高消费"欲望和倾向是超过生产承受能力的超前消费。其主要表现是：第一，从内容讲，是吃的讲排场，穿的讲时髦，住的讲宽敞，用的讲高档，行的讲快速，玩的讲花样。第二，从范围讲，遍及城乡社会集团和居民以及孩子。如滥用公款请客送礼，巡回旅游，竞相购买豪华轿车，新盖楼、台、馆、所和购置高档设备。第三，从心理讲，人们对消费的期望值普遍过高。如青年人结婚的平均费用为七八千元。"宁肯亏肚子，也要争面子"是他们消费心理失衡的主要倾向。第四，从特点讲，消费具有炫耀性、浪费性和愚昧性。城镇青年结婚，既注重结婚场面、大摆宴席，又注重以彩色电视机、双门电冰箱等为目标的"家庭建设"。在农村，除以盖新房为目标外，还搞封建迷信活动。此外，还有极少数人以娱乐性消费为名进行犯罪活动。

由于我国生产力落后，商品经济不发达，人们的"高消费"欲望和倾向，必然会给消费品市场和家庭经济生活增加压力，从而导致收支失衡、供需失衡，最终影响国民经济的发展、人民生活水平的提高和社会的安定团结。后果之严重是人们始料未及的。这就是：第一，不利于生产的发展和国民经济的良性循环。马克思在《〈在政治经济学批判〉导言》中，揭示了国民经济运行的生产、分配、流通和消费不断往复的循环过程。其中，特别阐明了"消费与生产的同一性"原理。根据马克思"生产为消费提供对象"、"没有生产，就没有消费"的观点，必须大力发展生产力，才能解决社会主义初级阶段所面临的主要矛盾——人民日益增长的物质文化需要同落后的社会生产之间的主要矛盾，为提高人民的消费水平奠定基础。党的十一届三中全会以后的9年来，由于以经济建设为中心，使国民生产总值、国家财政收入和城乡居民平均年收入大体上翻了一番，为市场供应提供了较多的货源，基本扭转了过去那种消费品长期严重匮乏的局面，不仅基本上解决了人民的温饱问题，而且使部分地区开始向小康水平过渡。但是，从再生产角度看，消费又是生产的"先导"，对生产的反馈作用会形成再生产的目的、动力和方向。从这个意义上说，"消费直接是生产"，"没有消费也就没有生产"。但是，必须以消费水平提高的速度不超过生产发展的速度为限；否则，消费对生产的反馈作用就不是正效应而是负效应了。例如，1984—1986年，我国人均国民收入分别为547元、656元、735元，而同期人均的消费水平则分别为328元、407元、451元。这说明，新增国民收入的60%以上都被消费掉了。不仅如此，许多耐用消费品尚未达到使用损耗期限就人为地被淘汰，从而使产品的淘汰率提高、更新周期缩短，造成社会财富和个人财产的巨大浪费。又如，近几年农村兴起的"建房热"，虽属农民生活改善的一种表现，但却有不少农户是为攀比而举债建房的。尤其严重的是普遍占用大量耕地超标准建房。结果，既减少了农业用地，又降低了对农业生产的投资，造成了人多地少产量低、人少房多浪费大的不良后果。第二，加剧了消费基金的膨胀，使市场供需失衡，刺激物价上涨。消费基金和积累基金应保持一个恰当的比例关系，才能统筹国家建设和人民生活。可是，近几年来，城乡居民的货币收入增长过猛，使消费基金不断膨胀。例如，"六五"时期的前三年，消费基金平均增长近8%，已快于同期国民收入平均增长7.6%的速度。可是到了后两年，消费基金平均以13%的速度猛增，既快于前三年、又超过同期国民收入增长11%的速度。与此同时，还由于基建规模过大，基建投资中的消费基金的增加，也加剧了消费基金的膨胀，推动了物价上涨。

（载《云南日报》）

试论生产力标准是社会主义初级阶段理论的核心 *

（1988 年 12 月）

党的"十三大"报告明确提出："是否有利于发展生产力，应当成为我们考虑一切问题的出发点和检验一切工作的根本标准。"把生产力标准提到如此高度，是总结国际共产主义运动的历史经验，特别是总结我国 30 多年来社会主义建设的经验教训，对社会主义再认识的科学结论，是抛弃前人囿于历史条件带有空想因素的个别论断，坚持发展科学社会主义理论的重大表现，也是继实践是检验真理标准之后又一次思想解放的标志。它标志着我国对生产力标准的认识跨向了一个新的高度，实现了新的飞跃，具有极为深刻的理论和实践意义。

一、落后的社会生产力决定了我国处于社会主义初级阶段

马克思主义唯物史观认为，生产关系要适应生产力是一切社会存在和发展最基本的客观规律。由于生产力的发展决定着生产关系，经济基础决定着上层建筑，生产关系和上层建筑的巩固和完善、社会历史的发展和进步，最终取决于生产力的发展。所以，生产关系与上层建筑只有适应生产力状况，才能促进生产力的发展；而生产力发展的水平和状况又是社会发展程度和所处历史阶段的基本决定因素。因此，以生产力标准为中心来分析我国的基本国情，才能深刻揭示我国社会主义初级阶段的基本标志。离开了生产力标准，抽象地谈生产关系，并据此来划分社会发展阶段，实际上是割裂了生产关系和生产力的有机联系，否定了生产力是一切社会发展的最终力量。我们从生产力标准这个历史唯物主义观点出发来剖析，我国现阶段的生产力状况是一种落后的社会生产，其主要特征是生产力发展水平低、不平衡、多层次、

---

* 该文是与刘敏同志合作撰写的。

商品经济不发达。

首先，是生产力发展水平低。我国国土面积大，自然资源比较丰富，但开发利用率比较低。我国是世界上最大的国家之一，国土面积居世界第3位。但是可以利用的土地和水资源却不是很多，其人均占有量远远低于世界平均水平。世界人均占有土地49.5亩，我国仅有15亩；世界人均耕地面积为5.5亩，我国仅有1.5亩，都不足世界平均水平的1/3。从水资源看，我国有著名的长江、黄河，水资源居世界第5位。但世界人均占有的水量为1.1万立方米，我国仅有2 700立方米，只相当于世界人均占有水量的1/4。从森林资源看，我国人均森林面积为1.8亩，是世界人均森林面积15.5亩的1/8。我国人均拥有的草原面积仅5亩，不足世界人均草原面积的1/2。从可以利用的草原面积看，总量与美国差不多，但其构成和效益很差。我国不仅人均占有的自然资源少，利用率低，而且经济发展还比较落后。新中国建立30多年来，一方面，我国经济建设取得了很大的成就，逐步建立了独立的比较完整的工业体系和国民经济体系，工农业生产获得了迅速发展，一些主要工农业产品，如粮食、棉花、棉纱、原煤、钢等都跃居世界前列。另一方面，从人均国民生产总值看，在世界128个国家和地区中，总是徘徊于倒数20多位。

其次，是生产力发展极不平衡，落差大，层次多。我国生产力的发展，在各部门、各行业、各地区之间极不平衡，不仅有先进生产力和落后生产力并存，而且整个生产力体系也表现出落差很大的多层次性，高低悬殊。表现为：第一，生产力的二元结构十分突出。经过30多年的努力，我国现已具有一部分现代化的生产力，一些工业部门采用了先进设备、先进技术乃至尖端技术，如人造卫星、核技术和运载火箭的发射成功，等等。但是，更多的部门采用的是一般技术和设备，甚至是落后于现代化水平几十年或上百年的技术和设备。特别是农业生产，基本上仍然是依靠耕畜、手工工具或改良农具的手工劳作，劳动生产率很低，农业人口比重大。第二，生产力地区分布不平衡。由于自然和历史的原因，我国从地域上形成了由东部到西部在技术水平、装备条件和劳动生产率方面的递降趋势。从总体上看，资源条件则呈现出由东到西逐渐丰厚的梯度形态。东部地区面积很小，但拥有的生产能力却很大；西部地区面积很大，拥有的生产能力却很小，这又是一个高低悬殊的反差。经济发达的上海、江苏、浙江、广东等沿海地区，其工农业总产值要比经济落后的青海、宁夏高出30～40倍，比贵州、甘肃、云南也高出10多倍。东北的辽、吉、黑三省的人均工农业总产值比西南的云、贵、川、藏四省（区）高出2倍多。长江三角洲、珠江三角洲、闽南地区的农村同西部地区特别落后的农村相比，落差更为惊人。例如，1984年是全国粮食产量最高的年份，也是云南省粮食年产量最高的年份，全国人均占有粮食 800 斤，云南只有 598 斤，比全国少 202 斤。

再次，是生产的社会化程度低，商品经济不发达，自然经济和半自然经济还占相当大的比重。恩格斯指出："一个民族的生产力发展水平，最明显地表现在该民族分工的发展程度上。"[①] 长期以来，由于小生产的惯性和"左"的错误思想影响，社会分工不发达，分工和专业化程度很低，特别是农业，基本上还是单一的农牧业经济结构，90% 的劳动力从事农业生产；生产规模狭小，一家一户就是一个生产单位，就是一个"小社会"。第二、第三产业发展微弱。工业中"小而全"、"大而全"的企业林立，商品经济不发达，商品率很低，全国的农业商品率为 68%，粮食商品率尚不足 30%。在一些经济落后的地区农业商品率更低。如云南省为 52%，在高寒山区和少数民族聚居地区只有 20% 左右，基本上还是自然经济。少数民族人口的文盲率高达 56% 乃至 80% 以上，劳动者的文化技术素质差，商品经济意识淡薄，甚至对经商感到羞耻，形成封闭、守旧、落后的观念。

综上所述，中国的社会主义是脱胎于生产力极不发达的旧社会，是没有经过资本主义充分发展阶段的。人类历史的经验和我国的实践证明，任何一个国家、一个民族，由于种种原因，都可以绕过社会制度的某一个阶段，如旧中国可以不经过资本主义的充分发展阶段而直接进入社会主义的新中国；云南的一些少数民族地区可以从资本主义以前的某种社会形态直接进入社会主义社会。但是，任何一个国家、一个民族，都不能跨越商品经济充分发展的阶段。社会生产力的发展是人类知识、技术、财富的积累，有其发展的必然规律，这是人们不能随意自由选择的。由于我国生产力的落后所形成的"落后的社会生产"，决定了我国社会主义必须经历一个很长的初级阶段。这是不能逾越的，是不以人们主观意志为转移的历史发展过程。与此同时，我国生产力的落后状况反映到生产关系和上层建筑方面也具有不成熟性、不完善性，从而形成社会主义初级阶段的某些特征。总之，确认我国正处于社会主义初级阶段，归根到底是由生产力状况决定的。不到摆脱落后和不发达的状况，不到实现工业化和商品经济的高度发展，我国的社会主义初级阶段就不能结束。

二、社会主义初级阶段的中心任务是大力发展生产力

确认我国正处于社会主义初级阶段，就是说，我国的社会已经是社会主义社会，但同时又是一个生产力水平还很低、社会制度还不完善的社会。这样一个历史阶段

---

① 《马克思恩格斯选集》第 1 卷，第 25 页。

不是从一般意义上泛指任何一个国家进入社会主义社会都要普遍经历的起始阶级，而是特指在我国生产力落后、商品经济不发达的特定条件下，建设社会主义所必然要经历的一个阶段。这个阶段最根本的特征是落后的社会生产。社会主义初级阶段的全部理论和一切路线、方针和政策都要从"落后的社会生产"这个根本特征出发，着力于生产力的发展。

首先，社会主义社会的根本任务是大力发展生产力。在一个相当长的时期，人们在思想认识和理论上总认为马克思主义只讲阶级和阶级斗争，只强调无产阶级专政，不重视生产力的发展和社会主义经济建设。其实这是一个大误会。对此，邓小平深刻指出："马克思主义最注重发展生产力"，"马克思主义的基本原则就是要发展生产力。"马克思和恩格斯在创立科学社会主义学说、描述未来社会主义情景时，就明确地把 19 世纪欧洲发达资本主义国家的生产力作为论证的前提。在《共产党宣言》中就认为，当无产阶级获得政权、实现生产资料的公有制以后，必须"尽可能快地增加生产力的总量"。① 列宁继承了马克思、恩格斯的观点，进一步强调了发展生产力的重要性。在十月革命胜利后就及时指出："在任何社会主义革命中，当无产阶级夺取政权的任务解决以后，随着剥夺剥削者及镇压他们反抗的任务大体上和基本上解决，必然要把创造高于资本主义社会的社会经济制度的根本任务，提到首要的地位；这个根本任务就是提高劳动生产率。"② 在实践中，列宁把发展生产力提到无产阶级根本利益的高度来看待，认为没有"增加产品数量，大大提高社会生产力"这个条件，就谈不上社会主义的胜利。毛泽东也很重视生产力的发展。早在党的七届二中全会上他就指出："从我们接管城市的第一天起，我们的眼睛就要向着这个城市的生产事业的恢复和发展。务必避免盲目地乱抓乱碰，把中心任务忘记了。"③ 只有将生产恢复和发展起来，人民政权才能巩固。新中国建立后，在《论十大关系》等重要讲话中继续强调，只有社会生产力比较充分的发展，社会主义经济制度和政治制度才算获得了比较充分的物质基础。1956 年，党的"八大"会议明确规定了全党、全国人民的主要任务就是发展生产力。遗憾的是由于"左"的思想干扰，在社会主义改造基本完成以后，还继续搞"以阶级斗争为纲"，把社会主义特征简单地归结为公有制和无产阶级专政，实际上形成了一条以抓阶级斗争为主、以调整生产关系为主、恰恰忽视发展生产力这一首要任务的政治路线，给国民经济发展带来了严重影响，使社会主义建设走了很长一段弯路。总结历史的经验教训，邓

---

① 《马克思恩格斯选集》第 1 卷，第 272 页。
② 《列宁选集》第 3 卷，第 509 页。
③ 《毛泽东选集》4 卷本，第 1 318 页。

小平强调指出："社会主义的任务很多，但根本的一条就是发展生产力。"中共中央在《关于建国以来党的若干历史问题的决议》中指出："在社会主义改造基本完成以后，我国所要解决的主要矛盾，是人民日益增长的物质文化需要同落后的社会生产之间的矛盾。"为了解决这个矛盾，必须大力发展生产力，集中力量进行现代化建设。因此，党的"十三大"报告中又反复强调："社会主义社会的根本任务是发展生产力。在初级阶段，为了摆脱贫穷和落后，尤其要把发展生产力作为全部工作的中心。"这是十一届三中全会以来的基本路线，也是社会主义初级阶段的核心。只有举国上下集中力量发展生产力，才能实现现代化。

其次，社会主义初级阶段为了摆脱贫困，必须大力发展生产力，集中力量进行现代化建设，并以此作为我们全部工作的中心。新中国建立后，我国建立了生产资料的社会主义公有制，为消灭贫穷和落后奠定了初步的物质基础。但是，由于后来指导思想的失误，到目前我们仍然是一个贫穷的国家，人均国民生产总值仍然排在世界倒数第 20 位左右，人均占有粮食仅有 800 斤。在广大的山区、少数民族地区和边疆地区，还有 3 000 万 ~ 4 000 万人民处于特困状态，特别是云南省的高寒山区、少数民族地区和边疆地区还有 700 多万人尚未解决温饱问题。对此，邓小平说得好："从 1958 年到 1978 年这 20 年的经验告诉我们：贫穷不是社会主义，社会主义要消灭贫穷。不发展生产力，不提高人民的生活水平，不能说是符合社会主义要求的。"而且一再强调，中国要解决 10 亿人口的贫困问题，解决 10 亿人口的发展问题。这些论断，不仅深刻地揭示了我国社会主义初级阶段的本质要求，揭示了社会主义生产的目的，同时，坚决摒弃了把贫穷当做社会主义的"左"的错误思想理论和政策，恢复了马克思主义的本来面目。应该说，我国社会主义初级阶段，实际上就是逐步摆脱贫穷和落后、发展生产力的阶段。而社会主义初级阶段发展生产力所要解决的历史课题，就是实现工业化和生产的商品化、社会化和现代化。从十一届三中全会后大体分为三步走：第一步实现国民生产总值比 1980 年翻一番，解决人民的温饱问题。这已经基本实现。第二步，到本世纪末，使国民生产总值再增长一倍，人民生活达到小康水平，使人民群众能过上比较殷实的小康生活，人均国民生产总值达到 1 000 美元的水平。第三步，到下一个世纪中叶，基本实现现代化，人均国民生产总值达到 4 000 美元的水平，人民生活比较富裕舒适。这是一项宏伟壮丽而又十分迫切、艰巨的事业。

再次，社会主义制度的巩固和完善、社会主义初级阶段向更高阶段的过渡，必须依赖于生产力的发展。在现阶段，我国社会主义社会的成熟程度还比较低，还要经历一个由不完善到比较完善的发展过程，以进一步巩固和完善社会主义制度。例如，从原则上说，我国建立了优于资本主义民主的社会主义民主制度。但是，由于受社会主义初级阶段经济、文化和社会关系的制约，特别是受小生产的习惯势力和封建传统的影响，社会主义民主还不完善、不健全，因而新中国建立以来发生的许多重大失误，都与民主制度不健全有关。从历史发展的观点看，社会主义初级阶段要逐步缩小工农差别、城乡差别、体力劳动和脑力劳动差别，最终建成马克思所设想的物质产品极大丰富的共产主义社会。要实现上述目标，显然不能建立在科学技术十分落后、生产力低下和文盲甚多的基础之上，而必须大力发展生产力。

三、必须把有利于发展生产力作为检验一切工作的根本标准

我国社会主义初级阶段的中心任务是发展生产力，集中力量进行现代化建设。这就应当把是否有利于发展生产力作为我们考虑一切问题的出发点和检验一切工作的根本标准。在革命战争时期，毛泽东就说过："中国一切政党的政策及其实践在中国人民中所表现的作用的好坏、大小，归根到底，看它对于中国人民的生产力的发展是否有帮助及其帮助之大小，看它是束缚生产力的，还是解放生产力的。"[1] 这表明，早在以阶级斗争为中心的历史时期就提出了"生产力标准"问题。今天处在社会主义建设时期，坚持生产力标准更具有直接的决定意义。一切有利于生产力发展的东西，都是符合人民根本利益的，因而是社会主义所要求和所允许的；一切不利于生产力发展的东西，都是违反科学社会主义的，是社会主义所不允许的。我们必须用生产力标准这个根本尺度去分析、判断社会主义初级阶段的各种繁杂的现象，有利于生产力发展的就坚决支持，不利于生产力发展的就坚决抵制和杜绝，从而有效地避免主观主义和教条主义。

首先，经济体制和政治体制改革的成败取决于对生产力发展是否有促进作用。我国社会主义初级阶段要逐步实现"四个现代化"，要求大幅度地发展生产力，这就必然要从多方面改变同生产力发展不相适应的生产关系和上层建筑，改变一切与之不相适应的管理方式、活动方式和思维方式，进行经济体制改革和政治体制改革，这是振兴中国经济的唯一出路。但是，改革有各种各样的方案、道路、办法和措施，我们用什么作为判断的标准呢？长期以来，我们是离开生产力抽象地谈社会主义原则，以强烈的政治倾向和浓厚的伦理色彩论断改革的是非。几乎每一项重大改革的提出，都要引出它姓"社"还是姓"资"的争议和困惑，从而把许多束缚生产力发

---

① 《毛泽东选集》4 卷本，第 980 页。

展的、本来就不是社会主义本质属性而附加在社会主义头上的种种不科学的东西，误认为姓"社"而加以宣扬、固守；对已被实践证明有利于生产力发展、可以促进我国社会主义现代化建设的东西，却误认为姓"资"而加以批判、反对。例如，在生产资料所有制问题上，总认为越"公"越"大"越先进，公有制越"纯粹"越是社会主义，而不用是否有利于生产力发展作为生产关系是否先进或落后的评判标准，只是形式主义地从政治色彩出发，用名称来判断先进或落后。在分配问题上，认为越"平均"越是社会主义；在管理体制上，认为高度集中，管得越多、越死，就越是社会主义。结果，体制僵化，严重束缚生产力的发展。今天在社会主义建设中，在社会主义改革问题上，确立生产力这条根本标准，我们就能够进一步解放思想，大胆探索，勇于实践，破除对马克思主义的教条式理解，摒弃附加到社会主义名义下的错误观点。为促进社会生产力的发展，建立起以生产资料全民所有制为主导的、包括社会主义集体所有制、私营企业、中外合资、合作和外商独资企业在内的多种所有制结构；在经营方式上，农村实行家庭联产承包责任制，在城市按企业规模大小和不同类型分别实行承包制、租赁制、资产经营责任制、股份制等；在分配上，实行以按劳分配为主体的，包括实行按生产资料占有状况、按资金、按经营成果、按股份多少进行分配的多种分配形式和分配政策，承认经营者在经营过程中获得机会收益、风险收益的合理性。提倡既要坚持共同富裕，又要拉开差距，允许和鼓励一部分地区、一部分企业和一部分人依靠自己的诚实劳动、正当经营和合法收入先富裕起来，激励更多的人走上共同富裕之路。实践证明，上述改革形成的新格局，既是从现有生产力的实际出发，又是有利于生产力大发展的。改革开放 10 年来，我国经济生活出现了生机盎然的新景象，实现了工农业总产值、国民生产总值、国家财政收入、城乡居民收入等四个主要经济指标翻了一番，开创了国民经济健康、持续、稳定发展的新局面。同时，也充分表明了坚持用生产力标准衡量改革成败的正确性。

其次，社会主义制度的优越性最终要取决于生产力的发展。长期以来，我们对社会主义制度、社会主义生产关系优越于资本主义的认识和宣传，往往停留于抽象的描述和教条主义式的解释上。过去，我们乐于强调劳动者在生产资料上的平等关系；劳动者之间的同志式的互助合作关系；消灭了剥削；避免了贫富悬殊等，但却忽略了生产力充分发展这个最根本的标志。在今天明确了社会主义初级阶段的根本任务是发展生产力之后，我们的中心工作就是要促进生产力的发展，逐步缩小与先进国家的差距，用今后几十年的时间实现工业化、现代化。正如邓小平指出的："现在虽说我们也在搞社会主义，但事实上不够格。只有到下半世纪中叶，达到了中等发达国家的水平，才能说真的搞了社会主义，才能理直气壮地说社会主义优于资本主义。"社会主义优越性的根本标志正是在于生产力的高度发展。只有在经济上赶上并超过资本主义，用客观事实表明胜过资本主义，才能充分体现社会主义制度的优越性。社会主义优越性的持续发挥，其深厚的基础和决定的力量就在于生产力的高度发展和人民群众生活水平的提高。只有这样，才能使广大人民群众发自内心深处地热爱和拥护社会主义。如果离开了生产力标准，用伦理道德的标准来宣传社会主义优越性，是违背历史唯物主义的，是缺乏说服力的。离开了生产力标准去裁判生活，就只能败坏马克思主义的声誉。

综上所述，社会主义初级阶段理论的核心和党在社会主义初级阶段基本路线的实质，归结到一点，就是大力发展生产力，实现工业化和生产的商品化、社会化和现代化。同时，把坚持生产力标准作为全党、全国工作的总方针和总政策贯彻始终。

（载《云南社会科学》1988 年第 6 期）

治理整顿与坚持生产力标准

（1989 年 1 月）

赵紫阳同志在党的十三届三中全会上明确指出："治理经济环境、整顿经济秩序是明后两年改革和建设的重点。"而党的"十三大"又重申社会主义的根本任务是发展生产力。确立"是否有利于发展生产力，应当成为我们考虑一切问题的根本出发点和检验一切工作的根本标准。"本文拟就治理整顿与坚持生产力标准二者之间的关系做一些探讨。

治理经济环境、整顿经济秩序是有特定内容的。前者主要是压缩社会总需求，抑制通货膨胀；后者主要是整顿在新旧体制转换过程中，在经济秩序上出现的各种混乱现象。这和发展社会生产力、坚持生产力标准，不仅不矛盾，不冲突，而且是相互推进，根本一致的。治理整顿是生产力发展的要求，而生产力的发展、国民经济稳定协调持续的增长，更有利于治理整顿，建立和健全社会主义商品经济的新秩序。

首先，治理经济环境、整顿经济秩序是发展生产力、坚持生产力标准的客观要求。发展生产力不是抽象的，而是具体的、现实的。一切有利于生产力发展的言行，都是符合人民根本利益的，因而是社会主义所要求或者所允许的，也是我们必须积极支持的。一切不利于生产力发展的言行，都是违背人民根本利益，因而是社会主义所不允许的，也是我们必须坚决反对和抵制的。实践表明，当前经济环境的紧张、经济秩序的混乱，正阻碍着生产力的顺利发展，影响着国民经济的稳定增长、人民的生活和社会的安定。主要表现有：第一，总需求超过总供给，拉动了物价上涨，造成明显的通货膨胀。一是最近几年经济发展过热，特别是加工工业发展速度过快，年平均增长率都在两位数以上。1988 年 1—9 月，全国工业生产比 1987 年同期增长 17.5%。头三个季度的增长率分别为 16.7%、17.6% 和 18%；9 月份又比 1987 年同期增长 20.2%，大有逐月、逐季加快发展之势。这就大大超过了"七五"计划所确定的国民生产总值和工业总产值年平均增长 7% 左右的指标，也不符合"十三大"

所确定的、要坚定不移地贯彻执行注重效益、提高质量、协调发展、稳定增长的战略思想。正是由于当前经济发展速度过快，固定资产投资规模过大，特别是非生产性建设的楼堂馆所规模过大，致使物资需求缺口进一步扩大，物资供应全面紧张，造成物价不断上涨。近几年，固定资产投资规模之大是十分惊人的。全国现在全民所有制单位固定资产投资在建项目的总规模，其投资能力，即使今后不再上任何一个新项目，也需要好几年时间才能全部完成。不仅投资规模远远超过了国力所能承受的限度，而且投资结构也很不合理，非生产性建设和加工工业的建设规模也过大过快。云南省的固定资产投资，1988 年比 1987 年增长 13.8%，其中，全民所有制单位的投资规模比上一年增长 14.3%。在投资结构上，非生产性的楼堂馆所建设过多，效益不高。昆明地区的宾馆多，带卫生间的客房已有 3 000 多间，但经常是空房闲着，利用率仅达 20.4%。一些名气颇大的宾馆、饭店都背上了亏损的包袱。可是，有一些部门还在积极要求上项目，继续建造高级宾馆和饭店。二是计划外盲目建设、重复建设十分严重。一些地方和部门不考虑全社会的综合效益，只顾局部的眼前利益，盲目发展冶炼、酿酒、卷烟等加工工业，却因原料不足，加剧了原料供应和加工能力的矛盾。三是预算外投资仍有膨胀之势。总之，由于投资规模过大、投资结构不合理，盲目建设，造成物资、信贷乃至整个社会经济生活的全面紧张，引起物价上涨，出现抢购风潮。价格翻番上涨，进一步加剧了物资的紧张。由于短缺物资供不应求，奇货可居，有的企业干脆把原材料囤积起来，等待物价暴涨，从中渔利。这些现象严重影响着生产力的发展。第二，各类公司林立，政企不分，流通环节增多，"官倒"、"私倒"严重。近几年，商品流通显得特别活跃，对沟通城乡物资交流，打破经济的封闭和保守状态，发展商品经济，方便群众生活具有一定的积极作用。但是，在各种名目繁多的公司、商店、贸易中心、经营集团中，有些是政企不分、官商合营的。在国家工商管理部门注册的各类公司，全国有 36 万多家，其中，有 25 万多家是在流通领域参与社会财富分配的。云南省现有各类公司 5 700 多家，其中，有 4 000 多家在流通领域。在这些公司中有一些是与某些政治特权和经济特权相结合，搞倒买倒卖、买空卖空，牟取暴利的。它们像一个个环子，紧紧套在商品流通渠道上，而生产资料和消费资料又必须从一个个环子中通过，形成"商品大旅游，价格滚雪球。""官倒爷"们调集许多稀有短缺的原材料，特别是一些紧俏、高档、耐用消费品，层层加价，致使正常的商品交换失去了本来的意义，原来的商品价格也"面目全非"了！结果，由于物价上涨，使原来被扭曲的价格体系又在更高水平上出现不合理的"比价复归"。因为，农产品和工业品价格的轮番上涨，使一度缩小了的"剪刀差"进一步扩大，使不合理的比价在更高水平上"复归";原材料和工业制成品价格的轮番上涨,使原材料价格偏低、加工制成品价格偏高的局面不能有效的改变;特别是地区之间物价的轮番上涨,使各地为争夺原材料展开各式各样的"大战",为争夺有限的资源,人为地抬高价格,给生产企业带来了难以承受的压力。有的企业面对高昂的原材料价格难以为生,只好压缩生产甚至停产关门。更为严重的是,现在有些生产资料的价格已高于国际市场的价格。这是一个十分危险的信号。因为,国际市场上商品的竞争,主要是价格竞争。我国一些生产资料价格高于国际市场价格的现象如继续下去,还有什么优势可言?!又将如何实现我国沿海地区经济发展战略呢?!农用生产资料价格上涨,给农业生产带来的危害非常严重。本来按照商品流通的正常秩序,要求商品流通要以最快的速度、最短的路程、最少的环节到达消费者手里。可是,如今的化肥、农药、塑料薄膜等农用生产资料却在众多的流通环节中,身价倍增,令人眩目。据《农民日报》报道,湖北一个县从化肥厂购进100吨尿素,出厂价格每吨为559元,通过四个环节以后,每吨售价已涨到1 000多元,到达农民手里,价格还要上涨。这样,不仅无利于生产的发展,相反,是对生产发展的一种破坏。第三,伪劣、假冒商品日益泛滥,充斥市场,也直接、间接地破坏了生产。经全国人民代表大会通过的"七五"计划已明确指出,要把提高经济效益,特别是提高产品质量放在十分突出的地位。因为,产品质量差、粗制滥造,物化劳动和活劳动消耗大、经济效益低,已是我国经济生活中长期存在的弊病。要根本改变这个状况,就要努力提高产品质量,讲求产品适销对路,降低物质消耗和劳动消耗,实现生产要素合理配置,提高资金使用效益和资源利用效率,归根到底,就是要从粗放经营为主逐步转向集约经营为主的轨道。可是,近几年来,伪造、劣质商品越来越严重。其特点,一是规模大、数量惊人。云南驻军某干休所以每瓶50元的价格卖给吉林省饮食服务公司经销部名酒"五粮液"6 400瓶,该部又以每瓶75元的价格转手倒卖给吉林省各大宾馆、饭店。结果,因全是假"五粮液"而被查处。正是由于假"五粮液"酒在市场上泛滥,鱼目混珠,不仅坑害了消费者,而且,还因"假做真来真亦假"的缘故,使真正的"五粮液"酒在一些地方滞销积压,生产厂家蒙受损失。二是品种多、范围广,且档次越来越高。从日用消费品到高档耐用消费品,从生活资料到生产资料,从城市到农村,并向名牌高档商品发展。三是手段恶劣、后果严重。假"茅台酒"竟然是用敌敌畏农药兑制而成的白酒;所谓"优质"丝棉被,竟是用棉花包住的一堆堆过滤嘴烟蒂。尤其令人愤慨的是,假药致命;假种子、假化肥、假农药造成大片庄稼被毁,粮食颗粒无收,使农民呼天抢地,悲痛欲绝。这些行为,等于"谋财害命",是对人民的犯罪!上述种种行为,污染了经济环境,扰乱了经济秩序,破坏了"国家调节市场，市场引导企业"的商品经济运行机制，结果是商品流通恶性循环，生产萎缩，消费者负担加重，合法权益受损，分配环节严重不公，总供给和总需求失衡的矛盾进一步扩大，严重影响了国民经济的均衡增长，直接危害了生产力的发展。

其次，治理经济环境、整顿经济秩序的目的正是为了发展生产力。中央领导同志一再强调，治理整顿的实质就是一次调整，以便求得经济的新发展。因为，国民经济失去平衡，畸轻畸重，该重不重，该轻不轻。这突出表现在，工业过"热"，农业过"冷"，加工工业过"热"，能源、交通等基础工业过"冷"。最近几年，我国工业的发展速度年平均增长率都在15%以上，有的年度甚至高达30%以上，是惊人的超高速度。但是，农业生产，特别是粮食生产在1984年达到8 000亿斤以后，便连续出现了四年徘徊。粮食、油料、肉、蛋、禽等人民基本的消费资料供应不足。农业的落后严重拖住了工业发展的后腿。从工业内部看，加工工业发展过快。全国机械工业企业已有近20万个，但新企业还在不断出现；重复布点、重复建设、重复引进的情况还相当严重。比如，电线、电缆，按国家机械委计划，归口定点的企业只有200多个，可现在已发展到3 000多个。华东某市国家定点企业为15个，实际却搞了182个。电子工业的过"热"更是惊人。彩电、录像机、程控电话等生产厂家一上再上。如彩色显像管厂，国家规划建设和改造10个厂，现在只有3个厂能够生产，其余7个厂还在建设中。可是现在又有10个省、直辖市提出建设彩管厂。又如，录像机的生产，全国定点的厂家是9个，可又有9个省市要求建厂。在农业方面，以云南省为例，发展烤烟过"热"，速度过快，规模过大，而粮食生产发展缓慢，面积减少，投资不足，结果是效益负增长。要解决工农业之间、工业内部、农业内部各种比例关系的失调，就要使工业特别是加工工业降"温"，农业特别是粮食生产要大大加强。要从国民经济计划的安排、产业政策、投资和信贷结构、种植业内部粮食生产和烤烟生产的比例关系等方面，进行合理的调整，对农业特别是对粮食生产实行倾斜政策，把基础打稳固。为使粮食和经济作物双丰收，做到两全其美，互相促进，协调发展。云南省委确定1989年全省烤烟种植面积要稳定在300万亩，把烤烟、甘蔗挤占的亩产千斤、吨粮的高产田调整出100万亩恢复种粮。这是1989年全省粮食总产量能否达到或超过100亿公斤的一个重要保证。这样，才能增加粮食、油料、肉禽蛋菜及日用工业必需品的有效供给。这正是坚持生产力标准的具体表现，也是治理整顿的目的所在。

最后，通过治理经济环境、整顿经济秩序，才能逐步实现旧体制向新体制的转换，建立健全社会主义商品经济新秩序，从而为生产力的大发展提供良好的客观条件。由于我国至今还没有建立一个完善的社会主义市场体系，因而在新旧体制转换过程中，出现了许多严重破坏社会主义经济的违法乱纪现象。对此，只有通过治理整顿，从经济、法律、行政以及纪律等多方面，建立健全一整套适应商品经济发展需要的制度，约束人们的行为，使之规范化，以推动生产力的发展。只有这样，才符合发展商品经济的客观要求，才能充分发挥"国家调节市场，市场引导企业"的运行机制的作用，形成一种公平、均等的竞争环境，使资源能合理配置，生产要素优化组合，从而为生产力和商品经济的发展创造良好的条件。

总之，治理经济环境，整顿经济秩序，既是生产力发展的客观要求，也是商品经济条件下，坚持生产力标准的具体实践。治理整顿也必须以生产力标准来检验，从而进一步促进国民经济的良性循环，促进社会生产力的发展。

（载《理论辅导》1989 年第 1 期）

加强党的领导，充分发挥民主
党派的积极作用

（1990 年 6 月 30 日）

一、加强共产党的领导是历史和现实的客观要求

首先，共产党的领导是历史的必然。中国共产党在中国革命和建设中的领导地位，在中国统一战线中的领导地位，是中国人民在长期的政治实践中，饱经胜利的喜悦和失败的痛苦后得出的、符合中国实际的科学结论，是国家兴衰成败的关键。自从鸦片战争以来，中国遭受帝国主义、封建主义和官僚资本主义的残酷剥削和掠夺，经受战乱之苦。革命的阶级、阶层和各种进步人士在黑暗中摸索、寻求拯救中国命运的道路。1921 年，中国共产党成立，树立了马克思列宁主义旗帜，建立了以工人阶级为领导、以工农联盟为基础、团结一切革命力量的统一战线，组成浩浩荡荡的革命大军，推翻了"三座大山"，建立了中华人民共和国。从此，受奴役、受压迫的中国人民站起来了。这是中国共产党创立的丰功伟绩。在社会主义革命和建设时期，中国共产党作为领导一切事业的核心力量，通过对农业、手工业和资本主义工商业的社会主义改造，建立了生产资料的社会主义公有制；大规模地开展社会主义经济建设，建立了一个独立的比较完整的工业体系和国民经济体系。这些成就为社会主义制度的巩固和发展奠定了比较稳固的物质技术基础。由此可见，共产党既是民主革命时期的旗帜，也是社会主义革命和社会主义建设时期的核心力量。

其次，共产党的领导是中国人民的根本利益所在。共产党以马克思列宁主义为指导思想的理论基础，紧密结合中国实际，在中国的革命和建设中成长壮大，始终与中国人民保持着血肉联系，代表着人民的根本利益，植根于人民之中，因而为人民所拥护。

最后，中国共产党和民主党派在长期的革命斗争和实践中建立了牢固的合作关

系。这种合作关系的政治基础就是坚持中国共产党的领导地位，坚持四项基本原则。没有共产党的坚强领导，就失去了多党合作的正确方向和基础。各民主党派同中国共产党长期风雨同舟、患难与共。为此，中央提出了"长期共存、互相监督、肝胆相照、荣辱与共"的方针，这就是坚持共产党领导的多党合作的基本方针。

综上所述，加强中国共产党对全国政治、经济、文化、教育等各方面的领导地位，更好地实行共产党领导的多党合作，是历史和现实的要求，是马克思主义理论和中国革命具体实践相结合的产物，是共产党和各民主党派长期合作实践的结果。这是不能动摇的，"动摇了中国就要倒退、分裂和混乱。"

二、充分发挥民主党派的积极作用

"我国实行的共产党领导、多党合作的政党体制是我国政治制度的特点和优点"，是由我国具体的历史条件和现实条件决定的。它是符合中国国情的社会主义政党制度。推行这个制度的一个重要方面，就是要进一步发挥民主党派和无党派人士在参政议政和民主监督方面的作用，使之成为发扬社会主义民主、巩固扩大爱国统一战线、促进各项事业发展的一个重要渠道。

各民主党派都具有自身的特点。从性质上看，它是各自所联系的一部分社会主义劳动者、社会主义事业建设者和拥护社会主义的爱国者的政治联盟。从成员的职业构成上看，多数都是从事文化教育、科学技术和医疗卫生工作的。因此，具有两个明显的特点：一是文化水平比较高；二是社会联系比较广，包括对港、澳、台和海外侨胞、华人的联系都比较广泛。所以，充分发挥民主党派的积极作用是社会主义建设事业的需要。

民主党派作为参政党，其参政的基本内容是：参加国家政权的建设，参与国家领导人选的协商，参与国家事物的管理，参与国家大政方针的协商以及政策、法律、法规的制定、执行。在中央的有关决定中，把民主党派参政的基本内容具体化为五个方面是十分重要的，也是比较全面的。其中，我认为要注意两个问题：

第一个问题是加强共产党和民主党派之间的合作和协商。在《中共中央关于坚持和完善共产党领导的多党合作政治协商制度的意见》和《中共中央关于加强党同人民群众联系的决定》中都强调要发扬社会主义民主，努力开创联系群众的新渠道、新形式，以便更加广泛、深入、及时地听取群众的意见、要求和批评。形式要多样化，既可采取由中共召开各种形式的会议与各民主党派协商，听取意见和建议，也可以由各民主党派约请中共的各级领导，就共同关心的问题协商讨论，听取意见，沟通信息。同时，要提倡鼓励群众讲真话，反映真实情况。对正确的意见要虚心接受采纳；对不同的意见要认真考虑。不能对群众的意见听而不闻、视而不见、文过饰非。只有充分发扬社会主义民主，加强共产党同民主党派、同人民群众的联系，才能增强党的凝聚力和战斗力，团结奋斗，建设好祖国。

第二个问题是建立和健全民主党派参加国家事务管理的正常制度。举荐民主党派成员、无党派人士担任各级政府及司法机关的领导职务应该制度化。在这方面，要制定在县以上地方政府和有关部门中如何实施选配民主党派成员和无党派人士担任领导职务的办法，使其正常化，并提供法律保障。与此同时，在数量上也要有个比例规定，避免主观随意性。通过民主党派成员和无党派人士参加政府机关工作，就能开辟一条发扬民主、吸收广大群众的意见、密切党群关系的有效途径。

（载《云南统一战线》1990 年第 1 期）

调整食物结构是一件利国利民的大事

（1991 年 1 月 2 日）

党的十一届三中全会以来，我国人民的温饱问题已基本解决，营养状况也有了较为明显的改善。但是，我国主要食物的供需矛盾仍然比较突出，人们不懂得科学饮食，以致出现营养过剩或不良的现象。我国的食物发展与消费结构正面临新的抉择。我们应当及早动手进行科学规划，以便通过合理调整，建立一个适合中国国情、利国利民、科学合理的食物结构来指导生产和消费。

过去，我们致力于解决温饱问题，谈科学的食物结构及营养问题缺乏条件。现在，情况不同了，一方面，随着我国经济的发展和社会的进步，人们越来越认识到在提高生活水平的同时，必须加强人体自身的建设；另一方面，综观当今世界，许多国家都把营养工作列为经济建设的重要内容，十分重视建立科学的食物结构，以提高全民的营养水平。因此，从我国的国情出发，调整食物结构，提高营养水平，是关系 11 亿人民的一件大事。

长期以来，我国人民的食物消费结构是典型的粮食消费类型，人们直接和间接消费的粮食，无论是总量或是按人口平均的消费水平都居世界的首位。可是，在食物消费结构中，畜产品、水产品和林产品却很少。再从营养状况看，城乡居民人均每天摄入的热量已基本满足，而蛋白质的摄入量仍然偏低，仅 67 克，则接近营养标准的低限，特别是缺少优质蛋白质。因此，应该对现在这种耗粮多、比较单一的食物消费结构进行调整，才能逐步实现既节约粮食，又能达到应有的营养标准，增强全民族的身体素质。

我国和其他国家一样，也面临人口、营养、能源、环境保护等四大问题。在我国，计划生育、环境保护已经作为基本国策，并通过立法形式正付诸实施；为加强基础工业的发展，把解决能源短缺作为国民经济发展战略的主要任务来落实。现在，为实现国民经济持续、稳定、协调的发展，在合理调整产业结构的同时，应当增强调整国民食物结构的紧迫感、主动性和预见性，从而获得良好的甚至最佳的关联效应和传导效应。这不仅关系到广大群众的日常生活，而且涉及国民经济的许多方面。

首先，调整国民食物结构，改善人民生活，提高营养水平，不能像西方发达国家那样搞以肉蛋奶为主的食物结构。因为，这对我们来说是脱离国情、超越国力的。我国现有人口11亿，到本世纪末将达到12.5亿。而我国的耕地面积只有15亿亩，人均耕地面积仅有1.4亩，只相当于世界人均拥有耕地面积4.5亩的30%左右。其中，水利设施完备的耕地只占13%，约有1/3的耕地有水土流失，有20%的耕地被污染，甚至还有一些耕地被废弃。在这种情况下，要用大量的粮食来发展肉、蛋、奶是困难的。今后能做到粮食的增长速度与人口的增长速度大体同步或略高一些就很不错了。现在，我们人均占有粮食量约为365千克，要保持这个水平还需要付出很大的努力才行。

其次，我们现在的食物结构，即主要依靠多吃猪肉来增加营养的传统习惯也是值得研究的。猪肉一直是我国人民摄取蛋白质的重要来源，在肉类食品中占的比例偏高，大约为80%左右。这样的比例在世界上都是最高的，需要逐步引导和调整，使之合理。据统计，近两年，我国人均消费禽畜肉约17千克，其中，猪肉占14千克（云南省为15千克）。可是，从蛋白质的含量来看，在人们消费的各类肉食中，猪肉的蛋白质含量却是最低的。据营养学家测算，每千克肉类中蛋白质的含量，鸡肉为22%，鸭肉为14.5%，鱼为15%~20%，鸡蛋为14.7%，猪肉仅为9.5%。不仅如此，猪肉还是靠粮食转化出来的。4千克饲料粮能转化出1千克猪肉，如果只吃瘦猪肉，则耗费的饲料粮更多，大约要10千克左右饲料粮才能转化出1千克瘦猪肉。现在，我国粮食占有量人均365千克左右，即使到本世纪末，由于受耕地面积、单产水平、人口增长和自然灾害等因素的制约，也只能维持这个水平。可见，在生产上希望投入许多粮食去增产猪肉既不现实、也不合算，故只能在食物资源允许的范围内科学地安排饮食。据测算，同样消耗1千克饲料粮生产动物蛋白质的数量：鸡为110克，鸭为66克，鱼为90克，鸡蛋为59克，猪为24克。因此，为了提高人民的营养水平，在生产方面，只要合理调整产品结构，就可以少投入多产出，即耗费较少的粮食获得较多的肉类产出；或者用同量的粮食获得较多的动物蛋白产出。在消费方面，只要适当调整肉食结构，即少吃一些猪肉，多吃一些耗粮少、蛋白质含量较猪肉丰富的鸡、鸭、鱼、兔、牛、羊肉，就能有效地提高人们的营养水平。广州市已经率先调整了食物结构，现在广州市民的猪肉消费比例已经降至30%左右。

再次，要建立适合中国国情的、以植物性食品为主、动物性食品为辅的食物结构。从健康和营养角度看，中国人吃蔬菜多的习惯还是好的，是有益于身体健康的。

现在，国外一些营养学家很注意研究我国的食物结构，认为以植物性食品为主，适当增加肉、蛋、奶、水产等动物性食品的比重，是比较适合人体生长发育的，也是一些长寿者的经验。比如，提倡多吃大豆和豆制品，就能增加人体所需的优质蛋白质。因为，在列为粮食的五大作物（稻谷、小麦、玉米、薯类、大豆）中，前四类的蛋白质平均含量为9.5%，而大豆却高达40%，不仅比瘦牛肉的蛋白质含量高，而且无胆固醇，易被人体所吸收。又如，多发展一些节粮型畜禽和水产品生产，既能节约粮食，又能提高动物蛋白的消费水平，满足人们不断改善生活的需要。

最后，在调整食物消费结构的同时，要相应地调整食物生产结构。具体地讲，一是要建立农牧业良性循环、互相促进的新型种植业体系。把当前种植业上实行的"粮食——经济作物"二元结构逐步调整为"粮食——饲料——经济作物"的三元结构，促进畜牧业的发展。现在，用粮食做饲料，不仅与人争口粮，加剧了人畜争粮的矛盾、供需之间的矛盾，而且在经济上也是很不合算的。二是要大力发展耗粮低的禽蛋生产和水产养殖业，尤其是繁殖草食动物，有利于相对减轻对粮食需求过旺的压力。三是发展以大豆为主体的豆类生产。要扩大种植面积，努力提高单产；同时，加强技术研究和开发工作，实行深度加工，提高综合利用率。四是要严格控制白酒、啤酒等耗粮多的酒类生产。白酒是一种耗粮多又无营养价值的嗜好性食品，仅吃肉、喝酒，每年就要增加150多亿千克粮食才能满足需要。1988年，我国白酒产量约50亿千克，耗费粮食达125亿千克。当年，进口粮食约有150亿千克。这就是说，花大量外汇进口的粮食有93%都用于造酒了！根据轻工业部统计，全国现有酒厂5万多家，白酒生产厂已超过4万家。因此，应当坚决缩减生产，对那些耗用粮食和能源多、产品质量低劣的小酒厂，要坚决实行关、停、并、转，以缓解粮食的供需矛盾。

（载《昆明社科》1991年第1期）

大胆吸收和借鉴资本主义国家的先进经营方式和管理方法

（1992 年 9 月）

邓小平在南巡重要谈话中强调："社会主义要赢得与资本主义相比较的优势，就必须大胆吸收和借鉴人类社会创造的一切文明成果，吸收和借鉴当今世界各国包括资本主义发达国家的一切反映现代社会化生产规律的先进经营方式、管理方法。"这个正确论断是加快我国改革开放和经济发展的重要理论武器。

现代化生产需要先进的经营方式和管理方法

资本主义生产是社会化的大生产。为适应社会化大生产的客观要求，必须进行科学的经营和管理。在这方面，发达的资本主义国家已经积累了丰富的经验。社会主义生产也是社会化的大生产，理所当然地应该吸收、借鉴资本主义国家一切先进的经营方式和管理方法。

科学的经营和管理，就是对企业的各项经济活动进行科学的组织、计划、指挥、调节、控制，以协调各个成员的活动和生产要素的优化组合，从而实现企业的生产经营目标，取得最佳经济效益。在有成千上万人的大企业里，由于工艺过程十分复杂，相互联系十分密切，既要协调各个劳动者，包括工厂、车间、工段、班组之间，领导人员、工程技术人员、管理人员和直接生产者之间的关系，又要协调人和机器以及机器和机器之间的关系，使企业在生产经营过程中的各个阶段、各个环节在时间上和空间上都能相互衔接、密切配合，还要协调企业与社会的相互关系，从而保证企业的经营管理活动正常地、高效地运行。这就是科学管理的职能。马克思指出："管理是一种生产劳动，是每一种结合的生产方式中必须进行的劳动。"他还形象地比喻："一个单独的提琴手是自己指挥自己,一个乐队就需要一个乐队指挥。"① 生产经营过程分工越细,协作越紧密,生产的社会化程度就越高,所需要的管理就必须越先进。社会化大生产的一个重要特点是技术装备复杂精良,使用的物资种类繁多,劳动分工细致,生产环节之间的协作关系十分密切,生产过程具有高度的连续性和协调性。一件产品往往是由成百成千甚至上万个零部件组成,由几家、几十家乃至更多的企业共同完成的。如此复杂精细的社会分工和协作关系,当然需要能协调各种生产要素、经营环节并使之高效运行的管理制度和方法,才能达到投入少、产出多的目标,取得良好的经济效益和社会效益。毛泽东说过,外国资产阶级的一切腐败制度和思想作风,我们要坚决抵制和批判。但是,这并不妨碍我们去学习资本主义国家的先进的科学技术和企业管理方法中合乎科学的方面。工业发达国家的企业,用人少、效率高,会做生意,这些应当有原则地好好学过来,以利于改进我们的工作。

人类社会的文明成果是没有国家和民族界限的,通过吸收和借鉴,使后来者居上是历史发展的规律。先进的科学技术、先进的技术设备和先进的管理方法,是人们在长期的生产实践中创造和积累的共同财富,没有地域和民族的界限。不同社会制度的国家和民族都可以利用它来推动经济的繁荣和社会的进步。美国有一位学者,研究世界历史的演变后指出,500 年前中国正值明代的鼎盛时期,是当时世界最先进的文明古国之一。郑和 7 次下西洋,率领船舰数百、兵马几万,比哥伦布率领的 3 艘船、87 名水手去发现新大陆要威武浩荡得多、行动早得多。但后来却由于闭关自守停滞不前,限制工商业的发展,拒绝外来的科学技术和管理方式,就落后了。但与此同时,有些国家则向海外发展,相互通商,相互学习和交流先进的技术和管理,使经济发展、国力增强。这个学者的观点是很有见地的。吸收、借鉴别国先进的科学技术和管理方法是走一条"拿来为我所用"、加快自己发展的捷径。既然中国古代的四大发明曾经是世界资产阶级发展的必要条件,那么,资本主义时代人类社会创造的一切文明成果,包括资本主义的先进经营方式和管理方法,理所当然地应当拿来为中国的社会主义建设服务。这是历史发展的规律,也是继资本主义之后、社会主义要后来居上的必由之路。因此,对资本主义国家的先进经营方式和管理方法,我们要理直气壮地大胆地学习、借鉴、吸收、消化和运用。

---

① 《马克思恩格斯全集》第 23 卷,第 367 页。

先进的经营方式和管理方法能有效地促进经济发展和社会进步

改革开放以来，我国从资本主义国家引进先进技术和设备、引进先进的经营方式和管理方法的实践证明，这确实是一条推动经济发展和社会进步的有效途径。

科学技术是第一生产力。它既包括先进的技术和设备，也包括先进的经营方式和管理方法，二者相辅相成、相互促进，犹如发展生产力的两只"翅膀"。如果引进了先进的技术，而缺乏先进的经营管理，则还是不能形成现实的先进生产力。长春第一汽车制造厂变速箱厂于1989年从国外引进136台关键设备后，由于人们受传统观念的束缚，仍沿用传统的方式经营管理，结果连续两年生产混乱，发展缓慢。通过总结教训，痛下决心，从1991年开始，移植日本的"本田模式"，创造并全面推行"准时管理法"，即运用多种管理方法，对生产过程中的"人、机、料、法、测、环"等诸要素进行整体优化，有效地消除了无效劳动和浪费，一次装配合格率由80%上升到92%，产品的品种由1种增加为18种，人均劳动生产率提高24%。又如，深圳中华自行车公司由于引进先进技术和经营管理方法，一跃成为世界自行车行业中知名的厂家，年生产能力逾250万辆，是目前世界上最大的成品自行车出口生产基地。

引进现代化的科学管理方式能促使企业取得最佳经济效益。因为，它能根据社会化大生产的要求，合理组织生产，使生产要素有机结合，优化组合，使经营的动态体系灵活协调地运行，实现产供销的最好衔接。北京松下彩色显像管有限公司，由于引进日本松下电器集团的先进设备和管理方法，1991年生产的21英寸、19英寸平面直角和14英寸普通球面三个品种的彩管192万只，占全国彩管总产量的1/4，销售收入达11.3亿元，出口创汇2 739万元，利税总额3.5亿元，人均产值69万元，人均税利19万元，获得最佳经济效益。云南省鲁布革水电站工程的建造就是采用日本大成公司先进管理方式的一个典型。由于现场管理、机构精干、效率高、科学施工，讲求综合经济效益，使隧洞单口单面掘进月平均速度为231米，相当于我国同类工程的2~2.5倍；工程全员劳动生产率为4.57万元，为我国同类工程全员劳动生产率的4倍以上；中标造价比原投资概算降低40%，取得了提高投资效益的成功经验。

引进先进的经营管理方式能有效地提高产品质量。产品质量是企业的生命，只有引进先进的经营管理方式，才能确保产品的质量。深圳康佳电子（集团）有限公司是我国首家中外合资电子企业，有2 300多名职工，16条生产线，不仅从国外引进先进的仪器设备1 700多台（套），而且还引进了科学的管理方法。他们致力推行ISO 9000 国际质量标准，完善 28 项质量管理制度后，使主要产品的一等品率、质量稳定提高率均达到 100%。彩电性能指标达到或超过国际水平，平均无故障时为4.35 万小时（国际标准为 1.5 万小时），在全国首家获得美国 UL 标准认证，并保持加拿大 CSA、法国 FTZ、英国 BS、澳大利亚 CAA 的标准认证，产品免检进入国际市场。康佳何佳？佳在质量，其彩电出口量历年占全国彩电出口总量的 1/5 强。

先进的管理方法还是提高企业及职工素质、增强竞争实力的有效途径。长期以来，我国许多企业的职工队伍素质不高，安于现状，效率低下，竞争意识不强。实践表明，只要从国情出发，大胆吸收和借鉴一些国外的先进管理方法，就能有效地逐步改变上述现状。西安杨森制药有限公司是我国和比利时合作建立的一家国内目前规模较大、品种最多、剂型最全、最有竞争力的现代化制药企业。它不仅提供了高质量的医药产品，而且把西方的一些现代管理方式引入我们的管理体制之中，形成了颇具特色的四大管理体系，即富有竞争力的市场销售体系，完善的质量保证体系，严格的资金管理体系和灵活的用人与分配体系。例如，为确保产品质量，在生产管理中严格按照国际卫生组织颁布的标准，制定标准程序和标准操作，实现了生产全过程管理的系统化、规范化、程序化，成为我国最先达到 GMP 标准的制药企业之一。在这种管理体制下，职工队伍的面貌大为改观，造就了一大批严守纪律、勤奋好学、有知识、有干劲、懂业务、善经营、重视质量、勇于进取的新人，成为敢于竞争的中坚力量。

从传统的思想束缚下解放出来，大胆吸收和借鉴人类社会的文明成果

长期以来，深远的历史渊源使一些同志形成了思维惯性，习惯于用僵化的观念和模式去思考问题。一提到资本主义，往往只看到或更多地看到它同社会主义对立、冲突的一面，而很少或拒绝看到它同社会主义基于社会化大生产还有相互吸收、借鉴和合作的一面。这种非白即黑的思维方式，束缚着人们的思维，阻碍着进一步深化改革和对外开放。因此，必须解放思想，摆脱传统观念的羁绊，不要从观念出发、从本本出发，而要从实际出发，凡是有利于发展社会主义社会生产力的、有利于增强社会主义国家综合国力的、有利于提高人民生活水平的东西，都应当积极地、大胆地引进、吸收和采用。因为，这些东西并不是资本主义的"专利"，资本主义国家可以利用它，社会主义国家为什么不可以利用它呢？大胆地引进先进的经营方式和管理方法，不是引进资本主义制度，恰恰相反，是为了促进社会主义经济的发展

和国力的增强，进一步完善和巩固社会主义的生产关系和上层建筑。只要我们在大胆吸收和借鉴外国一切好的东西的同时，坚决抵制一切腐朽没落的东西，就是坚持了马克思主义唯物辩证法的科学态度。

（载《理论辅导》1992 年第 9 期）

明确社会主义根本任务，发展社会生产力

（1994 年 3 月）

邓小平指出，马克思主义最注重发展生产力，马克思主义的基本原则就是发展生产力。早在《共产党宣言》中，马克思、恩格斯就把"尽可能地增加生产的总量"作为无产阶级夺取政权和实现生产资料公有制以后的根本任务。十月革命胜利后，列宁在实践中把发展生产力提到无产阶级根本利益的高度来看待，认为没有"增加产品数量，大大提高社会生产力"这个条件，就谈不上社会主义的胜利。在中国共产党七届二中全会上，毛泽东指出，我们的眼睛要向着生产事业的恢复和发展，"务必避免盲目地乱抓乱碰，把中心任务忘记了"。他在《论十大关系》中又强调，只有社会生产力比较充分地发展，社会主义经济制度和政治制度才算获得了比较充分的物质基础。正是基于这个思想，1956 年党的八大一次会议明确提出，在生产资料的社会主义改造基本完成以后，全党、全国人民的主要任务就是发展生产力。遗憾的是由于"左"的思想干扰，背离了对我国基本国情的科学的实事求是的分析，而"以阶级斗争为纲"，动摇了八大一次会议的正确路线，使我国的社会主义事业走了弯路。直到党的十一届三中全会拨乱反正，才真正地恢复了实事求是的思想路线，把工作中心转移到集中力量发展生产力上来。邓小平指出，社会主义的本质是解放生产力，发展生产力，消灭剥削，消除两极分化，最终达到共同富裕。社会主义的任务很多，但最根本的一条就是发展生产力。他进一步阐明，社会主义基本制度确立以后，还要从根本上改变束缚生产力发展的经济体制，建立起充满生机和活力的社会主义经济体制，促进生产力的发展，这是改革，所以改革也是解放生产力。过去，只讲在社会主义条件下发展生产力，没有讲还要通过改革解放生产力，不完全。应该把解放生产力和发展生产力两个讲全了。正反两方面的实践，帮助我们科学地认识了社会主义的根本任务，加深了对马克思主义的正确理解。这一个正确认识的树立是来之不易的。

发展生产力是社会主义的根本任务，这首先是由我国的基本国情决定的。我国

的社会主义脱胎于半殖民地、半封建社会，生产力发展缓慢，水平很低，经济文化落后，人口多，底子薄，12亿人口中有9亿在农村，基本上是畜力耕耘，手工劳动，比较贫困。所以，目前中国还处于比较贫困落后的社会主义初级阶段。全国老、少、边、穷地区约有3 000万～4 000万人处于特困状态；云南省的温饱问题还没有完全解决。邓小平尖锐地指出，贫穷不是社会主义，发展太慢也不是社会主义。因此，我们必须从基本国情出发，必须大力发展生产力，努力实现工业化和生产的社会化、商品化、现代化。发展生产力是个长期而又艰巨的任务。其次，是由社会主义生产目的决定的。我国处于社会主义初级阶段，主要矛盾是人民日益增长的物质文化需要同落后的社会生产之间的矛盾，从而决定了在这个阶段必须把发展生产力置于中心的地位。解放和发展生产力的成果是属于人民的。通过发展生产力改善人们的消费结构、提高消费水平创造良好的物质基础。当群众得到更多实惠后，便会激发出更高的热情投入生产，创造出更多的物质财富，实现生产与消费之间的良性循环，加速社会主义经济建设的进程。最后，也是由社会主义制度需要不断巩固和完善的要求决定的。生产力在社会发展中起最终的决定作用是历史唯物主义的基本原理。因此，国家的富强，人民的富裕，教育科学文化事业的繁荣以及社会主义初级阶段向更高阶段的过渡，从而使社会主义制度不断巩固和完善，都有赖于生产力的解放和发展。

回顾我国改革开放15年来的历程，我们坚定不移地执行"一个中心，两个基本点"的基本路线，其核心就是一心一意地发展生产力。我们先后出台的多项改革措施，包括在农村实行家庭联产承包责任制、让企业拥有自主权、大力发展乡镇企业和私营经济、建立社会主义市场经济体制以及在云南实行"三结合、一体化"跳跃式发展民族经济，等等，无一不是以解放和发展生产力为出发点和归宿的。实践表明，生产力得到了空前的解放和发展，显示出15年的改革开放成就辉煌。

邓小平关于社会主义的根本任务是发展生产力的命题，不仅是对亿万群众伟大实践经验的高度概括，构筑了有中国特色社会主义理论体系的重要内容，丰富和发展了科学社会主义理论，而且在直接指导改革开放的伟大实践中，推动了社会主义向前发展，产生出巨大的物质力量。首先，国民经济有了快速的发展，并呈现出持续、快速、健康发展的态势。据统计，1982年至1992年的年均增长速度为8.7%，比10年前提高了近3个百分点，比同期世界经济发展的平均速度高出5.7个百分点；1992年的增长速度达13.2%，国民生产总值提前3年实现翻番的目标；对外贸易进口总额由原来的世界第32位跃居到第11位；社会全员劳动生产率从改革开放前的年平均增长3.6%提高到6.2%。其次，综合国力大大增强。国民生产总值由

1978 年的 0.35 万亿元增加到 1992 年的 2.4 万亿元；主要工农业产品的产量已位居世界前列；农业生产虽然遭受各种自然灾害，但仍不断登上新台阶，创历史最高水平。特别是乡镇企业异军突起，成为农村经济发展的先导和中坚力量。全国乡镇企业产值11 621亿元，乡镇工业产值8 709亿元，分别占全国社会总产值的 26.5% 和 30.8%。不仅所占比例大，而且发展速度快。全国社会总产值从1 000亿元发展到 1.6 万亿元用了 31 年时间，而乡镇企业从1 000亿元发展到 1.6 万亿元仅用了 8 年时间。不仅如此，乡镇企业为增强综合国力所作的贡献也是与日俱增的。向国家财政缴纳的税金 454 亿元，占全国税金的 15%；出口商品交易额达 670 亿元，占全国外贸收购总额的 29.6%，为国家创造了大量外汇。与此同时，由于解放思想、放宽政策，个体经济迅速发展。1982 年，云南省没有私营企业，仅有 54 户合作企业，从业人员仅有 538 人，自有资金为 41.6 万元；个体工商户仅有 4.1 万户，从业人员为 49 407人，自有资金为1 529万元。到 1993 年底，全省已有个体工商户 44 万户，从业人员达 65 万人，自有资金 17.8 亿元；私营企业1 563户，从业人员达 3.4 万人，注册资金已达 3.59 亿元，年总产值为 12.17 亿元。这些个体、私营经济的发展，为增强国力作出了贡献。从 1982 年到 1992 年，共向国家缴纳税金 17.77 亿元。仅 1992 年即达 3.93 亿元，占该年度国民经济总收入的 2.77%；为36 114名待业青年、79 122名社会闲散人员和6 061名退休职工提供了就业机会；为社会福利、救助灾区及举办亚运会等捐款 680 万元左右。此外，我国许多高科技项目研究取得重大突破，在某些领域达到或接近世界先进水平。最后，人民的收入水平和消费水平大幅度提高，消费状况得到明显改善。城镇居民人均收入从 1978 年的 315 元增加到 1992 年的1 826元，扣除价格因素，年均增长 6%；农民人均纯收入也由 1978 年的 134 元增加到 1992 年的 784 元，年均增长 9%；到 1992 年底，城乡居民储蓄已达 1.38 万亿元，比 15 年前增长了 53.8 倍。现在，我国城乡人民平均消费的肉类、蛋类、食用植物油等的数量已相当或接近世界平均水平；城镇居民拥有的电视机、电冰箱等高档耐用消费品的普及率已达到中等发达国家的水平。总之，人民生活水平的提高是看得见、摸得着和能共同感受到的。其标志，一是家庭财产存量增加；二是每家衣服更新的速度加快；三是食物消费的内容向多品种、高质量变化。这正如邓小平所指出的，按照历史唯物主义的观点来讲，正确的政治领导的成果，归根到底要表现在社会生产力的发展上和人民物质文化生活的改善上。

我们当前的任务是要认真学习《邓小平文选》第 3 卷，深刻领会和把握建设有中国特色社会主义理论体系，真正懂得"发展才是硬道理"。为解放和发展生产力，一方面，要继续改革开放；另一方面，要加快经济的发展。只有不断地解放和发展生产力，才能坚持社会主义，最终把我国建设成富强、民主、文明的社会主义现代化国家。

（载《理论辅导》1994 年第 3 期）

建立有中国特色的食物结构

(1994年3月23日)

国务院公布的《90年代中国食物结构改革与发展纲要》，将引导我国食物结构改革和调整，促进食物生产与消费的协调发展，从而尽快地建立起科学合理的、有中国特色的食物结构。这是关系国民整体素质提高和国民经济繁荣发展的一件大事。

党的十一届三中全会以后，我国食物生产发展速度加快，食物结构明显改善。表现在：第一，食物生产大幅度增长。粮食总产量达4 000亿千克以上，人均粮食产量近400千克；畜产品和水产品持续高速增长，肉、蛋、奶和水产品的总产量都比1978年成数倍的增长；与此同时，蔬菜与干鲜果品的生产也成倍增长。这就为我国人民的膳食和营养改善奠定了重要的物质基础。第二，食物消费水平不断提高，营养状况显著改善。1993年预计我国人均占有肉、蛋、奶的数量分别达到32千克、9.3千克、5.1千克，比1978年增加3~4倍以上。动物性食品及其他食品增加，使人均口粮消费从1986年的253千克下降到1990年的239.5千克；人体所需的热量、蛋白质和脂肪等已接近世界平均水平。

但是，我国人民的食物消费结构还存在一些问题：一是食物消费基本上属于"高谷物膳食"类型，总体营养水平还较低。人们直接和间接消费的粮食，无论是总量还是按人口平均的数量都居世界的首位。可是，由于人口多、耕地少，对主要食物的需求压力将随经济的发展和人民购买力的提高而越来越大。从营养状况看，城乡居民每天摄入的蛋白质量仍然偏低，仅67克，刚接近营养标准的低限70克，优质蛋白质所占比例更小。二是在动物性食品中，结构单一，蛋白质含量较低而耗粮高的猪肉比重高达80%，蛋白质含量较高而耗粮低的禽、蛋、奶、鱼类和草食性动物的比重又很小，使"投入产出"缺乏效益。三是食物消费中的不平衡突出，营养过剩和营养不良的状况同时存在并有日益加剧的趋势，不利于国民整体素质的提高。四是一些不良的消费习惯依然存在。如耗粮高的白酒、啤酒等酒类生产继续发展，加剧了粮食的供需矛盾。因此，在20世纪90年代，我们一方面要继续大力发

· 446 ·

展食物生产，以保障人民日益增长的食物需求；另一方面，要大力改善和调整食物结构，建立起适合中国国情的、科学合理的国民膳食结构。

首先，继续保存现有的膳食结构即主要靠多吃猪肉来增加营养的传统习惯是不可取的。长期以来，吃猪肉一直是我国人民获取营养的主要来源，故在动物性食品中猪肉占80%的比例，这在世界上是最高的。据统计，我国人均年消费动物性食物约17千克，其中，猪肉占14千克（云南省为17千克）。可是，据营养学家测算，每千克肉类中蛋白质的含量：鸡肉为22%，鱼为15%～20%，鸭肉为14.8%，猪肉仅为9.5%，猪肉是最低的。而猪肉又是靠大量粮食转化出来的，每投入4千克饲料粮才转化出1千克猪肉；如果只吃瘦猪肉，则要耗费10千克饲料粮才能转化出1千克。据测算，同样消耗1千克饲料粮生产动物蛋白的数量：鸡为110克，鱼为90克，鸭为66克，猪为24克，猪肉也是最低的。现在，我国人均粮食占有量不到400千克，即使到本世纪末，由于受人口增长、耕地面积减少和单产水平提高有限等因素的制约，也只能是400千克的水平。因此，要投入更多粮食去增加猪肉的供给，既不现实，也不合算。故在生产方面，要合理调整肉食产品的结构，实行少投入粮食，又能获得较多的肉类产品，或者用同量的粮食获得较多的动物蛋白质产出。同时，在消费方面，也要适当调整肉食结构，即少吃猪肉，多吃耗粮少、蛋白质含量较丰富的鸡、鸭、鱼、兔、牛、羊肉，就能有效地提高人们的营养水平。这在广州、深圳已经率先实行，肉食消费中猪肉的消费比例已降至30%左右。

其次，调整我国国民膳食结构，提高营养水平，也不能像西方国家那样搞以肉、蛋、奶为主的膳食结构。因为他们就是靠大量的粮食转化成高蛋白食品的。我国有12亿人口，耕地面积只有15亿亩，人均仅有1.25亩，只相当于世界人均拥有耕地面积4.5亩的27%。在今后相当长一段时间内，人均年占有粮食只能维持在400千克左右，肉蛋奶总量达50千克左右。据测算，若使我国人均动物蛋白质摄入量提高1个百分点，就需要投入45亿千克粮食。从近几年粮食产需情况看是无能为力的。所以，要搞以肉蛋奶为主的膳食结构是脱离国情、越超国力的。

最后，要建立适合中国国情的、以植物性食品为主、动物性食品为辅的膳食结构。中国人吃蔬菜多的习惯是有益于身体健康的。现在国外一些营养学家很注意研究我国的膳食结构，认为以植物性食品为主，适当增加并重点提高动物性食品的比重是比较适合人体生长发育的，也是一些长寿者的经验。为此，要相应地调整食物生产结构。具体地讲，一是要建立新型的种植业体系。要改变传统的"粮食作物——经济作物"的二元结构，逐步形成"粮食作物——饲料作物——经济作物"协调发展的三元结构，既能促进农牧业的良性循环，又能缓解人畜争粮和供需之间的矛盾。二是要大力发展豆类生产。在列为粮食的五大作物（稻谷、小麦、玉米、薯类、豆类）中，前四类的蛋白质平均含量为 9.5%，而豆类却高达 40%。因此，要把豆类从粮食生产中分离出来，作为优质高蛋白作物对待。要扩大豆类作物的种植面积，努力提高单位面积产量；同时，要加强技术研究和开发工作，实行深度加工，提高综合利用率，增加豆制品的品种和产量，满足人民的消费需要。三是要大力发展耗粮低的禽蛋生产、水产养殖业，尤其是繁殖草食性动物，既有利于增加营养比重，又有利于相对减轻对粮食需求过旺的压力。四是要严格控制白酒、啤酒等耗粮多的酒类生产。

总之，食物是人类生存和发展的重要物质基础，要努力宣传和推广营养科学界推荐的膳食指南，即食物要多样，粗细要搭配，三餐要合理，饥饱要适当，甜食不宜多，油脂要适量，饮酒要节制，食盐要限量。今后，要从中小学生抓起，增加食物和营养方面科普知识的教育，不断提高人们膳食营养的知识水平和科学消费的自觉性。

（载《云南日报》）

提高质量是基础，创立名牌增效益

（1995 年 7 月 12 日）

提高产品质量、创立名牌似乎是个老问题，其实是企业在市场经济条件下立于不败之地的硬功夫。

企业是市场经济的主体。产品质量是企业进入市场、表现竞争力的关键。特别是优质名牌产品往往成为一个企业、一个地区乃至一个省、一个国家科学技术水平和经济实力整体形象的重要标志。凡有远见卓识的企业家都把产品质量好坏视为企业知名度的象征，是与企业生命攸关的大事。目前，困扰国有企业进入市场成为主体，并具竞争实力的一个重要原因仍然是产品质量低，优质名牌产品少，式样陈旧，销售困难，致使企业效益差，亏损严重。因此，提高产品质量，创立名牌产品，增强竞争力，扩大市场占有份额就成为云南省企业面临的一项紧迫任务。

历史犹如一面镜子给人以启迪。第二次世界大战后，日本作为一个战败国，日货因质量不好在国际市场上备受冷遇，形势非常严峻。这促使日本举国上下深刻认识到，要想扩大出口，摆脱经济困境，必须提高产品质量，创立名牌，树立日货的良好形象；日本还提出了"质量救国"的口号。此后，经过艰苦努力，终于在不太长的时间里甩掉了质量、信誉不好的帽子，并在提高质量的基础上，创立了如松下电器、东芝电视、丰田汽车等一大批享誉国内外的优质名牌产品。这对振兴日本经济特别是发展其对外贸易、占领国际市场起了积极的推动作用。今天，我们提出"质量立国"、"质量兴国"的口号，不仅是从一般经济意义，而且是从实现国民经济现代化，从弘扬民族精神、提高全民族素质的高度提出的战略方针。因此，我们有必要对提高产品质量，创立名牌的重要意义进行再认识。

首先，质量是产品的"灵魂"，是企业的"生命"。一个企业能否在市场竞争中站稳脚跟，就要看它能否生产并及时提供适销对路的优质产品。如果产品质地优良，则供不应求，名扬四海，企业也越兴旺发达；反之，则产品积压滞销，资金周转困难，影响正常生产，使企业陷入困境，甚至破产倒闭。玉溪卷烟厂是我国最大的、也是亚洲第一的现代化卷烟企业。其产品在国内市场的覆盖率已达95%以上；1994年创税收110亿元，成为全国同行业中创税收的第一大户。取得如此辉煌成绩的关键是该厂始终把握着"质量第一"这只"金钥匙"而创造出"红塔山"、"阿诗玛"、"红梅"等系列名牌产品，产生了"名牌效应"，从而在全国卷烟行业的激烈竞争中独占鳌头，为云南省和全国作出了巨大贡献，推动了玉溪地区和云南省经济的发展。这说明，名牌是一个企业和地区的精华和骄傲。借助名牌产品的优势，不仅可以兴厂、兴市，乃至兴省、兴国，带动一个大产业，并获得最佳效益。因此，要认真实施"名牌战略"，创立名优产品，以获取"名牌效应"。

其次，提高质量、创立名优产品是减少消耗、降低成本、提高经济效益的根本途径。从微观角度讲，产品质量高就表现为产品性能好，使用效率高，寿命长；与同类产品相比，一个能顶几个用。在这个意义上提高产品质量就等于增加了产品的数量。再从结果上看，质量不仅是数量，而且还是速度、效益和竞争力的表现。因为质量低劣所耗费的人力、物力、财力则是对社会财富的极大浪费。产品质量好，节约了原材料和人力，就等于用同样多的原材料和工时生产出更多更好的产品，从而减少消耗，降低成本，增加盈利。可见，质量又是效益的基础。据调查，全国积压的商品量高达30%～40%，金额达4000多亿元，其原因之一就是产品质量低劣。1994年，国家技术监督局对6028种产品进行抽查，合格率仅为69.8%。由于我国产品质量差所造成的经济损失，相当于有10%的工厂在长期制造废品、次品、返修品，浪费人力、物力和财力。这实际上是一害国家，二害企业，三害自己。为此，中央一再强调，必须坚定不移地贯彻执行"注重效益，提高质量"的方针，通过提高产品质量和效益来提高整个经济增长的质量。

再次，提高产品质量、创立名牌是使国内市场与国际市场接轨、扩大产品出口创汇能力、提高国际市场占有率和国家信誉的重要方面。服装是我国第一大宗出口产品，因档次低，质量差，附加值小，平均每件的售价仅3美元左右；而发达国家出口的服装平均每件的售价是80～100美元。一位曾到中国考察的外国企业家坦率地提出，中国企业和外国企业的最大差距是产品质量差。实际情况也确实如此。不久前，中国机械设备进出口总公司下属的一家地方公司向德国科隆市出口供杠铃杆用的铸电盘600吨。其中，许多电盘凸凹不平、合模错位、中孔歪斜，根本穿不过杠铃杆，完全是一堆废品。据此，对方提出了索赔要求，使我国在经济上、声誉上蒙受很大损失。我国驻德国代办处的同志在处理索赔报告上写道："作为中国人，这是耻辱，我十分气愤！这是在搞出口吗？外商专门来订我们的货，可我们的工作人员，我们的工厂漫不经心，竟然这样不争气！产品如此低劣怎能打入国际市场同国外优质产品竞争?!"因此，每个企业都应吸取教训，把保证产品质量、维护国家声誉视为自己的神圣职责；把工作马虎造成质量低劣视为自己的失职和耻辱。只有提高中国货的竞争力，才能扩大出口创汇能力和市场占有率。正如美国著名企业家亚科卡所说："出口竞争的唯一出路在于提高产品质量。"

最后，创立名优产品也包括开发新产品、增加新品种。这是增强企业竞争力的"新式武器"。如果一个企业不思进取，无所创新，只会年复一年地生产"老面孔"的产品，就缺乏生机和活力。只有不断开发新产品，增加新品种，才会促使企业刺激需求，引导消费，开辟潜在的市场。当今市场瞬息万变，商品更新换代时间日趋缩短。企业如何以高效率、高质量推出新产品已成为占领市场的"新式武器"。瑞士是世界钟表业的生产王国、名牌表之乡。虽然受日本和香港钟表业的冲击，出口大受影响，但瑞士钟表业强化名牌意识、创新意识，推出多功能薄型表、首饰表、宝石翠钻表等新品种；在机械表的领域里，弘扬名牌，独领风骚；石英钟表以品种多、款式新而获得长足的发展。1994 年其钟表出口总额大增，达到创纪录的 79.59 亿瑞士法郎，在世界钟表消费市场上继续独占鳌头。

总之，提高产品质量、创立名牌应引起举国上下特别是企业界的高度重视，立足当前，展望未来，针对目前我国产品质量不高、名牌不多的问题，采取标本兼治的措施，不断创造优质名牌产品，才能在激烈的国际市场竞争中立于不败之地。

（载《云南日报》）

扩大对外开放是加快云南经济
发展的迫切需要

(1995 年 11 月 14 日)

我们正处于两个世纪和国家两个五年计划交替的关键时期。中央十四届五中全会制定了迈向 21 世纪的宏伟纲领；云南省第六次党代会明确提出了到本世纪末和下一个世纪初云南省改革和发展的基本任务和目标。为了实现既定的目标，需要做大量艰苦的工作。其中一个重要的方面就是要进一步扩大对外开放的程度，提高对外开放的水平，使云南省的对外开放向高层次、宽领域、多形式、纵深化发展。不仅要继续扩大对东南亚地区的开放，而且要积极拓宽对外开放的领域，向欧、美、日、韩、澳等发达国家和港、澳、台地区开放，真正形成以昆明为中心，以地州所在城市为依托，沿铁路、公路、边疆线和沿江展开多层次、多形式、全方位的对外开放新格局。

首先，进一步扩大对外开放有利于云南省的市场经济与国际市场接轨，推动云南经济迈上新的台阶，更好地实现第二步战略目标。当今世界是一个开放、竞争激烈的世界。随着生产社会化和经济关系国际化的深入发展，市场经济突破了国家、地区和民族的界限，国家之间、地区之间的经济联系频繁密切；国际商品交换、资本流动、技术交流、劳务合作等在规模和发展速度上都达到了空前的程度。社会化生产和国际分工把一切国家和地区深深地卷入到经济国际化的浪潮中，任何一个国家和地区都不可能在封闭的状态下求得发展。中国的经济是世界经济的一部分，必须同其他国家发生广泛的经济联系，通过市场经济的运行，把生产、流通、分配和消费各个环节以及整个社会的经济活动连接起来，实现资源的优化配置和经济效益的不断提高。发展市场经济的核心就是通过完善和发达的社会分工，实现资源优化配置和经济效益的显著提高。使每个企业、每个地区乃至每个国家都能根据社会分工和国际市场的需要，扬己之长、避己之短，取得竞争优势，加快经济的发展。世界经济发展的经验和我国东部沿海地区经济迅猛发展的实践证明，由于积极发展对外经济、扩展国际贸易而带来了市场繁荣、经济腾飞。云南具有优越的地缘区位优势和丰富的自然资源优势，通过实行对外开放，发展对外经济关系已取得令人瞩目的成绩。1994年，全省外贸进出口额达13亿多美元，边贸总额达35亿多元人民币。其中，出口超过千万美元的产品有18种，有的产品在国际市场上颇具竞争实力。例如，卷烟质量可与世界卷烟质量相媲美。又如，以云南机床厂为基础组建的CY集团近几年不断深化经营体制的改革，以高质量、新品种撞开了国际市场的大门。1994年共生产各类机床4 000多台，半数以上出口到欧美、日本等国家。CY集团已成为我国机电部的骨干企业和出口创汇大户。但是，从整个发展形势和总体上看，云南省和发达省区相比，差距仍然很大。进出口贸易总额只占全国进出口贸易总额的0.6%，与云南经济大发展的要求极不相称。如果安于现状，不加大对外开放的力度，不加快经济发展的步伐，就必然落伍。因此，我们要进一步解放思想，加大对外开放，扩大对外贸易，优化出口商品结构，培植一批新的、附加值高的出口支柱产品，增加工业制成品和名优产品的出口，提高边贸出口商品的质量，形成一批颇具竞争力的"龙头产品"和"拳头产品"，树立云南的名牌产品和名牌形象，扩大出口，形成全省整体的竞争优势。

其次，进一步扩大对外开放，有利于引进国外资金、加快经济建设的步伐。世界各国和我国实践的成功经验都表明，积极地吸引外资，包括吸收外国政府、国际金融组织和民间贷款以及吸收国外的直接投资，诸如合资经营企业、合作经营企业、合作开发资源和其他引资形式（补偿贸易、来料加工、来料装配、租赁技术装备、发行国际债券等），进行经济技术合作是解决资金短缺、加速经济发展、实现国民经济现代化的有效方法。像云南这样比较落后的省区，建设资金严重不足，直接影响基本建设规模和发展速度。实行对外开放，引进外资可以缓解现实资金短缺与需要增加资金的矛盾。通过引进外资、引进先进技术和设备，推动国民经济的技术改造，提高工农业生产水平；也有利于扩大产品出口，提高工矿产品在外贸出口商品结构中的比重，增加外汇收入。这也要摒弃旧的思想观念，破除"肥水不流外人田"的小生产者的自然经济思想，敞开大门，放开手脚，大胆地利用外资，加快云南省经济的发展。近几年，保山地区在"抓住机遇，发挥优势，筑巢引凤，发展经济"战略思想指导下，加大对外开放的力度，已有美国、德国、缅甸、泰国、新加坡等国家和港、澳、台等地区的近百家外商前来洽谈投资业务，签订合同32项，吸引外资7 557万美元。在32家"三资"企业中，投资百万美元的有15家，千万美元的有3家；投资平均规模达16万美元，高于全省平均规模水平。

再次，进一步扩大对外开放，有利于引进先进技术和设备，增强企业的竞争力，提高经济效益。云南省有相当一部分工商企业技术落后、设备陈旧、消耗大、效益低。除 1/3 左右企业的技术设备具有 20 世纪六七十年代的国际水平外，其余的均应进行技术改造或淘汰更新。通过对外开放，及时有效地引进先进的技术和设备，是一条"拿来为我所用"的捷径。因为这样不仅可以避免漫长的摸索过程，节省研究和试制的费用，为使生产技术达到世界先进水平赢得时间，而且能以新设备、新技术、新工艺装备企业，使设备上档次、技术上水平，迅速提高劳动生产率，增加产品数量，提高产品质量，扩大出口，增加效益。玉溪卷烟厂在全国 500 强企业中居前 10 名，是全国最大的、也是亚洲第一的现代化卷烟企业，其系列名烟产品——"红塔山"、"阿诗玛"等在国内市场的覆盖率达 95% 以上，1994 年创税 110 亿元。其取得辉煌业绩的重要原因之一，就是先后从美国、意大利、德国引进了 100 多台（套）具有世界一流水平的制丝和卷、接、包生产线，并强化了对产品工艺的开发研究，使卷、接、包的速度和质量不断提高，达到国际标准，成为增加经济效益的有效途径。

又次，进一步扩大对外开放有利于吸收和借鉴国外先进的经营方式和管理方式。邓小平同志指出："社会主义要赢得与资本主义相比较的优势，就必须大胆吸收和借鉴人类社会创造的一切文明成果，吸收和借鉴当今世界各国包括资本主义发达国家的一切反映现代化生产规律的先进经营方式和管理方法。"这个正确论断是加快我国改革开放和经济发展的重要理论武器。科学技术是第一生产力，它既包括先进的技术和设备，也包括先进的经营方式和管理方式，二者是相辅相成、相互促进的。如果引进了先进的技术和设备，而缺乏先进的经营管理，则还是不能形成现实的先进生产力。

最后，进一步扩大对外开放有利于国外产品进入云南省市场，增加有效供给，也有利于云南商品大量进入国际市场，使国内市场和国际市场接轨，增强相互交融的密度。与此同时，我们还要全面认识进一步扩大对外开放，既包括对世界各个国家和地区的开放，也包括对国内各省、市、自治区的开放。要充分发挥云南所处的地缘优势，利用国内和国际两种资源，大力开拓国内、国际两个市场，开展优势互补、招商引资，搞好省际、地县间、企业间的横向经济联合，不断提高云南省产品在市场竞争中的信誉和知名度，取得最佳经济效益，促进云南经济的迅速发展。

（载《云南日报》）

要重视市场经济条件下乡镇水利的研究

——为《市场经济下的中国乡镇水利》一书作序

（1996 年 1 月）

回顾 20 世纪 80 年代以前我国经济发展的历程，一个十分突出的问题是，只讲投入、建设和生产，不讲效益、管理和市场。作为其必然结果，经济的发展形成了这样的一种模式，即经济发展的动力主要不是来自于它本身内在的积累和驱动，而是更多地取决于外部的助长和刺激。只重视投入，使经济的发展很难获得一个又一个新的有效增长点，不讲求效益则导致经济发展的间歇或停滞。

这种情况几乎在各个产业部门均不同程度地存在，但是，水利行业确乎最为严重。长期以来，由于一直没有把水利作为产业看待，而是把它视为一种社会公益事业，只讲投入，不讲经济效益，加之"重建轻管"思想的影响，致使水利行业经费非常紧张，工程普遍老化、失修，职工贫困不堪。"建的工程越多，背的包袱越重"成了摆在水利面前的严峻现实。由此而来，水利建设长期滞后于社会经济的发展，形成制约社会经济发展的一大"瓶颈"。

水利是农业的命脉，是国民经济和社会发展基础。为此，要使国民经济能够健康、快速地发展，就必须高度重视水利工作，加快水利发展的步伐，使之超前于社会经济发展的需要。这既是一种现实的选择，同时又是一种历史的必然。

立足现阶段的实际，要改变水利的滞后状况，确保其超前发展，就必须改变长期以来所形成的传统运行方式，建构全新的良性发展模式，使其能形成自我积累、自我发展的良性运行机制，从根本上解决传统计划经济体制下水利所存在的种种问题。

党的"十四大"明确提出，我国经济体制改革的目标是建立社会主义市场经济体制。当前，市场经济正处于建立和发展过程之中。水利行业发展的关键，主要是尽快转轨建制，以市场为导向，优化产业结构，改变发展模式，调整发展战略，使其走上市场经济的运行轨道，寻求新的有效增长点。

水利从传统计划经济走向市场经济，这是一个巨大的历史转变。在这一转变过程中，不可避免地会出现许多新情况、新问题。这些都需要人们去探讨、去分析、去总结、去解决。

正是出于这样一种现实的需要，《市场经济下的中国乡镇水利》一书，以市场经济为主线，围绕乡镇水利如何建立与市场经济体制相适应的良性运行机制这一中心，在全面总结我国乡镇水利发展的基础上，针对当前乡镇水利建设中存在的突出问题，深刻地分析了这些问题产生的原因，提出了这些问题的解决办法及对策，从理论上对乡镇水利如何进入市场，以及在市场中如何求得生存和发展这一重大问题作了分析和回答。书中具体论述了乡镇水利在内的水利改革、乡镇水利的管理、乡镇水利的发展战略、乡镇水利规划的制订、乡镇水利投入的对策以及乡镇供水、水利综合经营的发展和水污染防治、水土保持工作。这些均是关乎全局的重大问题。对此，作者均作了科学而又客观的研究，提出了不少有价值的见解和意见，具有较强的指导意义。

《市场经济下的中国乡镇水利》一书，根据当前我国乡镇水利工作者和广大群众的认识水平，在写作中力求做到三个"融合"：一是融学术性与可操作性为一体；二是融理论性与实用性为一体；三是融专业性与通俗性为一体。从全书来看，这三个"融合"无疑都具备了，这是它的重要特点。惟其如此，它十分有利于乡镇水利工作者和广大群众更好地学习和掌握有关水利知识，增强对水利问题的认识，提高从事水利工作的自觉性、主动性和创造性，更好地搞好乡镇水利建设。

另外，还应强调的是，水利经济学在我国还属于一门新兴学科。它起步较晚，迄今也只有10余年的历史，亟待加强学科建设。这是老一辈水利工作者和经济学家的共同愿望。在这种情况下，《市场经济下的中国乡镇水利》一书的出版，还将有助于我国水利经济学的学科建设。

（载林文勋、李保欣、周运龙著《市场经济下的中国乡镇水利》一书第 1~3 页）

转变经济增长方式的紧迫性和对策研究

（1996 年 6 月）

中共中央十四届五中全会提出并经全国人大八届四次会议通过的《国民经济和社会发展"九五"计划和 2010 年远景目标纲要》，是一个跨世纪的宏伟纲领，对于推进建设有中国特色的社会主义具有深远的意义。实现宏伟目标的一个关键是切实转变经济增长方式，显著提高国民经济的整体素质和效益。为此，我们要深刻认识转变经济增长方式的必要性、紧迫性，并研究相应的对策。

一、转变经济增长方式的必要性和紧迫性

经济增长方式必须从粗放型向集约型转变是历史和现实的客观需要，是总结新中国建立以来的经验教训得出的正确结论。无论是生产建设，还是流通领域；无论是工业，还是农业；无论是传统产业，还是新兴产业；无论是发达地区，还是不发达地区，尽管各有不同的重点和要求，但都应当转变经济增长方式，并将其作为决定自身命运的重大问题来对待。

首先，转变经济增长方式是解决我国经济生活中深层次矛盾的关键所在。40 多年来，我国经济建设取得了伟大成就，并建立了一些质量和效益都较好的高新技术产业，为国民经济的进一步发展奠定了良好的基础。但还应该清醒地看到，经济的快速发展是以粗放型增长方式为主的。表现为：（1）高投入、高消耗、低产出、低效益。据统计，我国能源利用率只有 30% 左右，发达国家的能源利用率一般是 50%～80%。我国每万元国内生产总值的能源消耗是美国的 3 倍、韩国的 4.5 倍、日本的 9 倍；钢材消耗是美国的 5.8 倍、法国的 7 倍；我国单位能源消耗所创造的国内生产总值仅相当于发达国家的 15%，也低于发展中国家的平均水平。（2）科技进步在经济增长中的贡献率很低，产品附加值小。就贡献率讲，我国仅为 30% 左右，而发达国家一般为 60%～80%，发展中国家平均为 35% 左右。目前，我国出口的高科技产品仅占工业品出口总额的 5%，与发达国家已达 40% 相比，差距极大。（3）相

当一部分国有大中型企业因粗放经营而亏损严重。其原因，一是劳动生产率低。国有企业的富余人员约占职工人数的 1/3 ~ 1/2，平均有效工时不足 50%。我国钢铁工业年人均产钢 20 ~ 400 吨，而发达国家是 500 ~ 800 吨。二是产品结构和质量不适应市场需求，但为追求产值和速度，仍继续生产，致使产品积压、资源浪费、资金呆滞。三是热衷于争投资、上新项目，忽视对老企业的技术更新改造，使企业缺乏活力。四是设备利用率低，甚至用有限的外汇高价"引进"后长期闲置或停放在货场，损失达亿元计。（4）工业的粗放经营，势必因占用过多资金而挤压农业，使农业投入不足，影响国民经济基础的稳固。（5）高投入、低产出，造成货币过量发行，导致通货膨胀。据有关方面测算，1982—1994 年的 13 年中，多发行的货币数量约占全国流通中货币量的 15%。1994 年底，流通中的货币总量约为 7 288 亿元，按 15% 计算，则多发行货币 1 000 多亿元。1995 年尽管通过强有力的宏观调控，把通胀率控制到 15% 的预期目标，但物价仍在高位上运行。而且，许多地方的物价回落又主要是靠行政性限价和大量增加财政补贴支撑的。仅 1995 年上半年，财政用于价格补贴的支出就比前年同期增长 78.6%。（6）粗放经营造成过量的资源消耗、森林面积减少、水土流失严重、生态平衡遭破坏，使资源短缺和环保形势更为严峻。近几年各种灾害频繁发生，空气污染，出现大面积酸雨，全国 500 多座城市的大气环境符合国家一级标准的为数极少。总之，我国经济生活中面临的问题较多，而转变经济增长方式则是解决诸多矛盾的关键。

其次，转变经济增长方式是提高经济效益、顺利实现 15 年奋斗目标的必由之路。多年来，我国经济建设的指导思想受急于求成和追求高速增长的影响，走的是一条高积累、高投入、高消耗、低产出、低效益的路子。经济效益低已成为我国经济运行的痼疾。据报载，"八五"时期，我国国民生产总值平均增长率为 12%，居世界首位。同期，世界平均增长率为 1.9%，其中，发达国家平均增长率为 1.7%，发展中国家平均增长率为 5.3%。按 1987 年美元不变价格计算，我国国内生产总值占世界的比重已从 1990 年的 2.3% 上升到 1994 年的 3.2%。问题在于，我国经济高速增长的同时，并未取得相应的高效益。不仅如此，资源和资金的利用效率和效益还呈下降的趋势。例如，"六五"期间，每增加 1 亿元的固定资产投资，年均可增加国民生产总值 3.2 亿元，"八五"期间则下降为 2.3 亿元。可见，经济增长速度虽然很高，但成本高，投入产出的比率很低，付出的代价大，经济效益差。尤为突出的是产业结构不协调，基础产业和加工工业之间严重失衡，电力、铁路、港口、通信等极为紧张，成为制约经济增长的"瓶颈"。今后 15 年是我国经济和社会发展的跨世纪时期，也是全面完成社会主义现代化建设第二步战略目标并向第三步战略目标迈进的关键时期。我们面临的任务光荣而艰巨，不仅投入产出的比率低，经济效益差，而且，资金、能源、原材料等都有较大的"缺口"。要实现"九五"经济增长8%的目标，按照目前能源消耗弹性系数测算，供需差额率为20%左右；到2010年还会有进一步扩大的趋势。解决上述矛盾的有效途径是认真转变经济增长方式。因为，目前我国的能源利用率仅为30%，如果能提高到35%，则每年就可节约标准煤3亿多吨。发达国家的经验表明，随着科学技术的进步，劳动生产率的提高，物耗会显著下降，经济增长质量会不断提高。因此，15年奋斗目标的实现，只有依靠经济增长方式的转变。否则，据现有的技术水平去算账，只会处于"面多了加水，水多了加面"的无效循环状态；不仅如此，还会因投入多、规模大、产出少、效益低而导致财政金融的崩溃。从微观基础看，企业的设备落后、产品质量差、经济效益低已是一个相当普遍的问题。据统计，我国主要机械产品达到20世纪80年代水平的只占1/3；平炉炼钢工艺已被世界上大多数国家所淘汰，可是我国钢产量的15%却是使用这种工艺方法生产的；纺织工业达到20世纪80年代水平的也不足40%。国有大中型企业的设备老化率达1/4；超期服役率达40%，致使产品质量每况愈下。据国家技术监督局的材料，产品质量在总体上呈下降趋势。1992年以前，工业品的合格率为76%；1995年下降到70%以下。全国每年因企业生产不合格产品（次品、废品）损失金额高达4 000多亿元。可见，当务之急是转变经济增长方式，即从重数量、上新项目、铺新摊子的粗放经营转变为重视对现有企业的技术改造、提高产品质量和实行集约化经营。因为，对现有企业进行更新改造，充分发挥原有固定资产的作用，比新建企业具有投资少、消耗低、见效快、收效好的优点。1984—1994年的10年间，我国投入1元进行技术改造，则可产出2元，创税利0.4~0.6元。这说明，进行技术改造的投资只等于同样规模建设的40%，而产出利税却比新建项目高1倍，建设周期缩短一半时间。而且，新建投资中约有40%要转化为消费基金，而更新改造投资中只有20%转化为消费基金；技术改造引发的净需求比新建投资要少得多；又能更快形成生产力，从而增加市场的有效供给。总之，切实加大对现有企业和老工业基地技术改造的力度，提高技术装备水平，才能充分挖掘潜力，提高劳动生产率。这是一项投入少、产出多、效益好的重大举措，不仅有利于缓解资金、资源对经济增长的制约，而且是提高经济效益、实现"九五"计划和2010年远景目标的有效途径。

再次，转变经济增长方式是参与国际市场竞争、加快经济国际化进程的需要。随着我国对外开放程度和水平的提高，我国的经济运行和世界经济运行的交融密度将会不断增强，特别是以加入世界贸易组织为契机，中国市场将成为世界市场的重要组成部分，参与国际市场的竞争。当今国际市场竞争激烈，不仅是商品数量和价格的竞争，而且是商品的技术含量、品种、效益，特别是商品质量和提供服务的竞争。由于国际上大多数工业制成品呈现供大于求的趋势，质量需求迅速增长，优质产品供不应求，于是质量竞争取代价格竞争而上升到首要地位，致使优质名牌产品高居优势地位，低级产品处于劣势地位。日本正是依靠丰田汽车、松下电器、东芝电视等优质名牌产品占领国际市场来带动经济腾飞的。相比之下，我国一些企业往往单纯追求数量，忽视产品质量及其在国际市场竞争中的重要作用，甚至想采取削价的办法来扩大商品销售、提高市场占有率。结果，事与愿违。因为，就人们的消费心理和消费经验看，"好货不便宜，便宜没好货"已成共识，致使商品愈是降价销售，人们觉得其档次愈低，愈无人问津，不仅赚不到钱，甚至还赔了本。这在对外贸易中，还会因涉嫌"倾销"而被调查，乃至被课以"反倾销税"作为惩罚。为了改变这种局面，必须切实转变经济增长方式，把过去单纯依靠数量扩张和降价销售去占领国际市场的做法，转变到提高产品质量、增加效益、以质量竞争取代价格竞争的轨道上来，实现经济国际化。

二、转变经济增长方式的对策研究

首先，要转变观念，提高认识，确立与市场经济体制下转变经济增长方式相适应的新思维模式。解放思想，牢牢树立市场与竞争的观念、质量和效益的观念，一切工作都以人民是否真正得到实惠为出发点和归宿。为此，对项目的可行性研究要实事求是，科学论证，民主决策，真正抓质量，出效益。关键是"全党要提高对转变经济增长方式重大意义的认识"，才能改变想转却长期转不了的状况。

其次，要深化改革，加快经济体制的转变。在计划经济体制下，计划是配置资源的基础。国家集中掌握资源，统收统支，通过指令性计划在全国范围进行配置。结果，造成地方吃中央的"大锅饭"和企业吃国家"大锅饭"的弊端。至于生产经营中的成本、销路、资金运营效益等，对企业因缺乏约束机制而少于考虑，亏了与企业无多大关系。所以，靠这种体制推动的经济增长方式必然是粗放型的。随着社会主义市场经济体制的建立，为经济增长方式的转变提供了条件和动力。市场对资源的配置起基础性作用。通过市场，公平竞争，建立起节约资源、减少消耗、降低成本、提高效益的企业运行机制，建立起积极进行技术改造、依靠科技进步的企业创新机制以及经济决策人和当事人责、权、利相结合的风险机制。总之，要使企业在外有压力和内有动力的情况下，有效地从粗放型向集约型的经济增长方式转变。

再次，通过调整优化结构，培植支柱产业，加强技术改造，提高现有企业的经济效益。因为，通过调整，优化产业结构、产品结构、企业组织结构和所有制结构，培植支柱产业，提高效益是转变经济增长方式的重要途径。从云南省的情况看，要以资源的深度开发为重点，以效益好、附加值大、科技含量高、产业关联度广、市场前景好为原则，在充分发挥"两烟"优势的同时，应着力培养以食品为重点的生物资源开发产业、以磷化工和有色金属加工为重点的矿业资源开发产业，以及展示云南风土人情的特色旅游业等支柱产业，树立云南名牌形象，走集约经营的路子。同时，要充分利用现有企业的基础，通过挖潜、革新、改造，提高技术装备水平，发挥国有企业主力军的作用。1947—1979年，美国固定资产中用于技术改造的比重占69％。我国"八五"期间确定的比重为35.1％，实际上这一比重逐年下降，1991年为28.2％，1994年下降到25％。因此，"九五"期间要大幅度地提高技改投资比重，从根本上改变技改投资比重持续下降的局面。同时，也要提高技改贷款占银行新增贷款的比重，真正使现有企业的技术装备水平迈上新台阶。云南省要通过滇沪合作，发展横向经济联合，组成"联合舰队"，形成规模经济，实行集约经营，从而推动云南经济增长方式的转变。

最后，要实施"科技兴国"战略，提高科技进步，提高科技进步对经济增长的贡献率。转变经济增长方式，归根到底要依靠科技和教育，提高全民族的科技文化素质。因为，科学技术是第一生产力，教育是科学技术进步的基础。现代社会、经济的发展，集约化程度的提高，效益的增加，对科学技术和教育的依赖程度越来越高，所以，国家的兴衰取决于科技和教育；国际上以经济为基础的综合国力的较量，本质上是科技与教育的实力较量。当今世界，无论是发达国家，还是发展中国家都把科技和教育列为头等重要的战略目标来加大投入。我国借鉴国外的经验，对科技和教育，不仅要增加国家财政的拨款，而且，各级政府和企业也要加大投入。同时，要深化科技体制的改革，促进科技与经济的结合，逐步使企业成为科技开发的主体，加速科技成果转化为现实生产力；努力提高科技进步在经济增长中的含量，促进整个经济的增长从粗放型向集约型转化。与此同时，必须重视教育是科技进步、经济发展的源泉，是国家民族兴旺发达最根本的事业，应当放在优先发展的战略地位。要合理配置教育资源，优化教育结构，提高教育质量，增加办学效益，培养大批各类人才。同时，要大力发展职业技术教育，形成多种形式、多种层次的职业技术教育网络，以提高全民族的国民素质。一个企业用好一个人能带出一批项目、上一批产品、走出一条新路子。在全社会形成尊重知识、尊重人才的良好风气，就能造就一批跨世纪的优秀人才,并使之成为科技进步的中坚力量,进而为转变经济增长方式发挥其聪明才智,促进国民经济的持续发展。

(载《云南金融》1996 年第 6 期)

关于转变经济增长方式难点的思考

（1996 年 6 月）

由中共中央提出，并经全国人大八届四次会议通过的《国民经济和社会发展"九五"计划和 2010 年远景目标》指出："今后 15 年经济建设总的要求是，切实转变经济增长方式，显著提高国民经济整体素质和效益，使社会生产力有一个较大的发展。"为了实现经济增长方式从粗放型向集约型转变，我们需要深入分析面临的难点，研究探讨相应的对策。本文拟就此发表一点看法。

一、转变经济增长方式的难点分析

自改革开放以来，党中央和国务院根据邓小平建设有中国特色的社会主义理论，提出了转变经济增长方式的思想，并在实践中致力于经济增长质量和效益的提高。党的"十二大"、"十三大"都提出过提高经济效益是中心，没有效益的速度是浪费；20 世纪 80 年代中后期又一再强调要重视内涵式的扩大再生产；20 世纪 90 年代以来，提出要重视经济增长质量，增加经济效益，把经济工作的重点切实转移到以提高经济效益为中心的轨道上来。通过实践，虽然取得了一定的成绩，但增长方式转变得缓慢，效果并不理想。其原因及难点是复杂和多方面的。

1. 我国社会主义经济建设中追求高速增长、急于求成的指导思想起支配作用。把宏大的经济增长目标建立在良好的主观愿望和巨大的热情冲动之上，违背经济运行规律和宏观实际，热衷于搞大工程、大项目，往往选择高投入、高消耗、高积累、高速度、低产出、低效益的增长方式。20 世纪 50 年代的"大跃进"和 20 世纪 80 年代的"洋跃进"就是突出的典型。可是，这种急于求成的"左"的思想迄今还未肃清。在改革开放的浪潮中，各类经济主体对投资规模扩张有强烈的冲动，客观上对投资主体又缺乏有效的自我约束机制，致使整个投资规模在经济高速增长期间急剧膨胀，呈现出只讲投资积累扩张，不讲质量和效益的"饥饿症"。结果，争投资、比规模、赛速度、大而全、小而全的重复建设比比皆是。据有关方面测算，"八五"

期间，我国固定资产投资形成的总规模大约在 6 万亿元以上，年均增长率为 35%，加上不少工程的超概算，使在建工程的总规模可能达到 7 万亿元左右。其特点依然是以数量型投资、粗放型增长为主，物质资源和人力资源的数量投资比重很大，而质量投资即技术更新改造、科学研究技术开发以及教育培训等方面的投资比重不但没有上升，反而呈下降趋势，致使经济增长的总体效果不佳。

2. 经济体制方面的不适应。江泽民同志针对我国经济增长方式想转却长期转不了的情况指出："其原因是复杂的、多方面的，最主要的是经济体制和运行机制的问题。"[①] 具体表现是：（1）在计划经济体制下，政府只管投资、审批项目，少于研究投资回报率，因资金"大锅饭"和预算的软约束，使企业不承担责任和风险，盈亏均和企业无直接关系。结果，许多项目往往事与愿违，投产之日就是企业开始亏损之时。（2）国有企业的市场化原则尚未完全确立。企业没有彻底割断与政府"母体"之间联系的"脐带"而独立地进入市场、参与竞争，没有真正实现自主经营、自负盈亏、自我发展、自我约束的机制以及优胜劣汰的竞争机制和利益激励机制。结果，口头上说要转变经济增长方式、提高经济效益，实际上仍然照样急于争投资、上项目、铺新摊子，很难从粗放经营转向集约化经营。（3）企业经营管理不善，历史包袱沉重；加之，国有企业要承担各种名目繁多的负担，也影响了企业技术更新改造的投资和创新开发的能力。（4）考核干部实绩的误区。往往把经济发展速度快、上的项目多作为对干部考核实绩和晋升的主要依据。有一些地方官员为了突出自己的政绩，脱离主客观条件，忽视质量和效益，不惜动用巨资大兴工程项目，致使一些"书记工程"、"县（市）长项目"徒有虚名而无实效，反倒成了地方经济发展的包袱，产生"干部出数字，数字出干部"的怪现象。（5）宏观调控机制不够健全完善。一方面，中央缺乏必要的集中决策和宏观指导，经济建设大多由各省、市分散进行，分散就会追求大而全、小而全，自成体系，难以走上集约化轨道；另一方面，改革开放以来，利益格局发生了变化，地方利益独立化、经济建设分散化，使责、权、利联在一起，对地方有利的就大干快上，忙于铺新摊子，继续走粗放型经营的路子。上述现象说明经济体制和经济运行机制都存在一些问题。要转变经济增长方式，也要同时转变经济体制。虽然，转变经济增长方式主要是发展生产力的问题；转变经济体制主要是改革和完善社会主义生产关系以促进生产力发展的问题。但是，二者是密切联系、不能割裂开的。经济体制的转变为经济增长方式奠定了基础和条件；二者都是要求大力发展社会生产力，提高经济效益，所以是具有全局意

---

① 《中国共产党第十四届中央委员会第五次全体会议文件》，第12页。

义的"两个根本性转变"。

3. 我国的基本国情也影响经济增长方式的转变。（1）人口多，就业的压力大。中国 12 亿人口，基数大，每年新增就业人数高达 2 000 万，到本世纪末，仅仅从农业中就将转移出 2 亿多富余劳动力来。巨大的就业压力与转变经济增长方式的要求发生了尖锐的矛盾。因为，偏重数量扩张的粗放型经济增长方式，可以广开就业门路，弱化就业压力；而依靠技术进步，提高劳动生产率的集约型经济增长方式，又必然引起用人数量的减少。（2）劳动者的整体素质不高，难以适应集约化的经营要求。我国民族科学文化水平较低，缺乏大批受过各类教育和训练有素的劳动者和管理者。据统计，全国 1.2 亿职工中，初中及其以下文化程度的约占 70%。由于劳动力的素质不高、管理落后，大量先进技术设备闲置和严重浪费，生产效益差。（3）我国作为发展中国家，存在一个共同的规律：劳动力资源丰富，富余劳动力多，劳动力和土地等资源的价格偏低，而先进技术、设备和管理素质资源要素的价格偏高。因此，从比较成本而言，投资者往往选择粗放经营方式。比如，我国实行改革开放以后，沿海一带办了大批技术水平偏低、劳动生产率不高的劳动密集型企业；从香港、台湾等地区也迁来大批这样的企业。其原因就是大陆的劳动力价格便宜，土地价格也不高，办这类企业比办高技术水平的企业效益好。近几年的情况又发生了变化。随着这些地方劳动者工资水平的提高和地价的上涨，继续办粗放型经营的企业已无利可图，产品更缺乏市场竞争力。于是，这类企业又纷纷迁到劳动力和土地价格低廉的地方去继续实行有利可图的粗放经营。仅深圳市为此迁空的工业厂房就达 30% 左右。

二、转变经济增长方式的对策研究

经济增长方式的转变是一个涉及范围十分广泛、影响颇为深远的根本性转变，包括人们思想观念、经济体制、战略措施等诸方面，必须相互配合，相互促进，才能达到"根本性转变"的目的。

1. 要转变观念，提高认识。经济增长方式要从粗放型向集约型转变，就要把人们的认识，从计划经济的模式转变到市场经济体制的轨道上，解放思想，更新观念，确立与转变经济增长方式相适应的新思维方式和发展思路。牢固树立市场观念、竞争观念、质量观念和效益观念。从过去主要依靠增加投入、铺新摊子、上新项目、追求数量和速度的指导思想，转变到主要依靠科技进步、提高劳动者素质、以提高经济效益为中心的轨道上来。我们的一切工作都应以人民是否真正得到实惠为出发点和归宿；也都应据此来考核领导者和干部的实绩。具体地说，不能只看产品数量、产值、速度，更要看效益、看资金利润率、产品销售率、全员劳动生产率以及科学管理等情况。对上项目要实事求是地开展可行性研究，不能凭主观愿望、好大喜功、攀比速度、忽视质量和效益，而要充分论证，科学决策，民主决策。总之，关键是"全党要提高对转变经济增长方式重大意义的认识"。

2. 要深化改革，加快经济体制的转变。经济增长方式从粗放型向集约型转变，与经济体制从传统的计划经济体制向社会主义市场经济体制转变，是密切联系、相互促进、相互制约的，是具有全局意义的"两个根本性的转变"。从计划经济体制向社会主义市场经济体制的转变，是实现经济增长方式转变的前提和基础。因为，在计划经济体制下，资源由国家集中掌握，通过指令性计划在全社会范围内配置，从而形成地方吃中央的"大锅饭"、企业吃国家的"大锅饭"的局面。至于生产成本有多少，产品的销路如何，资金运营的效益怎样，都因反正钱不是自己的，亏损与企业无多大关系，致使企业少于考虑，更缺乏经营和效益的约束机制。靠这种机制推动的经济发展必然是粗放型的增长。社会主义市场经济体制的建立，使市场对资源配置起基础性作用，从而为经济增长方式的转变提供了条件和动力。因为，通过公开、公平、公正的市场竞争，对资源实行优化配置，使企业真正形成外有压力和内有动力的运行机制，迫使企业节约资源，减少消耗，降低成本，提高经济效益；建立起经济决策人和经济活动当事人责、权、利的风险机制，有效地依靠科技进步，推动经济增长方式从粗放型向集约型转变。

3. 调整结构，培植支柱产业，加强技术改造，提高现有企业的经济效益。因为，通过调整，优化结构（包括企业所有制结构、企业组织结构、产业结构、产品结构等）、培植支柱产业、提高经济效益是实现经济增长方式转变的重要途径。结合云南的情况，应以资源深度开发为重点，以效益好、附加值大、科技含量高、产业关联度广、市场前景好为原则，在发挥"两烟"优势的同时，要着力培育以食品为重点的生物资源开发产业、以磷化工和有色金属加工为重点的矿产资源开发产业，以及展示云南风土人情的特色旅游业等支柱产业。要培育一批高科技的新兴产业，创造名优产品，树立云南的企业和名牌形象，走集约经营的路子。同时，要充分利用现有企业的基础，把建设重点放在对现有企业的挖潜、革新、改造上，并通过改革、改组、改造或扩建、提高生产能力。对新建项目一定要统筹规划，合理布局，提高技术起点，注重规模效益，避免盲目建设和重复建设。要加大对老工业企业技术改造的力度，提高技术装备水平，继续发挥国有企业主力军的作用。从最近几年的情况看，我国投资中用于技术改造的比重较低，技术改造的力度也远远不够。

1947—1979 年，美国固定资产投资中用于技术改造的比重约为69%。我国"八五"时期，技术投资占固定资产投资的比重则逐年下降，从 1991 年的28.2%降至1994年的25%，低于"八五"计划确定的35.1%的指标。结果，一些早该淘汰的陈旧设备带"病"运转，超期服役，使产品物耗高，成本高，效益差。因此，"九五"期间要大幅度地提高技改投资比重，从根本上改变技改投资占固定资产投资比重和技改贷款占银行新增贷款比重持续下降的局面，真正使现有企业的技术装备水平和工艺水平迈上新台阶。同时，还要注意调整企业组织结构，依托大公司（集团）推进规模经济，提高经济增长的数量和质量。云南省尤其要通过滇沪合作，组建一批符合培植支柱产业发展要求的、跨地区、跨行业的大型企业集团，促进新支柱产业的成长和产业结构的升级；通过发展横向经济联合，把云南省资源独特和劳动力成本低廉的优势与上海具有资金、技术、管理的优势结合起来，组成集中优势的"联合舰队"，形成合理经济规模和有国际竞争实力的企业集团，实行集约经营，加快云南经济增长方式的转变，提高经济发展的整体素质。

4. 要认真实施"科教兴国"的战略，提高科技进步对经济增长的贡献率。通过转变经济增长方式，从而推动我国经济的全面发展和振兴，归根到底要依靠科技和教育，提高全民族的科学文化素质。因为，科技和教育是经济、社会全面发展的两大支柱。科学技术是第一生产力，教育是科学技术进步的基础。现代社会，经济的发展，集约化程度的提高，效益的增加，都有赖于科技进步的贡献。当今世界上以经济为基础的综合国力的比较，在本质上是科技与教育的实力较量；国际的竞争实质是科技教育的较量，是人才的竞争。因此，无论是发达国家，还是发展中国家都把科技和教育列为头等重要的战略目标，加大投入，获取效益。目前，在加大对科技投入的同时，必须把教育放在优先发展的战略地位，合理配置教育资源，优化教育结构，提高教育质量，为科技进步和经济发展培养大批各类专业人才，为转变经济增长方式，促进国民经济的可持续发展，努力培养一批跨世纪的优秀人才，并使之成为科技进步的中坚力量。

（载《邓小平理论研究》1996 年第 3 期）

对转变经济增长方式的探讨

(1996 年 8 月)

中共中央十四届五中全会和全国人大八届四次会议通过的《国民经济和社会发展"九五"计划和 2010 年远景目标纲要》指出,实现"九五"和 2010 年奋斗目标,关键是实现两个具有全局意义的根本性转变:一是经济体制从传统计划经济体制向社会主义市场经济体制转变;二是经济增长方式从粗放型向集约型转变。这两个转变在理论和实践上都引起了各级领导、海内外学者和社会各界的极大关注。本文拟对经济增长方式的转变作些探讨。

一、全面理解转变经济增长方式的科学含义

要转变经济增长方式,首先要对"经济增长方式"有一个全面、科学的理解。否则,人们从不同的角度、不同的意义上去解释和使用经济增长方式的概念,不仅难以对经济增长方式取得共识,而且,在实践中也不利于促进经济增长方式的真正转变和达到预期的目的。

回顾新中国建立以来关于转变经济增长方式问题,曾先后有过四种主要提法:(1)从外延型向内涵型转变。这一提法的根据是马克思在《资本论》中论述扩大再生产有外延扩大再生产和内涵扩大再生产两种基本形式。外延扩大再生产是指通过对生产资料和劳动者数量的追加,扩大生产规模;内涵扩大再生产是指通过改良劳动资料,提高劳动者素质和原材料质量,扩大生产规模,使经济增长。我们使用这一提法的时间比较长,范围也较广泛。(2)从粗放型向集约型转变。这一提法来自发展经济学,把对农业经济的发展,划分成粗放经营和集约经营。所谓粗放经营是指扩大耕地面积,实行粗放耕作以推动农业的增长。集约经营是指在单位面积土地上追加投资,提高技术,实行精耕细作,以推动农业的增长。广义的经济增长方式的粗放型和集约型,不仅指农业,而且包括整个国民经济。粗放型是指扩大投资规模,铺新摊子,单纯追求数量扩张;集约型是指以提高经济效益为中心,依靠科技

进步和劳动者素质的提高，促进生产的发展。例如，前苏联在1971年召开的苏共"二十四大"上就正式提出过经济发展要从粗放型向集约型转变。（3）速度型和效益型。这是针对我国经济建设中长期存在的片面追求经济增长速度、消耗高、浪费大、效益低的弊病，提出要走一条速度比较实在、效益比较高、人民可以得到更多实惠的路子。（4）数量型与质量型。这是从经济增长过程的特点的角度提出来的，即要从重视数量、忽视质量的经济增长转变为全面提高我国经济增长的数量和质量。

对以上提法和彼此间的关系，人们的理解又各有差异。

有人认为，经济增长方式从粗放型向集约型转变，就是外延型向内涵型的转变。其实，这两者既有联系，又有区别，是不能完全画等号的。其联系表现为扩大投资、铺新摊子、上新项目等，如果是在原有技术条件下进行生产，结果往往是投入高、产出低、消耗大、效益差。这既是外延扩大再生产，也是粗放型经济增长。但是，两者又不能完全等同。因为，即使增加投资，铺新摊子，上新项目，如果采用最新的先进技术和设备，使生产中消耗的原材料和燃料减少，产品质量和劳动生产率提高，经济效益增加。那么，这类企业虽然是外延型的扩大再生产，但并不是粗放型的。因此，我们鼓励引进先进技术和设备，即使增加投资，上新项目，但却因提高劳动生产率和降低成本而增加了经济效益。这样的经济增长则属于集约型的。

还有人认为，经济增长方式由粗放型向集约型转变，就是从数量型增长向质量型增长的转变。这虽然有一定道理，但也不能把二者绝对等同起来。数量型增长的特点是：片面追求数量、产值和速度，经济增长质量低、效益差、结构失衡。质量型增长的特点是：生产要素和产业结构合理化，经济效益高。乍看两者貌似相同。因为，粗放型经济增长往往是片面追求速度、产量和产值，重视数量的扩张，忽视生产要素的合理和经济效益的提高；集约型经济增长则重视经济增长的质量和经济效益的提高。从这个意义上讲，把粗放型增长看做数量型增长，把集约型增长看做质量型增长是有一定道理的。但是，也不能把二者等同起来。因为，集约型增长方式既以生产要素构成的合理、效率和效益的提高为主要特征，同时，也需要有一定的数量扩张；集约型增长不是不要速度、数量、产值，而是要在生产要素构成合理和提高经济效益为中心的前提下来提高速度、增加数量，实现数量和质量、速度和效益的统一。如果片面追求经济增长数量，不重视经济增长的质量是不对的；反之，如果只追求质量，而不重视必要的数量和速度也是不对的。

我们应当全面地、辩证地理解粗放型增长方式和集约型增长方式的科学含义和相互关系。

粗放型增长方式和集约型增长方式既有原则区别，也有一定的联系。前者以生产要素的数量扩张为特征，但在经济增长过程中也会出现生产要素构成逐渐合理和效益不断提高；后者以生产要素构成合理、效率和效益不断提高为特征，但在经济增长过程中也需要有一定数量的扩张，即以提高效益为前提，并不排斥铺新摊子、兴建必要的新项目。所以，粗放型和集约型往往是相互联系、同时并存的。在现代经济生活中，就社会范围而言，只有粗放型增长方式，或只有集约型增长方式是不存在的。只是在不同国家的不同时期，或同一国家的不同发展阶段上，以哪种方式为主或相互组合关系有所差别而已。一般说来，在发展中国家，粗放型经济增长是主要的基本形式。因为，这些国家的经济落后，劳动力资源丰富，富余劳动力多，劳动力价格低廉，劳动力素质低，资本严重短缺，故主要依靠数量扩张以推动经济增长。而在发达国家，集约型经济增长是主要的基本形式。因为，这些国家的劳动力短缺，劳动力素质较高，拥有充裕的资本和先进的科学技术，以提高生产劳动率来推动经济的增长。即使这样，数量的扩张，仍然是发达国家经济增长不可缺少的部分。再从我国的情况看，在经济发展的各个时期，既不可能完全采取粗放型，也不可能完全采取集约型；只是有的时期以粗放型为主，有的时期以集约型为主而已。新中国建立初期，面临十分薄弱的经济基础，许多重工业部门处于空白状态，则主要采取数量扩张、规模扩大的粗放型增长方式。经过几十年的努力，今天我国已经形成了比较完整的工业体系和国民经济体系，经济规模亦已相当可观，具备了转向集约型为主的客观条件。因此，现在提出从粗放型增长方式向集约型增长方式转变，即从以粗放型为主转变为以集约型为主的增长方式。在注重生产要素构成合理和效益提高为主的前提下，也要保持必要的、一定的数量扩张，才能实现经济、社会的可持续发展。正如江泽民同志所指出："这种转变的基本要求是，从主要依靠增加投入、铺新摊子、追求数量，转到主要依靠科学技术进步和提高劳动者素质上来，转到以提高经济效益为中心的轨道上来。"

以上分析表明，对我国经济增长方式的转变，要全面地、辩证地去理解，即既包括以外延增长方式为主向内涵增长方式为主的转变，也包括从偏重于数量扩张、单纯追求发展速度向着重提高经济质量和效益的转变。当然，实现这个转变还需要一个比较长的时期。

经济增长方式从粗放型向集约型转变的具体内容是：要从只重视增加投资、上新项目转到着重利用现有基础、加强技术改造、充分挖掘潜力上来；要从主要依靠增加物质生产要素的投入转到主要依靠科学技术进步和提高劳动者素质，从而提高科技进步对经济增长的贡献率上来；要从主要依靠大量消耗资源、增加产品数量转到主要依靠提高科学管理水平，减少各类消耗，降低生产成本，着力提高产品质量，使产品上档次、上规模、出效益，创立名牌上来；要从投资项目低水平、低效益的重复建设，搞小而全、大而全的轨道上转到按高效益的经济规模和合理布局的要求，不断优化产业结构和企业组织结构上来；要从偏重追求经济总量和速度的增长转到注重提高经济增长的整体质量和效益上来。总之，通过从粗放型向集约型的增长方式转变，在保持投入一定数量资本的情况下，使资源能够获得充分、合理的利用和有效配置，提高配置效率和经济增长的整体质量，增强结构效益、规模效益和科技进步效益，促进国民经济的可持续发展。

二、转变经济增长方式的必要性和紧迫性

经济增长方式从粗放型向集约型转变是历史和现实的客观需要，是总结新中国建立后特别是改革开放以来正反两方面的经验，为实现"九五"计划和 2010 年奋斗目标而提出的、具有深远意义的科学抉择。

首先，转变经济增长方式是解决我国经济生活中深层次矛盾的关键所在。40 多年来，我国经济建设取得了举世瞩目的伟大成就，建立了一些效益和质量都较好的高新技术产业，为国民经济全面、持续地发展奠定了良好的物质技术基础。但是，也应清醒地看到，我国经济的快速发展是以粗放型经济增长方式为基础的，这也是当前经济生活中出现诸多矛盾的症结所在。具体表现为：（1）投入高、消耗大、产出低、效益差。因为，在计划经济体制下沿袭下来的路子主要是依靠争投资、上新项目、铺新摊子、增加生产要素投入，以实现经济的增长。结果，物耗高、浪费大。据统计，我国能源利用率只达 30% 左右，而发达国家的能源利用率一般是 50% ~ 80% 。每万元国内生产总值的能源消耗，我国为美国的 3 倍、韩国的 4.5 倍、德国的 7 倍、法国的 8 倍、日本的 9 倍；钢材消耗，我国为美国的 5.8 倍、法国的 7 倍。我国单位能源消耗所创造的国内生产总值仅相当于发达国家的 15% ，也低于发展中国家的平均水平。（2）科技进步在经济增长中的贡献率很低，产品附加值小。据统计，科技进步对经济增长的贡献率，在我国仅为 30% 左右；而在发达国家一般为 60% ~ 80% ；发展中国家平均为 35% 左右。目前，我国出口的高科技产品仅占工业品出口总额的 5% 左右，与发达国家已达 40% 相比差距极大。（3）相当一部分国有大中型企业因粗放经营而严重亏损。究其原因，一是劳动生产率低下。现在国有企业中的富余人员多，约占职工人数的 1/3 ~ 1/2 ，企业的平均有效工时不足 50% ，即约有半数的职工无所事事。武钢原有职工 12 万人，分离出去 7 万人，占 60% 。全国钢铁工人人均年产钢 20 ~ 400 吨，发达国家钢铁工人人均年产钢是 500 ~ 800 吨。

相比之下，差距极大。二是产品结构不适应市场需求，傻、大、笨、粗的产品不符合社会需要。可是，为了追求产值和增长速度，仍继续生产，致使资源浪费、产品积压、资金呆滞。三是热衷于争投资、搞基建、上新项目，忽视对老企业的技术更新改造，使大批国有企业活力不足。四是设备利用率偏低。有些设备是用有限的外汇高价"引进"之后，却长期闲置或堆放在仓库，甚至仍停放在货场，所损失的价值以亿元计算。(4) 工业的粗放经营势必因占用过多资金而挤压农业、使农业投入不足，国民经济基础不稳固。(5) 高投入、低产出，必然造成货币发行过量，导致通货膨胀。这是近几年物价上涨过高、面广的深层次原因。据有关方面测算，1992—1994 年的 13 年中，货币除必要的发行外，多发行的数量约占全国流通中货币量的 15%。1994 年底，我国流通中的货币总量约 7 288 亿元，按 15% 计算，则多发行货币约 1 000 亿元。1995 年，尽管经过强有力的宏观调控，把通胀率控制在 15% 的预期目标，但物价仍在高位上运行。而且，许多地方的物价上涨的回落又主要是靠行政性限价和大量增加财政补贴来支撑的。1995 年上半年，财政用于价格补贴方面的支出就比 1994 年同期增长 78.6%。(6) 粗放经营造成过量的资源消耗，森林面积减少，水土流失严重，破坏生态平衡，使资源短缺和环保形势更为严峻。近几年，水旱灾害频繁发生，空气污染，出现大面积酸雨。全国 500 多座城市中，空气质量符合国家一级标准的为数极少。总之，当前我国经济生活中面临的问题较多，而转变经济增长方式则是解决诸多矛盾的关键。

其次，转变经济增长方式是提高经济效益、顺利实现 15 年奋斗目标的必由之路。多年来，我国经济建设的指导思想受急于求成和追求高速增长的影响，走的是一条高积累、高投入、高消耗、低产出、低效益的路子。经济效益低已成为我国经济运行的痼疾。据报载，"八五"时期，我国国民生产总值年均增长率为 12%，居世界首位。同期，世界平均增长率为 1.9%，其中，发达国家平均增长率为 1.7%，发展中国家平均增长率为 5.3%。按 1987 年美元不变价格计算，我国国内生产总值占世界的比重已从 1990 年的 2.3% 上升到 1994 年的 3.2%。问题在于，我国经济高速增长的同时，并未取得相应的高效益。而且，资源和资金的利用效率和效益还呈下降的趋势。例如，"六五"期间，每增加 1 亿元的固定资产投资，年均可增加国民生产总值 3.2 亿元；"八五"期间则下降为 2.3 亿元。可见，经济增长速度虽然很高，但成本高，投入产出比率很低，付出的代价大，经济效益差。尤为突出的是产业结构不协调，基础产业和加工工业比例严重失调，电力、铁路、港口、通信等极为紧张，成为制约经济增长的"瓶颈"。今后 15 年是我国经济和社会综合发展的跨世纪时期，也是全面完成社会主义现代化建设第二步战略目标并向第三步战略目标迈进的关键时期。要实现这两步战略目标，我们面临的任务十分艰巨，不仅投入产出的比率低、经济效益差，而且资金、能源、原材料都有较大的"缺口"。要实现"九五"经济增长8%的目标，按照目前能源消耗弹性系数测算，能源供需差额率为20%左右。到2010年，供需差额率将进一步扩大，解决矛盾的途径有赖于经济增长方式的转变。因为，目前我国能源利用率仅为30%，如果能提高到35%，则每年又将节约3亿多吨标准煤。发达国家的经验表明，随着科学技术的进步和劳动生产率的提高，物耗会显著下降，经济增长质量也会不断提高。因此，15年奋斗目标的实现，只有依靠经济增长方式的转变，才能获得良好的效益。否则，根据现有的技术水平去算账，只会处于"水多了加面，面多了加水"的不良循环状态。不仅如此，还会因投入多、规模大、产出少、效益低而导致财政金融的崩溃。从微观上看，企业的设备落后、产品质量差、经济效益低已是一个相当普遍的问题。据统计，我国主要机械产品质量达到20世纪80年代水平的只占1/3；平炉炼钢工艺已被世界上大多数国家所淘汰，而我国钢产量的15%却仍然使用这种工艺方法在生产；纺织工业达到20世纪80年代水平的也不足40%。国有大中型企业设备的老化率达1/4，超期服役率达40%，致使产品质量每况愈下。据国家技术监督局的材料，最近几年，产品质量在总体上呈下降趋势。1992年以前，工业品合格率为76%，到1995年已下降到70%以下。全国每年因企业生产不合格产品（次品、废品）造成的损失高达4 000多亿元。可见，当务之急是转变经济增长方式，即从重数量、上新项目、铺新摊子的粗放经营转变为重视对现有企业的技术改造、提高产品质量、实行集约化经营。因为，对现有企业进行更新改造，充分发挥原有固定资产的作用，比新建企业具有投资少、消耗低、见效快、效益好的特点。1984—1994年的10年间，我国投入1元进行技术改造，则可产出2元，创利税0.4～0.6元。这说明，进行技术改造的投资只等于同样规模建设的40%，而产出利税却比新建项目高1倍，建设周期要缩短一半的时间。而且，新建投资中约有40%要转化为消费基金，而更新改造投资中只有20%转化为消费基金；技术改造引发的净需求比新建投资也要少得多；又能更快形成生产力，从而增加市场的有效供给。总之，这是一项投入少、产出多、效益好的重大举措。所以，切实加大对现有企业和老工业基地技术改造的力度，提高技术装备水平，才能充分挖掘潜力，提高劳动生产率。这不仅有利于缓解资金、资源对经济增长的制约，而且是提高经济效益、实现"九五"计划和2010年远景目标的有效途径。

最后，转变经济增长方式是参与国际市场竞争、加快经济国际化进程的需要。随着我国对外开放程度和水平的提高，我国经济运行和世界经济运行的交融密度会不断增强，特别是以加入世界贸易组织为契机，中国市场将成为世界市场的重要组成部分，将进一步密切和世界经济的关系。当今国际市场上的竞争，不仅是商品的数量和价格的竞争，而且是商品的技术含量、品种、效益，特别是商品质量和提供服务的竞争。由于国际市场上大多数工业制成品呈现供过于求的趋势，质量需求迅速增长，优质产品供不应求，质量竞争取代价格竞争而上升到首要地位，致使优质名牌产品高居优势地位，低级产品处于劣势地位。日本正是依靠优质名牌产品（如丰田汽车、松下电器、东芝电视等）占领国际市场而带动经济腾飞的。可是，我国的一些企业往往单纯追求数量，忽视产品质量及其在国际市场竞争中的重要地位，甚至企图采取削价的办法来扩大商品销售、提高市场占有份额。结果，事与愿违。因为，就人们的消费心理和消费经验看，"好货不便宜，便宜没好货"已成共识，致使商品愈是降价销售，愈被认为其档次很低，愈是无人问津，不仅赚不到钱，甚至还赔了本。这在对外贸易中，还会因涉嫌"倾销"而被调查，乃至被课以"反倾销税"以示惩罚。据报载，近几年国际市场对中国的反倾销案数量不断增多，到1994年底各类投诉已达200余起，立案调查的有140多起，涉及金额为20多亿美元。从国别看，已从发达国家蔓延到发展中国家；从品种看，已从个别商品扩展到大面积反倾销，有的国家对我国提出的反倾销商品多达4 000余种。1995年欧盟提出的鞋类反倾销案，涉诉我国的企业上千家，年出口额4亿多美元，占当年对欧盟鞋类出口额的80%左右。这虽是对方实行保护主义的一种表现，但我国一些出口生产经营企业的产品质量差和削价销售、授人以把柄却是一个重要原因。为了改变这种局面，使中国货更广泛而有力地参与国际市场竞争，扩大市场占有份额，必须切实转变经济增长方式，把过去单纯依靠数量扩张和降价销售去占领国际市场的做法，转变到提高产品质量、增加效益、以质量竞争取代价格竞争的轨道上来，从而实现经济国际化。

三、转变经济增长方式的难点

改革开放以来，党中央、国务院就提出了转变经济增长方式的思想，并积极致力于经济增长质量和效益的提高。党的"十二大"、"十三大"都提出过提高经济效益是中心，没有效益的速度是一种浪费；20世纪80年代中后期中央一再强调要重视内涵式的扩大再生产；20世纪90年代以来提出要重视经济增长质量，增加经济效益；历届的政府工作报告都强调要把经济工作的重点转移到以提高经济效益为中心的轨道上来。通过实践虽然已取得一定成绩，但转变得缓慢，效果并不理想。其原因是复杂的、多方面的，有历史和现实的、主观和客观的诸多因素。

首先，我国社会主义经济建设中，急于求成、追求高速增长的指导思想起支配作用。往往把宏大的经济增长目标建立在良好的主观愿望和巨大的热情冲动上，违背客观实际和经济运行规律，热衷于搞大项目、大工程，选择高积累、高投入、高速度、高消耗、低产出、低效益的增长方式。20世纪50年代的"大跃进"就是突出的典型。然而急于求成的"左"的指导思想迄今远未肃清。近些年，在改革开放的浪潮中，各类经济主体对投资规模扩张有强烈的冲动。同时，在客观上由于对投资主体缺乏有效的自我约束机制，即使整个投资规模急剧膨胀，呈现出只讲投资积累扩张，不讲质量和效益的"饥饿症"。据有关方面测算，"八五"期间，我国固定资产投资形成的总规模大约为60 000亿元左右，其特点依然是数量型投资、粗放型增长为主。结果，物质资源和人力资源的数量投资很大，而质量投资即技术更新改造、科学研究技术开发以及教育培训等方面的投资比重不但没有上升，而且呈下降趋势，致使经济增长的总体效果不理想。由此可见，指导思想的根本转变任重道远。

其次，经济体制方面的原因。江泽民同志针对我国经济增长方式想转却长期转不了的情况指出："其原因是复杂的、多方面的，最主要的是经济体制和运行机制的问题。"[1] 具体表现是：（1）在计划经济体制下，政府只管投资、审批项目，少于研究投资回报率，资金"大锅饭"和预算的软约束，企业不承担责任风险，盈亏和企业无直接关系。因此，投产之日往往便是企业开始亏损之时。（2）国有企业的市场化原则尚未确立。企业没有彻底割断与政府"母体"之间联系的"脐带"，不能独立地进入市场参与竞争，尚未真正形成自主经营、自负盈亏、自我发展和自我约束的机制、优胜劣汰的竞争机制和利益激励机制。因此，口头上在说要转变经济增长方式，提高经济效益，实际上仍照样急于争投资、上项目、铺新摊子，很难转向集约经营。（3）企业经营管理不善，历史包袱沉重；加之国有企业要承受名目繁多的社会负担，也影响了企业技术更新改造的投资和创新开发的能力。（4）考核干部有误区。往往把经济发展速度快、上的项目多作为对干部考核政绩和晋升的主要依据，致使一些地方官员为了突出自己的政绩，不顾客观实际，忽视质量和效益，动用巨资，大兴工程项目。结果，一些"书记工程"、"县（市）长项目"反倒成了地方经济发展的"包袱"。（5）宏观调控机制尚未健全完善。一方面，中央缺乏必要的集中决策和宏观指导，经济建设大多由各省、市分散进行。分散就会追求大而全、小而全、自成体系，难以走上集约化轨道。另一方面，改革开放以来，利益格

---

① 《中国共产党第十四届中央委员会第五次全体会议文件》，第12页。

局发生了变化，地方利益独立化，经济建设分散化，使责、权、利联在一起，对地方有利的就大干快上，忙于上新项目、铺新摊子，走粗放经营的路子。上述种种现象说明经济体制和经济运行机制都存在一些问题。虽然，经济增长方式的转变主要是发展生产力的问题，经济体制的转变主要是改革和完善生产关系促进生产力发展的问题，但二者联系密切，增长方式的转变必然要求经济体制也要转变。

再次，我国的基本国情也影响经济增长方式的转变。（1）人口多，就业压力大。我国有12亿人口，基数多，每年新增的就业人数高达2 000万；到本世纪末，仅从农业中转移出来的富余劳动力就有2亿多。这巨大的就业压力与转变经济增长方式发生了尖锐的碰撞。因为，偏重数量扩张的粗放型经济增长方式可以开辟就业场所，扩大劳动就业；而依靠技术进步，提高劳动生产率的集约型增长方式又必然会引起用人数量的减少。（2）劳动者整体素质不高，不适应集约化经营的要求。我国民族的科学文化水平较低，缺乏大批受过各类教育和训练有素的劳动者、管理者。据统计，全国1.2亿职工中，初中以下文化程度的约占70%。由于劳动力素质低，管理落后，大量先进技术和设备闲置、浪费，致使生产效益差。（3）我国作为发展中国家，存在一个共同的规律：劳动力资源丰富，富余劳动力多，劳动力和土地等资源要素的价格偏低，而先进技术设备和管理等另一种资源要素的价格偏高。因此，从比较成本而言，投资者往往选择粗放经营方式。比如，改革开放以来，沿海一带办了大批技术水平较低、劳动生产率不高的企业；从香港、台湾等地区也迁来大批这样的企业。原因就是我国大陆的劳动力价格便宜，土地价格也不高，办这类企业的效益好。近几年的情况又发生了变化，由于这些地方劳动者工资水平的提高和地价的上涨，继续办这类企业实行粗放经营已无利可图，更缺乏市场竞争力。于是，这类企业又纷纷迁到劳动力和土地价格低廉的地方，继续实行有利可图的粗放经营。仅深圳市为此而迁空的工业厂房就有30%左右。

四、转变经济增长方式的对策研究

经济增长方式的转变是一个涉及范围广泛和影响深远的根本性转变，包括人们的思想观念、经济体制、战略措施等诸多方面，必须相互配合和促进，求得共同发展，以达到"根本性转变"的目的。

首先，要转变观念，提高认识。人们的认识要从计划经济下旧的思维模式转变到市场经济体制的轨道上，解放思想，更新观念，确立与转变经济增长方式相适应的新思维模式。从过去主要依靠增加投入、追求数量和速度的指导思想转到主要依靠科技进步和提高劳动者素质、以经济效益为中心的轨道上来。牢牢树立市场观念、竞争观念、质量观念和效益观念，一切工作都以人民是否真正得到实惠为出发点和归宿，对项目的可行性研究要实事求是、科学论证、民主决策，决不能头脑发热、好大喜功，攀比速度，忽视质量和效益。总之，关键是"全党要提高对转变经济增长方式重大意义的认识"。

其次，深化改革，加快经济体制的转变。从计划经济体制向社会主义市场经济体制转变是实现经济增长方式的前提和基础。因为，在计划经济体制下，资源由国家集中掌握，统收统支，通过指令性计划在全社会范围内配置，从而形成地方吃中央的"大锅饭"、企业吃国家的"大锅饭"的通病。至于产品的成本、销路和资金运营效益等，因缺乏经营和效益的约束机制，企业少于考虑。靠这种体制推动经济发展，必然是粗放型的增长。社会主义市场经济体制的建立，市场成为资源配置的基础，为经济增长方式的转变提供了条件和动力。通过市场的公平竞争和资源的优化配置，使企业真正形成外有压力和内有动力的运行机制，促使企业依靠科技进步、节约资源、降低成本来提高经济效益，建立起经济决策人和经济活动当事人的责、权、利的风险机制，有效地推动经济增长方式由粗放型向集约型的转变。

再次，调整结构，培植支柱产业，加强技术改造，提高现有企业的经济效益。因为，通过调整，优化结构（包括产业、产品、企业组织、所有制结构），培植支柱产业，提高经济效益是实现经济增长方式转变的重要途径。从云南的情况看，要以资源深度开发为重点，以效益好、附加值大、科技含量高、产业关联度广、市场前景好为原则，在发挥"两烟"优势的同时，应着力培育以食品为重点的生物资源开发产业、以磷化工和有色金属加工为重点的矿业资源开发产业，以及展示云南风土人情的特色旅游业等支柱产业，树立名牌形象，走集约经营的路子。同时，加强对现有企业的挖潜、革新、改造、提高技术装备水平，发挥国有企业主力军的作用。尤其要通过滇沪合作，把云南资源独特和劳动力成本低廉的优势与上海拥有资金、技术、管理的优势相结合，组成"联合舰队"，使经济规模合理，实行集约经营，加快云南经济增长方式的转变，提高经济发展的整体质量。

最后，要认真实施"科教兴国"战略，提高科技进步对经济增长的贡献率。转变经济增长方式，归根到底要依靠科技和教育，提高全民族的科学文化素质。这是经济、社会发展的两大支柱。借鉴国外大力发展科技和教育的经验，既要增加国家财政对科技教育的拨款，又要各级政府和企业加大其投入。同时，要通过改革科技体制，促进科技与经济的结合，加快科技成果的商品化，使企业成为科技开发的主体；努力提高科技进步在经济增长中的含量，促进整个经济由粗放型向集约型转化。

实施科教兴国战略，知识分子是主力军，要形成尊重知识、尊重人才的良好社会风尚。一个企业用好一个人能带出一批项目，上一批产品，走出一条新路。总之，要在各个领域努力培养一批跨世纪的优秀人才，为转变经济增长方式发挥其聪明才智，推动国民经济的可持续发展。

（载《云南社会科学》1996 年第 4 期）

论知识经济和中国现代化

（1998 年 10 月）

知识经济是当今世界各国普遍关注的重要问题。许多国家正在研究对策，采取有效措施，迎接知识经济时代的挑战，把握机遇，以促进本国经济的持续发展。党的十一届三中全会确立了以经济建设为中心的基本路线，提出了实现"四个现代化"的建设目标。邓小平同志还进一步把现代化建设道路明确为"三步走"的发展战略，到 21 世纪中叶实现第三步战略目标——达到中等发达国家的水平，基本实现现代化。为此，我们必须深入研究知识经济时代的特征，正确认识面临的机遇和挑战，增强紧迫感，从而制定有效的对策，加快我国现代化的进程。

一、知识经济的特征

人类社会正在逐步进入一个崭新的时代——知识经济时代。200 多年前，工业经济时代替代了农业经济时代，工业经济对世界的发展产生了巨大的推动作用。今天，知识经济时代正在替代工业经济时代，知识经济将对整个世界的经济、科学技术、文化教育、生产方式、管理方式乃至人们的思维方式、生活方式、社会结构都将产生极为广泛的重要的影响。

1996 年，世界经济合作与发展组织在其年度报告中对"知识经济"下了这样一个定义：知识经济是以知识为基础的经济。它是相对于以物质投入为基础的物质经济而言。这种经济直接依赖于知识和信息的生产、扩散和应用，对经济增长和社会发展的作用超过了资本和自然资源而成为经济和社会发展的关键环节。这种知识指的是高科技知识，包括信息技术、生物技术、航天技术、激光技术、自动化技术、新技术等方面。其中，最主要的是信息技术的知识即微电子技术、计算机技术和光纤卫星通信技术。现代信息技术是当今世界高新技术的主导和灵魂，是知识经济时代的标志。

和传统的农业经济和工业经济相比较，知识经济有其自身的基本特征。

首先，知识成为经济发展的主要动力。千百年来，传统农业是以土地、劳动力作为生产的基本要素构成财富的基础的。古典经济学家称：劳动是财富之父，土地是财富之母。工业社会生产的基本要素是土地、劳动和以各种具体生产要素形成表现出来的资本，从而形成"三位一体"公式，即"土地——地租，资本——利息，劳动——工资"。在知识经济时代，一切都以知识为基础。知识成为经济增长和社会发展的决定因素，一切财富的核心不是土地、劳动和资本，而是知识。因为，知识可以减少对资源、劳动、时间、场地、资本等生产要素的需求，成为在创造财富的各生产要素中最基本的要素。不仅如此，其他各生产要素都有赖于知识来装备、更新和扩张，更新技术更是新知识的凝结。高新技术的广泛应用，使以大投资、大批量、高劳动生产率为基本特征的工业化时代的作为支柱产业的钢铁工业和汽车工业逐渐失去昔日的光彩。美国制造业占国民生产总值的比重从 1980 年的 21% 下降到 1995 年的 12%。其他工业化国家的制造业在国民生产总值中的比重也在逐步下降，对整个经济发展的带动力也在减弱。与此同时，代表高新技术的电脑和网络正在改造着全部产业及其产品。这标志着知识生产率正在逐步取代传统的劳动生产率，成为创造更多财富和更大价值的决定性因素，成为经济和社会发展的核心和动力。这恰好印证了著名哲学家培根的名言："知识就是力量。"

其次，知识、先进科学技术的贡献率越来越高，显示出知识生产率的独特作用。由于科学技术日新月异地发展，新技术革命加速了世界经济从工业化阶段进入信息化、知识化阶段，知识、先进科学技术的贡献率不断提高，促进了经济的全面发展。据有关资料显示，在本世纪初期，工业化国家科学技术的贡献率仅为 5% ~ 10%；而今天发达国家由于广泛采用高新技术，使其贡献率已上升到 60% ~80%，有些技术、知识密集型企业已高达 95% 以上。有资料表明，1909—1949 年，美国非农业部门的劳动生产率翻了一番，技术进步因素占 87.5%，劳动和资本的贡献率只占12.5%。进入 20 世纪 90 年代以来，软件产业迅速兴起，成为知识经济的排头兵和美国经济增长的主要源泉。例如，微软公司的市场价值现已超过了美国的三大汽车公司，成为美国国民经济新的支柱产业，并迅速占领世界市场。又如，美国工业生产增长的 45% 是由信息产业带动的。环顾各国经济的发展，近年日本的经济发展缓慢，是经济合作与发展组织国家中最低的，从 1992 年以来经济增长率平均仅为1%；欧洲也不景气；唯有美国独占鳌头。美国得力于知识、先进科学技术对经济增长的推动，并引发了对产业结构的合理调整，使知识产业和服务业在国民经济中的比重逐步上升。第一、第二产业的比重逐渐下降。

再次，信息化是知识经济的基础和先导。知识经济和信息经济有着内在的联系，可以说二者是同根同源同方向的。知识经济的崛起，源于以信息技术等高科技及其产业为标志的科技革命。科学技术既是信息经济发展的前提条件，也是知识经济发展的前提条件，是二者有内在联系的依据。知识经济的发展水平、运用范围要通过信息经济、信息产业来体现；信息经济成为知识经济发展的主要内容和手段，是知识经济发展的先导。知识经济时代，发展最快的是信息产业。它对经济和社会发展的贡献，不仅是作为一个产业部门对国民生产总值的贡献，而且是作为一个有力的手段，加快了信息资源的开发利用，使国民经济和社会各个领域发展的质量和速度大大提高。所以，进入20世纪90年代，各国信息高速公路、信息基础设施的建设成为世界历史的潮流。据统计，在全球国内生产总值（GDP）中，有2/3以上的产值与信息行业有关。近10多年来，全球信息产业日益扩大，信息产业的销售额1982年为2 370亿美元，1988年为4 700亿美元，1995年为6 400亿美元，预计到2000年将达到1万亿美元，从而成为世界的第一大产业。从国际贸易的角度观察，信息技术产品贸易在国际贸易中主要有两种类型：一种是许可证贸易，即技术专利、技术知识和商品使用权的交易；另一种是产品的贸易。在发达国之间的贸易多以前者为主要形式；发达国家与发展中国家之间贸易则以后者为主要形式。这两种类型的世界贸易额约1万亿美元，相当于农产品（4 440亿美元）、汽车（4 560亿美元）和纺织品（1 530亿美元）全球贸易额的总和。可见，信息产业已成为知识经济的重要组成部分，是发展知识经济的基础和引导。

又次，创新是知识经济的灵魂。知识经济的根本特征是立足于创造发明和技术创新，推动经济的不断发展。其生产特点是高品位的不断创新，劳动主体则是掌握科学技术知识的、具有人力资本的人。当今时代，科学技术的发展十分迅猛，国内外许多新产品都是知识创新的结晶，成为企业竞争取胜的重要"武器"。但由于知识更新的速度加快，致使科研成果从转入生产过程、直到产品进入市场的周期不断缩短，技术含量高的产品，尤其是高技术产品，创新淘汰更快。事实一再表明，企业的竞争力渊源于企业自身的创新能力。在国际市场的竞争中，尤其在高科技产业领域，要取得比较优势和竞争优势，在很大程度上取决于各国所拥有的创新知识和对知识的控制与应用。近年来，技术因素在国际贸易中的作用越来越重要。特别是在经济发达的工业国家，高技术商品贸易的比重越来越大。其中，增长最快的办公通信设备，1996年的增长速度达到26%，远远高于服装业和一般消费品。因此可以说，知识经济是以高科技为代表的、以技术知识和创新能力所构建的新的生产力系统，其核心是以智能为代表的人力资本。人才或人力资本是知识经济体系中的首要资源，只有富于创造性思维的人才可能有所创新。因此，在知识经济时代，产品质量的竞争不仅表现为人才数量和结构的竞争，更表现为人才的创造精神和创新能力的竞争。

最后，知识经济的资产投入无形化。传统的农业经济和工业经济都是以大量的资金、设备、土地等有形资产的投入为基本形式。知识经济则是以知识、智力等无形资产投入为主的基本形式。当然，知识经济也需要资金投入，尤其是对高技术产业的投入，更具风险性。但是，如果没有信息、知识、技术、智力的投入，就不可能是高新技术产业。目前，在经济发达的国家，相当多的高新技术企业的无形资产已超过了总资产的60%，有的达到70%。无形资产的升值，带动了社会价值观的变化，产生了良好的经济效益。美国的微软公司、中国的联想集团、北大方正、成都地奥等都是依靠无形资产的投入创造出巨大的经济效益。又如，在世界服装行业中，马来西亚为欧美的名牌厂家提供原料，并按设计要求生产出产品，但获利不高。可是一旦贴上欧美的著名商标，利润即可翻番。这足以说明无形资产的价值之大。谁拥有更多知识、精通管理，谁就获得高额收入；知识强国的产出增多，效益也就显著。

二、中国式现代化的特点

现代化既是一个历史发展过程，也是社会发展目标。作为历史发展过程，是指人类从传统社会向现代文明社会的转变；作为社会发展的目标，是指社会发展阶段上人类的理想与现实能力和条件的一种耦合，即在某一个历史发展阶段，人类迈向理想文明社会所能达到的最佳状态。各个国家由于历史、文化、自然等条件的差异，在迈向现代化的进程中也各具特点。

中国在实现现代化的过程中，因自身的特殊性要走"一条中国式的现代化道路"。

首先，中国的现代化起步晚，基础薄弱。审视中国的近现代史，中国早期的现代化如果从洋务运动、维新变法、辛亥革命算起，比英、美、法等国家晚了两三百年，且因脱离中国国情，均以失败而告终。新中国的成立，标志着我国大规模现代化建设的开始。新中国建立初期，就提出了工业化的任务，其后又提出了建设具有现代农业、现代工业、现代国防和现代科学技术的社会主义强国的宏伟目标，即实现"四个现代化"。但由于种种原因，走了不少弯路，未能实现预期的目标。党的十一届三中全会毅然抛弃了"以阶级斗争为纲"的错误方针，把党和国家的工作重点转移到以经济建设为中心的轨道上来，一心一意地搞现代化建设。邓小平同志明确指出，现在搞建设，要适合现阶段中国的实际情况，正确认识我国社会主义所处的历史阶段，"走一条中国式的现代化道路"①，不要离开现实和超越阶段采取一些脱离实际的办法。这是不能成功的。总结历史的经验教训，我们犯错误的原因之一，就是因为对中国国情没有完全搞清楚，对我国社会主义所处的发展阶段定位不准确。因此，我们要解决种种矛盾，要澄清种种疑惑，关键还是在于对我们所处的社会主义初级阶段的基本国情要有统一认识和准确把握。邓小平一再强调，要实现"四个现代化"，必须看到中国的国情，一是底子薄，二是人口多、耕地少的特点。在我国实现现代化，必然要有一个从初级到高级的发展阶段。我国生产力发展水平低而且极不平衡，建设了 30 年仍然是世界上贫穷的国家之一，远远落后于发达国家。因此，在"十三大"召开前夕，小平同志再次指出："社会主义本身是共产主义的初级阶段，而我们中国又处在社会主义的初级阶段，就是不发达阶段。一切都要从这个实际出发，根据这个实际来制订规划。"这个历史阶段的根本任务就是大力发展生产力。他一再告诫人们，社会主义现代化建设是我们当前最大的政治，它代表着人民的最大利益、最根本利益。要同心同德地实现"四个现代化"。这是今后一个相当长的历史时期内全国人民压倒一切的中心任务，是决定祖国命运的千秋大业。

其次，中国的现代化面临双重任务，要相互结合，协调发展，分阶段进行。从人类历史的发展过程看，如果说，实现从传统农业社会向工业化文明社会的转变可称为第一次现代化的话，那么，从工业化时代向知识经济时代的转变则可称为第二次现代化。对于已经实现工业化的发达国家而言，第二次现代化是其社会经济发展的自然结果。而处于第一次现代化进程中的发展中国家，将面临工业化和知识化的双重任务。目前，发展中国家的工业化程度不尽相同，农业经济所占的比重和农业现代化的程度也有差异，如果将两项任务截然分开，硬要等到实现了工业化后再向知识化转移，结果，发展中国家与发达国家之间的差距将进一步扩大。因此，应将实现工业化和知识化结合起来，同时并举，协调发展，在实现工业化的同时，也不失时机地迈向现代化。这样，发展中国家实现工业化的努力将会取得辉煌成就，并缩短与发达国家之间的距离。我国处于社会主义初级阶段，发展社会生产力所要解决的历史任务，是实现工业化和生产的商品化、社会化和现代化。我国的经济建设，则肩负着既要完成传统的工业化，又要同时迎头赶上世界知识经济时代实行高新技术和产业革命的双重任务。邓小平同志从中国的实际出发，把我国现代化建设道路具体化为"三步走"的发展战略：第一步，从 1981 年到 1990 年，国民生产总值翻

---

① 《邓小平文选》第 2 卷，第 163 页。

一番，解决人民的温饱问题；第二步，从 1991 年至本世纪末，国民生产总值再翻一番，人民生活达到小康水平；第三步，到 21 世纪中叶，人均国民生产总值达到中等发达国家水平，人民生活比较富裕，基本实现现代化，并在此基础上继续前进。这个宏伟目标，经过 20 世纪 80 年代以来三个五年计划时期的努力，原定到 2000 年国民生产总值比 1980 年翻两番的任务已于 1995 年提前完成了。于是，在党的十四届五中全会上，根据"三步走"发展战略和我国社会经济发展的实际情况，对现代化建设又作了新的部署：到 2000 年，在我国人口将比 1980 年增长 3 亿左右的情况下，实现人均国民生产总值比 1980 年翻两番，人均国民收入将达到 800～1 000 美元，使 12 亿多人民的生活达到小康水平，完成现代化建设的第二步战略目标。到 2010 年实现国民生产总值比 2000 年翻一番，人民的小康生活更加富裕。到 21 世纪中叶，再花上 30 至 50 年的时间，人均国民生产总值达到 4 000 美元。到那时，中国有 16 亿左右的人口，年国民生产总值就是 6 万多亿美元，中国将进入世界先进国家行列。这就要求在实现工业化的同时，不仅要大大提高我国农业现代化的水平，而且要大大提高知识创新和技术创新的能力，才能形成农业经济、工业经济、知识经济协调发展的新格局。正如农业社会不排除游牧业经济、工业社会不排除农业经济一样，知识经济不但不排除工业经济，还会使工业经济的质量和结构得到升华，注入新的活力。总之，在知识经济时代，农牧业、工业不仅不会夕阳西下，相反，会在更大规模和更高层次上获得更快、更好的发展。

再次，中国的现代化是开放的、吸收和借鉴人类社会一切文明成果的现代化。随着世界经济的一体化，任何一个国家都不可能在封闭状态下求得发展。历史的经验一再表明，中国要发展，要摆脱贫穷和落后，实现现代化，必须实行开放。关起门来把自己孤立于世界之外搞现代化建设是不能成功的。所以，邓小平同志说，中国的现代化是离不开世界的。世界上一切科学技术成果都是人类智慧和劳动的结晶，是人们长期实践的积累，没有国家和民族的界限，是全人类的共同财富，应当共享；通过吸收和借鉴，使后来者居上是历史发展的普遍规律，也是加快各国现代化进程的有效途径。因为，它能节省大量科研费用，缩短时间，避免漫长的摸索过程，推动技术进步，提高生产效益，改善经营管理。同时，还能增加积累，扩大生产规模，提高国内生产技术水平、科研水平和管理水平。随着生产社会化和国际经济一体化的发展，特别是知识经济时代的到来，新一轮技术革命正席卷全球，高新技术将以更大的规模和更快的速度转化为现实生产力，使社会经济的发展日新月异。国与国之间的经济联系更加频繁，相互间的交融密度增强，你离不开我，我离不开你，国际学术交流、商品交换、资金流动、劳务合作等在规模和发展速度上都达到了前所未有的程度。实践证明，我国实行对外开放政策，积极引进国外先进技术，结合我国实际，通过消化、吸收和创新，已取得良好的成绩，促进了现代化建设。

三、把握机遇，迎接挑战，努力实现中国现代化

面对知识经济时代的到来，我们既要看到知识经济为人类发展、为我国现代化建设开辟了广阔的空间，提供了良好的机遇，又要看到知识经济对我们的生产方式、管理方式、科学技术、文化教育乃至思维方式和生活方式提出的挑战，从而以积极的态度采取相应的对策，加快我国现代化建设的进程。

首先，竞争加剧，发展高科技产业是决定中国未来命运的大事。经济全球化、竞争国际化是当今世界经济发展的大潮流。为迎接知识经济时代的挑战，我们的国家、企业和个人都要有所准备。国家如果不占领科学技术的制高点、不用高新技术改造传统产业，就难以增强国力，就将受气挨打；企业如果不采用新技术，产品将被淘汰，企业将面临破产；劳动者个人如果不掌握新技术也将被迫"下岗"。尤其是作为市场经济主体的企业，面对今天中国的市场已是国际市场的一个组成部分；国际市场又是中国企业最重要的"目标市场"；国际市场的竞争是在"家门口"的竞争。因此，中国企业不仅要在本土上，而且要在全球范围内直接或间接地参与竞争。这样，面向21世纪的中国企业，必然是国际化的企业；当代科技特别是高科技就成为世纪竞争的制高点，成为经济增长、社会发展和文明进步的主要推动力；对知识的控制和应用也成为知识经济时代相互争夺的焦点。我国的实际情况是：科技产业落后，产业结构仍以传统产业为主，高技术产业所占比重只有10%左右，高技术产品只占出口产品的6%。据统计，自然经济条件下的农业和手工业、传统产业、高技术产业的劳动生产率之比为1∶10∶100，差距极大。当前，我国国有企业面临困境的主要原因之一，就是产品缺乏较高的科技含量，在国内外市场上缺乏竞争力。因此，要把科技进步摆在经济发展的关键地位，使经济建设真正转到依靠科技进步和提高劳动者素质的轨道上来。大力发展高科技产业，改造传统产业，提高传统产业的创新能力，大幅度提高劳动生产率，加快现代化进程，使我国在激烈的、高层次的国际竞争中占有一席之地。

其次，信息的高速化、经济的一体化，要求开展全民信息技术的教育，建立健全国家信息体系，推进信息化建设。信息产业的发展水平，现已成为综合国力和大国地位的重要标志，关系到国家的政治、经济、军事和文化地位，成为当今世界的第一大产业，正突飞猛进地发展。1991年，美国副总统戈尔提出了信息高速公路计

划；1994年，进一步提出了国家信息基础设施行动计划，从而掀起了新一轮全球信息化热潮。其主要内容就是建设高性能的网络，将分散的各种信息处理设备连接起来，为生产、研究和开发、教育、管理、市场、服务、生活提供丰富的信息产品和服务，从而推动美国经济的增长。20世纪90年代的美国经济成为"二战"后最好的时期。近年来，更是保持低通货膨胀、低失业率和高经济增长的态势，并首次出现了预算盈余。1995年，在比利时西方七国首脑会议上首次举行了"全球信息社会"会议。1996年，在南非举行了"信息社会的发展"会议，成立了民间的全球信息基础设施委员会。这是国家信息基础的延伸，是顺应生产力发展的必然趋势。在这样的大趋势下，各国纷纷制定了本国的国家信息化基础设施计划，并成为国际间关注的重点。对此，我国应积极果断地加快国家信息化建设，开展全民信息技术应用教育作为面向21世纪的基本政策和实施科教兴国的重要内容，尤其要重视信息技术在国民经济各个领域的应用。由于信息技术更新换代快，能带动传统产业和其他高技术产业的迅速发展。如在通信建设上，直接采用数字程控交换机、光纤通信系统、同步数字系列通信设备，使我国通信网络达到了国际水平。因此，要扎扎实实地推动国民经济各个领域的信息化、重视情报信息的研究工作。这是实现科学技术知识转变为直接生产力的重要条件。战后，日本在不到半个世纪的时间内成为世界经济强国的重要原因之一，就是得益于四通八达的情报信息网络，及时了解国际经济、市场变化、科学技术发展的趋势和最新科技成果，通过研究、引进、吸收和创新，加快了科学技术知识转化为现实生产力的进程。这些经验，值得我们借鉴。

再次，知识更新淘汰快，要转变观念，树立终身教育的思想，特别是高等教育要着重培养有创新能力的人才。面对21世纪的知识经济时代，科学技术发展迅速，知识不断更新，人们学习知识，不可能一劳永逸。例如，计算机信息的变化很快，最多两三年时间。而且，社会的经济结构、产业结构、产品结构的调整变化也在加快，人们的知识、职业、工作岗位也难以一职终身。所以，传统的一次性学校教育，已不能满足知识和技术不断创新的需要，而智力资本和知识经济发展的基础却有赖于技术和知识的不断创新，进而要求从业人员不断学习以更新知识。江泽民同志说："创新是一个民族进步的灵魂，是国家兴旺发达的不竭动力。"这就要求教育体制、教育观念要从一次性学校教育向社会化终身教育转变。高等教育要从"维持性"学习向创新性学习转变，培养具有创新能力的人才。在知识经济时代，学习将不仅是在学校的一段经历，而且是终身的经历。它不仅是谋发展的潜在资本，而且是人们生存的根本条件。因此，要使校内教育与校外教育、集中教育与经常教育、专业教育与普通教育、成人教育与儿童教育结合起来，形成一个有机联系的整体。通过各种途径和形式，培养、造就一大批掌握高新技术和现代科学管理知识并有创新能力的人才。尤其是高等学校作为人才库、知识库和高新技术辐射源，更应从传统的传授知识的模式转变为创新教育的模式，建立起知识创新的体制。目前，我国各类人才缺乏，平均每万人中的科技人员仅有200人左右，远远低于中等发达国家2 000人和发达国家4 000人的平均水平。在农村，平均每200公顷耕地才有1名技术人员，乡镇企业中的科技人员则更是奇缺。据专家估计，在发达国家有60%的新增财富是由科技人员直接或间接创造的。技术创新就企业而言，包括产品创新、工艺创新、管理创新和销售创新的技术经济活动。它涉及开发研究、工程建设、生产销售和科学管理的全过程，形成技术创新的增长点，推动社会经济的发展。我国北大方正、四通、联想等集团之所以能在高新技术产业的市场竞争中独领风骚，就源于有良好的技术创新能力和效果。例如，1985年，北大方正的电子出版系统开始进入市场，到1990年，在国内市场上已占有绝对份额；1995年，在海外华文报纸业包括东南亚和北美的市场占有率达70%，并形成了比国际同类技术超前5年的技术优势。在香港股市风波中，北大方正仍以大大高于发行价的价位挺立于股市潮头。

（载《云南社会科学》1998年第5期）

把握知识经济的机遇，加快云南经济的发展

(1998 年 11 月 21 日)

如何把握机遇、加快发展，是邓小平建设有中国特色社会主义理论的一个重要内容。邓小平同志以战略家深邃敏锐的眼光，洞察国际社会的新变化和新特点，紧紧把握时代脉搏，善于利用历史的机遇迅速发展我国经济的思想，在实践中取得了辉煌的成绩。党的十一届三中全会召开前后，他一方面认真总结国内的历史经验教训；另一方面，客观科学地分析了国际形势的新变化，提出了"和平与发展是当代世界的两大主题"的科学论断。他指出："我们要利用机遇，把中国发展起来。"[1] 20 世纪 80 年代，他又根据科学技术特别是高科技迅猛发展的新变化、新特点，明确提出"科学技术是第一生产力"，"中国必须在高科技领域占有一席之地"。并告诫人们："中国不能安于落后，必须一开始就参与这个领域的发展……你不参与、不加入发展的行列，差距越来越大。"[2] 他指出，下个世纪是高科技的世纪，"中国是很有希望的"，关键是"我们要利用机遇"，"中华人民共和国在不太长的时间内将会成为一个经济大国"。[3] 近 20 年来，在邓小平理论的指导下，实行改革开放，把握机遇，加快发展，取得了举世瞩目的成绩。时代在发展，历史在前进。当前，又面临知识经济时代到来的机遇和挑战，这将对整个世界的经济、科教、生产方式、经营方式、生活方式、社会结构乃至人们的思维方式产生广泛而深刻的影响。因此，我们要以邓小平理论作为观察世界、发展自己的强大思想武器，深入研究知识经济的特征，不失时机地加快我国现代化建设。

---

① 《邓小平文选》第 3 卷，第 358 页。
② 《邓小平文选》第 3 卷，第 297 页。
③ 《邓小平文选》第 3 卷，第 358 页。

一、知识经济的特征

1996 年，世界经济合作与发展组织在其年度报告中对"知识经济"下了这样一个定义：知识经济是以知识为基础的经济，它是相对于以物质投入为基础的物质经济而言的。这种经济直接依赖于知识和信息的生产、扩散与应用，对经济增长和社会发展的作用超过了资本和自然资源而成为经济和社会发展的关键环节。这种知识指的是高科技知识，包括信息、生物、航天、激光、自动化等技术。其中，最主要的是信息技术的知识。因为现代信息技术，是当今世界高新技术的主导和灵魂，是知识经济时代的标志。

与传统的农业经济和工业经济相比较，知识经济有其自身的特征。

首先，知识成为经济发展的主要动力。传统农业是以土地、劳动力作为生产的基本要素构成财富的基础。工业社会生产的基本要素是土地、劳动力和以各种具体生产要素形式表现出来的资本。在知识经济时代，一切都以知识为基础。知识成为经济增长和社会发展的决定因素，一切财富的核心不是土地、劳动和资本，而是知识。这恰好印证了著名哲学家培根所言："知识就是力量。"

其次，知识、先进科学技术的贡献率越来越高，显示出知识生产率的独特作用。据有关资料表明，在本世纪初的工业化国家，科学技术的贡献率仅为 5% ~ 10%；今天的发达国家由于广泛采用高新技术，使贡献率上升到 60% ~ 80%，有些技术知识密集型企业已高达 95% 以上。

再次，信息化是知识经济的先导。知识经济的崛起，源于以信息技术等高科技及其产业为标志的科技革命。知识经济的发展水平、应用范围要通过信息经济来体现，致使信息经济成为知识经济发展的主要内容和手段。所以，在知识经济时代，发展最快的是信息产业，它对经济和社会发展的贡献，不仅是作为一个产业部门对国民生产总值的贡献，而且是作为一个有力的手段，加快了信息资源的开发利用，促使国民经济和社会各个领域发展的质量和速度大大提高。因此，进入 20 世纪 90 年代后，各国信息高速公路、信息基础设施的建设便成为世界历史发展的潮流。

又次，创新是知识经济的灵魂。知识经济的根本特征是立足于创造发明和技术创新以推动经济的可持续发展。当今时代，科技发展十分迅速，国内外许多新产品都是知识创新的结晶，并成为竞争取胜的重要"武器"。事实一再表明，企业的竞争力渊源于自身的创新能力。在国际市场的竞争中，尤其在高科技产业领域，要取得比较优势和竞争优势，在很大程度上取决于各国所拥有的科学知识和对知识的创新、控制和应用。

最后，知识经济的资产投入无形化。传统的农业经济和工业经济都是以资金、设备、土地等有形资产的投入为主的。尽管知识经济也需要资金投入，对于高技术产业甚至是风险性的投入，但却是以无形资产投入为主的经济，即依靠知识、智力等的投入起决定性的作用。

二、中国现代化的特点

中国在实现现代化的过程中，因自身的特殊性要走"一条中国式的现代化道路"。

第一，中国式的现代化起步晚，基础薄弱。审视中国的近现代史，早期的现代化如果从洋务运动、维新变法算起，比英、美等国晚了两三百年，且因脱离国情均以失败而告终。新中国的成立，标志着我国大规模现代化建设的开始，提出了"四个现代化"的建设目标。邓小平同志指出，现在搞建设要适合现阶段中国的实际情况，正确认识我国社会主义所处的历史阶段，走一条中国式的现代化道路。他认为，要实现"四个现代化"，必须看到中国的国情一是底子薄，二是人口多、耕地少。一切都要从这个实际出发，根据这个实际来制订规划。

第二，中国的现代化面临双重任务，要相互结合，协调发展，分阶段进行。从人类历史的发展过程看，实现从传统农业社会向工业化文明社会的转变如果可称为第一次现代化的话，那么，从工业化时代向知识经济时代的转变则可称为第二次现代化。对于已经实现工业化的发达国家而言，第二次现代化是其社会经济发展的自然结果。而处于第一次现代化进程的发展中国家，将面临工业化和知识化的双重任务。因此，我国的经济建设既要完成传统的工业化，又要同时迎头赶上世界知识经济时代高新技术和产业革命的双重任务，并形成农业经济、工业经济、知识经济相互结合、协调发展的新格局。

第三，科学技术是第一生产力，实施科教兴国战略。邓小平同志指出，"四个现代化"，关键是科学技术的现代化。没有现代化的科学技术，就不可能建设现代农业、现代工业、现代国防。并且强调"科学技术是第一生产力"，要把加速科技进步放在经济社会发展的关键地位。实施科教兴国战略，使科技和教育成为经济社会发展的两大支柱。

第四，中国的现代化是开放的、吸收和借鉴人类社会一切文明成果的现代化。世界上的一切科技成果都是人类智慧和劳动的结晶，属于人类的共同财富。通过吸收和借鉴使后来者居上是历史发展的普遍规律，也是加速各国现代化进程的有效途径。实践证明，我国实行对外开放，确实促进了现代化建设。

三、把握机遇，迎接挑战，贯彻实施科教兴滇战略，加快云南经济的发展

知识经济时代的到来，对我们既是良好的机遇，又是严峻的挑战。知识将取代劳动力和资本成为经济发展的主要力量，是知识化的发展的必然趋势。这对我国特别是对云南省经济的发展意义非常重大。因为，在我国已经确立了人均国内生产总值达到中等发达国家水平的战略目标，而在资源比较稀缺的情况下，要继续依靠增加产量、扩大规模来实现战略目标、加快经济发展、缩小与东部发达省区的距离是困难的。因此，只有通过提高产品和服务的知识含量、提高劳动生产率、转变经济增长方式、增大附加值来实现。

一是面对经济知识化、全球化和竞争国际化的大潮流，要认真贯彻科教兴滇战略，大力发展高科技产业。云南省经济基础比较薄弱，发展比较落后，多年来主要依靠增加投入，扩大规模来推动经济增长。其结果是投入高、产出低、消耗大、效益差，科技进步对经济增长的贡献率很低，产品附加值小，致使相当一部分国有大中型企业因粗放经营而亏损严重。因此，要大力发展高新技术产业，用新技术改造传统产业，使经济建设真正转移到依靠科技进步和提高劳动者素质的轨道上来，建立企业自觉追求和自主实现技术进步的机制，提高企业技术创新能力，才能加快云南省经济建设的步伐。

二是实施科技跨越式发展战略。与全国科技发展水平相比，云南省的科技水平更低，规模狭小，严重滞后。1997 年，全省高新技术产业的总产值仅占国民生产总值的 1%，比全国平均水平约低 7 个百分点，竞争形势十分严峻。对此，我们不能亦步亦趋，跟在别人屁股后面走，而要另辟捷径，实施跨越式发展战略。要把握机遇，充分利用发达国家科技发展的最新成果和我国的后发优势，跳过某些阶段，直接采用新技术，发展新产业。因为，在新产业、新产品、新发明面前，发达国家与发展中国家是站在同一起跑线上的。发展中国家有劣势，也有优势，且没有旧产业遗留的包袱，可以实行跨越式发展，由起步产业直接进入新兴产业。例如，通信技术在云南省相当一部分地区特别是边远地区，不久前还是手摇式电话乃至没有通话设备，近年来很快发展了程控电话，甚至卫星环球电话。这样，在山高林密的边远地区，只要有一片天空均能自如通话，收发传真、数据、图像、电子信函等，十分

便捷，大大地缩小了云南省和东部发达省份之间以及与发达国家之间的距离。由此而言，云南的现代化建设不能观望等待，要实行跨越式发展才能赶上时代的步伐。

三是大力发展教育事业，提高劳动者素质，高等教育应着力培养有创新能力的人才。云南省教育事业落后，人口素质偏低，人才总量不足，特别是高科技人才奇缺，专门人才占全省总人口的比例仅为 2.5% 左右，低于全国平均水平 1.5 个百分点。因此，要加强基础教育，搞好义务教育和扫除青壮年文盲工作，发展中、高等职业教育，高等教育应着力培养有创新能力的人才。江泽民同志指出："创新是一个民族进步的灵魂，是国家兴旺发达的不竭动力。"高等学校作为人才库、知识库和高新技术的辐射源，要从传统的传授知识的模式转变为创新教育的模式，从维持性学习转变为创新性学习，培养具有创新能力的人才，以适应 21 世纪知识经济时代的需要。

（载《云南政协报》）

经济增长与扩大内需

（1999 年 3 月）

全国人大和政协"两会"胜利闭幕了。"两会"开得很成功，既是每年的例会，又有 1999 年的特色，真可谓是团结的大会，务实、求实、奋进的大会。

下面我讲两个问题：

1. 关于确定经济增长指标问题。朱镕基总理在《政府工作报告》中提出，1999 年经济增长速度预期目标为 7% 左右，而且说这是指导性的，是就全国来讲的，各地情况不同，有的增长速度可能快一点，有的可能慢一点。预期目标的提出，意味着我们在经济增长的指导思想上采取越来越务实、求实的态度。不采用 40 多年来的带有强制性的指令性计划指标，而采用指导性的预期计划，此举具有重大意义。（1）改变了几十年来我们惯用的通过指令性计划，追求高速度、高增长的做法，过去的计划指标相互攀比，层层加码，水分很大，不切实际，效益很差。采用经济增长预期目标，不具强制性，是一个指导性计划，各地可根据自身主、客观条件，提出预期目标。这种做法，能有效改变计划指标的掺水使假现象。（2）采用经济增长预期目标，可以遏制盲目上项目、铺摊子、在低水平上重复建设的不良倾向，为切实改变经济增长方式创造了条件。过去为达到指令性计划指标的要求，脱离实际，盲目上项目，铺摊子，搞重复建设，造成半拉子工程、胡子工程、无效工程、包袱工程。这些工程前期是政绩，后期是包袱，后患无穷。现在用经济增长预期目标，可以从指导思想上避免这种做法，改变粗放经营，实行导购经营。（3）采用经济增长预期目标，可以发挥市场经济在资源配置上的基础作用，按照市场原则，把资源配置到最需要的部门、地方、企业和项目上，提高资源利用率，提高经济效益，实现资源的优化配置。从而为建立和完善社会主义市场经济体制创造了条件。（4）为切实改变干部特别是领导干部的作风，带了一个好头。这些年盛行"干部出数字，数字出干部"的不良风气，为了显示政绩，追求数字，追求高增长，制造出许多假数字、高数字，助长了浮夸风、造假风，影响很坏。现在计划没有强制性，追求数字也无此必要。提倡实事求是的作风。总之，经济增长指标改为预期的指导性指标，很切合实际，很务实、求实。

2. 关于扩大内需，启动消费，推动经济增长，要有新思路，新举措。朱总理在《政府工作报告》中指出，今年要继续扩大内需，实行积极的财政政策，推动经济增长。他说，在继续扩大投资需求的同时，要采取有力措施，扩大消费需求，形成投资和消费对经济增长的双重拉动。这一政策自1998年以来实施积极的财政政策，加大基础产业的建设，投资需求已有明显增长，但消费需求依然平淡。商品市场的供给不是少了，而是多了；城乡居民储蓄没有因为利率的一再调低而减少，相反，还有继续增加之势。老百姓过去是持币抢购，而后转为持币待购，现在是持币惜购，有钱不买东西，存银行。居民储蓄倾向提高，消费趋向平淡、谨慎，市场不景气。如何启动消费市场，这是人们议论的一个热门话题。笔者认为应该有新思路、新举措，是否可以从这样几个方面考虑：

关于城市市场要抓四个方面的措施，并出台相应的政策。（1）继续鼓励个人积极购房，一方面积极提供住房贷款；另一方面，要把一些高价位的房价降下来，减少空置住房。目前，全国有2 000多万平方米空置住房，一方面是有房没人买，空置起来；另一方面，人们想买房又买不起。核心问题是价格水平和购买能力之间存在矛盾，要解决好这个矛盾，才能把供给和需求双方结合起来，因而一个是调整价格，一个是提供贷款或增加收入，也就是提高有支付能力的需求。（2）发展汽车消费贷款。汽车工业是发达国家实现工业化和现代化的三大支柱产业之一，它的扩张，产业链很长，对经济增长的拉动作用很大，要发展汽车工业，必须有消费汽车的市场。人们对汽车需不需要？很需要，现在公车私开很普遍，这不正常，于国于民都不利。要私车私开，自己能买得起，开得走。汽车消费市场很有前途，潜力很大，这是提高人们生活质量的一个重要内容，城市居民要买车，工薪阶层要买车，现在的购买能力还有限，要提倡汽车消费信贷，扩大规模，增加投放量，简化手续，调整利率，方便群众。（3）要调整消费结构，开拓新的消费领域。例如，积极发展各种形式的旅游，旅游形式要多样化，不能你搞洞，我也搞洞，要各具特色，搞特色旅游，才具吸引力。又如，发展通信产业，家用电脑、保险等，形成新的消费热点。（4）启动消费市场，不仅是消费欲望的问题，启发人们有这种消费需求，更重要的是要解决消费需求的支付能力即购买能力问题。没有支付能力，口袋里没有钱，要想买也买不起。因此，要提高购买能力，就是增加收入，也就是要增加职工工资，尤其是要提高在职职工的工资标准和下岗职工的最低生活保障标准。城镇居民收入增加了，才有条件去消费。

关于启动农村市场这一块，这是扩大内需、启动整个消费市场的重头戏，讨论的比较多。笔者认为要安排这样几项措施：（1）还是要对农村消费市场再认识。长期以来，我们认为农村消费市场有限，购买力低，重视不够。其实，据有关方面调查，最近5年，我国农村人均收入的年均增速大约是5%左右；1992年以来，每年有近800万人口摆脱贫困，解决和基本解决了温饱问题。因此，农民的支付能力增加了。1992年，全国农户储蓄共9 020亿元，加上农民手持现金7 200亿元，共计是16 000多亿元的购买力。目前，农民的恩格尔系数为55%，相当于城镇居民20世纪80年代初期的水平，滞后15年。这就意味着农村消费市场蕴藏着巨大的潜力，有广阔的消费需求上升空间，大有开发的前景。（2）调整产业结构，积极发展多种经营，特别是经济林果业、养殖业、加工业，提高农业生产的比较效益，走集约化道路，既要增产，也要增加收入。（3）积极推进农业产业化经营，使农民通过产业化经营的各个环节获得应有的收入。（4）积极发展小城镇，把农民变成城镇居民。这是刺激消费、扩大内需、拉动经济增长的一个重要方面。据有关方面调查，城镇人口每提高1个百分点，就能增加社会消费品零售总额的1.4个百分点。小城镇发展起来了，彩电、冰箱、洗衣机，以及其他日常消费品等需求也将会大大增加。

（载《云南社科动态》1999年第2期）

面临知识经济时代的思考

（1999 年 6 月）

一、一个新时代的到来

近年来，对什么是知识经济，众说纷纭，但具有代表性的是 1996 年世界经济与合作组织在其年度报告中首次提出"知识经济"这一概念，并下了一个定义：知识经济是以知识为基础的经济。这是相对于以物质投入为基础的物质经济而言的。知识经济直接依赖于知识（科学和技术）的生产、扩散和应用，对经济增长和社会发展的作用超过了资本和自然资源而成为经济和社会发展的关键。这种知识指的是高科技知识，包括信息技术、生物技术、航天技术、激光技术、新技术等方面的知识。其中，最主要的又是信息技术的知识，即微电子技术、计算机技术和光纤卫星通信技术。所以，现代信息技术是当今世界高新技术的主导和灵魂，是知识经济时代的标志。

知识经济与传统的农业经济和工业经济相比较，最大的特点表现为知识（科学和技术）的生产（研究和开发）和传播（教育）成为经济增长的关键，并具有自身的基本特征。

首先，知识成为经济发展的主要动力。自古以来，作为传统农业生产的基本要素是土地和劳动力。古典经济学家称：劳动是财富之父，土地是财富之母。工业社会的生产要素，不仅有土地、劳动力，还有以各种生产要素形式存在的资本，从而形成"三位一体"公式，即"土地——地租，资本——利息，劳动——工资"。在知识经济时代，占主导地位的资源和生产要素不再是土地、一般的劳动力和资本，而是知识，包括先进的科学技术、管理方法和有价值的信息，等等。知识不仅可以减少对资源、劳动力、资本等生产要素的需求，而且，这些生产要素还有赖于知识来装备、更新和扩张。高新技术是新知识的凝结。它的广泛应用，使以大投资、大批量、高劳动生产率为特征的工业化时代的作为支柱产业的制造业在国民生产总值

中的比重不仅在逐步下降（如美国制造业占国民生产总值的比重从 1980 年的 21%
下降到 1995 年的 12%），而且对整个经济发展的带动力和关联效应也在减弱。与此
同时，代表高新技术的电脑和网络正在改造着全部产业及其产品。它在生产中的广
泛应用，则成为创造更多财富和更大价值的决定性因素，成为经济发展的主要动力。
据估计，在世界经合组织的主要成员国中，知识经济所创造的产值已占其国内生产
总值的 50% 以上。这正好印证了著名哲学家培根的名言："知识就是力量。"

其次，知识、先进科学技术的贡献越来越大，显示出知识生产率的独特作用。
由于科学技术的蓬勃发展，不仅在纵向上加速了世界各国的经济从工业化阶段进入
知识化、信息化阶段的进程，而且在横向上促进了经济全球化的发展。据有关资料
显示，在本世纪初，工业化国家科学技术的贡献率仅为 5% ~ 10%；今天发达国家
因广泛采用高新技术使科学技术的贡献率上升到 60% ~ 80%，有些技术知识密集型
企业已高达 95% 以上。在美国，1909—1949 年非农业部门的劳动生产率翻了一番，
其中，技术进步的因素占 87.5%，劳动和资本的因素只占 12.5%。进入 20 世纪 90
年代以来，以微软公司为代表的软件产业迅速兴起，成为美国经济增长的主要源泉
和国民经济新的支柱产业，并迅速占领世界市场。美国正是得力于知识、先进科学
技术对经济增长的推动，并引发了对产业结构的合理调整，使知识产业和服务业在
国民经济中的比重逐步上升，第一、第二产业的比重逐渐下降。可见，知识生产率
就是把知识转化为技术，并把技术转化为推动产品生产的效率。它比直接从事生产
产品操作的体力劳动者的劳动生产率更重要，效率更高，贡献更大。

再次，信息化是知识经济的基础和先导。知识经济的崛起，源于以信息技术等
高科技及其产业为标志的科技革命。科学技术既是知识经济发展的前提条件，也是
信息技术发展的前提条件。这正是二者内在联系的依据。知识经济的发展水平、运
用范围要通过信息经济、信息产业来体现；信息经济成为知识经济发展的主要内容
和手段，又是知识经济发展的基础和先导。因此，可以说二者是同根同源同方向的。
在知识经济时代，发展最快的是信息产业。它对经济和社会的发展，不仅是作为一
个产业部门对国民生产总值作贡献，而且是作为一个有力的手段，直接涉及知识的
产业、传播、储存和应用，能加快信息资源的开发利用，从而大大提高国民经济和
社会各个领域发展的速度和质量。所以，进入 20 世纪 90 年代以来，各国高速公路、
信息基础设施的建设成为世界经济发展的潮流。1998 年 4 月，美国商务部公布了美
国政府第一份研究信息技术对经济影响的报告：《浮现中的数字经济》，进一步肯定
了信息技术对经济的发展功不可没。报告指出，在过去的 5 年中，信息技术对实际
经济增长的贡献率已超过 25%；计算机和通信业的增长率超过经济平均增长率的两

倍。现在，美国的失业率为24年来的最低点，通货膨胀率为30年来的最低点。近10多年来，全球信息产业的销售额1982年为2 370亿美元，1988年为4 700亿美元，1995年为6 400亿美元，预计到2000年将达到1万亿美元，从而成为世界的第一大产业。从国际贸易的角度看，信息技术产品贸易在国际贸易中主要有两种类型：一种是许可证贸易，即技术专利、技术知识和商品使用权的贸易，成为发达国家之间贸易的主要形式；另一种是产品贸易，成为发达国家与发展中国家之间贸易的主要形式。这两种类型的世界贸易额约为1万亿美元，相当于农产品（4 440亿美元）、汽车（4 560亿美元）和纺织品（1 530亿美元）全球贸易额的总和。实践表明，信息产业已成为知识经济的重要组成部分，是发展知识经济的基础和先导。

又次，创新是知识经济的灵魂。立足于创造发明和技术创新是知识经济最根本的特征。这里所指的知识是对经济发展能起推动作用的特别是有创新力的、拥有知识产权的知识。当今时代，国内外许多产品都是一定时段上知识创新的结晶。但由于科学技术的迅猛发展，知识更新的速度也随之加快，致使科研成果从投产到上市的周期不断缩短，尤其是高技术产品的创新和淘汰更快。因此，在国际市场的竞争中，尤其在高科技产业领域，要取得比较优势和竞争优势，在很大程度上就要取决于各国所拥有的创新知识及其应用情况。知识经济是以高科技为代表的，以技术知识和创新能力所构建的新的生产力系统，其核心是以智能为代表的人力资本。富于创造性思维和创新能力的人才或人力资本是知识经济体系中的首要资源。因此，在知识经济时代，产品质量的竞争，不仅表现为人才数量和结构的竞争，更表现为人才的创造精神和创新能力的竞争。

最后，知识经济的资产投入无形化。农业经济和工业经济是以大量的资金、设备、土地等有形资产的投入为基本形式；知识经济则以知识、智力等无形资产的投入为其基本形式。当然，知识经济也需必要的资金投入，尤其是对高新技术产业的风险性投入。目前，在经济发达国家，许多高新技术企业的无形资产已超过总资产的60%，有的已达到70%。无形资产的价值，带动社会价值观念的变化，产生了良好的经济效益。美国的微软公司、中国的北大方正、联想集团、成都地奥等高新技术企业都是依靠无形资产的投入创造出巨大经济效益的典型。这说明，谁拥有更多的知识，谁就能获得高额利润；知识强国的产出增多，效益也就显著。因为，由于无形资产的投入，使知识经济的生产有可能节约原材料，降低成本；由于知识增长的无限性和积累性，可使生产不受资源的约束而持续增长。不仅如此，还由于知识的共享性，其生产和传播又无国界限制，必将促进全球经济的大发展。

二、现实的思考

面对知识经济时代的到来，我们既要看到知识经济为人类社会的发展、为我国现代化建设提供的良好机遇，又要看到知识经济所提出的严峻挑战。我们必须认真分析中国科学技术和教育的现状，既要看到改革20年来，科学技术和教育事业比过去有了长足的进步，取得了显著的成绩，更要正视与世界先进水平之间的差距，才能知己知彼，成为知识经济时代的主人。

值得思考的主要问题是：

首先，科技产业落后。我国的产业结构仍以传统产业为主，高新技术产业所占比重仅有10%左右，其产品也仅占出口产品的6%。由于产品缺乏较高的科技含量，在国内外市场上缺乏竞争力，致使不少企业因经济效益降低而陷入困境。

其次，总体水平不高，地区、行业分布不平衡，科技成果转化率、技术进步对经济增长的贡献率都偏低。过去，提高经济效益主要是依靠简单地增加投资、扩大生产规模这种外延式的方法来提高生产能力；今后，则要依靠技术创新和把科技成果从潜在的生产力转化为现实的生产力来提高生产能力。可是，我国每年登记的省、部级科技成果大约有3万件，而真正能转化为现实生产力的约只占20%，其中能形成规模效益的仅占15%，大大低于美国专利成果达80%以上的转化率。许多科技实力较强的省份，每年都有近百个省部级以上的重大科技成果，但真正转化为产业的不多，能成为较大产业的则更少，以致出现陕西这类既是科技强省又是经济弱省的情况。以北京市为例，每年仅高校的科技项目上万、成果上千。但其中50%的应用成果的转化率只有10%~20%，且大规模的很少，能够实现产业化的更少，许多高科技成果因经费不到位只能停留在"样品、展品、半成品"和"只开花，不结果"的阶段。所以，在我国，科技的优势与经济的贫困同时并存是一个较普遍的现象。究其原因，仍是科技与经济"两张皮"的状况没有根本改变，高新技术产业化游离于经济结构调整、企业重组和产品更新的大体系之外，必然影响经济发展的水平和质量。技术进步对国民经济增长的贡献率，发达国家一般在60%以上，而在我国仅为20%左右。

最后，教育落后，经费投入严重不足。我国教育事业大大落后于发达国家的水平，也落后于发展中国家的水平。目前，我国经济建设各条战线都缺乏人才，平均每万人中的科技人员仅有200人左右，远远低于中等发达国家2 000人和发达国家4 000人的平均水平。在农村，平均每200公顷耕地才有1名技术员，乡镇企业中的科技人员更是奇缺。至于劳动者素质的状况也令人担忧。农村人口中的文盲、半文盲还有 1.45 亿之多。在城市人口中，初中以下文化程度的人占工业部门职工总数的 68%，大专以上者仅占 1.6%，受高等教育的人数仅占适龄人口的 7% 左右，远远低于中等发展中国家 20% 的平均水平和新兴工业国家 40% 的平均水平。此外，教育经费的投入也严重不足。1992 年，世界银行对 120 个国家的国情分析指出，发达国家的教育投入占国民生产总值（GNP）的 5.7%～6%，中等发达国家为 4.4%，发展中国家是 3.6%，贫困国家是 2.6%，中国为 2.5%。最近几年，为迎接知识经济时代的到来，发达国家纷纷增加教育经费，使教育投入占国民生产总值（GNP）的比例上升到 7%～9%。而我国的情况恰恰相反，自 1993 年以来，国家财政性教育经费占 GNP 的比例一直呈现下滑趋势，严重影响了高质量人才的培养，致使中国人口的文化科学素质普遍低于世界平均水平。

总之，从我国科学技术和教育的现状可以看到，与当今世界先进水平之间还有相当大的差距，必须认真思考，激发斗志，奋发图强，急起直追，才能在我国经济建设的实践中，既完成传统的工业化，又同时迎头赶上世界知识经济时代实行高新技术和产业革命的双重任务。

三、有益的启示

党的十一届三中全会以来，邓小平同志根据世界科学技术发展的新趋势，结合中国的实际，多次阐明中国要赶上世界先进水平必须从科技和教育入手；"四个现代化"的关键是科学技术现代化；为了最大限度解放生产力，必须改革科技体制，等等。为了从科技和教育入手，必须全面实施"科教兴国"战略。"科教兴国"，不仅是一个多世纪以来，中国无数仁人志士和广大人民的夙愿，而且是朱镕基总理在九届人大一次会议举行的记者招待会上宣布的"本届政府的最大任务"，更是我国适应世界科技和经济发展、在下世纪中叶基本实现现代化的重要保障。

首先，要大力发展高新技术产业，有效地提高经济增长的总体水平和质量。经济全球化、竞争国际化是当今世界经济发展的大潮流。当代科技特别是高科技成为世纪竞争的制高点，成为经济增长、社会发展和文明进步的主要推动力；对知识的控制和应用也将成为知识经济时代各国相互争夺的焦点。据统计，自然经济条件下的农业和手工业、传统产业、高新技术产业的劳动生产率之比为 1：10：100，差别极大。我国应大力发展高科技产业，建立高新技术开发区（或科技工业园区），并用高新技术改造传统产业，以适应知识经济时代的要求。因为，高新技术产业是知识经济的第一支柱，是知识转化为经济效益的最佳形式。尽管我国高新技术产业的发展速度较快，但总量不够大，规模也偏小，市场竞争力较弱，尚处于起步阶段。因此，要在政策上、措施上注重科技成果的转化，将人才优势转化为技术优势，产品优势转化为产业优势，规模优势转化为市场、效益优势，科技部门优势转化为经济部门优势。应在一个局部区域集中有限的人力、物力和财力，形成优化的软、硬环境，发挥聚集效应，优化资源配置，建成一批高新技术产业发展基地——高新区。因为，高新区既是运用知识经济的载体，又是科技与经济相结合的示范区。一般说来，由于高新技术企业具有生命周期短、风险大、收益高等特点，如果有良好的环境，就会抓住机遇，占领市场。例如，武汉市高新区建立10年来，通过营造良好的软、硬环境，使年平均发展速度达到75%，实现了超常规发展。1997年新增产值占全市新增产值的40.5%，拉动武汉市工业增加值提高了5.5个百分点，大大地促进了地方经济的发展。

其次，要确保科技投入资金的比例落在实处。"八五"期末，我国投入的科技活动经费为875亿元。其中，研究与开发经费为286亿元，占国内生产总值的0.5%，而发达国家一般都在2%~3%，连印度也接近1%。足见我国科技投入的偏低程度。实际上，一项科技成果的有效期很短，不及时利用就会失效而蒙受损失。所以，有人形象地戏称，我国科技成果在开"鉴定会"的同时，也开了"追悼会"。一个重要的原因就是资金投入不足。1995年《中共中央、国务院关于加速科学技术进步的决定》中明确规定，到2000年全社会研究与开发经费占国内生产总值的比例应达到1.5%，即1300亿~1500亿元。因此，应无可争辩地确保实现1.5%的投入，此其一。其二是应逐步建立多层次、多渠道的科技投入体系。除各级政府的投入外（政府机构改革节省下的钱，也将优先考虑对科教投入），应实施鼓励政策使企业成为科技投入的主体；还要吸引社会与民间的闲置资金和引进外资；并鼓励效益好的科研单位利用自有资金滚动发展。三是为提高科技投入的使用效率，避免重复购置设备、重复搜集资料等浪费现象，确保有限的科技经费合理使用，还必须依法监督和管理。四是投入的形式可以是资金投入，也可以是技术成果投入。为解决股份制改造中技术成果入股问题，国家规定高新技术入股以可超过25%、不超过35%为宜。四川省政府还出台了有关"技术成果可作价出资入股"的暂行管理办法。

最后，要大力发展教育事业，提高全民素质，培养知识经济时代所需的各类人才。在知识经济时代，知识将取代传统的原材料而成为最基本的资源，人才的作用日益突出。据专家估计，在发达国家有60%的新增财富是由科技人员直接或间接创造的。为此，我们一是要转变观念，在处理人和物的关系上应树立"人本思想"。

因为，物是人创造的，也是为人服务的；有知识、有志气、有能力、肯实干的人是第一生产力的核心。尤其是科技工作者是科学技术的载体，是第一生产力的开拓者。我国经济建设除需要专门技术人才外，还必须提高普通劳动者的素质。实践表明，经济发展后劲的大小、国力的增强，越来越取决于劳动者的素质、取决于知识分子的数量和质量。二是由于知识更新、淘汰速度加快，要树立终身教育的思想。面对21世纪的知识经济时代，人们学习知识，不可能一劳永逸；随着社会的经济结构、产业结构、产品结构的调整变化，人们的工作岗位也难以一职终身。因此，传统的一次性学校教育已不能适应知识和技术不断创新的需要，进而要求从业人员应更新知识，不断学习。江泽民同志说："创新是一个民族进步的灵魂，是国家兴旺发达的不竭动力。"这就要求教育观念、教育体制应从一次性学校教育向社会化终身教育转变，使校内教育与校外教育、集中教育与经常教育、专业教育与普通教育结合起来，通过各种途径和形式，培养、造就一大批掌握高新技术和现代科学管理知识并有创新能力的人才。三是高等教育要从传统的传授知识的模式向创新教育的模式转变，着力培养具有创新能力的人才。高等学校作为人才库、知识库和高新技术辐射源，应逐步建立健全知识创新体制，形成技术创新的增长点；通过培养具有知识和技术创新的人才，推动社会经济的发展。北京大学方正集团是个突出的典型。1985年，北大方正的电子出版系统才开始进入市场，到1990年在国内市场上就占有了绝对份额；1995年，在海外华文报纸业包括东南亚和北美市场的占有率达到70%，并形成了比国际同类技术超前5年的技术优势。北大方正之所以能在高新技术产业的市场竞争中独领风骚，并能在香港股市风波中仍以高价位挺立于股市潮头，就是因为它有良好的技术创新（包括产品创新、工艺创新、管理创新、销售创新）的能力和效果。现代企业对新技术的研究与开发，往往是"嘴里含着一个，手里拿着一个，眼睛盯着一个，心里还想着一个"。可以说，技术创新已成为企业生存和发展的决定性因素。四是基础教育要向"素质教育"推进。知识经济不仅与高等教育的关系密切，与基础教育的关系也是密不可分的。因为，一方面，基础教育要培养每一个人的创造性，这是知识经济社会每个人都应具备而不只是少数尖子人才需要具备的。另一方面，基础教育是为高等教育培养高层次创造型人才打基础的。现在，我们还是一个人口多、底子薄的发展中国家，如何把沉重的人口负担转化为巨大的人力资源优势，是发展知识经济对我国劳动者素质提出的宏观要求。可是，在我国现行的基础教育中还存在着"应试教育"的倾向。表现为：偏重知识的传授和记忆，忽视德育、体育、美育和生产劳动的教育以及智力的开发和能力的培养，单纯为应付考试争取高分，片面追求升学率，不利于青少年一代的全面发展和健康成长。在知识经济时代，人才培养的主题是具有强大竞争力的复合人才群体。这就必须克服"应试教育"的倾向，推进"素质教育"，使教师重视开发学生的智慧潜能，把学生从被动的"接收器"变为能动学习的主体，不仅搞好继承性学习，更重视创造性学习。让学生学会学习，学会发展，以迎接 21 世纪知识经济时代的到来。五是切实解决教育投入严重不足的问题。科技技术人才的培养和劳动者素质的提高，基础在教育。我国科技人才缺乏和劳动者素质偏低的一个重要原因是教育投入严重不足。值得重视的是我们必须正确认识教育投入的效益问题。尽管教育投入所获得的效益与其他物质生产部门相比，有它一定的滞后性、隐蔽性，不容易"立竿见影"。但从长远看，对国家的经济和社会发展有着重要的甚至是决定性的意义。例如，日本虽然国土狭窄、资源贫乏，但因重视教育的投入，使知识和先进的科学技术成为占主导地位的生产要素，从而成为世界第二经济强国。所以，当今世界各国都把实施义务教育、提高国民素质作为增强综合国力的一项基础工程来对待，依据国力发展状况，逐步提高国民接受义务教育的年限与质量标准，并运用法律手段强制实施。我国借鉴外国的成功经验，取得了"再穷不能穷教育"的共识，通过制定和实施《义务教育法》、《教育法》已收到一定的效果。但是，教育投入不足甚至有所下滑以及挪用本来有限的财政性教育经费之事还时有发生，必须改变和杜绝这种现象。否则，后果是教学内容陈旧，教学手段落后，教学的质量和水平也会出现下滑的趋势，必然影响"科教兴国"战略的实施，影响高质量人才的培养。

（载《昆明大学学报》1999 年第 1 期）

要继续做好"世博经济"这篇大文章

（2000 年 1 月）

历史是人类社会发展和进步的一面镜子。早在 20 世纪 80 年代初，由于深圳、珠海等经济特区的建立，广东提出了"特区经济"的概念，以深圳特区为龙头，紧紧把握发展特区经济的契机，大做文章，充分发挥特区经济的先导作用，从而大大带动了广东经济的迅速发展。20 世纪 90 年代初，上海提出了"开发浦东"的概念，并以此为契机，大做"浦东经济"的文章，提出"一年一个样，三年大变样"的目标。仅几年时间，浦东经济就促进了上海经济的腾飞，使其逐步恢复了"东方明珠"的美誉。"他山之石，可以攻玉。"实践给人们带来了一些思考和启迪：如何把握机遇，创造条件，加快经济的发展？

'99 昆明世界园艺博览会历时半年后圆满降下了帷幕。它给我们带来一些什么启示？我们应采取什么战略来促进云南经济的发展呢？它表明昆明不仅是一个展示国际园林、园艺精品的、最美丽的城市，而且是自然景观、民族文化、民族历史、民族风情最多彩的地区。昆明世博会是一个以"人与自然和谐相处"为主题的，集园林、文化艺术、旅游观光、科技交流、商贸服务、邮电通信以及交通运输、市镇建设等多方面、多领域为一体的经济、社会、文化艺术活动的盛会。它在云南历史上掀起了一次空前的经济浪潮，或称"世博经济"浪潮，不仅带动了旅游业的发展，推动了云南经济、社会的发展，而且为迈向新世纪、登上新台阶创造了良好的条件。为此，做好"世博经济"这篇大文章具有重要的意义。

首先，它极大地提高了云南在海内外的知名度，为云南经济的发展树立了良好的形象。云南省和昆明市是地处西南边陲的省和省会城市，长期以来，因交通不便、信息闭塞、经济落后而知名度不高。可是，通过昆明世博会的召开，昆明一跃成为全国和世界知名的国际园林园艺城市。昆明世博会期间，有 95 个国家和国际组织参展，全国 30 多个省、市、自治区建园建馆，真可谓精品荟萃，尽收眼底，令众多参观者流连忘返，看了一次，又来一次，高兴而来，满意而归，从而为云南走向全国、走向世界奠定了坚实的基础。这不仅增进了国内外人士、中外政府、国际组织对云南的了解，而且加强了相互的联系，促进了经济技术的合作。这正是多年来云南人民为之追求的良好愿望，也是一笔来之不易的巨大的无形财富。因此，我们要以此为契机，充分利用这笔无形资产进一步扩大对内对外开放的程度，提高对内对外开放的水平。

其次，它直接带动了旅游业的发展，从而推动了第三产业的发展。世界旅游组织秘书长弗朗西斯科·弗朗加利在参加了世界旅游组织馆日活动并考察了昆明旅游业后兴奋地说："昆明世博会将对全球旅游业产生深远的影响。"从云南的情况看，1999年，云南旅游业在世博会的带动下，呈现出"九五"计划以来最好的发展态势和前所未有的高速增长。据报载，全年接待海外游客100万人次，旅游外汇收入达3亿多美元，与1998年相比，分别增长31.4%和14.9%；接待国内游客3 600多万人次，旅游总收入达203亿元，与1998年相比，分别增长28.9%和48.3%。全省旅游收入占GDP的比重也从1990年的1.3%上升为7.6%，高于全国平均水平（4.3%）3.3个百分点；1999年将超过8%。云南旅游业不仅呈现蓬勃发展的态势，而且正逐步形成包括云南省丽江、大理、中甸、西双版纳、红河和周边景区、景点的四川乐山、峨嵋山、成都以及广西桂林、北海等地形成的黄金旅游圈。这样就使云南省旅游业在全国排位的名次前移到仅次于北京、上海、广东、江苏、福建的第6位。正因为旅游业的兴旺，带动了第三产业的快速增长，对经济增长的贡献率达到52%；对GDP的贡献率也首次超过第一、第二产业。

再次，它成为全省经济、社会发展的推动器。世博会的成功举办，对城市建设、交通运输、邮电通信、通水供电、商贸服务、环境保护以及民族文化、精神文明建设等各个领域的发展都有巨大的推动作用。主要是：第一，扩大了消费需求。世博会会期虽然只有短短的184天，但到世博园参观游览的人数近千万人次。这样，不仅扩大了众多国内外消费者对旅游观光的消费需求，而且扩大了旅游者对食、住、行、购物、娱乐等诸多方面的消费需求，从而有效地刺激了内需，促进了市场的繁荣。特别是随着人民收入的增多、需求的多样化和"假日经济"的兴起，许多旅游者从新疆、黑龙江远道专程来云南旅游度假，掀起了旅游热、消费热、购物热的新浪潮。结果，许多旅游商品的销售由冷变热甚至供不应求，一度平淡的消费市场也随之活跃起来。预计1999年全省社会消费品零售总额将达到540亿元，比1998年增长9%；全省最终消费率达到近几年的高峰，总消费需求对国内生产总值的贡献率达60%；消费需求拉动经济增长了4.19个百分点。第二，推动了交通运输、邮电通信业的快速发展。由于世博会的召开，形成了以昆明为中心、辐射全国、联结海内外的航空、铁路、公路的主体交通网络和四通八达、方便快捷的通信网络。每天进出昆明的列车达 100 对次之多。其中，既有正常的旅客客车，还有直达上海、南京、济南、天津等地的旅游专列。全年铁路运输量达 3 290 万吨，比 1998 年增长6%。昆明机场每日起降的飞机多达 300 架次（包括正常航班和包机），进出港人数也创历史之最；全年客运量达 1 030 万人次，比 1998 年增长 56%。邮政电信业务空前活跃，仅电信业务收入就达 50 多亿元，比 1998 年增长 12% 左右。第三，城市建设大发展。昆明市对基础设施进行了大规模的改建、扩建，盖起了许多高楼大厦和居民住宅，主要街道宽敞美丽，名胜古迹恢复重建，河道整治与滇池治理很有成效，好似新建了一个昆明城。其他的旅游景区、景点包括大理、丽江、西双版纳、曲靖、玉溪、楚雄等地的城市建设都有很大发展，从而带动了建筑、建材业的发展。第四，弘扬了民族文化。世博会的召开，促进了云南省民族传统文化的发掘、振兴和弘扬。众多旅游者神往云南省各民族独特的文化艺术（例如，不少人为纳西古乐、白族歌舞所倾倒）。进而促使民族文化的个性更加突出和光彩夺目。同时，旅游经济活动又往往是推动世界各民族文化交流、相互了解和增进友谊最广泛、最深刻的一种方式。在观光旅游活动中，通过各种物质文化、非物质文化，特别是各种文化艺术活动进行广泛的交流，既能使各民族文化的个性更加突出，又能增强民族文化特色对旅游者的吸引力。所以，海内外游客通过到世博园和其他景区、景点旅游，加深了各国人民之间的相互了解和友谊，推动了各国、各地区之间科学技术与文化艺术的交流。总之，世博园的活动已不止是园林园艺的文化现象，还是经济、社会、生态协调发展的社会经济现象，集中体现了"人与自然和谐相处"的主题。

最后，为推动产业结构的调整、培育新的支柱产业找到了突破口。如何从云南的省情出发，调整和优化产业结构，改变单一支柱产业结构不合理状态，建立合理的支柱产业群体，是中共云南省委、省政府多年提出的战略思想。中央早就明确指出，要按照整体布局、有进有退、有所为有所不为、收缩战线、加强重点、优化结构的方针，着力解决国有经济整体素质不高、资产配置不尽合理等问题。因此，云南产业结构的调整和优化要发挥云南的比较优势，积极发展特色经济。昆明世博会的成功举办和中央开发西部大战略的实施，为云南调整和优化产业结构、改变支柱产业单一的格局提供了良机。要在继续巩固烟草产业的同时，大力开发生物资源和旅游业，特别是要发展颇具特色和有极大潜力的旅游业。这是培育支柱产业，形成旅游大省，从而直接或间接地带动食品加工业、名优特产业、交通运输业、建筑建材业、金融业、房地产业以及第一、第二产业获得均衡发展，繁荣市场，拉动经济增长，提高人民物质文化生活水平的最佳途径。

　　总之，'99 昆明世界园艺博览会已经圆满闭幕，会期的活动也已结束，但由此带来的影响却是广泛而深远的。我们要紧紧把握这个契机，继续做好"世博经济"这篇大文章，以昆明世博园为龙头，带动云南旅游业的大发展。对旅游业要像培植烟草产业那样加大投入，扩大规模，充实内容，提高档次；通过发展旅游业，促进第三产业的发展；再通过第三产业独特的媒介作用，拉动第一、第二产业的发展，推动全省的经济增长，实现富民强省的目标。

（载《云南省政协八届三次全会发言材料》）

进一步发展云南旅游业的思考

（2001 年 12 月）

发展旅游业已成为当今时代世界性的潮流。旅游经济发展的一般规律表明，当一个国家的人均 GDP 在 500～800 美元阶段，是旅游业，尤其是国内旅游业的迸发时期。1998 年，我国人均 GDP 达到 770 美元，在 31 个省、直辖市、自治区中，有 23 个人均 GDP 超过 500 美元；约占 1/3 的省、直辖市、自治区人均 GDP 超过 800 美元。云南省人均 GDP 也是 500 美元左右。因此，当前正是国内旅游业急剧扩展的时期。预计国内旅游业的发展将在"十五"时期保持高速增长态势，成为我国经济增长最快的行业和最大的消费热点之一。

近年来，云南旅游业的发展直接带动了服务业，推动了交通运输、邮电通信、城市建设、民族文化业的大发展，为全面调整产业结构、培育新的支柱产业，找到了一个切实可行、效益良好的切入点，成为全省经济、社会发展的推动器。

为了进一步发展云南省旅游业，使其内容更加丰富，运行机制更为完善，旅游产品在国内外旅游市场上更具竞争力，旅游线路更具吸引力和魅力，使云南旅游业蒸蒸日上，兴旺发达，有几个问题需要有关方面高度重视，认真对待，并采取得力措施予以解决。

一、牢固树立精品意识，积极创立名牌旅游产品

旅游产品的质量和声誉如同其他物质产品一样，是企业的"灵魂"和"生命"，是企业竞争取胜的物质基础，也是一个企业、一个地区的精华和骄傲。创立精品、树立名牌，会产生巨大的吸引力和社会经济效益。一个名牌旅游胜地、一条精品旅游线路往往胜过几个、十几个旅游景区、景点的效益。精品、名牌，不仅可以兴企、兴市、兴省，而且可以兴国，形成一个大产业，从而带动一个地区经济、社会的发展；而且，精品、名牌能呼唤投资、呼唤规模，获得良性循环和最佳效益。因此，有的旅游胜地旅客十分踊跃，络绎不绝，长盛不衰，而有的旅游地长年无人问津，

杂草丛生，门可罗雀。丽江纳西族古城旅游资源的开发，作为世界文化遗产、民族瑰宝，其声誉已走出省门、国门，名扬四海。这座古城的民族历史文化精品和玉龙雪山的自然美景，招来八方游客，使旅游业形成一大支柱产业，推动了丽江地区经济、社会的发展。云南省旅游资源十分丰富，许多是得天独厚的景观。诸如，举世闻名的岩溶胜境——石林，集奇、绝、古于一体的滇中四洞，闻名世界的人类发祥地——元谋。滇西南的热带雨林是镶嵌在北回归线上的"一颗绿宝石"，被誉为"植物大观园"、"天然动物园"；滇西北三江并流的奇观，有闻名世界的虎跳峡和"东方峡谷"的奇妙险境；滇东北有名瀑雄关，以及独具魅力、丰富多彩的民族人文景观。因此，在众多旅游资源的开发建设中不能漫天撒网，而要有重点地树立品牌形象、创立精品意识。在线路设计、环境营造、形象宣传上都要有创立精品、维护精品、发展精品的战略眼光，其核心是要培育、创立、营造一批第一流的景区、景点，形成吸引大批游人不远千里、万里而来的"亮点"，从而带动整个旅游业和相关产业的发展。我们要继续精心营造、充实、完善现有的精品线路，提高档次，树立名优精品形象。这包括以昆明为中心的五条线路：滇中旅游线——昆明、玉溪、楚雄之旅；滇东南旅游线——昆明、曲靖、文山、红河喀斯特地质奇观之旅；滇西北旅游线——昆明、大理、丽江、怒江、迪庆香格里拉之旅；滇西旅游线——昆明、保山、腾冲、芒市、瑞丽、临沧中缅边境异国风情和珠宝玉石之旅；滇西南旅游线——昆明、思茅、西双版纳热带雨林的傣族风情之旅。这五条精品线路，基本覆盖了云南最具特色的景观。要在此基础上，进一步提高旅游景区景点的质量，充实其内容，形成绚丽多彩、各有特色、独具一格、在国内外旅游市场上知名的、有极大魅力的旅游胜地。

二、要提高生态保护意识，创造优美的旅游环境，实现旅游业的可持续发展

旅游业的发展与生态环境的保护和建设关系十分密切，二者相互协调，相互促进，融为一体。但一些地区为了追求旅游业的短期效益、局部利益和发展速度，对旅游资源采取"竭泽而渔"的掠夺式开发方法，导致生态环境、自然景观、民族文化特色的严重破坏和旅游环境的严重污染，使今天的"效益"变成了明天的包袱。企业获利，政府掏钱治理，为此付出的代价十分昂贵，造成的损失十分巨大。旅游活动既是以人为主体的活动，同时又是人与自然、文化及人类生存环境相结合的一种和谐舒畅的活动，因而，旅游者的规模大小、旅游开发的程度都必须以生态环境

的承载能力为条件。每一个景区、景观都是一个相对独立的生态环境，它自身的容量是有限的，要有科学的定位，要有一个数量界限。因此，自然资源和接待设施都不能无限制地增长，一旦超过它的极限，就会造成对生态环境的破坏，就要受到大自然的惩罚。所以，维护这个界限十分重要，必须以生态环境的承载能力为前提。旅游业的开发与建设必须与自然、文化和人类生存环境形成一种合理的平衡关系，形成一个优美、和谐的生态环境。旅游业的开发和建设只有充分考虑对自然资源、生物多样性的影响，充分考虑对当地民族历史文化遗产、传统民风民俗和社会生活方式的影响，把旅游业的开发建设建立在生态环境可承受的限度内，才能使其具有持久的生命力，才能实现云南省旅游业的可持续发展。一些地区在加强生态环境保护、开发经营旅游方面上，已取得了成功的经验。例如，红河州弥勒县西咸乡，是彝族阿细跳月的故乡，虽紧临昆河公路，连续几年都组织了热闹非凡的阿细跳月大比赛，但该地十分重视生态环境的保护，保持了原汁原味的浓郁民族风情。这个乡风景如画、青山绿水，旅客置身其中，能感受到许多名不见经传的民族趣人趣事，从而吸引了韩国、日本等国家和中国台湾、香港地区的民俗团、采风团、摄影团纷至沓来。又如西双版纳的野象谷，生态环境得到了有效保护，大象自由、频繁出没，成为全国唯一能观赏野象活动的地方。同时，近年这里又添了一道新景观——野猴"闹山"。特别是在野果成熟的夏秋季节，大清早，猴儿们成群结队地光临野象谷周围山林，攀爬跳跃，时隐时现，嬉闹玩耍，从这棵树跳到那棵树，忽高忽低，动作十分灵巧优美，顽皮逗人。令游客驻足观看，充满了自然野生的情趣，真可谓"回归大自然"，其乐无穷。

三、刻意创新，突出特色，使旅游景区、景观的内容丰富多彩

"创新是一个民族进步的灵魂，是国家兴旺发达的不竭动力。"旅游业的发展也不例外，要有创新，要有特色。特色是开发建设旅游资源的灵魂，是吸引旅客的内在魅力。目前，云南自然景观的开发建设，突出特色的潜力挖掘不够。发展溶洞旅游，都去开发溶洞；建旅游度假村热，各地一哄而上，造成度假村饱和。如果旅游产品模式单一，千篇一律，一个面孔，就会渐渐地难以适应消费者多层次、多样化的需求，不利于继续拓展未来的旅游市场。旅游市场是一个动态发展变化的市场，企业要认真研究旅游市场的需求变化，有针对性地搞好旅游资源的开发建设，不断推出消费者喜闻乐见的旅游项目和具有特色的旅游产品，才能有效地推动旅游产业的发展。云南自然旅游景观和民族文化景观的特色都应该十分突出。例如，云南是

一个多山的地区，山地和高地约占全省总面积的94%，而山地种类极为丰富，地势高低悬殊，最高的地方海拔在6 000米以上，终年白雪皑皑，有优良的自然生态系统；而最低的河谷地带，海拔仅有76米。地势高低的悬殊引起气候垂直变化相当显著。同一地区往往具备寒、温、热三带气候，形成独特的"立体气候"优势，使云南的高山尤其是滇西北的高山独具特色。有世界闻名的石芽奇观，有镶嵌在云南高原上的湖泊群，山水相间，山清水秀。如苍山与洱海绚丽多姿的组合，湖光山色，融为一体，被誉为"东方日内瓦"。有水深达155米的全国第二深淡水湖，等等，云南高原湖泊的独特风光受到国内外旅游者的青睐。尤其是生物资源景观极为丰富独特，诸如大象之园、孔雀之乡、滇金丝猴之家，等等，不胜枚举。各景区、景点的建设发展要从客观实际出发，各有侧重，各具特色。不仅要充分开展依托自然、旅游景观的"山水游"、"古迹游"等传统的旅游形式外，而且要积极推出多种类型的时尚旅游。例如，民俗风情游、节日游、会展游、科教游、银发游、孝心游、探险游，等等。特别是农业观光旅游中新近出现的农家乐游，颇受城市居民的欢迎。它以清新的田园风光为依托，以发展绿色农业为起点，以生产优、特、新、奇农产品为特色，面向国内外市场，形成了颇具情感色彩的旅游形式。它既融入了休闲观光的理念，有配套的旅游服务设施，又提供了颇具特色的畜禽、水果、蔬菜、花卉等土特产品，还注入了例如走亲串戚热情友好的服务。请常年居住在城市里的游人到农村做客，吃农家饭，干农家活，享农家乐，收菜、摘果、垂钓、品尝新鲜的美味佳肴，城里人颇感新鲜惬意。昆明市西山区团结乡的农家乐，办得很有特色，节假日常常出现游人如织的盛况；曲靖市罗平县的万亩油菜花海也是热闹非凡。

四、提高民族文化旅游品位

云南要建成民族文化大省，任重而道远。在旅游业的开发建设上不在于盖几座仿古建筑、立几个碑亭、制造出假古董或旅游赝品，而在于大力发掘景区的内在文化、历史积淀。山山水水、亭台楼榭、民族风情，要发掘其深厚的文化内涵，研究人与历史、人与自然的亲和力，给游人以充分的想象空间，才更具有灵性、更具吸引力。我们在大力开发、建设自然景观的同时，千万不要忽视人文资源的研究开发工作，要使二者相互促进、相互推动。提高文化品位，让游客在闲暇旅游中，加深对云南各民族悠久历史文化的了解和热爱，引发游客关于历史文化的深沉思索。因为，追求文化享受，感受文化氛围，接受文化熏陶，已越来越成为众多游客的选择。"他山之石，可以攻玉。"福建西部客家永定县，发掘"土楼文化"开发旅游资源的做法不无是一个有益的启示。在闽西农村，在连绵起伏的崇山峻岭之中，矗立着一座座令人惊叹的高大雄伟建筑，其中那一环环庞大的圆形楼宇，更显示出永定客家土楼的神妙色彩。这些建筑群，被国内外专家称为"世界上独一无二的神话般的山区居民建筑"、"神秘的东方古城堡"、"一部永远谈不完的百科全书"。这是千百年来生活在这块热土上的客家儿女勤劳、智慧的杰作。改革开放以来，永定县打开土楼大门，诚迎八方宾客，大做"土楼文化"的文章，深入广泛地发掘其文化内涵，揭示出永定客家土楼与地质地理学、环境生态学、景观学、建筑学、民俗学、卫生学、伦理学、社会学、美学等学科的密切关系。土楼具有聚族而居、安全防卫、防风抗震、通风采光、冬暖夏凉等功能，保留着大量崇文重教、勤耕俭朴、乐善好施等意味深长的土楼楹联、碑刻。土楼文化的开发，使众多中外游客包括历史学家、建筑学家、社会学家等纷至沓来，有效地促进了永定客家旅游资源的开发和社会经济的发展。云南历史文化资源特别是民族文化资源十分丰富、独特，被称为"中国民族博物馆"。诸如揭开中国历史序幕的"元谋猿人"、"禄丰恐龙"化石、世界最早的铜鼓，等等，都蕴藏着极其丰富的文化内涵。近些年发掘的纳西古乐，被称为"音乐活化石"、"净化灵魂的音乐"。这一民族瑰宝源远流长、世代相传，风格古朴清幽，颇受人们的欢迎。到丽江旅游的人把听纳西古乐作为丽江之行的必选项目。它不仅在北京、上海、广州、昆明等国内大城市演出过，还到挪威、英国演出过，先后达2 000多场次，听众20 余万人，成为名扬四海、传播中华古老文化的、最具特色的民族文化产业，大大促进了丽江旅游业和社会经济的发展。

总之，云南旅游业正是蒸蒸日上、颇有发展前景的大产业。要继续做好这篇大文章，尚有许多工作要做，特别需要各级领导和社会各界的关心和支持，尤其是在政策、资金、人才上的支持。旅游业不仅仅是涉及一个行业、一个部门的产业，其与社会的结合度也越来越高、结合面越来越广，需要企业之间、行业之间、部门之间、地区之间广泛协作、通力合作，才能办得更好、更大。这也是今后旅游业发展的主要潮流和经营方式。

（载《中共云南省委党校学报》2001 年第 6 期）

区域经济和小城镇
建设篇

试论云南少数民族地区农业经济的全面发展

（1982 年 6 月）

　　农业是国民经济的基础。它是为人们提供最基本的生活资料的一个生产部门，是人们的衣食之源、生存之本。任何社会的存在和发展，任何其他的经济、文化和政治活动都必须以农业生产为起点。只有当从事农业劳动的人能够提供剩余的农产品时，社会才可能有更多的人去从事其他工作。这是社会经济发展的一个普遍规律。所以，马克思说："超过劳动者个人需要的农业劳动生产率，是一切社会的基础。"①

　　新中国建立 32 年来的实践表明，我国农业的情况如何对经济建设的规模和速度有很大的约束力。农业好转了，工业、商业以及其他方面才会好转。因为，没有扎实的农业基础，就不可能为工业和其他经济部门的发展提供日益增多的粮食、工业原料、劳动力和资金，就不可能为工业的发展提供广阔的国内市场，因而也就不可能把我国建设成为现代化的社会主义强国。所以，毛泽东一贯强调农业问题是一个非常重要的问题，"全党一定要重视农业，农业关系国计民生极大"。农业在云南省少数民族地区国民经济中，尤其占有特殊的决定性的地位，具有举足轻重的作用。各族人民的消费品基本上来自农业和农产品加工工业，轻工业原料的 80％以上来自农业，工业品的销售市场也主要在农村，农民的收入大都来自农业。同时，云南省少数民族分布地区广阔，资源丰富，具有全面发展农业经济的得天独厚的优越条件，潜力很大。但是，多年来，农业生产发展缓慢，商品经济不发达，有相当一部分地区仍然处于落后的自然经济状态，生产和收入水平很低，群众生活困难，严重地阻碍着国民经济的发展和人民生活的改善。要彻底摆脱落后状态，只有大力发展农业生产，充分发挥云南省自然的和经济的优势，合理布局，全面安排，把自然经济变成商品经济，贯彻落实各种生产责任制，才能使农民富裕起来，才能逐步改变边疆

---

① 《马克思恩格斯全集》第 25 卷，第 885 页。

地区、民族地区贫困落后的面貌，才能巩固和发展农业集体经济，促进整个国民经济的发展。

一、云南少数民族地区发展农业的优越条件

首先，从地形和气候条件看，云南是地处祖国西南边疆的多民族的省份，位于北纬21°9′~29°15′、东经97°39′~106°12′，总面积39万多平方公里。境内山原辽阔，约占全省总面积的94%，其余的6%为大大小小的坝区。全省的25个少数民族约有1000万，占总人口的1/3，分布面广，几乎每个公社都有少数民族，但多聚居或散居在广阔的山区、半山区、高寒山区和边境地区。其居住区域的地形、地势高低悬殊。滇西北迪庆藏族自治州德钦县的梅里雪山的主峰——卡瓦格博峰的海拔高达6740米，终年积雪，常年悬挂现代高山冰川，俨然一个冰雪世界。而滇东南的河口瑶族自治县的海拔仅有76.4米高，是全省的最低点，两处高低相差6000余米，其地势大致由西北向东南呈阶梯状递降，造成高纬度同高海拔相结合、低纬度同低海拔相一致，使云南省南北8个纬度间的温差，相当于从海南岛到东北长春间的温差，形成寒、温、热三带并存的局面。海拔在1300米以下则气候较热；800米以下则气温更高，霜期更短；"四季如春"的气候主要是在海拔1500~2000米的地带；2400~2700米以上的一般属高寒山区。它们之间的温差，还因河床受侵蚀而不断加大。不少地区山高谷深，垂直高差显著，不论在南、中、北部，由河谷到山顶，都存在着因高度上升而产生的气候类型的明显差异。所以，在同一个地区的气候也有多层次性。随之，自然条件和农业布局垂直变化也就十分明显。往往是山顶白雪皑皑，而谷底却是热带"飞地"，形成独特的"立体气候"，即所谓"一山分四季，十里不同天"。与此相适应，也形成了"立体农业"的特点，致使土地利用、农业生产、多种经营等都具有相应的多样性、复杂性和优越性。正是由于云南得天独厚的地理环境的影响，全省处于各种动植物区系的接触过渡地带。不同区系起源的动植物，在这里常常和谐地结合在一个生物群落里。尽管分布在全省各少数民族地区的动植物区系成分不一，但各区系的迁移、融合，又构成了云南独特的、十分复杂的生物群落组合。因此，热带、亚热带、温带、寒带的生物资源同时并存，真可谓是丰富多彩的自然宝库。

其次，从植物资源看，不仅十分丰富，而且种类繁多。全国近3万多种高等植物中，云南就占了一半以上；低等植物更是琳琅满目，应有尽有，几乎世界上已发现的任何一种野生植物，都可在云南民族地区找到踪迹。云南的1.5万多种高等植

物比全欧洲的6000多种多两倍以上。其中，可供轻工、重工、军工、林业、农业、医药和人民生活等方面利用的已达3000种以上，许多种类在全国名列前茅，具有显著特色。西双版纳、思茅、临沧地区出产的茶叶驰名中外。如大叶茶是茶叶中的优良品种，加工制成红茶、绿茶，香气足、汤色好、滋味醇，备受消费者的欢迎。1980年的产量达35.7万担。大理白族自治州生产的沱茶，远销日本、法国和意大利。"紧茶"、"方茶"和"茶饼"深受藏族人民的喜爱。在云南1000多种药用植物中，由全国统一管理的有70种，其中，在少数民族地区出产的就有50种之多，故被誉为"药材之乡"。如在文山、昭通、丽江、怒江、迪庆等壮、彝、纳西、藏族等少数民族聚居地生产的三七、天麻、黄连、虫草、当归、杜仲、砂仁、肉桂、萝芙木等中药材是医药工业的理想原料，在国内外都久负盛名。全省油料资源200余种，可供食用或经过加工改性后供食用的约20余种。近年来，世界上著名的油棕、牛油树、油橄榄、小葵子等已在云南省西双版纳、德宏等地区引种成功。纤维植物可资利用的有160多种，能供纺织、制绳、造纸等用。淀粉植物资源有160~200种，除少数供食用外，多数可用于工业。芳香油料植物有利用价值的达200种，现已列入生产的有几十种。用依兰香的花提取的高级香料，是世界名贵香水——巴黎香水——的定香剂。一两依兰香油可换取一两黄金，这是一笔十分可观的收入。此外，在民族地区还有一些独特的植物种类。如提取樟脑和各种樟油的樟属植物，在全国仅有的46种中，云南就有26种。紫胶虫寄生的寄生树，对紫胶的产量、质量都有影响。而优良的寄生树在云南少数民族地区尤多，故云南的紫胶（虫胶）产量居全国首位。1980年达3.11万市担。世界上发现的野生植物中，如珍贵的美登木属植物可用于抗癌。中药血竭、龙血树、大风子油可以治麻风。这在云南省民族地区均已找到了同属植物或代用品。此外，食用低等植物如鸡㙡、牛肝菌等山珍美味可口，能增进人们的食欲；供园林绿化和观赏的植物种类，如雪松、山茶、杜鹃等世界著名的绿化树种和花卉，在云南民族地区更负盛名。例如，这里的山茶素有"云南山茶甲天下"之美称。

再次，从森林资源看，林地辽阔，树种繁多，林木生长期长。乔木树种约89科2700多种。用材林除常用的松、杉、阔叶树外，还有一些珍稀用材树种。经济林种类则更多。特别是地处热带的西双版纳、文山、德宏等地区，种类更加复杂，经济林木几乎是应有尽有。稀有的珍贵树种也有数十种之多，其中有的已列入国家一、二类重点保护和发展的珍贵树种，具有很高的经济价值。如西双版纳的黑红檀为红木属，物理性能、重量、花纹、色泽均可与巴西红木媲美，是做琵琶、二胡、提琴弓的最好材料。如用铁力木、柚木、紫檀做成乐器出口，价值连城。用丽江的云杉制成钢琴和风琴的音板与键盘、提琴的板面，其共鸣性能极好，音响纯净，颇有"余音绕梁，三日不绝"之感。又如分布在民族地区很多的椿树，木质粉红，酷似桃花色，国外称它为中国桃花心木，可做成高级家具出口。全省的森林面积有1.4亿多亩，居全国第2位；森林覆盖率达25%，居全国第9位。特别是藏族、彝族聚居的金沙江林区，多有大片的原始森林，资源极为丰富，是我国主要的木材生产基地。由于云南地理环境的差异，使树种的分布划分得较为明显：滇南少数民族居住的低纬度地区主要是亚热带阔叶林；滇西和滇西南的大理、临沧一带，则以思茅松占优势；在海拔1 200～2 800米范围内，是云南松、华山松及栎类的主要分布地区；滇西北海拔2 800米以上的纳西族、藏族、傈僳族地区，则以云杉、冷杉、高山松及落叶松等高山针叶林分布为主。

最后，从动物资源看，也十分丰富。许多热带、亚热带地区特产的珍禽异兽，在国内，云南的产量首屈一指，故有"动物王国"之称。据不完全统计，全省有兽类230余种，占全国兽种的55%，主要分布在南部的西双版纳、思茅、临沧，西北部的丽江、怒江、迪庆等专州。全省有鸟类310种，占全国鸟种的64%。爬行类有130余种，占全国的42%。两栖类有80种，占全国的37%。淡水鱼类300余种，约占全国的一半。总之，云南民族地区动物资源的分布，既有从中印度半岛北上的热带动物，如野牛、野象、长臂猿、懒猴、犀鸟等，又有从青藏高原南下的耐寒动物，如藏鼠儿、岩羊、北棕蝠等，从而形成了云南动物区系寒、热带动物共存的奇异现象。对于野生动物资源的利用十分重要，它能给人们的生活提供种类繁多的珍贵皮毛。据统计，云南可用做皮毛的兽类有58种，年产毛皮30多万张，总产值约700多万元。近年来，利用云南省羊毛编织的版纳地毯，由于织工好、图案具有民族特色，在国际市场上颇受欢迎。五彩缤纷的鸟类羽绒，是制作工艺毛画的宝贵材料和稀有出口品；绯胸鹦鹉和鹩哥等鸣禽是很好的外汇商品；猕猴、长臂猿是供模拟人类进行医学、生物学实验的理想动物。总之，在民族地区生长的珍禽异兽，不仅具有重要的科研价值和经济价值，而且是广大群众所喜爱的观赏动物。

此外，土特产品资源也十分丰富。玉溪、楚雄、曲靖等地的烤烟，品种优良，烟叶油润丰富，组织细腻，含糖量高，烟味清香和醇，是高级卷烟的优质原料。驰名中外的宣威火腿，是云南的著名特产之一。宣威火腿具有腿只肥大、骨细皮薄、肉嫩味香的特点；以宣威火腿为原料加工而成的云腿罐头，是行销于国际市场的传统出口商品，每年的出口量达1 000万公斤。文山、丽江等地的辣椒干，不仅色红、油润，且辣度高；西双版纳的菠萝、香蕉，大理的雪梨，漾濞的核桃，昭通的苹果等干鲜果品，在国内外市场上都颇受欢迎。

二、从实际出发，因地制宜，调整农业布局，全面发展农业生产

根据党中央的有关方针和政策以及云南省少数民族地区的优越条件，从建设社会主义现代化的需要和不断提高人民的物质文化生活水平出发，发展农业的指导方针是："决不放松粮食生产，积极发展多种经营。"在发展粮食生产的同时，把多种经营摆在战略位置上，花更大的力量抓好。各地区、各社队，要从当地的实际情况出发，因地制宜，合理布局，农林牧副渔全面安排，择优发展。宜农则农，宜林则林，宜牧则牧，在狠抓农业的同时，应较大幅度地发展经济作物。要趋利避害，兴利除害，进一步调整农业内部结构，正确处理好粮食和多种经营的关系，做到地尽其利、物尽其用，加快农业发展步伐。除少数以林业和畜牧业为主的地方外，在发展多种经营的同时，都必须抓紧粮食生产，努力做到在一定经济区域内自求平衡，力争全省粮油自给有余。同时，从本地区实际情况出发，因地制宜，充分发挥优势，认真抓好一批骨干品种。就全省范围来说，种植业重点要抓好烟、蔗、茶、蚕桑、油料、中药材、香料、各种豆类作物及热带作物，并积极发展林业、畜牧业和水产养殖、山林牧产以及社队企业等。要树立大农业的观点，从长远看，农业要有一个新的突破，必须大力发展林牧业，既充分利用土地资源，也为种植业创造稳产高产的基础条件，林茂粮丰，畜多粮多。因此，要认真搞好农、林、牧、水产各业之间的合理布局。

首先，要搞好农作物的布局。对于粮食作物的布局，要考虑当前云南省相当一部分少数民族地区粮食生产上的突出问题：发展缓慢，单产低，不稳定，不平衡。为此，必须加快粮食生产发展的步伐，大力增加商品粮食，以提高单位面积产量为主，把重点放在坝区、半山区，同时抓好山区、高寒山区的生产，促平衡增产；在作物上既要积极抓好水稻、玉米的生产，又要努力抓好薯类、蚕豆和其他粮豆的生产，达到全面增产；要因地制宜合理安排作物品种，滇西北、滇东北地区，高寒层面积大，气候温凉，大春应以玉米、马铃薯、水稻为主，小春以小麦和其他粮豆（大麦、豌豆、蚕豆等）为主；海拔2 300米以上的滇西北地区，气候冷凉，基本上一年一熟，主要发展马铃薯、青稞、燕麦、荞麦等耐寒作物。滇中、滇西地区是全省粮食主产区，大多属于中暖层，气候温热，大春以水稻、玉米、薯类为主，小春以小麦、蚕豆为主。滇东南、滇西南和南部边缘地区，低热面积逐渐增加，是全省热量资源较好的地区，增产潜力很大，大春以水稻、玉米为主，小春以小麦和豆类（豌豆、冬黄豆、蚕豆）为主。由于全省地形、气候复杂，反映在农业上有强烈的

区域性。上述安排仅就全省范围而言，具体到一县、一社、一队，就要根据不同情况和特点，适宜种什么品种，就种什么品种；什么作物高产，就发展什么作物。要注意恢复和发展粮豆的生产，特别是名贵杂豆的生产，以满足市场供应和出口的需要。对于经济作物的布局，要着眼于发展多种经济作物。由于云南省民族地区气候条件和土地资源的多样性，尤为适宜发展多种经济作物。虽然云南省的烟、茶、糖、紫胶、香料、药材和多种热带作物在全国均占有较重要的地位，但是，这些年来发展缓慢，品种少，规模小，栽培、管理和加工技术落后，产量和商品量都低，有些产品质量下降。为了发挥各地区的优势，在发展粮食生产的同时，经济作物也要有一个大的发展。在布局上应掌握两条原则：第一，在普遍提高产品质量的前提下，努力提高单产与适当扩大面积相结合，以提高单产为主。要因地制宜，突出重点，相对集中，一个县或一个公社以一两项为主，逐步建设基地，逐步实现经济作物生产的区域化和专业化。第二，就全省范围来讲，要以烟、糖、茶、油为主。按品种分类，近期内在弥勒、元江、开远、潞西、陇川等地要首先抓好甘蔗生产。滇中、滇东北是烤烟的重点产区，在布局上要考虑烟、油配套，尽量接近煤炭产区，要注意改进技术，提高质量，确保"云烟"的声誉。油料要扩大面积，提高单产，草本与木本同时并举，以草本油料为主；通过抓木本油料基地的建设，逐步过渡到以木本油料为主。同时，要注意在哀牢山地区大力发展油茶的生产。核桃生产遍及全省，主要分布在滇西、滇西南、滇中和滇东北四个地区，在普遍发展的基础上，漾濞、云龙、巍山、楚雄、鲁甸、丽江等县应建设成省级商品基地。茶叶在全省 120 个县普遍种植。其中，凤庆、永德、临沧、镇康等 30 个县属老茶区，种植面积占全省的84%。在抓好老茶园的更新或补植的同时，要高标准地大力开辟新茶园，逐步建成年产 5 万担茶叶的基地县。目前，药材生产在布局上存在着"小、杂、散"（即面积小、品种杂、分布散）的不足，生产上缺乏严格的计划性，致使天麻、黄连、贝母、南药等许多品种供不应求，缺口很大；三七、党参等又滞销积压。为此，要在保护好野生资源的同时，有计划地在基础较好的集中产区建立基地，发展人工栽培药材。应将维西、兰坪、丽江、鹤庆等县建成当归基地；将文山、砚山等县建成砂仁基地；并注意提高栽培、管理及加工技术，为国家提供更多的优质药材。对于热带作物的布局，自 1953 年以来，在傣族、瑶族现居的南部边缘地区先后建立了 23个以生产橡胶为主的国营农场。植胶面积 67 万亩，至 1978 年已投产 29 万余亩，年产干胶1 510万公斤。民营橡胶约 2.5 万亩左右。今后橡胶的发展，要贯彻"两条腿走路"的方针，以国营农场为主，大力扶持民营植胶。宜胶地要按三等九级的小区划分，因地制宜配置高产抗寒品种系，加强管理，在提高单产的基础上，积极稳步发展。

其次，要搞好林业的布局。云南各地的森林资源95%以上为天然林。熟林占的比重大，单位面积蓄积量低，分布极不均匀，多集中于交通不便的藏族、彝族、纳西族、哈尼族等民族聚居的滇西北和滇西南边缘地区；而交通方便、人口稠密、工农业生产较发达的中部、东南部、东北部等地区森林很少，森林覆盖率很低，木材生产不能自给，形成了"西木东调"的局面。为了从根本上改善少数民族地区和全省农业生产条件，创造有利于农业生产的良好环境，并为国民经济建设提供商品材、经济林产品和多种林副产品，繁荣山区经济，必须充分利用云南省优越的自然条件和广阔的山地资源，加快林业建设，迅速扭转森林少且分布不均匀的现状。当前的首要任务是制止对现有森林的破坏，杜绝毁林开荒、森林火灾和乱砍滥伐，切实加强森林管理和保护；同时，要加速造林经常化的进度。主要途径有二：一是凡水热条件好、林木生长快、更新条件好和有种源的地区，着重大面积封山育林，促进森林的恢复和成长；其余地区，特别是交通方便、人口稠密、森林破坏严重的地区，应狠抓人工植树造林，尽快扩大森林面积。地区要统筹安排、合理布局用材林、薪炭林、经济林和其他林种。近期要特别重视薪炭林的建设，以保障其他林木不受破坏。二是发展见效快、收益高的经济林，以短养长，长短结合。同时，要因地制宜发展用材林、水源林、防护林和风景林等。对于用材林的布局，应看到目前滇西北地区，包括丽江、宁蒗以及迪庆、怒江两自治州是主要的木材生产基地，其经营方针应以水源涵养为主、用材为辅，积极进行人工更新，逐步代替现有的过熟老林，使其更好地发挥森林保护水土的防护效应。滇西南地区是云南省现有第二大林区，由于运距较长，尚不能大量开发；随着交通的改善，将成为云南省最大规模的速生用材林基地。滇东南地区森林覆盖率低，荒山荒地面积大，是人工造林的重点地区，应建设为新兴的大片速生用材林基地。南部边缘区的西双版纳、金平、耿马、西盟等县，主要是发展国家急需的、经济价值大的珍贵特种用材树种和速生用材树种，如铁力木、红木、梳木等。对于经济林的布局，必须着眼于在近期内有一个较大的发展，每一个山区社队，都要从当地条件出发，因地制宜发展一两项大宗经济林商品生产。要重点发展食用油料林，逐步走上食用植物油木本化的道路，其面积应占经济林面积的1/3左右。在布局上，滇东北、滇西北地区主要发展油桐、乌桕、生漆、杜仲、白蜡等；滇中、滇西地区主要发展水果、核桃、油茶等；滇东南地区主要发展油茶、八角等。关于薪炭林的布局，据调查，全省每年消耗烧柴1 740万立方米，占全省森林资源总消耗量的65%，超过了森林年总生长量，对森林的破坏极大。但烧柴又为群众生活所必需，如果薪炭林不解决，还将继续破坏森林。因此，当前各地造林都要首先营造薪炭林，尤其是在滇西、滇西南、滇东南、南部边缘四个区域要大力营造薪炭林。关于自然保护区及风景林的布局，为了保护和保存珍稀动物资源，保护原始森林生态的自然景观，以供多方面的需要，要建立自然保护区。西双版纳已划定的4个保护区要扩大。对一些具有较高科研价值和旅游价值的林区，如宁蒗的泸沽湖，普洱、景谷、墨江的思茅松林区，云龙的天池林区，屏边的大围山林区，中甸的碧海林区，沧源的南滚河大象自然保护区，以及德钦的黑金丝猴，怒江、贡山的羚羊，孟连的白掌长臂猿，腾冲、盈江的白眉长臂猿，绿春、金平的黑冠长臂猿等珍稀动物繁衍生存的林区，均应划做自然保护区。在名胜古迹和城镇工矿区，则应划做风景林。这些对于环境的保护和改善小区气候都具有重要意义。

再次，要搞好畜牧业的布局。云南省民族地区各种牲畜种类齐全，头数较多，是发展畜牧业的有利条件。但当前的主要问题是牲畜发展缓慢，质量较低，管理粗放，饲养期长，畜群周转慢，出栏率和商品率低。为了加快畜牧业的发展，需要注意的问题是：第一，一定要把畜牧业和农业（种植业）放在同等重要的位置上，在抓好粮食生产的同时，抓好畜牧业生产。第二，在继续发展养猪的同时，要突出抓好牛、羊、兔等草食畜的发展。第三，在增加数量的同时，尤应重视提高质量，努力提高牲畜的出栏率、商品率和产肉量。第四，在积极发展山区畜牧业生产的同时，也要大力发展坝区畜牧业生产，山区坝区并重。在民族地区发展畜牧业要充分发挥当地的自然优势，因地制宜地调整生产方针，搞好畜牧业的合理布局。山区除极少数生产队以外，都应该争取粮食自给，农、林、牧并举，突出重点，多种经营，全面发展；实行农牧并举、以牧为主的生产队，要努力提高肉、奶、皮、毛的生产率和商品率；实行农林并举、以林为主的生产队，要因地制宜地积极发展畜牧业；在坝区，以农业为主的社队，也要实行农、林、牧结合，在狠抓粮食和经济作物的同时，要大力发展畜牧业。坝区和河谷地区，在着重提高肥猪出栏率的同时，要大力发展水牛、肉牛、奶牛和奶羊；一般山区，要大力发展以绵羊为主的畜牧业。不论山区和坝区、南部和北部，都有条件把家兔、蜜蜂、马、驴、骡作为畜牧业的一项重要内容来抓，鸡、鸭、鹅等家禽也要大力发展。根据云南省各民族地区的情况，要逐步将洱源、南涧、广南、富宁等县建设为肉牛基地；会泽、巧家、永善、昭通等县建设为半细羊毛基地；路南县建设为奶山羊基地；永胜、禄劝、会泽等县建成山羊板皮基地；南华、陆良等县则建立为家兔基地。总之，要根据各地的实际情况建立自己的畜牧业商品基地，每个公社、大队也应当分别有自己发展畜牧业的重点大队、生产队。

最后，要搞好水产的布局。云南省河流属山区型河流，坡陡流急，分属金沙江、南盘江、怒江以及伊洛瓦底江上游，还有大小湖泊30余个，共有水面419.6万亩，除江河160万亩外，可利用的养鱼水面有259.6万亩。其中，湖泊158.6万亩，水库58万亩，坝塘41.2万亩。1978年已利用养鱼水面72万亩（包括湖泊23万亩），水库34万亩，坝塘13.5万亩，商品鱼基地1.5万亩。云南省民族地区鱼类资源丰富，其中有经济价值的有40多种。名贵特产鱼有：滇池的金线鱼、洱海的弓鱼、江川的大头鱼、澄江的抗浪鱼、石屏的捍条鱼等。32年来，渔业生产有了一定的发展。全省水产品总产量，1952年为96万公斤，1975年达1570万公斤，为最高年份。现已建立国营和社队鱼苗种场、站133个，鱼池面积近6500亩，网点初具规模，鱼苗生产基本能够自给。当前，渔业生产存在的问题是：第一，湖泊水产资源破坏严重。石屏县异龙湖由原来的7.3万亩降至3万亩。炸鱼、毒鱼、乱捕滥捞杜绝不力，各类水体养鱼得不到保障。第二，水面利用率低，鱼产量不高。目前，已利用的养鱼水面仅占可利用水面的27%。1979年，各类养鱼水域平均单产只有5.65公斤，低于全国18.7公斤的水平。全省平均每人吃鱼仅0.23公斤，远不能适应人民生活的需要。第三，水产管理机构不健全。根据农业生产发展的要求和云南省的条件，渔业生产要有一个大的发展。为此，要大力保护、增殖和合理利用渔业资源，从主要依靠天然捕捞产量，逐步转向主要依靠养殖产量；实行精养高产、粗养增产、增殖与放养相结合；提高养殖产量，尽快超过捕捞产量。只有这样，才能使水产业稳步发展。

三、认真贯彻各项农村经济政策，积极推行各种形式的联产计酬责任制

现阶段，云南省少数民族地区的农村人民公社不仅要坚持劳动群众的生产资料集体所有制，而且还必须在公社内部实行"三级所有，队为基础"的制度。这就是说，农村人民公社的生产资料应分别归公社、生产大队和生产队三级集体所有，并与此相适应，建立三级管理经济的组织，而且在三级集体所有制中，又要以生产队的集体所有制为基础。其具体要求是：生产队范围内的土地，包括山林、水面、自留地、住宅基地在内，都归生产队集体所有。生产队的耕畜、农机具、物资、设备等生产资料属于各生产队集体所有，公社、大队和任何其他单位不得随意抽调。生产队的产品和收入也都归生产队所有，由生产队根据党和国家的政策法令处理和分配。与此同时，生产大队和公社这两级集体所有的企事业单位所拥有的生产资料和其他财产，则分别归全大队和全公社的社员集体所有，任何其他单位和个人都不得无偿侵占和调拨。根据"三级所有，队为基础"的制度，三级之间的关系是统一领

导，队为基础，分级管理，权力下放，三级核算，各计盈亏。分配计划，由队决定，适当积累，合理调剂，物资力量，等价交换，按劳分配，承认差别。生产队既是生产资料基本部分的所有者，又是独立组织生产、独立进行经济核算，并对其经营成果自负盈亏的基本核算单位。由于生产队的特殊地位，决定了现阶段在农业生产中要维护好生产队的所有权和自主权，搞好生产队的经营管理，这对于调动广大农民的社会主义积极性、促进农业生产的发展和社员群众生活的改善都有着重要的意义。同时，要适当扩大自留地、自留山和饲料地的面积。根据国家的规定，自留地和饲料地两者的面积可达生产队耕地总面积的15%。要继续贯彻集体、家庭、国家一起上的方针。要坚持起了积极作用的各种小自由的政策。这对于充分利用云南省少数民族地区农村的劳动力资源和自然资源、发展社会主义商品生产是有利的。

在经营管理方面：党的十一届三中全会后，各地广大农民群众创造了各种形式的联产计酬生产责任制，这对于调动各族群众的积极性、促进生产的发展具有重要的意义。这是贯彻党的各项农村经济政策的关键，要认真抓好。建立和完善生产责任制必须坚持"三个长期不变"，即：坚持社会主义集体化道路长期不变，坚持土地等基本生产资料公有制长期不变，坚持农业集体经济实行生产责任制长期不变。各地一定要从实际出发，因地制宜，因业制宜，宜统则统，宜包则包，形式不拘，灵活多样，不要"一刀切"。根据云南省民族地区的实际情况，主要可以采取以下三种基本形式：

1. 包产到户和包干到户责任制（简称"双包"）。所谓包产到户，是指生产队在"三不变"即生产资料集体所有制、基本核算单位、定产部分统一分配不变的前提下，把全部农活和产量包到户，以地定产，以产定工；定产以内统一分配，超产归己，赔产则罚。所谓包干到户，是指在生产队体制不变、基本生产资料公有制不变的前提下，把农田包干到户耕作，生产工具分户管理使用或作价归户，实行分户经营，生产投资由户负责，不再进行统一分配，只承包上交任务，即保证国家的，留足集体的，剩下都是自己的。"双包"责任制主要适宜在地广人稀、经济落后、生活比较困难的少数民族地区、高寒贫瘠山区和一些长期困难的"三靠队"（生产靠贷款、吃粮靠回销、生活靠救济）实行。因为，这种责任制使劳动的好坏同收入的多少直接联系起来，能极大地调动社员的生产积极性，适合云南省部分少数民族地区的生产力发展水平，是一种行之有效的管理形式。

2. 统一经营、联产到劳责任制。这种责任制的基本做法叫"三不变，四统一，五定一奖"。所谓"三不变"，是指集体所有制、统一分配、基本经济核算单位不变；"四统一"，是指种植计划、耕作、管理用水、畜役和大中型农机具的管理使用统一;"五定一奖",是指定劳力、地段、产量、投资、报酬,超产奖,减产赔偿。这种责任制适宜于在生产和收入水平中等,大队和生产队有一定的集体经济基础,农田基本建设和水利建设已经搞得较好,干部力量较强、管理较好的地区。这种责任制综合了多种责任制的长处,适应性较广。它吸收了小段包工、定额管理、集体经营、分工负责的优点,又克服了这种形式不联产的缺点,兼有"双包到户"所具有的那种把劳动成果和劳动报酬直接联系起来的长处,可普遍实行。

3. 专业承包联产计酬责任制。这是在坚持集体统一经营的前提下,按照农、林、牧、副、渔各业的需要和每个劳动力的不同特长,实行专业分工、联产计酬。这种形式适宜在生产力水平比较高和有一定数量的社队企业和多种经营的地区实行。它比较充分地体现了各尽所能、按劳分配的原则,能广泛调动社员的劳动积极性和创造性,具有更多的优越性。一是把统一经营和专业分工结合起来,实现了劳动组织专业化;二是有利于人尽其才、物尽其用、地尽其力,能促进多种经营的发展;三是可以激发各业人员学习专业科学技术的积极性,有利于提高科学技术水平;四是有利于加强经济核算,提高经济效益;五是有利于培训干部,提高经营管理水平。

（载《云南民族经济研究》1982 年第 1 期）

关于云南省民族地区农业生产的
布局问题

（1982 年 12 月）

农业在云南省少数民族地区国民经济中占有极为重要的地位，各族人民的消费品基本上来自农业和农产品加工业。因此，云南少数民族地区的经济建设，要特别注意农业的全面发展以及农业生产的合理布局问题。

云南省少数民族居住的地区分布广阔，资源丰富，潜力很大，具有全面发展农业经济的得天独厚的优越条件。但是，多年来由于"左"倾错误的影响，致使云南省农业生产缓慢，商品经济极不发达，有相当一部分地区仍然处于落后的自然经济状态，生产和收入水平很低，群众生活困难，严重地阻碍着国民经济的发展和人民生活的改善。党的十一届三中全会以来，由于贯彻了党的农村经济政策，实行了各种生产责任制，群众生活初步得到改善。但要彻底摆脱落后状态，大力发展农业生产，充分发挥云南省自然和经济资源的优势，就要合理布局，全面安排，把自然经济变成商品经济，才能逐步改变边疆地区和少数民族地区贫困落后的面貌，巩固和发展农业集体经济，并促进整个国民经济的发展。

根据党中央的有关方针政策和云南省少数民族地区的优越条件，从建设社会主义现代化的需要和不断提高人民的物质及文化生活水平出发，发展农业的指导方针是："决不放松粮食生产，积极发展多种经营。"在发展粮食生产的同时，把多种经营摆在战略位置上，花更大的力量把它抓好。因此，我们在实际工作中要认真地研究处理好农、林、牧、水产各业之间的布局。

首先，要处理好农作物的布局。粮食作物和经济作物的布局是农作物布局的基础，搞好粮食作物的布局对其他方面的布局关系极大。当前，云南省相当一部分少数民族地区粮食生产上存在的问题是：发展速度缓慢，单产低，产量不稳定。为此，要加快粮食生产发展的步伐，大力增加商品粮，以提高单位面积产量为主，把重点摆在坝区、半山区，同时抓好山区和高寒山区的粮食生产，以促平衡发展；在作物安排上，着眼点既要积极抓好水稻、玉米的生产，又要抓好薯类、蚕豆和其他粮豆的生产，调整好品种结构。考虑到各地区的特点，要合理安排作物品种。云南省滇西北、滇东北地区，高寒层面积大，气候温凉，大春宜以玉米、马铃薯、水稻为主，小春宜以小麦和其他粮豆为主。在海拔较高的滇西北少数民族聚居或杂居地区，气候冷凉，基本上是一年一熟，适宜发展马铃薯、青稞、燕麦、荞麦等耐寒作物。滇东南、滇西南和南部边缘少数民族地区气温较高、雨量充沛、低热面积广阔，是全省热量资源较好的地方，增产潜力很大。大春宜以水稻、玉米为主，小春宜以小麦和豆类为主。由于全省地形、气候复杂，具有"立体气候"的特点，反映在农业生产的布局上有明显的区域性。上述分析仅就全省范围而言，具体到一县、一社、一队，就要根据不同的情况和特点，从实际出发，因地制宜，适宜种什么品种，就发展什么品种；什么作物高产，就发展什么作物，切忌一体化。

要注意恢复和发展名贵杂豆的生产，以满足市场供应和出口的需要。由于云南省民族地区气候条件和土地资源的多样性、丰富性，尤为适宜发展多种经济作物。云南省广大民族地区生产的茶、烟、糖、紫胶、香料、药材和多种热带作物在全国均占有较重要的地位。但是，这些年来发展较缓慢，品种少，规模小，栽培、管理以及加工技术都比较落后，生产量和商品量都比较低，有些产品质量还有所下降，这不能适应国民经济发展的需要。为了更好地发挥各民族地区的优势，在发展粮食生产的同时，经济作物也要有一个大的发展。在布局问题上要注意掌握两条原则：第一，在普遍提高产品质量、提高经济效益的前提下，努力提高单产与适当扩大种植面积相结合；要以提高单产为主，不能再盲目扩大面积、挤了粮食生产。经济作物的生产也要实行计划经济，布局上要因地制宜，突出重点，相对集中，在一个县、一个公社的范围内，以一两项骨干品种为主，逐步建设基地，逐步实行经济作物生产的区域化和专业化。第二，就全省范围来讲，要以茶、糖、烟、油为主。按品种分类，条件优异的弥勒、元江、开远、潞西、陇川等地可着重发展甘蔗生产；滇中、滇东北是烤烟的主要产区，在布局上要考虑烟、油配套，使其尽量接近煤炭产区，面积不宜再扩大了。要注意改进技术、提高质量，确保"云烟"的声誉。油料要适当扩大面积，提高单产，形成草本与木本同时并举、以草本油料为主的结构；通过抓草本油料基地的建设，逐步改变油料作物的结构，争取以木本油料为主。可考虑在气温较高的哀牢山区及其他适宜的地区大力发展油茶的生产。云南省核桃生产历史悠久，遍及全省，主要又集中在滇西、滇西南、滇中和滇东北地区。在普遍发展的基础上，大理白族自治州的漾濞、云龙、巍山以及大姚、鲁甸、丽江等县适宜建设成为省级核桃商品基地。茶叶在全省100多个县普遍种植。其中，少数民族聚居和杂居的凤庆、永德、临沧、镇康和景洪、勐海、勐腊等数十个县属老茶区，种植面积占全省的绝大部分。在抓好老茶园的更新或补种的同时，要大力开辟新茶园，提高单位面积产量和总产量。目前，药材生产盲目性比较大，布局上不太合理，存在着"小、杂、散"（即面积小、品种杂、分布散）的缺点，畸轻畸重，生产上缺乏严格的计划性，致使天麻、黄连、贝母、南药等许多品种供不应求，缺口很大。而三七、党参则盲目发展，大量滞销积压。仅三七一项，省医药公司就积压数千吨，每年因虫蛀而损失价值数百万元。为此，要在保护好野生资源的同时，有计划地在基础较好的集中产区建立基地，发展人工栽培药材，以求加强计划性，克服盲目性。可将维西、兰坪、丽江等县建成当归基地，将瑞丽、潞西等县建成砂仁基地，将兰坪建成秦艽基地，并注意提高栽培、管理及加工技术，为国家提供更多的适合社会需要的优质药材。对热带作物的布局，自 20 世纪 50 年代初期以来，在傣族、瑶族聚居的南部边缘地区先后建立了 20 多个以生产橡胶为主的国营农场，植胶面积达 60 多万亩，至 1981 年已年产干胶21 200 吨。今后橡胶的发展，要贯彻"两条腿走路"的方针，以国营农场为主，大力扶持民营植胶，增加数量，提高质量，以适应国民经济建设的需要。

其次，要搞好林业的布局。云南各地的森林资源 95% 以上为天然林。过熟林占的比重大，单位面积蓄积量低，分布极不均匀，多集中在交通不便的藏族、彝族、纳西族、哈尼族聚居的滇西北和滇西南边缘地区；而交通方便、人口稠密、工农业生产较发达的中部、东南部、东北部等地区森林很少，森林覆盖率很低，木材生产不能自给，形成"西木东调"的不合理局面。为了有效地改善少数民族地区和全省农业生产条件，创造有利于农业生产的良好环境，并为国民经济建设提供商品材、经济林产品和多种林副产品，繁荣民族经济和山区经济，必须充分利用云南省优越的自然条件和广阔的山地资源，加快林业建设，迅速扭转森林少且分布不均的现状。当前一个突出的问题是如何有效地制止对现有森林的破坏，杜绝毁林开荒、森林火灾和乱砍滥伐的现象，切实加强森林的管理、保护；同时，还要加速全民和专业造林绿化的进度。其主要办法，一是凡自然条件好、林木长得快、更新条件好和有种源的地区，着重抓大面积的封山育林，促进森林的恢复和成长；其余地区，特别是交通方便、工业发达、人口稠密、森林破坏严重的地区，应狠抓人工植树造林，尽快扩大森林面积。各地区要统筹安排、合理布局用材林、薪炭林、经济林和其他林种。在工作部署上，要特别重视薪炭林的建设，以保障其他林木不受破坏。二是发展生长期较短、见效快、收益高的经济林，以短养长，长短结合，全面发展。同时，要因地制宜发展用材林、水源林、防护林和风景林等。对于用材林的布局，应看到目前滇西北地区，包括丽江、宁蒗以及迪庆、怒江两自治州是云南省主要的木材生产基地。在经营上切忌掠夺性的采伐，要有长远的规划，要为子孙后代着想，应以水源涵养为主、用材为辅，积极进行人工更新，逐步代替现有的过熟老林，使其更好地发挥森林保护水土的防护效应。滇西南少数民族地区是云南省现有第二大林区，由于运距较长，尚不能大量开发；随着交通的改善，将成为云南省最大规模的速生用材林基地。滇东南少数民族聚居或杂居地区森林覆盖率低，荒山荒地面积大，宜林地广阔，是人工造林的重点地区，可建设成新兴的大片速生用材林基地。南部边缘区的西双版纳、金平、耿马、西盟等县条件特殊，主要应发展国家急需、经济价值高的珍贵特种用材树种和速生用材树种，如铁力木、红木、梳木等。对于经济林的布局，必须着眼于在近期内有一个较大的发展。每一个少数民族社队和山区社队，都要从当地条件出发，因地制宜、有计划地发展一两项大宗经济林商品生产。把重点放在发展食用油料林方面，以期逐步走上食用植物油木本化的道路。在作物种类的布局上，滇东北、滇西北地区适宜主要发展油桐、乌桕、生漆、杜仲、白蜡等；滇中、滇西地区则主要发展水果、核桃、油茶等；滇东南地区主要发展油茶、油桐、八角等。关于薪炭林的布局，据有关方面调查，全省每年消耗烧柴的数量是十分惊人的，多达1 740万立方米，占全省森林资源总消耗量的65%，超过了森林的年总生长量。这种盲目的乱砍滥伐，对森林的破坏极大。但烧柴又为群众生活所必需，如果薪炭林不解决，还将继续破坏森林。因此，当前各地造林要首先安排营造薪炭林，尤其在滇西、滇西南、滇东南和南部边缘地区要大力营造薪炭林。关于自然保护区。西双版纳已划定的四个保护区要扩大，对一些具有较高科研价值和旅游价值的区及风景林的布局，要十分重视。为了保护和保存珍贵动物资源，保护原始森林生态的自然景观，以满足多方面的需要，要建立好自然保护区。如宁蒗的泸沽湖，普洱、景谷、墨江的思茅松林区，云龙的天池林区，屏边的大围山林区，中甸的碧海林区，沧源的南滚河大象自然保护区，以及德钦的黑金丝猴，怒江、贡山的羚羊，孟连的白掌长臂猿，腾冲、盈江的白眉长臂猿，绿春、金平的黑冠长臂猿等珍稀动物繁衍生存林区等，均应划做自然保护区。配合全民义务植树造林，在名胜古迹和城镇工矿区应建立风景林，这对于美化环境、改善小区气候都有重要意义。

再次，要搞好畜牧业的布局。云南省民族地区各种牲畜种类齐全，头数较多，是发展畜牧业的有利条件。但当前的主要问题是牲畜发展缓慢，质量较低，经营粗放，饲养期长，出栏率和商品率低。为了加快畜牧业的发展，需要注意的问题是：第一，一定要把畜牧业和农业（种植业）放在同等重要的位置上，在抓好粮食生产的同时，抓好畜牧业生产。使畜多粮多、粮多畜多，互相促进，共同发展。第二，在继续发展养猪的同时，要突出抓好牛、羊、兔等草食畜的发展。第三，在增加数量的同时，尤应重视提高质量，努力提高牲畜的出栏率、商品率和产肉量。第四，在积极发展山区畜牧业生产的同时，也要大力发展坝区的畜牧业生产，使山区坝区并重。在民族地区发展畜牧业要充分发挥当地的自然优势，因地制宜地调整生产方针，搞好畜牧业的合理布局。在山区除极少数生产队以外，都应该争取粮食自给，农、林、牧并举，突出重点，多种经营，全面发展；实行农牧并举、以牧为主的生产队，要努力提高肉、奶、皮、毛的生产率和商品率；实行农林并举、以林为主的生产队，要因地制宜地积极发展畜牧业；在坝区，以农业为主的社队，也要实行农、林、牧结合，在狠抓粮食和经济作物的同时，要大力发展畜牧业。坝区和河谷地区，在着重提高肥猪出栏率的同时，要大力发展水牛、肉牛、奶牛和奶羊；一般山区，要大力发展以绵羊为主的畜牧业。无论山区和坝区、南部和北部，都有条件把家兔、蜜蜂、马、驴、骡作为畜牧业的一项重要内容来抓，鸡、鸭、鹅等家禽也要大力发展。根据云南省各民族地区的情况，要逐步将有条件的地区如洱源、南涧、广南、富宁等县建设成肉牛基地；把会泽、巧家、永善、昭通等县建设成半细羊毛基地；把路南建设成奶山羊基地；把永胜、禄劝、会泽等县建设成山羊板皮基地；把南华、陆良等县建成家兔基地。总之，要根据各地的实际情况，建立自己的畜牧业商品基地县、社、队，每个公社、大队也应当分别有自己发展畜牧业的重点大队和生产队，为社会提供更多的畜产品。

最后，要搞好水产的布局。云南省的河流属山区型河流，坡陡流急，分属金沙江、南盘江、怒江以及伊洛瓦底江上游，还有大小湖泊30余个。据调查有水面近400万亩。1978年已利用养鱼水面72万亩。民族地区的鱼类资源比较丰富，有经济价值的有40多种。名贵特产鱼类有洱海的弓鱼、澄江的抗浪鱼等。32年来，渔业生产有了一定的发展：1952年水产品总产量不到1 000吨，1975年为最高年份，达15 700吨。现已建立100多个国营和社队鱼苗种场、站，鱼池面积有所扩大，网点初具规模，鱼苗生产基本能够自给。当前，渔业生产存在一些问题，主要是湖泊水产资源破坏严重。炸鱼、毒鱼、乱捕滥捞杜绝不力，各类水体养鱼得不到保障，水面利用率很低，鱼产量不高，水产管理机构也不够健全等。为此，要大力保护、增殖和合理利用渔业资源，从主要依靠天然捕捞产量，逐步转向主要依靠养殖产量，使养殖产量尽快超过捕捞产量，从而使水产业的发展稳步前进。

综上所述，只有通过农业生产的合理布局，才能使云南省少数民族地区的农业经济获得全面发展，逐步提高各族人民的生活水平。

（载《民族工作》1982 年第 12 期）

论小城镇建设

（1982 年 12 月）

党的十一届三中全会以来，整个国民经济形势，特别是农村形势日益兴旺；全国人民正在为把我国建设成为具有现代化的、高度民主和高度文明的社会主义强国而努力奋斗。在这种大好形势下，认真探讨社会主义城镇建设的性质和发展方向，充分认识小城镇在国民经济建设中的地位和作用，及时妥善地解决发展中的问题，具有极其重要的理论和实践意义。

一、社会主义城镇建设的性质和发展方向

城镇建设是国民经济建设中的一个重要组成部分。它因社会经济性质的不同，而具有不同的性质和发展方向。在以生产资料私有制为基础的奴隶社会、封建社会，特别是资本主义社会，城市和农村是对立冲突的，彼此间存在着深刻的矛盾。城市是奴役农村、剥削农村而发展起来的。恩格斯指出：人类社会从"第一次大分工，即城市和乡村的分离，立即使农村人口陷于数千年的愚昧状况，使城市居民受到各自的专门手艺的奴役。它破坏了农村居民的精神发展的基础和城市居民的体力发展的基础"①。

在社会主义社会，城镇建设（既包括大中城市，也包括小城镇），具有崭新的社会主义性质，和旧社会相比有根本的原则区别。首先，建立在生产资料社会主义公有制基础上的城市和农村的关系，不再是剥削与被剥削、统治与被统治、奴役与被奴役的关系。无论是大城市和中小城镇的关系，抑或是中小城镇和农村的关系，都不存在根本利益的对立和冲突，而是一种平等互利、相互合作的关系。城市建设有利于农村经济的发展，而农村的经济建设也有利于城市的发展，并在政治上形成巩固的工农联盟。其次，社会主义国民经济是有计划按比例发展的，城镇建设也是

---

① 《马克思恩格斯选集》第 3 卷，第 330 页。

有计划按比例发展的。它根本排除了资本主义条件下城市发展的自发性和盲目无政府状态所造成的畸形状态：一方面，大城市和特大城市中工商企业的过度集中，人口的高度密集，经济的异常繁荣；而另一方面，广阔边远的农村，则是穷乡僻壤，贫困落后。社会主义城市建设是根据国民经济有计划发展规律的要求，"按照统一的总计划协调地安排自己的生产力"。① 从布局、规模、发展方向等方面都有计划、有步骤地均衡发展，从而形成全国一盘棋的统一有机整体，使之成为城乡经济欣欣向荣、民富国强的社会主义国家。

正是由于社会主义城镇建设和资本主义城镇建设具有根本不同的性质，因而社会主义城镇建设的发展方向和所应该遵循的基本原则，就有其自身的特点。

第一，社会主义城镇建设要有利于生产力的合理布局。旧中国城市建设和生产力的布局极不合理，绝大部分工业集中于沿海一带的辽沈、京津、沪宁等大中城市，而广大的内地和小城镇几乎没有任何现代工业。新中国建立后，这种不合理的状况正在逐渐改变，但要从根本上解决不合理的局面，首先要注意改善国民经济总体建设布局，使工业不能过分地集中于大城市和沿海地区，尽可能均衡地分布于全国内地和小城镇；相应的小城镇的建立和发展也要和现代工业的建立和发展密切结合起来，互相配合，互相促进，既要有利于生产力的合理布局，也要有利于城镇经济的繁荣。随着现代工业在全国范围内均衡广泛地发展，大量的小城镇也将普遍地建立发展起来，这既有利于城乡结合、工农结合，为逐步缩小城乡差别和工农差别创造条件，也有利于加强战备建设和预防地震等自然灾害。正如恩格斯所指出的："大工业在全国的尽可能平衡的分布，是消灭城市和乡村的分离的条件。"② 要使城镇建设有利于生产力的合理布局，就要使工业（包括加工工业）的生产接近原料产地和销售地区，以便充分利用当地的自然资源，减少原料和产品的远程运输，节省物化劳动和活劳动，以获得较好的经济效益，从而使城镇建立在稳妥可靠的经济发展的基础上，既是消费性城市，也是生产性城市。这些年来，我们建设了不少新工矿区，特别是开展大、小"三线"建设后，不少现代化的工厂从大城市迁入内地、搬到农村。但与此同时，却忽略了使工业生产尽量地接近原料产地和销售地区；更忽略了在建立新工矿基地的同时，有计划、有步骤地建立既有利于生产力合理布局，又方便群众生产的小城镇。在"左"的思想的指导下，搞"山、洞、散"，上一道工序的车间摆在这里，下一道工序的车间又摆在相隔十几里、几十里甚至上百里的山洞

---

① 《马克思恩格斯选集》第3卷，第335页。
② 《马克思恩格斯选集》第3卷，第336页。

里，前不挨村、后不靠镇，把一个工厂搞得七零八落，给原料、燃料和半成品的运输供应带来许多困难，既不利于组织生产，也不利于群众安排生活。职工们要花费不少时间，忙于买煤、买米、买菜，操心孩子的人托就学，严重地影响了生产。这就是小城镇没有相应地建立和发展起来的深刻教训。作为社会主义小城镇建设，更要着眼于促进农村经济繁荣，从支援农业出发，有利于农、林、牧、副、渔和社队企业的全面发展，活跃商品经济，沟通物资交流。例如，云南省的邓川是个有名的古镇，前临清澈的螺江，后靠巍峨的云龙山，水网交错，牧草丰富。这里的白族人民素有饲养乳牛的丰富经验，培育出远近驰名的"邓川牛"，并以制作乳制品特产——乳扇、奶粉而著称。这个镇从有利于农业生产出发，建立了奶粉厂。近 20 年来，生产奶粉近 400 万斤，为国家创造利润 440 多万元。农村乳牛也从 1960 年的 3 000 头发展到现在的 8 000 多头。结果，农业兴旺，工业发展，城镇繁荣。

第二，社会主义城镇建设要有利于满足广大人民群众，特别是农民群众生活多方面的需要。人民群众穿、食、用的需要是广泛的，品种、款式、质量也因各地区、各民族而有较大的差异，很难做到全部集中统一。例如，以 8 亿农民平均每人每年购买 1 套衣服、1 双布鞋计算，全国就是 8 亿套衣服、8 亿双布鞋。这么巨大的商品量，如果只集中在少数大城市生产，就是从数量上生产出来了，也难适应各地区、各民族的爱好和特点；而且，必将增加运输费用，提高成本，增加消费者的负担，造成商品此处积压而彼处脱销，往往是事倍功半，徒劳无益。尤其是随着社会主义生产的发展，各族人民群众的消费水平、消费结构、兴趣爱好都将不断变化和提高，如何满足居住在 960 多万平方公里土地上的 10 亿人口、50 多个民族的物质文化需要？路子不能只靠发展大中城市这一条，广阔的路子应是普遍地大量建设农村小城镇，生产适宜于本地区各族人民所需要的商品，并积极发展商业、服务行业，增设文化、福利设施，为广大农村提供大量的、丰富多彩的、价廉物美的各种消费品和文化、娱乐场所。

第三，城镇建设要有利于形成合理的有机的城镇网络结构。建设小城镇要着眼于促进当地特别是山区、民族地区、边疆和落后地区经济文化的发展，缩小各地区、各民族之间经济文化的差距，使全国各地经济普遍繁荣，增强各族人民之间的团结，并形成一个合理的、有机的城镇网络结构。我国地域辽阔，各地区经济发展不平衡，集镇的分布和发展的差距极大。全国现有 3 228 个镇或未设镇建制县城，5.3 万多个公社所在地的农村集镇。这些小城镇大多分布在经济发达的地区。江南一带，每 1 万平方公里就有 190 多个集镇；而广阔的西北、西南有的省区，一般公社所在地还形不成集镇；云南的一些山区，方圆几十里也没有一个集镇，怒江傈僳族自治州基本上还没有形成一个像样的城镇。这势必影响各地区、各民族间经济的交流、文化的发展。如果能够在广阔的农村，特别是边疆地区、民族地区和落后地区逐步建立起大量的小城镇，作为分布在广大农村的国民经济最基层的经济活动中心，并以此作为立足点，去改变各地区经济发展的不平衡性，在全国建立起一个包括沿海地区中心城市和各省中心城市在内的中心辐射式发展网络，通过多种渠道，把中心城市的经济活动伸展到小城镇和广大的农村，从而形成一个各地区、各民族均衡发展的具有广阔、稳固物质基础的灵活的网络式的经济结构，就能促进全国城乡经济的普遍发展。

第四，社会主义城镇建设要有利于控制大城市的规模。新中国建立32年来，我国城镇建设取得了较大成绩，但也存在严重的问题：一是重大轻小。大城市和特大城市发展很快，小城镇冷落衰退，头重脚轻，很不协调。新中国建立初期百万人口以上的特大城市全国只有5个，现在增加到15个，居世界的首位。其中，上海市已是千万人口以上的特大城市。50万人口以上的大城市，由新中国建立初期的14个增加到现在的28个，增长了1倍。全国43个大城市和特大城市集中了全国城市人口的62.3%，而其他3 000多个中小城镇的人口只占全国城市人口的37.7%，出现了人口无限制地向大城市集中的趋向。长时期以来，特别是"文化大革命"时期，小城镇被看成为"资本主义的黑窝"、"阶级斗争的死角"，因而受到摧残、破坏，以致许多城镇冷冷清清，破败不堪。二是工业企业的分布也主要集中在这43个大城市，占了全国大中型企业总数的53%和工业总产值的65%。1979年，仅上海市的工业总产值就相当于西南、西北9个省、区工业总产值的总和。辽宁的沈阳、大连、鞍山、抚顺、本溪5大城市就集中了全省城镇人口的76%和工业总产值的72%，即2/3以上。三是社会问题难以解决。由于大城市人口的过度膨胀和工业的过分集中，带来了一系列不易解决的严重社会问题。诸如用地、用水、能源、就业、环境污染、住房紧张、交通拥挤、生活物资供应困难，乃至社会治安等等问题都比较严重，就是对加强战备和预防地震也是极为不利的。为了控制大城市的规模无限扩大，现在许多国家都提出规划方案，制定措施大力发展小城镇和卫星城。其中，有显著成效的是罗马尼亚。他们通过均衡地在全国范围内配置生产力，逐步实现国家工业化和乡村城市化。新中国建立初期，他们就确定了发展小城镇、控制大城市的方针。30多年来，先后新建了100多个小城镇。现在，罗马尼亚全国共有3万人口以下的小城镇269个，计划从1981年到1985年在140多个乡建设"农工城市"，逐步实现乡村城市化。

在我国，20世纪50年代中期，就曾提出开展区域规划，有计划地加强小城镇的建设，避免大城市的畸形发展。20世纪60年代，毛泽东对城市建设提出了重要意见，强调"城市太大了不好"，要"多搞小城镇"。但是，由于国民经济计划受"左"的指导思想的影响，片面追求标准化、大而全，忽视了小城镇的建设，以致"控制大城市，发展小城镇"的方针没有能够得到认真贯彻执行。党的十一届三中全会后，中央领导同志多次强调加强小城镇特别是农村集镇的建设。这是控制大城市无限发展的重要措施。中央明确提出了"严格控制大城市规模，合理发展中等城市，积极发展小城市"的方针。把加强小城镇建设、严格控制大城市、合理发展中等城市，作为一个相互联系、相互制约的完整方针提出来是完全正确的、切实可行的。在《关于加快农业发展的若干问题的决定》中又进一步提出："我们一定要十分注意加强小城镇的建设，逐步用现代工业、交通业、现代商业、服务业、现代科学文化卫生事业把它们武装起来，作为改变全国农村面貌的前进基地。"因此，社会主义城镇建设要特别注意加强小城镇的建设，控制大城市的规模，这是一项重要的战略措施。

二、小城镇在国民经济建设中的重要地位和作用

从我国地域辽阔、农业人口多、底子薄、各地区经济发展差异较大、科学技术水平不高的基本国情出发，加强小城镇的建设在国民经济建设中具有特殊的重要作用。

第一，小城镇是实现农业现代化的前进基地，是发展大工业的重要补充。小城镇居于广阔农村之中，以农业为基础，具有许多天然的有利条件，丰富的原料来源，组织工业生产和社队企业，就地生产，就地供应，就地维修，能直接服务于农业，有效地支援农业生产。首先，小城镇便于发展小水电、小五金，建立农机、农具厂，生产价廉物美的农业生产资料，直接武装农业，支援农业生产。特别是随着农业生产责任制的广泛实行，小型农机、农具、运输机械需要量大增。如何从实际出发，因地制宜地根据广大农民的要求，生产小型、轻便、多用、价廉的农机具、五金器材，及时大量地供应农村，方便农民使用和维修，这是大工业所难以代替、而正是小城镇工业独具的显著特色。其次，小城镇便于发展粮食、甘蔗、油菜、花生、烤烟、茶叶等经济作物和林畜产品为主要原料的加工工业，以及手工业的编织、刺绣、陶瓷、雕刻等，这些行业都是直接为农业生产和农民生产服务的。在小城镇对农副产品进行加工或初级加工可以一举多得，既生产出消费品，又使饼糟、糠麸等副产品归还农村；能做到来自自然、归还自然，有利于保持自然界的物质循环和生态平衡；也能大量增加社会产品，节约运输能力。再次，小城镇工业是发展大工业的补

充形态。它能就近与大工业搞联营协作，有利于产品扩散和来料加工，利用边角余料，为大工业生产配套零部件，为城乡生产大批日用品和承担大量外贸出口任务，并借以提高本身的技术装备水平。

第二，小城镇是联系大中城市和广大农村之间、工农业之间的桥梁和纽带，是农村经济活动的中心，是国内市场的重要组成部分。因为，市场是商品生产顺利进行的条件，又是发展商品生产的一个重大推动力。要大力发展社会主义商品生产，必须着眼于广阔的国内市场，尤其是农村市场。国内市场容量的大小直接制约着社会主义生产的发展；充分有效的利用国内市场，又将成为促进社会主义生产发展的巨大动力。我国具有世界上最大的国内市场，能够容纳大量的商品（生产资料和消费资料）。可是，长期以来，我们不太重视国内市场特别是农村市场的发展，没有深刻看到中国广大的农村是一个有着无限潜力的消费市场，它能为中国工业的发展提供广阔的前途，是工业品销售市场的主体，在发展商品生产和商品交换中具有举足轻重的作用。大中城市生产的生产资料和消费资料要通过小城镇输送到广大的农村，农村里的粮、棉、油、菜、烟、茶、糖、肉、禽、蛋等大宗农副产品和土特产品，要通过小城镇加工或初级加工输送到大中城市。社员自留地、家庭副业和生产队完成国家收购任务后的多余产品要拿到小城镇出售。因此，它是工农业产品的集散地和联结城乡经济的纽带，也是向大中城市提供消费品的基地，是农村经济活动的中心。我国许多小城镇的发展具有良好的条件和悠久历史，长期以来在沟通城乡物资交流中发挥了独特的作用。例如，位于云南西部的重镇——下关市——是联结昆明至滇西、滇西北、滇西南的大理、丽江、保山、迪庆、怒江、德宏、临沧等专州以至通往国外的要冲。据史书记载，下关城建于南诏时期，原名龙尾关，距今已有1 200多年的历史。早在8世纪到12世纪期间，下关已成为云南西部地区乃至我国通往印度、缅甸的重要驿站之一，是当时工农产品的集散地和对外经济、文化交流的一个重要门户，明末清初曾盛极一时。以后，由于反动统治阶级的摧残，逐渐破败萧条下来，新中国建立后才得以重获生机。党的十一届三中全会后，市容面貌日新月异，进一步成为滇西的一个繁荣的城镇，是沟通城乡之间、工农业之间、地区之间的重要经济渠道，促进了商品经济的发展。

第三，小城镇是农村发展多种经营和小商品生产，开展灵活多样的服务、活跃市场、繁荣经济、方便城乡人民生活的重要基地。我国农村商品经济很不发达，有相当一部分地区仍然处于落后的自然经济状态，只有把自然经济变成商品经济，才能使农民富裕起来，才能巩固发展农业集体经济，从而促进国民经济的发展。首先，积极开展多种经营，这是发展商品经济、改变农村贫困落后面貌的一项战略措施。

中央强调提出："我们的方针是：决不放松粮食生产，积极开展多种经营。"如何发展多种经营呢？一个重要的方面，就是依靠小城镇广开门路，亦工亦农亦商，组织生产、加工、销售，农商结合，工商结合，农工商结合。这样，既能充分利用自然资源和劳动力资源，扩大生产，又能开辟商品流通渠道，做到物尽其用、货畅其流，减少流通环节，降低成本，并把农副产品加工所获得的实惠多给农民，增加收入，积累资金，扩大再生产，提高群众生活水平。其次，小城镇更具有发展小商品生产的有利条件。小商品为人人所需、户户必用。从人们的衣食住行、文化娱乐到生老病死，都离不开小商品。小商品的种类多、花色广，所需原材料多样复杂，产品批量较小，市场需要灵活多样。小商品生产的这些既小又活的特点，决定了它特有的产销规律。小城镇分散于广大农村，接近原料产地和销售市场，比大城市更具有发展小商品生产的优越条件，而且易于扬长避短，发挥优势，形成有地方特色的传统产品，经济效益高。再次，小城镇经营方式灵活多样，范围广泛，规模不限，可大可小，前店后厂，厂店挂钩，固定设点，走村串寨，代购代销，开展多种经营形式的活动，由国家、集体和个人经营商业、手工业、饮食业、修理业、服务业、理发、照相、客货运输、房屋修缮，等等。这些行业都是群众生活所必需的。据调查，全国农村平均一个公社才有一个饮食店，三个公社才有一家旅馆，一个县摊不到两家照相馆，群众生活很不方便。在小城镇大量发展商业、饮食服务业能大大方便群众生活，深受群众欢迎，社员拍个"结婚照"、"全家福"，学生拍个"毕业照"，无需长途跋涉了。小城镇商品经济发展了，就能促使农村摆脱以农为主、以粮为主、以自给为主的封闭式的、单一性的自然经济状态，走上农、林、牧、副、渔全面发展的道路，逐步过上富裕的物质文化生活。

第四，发展小城镇，建设小城镇，是今后解决劳动就业的主要途径。我国基本国情的特点之一是人多耕地少。现在耕地面积为 14.9 亿亩，人均耕地不到 1.5 亩，大大低于世界平均水平。前些年，在人口密集、耕地面积少的地区，曾出现过轮流出工和抽签出工的现象。现在，随着各种形式的联产计酬责任制的普遍实行，农民群众生产积极性显著提高，富余劳动力将会大量出现。据有关部门测算，云南全省农村富余劳动力是两个 30%：一个是农村劳动力总数富余 30%；一个是在农忙季节也富余 30%。在人口密集的地区这个比例更高。特别是随着农业机械化的发展，不少繁重的耕作劳动和人背马驮的运输将为机械化作业所代替，在我国广阔的农村将会有亿万劳动力富余出来，再加上城镇富余劳动力，如何安排？这将是我们面临的一项十分艰巨的任务。据有关部门初步估算，到本世纪末农村富余劳动力将在 1 亿以上；城市也有数以千万计的职工子女要就业。如果这 1 亿几千万富余劳动力都涌进或留在现有的大中城市，大中城市的人口就将成倍增加而超负荷，由此带来的困难可想而知，甚至会成为"爆炸性"的难题。如果要控制现有大中城市人口的增加，以新建大城市来安排他们，那么全国就得新建100多个百万人口以上的大城市才容得下。如果还把家属也带进城来，那么即便是建立了上百个百万人口的大城市，也是难以容纳的。何况我们面临着建设资金不足、技术装备落后的困难，短期内岂能建成100多个上百万人口的大城市呢？矛盾的尖锐性，充分地表明事物发展的客观必然性。大量的农村富余劳动力和城市待业青年，不可能、也没有必要都涌入或留在大中城市；不可能、也没有必要无限制地扩大国营企业来安排就业；不可能、也没有必要由大中城市把农村富余劳动力统统包下来。出路何在？还在小城镇，积极加强小城镇的建设就是安排富余劳动力的一条重要可靠的途径。如果在今后的20年内，全国每一个县城和集镇，都能办起几所质量较高的中学、小学，几个、十几个、几十个像样的加工厂、商店、饭馆、旅馆、理发、沐浴、照相馆等，平均各吸纳2 000个富余劳动力，那么5.6万多个小城镇就可以吸收1.2亿左右的富余劳动力，这就相当于我们现在全国城市人口的9%，这是多么大的潜力、多么广阔的出路！而且，还应该看到，如果把小城镇建设好了，有了较好的居住交通条件、商品供应和文化福利设施，环境优美，清洁卫生，也将会吸引大中城市的待业青年、科技、文化艺术、医疗卫生等人员，愉快地到小城镇安家落户。实践证明，这是一条适合我国国情的、量力而行的、积极稳妥的好路子。因为，小城镇没有大城市所带来的困难，却具有许多优越性，地理位置广阔，资源条件好，空白行业多，扩展的余地大，更便于趋利避害，发挥优势，积极发展劳动密集型行业。如建筑、缝纫、抽纱、刺绣、工艺美术、木器加工等工业，以及商业、服务业，都能大量地吸纳劳动力就业。玉溪县是一个人多地少的典型县。按农业人口计算，全县每人平均只有8分地，北城公社人均6分地，北城大队更少，人均只有5分地，劳动力有较大的富余，有相当一部分劳动力没有能够充分发挥出来。近几年，北城公社和北城大队广开生产门路，大力兴办社队企业，在北城镇建立了建筑队、农机、缝纫、印染、弹花、糕饼、饭馆、理发等几十个店（社），为富余劳动力找到了一条广阔的出路。北城大队社队企业的务工社员就有1 140人，占全大队劳动力总数的42%，也就是有将近一半的劳动力腾出来搞工副业。全大队虽然投入农业生产的劳动力数量减少了，但能够比较充分地发挥每个劳动者的积极性、主动性、创造性，生产不仅没有下降，而且连续几年增产。1976年粮食单产1 169斤，1979年达到1 452斤，增长了32%。全大队19个生产队有8个生产队稻麦平均亩产超过2 000斤，每人平均口粮637斤。北城大队和北城公社都彻底改变了长期吃回销粮的局面，1979年向国家交售粮食

260 多万斤。社员收入水平也有显著提高，北城大队从集体分配的收入达到人均 180 多元，第 18 生产队 72 户人家，收入在千元以上者 26 户，占总户数的 36%。近两年又有更大的提高。这个人口密集的小镇，呈现出一派繁荣兴旺的景象，基本做到了户户无闲人、人人有活干、事事有人做，群众过着安居乐业的生活。

第五，建设小城镇是发展农村科学、文化教育的中心。小城镇一般是当地重点中小学、医院、影剧院、文化馆、图书馆、农技站的所在地。随着整个农村经济形势的发展和广大农民群众对文化教育和科学技术要求的日益增长，建设社会主义现代化强国，不仅包括高度的物质文明，而且包括高度的精神文明。加强农村文化教育工作，活跃农村文化生活，普及科学技术知识，是建设社会主义新农村和社会主义精神文明的重要内容和必要条件。我国是一个多民族的、农业人口比重很大的国家。由于历史的原因，农村文化教育仍然相当落后，不少地区中小学教育尚未普及，许多农民一年难得看上一次电影、一场戏，特别是有些山区、少数民族地区和边疆地区，小城镇没有发展，教育落后，文化生活尤为贫乏。思茅专区至今还有 34 个生产队在刻木记工分；生产工具还相当原始落后，基本上是一把锄头、一根扁担、一头老牛，依靠烤火取暖、松枝照明。生产方式和生活方式都十分简单，读书识字还没有普及，甚至一个县没有一个应届高中毕业生考上大学。由于文化教育的落后，封建迷信的旧文化乘虚而入，严重地影响生产和社会秩序的安定，腐蚀着人们的思想。所以，我们的一切工作，包括文化教育工作，都必须着眼于农村，着眼于广大的农民群众。积极加强小城镇建设，是搞好农村文化教育、活跃文化生活、普及科学技术知识、推广农业技术、实行科学种田、开展医疗卫生、丰富群众文化娱乐活动的重要阵地，也是有效地抵制封建主义、资本主义文化的侵蚀，建设精神文明、加强政治上的安定团结的重要措施。因此，我们要充分发挥小城镇在改变农村文化教育、精神面貌中的试验、示范和推广的积极作用。

综上所述，小城镇是我国广大农村政治、经济、文化活动的中心。积极加强小城镇建设是打破我国农村历史上长期形成的封闭、落后的自然经济状态，发展商品经济，解决劳动就业，加快农业发展步伐，逐步实现现代化的必由之路。这既适合我国 10 亿人口 8 亿农民的基本国情，又符合国民经济总体建设的需要，具有十分重要的意义。如果现在不着手积极解决这个战略问题，10 年、20 年后，将是历史上的一大错误。

三、从实际出发，有计划地、逐步地建设小城镇

小城镇建设是我国经济发展战略的重要组成部分，要从基本国情出发，制定具

体的方针和政策，使之有计划、有步骤地健康发展。

第一，小城镇建设，人人有责。首先，要群策群力，采取多种经济力量、多种渠道、多种经营形式相结合的原则，实行以集体经济为主、地方为主、小型为主的方针。我国人口多，底子薄，建设资金短缺，目前又处于国民经济的调整时期，国家不可能为发展小城镇拿出很多资金兴办国有企业，要以集体经济力量和地方力量为主，多兴办集体性质的工业、商业、手工业和各种服务性行业。他们不要国家投资兴建厂房、修建宿舍、购买设备，不增加国家工资基金，就可以很快地发展日用工业品的生产、商业和服务性行业。同时，要允许和鼓励多种多样的个体经营，支持农村社员集资或个人投资从事商业、服务业活动。对城镇公用事业的建设，还可采用动员群众、投资献料的办法解决。如使用私人投资兴建的住宅，由房管部门发给存款手册，以后抵交房租；用了私人材料的按质论价。从各方面调动个体经营的积极性和主动性。而且，要广泛动员各行各业以及驻地的厂矿、企事业单位、驻军等各方面的力量，本着部门资助、合理负担的原则，充分挖掘潜力，在人力、物力、财力方面积极支持小城镇建设。例如，提倡和组织城镇职工、驻军、学生和居民参加修路、绿化、卫生等经常性的义务劳动，适当用劳动积累的方式建设小城镇。有的地方采用"四自一联"的办法，即自修门前路、自栽门前树、自通门前水、自搞门前卫生、受益单位联合起来集资搞城镇建设。这种办法群众能较快地看到效益，很受欢迎。其次，要鼓励和支持大中城市的国有企业、集体和个人到小城镇进行临时的、长期的工商业和农业的经营活动，户口、粮食不动，来去自由，以利于充分发挥各行各业、各种经济力量和国家、集体、个人一齐上的积极作用。在经营方式上要灵活多样，不拘一格，规模可大可小，可固定设点，可流动摆摊，既发展综合性商店，也搞专业性商店，活跃市场，繁荣经济，方便群众。

第二，实行亦工亦农、工农结合、农商结合的制度。小城镇建设采取亦工亦农的形式好处很多。一是小城镇的地理位置一般比较适中，亦工亦农人员白天在镇上生产、工作，晚上回家住宿，既不增加吃商品粮的人口，也不必在城镇大量兴建职工家属宿舍和其他生活设施。二是亦工亦农人员，农忙务农，农闲务工，白天干活，晚上和节假日回家，既坚持生产，又兼顾家庭生产，对国家、集体、个人都有利。三是亦工亦农，农工结合，实行同等分配，有利于减少矛盾，巩固工农联盟。四是亦工亦农，就能使相当一部分农民从世代、终身务农过渡到务工，从土地的束缚中解放出来，逐步掌握科学文化知识，提高生产技术水平，摆脱愚昧落后的状态，形成新一代的农业工业队伍、新一代的产业军，其深远的意义不仅在于可为实现农业现代化提供物质技术条件，而且在于农业的工业化、农民的工人化、造就一代新人。

这必将在广大农民群众的意识形态领域里发生一场现实的深刻的变化。玉溪县北城公社北城大队务工社员和务农社员的比例为4:6，有近一半的劳动力从事工业生产。他们没有吃商品粮，生产队实行统一分配。从劳动力的素质来看，在农机厂的218个务工社员中，有70%是车、钳、铣、刨、镗、铸等工种的技术工人。几年前，他们还是泥脚杆的农民，只会手捏锄头把种田；现在，他们既是务农社员，又是技术工人，有的生产技术水平还相当高，成为有文化、有技术的熟练工人。五金厂生产的胶把钳、拖拉机的拖斗，在全省同行业产品评比中名列前茅。大营大队五金厂生产的牛角刀是玉溪名牌牛角刀。北城公社建筑队由于承包修建了自昆明至思茅一线许多高水平的民用和国防建筑工程项目，被誉为一支"质量高，速度快，成本低，信得过"的建筑队。新一代的农工产业军正在健康成长。

第三，开展经济技术协作和文化教育交流。要把小城镇建设成欣欣向荣的农村经济、文化中心，还必须开展地区之间、行业之间，特别是大中城市和小城镇之间，内地和边疆之间的经济技术协作和文化交流。一般地讲，小城镇文化教育不发达，经济技术落后，大中城市和内地要大力帮助扶持小城镇，特别是帮助边疆、山区小城镇的发展。实践证明，这是一支重要的力量，也是极有效的措施。地处乌蒙山区的昭通县城近几年城市建设获得很大发展，生产门路扩大，商品竞争力增强，销路广，城乡经济繁荣，其中一个重要的原因就是许多企业从外地请来了大中城市的师傅，进行技术培训，效果显著。皮鞋厂请来了重庆皮鞋厂的师傅，协助生产市场畅销的皮鞋，1982年头十个月就生产了15万双，在昭通、东川、昆明等地销售一空。毛纺厂请来了天津毛纺厂的师傅，生产出的毛毯质地优良，色泽鲜艳，颇有地方民族特色。酒厂请来了上海师傅，利用当地丰富的猕猴桃、李子、杏子等水果资源，加工瓶酒和果脯，销量极大。云南各地农副产品资源丰富，素有"植物王国"、"动物王国"、"药材之乡"的称号，遍地皆宝不为夸张。这诸多的资源在县和公社的1 500多个小城镇稍事加工或直接加工成半成品或成品，经济效益很高。例如，上海制作的"话梅"果脯，其原料在云南广大农村极其丰富，价格十分低廉，两三分钱一斤。可是由于没有掌握生产果脯的技术，原料运到上海，成品返销云南，每包2两售价2角多。这真是："身在宝山不知宝"，"拿着金饭碗去讨饭"。所以，提倡大中城市和内地对小城镇特别是对边疆地区和山区小城镇进行经济技术、文化教育的协作帮助，是汇集社会力量，加快小城镇建设步伐的一个重要途径。

第四，制定切实可行的小城镇建设规划。城镇建设规划是一定时期内城镇发展的蓝图、前进的目标，是建设城镇和管理城镇的依据。各个小城镇要根据国家和各地区经济发展战略的总体规划，从实际出发，量力而行，根据当地的自然资源、水利条件、交通运输、历史发展和现实基础，科学地确定城镇的规模、发展方向和特点，制定出一个切实可靠的总体建设规模，作为建设管理的行动规范。对于工业项目和集体所有制生产单位（包括社队企业）的兴建、改进和搬迁，商业服务网点的布局，集市贸易的安排，学校、文化馆、卫生院（所）的分布，以及居民住宅和街道的开拓，都要从总体上作合理的布局。各单位不能各自为政、自成体系，更不能把相互矛盾的厂矿、企事业单位建立在一起。例如，把磷肥厂与制糖厂、茶厂和制革厂、制药厂和造纸厂建在一起是极不合理的。生产单位的布局要相互协调，避免冲突，有利于环境保护，特别注意节约用地，方便群众生活，保持和发扬民族风格和地方特色。例如，昔日杂草丛生、瘴疬横行的西双版纳自治州首府景洪县城的建设，近几年已初见规模。按规划建设，民族路、东风路两旁新建楼房拔地而起，油棕、椰子、柚子树开始长大，呈现出一派亚热带的美丽风光，吸引着国内外的旅游观光者前去游览。小城镇规划设计上还要注意避免完全照抄照搬大城市规划的那一套做法，追求大的、洋的、标准化的，这是不切实际的。我国的小城镇数量大、分布广，有其历史的传统和特色，没有必要也不可能把小城镇建成大城市，小城镇建设要有其自身的特点，既要逐步发展现代化的城市设施，又要保持农村风光、地方特色，真正成为联结城乡的桥梁和纽带。

第五，制定和调整有关政策。加强小城镇建设的一个重要方面就是发展城镇集体经济。为此，要制定和调整一系列有关发展城镇集体经济的政策。多年来，我们沿用过去为限制资本主义工商业而采取的政策。比如，对城镇集体经济限制较多，扶持较少；取之于集体经济的较多，帮助解决问题较少。在税收政策上，近几年对城镇集体企业规定了减免税收、减免上交合作事业基金等一系列政策，这对工商企业的发展有很大促进作用，但税率的高低仍然值得研究，一些地方自立的不合理的摊派项目应予取消。在经营管理上，要尊重城镇集体经济的所有权和自主权，其核心问题是实行各个企业独立核算、自负盈亏、自主经营的原则，根据国家计划和社会需要，灵活安排生产和经营活动，发扬民主办社，实行民主管理。坚持按劳分配，正确处理国家、集体、个人三方面的关系，集体企业的职工工资，原则上不要采取"铁饭碗"式的固定工资，而应该根据企业收益的多少实行浮动工资，既不要搞平均主义，也不要照搬国有企业那一套办法，视企业收入的多少确定本企业职工的工资福利水平，可以高于或低于同行业国有企业，要注意积累，要照顾左邻右舍。

（载《经济问题探索》1982 年第 6 期）

云南少数民族地区经济发展战略问题

（1983 年 10 月）

经济发展战略是从总体、全局上来研究、探讨经济发展方向，制定出符合客观实际、切实可行的发展规划，寻找最佳经济效益的发展途径，促进国民经济和地区经济的全面高涨和人民群众物质文化生活水平的提高。云南少数民族地区经济如何全面发展，这是需要探讨的一个重大课题。诸如工业、农业、林业、畜牧业、商业、财政信贷，以及资源的合理利用，等等，这些问题都是需要研究解决的。但是，如何使云南少数民族地区经济和全省、全国同步发展，尽快缩小距离，实现"十二大"所提出的宏伟战略目标，走向共同富裕的道路？从整体和全局来看，经济发展的战略是否应着重研究解决民族地区的生产资料所有制形式、发展商品经济、自然资源的开发利用以及交通运输这四个方面的问题。

1. 深入研究云南少数民族地区生产力发展水平（状况），从而探讨与此相适应的生产关系的结构、特点、具体形式，促进生产力的深入发展。云南少数民族地区，特别是边远地区和高寒山区生产力发展水平是很低下的，不仅低于全国的平均水平，而且低于全省的平均水平。首先，生产工具原始、落后。相当一部分地区的农业生产基本上是靠"一把锄头，一头老牛，一根扁担"的手工工具和畜力耕耘进行生产。现代化的生产工具还只是萌芽，拖拉机、电动机、粉碎机、脱粒机等的拥有量为数极少，即便有了，使用效率也很低。机耕面积只在坝区略有一点，其他化肥、农药、用电量等都低于全省和全国的平均水平。其次，经营粗放，广种薄收。长时期以来，云南少数民族地区，特别是山区和高寒山区，仍然沿袭传统的原始经营方法，刀耕火种，毁林开荒，缺乏精耕细作、集约经营、充分使用人畜粪便的好习惯，种的是"卫生田"，科学技术与它无缘，薅锄管理粗放，基本上还是一耕原始农业。这种落后的耕作方法，不仅带来了低下的农业生产水平，而且严重地毁坏了自然资源和生态平衡。据统计，西双版纳傣族自治州，1959—1979 年的 20 年中，通过各种方式毁坏的森林面积达 493 万亩，经济价值达 30 多亿元。再次，农业生产水平

· 544 ·

低。由于生产工具原始落后，经营粗放，相当一部分少数民族地区生产水平很低。1978年，全省粮食平均单产313斤，比全国的348斤少34斤。而少数民族地区，特别是山区和高寒山区平均单产更低，才一两百斤。"种一片坡，收一背箩。"此外，少数民族地区农田基本建设和水利设施并不多，更不配套，抵御自然灾害的能力还相当薄弱，基本上还是靠天吃饭。再加之少数民族地区居住分散，山高箐深，队与队之间，乃至户与户之间相距甚远，往来极不方便。在这样低下的生产力水平和特殊的自然条件下，应探讨与其相适应的生产关系的具体形式、特点，决不能与生产力发展水平较高的内地采取同一模式、同一政策，要具有它的特殊性。在政策上可以放宽一些、更灵活一些。在坚持集体经济、坚持社会主义公有制（在生产资料方面主要是土地）不变的前提下，对不同的地区、不同的民族采取不同的特殊政策。自留地、自留山的比例可以扩大一些，提倡家庭经营，发展个体经济，把成片的山林、果园、水域也包给社员个人经营，国家、集体大力扶持，把广大群众的生产积极性充分调动起来，大力发展生产。

2. 要着重研究如何打破自然经济，发展商品经济。自然经济是生产力水平低下和社会分工不发达的产物，具有生产规模狭小、经济单位分散、因循守旧、闭关自守等特点。它与在基础上进行社会分工、以交换为目的的社会主义商品经济相对立，严重地阻碍着社会主义经济的发展。表现在：第一，农业生产上的单一经济。云南有相当一部分少数民族地区还处于原始的社会分工状态，主要是农业和畜牧业的分工，而农业又主要是搞种植业的单一性粮食生产，由于各地区自然条件差异很大，孤立抓粮食生产，忽视了因地制宜发展多种经济，造成毁林开荒、弃牧种粮。结果，粮食生产不仅没有搞上去，林、牧、副、渔等多种经营也遭到了破坏，生产的门类愈搞愈窄，草场荒芜，牲畜减少，森林覆盖率降低，有的地区是青山绿水变成了穷山恶水，造成恶性循环。特别值得注意的是，由于搞单一性经济，不少地方不惜把大面积的贵重林木砍倒种粮食，仅仅换取80斤包谷；有的地方把稀有的贵重林木砍来当柴烧，而国家又不得不以每吨1万元的高价从国外进口这类林木。怒江傈僳族自治州，地处高山峡谷，是发展经济林木和药材生产的宝地，但前些年因搞单一性的粮食生产，路子越搞越窄，群众生活日趋贫困，国家供应的粮食不是逐年减少，而是逐年增多。新中国成立初期，国家供应的粮食不到100万斤，而前些年增加到2 000万斤，增长20倍。第二，粮食和其他农副产品的商品率低。云南全省粮食和农副产品的商品率普遍都低，粮食只占10%左右，肥猪占50%，菜牛占1.8%，山羊占1.9%，绵羊占6%。而相当一部分民族地区和山区农副产品的商品率还大大低于全省的平均水平。据调查，武定的法窝生产队，粮食收入占总收入的85%以上，其他林、牧、副业只占15%左右，全队饲养的150只羊，8年只卖出了98只，每年平均只卖出11只，饲养的牛一年只卖出1头。群众养肥猪不是为了出售换取工业品，而仅仅是为了宰杀年猪或供婚丧嫁娶之用。这基本上是一种简单的生产方式、简单的经济、简单的生活方式。种粮自己吃，盖房自己住，织布自己穿，除了盐巴、火柴、煤油等必需的工业品向邻近的购销店购买以外，其他东西很少购买。牙膏、香皂都还被视为奢侈品。甚至有的高寒山区的少数民族，堂屋里的火塘终年火种不断，连火柴都不买。男耕女织，纺纱车、织布机等生产工具，全由男人制作，纺织、漂染、缝纫则由妇女承担。他们直接生产家庭消费所需要的绝大部分消费资料，他们的生活资料的来源取之于自然界较多、取之于社会交换较少，基本上是自给性生产、自给性消费。如文山壮族自治州广南一带的苗族妇女穿用的麻裙，完全是自己种麻、搓麻线、织麻布、缝麻裙，整个生产、加工过程都是自行操作。这是一种典型的自然经济，商品生产、商品交换极少，商品率极低。因此，大力发展商品经济是发展云南少数民族地区经济的一个战略措施。列宁在《俄国资本主义的发展》中谈到农业商品经济发展的作用时指出：商业性农业的发展，商品流通的扩大，其作用是多方面的，主要表现在：（1）打破了农业800年来的停滞、孤立、闭关自守的经济体系，给农业的技术改造和社会生产力的发展以很大的推动力，从而使墨守成规的第一性农业为商业性的多种经营所代替。原始的农业工具开始让位于改良的工具和机器。旧日死板的耕作制度为新的适应商品经济需要的耕作制度所代替。（2）商品经济的发展，扩大了国内市场。农业的专业化，引起了各种农业区域之间、农业内部各业之间、各种农副产品内部之间的交换。农业的商品经济愈发展，农民对工业消费品的需要愈多，从而促进了工业的发展。农业商品经济愈发展，对农业生产资料需要量愈大。农业商品经济愈发达，对劳动力的需求也愈多。（3）由于商品经济的发展从经济上打破了长时期以来农业的停滞、落后、闭关自守的经济体系，从而也就破坏了农村精神生活和政治生活的狭隘性、保守性，开展了经济文化和政治思想的交流。总之，大力发展商品经济具有重大的战略意义。发展少数民族地区商品经济要从实际出发，全面贯彻中央和国务院提出的"决不放松粮食生产，积极发展多种经营"的方针。首先，要打开视野，扩展生产门路。各地区和各个民族要从自身的历史、生产状况和自然特点出发，在注意发展粮食生产的同时，要更多地着力于发展林、牧、副、渔、山货、药材、土特产、特种手工业品等商品性生产。鼓励为市场需要、为群众消费需要而生产，生产直接为了交换，摆脱自然经济的羁绊，提高粮食和农副产品的商品率。其次，要搞好商品流通，扩大商品流通渠道，减少流通环节，增加国营商业、供销合作社商业及其他集体和个体的商业网点，要允许农民经商，特别是边远地区和山区，要发展一批购销店、代购代销店、经销店，要恢复和发展历史上行之有效为群众欢迎的赶马商、背篓商、货郎担等集体或个体商贩，允许他们长途贩运。这样，可以大大弥补国营商业和供销合作社商业的不足。它具有机动、灵活、腿长、零星分散等优点，能走村串寨，深入偏僻山区。既可输送工业品下乡，又能及时收购零星分散的土特产和鲜活产品，方便群众，有利购销。再次，要积极活跃少数民族地区的集市贸易。关闭的要恢复，有条件的要开辟新的集市，把商品生产和商品流通直接联系起来，加强地区之间、工农业之间以及农业内部之间的经济联系，活跃市场，繁荣经济，更好地满足各族人民群众的需要。

3. 从实际出发，因地制宜，充分发挥各民族地区自然资源的优势。要大力发展商品经济，一个重要的方面就是如何开发利用资源。云南省少数民族地区分布面积广，在全省39.4万平方公里的土地上，70%以上的地方都有少数民族聚居或杂居，几乎每个县（市）、每个公社都有少数民族居住。因而，云南所具有的得天独厚的自然条件和十分丰富的宝藏，基本都分布在少数民族地区。全省森林面积有1.4亿多亩，居全国第2位。森林覆盖率达24.9%，蓄积量约9亿多立方米，居全国第4位。植物种类丰富多彩，约有1.5万多种，相当于全国的一半，比欧洲的总和还多得多；特别是经济林木几乎应有尽有，稀有珍贵树种也有数十种之多，具有很高的经济价值。如用铁力木、柚木、紫檀做乐器出口，价值连城。用丽江的云杉制成钢琴和风琴的音板与键盘、提琴的板面，其共鸣性能极好，音响纯净，令人有"余音绕梁，三日不绝"之感。依兰香的花所提取的高级香料，是世界名贵香水——巴黎香水——的定香剂。一两依兰香油值一两黄金。还有西双版纳和德宏等地区的1.4万多平方公里的湿热带宝地，可以种植橡胶等特种经济林木。因此，云南有"植物王国"之称。在迪庆、怒江、丽江等自治州、县，自古以来就以采集黄连、贝母、虫草等稀有药材和狩猎为主要经济特点。全省各少数民族地区盛产药材500多个品种，由全国统管的70种药材，云南就占有50种之多，在国内外市场很受欢迎。所以，云南又被誉为"药材之乡"。在动物资源方面，全省家畜、家禽种类很多。滇西北和滇东北的大理、丽江、楚雄、东川、昭通、寻甸、宣威等地区畜牧业占据重要地位，特别是野生动物更是丰富，珍禽异兽种类约占全国的20%。例如，濒于绝迹的滇金丝猴价值昂贵，是十分珍稀的一种动物。故云南又有"动物王国"之称。云南矿产资源特别是有色金属储量丰富。个旧的锡矿，东川的铜矿，昆阳的磷矿，在全国都占据重要位置，故云南又有"有色金属王国"之称。少数民族地区还有许多传统的土特产和手工艺品。如，宣威火腿，洱源乳扇，普洱茶叶，文山三七，丘北辣椒，大理楚石、草帽、银器，禄丰剪刀，等等。此外，云南少数民族地区还是风景秀丽之乡。有驰名中外的石林，西双版纳的美丽景色，剑川石钟山石窟，大理的"风花雪月"和鸡足山，等等，都是云南少数民族地区所具有的得天独厚的自然条件和丰富宝藏。可以说，云南民族地区山是金银山、树是摇钱树，各民族居住的地区是一个"聚宝盆"。但是，长期以来，由于历史上的种种原因，特别是"左"的指导思想的影响，这些优越的自然资源没有能够得到很好的开发利用，死宝没有变成活宝，乃至造成生在宝山不识宝，两手空空，"端着金饭碗讨饭"吃。致使许多社队集体经济空虚，社员生活贫困，广大人民群众物质文化生活条件远远没有得到应有改善。因此，云南少数民族地区经济的发展，要着力研究如何有效地开发利用各地区的丰富资源，充分发挥地区优势。这就要：第一，指导思想上要认真贯彻一切从实际出发、实事求是的思想路线。因为，云南的地理条件十分复杂，气候的垂直变化相当显著。同一地区，具有寒、温、热三带的气候类型，形成独特的"立体气候"和相应的"立体农业"。因此，对各地区的农业生产不能搞"一刀切"，一个模式。在同一地区、一个县、一个公社的范围内都要切实贯彻"宜农则农、宜林则林、宜牧则牧"的方针。要充分利用地区的自然特点，发挥地区优势，讲求经济效益，第二，要大力提倡对口支援。内地各条战线，各个部门都要积极帮助少数民族地区发展经济文化建设，认真搞好经济和技术的协作。实践证明，充分利用先进地区的科学技术和经营管理的优势以及对口支援的办法，是一种调动各方面的力量、帮助少数民族地区开发资源、发展地区经济的好措施。投资少，见效快，收益大，有利于各民族的共同发展，共同繁荣。第三，制定一个农村土特产品的换购政策，由于各地区的自然条件差异大，生产项目、作物种类大不一样，有的地区适宜于发展经济林木、药材、土特产。但是，这些作物的生产周期比较长（如生漆、黄连、油桐，等等），在一两年内还不能受益，群众无钱购买粮食和其他生活资料。因此，有关领导应采取一些鼓励发展这方面生产的行之有效的办法。例如，可在各地区制定出以各种经济林产品、药材换购粮食的比例及相应的奖售政策，一斤黄连、一斤生漆换多少斤粮食。鼓励农民根据各地区特点，发展经济优势。第四，国家应给予资金扶持，并要做到合理使用。少数民族地区虽然自然资源丰富，但是，经济力量薄弱，资金短缺，国家要给予资助。使用的办法宜于一般照顾、重点投资，对潜力大、有一定生产基础、产品销路广阔、近期即能奏效的地区和项目要给予重点帮助。不能像撒胡椒面那样平均使用财力，要做到合理用财，提高资金的有效利用率，把国家每年对云南少数民族地区投入的上亿元资金真正用在刀刃上。

4. 大力发展交通运输业。云南少数民族居住分散，地域辽阔，山高坡陡，交通闭塞，不仅直接影响了商品流通和交换，阻碍了地区之间的经济联系，而且妨碍了村寨之间各民族、各地区之间的文化教育的交流。有的生病老死，基本上和外界隔绝，往来极少，这也是形成愚昧落后的重要因素。据统计，除了现有的不太长的三条铁路线外，全省尚有2%~3%的公社、42%的大队不通公路。现在已有的公路是以昆明为中心，以干线公路为骨架，连接各地、州、市、县的公路交通网。这个公路交通网尚未延伸到广阔的生产大队和生产队。它是呈辐射状的布局，纵向的多、横向的少。从滇东北到滇西北、从滇西南到东南的横贯线很少，基本上是内地多、边疆少、民族地区少，坝区多、山区特别是高寒和边远山区少。因而，商品流通渠道阻塞，流通速度缓慢。农产品拉不出去，工业品运不进来，依靠人背马驮。因此，必须大力发展交通运输事业。

能源和交通是全国经济发展的战略重点，在云南省则更有其特殊的意义，要从指导思想上把它摆在一个重要的战略位置，列入全省经济发展的战略重点。要由省、州、市、县统一作出规划，广泛动员社会力量，筹措建设资金，并根据投资情况，分轻重缓急，加速铁路和公路的建设。而公路建设的重点又必须摆在县以下，以沟通直接生产者和消费者之间的联系。

以上四个方面是从实际情况出发，作为发展云南少数民族地区的经济战略，也是迫切需要解决的问题。

（载《中国少数民族经济问题研究》第7辑）

加快发展云南少数民族地区
经济的几个问题

（1984 年 3 月）

地区经济是全国国民经济总体中一个重要的、基本的组成部分。根据一定时期全国国民经济发展的战略目标，如何从本地区的实际情况出发，制定出符合客观实际、积极可靠、切实可行的发展规划，寻找最佳经济效益的发展途径，促进国民经济的全面高涨和人民群众物质文化生活水平的提高，则是地区经济发展战略急需研究探讨的一个重大课题。云南少数民族地区经济和全省、全国一些地区相比，是比较落后的。要缩小这个差距，加快云南少数民族地区经济的发展，从总体和全局来看，在一个较长的时期内（至少在本世纪内），需要着重研究解决以下三个问题：（1）多种经济形式和经营方式的问题；（2）发展商品生产和商品交换的问题；（3）开发利用丰富的自然资源的问题。

从云南少数民族地区生产力的发展水平出发，
探讨与此相适应的经济形式和经营方式

根据马克思主义的观点，生产关系一定要适合生产力的性质，是不以人们的意志为转移的社会经济发展的客观规律，是无产阶级政党制定正确的路线、方针、政策的重要理论依据。

云南少数民族地区，特别是边远地区和高寒山区，生产力发展水平不仅低于全国的平均水平，而且也低于全省的平均水平。具体状况是：一是生产工具原始、落后。相当一部分地区的农业生产基本上是靠"一把锄头、一头老牛和一根扁担"的手工工具和畜力耕作进行生产。现代化的生产工具，诸如拖拉机、电动机、粉碎机、脱粒机等的拥有量极少。即使有了，使用效率、维修率也都很低，破损率、报废率却很高。机耕面积只在坝区略有一点。其他，如化肥、农药、用电量等，都大大低于全省和全国的平均水平。二是经营粗放，广种薄收。长时期以来，云南少数民族地区，特别是山区，仍然沿袭着刀耕火种等传统的原始经营方法，缺乏集约经营，农田基本建设和水利设施不多，更不配套，抗灾能力薄弱，基本上还是靠天吃饭，谈不上科学种田。三是农业生产水平和劳动生产率水平低下。1978年，全省粮食平均单产313斤，比全国的348斤少34斤。而少数民族地区，特别是山区和高寒山区平均单产更低，有的才100～200斤，甚至是"种一片坡，收一背箩"。1979年，全省农业人口每人平均粮食产量是566斤，而怒江傈僳族自治州人均产量才489斤，少于全省的平均水平77斤，低15%。四是，云南少数民族聚居的共有8个自治州、19个自治县，加上边境县共计35个，由于自然、经济、历史等诸多因素的影响，各少数民族地区生产的发展水平差别极大。大理白族自治州的大理县，1982年粮食平均单产392斤，而宁蒗彝族自治县平均单产才236斤，相差156斤，低将近40%。

面对这样低下的生产力水平，确有必要探讨与之相适应的生产资料所有制的具体形式和经营方式。我们认为，在少数民族地区，政策可以放宽一些，经济形式和经营方式可以机动灵活一些。在坚持社会主义公有制、坚持集体经济的前提下，可以采取不同于生产力发展水平较高的地区的特殊政策。

第一，民族地区的经济形式（生产资料所有制形式）可以多样化。胡耀邦同志在"十二大"的报告中明确提出："由于我国生产力发展水平总的说来还比较低，又很不平衡，在很长时间内需要多种经济形式的同时并存。"鉴于云南少数民族地区的生产力发展水平比全国和全省的水平都要低，经济形式更需要多样化，尤以各种所有制互相结合的形式宜于普遍发展，特别是要大量发展在国有经济领导下国有、集体经济联营的形式。这种联营形式既含有全民所有制经济，也含有集体所有制经济，使国有经济和集体经济从外部的联系进入到内部的联系，互相结合、互相促进。在民族地区的工商业及服务性行业中，大力发展这种联合经营或合资经营的形式。其好处是：（1）通过国有经济和集体经济之间的联合经营，充分发挥国有经济的主导作用，帮助先进、带动后进、支援重点、扶持贫困，有效地促进各民族地区经济的均衡发展。（2）由于民族地区集体经济力量薄弱，科学技术落后，由一个生产队、一个大队乃至一个公社单独从事某项工业的生产也是困难的。如能联合经营，国有、集体共同投资（或由集体经济单位联合投资），就能积小成大、积少成多，广泛利用社会力量和各方面的科技人才及其成果，促进生产的发展。（3）国有经济无论经济和技术力量都很强大，腿长、耳目宽，但机动性、灵活性较小；而集体经济单位虽然自身的力量较弱，腿短，但机动性、灵活性大，转产容易，适应性强。实行联合经营，可以发挥各自之长，避免各自之短，有利于打破部门所有制和地区界限，有利于搞活经济。（4）还有利于把社队企业的生产和经营活动直接纳入国家计划的轨道，增强计划性，减少盲目性，同时促使社队企业的管理干部、工人、农民增强国家观念和全局观念。总之，这种联合经营的经济形式，从云南少数民族地区生产力的发展状况和今后的发展趋势来看，也许是有相当生命力的一种经济形式。此外，还应当积极发展国有、集体和劳动者个人共同投资的联合企业，或由国家所有（包括集体所有）、个人经营的企业。比如，对于一些规模较小、分散在山区小寨的工商企业、服务性行业，就可以下放给个人承包经营。

在普遍发展多种形式的经济联合的前提下，要鼓励劳动者个体经济在国家政策规定的范围内和工商行政管理下的适当发展。因为劳动者个体经济的存在和发展，有利于在较小规模内充分利用零星分散的物质条件；有利于发挥个体经济在生产和经营上的小型多样、灵活分散的特点，及时生产供应各式小商品，开展多种类型的服务，方便群众生活；劳动者个体经济的发展，还有利于继承和发展各种特殊的劳动技能，生产传统的少数民族手工艺品，有利于广开就业门路，促进社会的安定团结。这是社会主义公有制经济的必要的、有益的补充。农村在实行大包干或包产到户的农业生产责任制之后，极大地调动了广大群众的生产积极性，有效地促进了农业生产的发展。在一些经济条件比较好，发展比较快的地区，已涌现出相当一批有技术专长和经营能力的专业户和重点户，从事多种经营的某项专业的生产和经营活动。有的专业户和重点户随着生产规模的扩大和经营水平的提高，开始从不同的角度提出了协作和联合的要求，有的已按照有利于生产和自愿互利的原则，建立各种形式的联合。如专业性的生产联合、供销联合或供产销的综合性联合等。有的甚至突破了原有社队的范围，采取跨地区之间的社员集资联合经营的形式。例如，一些民族地区由于自然条件十分优越，很适宜种植蔬菜，特别是反季蔬菜，当地和内地乃至北京、天津的市场都很需要。而当地少数民族又不善于栽种，他们便和内地有经验的菜农结合起来，一方出土地、出劳力，一方出技术、出资金，联合经营。这样做，既发展了民族地区的生产，又满足了城乡市场的需要。

还有一种特殊情况：一些分布在高寒山区和边远地区的少数民族，由于地理环境的影响，居住十分分散，彼此往来极不方便。对这类为数不多的地区，可以考虑实行土地国有或集体所有、农民个体经营的形式。此外，对于社员自留地、自留山的划分比例，民族地区也可以放宽一些。一些宜林荒山、疏林地、灌木林地，凡是适合社员经营的，都可以参照各户人口、劳力、技术条件等划分给社员作为自留山。一经划定，应由政府发给自留山使用证，长期不变，并享有继承权。不适宜划为自留山的成材林、中幼林可以实行责任山，分户包干或联户包干，山权、林权归集体，承包户包管护、抚育，收益合理分配。在一些国有林区，在不影响造林、营林的条件下，在统一划定的范围内，亦可允许附近农民栽种粮食、药材，发展多种经营。

总之，正如中共中央所指出："社会主义生产关系的发展并不存在一套固定的模式，我们的任务是要根据我国生产力发展的要求，在每一个阶段上创造出与之相适应和便于继续前进的生产关系的具体形式。"

第二，各种经济活动的经营方式也要灵活多样。经营活动方式往往取决于生产资料的所有制形式。现阶段，我国生产资料所有制结构实行的是在社会主义公有制占主导地位条件下的多种经济形式，这就决定了经营活动的方式也要多样化。这些年来，在经营管理方式上一度没有处理好生产和经营活动中的集中和分散的关系，在农业特别是手工业和工商业中合并过多，过分强调集中生产、集中经营，忽视分散生产、分散经营。在许多边疆地区、民族地区、高寒山区，居住十分分散，自然和经济条件大不一样，即"一山分四季，十里不同天"。过去，由于实行集中生产、集中经营，造成劳力、工时、物资的严重浪费。在流通领域，商业网点本来就稀少，几个村寨甚至一个大队也没有一个购销店，却要大量集中合并，使许多传统的手工业和适合个体经营的摊点大量减少，给人民生活带来许多不便。陈云同志 1965 年在《社会主义改造基本完成以后的新问题》一文中曾批评过这种"从片面观点出发的集中生产、集中经营的现象"。在社会主义经济活动中是采取集中生产、集中经营、还是采取分散生产、分散经营，这不是由人们的主观意志所决定的，要从客观经济条件的要求出发，首先要根据生产力的发展状况选择经营方式。一般说，采用现代化技术装备生产的大型企业，由于其规模大、技术水平高，适宜于集中生产、集中经营。其次，经营方式的选择要考虑经济效益。在边疆、民族地区、山区，地域辽阔，居住分散，手工业、商业过分集中，就会事倍功半，经济效益极差。而就地取材、分散经营，经济效益就高。最后，还要从满足群众需要和方便群众生活出发。像盐巴、火柴等日常生活用品和群众出售零星的山货土特产，就以分散经营为好。

打破自然经济状态，大力发展商品生产和商品交换

自然经济是生产力水平极其低下和社会分工不发达的产物。它具有生产规模狭小、经营单位分散、因循守旧、闭关自守等特点。它与在公有制基础上进行社会分工、以交换为目的的社会主义商品经济相对立，严重地阻碍着社会主义经济的发展。表现在：第一，农业生产上的畸形单一经济。云南有相当一部分少数民族地区还处于原始的社会分工状态，主要是农业和畜牧业的分工，而农业又主要是搞种植业的

单一性粮食生产。由于各地区自然条件差异很大，孤立抓粮食生产，忽视因地制宜发展多种经营，从而造成毁林开荒、弃牧种粮、弃草种粮。结果，粮食生产不仅没有搞上去，林、牧、副、渔等多种经营也遭到了破坏。生产的门类愈搞愈窄，草场荒芜，牲畜减少，森林覆盖率低，有的地区由青山绿水变成了穷山恶水。第二，粮食和其他农副产品的商品率低。云南全省粮食和农副产品的商品率普遍都低，每一农业人口提供的商品产值只有 52 元，只及全国人均 103 元的一半。民族地区商品率更低，群众养肥猪主要不是为了出售换取工业品，而仅仅是为了宰杀年猪或供婚丧嫁娶之用。第三，群众消费水平低。由于商品经济不发达，少数民族地区群众的生活方式极其简单。种粮、养猪自己吃，织布自己穿，副食品少，牙膏、肥皂被视为奢侈品。人们形容这种生活方式是："一壶老酒，一领披毡，过到了年头。"他们直接生产家庭消费所需要的绝大部分消费资料。家庭生产的状况就决定了消费的状况，家庭不生产就不消费。低下的生产力水平和简单的商品交换，决定了低下的、简单的消费水平和消费结构。

上述情况表明，云南少数民族地区基本上还处于一种自给自足的自然经济状态。因此，大力发展商品经济是发展云南少数民族地区经济的一个重大战略措施。列宁在谈到农业从自然经济向商品经济发展的作用时曾指出：第一，它打破了农业几百年来的停滞、孤立、闭关自守的经济体系，给农业的技术改造和社会生产力的发展以很大的推动力，从而使墨守成规的第一性农业为商业性的多种经营所代替。原始的农业工具开始让位于改良的工具和农业机械。旧日死板的耕作制度为新的适应商品经济需要的耕作制度所代替。第二，商品经济的发展，扩大了国内市场，促进了农业的专业化，引起了各种农业区域之间、农业内部各业之间、各种农业副产品内部的交换。同时，农业的商品经济越发展，农民对城市、对工业消费品的需要也越多，从而促进了工业的发展。而且，农村商品经济越发展，对农业生产资料的需要量也越大，对劳动力的需求也越多。第三，由于商品经济的发展，从经济上打破了长期以来农业的停滞、落后和闭关自守的自然经济体系，从而也就冲破了农村精神生活和政治生活的狭隘性、保守性、愚昧性，开展了经济文化和政治思想的交流。为了大力发展少数民族地区的商品经济，要从实际出发，全面贯彻中央和国务院提出的"决不放松粮食生产，积极发展多种经营"的方针。要从指导思想上打开视野、扩展生产门路。各地区、各个民族要从自身的历史、生产状况和自然特点出发，在注意发展粮食生产的同时，更多地着力于发展林、牧、副、渔、山货、药材、土特产及少数民族特种手工艺品等商品性生产，摆脱单一性的自然经济的羁绊，提高粮食和农副产品的商品率；要特别注意商品生产的适销对路。商品是用来交换，能满足人们某种需要的劳动产品。因此，商品生产的目的不是为了供给生产者自身的消费需要，它直接是为了交换，为了售卖，为了满足他人的需要。在社会主义条件下，就是要通过交换满足人民群众不断增长的物质文化需要。如果生产出来的产品，市场不需要，群众不需要，售卖不出去，那么生产出来的东西越多，积压越多，浪费也就越大。生产的数量和积压、浪费的数量成正比例地增长，这对社会是无益的。马克思深刻地指出：商品的售卖"是商品的惊险的跳跃。这个跳跃如果不成功，摔坏的不是商品，但一定是商品所有者"。① 马克思的这个论断不仅适用于资本主义的商品生产，社会主义的商品生产也应当引以为鉴。在目前我们资金短缺，原材料、能源有限的条件下，如果不能生产出适销对路的商品，特别是适合本地区各民族需要的商品，就不能充分有效的发挥现有人力、物力、财力的作用，势必造成经济效益很差、浪费很大的后果。所以，发展商品生产必须讲究适销对路，不仅要保证一定的质量、花色、品种，而且必须要有一定的数量界限，超过了一定的数量界限就是超过了市场的饱和状态，即便质量很好的产品也会造成滞销，因此要特别注意对社会需要量的测定。我们考察社会需要量时还要注意时间的界限，既不是过去的需要，也不是未来的需要，而是现实的需要，是适合现实投资水平和购买力水平的需要。某些高档家用电器也需要，但是生产数量要与现实大多数人（这里指的特别是民族地区的大多数居民）的购买力水平相适应。只有生产出来的产品符合社会需要，才能使它的价值和使用价值得以实现，才不致成为无效劳动、成为无用的东西。我们要认真调查研究市场情况，特别是云南省民族地区的市场情况，商品生产要面向广大的农村、广大的民族地区和边疆地区。首先应着眼生产适合云南省25个少数民族1 000多万人口目前需要的产品，要生产大路货，不是高精尖。这才是一个现实的广阔的市场，不仅为广大人民群众所欢迎，而且也是提高经济效益的基本要求。此外，还要搞好商品流通。生产决定流通，但流通环节的好坏也能促进或阻碍生产的发展。鉴于历史的经验教训，我们要注意扩大商品流通渠道，减少流通环节，增加国营商业、供销合作社商业以及其他集体和个体的商业网点。要允许农民经商，特别是在一些边远地区和山区，要积极发展一批购销店、代购代销店、经销店，要恢复和发展历史上行之有效的、受群众欢迎的赶马商、背篓商、货郎担等集体或个体商贩，允许他们长途贩运，在法律和政策许可的范围内进行正当的经营活动。这样，可以大大弥补国营商业和供销合作社商业的不足，充分发挥其灵活、机动、腿长、零星分散的优点，走村串寨，深入偏僻山村，既可输送工业品下乡，又能及时

---

① 《马克思恩格斯全集》第23卷，第124页。

收购零星分散的土特产品和鲜活产品，对方便群众、扩大购销、促进生产都有好处。还有，大力发展交通运输业，是发展商品生产和商品交换的前提。云南少数民族地区，地域辽阔，山高坡陡，交通闭塞。既直接影响了商品生产和商品交换，阻碍了地区之间的经济联系，而且妨碍了村寨之间，各民族、各地区之间，内地和边疆之间的文化、教育、科学、技术的交流，从而影响到整个民族地区经济的繁荣和人民群众物质文化生活水平的提高。因此，大力发展交通运输事业势在必行、刻不容缓。要从指导思想上把它摆在一个十分重要的战略位置上考虑，列入经济发展的战略重点，由省、州、市、县统一作出规划，根据投资状况，分别轻重缓急，加速铁路和公路的建设。公路建设的重点要摆在县以下，特别是要加强横向公路的建设，沟通直接生产者和消费者之间的联系，并要广泛动员社会力量筹措建设资金，以弥补国家资金的不足。

因地制宜，量力而行，充分开发利用丰富的自然资源

要改变民族地区贫困落后的面貌，一个重要的方面就是发挥地区优势，充分开发利用自然资源。云南少数民族地区分布面积广，在全省 39 万多平方公里的土地上，70% 以上的地区都有少数民族聚居或杂居。几乎每个县（市）、每个公社都有少数民族居住。所以，开发利用少数民族地区的资源，实质上就是开发利用全省的资源。云南具有得天独厚的自然条件和十分丰富的宝藏，被誉为"植物王国"、"动物王国"、"香料王国"、"有色金属王国"和"药材之乡"。可是由于历史上的种种原因，特别是"左"的指导思想的影响，使蕴藏丰富的自然资源得不到充分的开发利用，死宝没有变成活宝，自然物质没有变成社会经济财富。例如，由于山高谷深，河流湍急，云南水能资源极为丰富。据有关部门测算，可开发的水能约7 700万千瓦，居全国第 2 位，占全国可开发量的 1/5。现已开发利用的却不足 100 万千瓦，不到总数的 2%。怎样才能把死宝变成活宝，有效地开发利用民族地区丰富的自然资源呢？

第一，在指导思想上要认真贯彻一切从实际出发、实事求是、量力而行的思想路线。邓小平深刻地指出，实事求是，是无产阶级世界观的基础，是马克思主义的思想基础。不但中央、省委、地委、县委、公社党委，就是一个工厂、一个机关、一个学校、一个商店、一个生产队，也都要实事求是，都要解放思想，开动脑筋想问题、办事情。云南的地理条件十分复杂，气候的垂直差异相当显著。同一地区，往往具有寒、温、热三带的气候类型，形成独特的"立体气候"和相应的"立体农

业"。因此，各地区生产的发展不能搞"一刀切"，宜农则农，宜牧则牧，宜林则林，宜工则工。为此，首先要把我们所处环境的自然条件、经济条件，发展生产所需要的原料、燃料、设备、技术力量、交通运输等主观和客观的情况作一番调查研究，认真分析，作出多方面的比较，找出其利弊，最后确定切实可行、经济效益高的发展项目。特别值得注意的就是要扬长避短，量力而行，讲求实效。我们要选择那些有丰富原料来源，有技术设备条件，有传统生产经验，产品有销路的项目，大力发展。要就地取材，就地生产，就地销售。发展生产不能舍近求远，去搞那些既无原料来源，又无良好技术设备的产品，其结果是事倍功半，效益很低。近几年，昭通地区从自身自然和经济资源的实际情况出发，大力发展毛纺、皮革、制鞋、罐头、酿酒等农副产品加工工业，销路广阔，效益显著。在这个基础上，就可以逐步形成适宜该地区生产条件的、具有优势的、可以成为经济支柱的骨干产业，以带动其他产业的发展。

第二，大力提高科学技术水平。云南省特别是民族地区的科学技术落后，工农业劳动生产率比较低，单位产品成本高，经济效益差，商品竞争力弱，从而影响生产的发展和资源的有效利用。因此，提高科学技术水平是关键性的一环。科学技术通过物化形成现实的生产力，并体现在劳动者、劳动对象和劳动手段诸方面，这对开发利用资源，发展商品生产关系极大。从云南省的实际情况出发，可以采取多种办法解决这个问题。一是在现有基础上利用当地的社会力量，举办多种形式的专业训练班，诸如养蚕、养蜂、养鸡、养鸭、养猪、缝纫、修理、会计，等等。这种办法投资少，吸收的人数多，见效快。有条件的可以设立各种中等职业学校，进行初级和中级专业人员的系统培训。二是采取向外地招聘的办法，以较高的优惠待遇，聘请各方面的技术人才，壮大为当地服务的科技队伍。例如，有很多地方盛产水果，不仅品种多，而且产量可观，是群众增加收入的一大来源。但由于缺乏水果加工技术，水果资源没有得到充分利用。特别是在交通不便的边远山区社队，每年都有大量水果因未能及时加工处理而腐烂掉，造成很大损失。如果生产的各个领域，能够广泛地重视技术引进，搞好农副产品加工，就能减少损耗，改善供应，增加收入。三是与省外、县外有关业务、科技部门以及对口单位搞经济联合，利用外地的设备、技术、资金等力量，发展本地区的生产。实践证明，这是调动各方面力量，帮助少数民族地区开发利用资源、发展地区经济的有效办法。而且也有利于各民族的共同发展、共同繁荣和增进民族团结。四是国家要继续重视当地民族科技人才的培养和提高，有计划地输送各方面的人员到外地学习。

第三，制定一个合理的农副产品换购政策。由于各地区的自然条件差异大，生产项目、作物种类大不一样。有的地区适宜发展经济林木、药材、土特产，而这些作物的生产周期却比较长，如生漆、黄连、油桐等，在一两年内还不能受益，群众无钱购买粮食和其他生活资料。因此，国家应当采取一些鼓励发展该方面生产的行之有效的措施。例如，可以在各地区制定出各种经济林产品、药材、兽皮换购粮食的比例和相应的奖售政策，鼓励农民根据各地区的特点，发挥经济优势。

第四，大力发展水能资源。云南少数民族地区水能资源极其丰富，目前开发利用极少。水能是理想的再生能源，水电不会带来环境的污染，安全可靠。要有计划地大规模开发水能资源，再用廉价的水电开发丰富的地方矿藏和动植物资源，发展农副产品加工工业。这是推动民族地区工农业现代化建设的一项重要措施。

第五，国家要给予资金扶持，并要做到合理使用。少数民族地区虽然资源丰富，但是经济力量薄弱，资金短缺，国家要给予资助。对潜力大、有一定生产基础、产品销路广阔、近期即能奏效的地区和项目要给予重点帮助，不能像撒胡椒面那样平均使用财力，要提高资金的有效利用率，把国家每年对云南少数民族地区投入的上亿元资金真正用在刀刃上。

加快发展云南少数民族地区经济，促进社会主义经济建设的全面高涨，还有许多问题需要研究解决，但上述三个问题应该是重点课题。笔者一孔之见，未必妥当，希望能起到抛砖引玉的作用。

（载《思想战线》1984 年第 2 期）

加快云南省小城镇建设的几个问题

(1986年2月)

在中共云南省委的领导下，全省各族干部和群众愈益关注和探讨"富民兴滇"、振兴云南经济的战略决策。这是一个大好的形势。它有助于广泛发动群众积极献计献策、寻找到一个符合云南实际的上方良策，以指导云南工作的全面发展。加快小城镇的建设，这是云南经济、社会、科技发展战略的一个重要组成部分。为此，我们在调查研究的基础上，对云南小城镇的现状、在社会主义建设中的地位和作用以及如何加快小城镇的建设等，提出了一些意见和建议，供有关部门参考。

一、云南省小城镇的基本情况

1. 小城镇的现状。所谓小城镇是泛指在广大农村地区的、拥有2万~5万人口的小城市和居住人口在2 000~5 000人的小集镇。它通常是县级和县级以下政治、经济、文化中心的所在地。自党的十一届三中全会以来，云南省认真贯彻执行党在农村的各项方针政策，使整个农村经济形势发生了深刻的变化，为调整农村产业结构和加快小城镇的建设提供了一定的物质基础。随着农村联产承包责任制的巩固和完善，乡镇企业蓬勃兴起，集镇经济逐渐发展，集市贸易日趋兴旺，交通条件不断改善，集镇面貌发生了新的变化。1980年，胡耀邦同志到保山市板桥镇视察时指出："现在，我们要发展商品经济，小城镇不恢复是不行的。如果我们的国家只有大城市、中城市，没有小城镇，农村里的政治中心、经济中心、文化中心就没有腿。""现在，中小城市工作非常薄弱，这个问题非解决不行，要搞试点，把小城镇的建设搞起来。"各级政府遵照胡耀邦同志的这些指示，在恢复和发展小城镇建设方面做了大量的工作，大大促进了云南省小城镇的建设。

云南省有17个地、州、市，128个县市（含相当于县级的4个市辖区），1 380个区，118个县辖镇。其中，县城所在地108个。全省有12 539个乡。其中，民族乡1 682个，456个区辖镇。全省共有县、区辖镇574个。除8个县市和昆明市两个城区外，尚有 10 个县城未设县辖建制镇。据初步统计，全省现还有未建制集镇1 200多个，分布在坝区的约占 40%；分布在山区、半山区的约占 60%。每个集镇赶街（集）上市人流量逾万人的大型集镇占 17%；上市人流量在3 000人以上、1 万人以下的中型集镇占 25%；上市人流量在3 000以下的小型集镇占 58%。随着商品经济的发展，城乡集市贸易点还在增加，1986 年已达2 500多个。但这还不能适应经济形势发展的需要。

2. 小城镇的类型和特点。云南省现有的小城镇可从不同角度作如下划分：

（1）按照地理条件、民族分布和经济发展程度，可将全省小城镇分为五个类型：

第一类是比较发达的坝区小城镇。多处于交通方便、经济比较发达、有一定人口规模并有一定的市政基础设施的地区。例如，保山市的板桥镇位于通往滇西的重要交通干线上。板桥集市形成于明朝，延续 600 多年经久不衰。新中国成立前，其繁盛为全县之冠。新中国成立初期，镇上 666 户居民中，纯务农的仅有 120 户，专门从事商业的有 258 户，农兼工商业的有 278 户。现在，943 户居民中，个体工商户已达 304 户，专业户有 233 户，其余绝大多数属农兼商或农兼工。板桥镇的农业人口为4 387人，耕地只有2 199亩，人均耕地仅 5 分。1980 年以来，由各单位集资170 多万元，先后建起 14 幢三至五层的楼房，建筑面积达14 100多平方米。此外，还铺设了自来水管道，新建了电影院和街心花园等。在云南省，与板桥镇相类似的还有大姚县的苍街，宜良县的狗街、羊街，大理市的凤仪、喜洲，陆良县的马街、三岔河，晋宁县的晋城等。

第二类是半山区的小城镇。坐落在半山区，是联系周围山区、半山区和坝区经济往来的联结点。一般说来，商业比较发达，有一定规模的居住人口和初步的城镇设施。

第三类是初具规模的山区小城镇。一般是人口比较稀少，交通运输条件不便，只具有初级形式的商品交换的地方。

第四类是边远地区、民族地区具有小城镇雏形的集镇。例如，德宏州潞西县的轩街，离县城 22 公里，是区的所在地。虽没有什么正规的城镇设施，但因地处山、坝交界线，又与龙陵、梁河等县相邻，故形成除县城外本县最大的集市，上市人流量达4 000~6 000人（区所在地人口有2 000多人）。潞西县遮放镇，过去是有名的"遮放米"产地，现有人口1 286人，赶集（街）人流量达到6 000多人，有傣族、景颇族的居民互换农副产品和山货，每街都有缅甸边民 300 多人来互市。此外，该集市还吸引龙陵、腾冲、陇川等邻县以及湖南、江苏、浙江等省的工商业个体户前来进行交易。交易限于山货、水果、蔬菜、小百货和食品；交易额每街约 3 万多元。

第五类是小街场。这是未来小城镇的形成点。

（2）按小城镇的地位作用及其功能，全省小城镇又可划分为如下五个类型：

第一类是多功能性集镇。云南省凡县、区政府所在地的集镇都是当地政治、经济、文化、科技和交通的中心，是农副产品和工业品的集散地。这种类型的集镇占90%以上。

第二类是工业性集镇。主要是为厂矿和农场服务而逐渐形成的。如保山市的新城镇，昆明市西山区的海口，东川市的汤丹，会泽县的者海，宣威县的羊场，个旧市的大屯、老厂，马关县的都龙，陇川县的景坝，盈江县的弄璋，安宁县的八街，开远市的小龙潭，曲靖市的花山镇，楚雄市的东瓜等。这类集镇占2%左右。

第三类是交通运输性集镇。一般是处于公路、铁路的交叉点或主要干线上。由于交通运输事业的发展，以来往行人为服务对象，引起集镇建设的兴起。如元谋县的黄瓜园，砚山县的平远街，景洪县的勐养，西畴县的新街，开远市的中和营等。这类集镇占1%强。

第四类是旅游疗养性集镇。安宁县有"天下第一汤"的温泉，路南县有"石林奇观"的石林，已成为中外旅客游览疗养的胜地，从而促进了当地第三产业和集镇的发展。这类集镇的建设刚刚起步，约占0.2%。

第五类是边境口岸性集镇。位于云南省同缅甸、老挝、越南等国接壤的边界线上，是历史上早已形成的集镇。云南省边民和国外商人经常往来进行集市贸易。如瑞丽县的弄岛，勐海县的打洛，金平县的那发，陇川县的章凤，麻栗坡县的董干、田朋等。这类集镇占1%强。

二、小城镇在云南省经济建设中的重要作用

云南省现有574个县、区辖镇，还有未建制集镇1 200多个。它是城市之末、农村之首，是联系城乡之间、工农业之间、内地和边疆之间、山区和坝区以及各民族之间的桥梁和纽带。它兼有城市和乡村的双重特点，在云南省经济、社会科技发展战略中具有十分重要的作用。特别是随着农村产业结构的调整和农村经济的全面发展，建设好小城镇已日益成为"富民兴滇"、繁荣经济、提高人民群众物质文化生活水平的一个重要战略目标。其重要作用是：

1. 小城镇日益成为商品集散的中心。在云南省物资交流中，通过小城镇既把农村生产的大量农副产品运到昆明等大中城市，又把大中城市生产的工业品扩散到农

村，把城乡两个市场结合起来。例如，下关是联结昆明至滇西、滇西北、滇西南的大理、丽江、保山、德宏、迪庆、怒江、临沧等专州以至通往国外的要冲。据史书记载，下关城建于南诏时期，原名龙尾关，距今已有1 200多年的历史。早在8世纪至12世纪期间，下关已成为云南西部地区乃至我国通往印度、缅甸的重要驿站之一，是当时工农业产品的集散地，是对外经济文化交流的一个重要门户。虽然明末清初曾盛极一时，但由于反动统治阶级的摧残，逐渐破败萧条。新中国成立以后才得以重获生机。党的十一届三中全会后，市容面貌日新月异，已成为滇西的一个繁荣重镇，在沟通昆明和滇西各地区之间的商品流通中，发挥着日益重要的作用。又如保山市历来是内地通往边疆和各兄弟民族以及同国外交往、贸易的要塞，不仅是"殊方异域各种货物集散之地"，还是西南"丝绸之路"必经的驿站。它同国内外的贸易特别是中缅贸易近年来有显著的发展。1984年，保山市国内采购商品达7 601万元，比1978年增长2.17倍。其中，农副产品采购4 683万元。征超议购原粮12 714万斤，比1978年增长1.2倍。对外出口贸易方面，1984年收购额为356万元，比1978年增长57.2%。出口核桃109.95吨，板鸭3吨，咖啡129.7吨。全市集市贸易十分兴旺，摊点近7 000个，上市农副产品、日杂产品3 000多种，年赶集人数达2 900多万人次，商品成交额达3 350多万元，比1978年增长4倍多。

2. 小城镇日益成为农副产品加工工业和其他工业的基地。要使农民尽快摆脱贫困，必须广开生产门路，既搞种植业，又搞养殖业、采矿业、加工工业、煤电能源工业、建材建筑业、商业运输业、服务业。尽可能做到大部分粮食和经济作物、林畜产品提供的原料，经过加工再加工，使之大幅度增加产值，为农民由穷变富奠定稳固的基础。通海县的秀山镇有大小工厂41个，生产180多种产品，有的产品不仅进入全国市场，还打入了国际市场。"孔雀"牌银腰带、豆末糖被国务院有关部门评为优质产品，撒尼巾、民族布伞等6个产品被评为省优质产品；石棉瓦、斗烟丝等8个产品畅销到省外；银饰品、车床零件等已进入国际市场。据统计，1984年全县城镇工业产值已达5 053万元，占全县工业总产值的82.8%。

3. 小城镇是兴办第三产业、满足人民物质文化需要的一个重要基地。云南省是一个山区、边疆省份，经济落后，交通不便，城镇第三产业极不发达。农民进城，买难，卖难，就餐难，投宿难，照相难，缝衣难……相当普遍，有的县只有县城才有一个照相馆，每当逢年过节，学生入学，青年结婚，要跑几十里甚至上百里路，才能照上一张相。现在，允许农民到集镇兴办第三产业，既大大方便了群众，又增加了农民收入。保山专区在157个县、区属集镇中，建立了8 474个乡镇企业，从业人员达56 700余人，占全区全、半劳动力的7%。有的集镇还办起各种服务性行业。

保山市的辛街镇，离城仅 15 公里，昔日十分冷落。群众理发、照相都得进城，往来极不方便。现在农民在镇上办起了商店、旅馆、饭店、照相馆、副食品加工厂，从业人员有 300 人左右。集镇兴旺，群众生活方便。墨江县的通关镇，农民自筹资金办起了百货、饮食、缝纫、运输修理、旅社、副食品加工等企业，方便了群众生活，增加了社员收入。

4. 发展小城镇是调节城乡人口、安置城乡富余劳动力的一条重要途径。在农村，随着农业生产责任制的普遍推行和劳动生产率的提高，将出现大量的富余劳动力。与此同时，城镇也有富余劳动力待业。据有关方面估算，到本世纪末，我国农村将有两亿富余劳动力脱离土地而转向其他行业；城市也有数以千万计的职工子女要就业。据此预测，到本世纪末，云南省也将有五六百万农村富余劳动力要转向其他行业就业。如果这些人都进昆明，则昆明市的人口将成几倍的增加，由此产生的困难是很多的；如果要控制大城市人口的无限膨胀，就要新建五六个百万以上人口的大城市来容纳。这样，资金、技术、土地的矛盾就十分尖锐。实践表明，对这些劳动力不可能也没必要让其都进入大城市、无限制地扩大国有企业来安置。积极发展小城镇，是安置城乡富余劳动力的一条重要途径。如果在今后的十几年内，全省一百几十个县镇和集镇，都能办好几所、十几所质量较高的中学、小学，几十个像样的工厂、商店、饭馆、理发店、沐浴室，平均各吸纳 2 000 个富余劳动力。那么，全省 574 个县、区辖建制镇和 1 200 多个未建制集镇，共 1 800 多个集镇，即可吸纳 360 多万个富余劳动力就业。这就相当于我们现在全省城市人口的总数。还应该看到，如果把小城镇建设好了，有较好的居住、交通条件和文化福利设施，环境优美，不仅成为城乡富余劳动力的有效吸纳站，而且还将吸引大中城市的待业青年以及教育、科技、文化、艺术、医疗卫生等人员，到小城镇安家落户。这是一条适合中国国情的人口城市化的新路子。它的特点是：以城带乡，以乡促城，城乡结合，同步发展，这就从根本上避免了大多数资本主义国家人口大量向城市集中的弊病。

5. 建设小城镇还是发展农村文化、教育、科技、信息的中心。云南省的小城镇多数是地、县、区重点中小学、医院、影剧院、文化馆、图书馆、农技站等的所在地。这些是普及文化教育、传播科学技术知识、建设社会主义物质文明和精神文明的必要条件。云南是一个多民族的、边疆、山区省份，农村文化教育还比较落后，一些地区中小学教育尚未普及，一些农民一年难以看上一次电影、一场戏。特别是边疆少数民族地区和内地高寒山区，教育落后，交通不便，文化生活尤为贫乏，故而封建的、资产阶级的文化乘虚而入，毒害人们，严重地影响生产的发展和社会秩序的安定。积极加强小城镇的建设，既可传播科学技术，推动生产的发展，又可丰富群众文化生活，建设社会主义的精神文明，从而有效地抵制封建主义、资本主义文化的侵蚀，巩固政治上的安定团结。近几年来，由于保山市和盈江县的领导都比较重视小城镇的建设，保山市及其所属的板桥镇和盈江县的平原镇在这方面已经做出了一些成绩。保山市的辐射范围达4个地、州，20个县市。现有学校是大专1所、中专4所、普通中学6所、小学6所，在校学生人数达13 000多人。德宏、怒江、临沧等专州都有学生到保山师专求学。市里设有图书馆、文化宫、少年宫、群众艺术馆、博物馆、影剧院等，新建了景色秀丽的太保公园、梨花坞等游览胜地。现在，保山市已成为滇西一个美丽、清洁、文化教育比较发达的城市。盈江县县城所在地平原镇，近几年的发展也很快。开设有文化馆、农技站、电影院，并利用缅塔建了一个园林绿化公园，还设有一个马鹿场，饲养金孔雀等热带动物，颇具傣族特色。当地政府现正规划把平原镇建成旅游风景城镇，使之成为各民族文化、教育、娱乐的中心。

综上所述，积极加强小城镇建设，使之成为云南省广大农村政治、经济、文化、教育、科技、信息的中心，是打破农村历史上长期形成的封闭、落后、愚昧的自然经济状态，发展商品经济，解决劳动就业，提高群众物质文化生活水平，实现现代化的必由之路；是云南省经济、社会、科技发展战略的一个重要组成部分。从长远看，是缩小工农差别、城乡差别、脑力劳动与体力劳动差别，走中国式社会主义建设道路的一个重大举措，具有现实和深远的意义。如果我们现在不积极着手研究和解决这个重大战略问题，10年、20年后，将铸成历史上的一大错误。

三、云南省小城镇建设存在的问题

近几年来，云南省小城镇的建设虽有所发展并取得了一定成绩，但还存在一些亟待解决的问题。云南省绝大多数小城镇是历史上自然形成而沿袭至今的，因而在很大程度上存在着自发性和分布不合理、发展不平衡、缺乏完整性、效益较差等问题。

1. 发展不平衡，分布不合理。总的情况是：坝区和经济条件较好的地区发展得快些，山区、少数民族地区和边疆地区发展得慢些。到目前为止，云南省还有54个县，4 093个乡属于贫困地区，占全省总乡数的38%；农业人口为9 004 900人，占全省农业人口总数的30.5%。这些地方由于历史和自然条件等多种原因，生产发展缓慢，经济收入较少，也无力进行城镇建设。例如，云南省还有41%的乡、92%的生产合作社不通汽车。这对发展生产、搞活经济、建设好小城镇都是不利的。同时，小城镇的分布也不合理。1985 年，云南省经批准设县、区辖镇 574 个，平均 690 平方公里才有 1 个镇。这种状况与全国比较起来属于低水平，与云南省人口分布密度也不相适应。再从现有分布情况看也很不平衡。滇东北的昭通地区和楚雄州是目前云南省设镇最多的地方。昭通在历史上就是集镇较多的地区。目前，11 个县市设县辖镇 11 个，区辖镇 113 个，平均每县有 10.4 个。楚雄州 10 个县市设县辖镇 16 个，区辖镇 66 个，平均每县 8.2 个。可是，自然资源和经济条件较好的滇中玉溪地区和滇东曲靖地区则设镇较少，平均每县仅有 1 个县辖镇、1.7 个区辖镇。至于其他地州市，设镇就更少了。

2. 缺乏统一规划和指导，城镇建设的潜力虽大，但效益较差。云南省许多地区的城镇建设远未达到 20 世纪三四十年代设镇的数量。如昭通市 1936 年就设镇 32 个，但今天，仅有 11 个；永善县 1932 年设镇 18 个，而现在仅为 12 个。元江县、鹤庆县和昌宁县早在 20 世纪三四十年代就分别设镇在 10 个左右，现在，这三个县除县城外，均未设镇。1932 年的昆明县大体相当于现在昆明市的官渡和西山两个市辖郊区的范围。当时曾设有普吉、蓬得、宝华、云溪、向旭、官渡、福禄、板桥等许多镇，而现在这两个区均未设一个建制镇。

四、加快云南省小城镇建设的几个问题

云南省的小城镇建设，与内地和沿海的一些兄弟省份相比，起步晚、进展慢、效益差。要急起直追，必须解决下面几个问题：

1. 从实际出发，充分认识云南省的特点。建设小城镇要从实际出发，充分注意云南省的特点，与省情、县情相结合，是正确制定和实施有关方针、政策的出发点。云南省的基本特点是：山区、少数民族地区和边疆地区三位一体，是待开发的地区。历史形成了各地、州、市、县、乡经济社会发展的多层次性和不平衡性，封闭式的自然经济比较突出。为此，云南省的小城镇建设，对山区与坝区、少数民族地区与汉族地区、边疆地区与内地应分类指导，切忌"一刀切"。建设的规模应有层次，性质上应各具特点，步骤上应有先后。既要充分发挥山区自然资源丰富和潜力大的优势，又要利用边境开展国际经济文化交流的有利条件。

2. 要提高人们对建设小城镇的认识。无论是干部或群众，对发展小城镇的意义在认识上不是很清楚的。（1）个别市、县的领导干部只重视经济建设，不重视城镇建设，狭隘地认为城镇建设就是盖个电影院，开个商店、饭馆之类，不如农业重要。（2）一部分农村干部因"左"的影响而形成偏见，仍然把城镇看成消费性的，把经

商看成投机取巧，只重视农业，习惯于单纯的催种催收。（3）少数边远山区的兄弟民族，安于自然经济的生产方式和生活方式，也不热心于发展商品经济和小城镇。为此，必须反复强调，在由自然经济向商品经济转变的过程中，抓小城镇建设，正是抓住经济建设的"牛鼻子"。胡耀邦同志说得好："如果我们的国家只有大中城市，没有小城镇，农村里的政治中心、经济中心、文化中心就没有腿。"

3. 要做好小城镇建设的规划。为防止小城镇建设中的盲目性，必须从云南省社会经济发展的前景出发，本着有利生产、搞活流通、方便生活、促进"两个文明"建设的原则，认真作好小城镇建设的总体规划。

首先，要各级领导重视，把小城镇的建设列入领导的议事日程。中央领导同志曾指出，村长、镇长不抓好村镇规划，不算一个好的村长、镇长。国务院城乡建设环境保护部要求 1986 年把村镇规划搞完；省里从实际出发，要求完成 80%，而各地、州进展情况，则相距甚远。据保山地区城建部门预计，保山只能完成 3%。其他边疆地区，情况也相似。因此，小城镇的建设，城建部门要抓，各级领导要抓，要列入议事日程。

其次，要组织一支专职与兼职相结合的规划队伍，并保持一定时期的稳定性。

最后，省、地、县各级政府要在经费上支持小城镇建设的规划工作。

4. 动员社会力量，筹集建设资金。小城镇建设需要兴建基础设施、公共服务设施和交易场所。这些建设资金不能全由政府包下来，而应本着"人民城镇人民建"的方针，动员社会力量来办。

这几年，不少城镇用"谁受益，谁出钱"的办法来解决建设资金的筹集问题。具体地说，就是国家拨一点、驻镇单位交一点、企业出一点，较快地解决了资金问题。对公共服务设施，要鼓励和支持单位、集体或个人去兴办，实行"谁兴办，谁出资，谁经营，谁受益"的原则，使人们既乐意又有力量去办。保山市郎义乡由生产队投资 8 万元，在龙王塘利用自然山峦和泉水建起一个由林业专业队经营的农民乐园。经过几年工夫，现已建成一个山清水秀、林木葱郁的游览胜地——龙王塘公园。不仅本乡、本区的农民经常去游玩，而且，因离保山市只有 10 公里，每逢节假日，市民们也结伴去玩，甚至吸引了省内外的远方来客。现在，每天游人已达数百人甚至千余人，春节庙会期间可达万人。年收入 2 万多元。现该乡正在规划将公园的规模由原来的 45 亩扩大到 480 亩。这是群众自己集资建设小城镇基础设施的一个典型事例。

5. 小城镇建设应"两个文明"一起抓。在小城镇建设中，必须一开始就注意"两个文明"一起抓。开展建设文明镇的活动，评比"五好家庭"和"文明楼院"，搞好家庭教育，实行治安责任制，清理和制止放映淫秽录像和赌博等活动。在思想政治上和社会风气上，提倡"五讲、四美、三热爱"，使我们的集镇成为经济繁荣、社会安定、人民富裕、民族团结、文明昌盛的社会主义新型城镇。

（载《经济技术论坛》1986 年第 1 期）

关于《元谋县经济、社会、生态综合发展战略规划系统工程研究》课题的几个问题

（1988 年 4 月）

一、课题的由来及研究目的

　　云南省地域广阔，生产资源、矿物资源、水和水能资源极其丰富。云南省委和省政府要求大力、合理开发这些资源，形成优势产业，发展商品经济；并运用系统工程的理论和方法，全面统筹，综合论证，系统开发，拟定省、州、县级的经济、社会协调发展的总体规划，使领导决策科学化、民主化和法制化。为此，受云南省政府的委托，于 1987 年 4 月正式成立了以云南大学经济系为主体，有云南工学院、云南教育学院、云南财贸学院和元谋县部分领导同志参加的"元谋县经济、社会、生态综合发展战略规划系统工程研究"课题组。全组共 46 人。其中，副教授 7 人，讲师、农艺师 12 人，助教、研究生 10 人，元谋县党政领导和有实践经验的干部 17 人。同时，还成立了由省、州有关领导和专家参加的顾问组。课题组在云南省政府、省科委、元谋县委、县政府和云大的领导以及顾问组的参谋、咨询下开展工作。

　　课题研究的目的，一是为合理开发热区资源、尽快脱贫致富、把元谋县建成全省最富庶的县之一探索最佳途径。虽然元谋地处金沙江干热河谷地区，热区资源极为丰富，但是，由于封闭、落后和贫困，如何开发热区资源形成优势产业和"拳头"产品，从而带动全县经济的发展，使自给自足的自然经济向社会化、现代化的商品经济转变，由封闭的内向型经济向开放型经济转变，以推动生产力的大发展，尽快改变贫困落后的面貌，这是需要深入研究、认真回答的重大问题。二是为领导决策科学化、民主化和法制化提供可靠根据。系统工程是当代一项先进的科学方法。根据马克思的经济理论，运用计量经济学、现代数学和计算机技术，在定性分析的

基础上，进行定量的分析、演绎和推理，把定性分析和定量分析、静态分析和动态分析有机地结合起来，设计元谋县经济、社会、生态的总体发展战略和规划，从而避免经济工作中的大起大落、摇摇摆摆，避免指导思想上和实际生产经营活动中的急功近利和短期行为，使元谋县经济、社会、生态的发展，既符合经济规律和自然规律的客观要求，又符合元谋县的实际情况；使国民经济各部门之间，使经济、社会、生态各个方面都能协调、稳定、持续地发展，实现经济、社会、生态环境的良性循环，真正走上一条速度比较实在、经济效益比较好、人民可以得到更多实惠的路子。这就必须克服过去在决策上的主观随意性和凭经验办事的局限性，使决策建立在科学、民主、法制的基础上。三是通过元谋系统工程的研究，也为全省热区资源的开发利用和农村经济的全面发展，提供有益的经验。四是摸索和总结高等学校如何贯彻理论与实际相结合的方针，发挥多学科群体优势，特别是文科在软科学研究方面的优势为社会主义经济建设服务的经验。

二、研究成果

在各级领导的关心、指导和帮助下，课题组全体成员经过一年的共同努力，取得了《元谋县经济、社会、生态综合发展战略规划系统工程研究文集（1987—2000年)》共6集、约80万字的研究成果：第一集：《总体发展战略规划》。主要内容有省、州、县各级领导对元谋县发展战略的意见；有总体诊断、总体战略和总体发展规划。第二集：《诊断分析》。从11个部门和方面对元谋发展的历史和现状进行系统的诊断分析，找出优势、制约因素和发展潜力，为制定战略奠定基础。第三集：《部门战略规划》。从12个方面制定了不同部门系统的发展战略和规划。第四集：《专题报告》。这是对总战略和部门战略涉及的一些重大问题进行的专题研究和论证，带有深化和补充的作用。第五集：《模型》。全面介绍了在课题研究过程中运用5个模型块（即结构功能模块、系统预测模块、计量经济模块、系统优化模块、系统综合规划模块）所建立的近200个模型。第六集：《数据集》。对元谋县经济、社会、生态发展的历史和现状，搜集和整理了近50万个数据，并汇编成册。

三、主要程序和作法

运用相关科学的理论和系统工程的方法，研究和设计一个县的综合发展战略和规划，使之既符合科学的原则，又具有指导的作用。这就要求研究成果应具有科学性、政策性和实践性。一年来，我们课题组的全部工作经历了以下六个阶段：

第一阶级，准备阶段（1987年4月—1987年8月）。这一阶段我们认真抓了五项工作：

1. 统一思想，提高认识，成立系统工程研究的领导班子和工作班子。早在1986年5月26日到29日，楚雄州政府和元谋县政府就邀请了省、州、县有关部门的领导和专家学者在元谋县召开了"元谋县热区开发规划讨论会"，省委副书记、省长和志强亲临会议并发表了重要讲话，州委书记、县委书记和县长以及到会的专家、学者都发表了许多宝贵的意见。与会同志共同认为：元谋县热区资源十分丰富，开发前景可观；要运用科学的理论与方法广泛深入地进行可行性论证，提出元谋县经济、社会、生态综合发展的战略规划，明确发展的目标、重点、步骤和应采取的措施，以指导实际工作，加快元谋经济的振兴；同时，也成为开发全省热区资源的"突破口"。1987年初，在省政府领导的关心下，元谋县召开了县级五套领导班子联席会议，进一步讨论了运用系统工程的理论和方法研究制定元谋县综合发展战略规划的重要意义。明确指出：这既是客观经济形势发展的需要，也是改变干部领导作风的要求。在统一思想认识的基础上，成立了有元谋县委、县政府、县政协、县科委、县委农村工作部、农牧局、水电局、工交局等单位负责同志和云南大学、云南工学院、云南教育学院、云南财贸学院等单位有关同志参加的领导班子和工作班子。由县委副书记、副县长和课题组长负责领导小组的工作。课题研究的业务工作由课题组长负责。

2. 设计出总体发展战略规划工作程序框图。根据整个研究计划和要达到的目的，经过反复讨论，拟订了"《元谋县经济、社会、生态综合发展战略规划系统工程研究》工作程序图"，作为指导我们全部工作进程的蓝图。

3. 适时开办培训班，提高课题组成员的业务素质。1987年5月11日至5月26日举办了元谋县综合发展战略规划系统工程培训班。培训的对象有：元谋县五套领导班子成员、县级农业、林业、水利、气象、工商、城建、文教、审计、统计、科委等17个单位和盐水井乡的负责同志以及课题组成员共计50多人。培训的内容主要是根据工作的需要，结合元谋的实际讲授了四个方面的问题，即：当代系统综合发展的新趋势；社会主义商品经济的基本理论和综合经济效益分析；生态学原理及其在农村经济中的运用；系统工程的原理和方法。讲授内容重点突出、少而精，不搞烦琐哲学；方法通俗易懂，联系实际，学以致用。虽然培训时间比较短，学员的年龄、文化水平又参差不齐，但反映收获大，进一步树立了商品经济思想，初步掌握了系统工程的理论和方法，为顺利进行课题研究奠定了比较好的理论基础。

4. 考察取经，进行"概念开发"。为了学习和借鉴先进地区的经验，少走弯路，加快工作进程，课题领导小组于 1987 年 5 月 28 日至 31 日、7 月 2 日先后组织有元谋县党政领导和课题组同志参加的参观团到与元谋县毗邻的四川省米易县和云南省陆良县参观立体农业，学习系统工程研究的经验。四川省米易县的自然条件与元谋县基本相似。该县领导重视，发展方向明确，实施项目落实，措施具体，分层次指导，发展速度快，成果显著，效益好。陆良县是进行系统工程研究进展比较快的地区之一，有些工作做得比较细致，值得借鉴。对比两县的工作，使大家开阔了视野，更新了观念，为深入研究奠定了思想基础。

5. 组建三级课题组，进行数据的搜集和整理。根据课题研究工作的需要，分行业建立了三级课题组，搜集和整理了数万个历史数据，写出了关于农业、林业、水利、工业、乡镇企业、科技、文教、人口等 12 个方面发展现状的情况简介。

第二阶段，是对历史和现状进行调查的阶段（1987 年 6 月—1987 年 9 月）。通过调查，摸清了大系统（全县系统）和各个子系统（县属部门系统）的基本情况，从而为诊断分析、战略研究、建立模型、进行投入产出分析、设计规划提供了依据。这个阶段，主要抓了两项工作：

1. 深入调查，搜集全县经济、社会发展的历史和现状的材料和数据。根据工作的需要，设计了一套能反映元谋县基本情况的调查表，包括自然地理、资源、经济、能源、交通、人口、文教卫生、科学技术、生态环境、社会心理与外部环境，等等。在调查过程中，坚持实事求是的精神，不带框框，不先入为主，遵循真实、可靠、准确的原则，采取由近及远、由粗到细的方法，运用多途径、多渠道、多层次、多形式的办法搜集资料，包括充分利用历史统计资料、农业区划报告、部门资料、座谈会、个别访问等所提供的材料。

2. 对历史和现状的数据、信息进行处理。将所搜集到的材料和数据通过去伪存真、去粗取精、填空补缺的办法，对近 400 个调查表和数万个数据进行归纳、分类、筛选、比较，使资料数据系统化、条理化，翔实准确。整理出全县的基本概况、工业、农业、林果业、水利、生态环境、乡镇企业、商业、财政、科技、文教、人口等 12 个方面的历史和现状的基本数据，建立了囊括 50 万个数据的数据集，基本上从量的方面反映了全县 1952 年以来经济、社会、生态发展的情况。

第三阶段，系统诊断分析阶段（1987 年 10 月—1987 年 12 月）。这是承上启下进行系统工程研究、提出发展战略规划的一个重要环节。它是在全面调查研究基础上，即对元谋县总体发展的历史和现状进行定性分析基础上，运用系统工程的理论和方法，进行定量的分析、演绎和推理，使定性分析和定量分析相结合、动态和静态相结合、纵比和横比相结合、内比和外比相结合，运用经济分析、统计分析、数学分析、经验分析和计算机分析等方法，认识元谋县整体系统和分系统的基本概况、历史发展和现状及其相互作用、相互联系的结构；评价其系统功能及其系统发展存在的问题、优势、潜力和制约因素，从而为战略研究和规划设计提供了可靠的依据。这个阶段主要抓了以下两项工作：

1. 进行部门子系统诊断分析。首先对工业、种植业、林果业、畜牧业、水利、生态环境、乡镇企业、商业、财政、文教卫生、人口等 11 个方面的历史和现状进行诊断分析。为了直观形象地说明问题，绘制了 200 多张图表，召开了为期 3 天的诊断分析报告会，邀请了省、州、县各有关部门负责人参加，广泛地听取各方面的意见，深入地剖析了部门系统的症结所在。

2. 进行总体诊断分析。在部门子系统诊断分析的基础上，进行了总体诊断分析。内容主要是：系统发展分析、系统总况分析、系统结构分析、系统耦合分析。在系统结构分析中运用了投入产出模型，全面系统地分析了元谋县经济发展的现状。在此基础上，进行了系统总体功能特征的分析和系统总体发展前景的分析。通过对元谋县经济、社会、生态进行总体系统的诊断分析，得出的结论是：元谋拥有以生物资源为主的自然优势，交通发达，但综合利用程度比较低，转换功能弱；商品经济的发展虽已起步，但基本上仍处于自然经济向商品经济的转换过程中；党的十一届三中全会以来，虽然经济发展较快，但系统内部结构松散，关联效应低，综合效益差；科技教育水平低，人才匮乏；经济发展不平衡，生态环境破坏严重，全县经济、社会、生态尚未形成综合协调发展的格局。通过总体系统历史和现状的诊断分析，即看清了元谋县存在的主要问题，也看到了其发展的优势、潜力和制约因素。为了振兴元谋经济，适应全省乃至全国大系统的需要，必须改革旧体制，调整产业结构，建立和完善新的经济运行机制，从而为总体战略的研究奠定良好的基础。

第四阶段，战略研究阶段（1987 年 12 月—1988 年 2 月）。战略研究既是诊断分析的结果，又是规划设计的核心。它是具有长期性、全局性、规律性和关键性的谋略，也是指导经济发展的总方针、总目标。战略设计是否科学，直接影响规划设计的可行性和综合效益。为了深入地进行战略研究，制定切实可行的战略方案，我们抓了两项工作：

1. 系统开发。根据经济学理论和党的"十三大"精神，运用系统工程的方法，从元谋县的实际情况出发，进行全面的、科学的、系统的开发性研究，特别是概念的开发、观念的更新，强调解放思想、解放生产力。课题组召开为期 7 天的战略讨论会，邀请了课题组顾问、县委负责同志以及省级有关部门负责同志参加，深入充分地讨论了元谋县的经济发展战略模式。大家认为，选择经济发展战略模式的客观标准是：能充分体现本地区经济发展的最优条件，并符合全省乃至全国大系统经济发展战略的要求；能够获得最佳经济效益，并符合现代经济发展的总趋势和特点；能够有实现的最大可能性，并符合总体协调发展的要求。在指导思想上要充分体现自然经济观念向商品经济观念的转变，由封闭的内向型经济向开放的外向型经济的转变，由粗放经营观念向集约化经营观念的转变。针对元谋县的实际情况，从不同角度提出了元谋县经济、社会、生态综合发展的 5 种战略设想，即：（1）市场导向型发展战略。这就是指元谋县社会经济的发展、资源的开发利用，必须以市场为导向，大力发展以适应市场需要、具有竞争力的行业和产品。（2）以资源开发为导向的发展战略。元谋县资源丰富，交通方便。据此提出"'三个四'发展战略"，即：农业是一粮二蔗三菜四果；工业是一糖二纸三建材四加工；基本建设是一水二林三能源四交通。（3）产业导向型发展战略。就是说，元谋县经济的发展，必须首先发挥资源丰富等潜在的经济优势，以加工业特别是农副产品和食品加工业为主导产业，形成较长的产业链条，提高产业关联效益。（4）乡镇企业中心型战略。就是说，元谋县今后经济发展的方向，必须把乡镇企业放在首位，以乡镇企业的发展带动全县经济、社会、生态的综合发展。（5）生态经济综合型发展战略。就是以改善生态环境、实现良性循环为根本指导思想，促进经济、社会、生态的协调发展。

2. 发展战略的确定。在系统概念开发、多种战略讨论、比较和优化的基础上，选择了生态经济综合型发展战略。这是因为，元谋县的生态环境已遭到严重破坏，森林覆盖率大大低于全省和全州的平均水平；水土流失的严重程度，已日益威胁到经济、社会的发展。这表明，必须高度重视生态环境的保护和改善，促进经济、社会、生态环境的良性循环。为此而提出的总体战略指导思想是：坚持发展社会生产力的标准，用改革开放总揽全局，走生态经济综合发展的道路，把科技、教育放在首位，以市场为导向，以热区资源为依托，以结构调整为契机，以粮食生产为保证，促进经济、社会、生态协调、稳定、持续地发展，提高综合经济效益，把元谋县建设成云南最富庶的地区之一。在明确上述指导思想的基础上，建立了系统结构模型，通过电子计算机优化处理，确定了目标体系，为下一步分析论证奠定了基础。

第五阶段，分析论证和规划设计阶段（1988 年 2 月—1988 年 3 月）。为使规划设计的各项指标体系更科学、更可靠，对实践更具有指导意义，我们抓了三项工作：

1. 对总体发展战略进行可行性和风险性的论证分析。元谋县要大规模发展蔬菜生产，形成出滇产品的优质产业，面临的威胁是生产冬春早蔬菜的地区增加、面积扩大、市场价格竞争激烈以及蔬菜的保鲜和运输问题。为此，组织了专题风险论证。通过深入分析其利弊、预测其市场前景和实施预防风险的对策，认为利大于弊，应大力发展蔬菜生产，形成优势产业，从而使战略建立在科学可靠的基础上。

2. 根据总体发展战略进行规划设计。通过系统预测、系统优化、系统规划等模块，为元谋县1987—2000年经济、社会、生态综合发展提出了高、中、低三种不同发展水平的规划方案，供进一步优化选择。

3. 将总体发展战略和规划提交元谋县领导和课题顾问组讨论审定。1988年3月27日至29日，召开了元谋县五套领导班子，各部、委、办、局负责同志和大乡党委书记参加的干部大会，对发展战略和规划进行了三天充分讨论，最后一天举行大会发言，广泛听取了各方面的意见和建议。与会者认为，经济发展规划搞了好多次，但从来没有像这次这样召开过如此大规模的会议进行深入充分地讨论，真正实现了民主决策、科学决策。会后，又召开了有课题组顾问和省、州有关部门负责同志参加的会议，进一步听取意见，进行论证。在集思广益的基础上，最后选择了第二种方案。

第六阶段，组织专家鉴定和贯彻实施的阶段（1988年4月12日以后）。经过课题组和元谋县广大干部自上而下和自下而上的反复讨论，并运用系统工程的理论和方法进行优化处理，取得了综合发展战略规划系统工程研究成果。这一阶段，抓了三项工作：

1. 通过省级鉴定。1988年4月12日，由省科委组织专家评审。在成果鉴定会上，专家评议组经过充分讨论审议，一致认为："该项研究成果，不但在省内同类成果中占有突出的地位，而且在全国同类成果中也占有重要的位置。其中，'总体诊断'部分在目前全省同类研究中居于领先地位。"研究成果获得专家组的好评。省政府的负责同志出席了鉴定会并讲了话，对研究成果给予了充分肯定。会后，《云南日报》、《光明日报》、云南电视台、云南人民广播电台等新闻单位都及时作了报道。

2. 提请县人代会审议、立法。1988年4月26日至30日，元谋县召开十届二次人民代表大会。会议用两天时间讨论综合发展战略规划。人大代表们认为，《元谋县经济、社会、生态综合发展战略规划》是符合元谋县实际的，是元谋多年实践经验的升华，是科学的、切实可行的。经县人代会审议通过，作出《决议》，责成县政府贯彻实施。

3. 县政府组织贯彻实施。根据元谋县十届二次人代会的决议，县人民政府组织力量，成立贯彻实施的组织机构，根据总体战略规划制订相应的具体计划，分期、分年度下达各部门、各地区实施，并作为干部任期目标和考核指标定期检查。在实施过程中，随着人们认识的深入、改革的深化，将不断总结经验，实行滚动计划，进行修改、补充，使总体规划日臻完善。同时，中共元谋县委决定把总体发展战略规划作为对全县干部进行党在社会主义初级阶段基本路线教育的一项基本内容，并向全县人民广泛深入宣传，动员各族人民齐心协力、团结一致，为实现总体发展战略规划，把元谋县建设成云南最富庶的地区之一而努力奋斗。

四、几点体会

1. 统一认识，明确指导思想。进行软科学研究，特别是运用系统工程的理论和方法进行区域规划是实现领导决策科学化、民主化、法制化的重大步骤。但在具体工作上还缺乏经验，需要积极大胆地去实践，即不要把它神秘化，认为只有依靠少数专家运用电子计算机才能完成，从而把区域发展战略规划的研究公式化、绝对化，甚至成为数量简单运算的结果，与客观实际状况的发展相去甚远；另一方面，也不能把研究工作简单化、经验化，认为不运用先进的科学理论和方法，只凭老经验、老办法，推算加估算也能把区域发展战略规划搞出来。上述两种态度都是不可取的。我们在课题研究中自始至终强调两条：第一，科学性。从课题的产生、形成和结果都必须运用科学理论和方法观察问题、分析问题和解决问题。第二，实用性和指导性。制定区域发展战略规划不是学术问题，不是理论探讨，而是指导地区经济、社会发展的蓝图，实际工作部门和人民群众要根据设计的蓝图去实践、去发展。因此，必须对实际工作具有指导性、实用性，并通过立法增强其权威性。

2. 在方法上要强调全局性、综合性和协调性，并使之有机结合。所谓全局性是指系统的整体性，从时空两个方面反映战略的整体观念。时间是强调历史、现状和未来的整个时序过程，研究带方向性、战略性的根本问题。空间是从全县经济、社会、生态的总体上来研究战略。所谓综合性是指系统的层次性。区域的经济、社会、生态系统是一个多目标、多功能、多层次的大系统。不同层次、不同部门的发展战略，其侧重面、着眼点都不尽相同。为了寻求一种系统总体效益的最优发展战略，要按照它的层次结构关系，如产业结构、部门结构、产品结构等内在的有机联系，经过系统分析，用综合方法将战略目标由县级高层次到较低一级层次，逐级分解，而战略规划方案又由低层次向高层次逐步综合，使上下左右各个方面、各个部门构成一个有机联系的整体。所谓协调性是指社会经济发展的有序性。在总体发展战略的研究过程中，我们强调了经济、社会、生态之间的内在联系和相互协调，通过战略目标的设计，逐步实现经济、社会、生态的良性循环。在整个研究过程的逻辑思维上，贯彻时间维、逻辑维和专业维的三维结构，使之一体化。

3. 对课题组成员的选择，要多学科、多专业，使之相互结合和渗透。我们课题组由经济学、历史学、数学、生物学、社会学等多学科的教学科研人员组成。研究报告运用了系统工程学、计算机技术、区域经济学、生产力经济学、发展经济学、计量经济学、生态经济学、社会学等科学的基本原理和方法。研究成果不仅使各相关学科相互结合和渗透，也吸取了国内外经济发展战略研究的先进经验。这样，既推动和深化了课题的研究，反对来，通过实践又丰富和完善了经济学、生态学、系统论、社会学等学科的基础理论，其间还有一些创新和发展。此外，通过课题的研究，也为高等学校发挥多学科的群体优势，为社会经济建设服务积累了有益的经验。

4. 课题组成员的志同道合、团结协作、互相支持、互相切磋，产生了集体力量。课题组共 46 人，来自云南大学、云南工学院等四所高校和元谋县；有长期从事理论研究和教学工作的教师，也有党政领导和实际业务部门的干部；有中年，也有青年；有高、中级职称的，也有初级职称的。大家都能相互支持，团结协作。尽管在对问题的研讨过程中，有的观点针锋相对，争论激烈，但不仅没有伤害彼此的感情，反而加深了对问题的理解。正是由于互相尊重、取长补短、发扬团结友爱的精神，大大推动了工作的进程。许多同志放弃春节休假而投入紧张的研究分析和计算处理工作。有的同志克服家庭困难，尽管老人、孩子生病，还多次深入基层调查研究，搜集资料、核实材料，常常挑灯夜战抓紧写作，使课题组成为一个团结协作的集体、勤奋研究的集体，按时、圆满地完成了任务。元谋县委、县政府赠送给云南大学和经济系的两面锦旗上写着"团结协作，振兴元谋"八个字，这是对课题组团结勤奋精神的最好赞誉和有力证明。

（载《元谋县经济、社会、生态综合发展战略规划系统工程研究文集》）

关于搞好乡级发展战略和规划的几个问题

——昆明市西山区团结乡发展战略和规划介绍

（1991 年 3 月）

一、经济、社会发展战略和规划的含义

经济、社会、生态（或科技）发展战略是关于在一个较长的历史时期内，根据对经济、社会发展以及生态（或科技）环境的各种条件的估量，通过对关系经济、社会、生态（或科技）环境发展全局的各个方面的研究，确定达到的目标、解决的重点、经过的阶段，以及为实现上述要求所采取的重大政策措施和力量部署。

经济、社会发展战略是解决经济、社会发展中带全局性、长远性、根本性和规律性的问题。全局性是指空间而言。要克服狭隘的局部观点，树立全局观点，从全局出发来制定发展战略。全局性依其层次的不同，范围有大有小。从一个国家，到一个部门、一个地区、一个县、一个乡，都有自己的全局，因而也都可以有自己的发展战略。下一个层次的发展战略（如乡）要服从和服务于上一个层次的发展战略（如区、县），要统揽全局。长远性是指时间而言。在制定经济、社会发展战略时，要从长远的需要出发，考虑长远的发展目标。近期的需要要服从和服务于长远的需要。根本性是指要从根本的利益出发，眼前的、暂时的利益要服从和服务于根本利益，不能平均使用力量。规律性是指要抓住事物内在的本质的联系，制定出一个符合客观规律的、具有指导意义和现实作用的科学发展战略和规划。

制定经济和社会发展战略和规划，要把经济发展、社会发展和科学进步以及改善生态环境紧密地结合起来，形成一个经济、社会、生态环境协调发展的战略规划。其基本内容通常包括以下 6 个方面，即战略依据、战略指导思想、战略目标、战略重点、战略步骤和战略措施，共同构成一个完整的战略思想体系。这是一个战略系统工程。

1. 战略依据。制定经济、社会发展战略要有充分的科学依据。这是重要的前提条件。它大体包括：第一，大范围发展战略及其对本地区的战略要求。第二，对本

区经济、社会和生态环境发展的历史、现状和存在问题的分析。第三，全国、全省、全县和本地区经济、社会发展的联系和对发展趋势的预测。通过以上分析，目的是要从自身和外部环境中找出本地区经济、社会、生态获得全面发展的有利条件和制约因素，把握其发展的规律性。

2. 战略指导思想。这是指确定本地区经济、社会、生态发展的方向、道路即发展的模式。为此，应考虑的基本原则是：第一，能充分体现本地区经济、社会发展的最优条件。第二，能够获得最佳的经济、社会和生态效益，即选择一条少投入、多产出的最佳途径。第三，能够实现发展战略的最大可能性。这三点缺一不可。如果仅仅有最优条件、最佳经济效益的途径，而没有实现的可能性，那么制定的战略也是空中楼阁。

关于经济发展战略模式，近几年来大体有以下几种类型：（1）梯度发展战略。即战略充分利用"梯度差"的经济态势，首先加强、改造发达地区，带动不发达地区，争取梯度推移战略，使"效益"和"平等"两方面都得到兼顾。（2）跳跃式发展战略。即重点不是根据农业、轻工业、重工业等产业秩序的现状来确定，而是根据经济发展的要求的可能来确定。这样，可以跳过发达和次发达地区，直接对不发达地区进行开发。这又要直接取决于资金、技术和人才的引进，以开发当地资源。（3）产业导向型发展战略。即以某一种产业为龙头，建立优势产业群，带动全地区经济的发展。选择带头产业的依据主要是考虑四个因素：从资源出发，考察发展的有利条件；从市场出发，考察哪种产品销量大，收入弹性高；从生产率上升的可能性出发，考察在短期内可以滚动起来、尽快发展上去而少有障碍的产业；从产业关联效果出发，即一个产业对其他产业发展的影响，包括前方关联和后方关联的效果，从而由一个产业的发展而带动整个产业的发展。（4）综合发展战略。即以发挥某种优势为中心的综合发展战略。为此，需要遵循的原则是：从实际出发，充分利用现有基础；能获得最佳经济效果；能充分发挥本地区的各种优势；能获得各地区和部门的协作配合。（5）生态平衡实现良性循环发展战略。即以经济效益、社会效益、生态效益相统一，实现生态环境的良性循环为目的的发展战略。为此，要遵循的原则是：对自然资源的保护和利用程度；森林覆盖率的高低；水土保持的程度；经济效益的高低等。（6）以市场为导向的开放式发展战略或倾斜战略。即以市场为出发点，围绕市场需要组织整个产业的发展。为此，考虑的原则是深入全面分析市场需要变化的因素，包括经济因素如购买力、市场容量、价格水平、流通渠道，社会因素如消费习惯、民族特点、文化程度，政策因素如产业政策、产品政策、技术开发政策、价格政策等，自然因素如地理环境、气候条件等。此外，还有心理因素。

3. 战略目标。尽管各地区的战略目标不尽相同，但有几点却是共同的：第一，经济发展的水平和速度。即到哪一年经济发展要保持什么样的速度、达到什么样的水平。在提高经济效益的前提下，如何保持恰当的经济增长速度。第二，产业结构、技术结构的变化，如何实现产业布局的合理化。第三，消费水平和消费结构的变化，即人民生活水平发生的变化。第四，文化教育、医疗卫生发展程度的变化。第五，经济效益、社会效益和生态效益提高和改善的情况。第六，本地区在大范围内经济地位的变化。

4. 战略重点。要确定本地区的支柱产业，即对本地区经济社会发展最具影响力的拳头产业、拳头产品。为此，应遵循的原则是：第一，在本地区的经济发展中占有重大比例的产业或产品。第二，有较大优势的产业。第三，对本地区经济发展有决定性影响的产业。第四，对今后经济发展有前途的产业。概括地讲，就是四句话："有重大比重，有较大优势，有决定影响，有发展前途。"以此来确定本地区的支柱产业和重点产品。

5. 战略步骤。即确立战略实施的发展阶段。通常划分为近期、中期、远期三个阶段或者是分成三步走。每一阶段的时间可根据战略目标的需要来决定，通常与国民经济的五年计划相衔接。

6. 战略措施。即贯彻实施战略方案的具体对策。通常包括：政策、体制改革、资金筹集、技术推广、人才组织、分类指导等。要针对战略方案提出指导思想、战略目标、战略步骤。总之，要从本地区的实际出发，采取相应的措施。

上述六个方面的内容是不可分割、相互联系的。战略依据是制定战略指导思想和总体方案的客观根据；战略指导思想是确定战略的发展方向、道路或模式；战略目标是战略指导思想的具体体现；战略重点是实现战略目标的多种制约因素中起决定作用的一种因素，或者说是实现战略目标的主要矛盾；战略步骤是实现战略目标、把握战略重点的阶段；战略措施是实现战略方案而采取的最重要、最根本的对策。上述各个方面构成一个完整的战略思想体系。

二、搞好乡级发展战略和规划的重要意义

随着县（区）发展战略和规划研究的深入发展，乡级发展战略和规划工作也提上了各级领导的议事日程，越来越引起人们的广泛重视。有的地区采取重点试验、逐步推广的办法，已取得良好的效果和积累了一定的经验。在云南省人民政府咨询委员会和云南省委的直接领导下，组织了由云南大学经济系、云南省林业规划设计

院、云南工学院、云南教育学院、昆明市政府经济技术研究中心的科研人员和昆明市西山区团结乡有关干部组成的"昆明市西山区团结乡经济、社会、生态综合发展战略规划系统工程研究"课题组，对团结乡经济、社会、生态的综合发展战略和规划进行专题研究。其目的是：

1. 为了有效、合理地开发利用团结乡的自然资源，把团结乡建设成为经济繁荣、群众生活富裕、民族团结和胜利的乡。团结乡地处昆明市近郊，交通方便，矿藏和林果业资源丰富。为了使地理和资源的优势转变为经济优势，尽快改变团结乡贫穷落后的面貌，走上富裕道路，就需要对全乡的历史和现状、主观和客观经济社会条件，进行深入的调查研究，全面分析优势、劣势和发展潜力，从而提出符合客观实际的有指导意义和切实可行的发展战略和规划，有效地指导全乡经济的协调发展。

2. 使团结乡经济、社会、生态的发展在决策上科学化、民主化。长期以来，对区域发展方案的决策，特别是对县、乡发展方案的决策，带有较浓厚的个人色彩和感情色彩，主观随意性很大。例如，张书记来了说要大种水稻，李书记来了说要大种烤烟。今天一个样，明天一个样，使基层干部和群众无所适从。这种决策方法，从本质上讲是一种与小生产方式相适应的、凭个人经验所作出的经验决策。从决策发展的角度看，还处于初级、落后的阶段。在过去漫长的奴隶社会、封建社会里，国家高层的决策，往往是由少数人（如帝王将相）决定的。尽管有时也得到参谋层或智囊人物的协助，但由于少数人的阅历、知识、才能有限而导致决策上的失误。这是必然的、不可避免的。今天，在社会主义条件下，随着商品经济的发展和生产社会化程度的提高，社会生活的各个方面都广泛地密切地联系起来了。一个地区、一个部门，影响其经济、社会变化的因素之繁多、规模之庞大、活动形式之复杂，从而要求知识增长之迅速、信息量之巨大都是前所未有的，也是那种小生产、自然经济无法比拟的。因此，要有效地指导和驾驭这种新的态势，使一个地区、一个县、一个乡的经济、社会的发展符合自然规律、经济规律和社会规律的客观要求，逐步走上稳定、协调、健康发展的道路，必须对该地区的经济、社会发展进行深入的研究，才能提出正确的、科学的发展战略和规划。

3. 为了贯彻省委、省政府提出的"教育为本，科技兴滇"、"科技兴农"、"科技兴乡"的战略方针，摸索、总结乡级单位的具体措施，使之与县、区发展战略和规划相互衔接，真正成为科技兴乡、全面综合协调发展的基础。

三、团结乡综合发展战略和规划的研究成果与主要工作程序和方法

在云南省、昆明市和西山区各级领导的关心、指导和帮助下，课题组全体成员经过近一年的共同努力，取得了《昆明市西山区团结乡经济、社会、生态综合发展战略和规划系统工程研究结果》（1990—2010 年）共 7 个文集、2 套图表。即：（1）团结乡土地、森林、经济植物等多种资源调查报告 1 份。（2）团结乡经济、社会、生态部门诊断分析报告 10 个分册。（3）团结乡经济、社会、生态总体诊断分析报告 1 份。（4）团结乡经济、社会、生态总体发展战略和规划 1 份。（5）团结乡农业生态经济系统发展战略和规划 1 份。（6）团结乡乡镇企业系统发展战略和规划 1 份。（7）团结乡教育系统发展战略和规划 1 份。（8）团结乡发展战略和规划图 1 套。（9）团结乡发展战略和规划表 1 套。

团结乡经济、社会、生态综合发展战略和规划课题的工作程序和方法大体经历了四个阶段：（1）对历史和现状进行系统调查的阶段。（2）系统诊断分析阶段。（3）战略研究和规划设计阶段。（4）举行成果鉴定和贯彻实施阶段。

团结乡发展战略和规划通过专家鉴定后，已由乡政府组织力量分项目、分阶段地贯彻实施，在种植业、林果业、养殖业、乡镇企业以及农业技术的培训和推广方面都做了大量的工作，完全可以预断规划的目标将会逐步实现。

四、团结乡总体发展战略和规划的基本内容

1. 团结乡的基本特点：（1）可供开发利用的自然资源比较丰富。（2）靠近中心城市，靠近市场，是一个城郊农业型乡。（3）交通运输条件比较好。（4）以工补农的资金比较充裕。（5）科技、教育事业有了一定程度的发展。

作为团结乡经济、社会、生态发展的制约因素主要是：（1）自然资源的组合效应差，提高生物产量的难度比较大。（2）地域差异较大，加剧了经济发展的不平衡。（3）人口文化素质不高，人才比较缺乏，科技水平比较低。

2. 战略指导思想。团结乡 1990—2010 年经济、社会、生态综合发展的指导思想是："以教育为本，工业先行；充分发挥地理优势，依托城市和市场导向，以粮食为基础，大力发展林果业和养殖业，强化流通渠道；以科技为动力，走生态农业的道路，把团结乡建成为昆明市和西山区的种植业、养殖业和矿砂开采及加工业的生产基地，建成为经济发达、环境优美、人民富裕、各民族和睦共处、社会安定团结的富裕乡"。它的基本要点是：（1）坚持教育为本的思想。这是发展多项事业的

基础。（2）工业先行，特别是采矿业及农副产品加工业先行。（3）依托城市和市场，大力发展林果业和养殖业。（4）以科技为动力，振兴经济。（5）走生态农业良性循环的道路。

3. 战略目标（1990—2010年）。（1）经济方面：农村经济总收入，从1988年的3 336万元，增加到11 135万元，年均递增5.6%；农业收入，从1988年的396万元，增加到1 795万元，年均递增7.1%；粮食产量，从1988年的921万斤增加到2 532万斤，年均增长4.7%；乡镇企业总收入，从1988年的2 839万元增加到8 293万元，年均增长5%。（2）社会方面：总人口，从1988年的17 937人达到22 326人，年均增长10%；各类学校的在校生，从1988年的3 568人增加到7 914人，年均增长3.7%；专业教师人数，从1988年的210人增加到368人，年均增长2.6%；在教育结构上形成了一个普通教育、职业教育和成人教育相互促进、相互补充的教育体系，服务于经济建设，解决好教育发展的经济建设的致命矛盾。（3）生态方面：优化土地结构，大力植树造林，发展林果业，提高森林覆盖率，改善生态环境，实现生态的良性循环。

4. 战略步骤。分三步走：（1）第一步为调整培育阶段（1996—1995年）。主要任务是做好基础工作，调整结构，为全乡经济、社会的发展创造条件。第二步为开发阶段（1996—2000年）。重点是开拓新产业，开发新产品，形成新的经济格局。第三步为全面振兴阶段（2001—2010年）。重点是巩固原有基础，不断提高劳动生产率和经济的效益，实现经济结构的转换，达到经济、社会的全面振兴。

5. 战略重点：（1）进一步巩固和强化乡镇企业的基础。（2）抓好两个基本建设：一是以恢复和改善生态环境为主要内容的农田基本建设，二是提高全乡人民的文化科学素质。（3）建立种植业、养殖业两个基地。（4）建立和完善社会化服务体系。

6. 战略措施：（1）发展横向经济联合，积极吸引资金、技术、人才，全面开发经济。（2）扩大商品流通，积极鼓励、支持个体工商户。（3）控制人口。（4）采取综合措施，提高粮食生产水平。（5）大力发展教育事业，推动经济的发展。（6）采取各种切实有效的办法发展科技。（7）对不同地区实行分类指导。对全乡10个办事处进行分区，根据不同特点分类指导。A区：妥吉办事处。面积为59 205亩，占全乡总面积的17%；人口为1 146人，占全乡总人口的6.4%。其特点是：第一，地势较高，热量偏低。第二，草山草坡面积大，适宜发展畜牧业。第三，林业用地面积广阔，发展潜力很大。因此，本地区中、近期发展战略重点是养殖业和林业，建成全乡重要的林牧业生产基地。B区：龙潭办事处。面积为57 750亩，占全乡总面积的 16.6%；人口为 2 942 人，占全乡总人口的 16.4%。特点是：第一，是全乡政治、经济、文化的中心，交通不便。第二，乡镇企业发展迅速。第三，农业开发早，林业用地广阔，占全区林业用地总面积的 73%。第四，养殖业有一定基础。本地区的综合评价指数为林果业略高于养殖业，两者均应列为战略重点。本区的发展方向是：在努力发展粮食生产的基础上，依托乡镇企业雄厚的经济实力，以林果业和养殖业为重点，营造以苹果为主体的各种经济林木，加速草山建设，发展养殖业。C 区：包括大兴、棋台、白眉、下冲四个办事处。面积为 135 580 亩，占全乡总面积的 38.8%；人口为 7 545 人，占全乡总人口的 42.1%。特点是：第一，热量资源较其他区多，水热条件较好，适宜发展种植业。第二，林业用地面积广阔，但利用率低，森林覆盖率仅为 5.7%。第三，现有牧业用地较多，占全乡牧业用地总面积的 52%，发展畜牧业的潜力大。第四，水域面积大，达 1 023 亩，占全乡水域面积的 50%，发展渔业的潜力大。本区的发展方向是：在进一步提高粮食产量的基础上，以养殖业和林果业为重点，实行林、牧结合，积极开发利用水域资源，实现农、林、牧、渔业的综合发展。D 区：包括和平、永清、雨花、花红四个办事处。面积为 95 430 亩，占全乡总面积的 27.5%；人口为 6 294 人，占全乡总人口的 35.1%。特点是：第一，热资源和水资源都丰富。第二，林业基础较好，有林地面积占全乡有林地面积的 59.3%。第三，牧业用地面积小，但利用率高。第四，水域面积宽，占全乡水域面积的 33%。本区的发展方向是：在提高粮食生产水平和自给率的基础上，以林果业为战略重点，保护和发展现有森林资源，充分发挥经济林果业基础较好的优势，建成全乡的林果业商品基地。

（载《昆明社科》1991 年第 2 期）

曲靖的启示[*]

（1994 年 2 月 22 日）

这篇报道从中国和外国、历史和现实的结合上勾勒出了曲靖由农业县变为工商业城市并一跃成为云南省第二大城市的成长过程，展示了曲靖在 21 世纪初将步入全国大城市行列的宏伟蓝图。

农村城市化是人类社会发展的共同规律，是衡量一个国家、一个地区社会、经济发展程度的重要标志之一。城市在我国社会主义现代化建设中发挥着主导作用。曲靖市的演变过程给了我们有益的启示。

第一，拆除了"围墙"，实现资源和生产要素的优化组合。曲靖市的得意之举首推以市域经济理论指导生产力布局和经济活动的运行。其核心是破除长期以来由于各种"条条"、"块块"的分割而造成的资源和生产要素的极大浪费。曲靖市按照市场经济原则，以经济效益最大化为出发点，正确处理"市属"经济和"市域"经济的关系，实行多领域、多层次、多形式的纵横结合，通过相互"联姻"，组建企业集团、合营或联合经营，实现资源和生产要素的优化组合，形成卷烟、汽车制造、化工等一大批产业和龙头产品，大大带动了城市化的建设；而城市化又推动了工业化。二者相互结合和促进，成为曲靖市市域经济结出的一对硕果。

第二，工农结合、城乡结合，二者相得益彰。我国社会主义城市化道路的特点是以城带乡，以工补农，以农促工，城乡结合，工农互助，优势互补，协调发展。曲靖市以资金、技术、设备和人才支援农业，帮助农民大力发展农业和乡镇企业，同时，围绕工业和城市建设的需要，建立起专业化程度较高的粮食、烤烟、蚕丝、蔬菜等八大生产基地，实行适度规模经营，从而形成比较稳定的生产、加工、销售一条龙的经济格局，推动了农业生产的商品化、专业化、社会化和农村现代化的进程。

---

* 本文是应约为《云南日报》刊发《麒麟城的崛起》的长篇报道而在《名人点评》栏目撰写的文章。

第三，调整经济结构、大力发展第三产业是迈向城市化的重要内容。工业的发展，城市的繁荣，人民生活消费的增加，必然要求商业、餐饮、旅游、文卫等第三产业迅速发展。其中，商业、服务业又有协调产业关系、改善产业结构的特殊功能。因此，城市化程度的高低、城市辐射范围的大小和带动功能的强弱，往往取决于城市所能提供的服务类型、层次及数量。曲靖市一开始就重视发展第三产业，因而带来了城市的繁荣，取得了明显的结构效益。

第四，政府转变职能，为城市化建设铺平了道路。曲靖市的兴旺发达还在于市政府果断地从旧体制下既是经济活动的决策者、又是经济活动的组织者、管理者和经营者的框架中解脱出来，制定并贯彻实施全市的经济、社会、科技总体发展战略和规划，通过税收、利率、产业政策、法规等经济的和法律的手段指导企业发展，并大力加强市政基础和文教设施的建设，创造了良好的经济发展环境，犹如一个强大的"磁场"吸引着众多的客商到曲靖投资建厂，促进了城市化的发展。

（载《云南日报》）

发展滇中旅游业之我见

（1994 年 6 月 22 日）

旅游业是滇中地区的一项新兴产业，也是该地区的优势产业和对外开放的先导产业。按照旅游业自身的特点和发展规律，如能不失时机地紧紧把握这一关联带动功能很强的产业，就能大大推动整个地区国民经济的全面发展。

滇中地区拥有丰富的旅游资源，得天独厚，构成了发展旅游业的基础。其一是天然的奇观异景丰富多彩。这里有举世闻名的岩溶胜境——石林；有集奇、绝、古于一体的滇中四洞——宜良九乡、泸西阿庐古洞、建水燕子洞、弥勒白龙洞，其间，山水相融，洞中有洞，洞中有天，洞中有瀑，洞外有景；有风景秀丽的山间古建筑群——昆明西山、通海秀山、武定狮山等；有碧波荡漾的高原明珠——滇池、抚仙湖、星云湖、阳宗海、杞麓湖等；有可供疗养的安宁温泉、曲靖温泉等；还有美丽多姿的花卉景观。其二是丰富的自然景观与独具魅力的民族风情、悠久的历史文化相互交织，浑然一体，相辅相成，相得益彰。昆明是全国 24 个历史名城之一，滇中地区是人类历史文化的"活化石"，有闻名世界的人类发祥地——元谋，有滇池畔石寨山"滇文化奇迹"、郑和故里以及分布在各地的佛寺道观。各民族源远流长的历史文化，构成了千姿百态的民风民俗，各具特色，独领风骚。如傣族的泼水节，彝族的火把节，白族姑娘的霸王鞭以及多姿多彩的婚俗、歌舞、节日、服饰，等等，极具吸引力。其三是旅游景观，点多面广，可构成一个集山、水、林、洞、旅游、度假、探险、考察、观光、疗养等多功能于一体的旅游网络。滇中地区拥有大小旅游景点数百个，线路几十条。诸如以观赏喀斯特景点为主体的溶洞系列线路；以园林庙宇为主体的古建筑群景观线路，仅昆明的西山、大观楼 16 个景点就被列为国家级的旅游线路；有以观赏湖光山色为主体的线路，如昆明的滇池、宜良的阳宗海、蒙自的南湖等；以疗养为主的西山白鱼口、西苑、安宁温泉、曲靖温泉等线路；有以学术研究、科学考察为主的特种旅游景观线路，如元谋的"猿人遗址"，禄丰的"腊玛古猿化石"，文山的"铜鼓文化"等线路；有以观赏民族风情为主体的线路，如楚雄的火把节、文山壮族的对歌、傣族泼水节，等等。其四是滇中腹地面对国内外两个旅游市场，具有独特的区位优势。滇中地区背靠大西南各省区，有全国各地前来旅游的客人；又可吸引东南亚、亚太、欧美等国的游客，因而发展旅游业的前景十分可观。例如，近日开通的"澜沧江、湄公河一日游四国"，对国内外的八方游客极具吸引力。因此，大力发展滇中地区旅游业具有重要的意义。

首先，旅游业是投入少、见效快、效益好的产业。如果善于保护和利用旅游资源，还是一项取之不尽、用之不竭、可重复利用、成本低、创汇高的产业。建水县自1987年以来先后投资近千万元，开发和修缮了燕子洞、文庙、朱家花园等名胜景点，形成了辐射34个风景区的旅游网络，借名胜生财，扬古城文化。每年吸引游客150万～160万人次，由此形成的第三产业年生产总值达1.2亿元，占国民生产总值近1/3。宜良县开发九乡溶洞，3年接待中外游客300多万人次，仅门票收入就达500万元。据有关部门调查，旅游业的创汇成本，低于其他行业的50%；而且还是一种现汇收入的"无形贸易"。

其次，旅游业是关联带动功能很强的产业之一，涉及社会经济生活的各个领域，起到一业兴旺带动百业兴旺、促进地区经济全面发展的作用。旅游业围绕着游客主体的娱乐、度假、衣、食、住、行、购物的需要，带动了商业、餐饮、住房、交通、邮电、通信、文化娱乐、城市建设、地方传统工艺等行业的发展。泸西县阿庐古洞于1986年以"云南第一洞"的美称开发以来，"一石激起千重浪"，带动了全县经济、文化、教育、科技的全面发展。他们立足于本地资源，开发出荞麦系列食品、"阿庐醉"名酒、"玲美"系列旅游鞋、民族刺绣服饰、大理石工艺品等八大类600多种名、特、优、新旅游商品，使泸西县成为全省粮、烟、猪生产基地和全国电气化试点县以及职业教育试点县。1992年，全县工农业总产值3.7亿元，财政收入近3 000万元，分别比1987年增长2.8倍、2.3倍。

再次，发展旅游业还是进一步扩大对外开放的先导产业。旅游业的兴起突破了地区和国家界限，直接加强了各地社会、经济、文化的联系。近年来，滇中地区几次大型的艺术节日活动，引来了频繁的商贸、文化艺术交流。由于艺术搭台、经济唱戏，大量的人流带来了物流、财流、信息流，带来了资金、技术、物资设备和人才的交流。滇池旅游度假区的开发，吸引了美国、日本、加拿大、新加坡、泰国、印尼等国家和中国台湾、香港地区的众多客商前来考察和投资，拟投资40亿元人民币建设多项高等级的旅游服务设施，使昆明逐渐成为国际旅游城市。澄江抚仙湖的开发，引来了30多家单位投资1.5亿元人民币，修建了目前全省档次最高、装饰最豪华的别墅群——笔架山庄，进一步吸引了更多游客。这样，旅游业便成了世界了解云南、云南走向世界的桥梁。

又次，发展旅游业是扩大劳动就业、消费分流、陶冶情操、提高人民物质文化生活水平、进行两个文明建设的重要内容。到本世纪末，我国人民要逐步实现的目标是从温饱向小康的过渡。在云南，滇中地区应起领头的作用。为此，人民群众不仅在衣、食、住、行、通信、卫生、保健和生活环境等物质生活方面提出了更多、更高的要求，而且在文化娱乐、旅游、体育等精神生活方面也会提出更多、更高的要求。通过这些活动，不仅引导消费分流，减少对物质商品市场的压力，而且通过消费健康的精神产品，享受大自然的美景，陶冶人们的情操。同时，由于滇中地区人口比较密集，发展旅游业将为大批富余劳动力向非农产业转移和扩大城镇劳动就业提供了条件。

最后，发展旅游业还是一个国家和地区经济、社会发展水平的重要标志。滇中地区是云南经济发展的腹地和龙头，更需重视旅游业的发展。纵观世界发达国家和地区经济发展的历史，可以发现这样一条规律：当生产力发展到一定水平时，旅游业以及其他第三产业以大大超过第一、第二产业的速度迅速发展，在国民生产总值中的比重不断上升，成为国民经济中最大的支柱产业。这已经是衡量一个国家和地区现代化水平的重要标志，也是人类进入高度文明时代的一个重要标志。现在，发达国家旅游服务等第三产业的比重一般都占国民生产总值的65%左右，中等发达国家占50%左右，发展中国家一般也占30%左右。可是，我国还不到20%，云南省则更低。这不适应国民经济发展的需要。因此，要积极发展滇中地区旅游业，带动第三产业，以加快全省社会、经济和整个国民经济的发展。

（载《云南日报》）

论社会主义市场经济与民族地区经济的发展

（1996 年 11 月）

自改革开放以来，特别是实现"八五"计划以来，我国民族地区经济的发展获得了可喜的成就。但与全国尤其是与东部发达地区相比仍有很大差距，而且还有继续扩大差距的趋势。中共中央十四届五中全会制定并经全国人大八届四次会议通过的《国民经济和社会发展"九五"计划和 2010 年远景目标纲要》，已把解决东西部差距和民族地区经济发展确定为今后改革和发展的一项战略任务；强调要更加重视和支持西部和民族地区经济的发展，解决好地区差距继续扩大的问题。本文拟就社会主义市场经济条件下民族地区经济发展的问题作些探讨。

一、民族地区经济发展面临的新情况和新问题

在我国，建立和发展社会主义市场经济体制，是总结新中国成立后，特别是十一届三中全会以来积极发展市场经济实践的结果，也是各族人民在改革开放中获得的、最具深远意义的思想解放的成果。实践表明，它是解放和发展生产力、引导各族人民走向共同富裕的必由之路。但是，市场经济作为一种调节经济运行的机制，既给市场参与者提供了平等竞争的机会，实现资源的优化配置和经济效益的提高，同时，为实现优胜劣汰，使公平与效率相统一，也给每个竞争者带来了压力。具体地说，从计划经济体制向市场经济体制转变，一方面，为民族地区经济的发展创造了有利条件、提供了难得的机遇；另一方面，也面临着严峻的挑战。

实行市场经济为发展民族地区经济创造的有利条件是多方面的。第一，市场经济是一种开放性经济。它打破了千百年来一切自然的和人为的封闭落后状态，超越血缘、地域、民族的界限，沟通部门之间、地区之间、民族之间的经济联系，使各个地区、各个民族的经济发展都卷入全国的统一市场，并与国际市场接轨。二者相

互促进，从而带动了民族地区经济的发展。第二，它有利于合理配置资源，促进民族地区的资源优势向经济优势转化，提高经济效益。市场经济把社会的一切经济关系和经济活动都市场化、货币化，以市场为中心调节经济的运行。因此，民族地区要按照市场的要求，适应供求关系的变化，把丰富的自然资源配置到社会最需要的众多领域、部门、企业、产品和劳务上去，提高资源利用率，最大限度地满足社会需求，产生最佳效益。第三，市场经济的巨大功能归根到底是推动社会生产力的迅猛发展，实现国民经济的现代化，提高各族人民群众的物质文化生活水平，逐步摆脱贫穷和落后，走上共同富裕的道路。

与此同时，市场经济也使民族地区经济的发展面临着严峻的挑战。竞争是市场经济的基本特征和客观规律。正如马克思所指出，商品生产经营者"不承认别的权威，只承认竞争的权威"。在市场竞争的大潮中，民族地区经济面临优胜劣汰的考验。由于受历史和现实、自然和社会诸多因素的影响，民族地区和经济发达的东部地区相比，存在明显的差距。

首先，社会分工不发达，产业结构单一，层次低，产品竞争力弱。长期以来，少数民族大多居住在边疆地区、高寒山区，社会分工简单、生产条件差，生产农产品不是为了市场交换和实现商品的价值，而是为了使用价值，即"养牛为种田，养猪为过年，养鸡种菜为了换点油盐钱"。农业生产结构单一，基本上以种植粮食和经济作物为主体，饲养少量的家禽家畜，以解决自给性或半自给性需要为目的。因此，新中国成立前基本上是没有现代工业或仅有一点手工业的低层次的产业结构。新中国成立后，虽然国家在西部和民族地区建立了一大批中央或地方的现代工业企业，交通运输设施也有了一定的改善，但在计划经济体制下，由于"条块"分割、自我服务和封闭运行，致使中央企业和地方企业、工业和农业间相渗透、相互融合性差，二元经济结构的特征非常突出，对传播先进生产技术和生产方式、积累资金、吸收地方劳动力以及调整产业结构、带动农业和地方经济的发展，没有发挥应有的作用。在民族地区，先进的国营大工业与分散落后的少数民族经济相分离，现代工业与原始农业并存，尚未形成能支持其经济发展的工业、交通运输业和通信服务的强有力的产业体系。除"三线"军工企业外，大多数企业属于采掘工业、原材料工业，其产业链条中的加工部分，一般都集中在东部地区。由于产业链条短、加工层次低、产业结构单一，其转换应变能力和抗外干扰能力都比较差，因而造成民族地区经济增长缓慢，特别是工业产值增长缓慢。1992年，全国工业总产值占工农业总产值的比重为80.3%，而民族自治地区的工业总产值只占工农业总产值的60.5%，低于全国近20个百分点；而且，工业总产值的主体又来自以农产品为原料的加工工业，故对农业的依赖性极大。从云南省的情况看，1994年乡及乡以上的工业总产值中，以农产品为原料的加工业产值占全部工业总产值的51.4%，比东部地区的江苏、浙江分别高17、18个百分点；采掘业和原材料工业占工业产值的28.5%，比江苏、浙江分别高10.1、13.9个百分点。这表明，云南省原料产品生产企业加工层次低，产品增值少，经济效益差，缺乏自我发展能力。甚至有相当一部分企业为了维持简单再生产，只得靠国家的大量补贴过日子。就总体而言，民族地区第一产业（农牧业）比重过大，第二产业发展迟缓，第三产业十分脆弱。产业结构单一、层次低，尚未建立起比较完整的现代工业体系，致使经济发展的内在动力不足，缺乏市场应变能力和竞争力。

其次，名优商品稀少，一般商品竞争乏力。民族地区的自然条件较差，居民大多住在高寒山区、石山区、深山老林区、沙漠地区、干旱的草滩地和边疆地区，生产方式落后，刀耕火种、轮歇游耕的原始技术仍占一定比重，故生产率低、产品短缺。由于以解决自身温饱为目的，形成生产不计成本，不计价值，不求经济效益，多数处于对原料的浅层次开发和粗放式掠夺，使资源消耗高，浪费大。同时，由于工业化程度低，经济技术基础薄弱，交通运输手段落后，运距长，吨公里运输成本高，与发达地区生产的同类商品相比，效益低，难以形成规模经济效益。民族地区的名优产品、龙头产品、拳头产品少，开发新产品的能力也很低。有些农副产品因难以运出而"卖难、买难"，浪费严重。云南省有些民族地区盛产香蕉，却因受运输条件所限而不能及时销往城市，有的农民只好用香蕉喂猪来避免损失。

最后，经济发展水平低，贫困面大。西部和民族地区的经济发展水平同全国平均水平尤其是同东部地区平均水平相比，差距较大。据有关方面根据由46个指标组成的综合评价指标体系计算的1994年各地区经济发展水平看，东部为83.6分，西部为43.4分，东西部的比例为1∶0.68。西部拥有占全国24%的耕地和农村人口，但提供的农业总产值却只占全国的10%。人均农业总产值东部比西部高2.7倍；人均乡镇企业总产值东部比西部高4.5倍。云、贵、甘、青、宁、新6省区乡镇企业产值的总和只相当于仅有100万人口的无锡县（锡山市）的乡镇企业产值。全国有592个贫困县，西部占307个，云南有73个，占12%；全国8 000万贫困人口，80%以上集中在中、西部地区，特别是西部民族地区的比重更大。1994年，云南省人均国内生产总值仅为2 490元，比全国人均水平低32.3%，比江苏、浙江、广东分别低57%、59.5%和61%；农民人均纯收入803元，比全国农民人均水平低34.2%，比上述三省分别低56.2%、63.9%和63.2%；城镇居民人均生活费收入3 110元，比全国人均水平低2.2%，比上述三省低10.1%～41.7%。云南省的上述指标均排在全国第 26、27 位。云南 4 000 万人口中有 660 万贫困人口,占全国贫困人口的 8.24%,人均纯收入在 200 元以下的贫困人口有 275 万,是典型的既缺钱、又缺粮的特困人口。

此外,西部和民族地区对外开放的力度不够,也是与东部经济发展差距拉大的一个重要原因。以云南为例,1994 年出口贸易总额仅占全国出口贸易总额的 0.87%;进口总额占 0.48%;进出口总额占国内生产总值的比重比全国平均水平低 30 多个百分点;实际利用外资额仅占 0.73%;外商直接投资企业户数仅占 0.45%。这说明西部和民族地区对外开放的水平低,与国际市场的联系还比较少,因而外向型经济不发达,出口额占国内生产总值的比例小,在国际市场上竞争力很弱。

综上所述,发展社会主义市场经济,为民族地区经济的发展既创造了有利的条件,也带来了新的情况和问题。为了改变西部地区贫穷落后的面貌,缩小与经济发达地区的差距,必须寻求上方良策,采取有效措施,才能收到实效。

二、大力发展有地方特色的优势产业和名优产品,促进资源优势向经济优势转化

首先,从当地实际出发,制定地区经济发展战略。我国民族地区幅员辽阔,各地气候条件、自然环境、资源蕴藏量和经济发展情况不尽相同且各具特色。因此,要在深入调查研究的基础上,从实际出发,制定出切实可行的经济、社会发展战略和规划。指导经济工作切忌主观随意性和盲目性,要扬长避短、发挥优势,不必搞一个模式、开发同一个产业、搞同一个产品。要走一条有自身特色的发展道路,选择重点开发项目,确定优先发展的行业,形成具有地方特色的优势产业,带动其他产业的发展,相互协调,相互促进,实现资源的优化配置和生产要素的最佳组合,获取良好的经济效益。实践证明,一个地区抓住一两个重点项目,形成优势产业,连带效益就十分可观,能促进地方经济的迅速发展。

其次,立足资源优势,培育、壮大支柱产业,实现资源优势向经济优势的转化。我国民族地区的土地面积约为 617 万平方公里,占国土面积的 64.4%。据有关方面统计,它拥有我国矿产资源 60% 以上的蕴藏量和品种;拥有水能资源的 70% 以上和生物资源的 90%。例如,处于珠江上、中游的云南、贵州的西南地区,被经济学家誉为当今世界三个未开发的处女地之一,资源十分丰富。中科院和国家计委自然综合考察委员会考察结果表明,反映自然资源丰度的 44 项指标,西南地区有 17 项居全国第一,11 项居全国第二。其中,已探明的矿产资源在 1 亿吨以上的有煤、铁、

锡、铝、硫、磷等 28 种，特别是云南的磷矿储量达 223 亿吨，居全国第 1 位、世界第 2 位。贵州的煤炭储量居全国第 3 位。其中，可以通过珠江水运的储量达 192 亿吨。石灰石等非金属矿的储量极为丰富。林木储量近 10 亿立方米。故有"植物王国"、"动物王国"、"金属王国"、"能源王国"的美称。我国正在兴起的旅游业，已开发利用的 40% 左右的景点分布在民族地区，且有继续开发的巨大潜在优势。此外，我国有长达 2 万多公里的陆地边境线，95% 的地段为少数民族居住区，与周边15 个国家接壤，具有大力发展边境贸易的区位优势。我国 21 世纪经济的发展要受制于西部和民族地区经济的发展。可是，目前很多资源的开发利用率只有 15% 左右，甚至更低。西南地区煤炭资源采掘率仅达 0.1%，磷矿资源采掘率不足 0.03%。为此要结合各地情况，选择不同形式，把资源优势尽快转化为经济优势。

1. 选准开发项目，培育主导产业。要利用现代科学技术，对生物、森林、矿产、水力等资源进行深层次的综合开发，选择具有高增长率并能带动其他产业增长、市场前景好、有较强竞争力的产业和产品作为发展重点，使其成为推动区域经济发展的主动力。培育一个产业、造福一方人民是贫困地区走向富裕的成功之道。云南将在"九五"期间，以深度开发自然资源为重点，坚持科技含量大、产业关联度广、市场前景好的原则，着力培植新的支柱产业，形成有云南特色的、结构合理、优势突出的产业新格局。如，通过实施"18 生物资源开发工程"，逐步形成集生产、加工、销售于一体的支柱产业；发展名、优、特、新产业，形成优势产业，从而有效地提高各种农副产品的附加价值，增加农民收入和地方财政收入，加快脱贫致富的步伐。宁蒗县是一个集"山、少、边、穷"于一体的彝族贫困县，新中国成立前处于原始共耕制、奴隶制和封建领主制同时并存的社会形态，采用刀耕火种、游耕、游牧的生产、生活方式，生产力水平极低。新中国成立以后，特别是十一届三中全会和"十四大"以后，提出了大力开发自然资源、发展商品经济的目标，经过全县人民的努力，种植了梅子、花椒、苹果，使林果业成为其支柱产业，带动了全县经济的发展。1994 年产值达 6 000 多万元，仅新营盘乡种植苹果收入在万元以上的就达45 户。全县粮食产量从 1985 年前的 7 000 多万斤上升到现在的 1.24 亿斤，增长近 1倍；农民的人均纯收入从 155 元增加到 329 元，增长 1 倍多。全县工农业总产值从5 657 万元增加到 1.9 亿元；财政收入从 315 万增加到 1 500 多万元。并准备将林果、畜牧、矿业、旅游培植成产值上亿元的支柱产业，从根本上振兴全县经济。在拥有广阔草场的民族地区，应把畜牧业建成一大产业，实行规模经营、专业化生产，并进行深度开发，使其成为肉、奶、蛋、皮、毛等的生产基地，从而带动饲料、食品、皮革、纺织等工业的发展。其他，在水利资源的开发上，澜沧江梯级电站建设、金沙江虎跳峡水电站建设、宁夏大柳树水利枢纽工程等对促进地区经济的发展都有十分重要的意义。

2. 发展旅游业。民族地区绮丽多姿的自然风光和异彩纷呈的人文景观是发展旅游业的宝贵资源。从云南省看，首先有丰富多彩的天然奇观。有举世闻名的岩溶胜地——石林，世界上最险、最窄的金沙江虎跳峡，世界最深的梅里雪山峡谷，最奇美的造型地貌——三江并流景观，集奇、绝、古于一体的滇中四洞——泸西阿庐古洞、宜良九乡溶洞、建水燕子洞、弥勒白龙洞，其间，山水相融，洞中有洞，洞中有天，洞中有瀑，洞外有景，美不胜收。其次有独具魅力的民族风情与悠久历史文化浑然一体的特色。西双版纳是镶嵌在东半球北回归线热带的唯一绿洲，至今还完整地保留着国内仅有、世界罕见、绵延数百里的热带原始森林。与生活于其中的500多种珍禽异兽组成了一个神奇的世界。同时，它又是一座活的民族文化博物馆，生活在这里的傣、哈尼、布朗、拉祜、基诺等13种少数民族，都有各自灿烂的民族文化艺术和风土人情，尤其是传统节日载歌载舞的欢庆场景更是蔚为壮观。再次，云南的旅游景观，点多面广，构成了集山、水、林、园、洞于一体，与人文风景、旅游、度假、探险、考古、观光、疗养等多功能相结合的旅游网络。据此，云南省政府决定把云南建成旅游大省，使旅游业成为年收入上百亿元的支柱产业。

3. 发展边境贸易。我国的陆地边境线很长，民族地区就有2万多公里，与15个国家接壤。地缘优势和30个跨境民族的亲缘关系，为民族地区的对外开放和边境贸易提供了极为便利的条件。云南有4 000多公里的国境线，有众多的国家级、省级边境口岸和通道，与越南、老挝、缅甸接壤，对周边国家和东南亚、南亚开放、发展经贸活动有良好的地缘优势。有13种少数民族跨境而居，"民族同宗"，"文化同流"，语言相通，宗教信仰相同，风俗习惯一致，相互通婚，自由往来。充分发挥上述优势，将传统的边民互市发展为多形式、多层次、全方位的对外开放格局，使之向高层次、宽领域、纵深化方向发展，提高对外开放的整体水平，必将取得显著效果。

4. 以市场为导向，建立良好的经营机制。开发优势资源，发挥区位优势，应坚持市场导向原则，把握市场运行规律，与开拓市场紧密结合起来，才能事半功倍。要根据市场需求，确定资源开发利用的方向和力度，才能使资源开发获得良好的效益。在经营规模上要着力解决小生产与大市场的矛盾。因为，边疆民族地区科学文化落后，居住分散，交通闭塞，信息不灵，一家一户的小规模生产，不仅劳动生产率和经济效益低，而且抗风险的能力也很脆弱，难以适应市场经济发展的需要。因此，要在稳定家庭联产承包责任制的基础上，逐步实行规模化经营和专业化生产。

也就是将土地适度集中，引进资金、技术、信息、管理，把资源开发同国内外市场紧密结合起来，使土地、劳动力、资金、技术等生产要素能按照市场的需求合理配置，获得最佳效益。这种城乡结合、贸工农结合、公司加农户的经营机制，既能彻底打破"条块"分割、地区封锁的羁绊，又能降低经营风险。云南江城哈尼族、彝族自治县牛洛河万亩茶园的建设就是成功的典型，使每个劳动力的年均收入从170元提高到了1 500元，还建立了甘蔗、橡胶、咖啡、水果、用材林、香料等商品基地，实行专业化生产、规模化经营、市场化销售。

三、改善宏观调控，加强扶贫攻坚

最近几年，东部与西部和民族地区之间在经济发展水平、产业结构、固定资产投资、利用外资、收入水平等方面有明显的差距，且有日益扩大的趋势。江苏一个无锡县的产值相当于西部一个省区的产值；江苏省苏州、无锡、常州等地区农民人均纯收入相当于云南省思茅地区、贵州省毕节地区农民人均纯收入的6倍多，差距之大十分惊人。特别是西部地区贫困面大、贫困人口多，已成为制约西部和民族地区经济发展的一个重要因素。加强和改善宏观调控，实行特殊的优惠政策，从资金、技术、人才、物资等方面给予倾斜，是推动西部和民族地区经济发展，并逐步缩小与东部地区差距的重要措施。

首先，要牢固树立对民族地区实行优惠政策的观念和体制。在实行市场经济的同时，加强宏观调控，实行政策倾斜，是客观形势发展的需要。因为：（1）各民族经济发展不平衡，应从政策上、物质上给予扶持。新中国成立后，我国各民族是从不同的社会形态同步进入社会主义社会、同步进行改革和建设的。可是，许多少数民族原有的生产力水平低，和其他民族或经济较发达地区处在不同的起跑线上，执行同一政策、享受同种待遇，这不尽公平合理。故实行特殊政策是公平合理的要求。（2）在计划经济体制下，西部和民族地区一方面以低价调出大量原材料、燃料和初级产品以满足东部地区加工工业的需要；另一方面，又以高价从东部地区调入自身需要的最终产品，特别是日用工业品。这"一出一进"导致了民族地区利益的"双重流失"。今天，实行特殊的优惠政策，实际上是对"双重流失"的一种补偿，也是贯彻价值规律、实行等价交换的合理要求。（3）改革开放以来，国家实行特殊政策，为经济特区、沿海开放地区的经济发展打下了坚实的基础，使其发挥了高起点、高效益的示范、先导作用。在这种情况下，国家有必要也有可能调整宏观政策导向，更多地关注西部民族地区经济的发展，避免继续扩大"马太效应"，引起不良后果。

（4）市场经济条件下，资金和劳动力是容易流动的因素。东部地区吸纳的"游资"和"富余劳动力"，往往是西部民族地区的"血液"和"精干劳动者"，而积留在西部的多为低素质的劳动力。（5）当今世界发达国家和发展中国家，都采取了不同的资助扶持政策，以加快落后地区经济发展的步伐。我国是社会主义国家，社会主义制度的本质要求是引导各族人民走共同富裕的道路。因此，要加大投入，打好扶贫攻坚战，解决8 000万人口的温饱问题，促进民族地区经济的共同发展。这是一项关系社会主义制度兴衰存亡的历史性任务。正如江泽民同志1995年岁末视察陕西、甘肃贫困地区时指出的："西部地区的经济社会发展在全国具有极其重要的战略地位。可以这样说，没有西部地区的繁荣昌盛，就不可能实现我们整个国家的繁荣富强；没有西部地区的社会稳定和民族团结，就不可能保持我们整个国家的社会稳定和民族团结；没有西部地区的全面振兴，就不可能达到我们整个中华民族的振兴；没有西部地区的基本现代化，就不可能有我们整个社会主义现代化建设的最终成功。"

其次，对民族地区的资源开发和利用，国家要大力扶持。我国西部地区是少数民族分布最多、资源最丰富、开发潜力最大的地区，对我国21世纪的经济发展也影响最大。因此，国家要充分考虑西部和民族地区资源的经济利益，在资源开发和利用上给予扶持。比如，国家应集中部分财力，优先安排民族地区开发项目，鼓励国内外投资者去投资建设。对具有战略意义的大型项目，要优先列入"九五".计划和2010年远景规划，给予重点支持。同时，要正确处理好利益分配关系，既要考虑到全局和整体利益，也要照顾到民族地区的特殊利益，充分调动各方面的积极性；要不断提高资源开发的利用率，理顺资源产品的价格体系，调整原材料、初级产品与加工制成品的比价关系，实现互惠互利原则；要在建设项目的布局上，充分考虑对民族地区经济发展的带动作用，尽可能把加工业安排在资源产地，以带动相关产业的发展；要对加工区和资源区的利益流失与环境保护，制定相应的补偿政策；要充分考虑边疆民族地区的有利条件，进一步扩大对外开放程度，增设口岸，实行关税优惠，鼓励边贸，等等。

再次，实行财政优惠政策。这是国家对民族地区最直接、最便捷和最有效的支持。中央财政要根据事权分工和西部民族地区的重要地位，加大扶持力度，进一步完善分税制财政体制，尽快实施对西部和民族地区的财政转移支付制度。对财政困难、负担很重的地、县应增加补贴数额；对历史欠账过多、财政赤字累计超过财政收入总额的市、县，可采取一次性补足亏空的办法，让其轻装上阵，进入正常的经济良性循环状态。

最后，加大扶贫力度，切实解决贫困地区的温饱问题。必须坚持"治穷与治愚相结合、治穷先治愚"的方针。因为，民族地区经济的振兴归根到底要依靠科技进步和劳动者素质的提高。要解决经济上的贫困，必须先解决思想、文化、科技、教育上的贫困，实施"科教兴国"战略。据有关方面统计，全国乡村集体企业有大专以上学历的 664 万人，分布在东部地区的占 68.2%，西部和民族地区仅占 3.6%。故人才稀缺很突出。要克服教育与经济建设相脱节的弊端，把经济发展计划和人才培养计划结合起来。根据生产发展需要，采取多种形式，力争每个贫困户有一个劳动力掌握一至两门农村实用技术，并能学以致用。在扶贫方式上，要把农业作为起步产业，走以农田基本建设为基础，发展种植业、养殖业、加工业、运输业为重点的扶贫开发路子。云南省福贡县是傈僳族、怒族聚居区，历史上是十分贫瘠的山区。最近几年，政府把扶贫与开发结合起来，营建了一个 10 万亩的油桐生产基地，人均 1 亩多，年产桐籽 400 多万斤，总收入达 7 000 多万元。该县架科底乡木果甫社有 20 户共 110 人，过去因生活无着落，常年外出乞讨度日。现在种了 200 亩油桐，年收入 3 万多元，人均达 300 多元，不仅解决了温饱问题，还建盖了新房，结束了住"千只脚、万滴水"的破草屋的历史。同时，要十分重视交通运输业的建设，这是开发丰富的自然资源并向经济优势转化的"先行官"，是及时获取市场信息和销售产品的渠道。俗话说："要想富，先修路。"这是有道理的。昭通地区是云南省贫困面最大的地区之一。过去，交通困难，通信落后，封闭在山村里过穷日子。近年来建成了具有 20 世纪 90 年代世界先进水平的通信网络，改造了昭通至昆明的公路，"九五"期间还将复工建设内昆铁路。这个昔日被遗忘的角落，不但将成为极具发展前景的经济带，而且将成为云南通往长江流域的门户。最近几年，云南省集中了一定数量的资金，大力发展公路、铁路、机场、通信和电力，先后投资 200 多亿元，建成投产的项目 72 个，新建、改造公路 1 万多公里，建设了安石、安楚、昆河、昆曲等高等级公路。昔日封闭落后的德宏、西双版纳，如今从昆明乘飞机前往，无须 1 个小时就安全到达了。现在，交通、通信骨干网络的建成，为西部和民族地区发展商品经济与国外市场接轨，提供了有力的支撑。

（载《思想战线》1996 年第 6 期）

要重视迈向新世纪的小城镇建设

（1999 年 10 月）

新中国建立 50 年以来，特别是党的十一届三中全会以来，云南省的小城镇建设获得了可喜的发展，从无到有、由小变大，鸡毛小店的原始集镇正在逐步向现代化小城镇迈进。在进入新世纪之际，加快小城镇建设仍是我们需要重视和解决的课题。

早在 20 世纪 80 年代初期，笔者通过调查研究，在《经济问题探索》杂志上发表了一篇题为《论小城镇建设》的文章，明确提出"小城镇是实现农业现代化的前进基地，是农村经济发展的火车头"。这一论断引起学术界和有关方面的普遍关注。《新华文摘》、《经济学文摘》、《中国人民大学报刊复印资料》等刊物分别摘登和转载；以研究小城镇而著名的社会学家、全国人大常委会原副委员长费孝通教授来函对此观点给予了赞许和支持。笔者作为云南省人大财经委员会第五、六、七届的委员、顾问和云南省政协第七、八届常委，一贯致力于农村经济的发展和城市化课题的研究，坚持认为，小城镇的建设和发展是农村工业化、现代化的根本途径，也是农村摆脱贫穷后、走向文明富裕的必由之路。以历史唯物主义观点来考察社会经济的发展，充分表明：农村城市化是人类社会发展的共同规律，是衡量一个国家、一个地区经济、社会、生态协调发展程度的重要标志之一。特别是在科学技术迅猛发展、人们走近知识经济、市场经济日趋成熟之际，小城镇在我国国民经济建设中更具有重要的意义。因为，第一，小城镇是联系大中城市和广大农村之间、工农业之间的纽带和桥梁，是农村经济活动的中心，是国内市场的重要组成部分。云南省地域广阔，94% 的国土面积是山区，居民分散，交通不便。尤其在建设社会主义市场经济的新形势下，更要充分发挥小城镇作为商品集散地的功能。呈贡县蔬菜批发市场的日吞吐量近百万公斤，已跻身于全国十大蔬菜批发市场行列，并使城镇建设推动了市场建设，加快了商品流通，繁荣了地方经济。第二，小城镇是农村建立市场经济，农业实行产业化，发展加工业，实现农、工、商一体化，开展灵活多样的服务，发展第二、第三产业，满足城乡人民生活多样化需求的重要基地。实行农业产业化经营，就要把农产品的生产、加工、运输、销售紧密联系起来，使产供销、贸工农、经科教相互结合，形成一体化的经营体制，从而减少流通环节，降低成本，提高效益，增加农民收入。不仅如此，还有利于发展技术服务、信息咨询、人才培训、管理指导以及餐饮、住宿、旅游等行业，形成多层次、全方位的服务体系，有效地改变传统农业经济的面貌。第三，小城镇还是转移农村富余劳动力和安排城镇劳动力就业的有效途径。云南省4 100多万人口中有3 400多万居住在农村；农村现有的1 800多万个劳动力中90%是在人均1亩左右的耕地上从事传统农业的劳作。在一些经济发达的地区，人多地少的矛盾尤为突出。随着知识经济时代的到来、科学技术的进步和劳动生产率的大幅度提高，农村富余劳动力将越来越多。一部分农业人口将脱离土地从事非农产业，一部分农村人口则向城市转移。这是经济、社会发展的必然过程。但是，如果这七八百万农村富余劳动力都涌向大、中城市，则会使大、中城市的人口成倍或几倍的增加，由此带来的困难可想而知，甚至成为"爆炸性"的难题。出路就是积极发展小城镇。通过办工厂、开商店、设旅馆、饭店等发展第二、第三产业，不仅能就近吸纳农村富余劳动力，而且还能就地解决城镇富裕劳动力的就业和再就业问题。第四，建设城镇还是发展农村科学、文化、教育的中心，是摆脱愚昧落后、建设社会主义新农村的重要内容。云南省的实际情况是：一方面，工、商、文、教、卫生、科学技术事业绝大多数集中在经济较发达、交通较便利的城市；另一方面，资源丰富的山区却很少有城镇，农村文化教育仍然相当落后，文化生活尤为贫乏。许多农民终生没有照过相、看过戏，一年难得看一次电影，生产、生活方式都十分原始、简单。发展小城镇是对广大群众进行文化教育、普及科学技术知识、开展医疗卫生、丰富群众文化生活的重要阵地，也是有效破除封建迷信、抵制资本主义文化侵蚀、建设社会主义精神文明的重要措施。第五，发展小城镇有利于逐步缩小城乡之间、工农之间、体力劳动和脑力劳动之间的差别，具有更深远的社会历史意义。千百年来，农民被牢牢地束缚在土地上从事农业耕作，成为土地的"奴隶"。发展小城镇，农民到城里开工厂、办商店、设旅馆等，使相当一部分农民从世代、终身务农转变为务工、务商，逐步掌握科学文化知识，提高生产技术水平，摆脱愚昧落后状态，成为新一代的农业工业队伍、新一代产业军。其深远意义在于，不仅为实现农业现代化提供了物质条件，而且为农业的工业化、农民的工人化造就了一代新人。综上所述，我们应从经济、社会发展战略的高度来认识小城镇建设在农村经济发展、实行农业产业化、文化科技教育等方面的带头、示范、推广的积极作用。

改革开放以来，云南省小城镇有了一定程度的发展，具有一些新特点，初步形成了一批不同类型和规模的、各具特色的小城镇。第一类是多功能性集镇。云南省大多数县、乡政府所在地的集镇是当地政治、经济、文化、科技和交通运输的中心，也是商品交流的载体所在。第二类是工业性集镇，即主要是为工矿企业服务而逐渐形成的集镇。如昆明市西山区的海口镇等。第三类是纯粹商业性的集镇，即农产品交流的集散地、商品活动的中心。如保山县的板桥镇。第四类是交通运输性集镇，即处在公路、铁路的交叉口或主要干线上而形成的。第五类是历史文化名城性质的集镇。如大理的中和镇、丽江的大研镇等。第六类是旅游、疗养性集镇。如石林县因拥有世界奇观的石林而成为旅游胜地；安宁市则因有"天下第一汤"的温泉而成为疗养好去处。第七类是边境口岸集镇。随着改革开放的发展，边境口岸迅速崛起，使过去的穷乡僻壤逐渐变成了国际商贸的黄金通道。此外，还有其他性质的集镇等。

尽管云南省的小城镇建设有了发展，但总的来看，速度缓慢，数量不足，规模小，城市化水平低。在迈向新世纪和"十五"计划开始之际，要加速云南省小城镇建设步伐，必须从战略指导思想上积极采取相应的对策。

首先，要进一步提高对加快小城镇建设重要性的认识。城镇化是任何社会制度的国家在现代化进程中都要经历的发展过程。我国也不例外。应把积极推进农村城镇化作为农村改革与发展的主题来看待，也是当前和今后一个长时期带动云南省经济、社会发展的一个重大战略步骤。因为城乡经济是相辅相成、紧密联系、互为市场、互为资源的。农村经济是城镇经济赖以生存的基础，没有农业提供的粮食、原料和广阔的市场，城市经济的发展是不可能的；城镇经济又是农村经济发展的龙头，没有城镇经济的带动，农村经济是停滞落后的。两者互为条件、互相促进。而且，从长远看，农民增收、摆脱贫困、走向富裕的根本途径也在于结合发展第二、第三产业，推动小城镇建设，使农业人口向非农产业转移，减少传统"农民"的数量。所以，一定要从人类社会发展的高度来认识搞好小城镇建设的重大意义。

其次，坚持从实际出发，搞好小城镇建设规划。云南省是边疆、民族、山区三位一体，经济、社会发展相对落后的省区，各地情况差异很大，一定要从实际出发，科学规划小城镇建设，形成以省会城市昆明为中心，以昆洛、昆河、昆瑞公路为主轴，包括曲靖、玉溪、楚雄、大理、思茅、景洪、个旧、开远等中心城市和数百个乃至上千个小城镇在内的城镇网络，逐步形成不同等级规模、结构均衡、布局合理、职能分工协调、环境良好、内联大西南、外通东南亚的城镇体系。

再次，要注重小城镇工业和第三产业的发展。近些年来，乡镇企业发展迅速，已显现出农村工业化的美好前景。但是，云南省的乡镇企业不仅规模和总量较小，而且布局分散，资源消耗大，技术含量低，产品缺乏市场竞争力，效益低。为此，一方面，要采取得力措施，积极推进农村工业化和农业现代化，加快发展速度；另一方面，要提高发展水平，使农村工业由零星分散向集中连片发展。可选择一批区位条件好，有资源优势，又有一定发展基础的小城镇，连片集中，适当注重规模效益，创立较为规范的、有较高设施水平的加工贸易区。同时，还可以把邻近中心城市的原料加工、半加工、初制品等劳动密集程度高、直接依赖农产品及乡村矿产品资源的加工业转移到小城镇加工生产。这不仅有利于资源的开发利用，而且能有效地促进小城镇的形成和发展。

又次，要注意小城镇的文化内涵和生态环境建设。云南是少数民族众多的省份，民族文化资源十分丰富。小城镇建设要重视自身文化历史传统的继承和弘扬，强调小城镇的民族特色、地方特色和文化历史传统特色，形成色彩斑斓、各具特色的风格。这也是市场经济条件下，文化作为产品进入市场，形成新兴文化大产业的表现；也是把云南省建成民族文化大省的客观要求。同时，要千方百计保护环境，造福子孙后代。小城镇建设不能以破坏生态环境为代价，相反，它是与大自然最亲近的人居环境，应努力做到人与自然的和谐相处，充分利用青山绿水、原野丛林、奇花异草，塑造与大自然相交融的人文景观，营造一个环境优美的"绿色空间"，成为优于城市的重要之处。丽江大研古镇之所以成为世界历史文化名城，其重要原因之一就是比较完好地保存了民族历史文化特点与和谐优美的自然生态环境。

最后，要多渠道、多形式筹措建设资金，形成多元投资体制。建设小城镇需要投入大量资金。这就需要广辟渠道，调动各方面的积极性，逐步建立国家、集体、个人、外资建城、兴城的多元投资体制，走"以地生财，以财建镇，以镇招商，以商带农"的路子。在广开筹措资金渠道上，要逐步加大各级政府对小城镇建设的资金投入，管好、用好资金，提高资金使用效益；要积极培育、完善房地产开发市场，鼓励集体、个人、企业、事业单位都来投资开发建设；吸引外资、外商参与小城镇建设；提倡和鼓励农民以各种形式参与小城镇建设。总之，要加强领导，科学规划，群策群力，利用社会力量把云南省的小城镇建设推向一个新的发展阶段。

（载《云南：人民政协50年》）

小城镇建设要突出地方民族特色

（2002 年 2 月 27 日）

> 特色是什么——构建特色产业支撑体系，
>
> 形成特色经济；
>
> 突出地方民族特色；
>
> 突出自然景观特色。

提高城镇化水平，转移农村人口，可以为经济发展提供广阔的市场和持久的动力，是优化城乡经济结构、促进国民经济良性循环和社会协调发展的重大措施。发展小城镇是推进我国城镇化的重要途径。目前，云南城镇化水平低是经济社会发展的突出问题。为此，云南省第七次党代会提出，要积极、稳步发展小城镇，逐步形成功能齐全、设施配套、环境优美、具有鲜明特色的现代城镇体系。

近年来，云南省小城镇建设取得了可喜的成绩。到 2000 年全省小城镇已达 1 564 个，建制镇由"八五"末期的 360 个发展到 461 个，小城镇人口从 600 万增到 715 万，城镇化水平也从 20 世纪 80 年代末期的 10% 左右提高到"九五"末期的 22%。但也存在一些有待深入研究、解决的问题。问题之一就是如何突出地方特色和民族特色，以增强小城镇的生命力和吸引力，促进小城镇的发展。

小城镇建设涉及自然、地理、政治、经济、历史、文化等诸多因素。我国目前的小城镇既是中国历史传统文化的延伸，又是当今经济发展与科学文化的汇聚，其空间层面和内涵层面都应该有其特色。它既不是现代城市的缩小，也不是传统农业聚落的放大。也就是说，它不是简单的撤乡建镇、村镇合并，也不是修几条大马路、盖几幢高楼、建一两个所谓"标志性工程"的结果。正确的方法应是树立城镇形象，创立名牌产品和特色产业，推动城镇经济发展，从而在农村经济发展中发挥"火车头"的作用。城镇形象体现自然地理形态、历史文化、民族风情、产业结构、城镇功能等整体形象的特点，代表城镇的身份和个性，也是创造名牌的无形财富。只有创立特色产业和名牌产品，才能带动一个地区经济的发展，提高城镇的知名度，吸引外来投资；才能培养良好的社会道德风尚，树立城镇新形象。可是，当前在小城镇建设上的雷同现象比较普遍，缺乏个性和特色。表现在：缺乏地方历史文化、民族建筑风格的特色；经济发展的产业基础脆弱，实力不强，缺乏名、特、优产业和产品的带动，市场竞争力不强；产业重复、趋同现象较为突出，主要产业基本上是初级农副产品及其加工业，附加值低，不能充分发挥对农村经济的带动作用；小城镇在发展上追求数量，忽视质量；重视基础设施建设，轻视支柱产业和主导产业的建设；往往按行政中心而不是按区域经济中心设计发展方向，特色不明显。针对上述问题，要坚持从实际出发，根据自然地理环境、资源状况、市场需求和经济条件，制定自己的战略目标，突出地方特色和民族特色。云南省地形复杂，属立体气候，生物种类多样，民族多、分布广。各个地区甚至同一地区内部的经济发展水平、资源情况、人口分布、产业构成、地理条件、交通状况、民族风情都有很大差异。一定要因地制宜，塑造自己独特的形象。

积极培育小城镇的经济基础，构建特色产业支撑体系，形成特色经济

因为特色产业是建立特色集镇的基础，城镇依托产业发展，产业依托城镇兴旺。所以，要根据小城镇的实际情况，科学地界定各个城镇的功能，培育优势产业，创立名牌产品，以市场为导向，以特色产业为依托，大力发展特色经济，增强市场竞争力，形成多种模式、各具特色的小城镇经济。如农业特色型、加工工业型、交通型、沿边口岸型、旅游观光型、城郊型、专业市场型、工矿型，等等。蒙自县新安所镇是云南省最大的石榴产区，以石榴作为地方特色产业来发展。2001年，其石榴产量达到8000多吨，产值1700多万元，涌现出一批石榴收入逾10万元的种植大户。石榴业的发展，带动了果林观光旅游业的兴起，万亩石榴园使观光旅游、商贸活动十分活跃。现该镇已有3万多人口、3平方公里面积、10条东西向和南北向的城镇道路，水、电、电视、电话等设施健全畅通。该镇成为集特色产业、商贸、旅游为一体的、镶嵌在昆河经济带上的一座新型小城镇，成为全国首批小城镇建设试点镇之一。

突出地方特色和民族特色

城镇是地方历史文化和民族传统的记录、积累和发展，各个城镇都具有本民族的历史文化渊源和传统。在小城镇建设中，对优秀历史文化传统、民居建筑、文物古迹、历史名镇街区都必须认真保护和弘扬。大理白族民居以其院落布局、流檐飞阁、斗拱门楼、精美木雕、淡墨彩画、砖雕泥塑等独特民族文化内涵，在我国民居

建筑中独树一帜，是优秀的白族传统建筑文化。大理白族自治州政府制定了《大理白族自治州城乡建筑体现地方民族风格实施办法》，倡导修建体现民族风格的建筑。因此，在风景名胜区和公路沿线地区，形成了一批民居建筑民族风格突出的特色城镇。如大理市七里桥镇建成的白族居民小区，既是现代化的建筑，设施齐全，又充分体现了白族民居建筑的特色，把现代化和民族化巧妙地结合起来，保持了苍山、洱海美丽的田园风光。

突出自然景观的特色

小城镇依托的自然条件差异很大，要认真研究其山川河流自然景观的特点，并加以开发利用，突出特色，提高知名度。泸西县充分开发利用阿庐古洞独特的自然景观，带动了小城镇建设和全县经济、社会的发展。

总之，小城镇建设不能千镇一面、搞一个模式，而要把产业支撑、民族特色和自然景观三者结合起来，形成星罗棋布、各具特色的小城镇格局。

（载《云南日报》）

云南省小城镇建设应注意的问题

（2002 年 2 月）

云南省第七次党代会的报告指出，今后五年加快云南经济、社会发展实施的四大战略之一，就是实施城镇化战略，调整城镇结构，大力发展小城镇，提高城镇化水平，以促进国民经济持续、快速、健康地发展。

这些年来，云南省小城镇建设取得了可喜的成绩。2000 年，全省小城镇达到1 564 个。其中，建制镇由"八五"末期的 360 个发展到 461 个，增长了 28.05%；小城镇人口从 600 万增加到 715 万，增长了 19.17%；城镇化水平也从 20 世纪 70 年代末期的 10% 左右提高到"九五"末期的 22%，增长了 11 个百分点。但也存在一些有待解决的问题。

首先，要突出地方和民族特色。个性和特色是城镇的生命。当代的小城镇既是中国历史传统文化的延伸，又是当今经济发展与科学文化的汇聚，其空间层面和内涵层次都要有特色。它既不是现代城市形态的机械缩小，也不是传统农业聚落的放大，更不是简单的撤乡建镇、村镇合并，因而不是修几条大马路、建几个广场或一两个所谓"标志性工程"的结果。因为，城镇空间的集聚是人口的集聚，是要有一定的经济基础作支撑的。这个经济基础来自于为适应市场经济需要所作的产业结构调整和新产品的开发提升，是社会的转型和先进文化的发展。否则，缺乏经济基础的支撑，只靠大马路和楼房来装扮的城镇是徒有虚名的"空心镇"。正确树立城镇形象，创立名牌产品和特色产业才是推动城镇经济发展的动力。城镇形象体现自然地理、历史文化、民族风情、产业结构、城镇功能等特点，代表城镇的身份和个性，也是创造名牌的无形财富，从而获得巨大的社会、经济效益。实践证明，一个名牌往往顶得上几个甚至几十个牌号的效益，不仅可以兴镇、兴市，还能兴省、兴国。因为，一个大的优势产业，既能带动一个地区经济的发展，提高城镇的知名度，吸引外来投资，还能培养良好的道德风尚，树立城镇新形象。可是，现在小城镇建设形式单一，缺乏特色。表现在：（1）缺乏地方历史文化、民族建筑风格特色。如仿照西方建筑，盖洋楼，修大马路，"城镇不分地区差别，千城一面"。（2）经济发展的产业基础脆弱，缺乏名、优、特产业和产品的带动，市场竞争力不强。（3）产业重复、趋同现象较突出。主要产业基本上是初级农副产品及其加工业，附加值低，不能充分发挥对农村经济的带动作用。（4）发展小城镇追求数量，忽视质量；重视基础设施建设，轻视支柱产业和主导产业的建设；往往按行政中心而不是按区域经济中心设计发展方向，特色不明显。针对上述问题，坚持从实际出发，根据自然地理环境、资源状况、市场需求和经济条件，制定出战略目标，突出地方特色和民族特色。

云南省地形复杂，属立体气候，生物种类多样，民族多、分布广。各个地区，甚至同一地区的经济发展水平、资源情况、产业构成、地理条件、交通状况、人口分布、民族风情等都有很大差异，一定要因地制宜地塑造自己独特的形象。（1）积极培育小城镇的经济基础，构建特色产业支撑体系，形成特色经济。因为，特色产业是建立特色集镇的基础，城镇依托产业发展，产业依靠城镇兴旺。所以要根据小城镇的实际情况，科学地界定各个城镇的功能，培育优势产业，创立名牌产品，以市场为导向，以特色产业为依托，大力发展特色经济，增强市场竞争力，形成多种模式、各具特色的小城镇经济。如农业特色型、加工工业型、交通型、沿边口岸型、旅游观光型、城郊型、专业市场型、工矿型等。蒙自县新安所镇是云南省最大的石榴产区，把石榴作为地方特色龙头企业米发展。2001年石榴产量达8 600多吨，产值1 700多万元，涌现出一批石榴收入达10万元的种植大户。石榴业的发展，带动了果林观光旅游业的兴起。万亩石榴园使观光旅游和商贸活动十分活跃。现该镇已有3万多人口、3平方公里面积、10条东西向和南北和的道路，水、电、电话、电视等设施健全畅通，成为集特色产业、商贸、旅游为一体，镶嵌在昆河带上的新型小城镇，并被列为全国首批小城镇建设试点镇之一。（2）突出地方民族特色。城镇是地方历史文化和民族传统的记录、积累和发展，因而各个城镇都具有本民族的历史文化渊源和传统。在小城镇建设中对优秀历史文化传统、民居建筑、文化古迹、历史名镇街区都必须给予认真保护和弘扬。大理白族民居以其院落布局、流檐飞阁、斗拱门楼、精美木雕、淡墨彩画、砖雕泥塑等独特的民族文化内涵，在我国民居建筑中独树一帜，是宝贵优秀的白族传统建筑文化。大理白族自治州颁布了《大理白族自治州城乡建筑体现地方民族风格实施办法》，倡导民族风格的建筑，在风景名胜区和公路沿线地区，因民居建筑的民族风格突出而形成了一批特色城镇。大理市七里桥镇建成的白族居民小区，既是现代化的建筑，设施齐全，十分方便，又充分展现了白族民居建筑的特色，把现代化和民族化结合得美妙绝伦，还保持了苍山、洱海美丽的田园风光。（3）突出自然景观的特色。小城镇所依托的自然条件差异很大，对其山川河流、湖泊、丘陵、雪山、绿地、洞穴等自然景观的开发利用要认真研究，才能获得良好的效益。如，泸西县充分开发利用阿庐古洞独特的自然景观，带动了小城镇建设和全县经济、社会的发展。总之，小城镇的建设不能千镇一面、搞一个模式，而要把产业支撑、民族特色和自然景观三者结合起来，形成星罗棋布、各有侧重、各具特色的小城镇格局。

其次，小城镇建设要注意环境保护，坚持走可持续发展的道路。经济建设应以环境保护为基础，经济再生产不能超越自然再生产的限度，否则，经济不能持续发展。可是，这些年来，小城镇建设破坏环境、浪费资源，特别是浪费土地资源和水资源的问题比较突出，制约了城镇经济的可持续发展。因此，我们不能再走"先污染，后治理"的老路。云南境内有6大江河和9大高原湖泊，生态环境保护建设任务重，尤其是小城镇的相对距离更近一些，更要认真解决好城镇垃圾和污水的无害化处理。如果为了取得一时的经济效益，却以生态失衡、环境恶化、资源枯竭为代价，实际是牺牲长远利益换取眼前利益，有悖于搞城镇化的根本目的。因此，建设小城镇要实行"生态优先"战略，处理好生态、经济、社会效益三者的关系，坚持短期效益服从长期效益的原则，才能使生态、经济、社会协调发展。经济效益是指成本比较，即以最小的投入获得最大的产出。社会效益是社会环境、人们精神生活水平的提高。总之，建设小城镇要以维护生态效益为基础、提高经济效益为中心、追求社会效益为根本，把小城镇建设成阳光明媚、绿树成荫、鸟语花香、清新舒适的优美环境。

再次，改革投、融资体制，建立和完善多元化的投入机制，鼓励非公有经济成为小城镇建设的重要力量。资金短缺是建设小城镇面临的一个主要矛盾，也是制约小城镇发展的一个关键环节。过去，在计划经济体制下形成由政府包办一切的模式，习惯于等、靠、要的做法。今天，建设小城镇必须遵循市场化的原则，改变由政府包办一切的做法，在政府的引导下，主要依靠社会资金，形成多元化的投、融资体制。土地是小城镇建设的基础，要盘活土地资产，提高土地使用效益。围绕土地"以地生财，以财建镇，以镇招商，以商带农"，推动小城镇建设。具体形式有：（1）采取统一征地、统一开发，或统一按规划建房，以小宗土地出售或以商品房的方式，将土地增值部分投入基础设施建设。巍山县大仓镇用贷款征地110亩，搞好"三通一平"和道路基础设施后，仅拍卖黄金地段的土地就收回了征地款，取得了良好效益。（2）招商引资。洱源县江尾镇先后从海南、武汉、深圳等地的公司引进投资，总额达4 600多万元。（3）吸引民间投资。鼓励和引导先富裕起来的农民、个体私营企业主到集镇居住和发展，推动小城镇建设。大理市喜洲镇投资2 000万元用于基础设施建设，引来农民、个体私营企业主投资达8 000万元，建成颇具民族特色的集旅游、观光、购物为一体的周城商贸旅游一条街，并优化蝴蝶泉的周边环境。一位姓段的农民自筹资金360万元建成具有白族风格的三个大庭院和一个有现代化设施的龙泉酒店，有70多个床位，吸引了许多中外游客光临下榻。

最后，小城镇建设要贯彻"积极稳妥"的方针，有计划、有步骤、有重点地推进。（1）要防止不顾客观条件、急于求成、一哄而起、盲目上马的浮躁风，避免追求数量、忽视质量、搞低水平的分散建设，浪费资源。我们讲"小城镇，大战略"的真正内涵不是数量多、规模大、高指标，不是在镇区人口、面积上做文章、而应在开发什么产业和支撑人口集聚的基础上深入调查研究。否则，"大战略"就大在数量上的扩张，搞成一项运动了。（2）要实施重点带动战略，分阶段有序推进。云南山区广阔，民族众多，各个地区乃至在同一地区，其经济发展水平、人口分布、产业结构等都大不相同，切忌采取"一刀切"的办法，应从实际出发，因地制宜，突出重点，分类指导，兼顾一般，量力而行。云南省"十五"期间的重点应该是交通比较便捷、基础较好、潜力大、区位优势和经济优势较明显的县城和中小城镇，应使之成为功能比较齐全、设备配套、具有一定辐射能力和带动作用的地域经济文化中心。因此，小城镇建设的重点，一是县城所在地的城镇；二是中心城镇，即县城所在以外的几个次中心，能较快提高地区城镇化水平的建制镇。（3）规划宜于"近细远粗"弹性互动。小城镇是介于城乡之间、处于农村前沿的城市形态。由于我们正处于经济、社会的转型时期，地区发展有相当大的不稳定性，在做5年、10年规划时，尽可能细一些、实际一些，才有可操作性，以便形成雏形。30年以上的远景规划没有必要、也不能做得很细、很具体，只能是粗线条、轮廓式提示的发展趋势，为后续发展创造条件，以便合为一体。

（载《政协理论与实践》2002年第1期）

论城乡经济二元结构的矛盾与小城镇建设

（2002 年 9 月）

日益突出的城乡经济二元结构矛盾是当前保持国民经济持续、协调发展的一大障碍。如何有效的解决这个矛盾，是"十五"时期的任务之一，也是理论工作者和实际工作者应探讨的问题。本文拟从实施城镇化战略，改善农民生活条件，提高城镇化水平，促进城乡经济协调、持续的发展，谈一点意见。

一、云南城乡经济二元结构矛盾突出

农村向城镇化发展是经济、社会发展的客观规律，也是发达国家和发展中国家走向城镇化的必然趋势。如果违背这一历史趋势，就会失去国家、社会、历史发展的良机。

所谓"城镇化"就是指引导广大农民从传统落后的、自给自足的农耕社会向文明富裕的现代化城市社会转变的过程。它不仅是城镇人口数量的增加，而且是解决城乡经济二元结构矛盾、优化社会经济结构的重大战略选择，也是新世纪社会经济发展的重大战略措施。它既是农村人口向城镇人口的集聚，城市人口比重的不断提高，使农村地域向城市地域的发展，也是农民以农业生产为主体向以非农生产为主体转移的过程，是广大农民从贫困落后走向富裕进步的过程，从而引起传统的生活方式、就业方式和思维方式的深刻变化，改变城乡经济对立的二元结构，使城市成为经济、政治和文化的中心，成为社会发展进步的火车头。所以，有的学者说，21世纪世界将有两大惊人之举：一个是美国的高科技；一个是中国的城镇化，要引导数亿农民转变身份进入城市。

世界推进城市化的道路有两种基本的途径：一种是集中型的城市化道路。许多西方国家都走这条道路完成了从农业社会向工业化社会的历史转变，集中了成百万、上千万的人口形成特大城市，如纽约、伦敦、巴黎、东京等。另一种是分散型的城市化道路。就是积极发展中小城市特别是小城镇来完成的。我国人口众多，地域辽阔，经济基础薄弱，发展水平低，不平衡，不可能走集中型的发展道路，只能走分散型的发展道路。据有关资料显示，20 世纪末全国有 1.5 亿左右的富余劳动力，如果全都进入大城市就业并连同他们的家属一起进城，则需新建能容纳百万人口以上的特大城市 100 多座或四五十个北京城。这是不可能的。但全国却有 2 200 多个县，每个县有几个或十几个小城镇。这些小城镇可容纳七八亿人口。所以，从实际出发，我国城镇化只能走分散型道路，即以小城镇建设为重点，走有中国特色的城镇化道路。

从云南省的情况来看，国民经济发展中存在的一个突出矛盾就是城乡经济结构不合理，城镇化水平低，小城镇建设滞后，农民消费需求不足；二元经济结构矛盾突出。表现在：农业基础脆弱，农业劳动生产率低，农业增产、农民增收缺乏后劲，农民收入水平低，城乡居民收入悬殊。据有关方面统计，2000 年，云南省农民人均纯收入是 1 495 元，居全国第 28 位。云南省城镇居民收入是 6 419 元，居全国平均数之上，位居全国第 9。两者位数相距 19，城镇居民收入是农民纯收入的 4.3 倍，差距之大，十分惊人，这在全国也是少有的。真是"城里一席丰盛宴，胜过农家半年粮"！城乡差异之大形成鲜明对比。同时，这也更深刻地表明，云南省城镇化水平低，城镇发展相当滞后，这使城乡差距不是缩小而是扩大，经济二元结构的矛盾十分突出：（1）云南省城镇化水平只达 21.1%，比全国的 36% 低 15 个百分点。（2）城镇规模小，结构布局不合理。云南省除了昆明是百万人口以上的特大城市外，缺乏相应的大中城市作为中间层次匹配。（3）尤其小城镇建设步伐缓慢。有的小城镇聚集的人口才一两千人，基础建设落后，服务体系不完善，经济辐射功能薄弱，难以发挥促进农村经济全面发展的带动作用。（4）农村市场消费人口少，消费需求不足，市场狭小，许多商品农民想买又买不起；农村住房仍很简陋，就是盖了新房也无力装修。总之，城乡经济的差别太大，必然制约着全省经济的发展。如果占云南省人口 80% 的农民仍然长期滞留在农村、固守在原有土地上从事单一的农业生产，维系"日出而作，日落而息"的生活方式，现代化是不可能实现的。因为，国民经济现代化的重要条件之一就是要提高城镇化水平，让农民向城镇转移，特别是向小城镇转移。这不仅是户籍的迁移，而且是职业和身份的转移，更是农民从愚昧、落后、贫困走向文明、进步、富裕的必然规律。因此，发展小城镇的根本出发点是关注亿万农民的前途和命运的大问题，是涉及我国经济、社会稳定发展的关键所在，具有深远的政治、经济意义。

二、解决城乡经济二元结构矛盾的战略选择

云南省城乡经济二元结构矛盾比较突出的重要原因之一就是城镇化水平低，特别是小城镇建设滞后。为此，就应大力发展小城镇建设。

首先，大力发展小城镇有利于大规模地转移农村富余劳动力，使其从单一的农业向多元化的非农产业转移，开辟就业渠道，增加农民收入。发展小城镇，提高城镇化水平的主要对象是广大农民，主要任务和内容是要改变农民目前的就业渠道和社会关系，为农村富余劳动力找到一条切实有效的就业道路，减少农民的数量，改变农民的生产、生活方式。这也是当前社会稳定的一个关键因素。据有关调查资料表明，1997年，云南省的农业劳动力是1 314万个，富余劳动力883万个，富余率67%。如果加上农村每年约有5%左右的自然增长率，到2001年将有近千万的农村富余劳动力，连同其农村家属人口，都需要吸收、消化、分流。形势严峻、矛盾突出。要么维持现状，加深矛盾，阻碍国民经济的协调发展，要么疏导现状，化解矛盾，社会稳定，农民安居乐业，积极推动国民经济的发展。现实的战略选择是大力发展小城镇建设，以引导农民从事加工业、建筑建材业、商业、交通运输业、旅游业、服务业等第二、第三产业。实践证明，小城镇建设搞得比较好、经济比较发达的地区，也是第二、第三产业特别是第三产业比较发达的地区，吸纳农村富余劳动力的途径较多，农民收入也较高。红河州通过发展乡镇企业吸纳农村劳动力31万多个，占全州富余劳动力的17%左右。其中，大部分人进入小城镇务工或兴办商业、服务业，促进了城镇建设的发展。玉溪市红塔区大营街镇在建设小城镇方面取得了成功的经验，给人以启示。该镇十分重视基础设施建设，以集镇为中心，修通了7个村委会的主要干道，沟通了全镇各自然村的经济联系，发展加工业、建筑建材业、餐饮服务业，实行农业产业化经营，以此为催化剂，汇集人流、物流、资金流，推动全镇经济的发展。2000年，全镇农村经济总收入达22.77亿元，乡镇企业收入20.1亿元，财政收入上亿元，相当于一个县的收入，农民人均纯收入4 062元，相当于全省城镇居民收入的2/3左右，城乡居民收入差距缩小，政通民富，经济协调发展。

其次，有利于扩大内需，刺激农民的消费需求和投资需求，拉动城乡经济的增长。我国国民经济发展中存在的问题之一是供给过剩、需求不足、市场疲软。商家说："生意难做。"这就应研究如何扩大消费需求、增加购买力的问题。农村是一个潜力大、待开发的广阔市场，但购买力严重不足。究其原因，主要是城镇化水平很

低，多数农民仍过着自然经济的生活，绝大部分消费品来源于自给性生产。尽管大量工业制成品销往农村，但农民购买力低，与市场的交换关系很松弛。9 亿农村人口的国家，不能使购买力的增长与生产同步增长，必然出现需求不足，经济停滞，市场疲软。"三农"（农村、农业、农民）的出路问题还没有很好地解决。为此，中央提出的基本对策是扩大内需，大力发展小城镇建设，"以地生财，以财建镇，以镇招商，以商带民"，刺激农民的消费需求和投资需求，拉动经济发展。大理市在"九五"期间通过出让土地，收取土地出让金11 814万元，完成基础设施投资19 854万元，吸引其他投资184 362万元，建成面积 8.38 平方公里的小城镇、大市场，成为新的农村经济增长点。房地产开发完成建筑面积 183 万平方米，有效地拉动了内需，推动了经济、社会的发展。建水县曲江镇先后两次兴建、扩建占地近 70 亩的农贸市场，成为滇南最大的蔬菜批发市场，年成交额达5 700多万元，全镇社会消费品零售总额达6 300多万元，带动了城镇经济的发展。小城镇是农村市场的载体。一方面，小城镇有便捷的交通、信息、商业网点、餐饮服务等良好的社会化服务体系，市场规模和功能将日益完善，辐射范围更加扩大；另一方面，市场体系的建立和扩大，又直接推动了小城镇建设，提高了城镇化水平。二者相辅相成、相得益彰，从而形成"开发一处市场，搞活一片经济；兴建一个城镇，带富一方百姓"的良性循环机制，有的市、州、县还涌现出一批亿元乡镇、亿元村。

再次，有利于乡镇企业和个体私营经济的相对集中，提高经营管理水平，走集约化和规模化道路。小城镇是农村工业化和先进科学技术普及推广的基地。这些年来，云南省乡镇企业已有相当的发展，个体私营经济也有一定程度的发展。但经营管理水平和集约化程度都比较低，大多偏重于数量型的扩大，地区布局较分散，往往是乡办企业办在乡、村办企业办在村、户办企业办在户，规模小，经营粗放，产品品种少、质量差、效益低。生产要素无法以小城镇为中心集散、提高资源配置效益。结果，在全国乃至在国际市场上知名品牌为数不多，市场占有份额较小，市场竞争力较弱。随着市场经济的发展和科学技术的突飞猛进，特别是我国加入 WTO以后，乡镇企业和个私经济必须走集约化、规模化的道路，逐步向小城镇相对集中，更好地发挥市场机制的作用。

最后，有利于提高农村素质，改善生活质量，逐步走向文明富裕的现代生活方式。小城镇是农村政治、经济、文化活动的中心，又是城乡经济交流和科学技术传递的中转站。现代的思想观念、生活方式、科技信息、管理经验，从城市引入小城镇，再扩展到农村，一些市、州、县以县为中心开通了乡镇之间的多条公共汽车线路，更有利于更新民族地区和山区农民的思想观念，提高素质和文明生活水平。

三、当前小城镇建设应注意的几个问题

小城镇建设涉及自然、地理、政治、经济、历史、文化等诸多因素，应通盘考虑，认真做好各方面的工作。

首先，要突出地方和民族的特色。个性和特色是城镇的生命。我国当代的小城镇，既是中国历史传统文化的延伸，又是当今经济发展与科学文化的汇聚，其空间层面和内涵层面都要有特色。它既不是现代城市形态的机械缩小，也不是传统农业群落的放大，因而不是简单的撤乡建镇、村镇合并的结果，也不是修几条大马路、建几个广场或一两个所谓的"标志性工程"的结果。因为，城镇空间的集聚是人口的集聚，是要有一定的经济基础作支撑的。这个基础来自于适应市场经济需要所作的产业结构调整和新产品的开发提升，是社会的转型和先进文化的发展。否则，缺乏经济基础的支撑，只靠大马路和楼房来装扮的现代化城镇就是只有"外壳"的"空心镇"，是徒有虚名的。正确树立城镇形象，创立城镇名牌产品和特色产业才是推动城镇经济发展的动力。城镇形象体现自然地理形态、历史文化、民族风情、产业结构、城镇功能等整体形象的特点，代表城镇的身份和个性，也是创造名牌的无形财富。只有创立特色产业和名牌产品，才能获得巨大的效益。实践证明，一个名牌产品往往顶得上几个甚至上百个牌号的效益，不仅可以兴厂、兴市，甚至还能兴省、兴国。因为一个大的优势产业，不仅能带动一个地区经济的发展，提高城镇的知名度，吸引外来投资，还能培养良好的社会道德风尚，树立城镇新形象。可是，现在小城镇建设上雷同现象比较普遍，形式单一，缺乏特色。主要表现在：（1）失去了地方历史文化、民族建筑风格的特色。如仿照西式建筑洋楼、修大马路，"城市不分南北，千城一面"。（2）经济发展的产业基础脆弱，实力不强，缺乏名、优、特产业和产品的带动，市场竞争力不强。（3）产业重复、趋同现象较为突出，主要产业基本上是初级农副产品及其加工业，附加值低，不能充分发挥对农村经济的带动作用。（4）小城镇在发展上追求数量，忽视质量；重视基础设施建设，轻视支柱产业和主导产业的建设；往往按行政中心而不是按区域经济中心设计发展方向，特色不明显。针对上述问题，要坚持从实际出发，根据自然地理环境、资源状况、市场需求和经济条件，制定自己的战略目标，突出地方特色和民族特色。

云南省地形复杂，属立体气候，生物种类多样，民族众多、分布广。各个地区，甚至同一地区内部的经济发展水平、资源情况、人口分布、产业构成、地理条件、交通状况、民族风情都有很大差异，一定要因地制宜地塑造自己独特的形象。（1）

要积极培育小城镇的经济基础，构建特色产业支撑体系，形成特色经济。因为特色产业是建立特色集镇的基础，城镇依托产业发展，产业依靠城镇兴旺。所以要根据小城镇的实际情况，科学地界定各个城镇的功能，培育优势产业，创立名牌产品，以市场为导向，以特色产业为依托，大力发展特色经济，增加市场竞争力，形成多种模式、各具特色的小城镇经济。如农业特色型、加工工业型、交通型、沿边口岸型、旅游观光型、城郊型、专业市场型、工矿型，等等。（2）突出地方民族特色。城镇是地方历史文化和民族传统的记录、积累和发展，因而各个城镇都具有本民族的历史文化渊源和传统。在小城镇建设中对优秀历史文化传统、民居建筑、文物古迹、历史名镇街区都必须予以认真保护和弘扬。大理白族民居以其院落布局、流檐飞阁、斗拱门楼、精美木雕、淡墨彩画、砖雕泥塑等独特民族文化内涵，在我国民居建筑中独树一帜，是宝贵优秀的白族传统建筑文化。大理州政府制定了《大理白族自治州城乡建筑体现地方民族风格实施办法》，倡导民族风格的建筑，在风景名胜区和公路沿线地区，因民居建筑的民族风格十分突出而形成了一批特色城镇。如大理市七里桥建成的白族居民小区，既是现代化的建筑，设施齐全，十分方便，又充分体现了白族民居建筑的特色，把现代化和民族化结合得美妙绝伦，还保持了苍山、洱海美丽的田园风光。（3）突出自然景观的特色。小城镇所依托的自然条件差异很大，要认真研究对其山川、河流、湖泊、丘陵、雪山、绿地等自然景观的开发利用，突出特色，提高知名度。如泸西县充分开发利用阿庐古洞独特的自然景观，带动了小城镇的建设和全县经济、社会的发展。总之，小城镇建设不能千镇一面、搞一个模式，而要把产业支撑、民族特色和自然景观三者结合起来，形成星罗棋布、各有侧重、各具特色的小城镇格局。

其次，小城镇建设要注意环境保护，坚持走可持续发展的道路。经济建设应以环境保护为基础，经济再生产不能超越自然再生产的限度。否则，经济不可能持续发展。可是这些年来，在小城镇建设中的生态环境问题相当严重，破坏环境、浪费资源，特别是浪费土地资源和水资源制约了城镇经济的可持续发展。因此，我们不能再走"先污染，后治理"的老路。云南境内有6大江河和9大高原湖泊，生态环境保护建设任务重，尤其是小城镇相对距离更近一些，更要认真解决城镇垃圾和污水的无害化处理。如果为了取得一时的经济效益，却以生态失衡、环境恶化、资源枯竭为代价，实际上是在牺牲长远利益换取眼前利益，有悖于搞城镇化的根本目的。所以，小城镇建设要实行"生态优先"战略，处理好生态、经济、社会三者效益的关系，坚持短期效益服从长期效益的原则，才能使生态、经济、社会协调发展。经济效益是指成本比较，即以最小的投入获得最大的产出。社会效益是指社会环境、人们精神生活水平的提高。因此，要以维护生态效益为基础，以提高经济效益为中心，以追求社会效益为根本，建设好小城镇。把小城镇建设成舒适清新、阳光明媚、绿树成荫、鸟语花香的优美环境。

再次，改革投、融资体制，建立完善多元化的投入机制，鼓励非公有经济成为小城镇建设的重要力量。资金短缺是小城镇建设中面临的一个主要矛盾，也是制约小城镇发展的一个关键环节。过去，在计划经济体制下形成的政府包办一切的模式，习惯于等、靠、要的做法。今天，小城镇建设必须遵循市场化的原则，改变政府包办一切的做法，在政府的引导下，主要依靠社会资金，形成多元化的投、融资体制。土地是小城镇建设的基础，要盘活土地资产，提高土地使用效益。围绕土地，"以地生财，以财建镇、以镇招商、以商带农"，推动小城镇建设。具体形式有：（1）许多地方采取统一征地，统一开发，或统一按规划建房，以小宗土地出售或以商品房出售方式，将土地增值所得部分投入小城镇的基础设施建设。巍山县大仓镇用贷款征地110亩，搞好"三通一平"和道路基础设施建设后，仅拍卖黄金地段的土地就收回了征地款，取得了良好效益。（2）通过招商引资方式，加快小城镇建设。洱源县江尾镇先后吸引海南、武汉、深圳等地的公司到江尾投资，总额达4 600多万元。（3）吸引民间投资，鼓励引导先富裕起来的农民、个体私营企业主到集镇居住和发展，从而推动小城镇的发展。大理市喜州镇投资2 000万元用于基础设施建设，引来农民、个体私营企业主投资共8 000多万元，建成颇具民族特色的集旅游、观光、购物于一体的周城商贸旅游一条街，并优化蝴蝶泉的周边环境。

最后，小城镇建设要贯彻"积极稳妥"的方针，有计划、有步骤、有重点地推进。（1）要防止不顾客观条件，一哄而起，盲目上马，急于求成。结果是追求数量，忽视质量，搞低水平的分散建设，浪费资源。我们讲"小城镇，大战略"的真正内涵不是数量多、规模大、高指标。不应在镇区人口、面积上做文章，而应在开发什么产业、支撑人口集聚的基础上深入研究。否则，"大战略"就大在数量上的扩张，搞成一项运动。（2）要实施重点带动战略，分阶段地有序推进。云南山区广阔，民族众多，各地区乃至在同一地区的经济发展水平、人口分布、产业结构等都大不相同，切忌采取"一刀切"的办法，应从实际出发，因地制宜，突出重点，分类指导，兼顾一般，量力而行。云南省"十五"期间的重点应该是：交通比较便捷、基础较好、潜力大、区位优势和经济优势较明显的县城和中心小城镇，使其成为功能比较齐全、设备配套，具有一定辐射能力和带动作用的地域经济文化中心。因此，小城镇建设的重点，一是县城所在地的城镇；二是中心城镇，即县城所在地以外的几个文化中心，能较快提高地区城镇化水平的建制镇。（3）规划宜于"近细远粗"弹性互动。小城镇是介于城乡之间、处于农村前沿的城市形态。由于我们正处于经济、社会的转型时期，地区发展有相当大的不稳定性，在做 5 年、10 年规划时，尽可能细些、实际些才有可操作性，以便形成雏形。30 年以上的远景规划没有必要、也不可能做得很细、很具体，只能是粗线条、轮廓式提示的发展趋势，为后续发展创造条件，以便合为一体。

（载《思想战线》2002 年第 5 期）

农业、农民和农村经济问题篇

实行定额管理是贯彻按劳分配原则的重要措施

（1978 年 8 月 17 日）

祸国殃民的林彪、"四人帮"出于篡党夺权的反革命政治需要，疯狂破坏党在农村的各项经济政策，抹杀社会主义制度和资本主义制度的本质区别，把社会主义的东西当做资本主义的东西来批判。一个突出的表现是把坚持"各尽所能，按劳分配"的社会主义分配原则诬蔑为扩大资产阶级权利，把劳动定额管理、合理评工记分诬蔑为"物质刺激"、"工分挂帅"。结果搞得理论颠倒、思想混乱，造成农活无定额、检查无标准，严重影响了农村人民公社集体经济的巩固发展和社员生活的改善。

"各尽所能，按劳分配"，是人民公社在一个很长的历史时期内必须坚持实行的社会主义分配原则。在农村人民公社实行劳动记分、按工分的多少进行分配，这是生产队实行按劳分配的主要依据。社员工分的多少，是根据他从事各项农活所实际完成的数量和质量，按照合理的劳动定额计算出来的。确定合理的定额工分标准，搞好定额管理和评工记分，是贯彻按劳分配原则的重要措施，是落实农村经济政策的一个重要方面。农业生产的活计种类繁多，有轻有重，有难有易，有技术活也有一般活，使用的工具也不同。这就要求各种农活有各种不同的定额，这种定额的差别反映着劳动的数量、质量和劳动的繁杂程度。生产队根据社员实际完成农活的数量和质量，按照劳动定额计算劳动报酬。劳动积极，干活认真负责，定额完成得好，工分就多，劳动报酬就高；反之，就低。实行定额管理、评工记分制度，承认农活的轻重难易、劳力的强弱、技术的高低、表现的好坏，使劳动好、贡献多的社员不仅受到精神的鼓励，而且还受到物质的鼓励。这对于克服绝对平均主义，表彰先进，充分调动社员的社会主义积极性，具有十分重要的意义。

实行劳动定额管理，坚持合理的工分报酬制度，还有利于广泛地组织和动员农村各类劳动力积极发挥劳动技能、挖掘劳动潜力，充分调动人力、物力、财力的积极作用。林彪、"四人帮"打着"要共同富裕"、"反对高低悬殊"的旗号，取消"定额管理、评工记分"制度，严重地挫伤了农村相当一部分社员群众的劳动积极性，造成极大的窝工浪费。表现之一是对待妇女劳动力的报酬问题。一个妇女的强劳力，她干活的数量和质量往往并不低于同等劳力的男社员，但是她们每劳动一天所得的工分一般却低于同等男社员 2～3 分，实行"男十女八"，同工不同酬，多劳不多得，不能不影响广大妇女的劳动积极性。表现之二是对待半劳力、辅助劳力，不问其干活的多少好坏，统统规定为同一个等级，这也不利于调动积极性。如打草席、编竹箩、积肥、林木嫁接等农活适宜于半劳力、辅助劳力、老弱妇幼利用平时分散零星的时间来做，但由于没有定额或无合理的工分报酬，这一部分农活就很少有人做或做得不好。如果把能实行定额的农活都制定了合理的定额标准，生产队根据劳力的强弱和技术的专长，有计划地安排使用，能干重活的干重活，能干轻活的干轻活，能干技术活的干技术活，能干一般活的干一般活。这样，就既能合理安排使用各类劳力，使其各尽所能、各展所长，又能根据他们完成劳动定额的多少、实际所做农活的数量和质量获得相应的工分报酬，做到同工同酬、多劳多得。这有利于挖掘劳动潜力，广泛地组织动员各类具有劳动能力的社员积极参加集体生产劳动，为发展集体经济贡献力量。

总之，实行"定额管理、评工记分"制度，绝不仅仅是社员多拿或少拿几个工分、多得一点或少得一点报酬的问题，而是直接关系到贯彻执行社会主义"各尽所能、按劳分配"原则的大问题，是关系到认真落实党在农村现阶段的经济政策的大问题，也是关系到调动广大社员群众的社会主义积极性、高速度发展社会主义农业、实现"四个现代化"的大问题。当前，我们在贯彻落实党在农村的各项经济政策中，要深入揭批林彪、"四人帮"的反革命修正主义路线，肃清其流毒和影响，理直气壮地大胆宣传、贯彻、执行"定额管理、评工记分"制度，并不断总结经验，使之更加完善，不断提高农业生产经营管理水平。

林彪、"四人帮"诬蔑"定额管理、评工记分"是"修正主义的管、卡、压"，是"工分挂帅"。在他们的影响下，一些生产队曾实行什么"政治工分"、"学习工分"、"语录工分"，造成劳动涣散、纪律松弛、干和不干一个样、技术高低一个样、干多干少一个样、干好干坏一个样的不良现象。实际是多劳不多得、少劳不少得、不劳照样得。这严重挫伤了社员群众的劳动积极性，给社会主义生产、给集体经济带来了极大的危害。正如有的社员所说："同吃一碗饭，何必多流汗。"实行定额管理，坚持评工记分，执行严格的检查验收制度，根据社员完成的劳动定额、完成的农活数量和质量，使他按期得到应得的物质报酬，多做的多得、少做的少得、不做的不得。这样，我们就可以从政策上、制度上和管理的方法上把广大群众集体生产的积极性和社员的切身利益有机地结合起来，做到界限清楚、奖惩分明，就有利于加强社会主义劳动纪律，有效地克服个别社员避重就轻、挑肥拣瘦的思想，也有助于开展"比、学、赶、帮、超"的劳动竞赛，鼓励广大社员钻研科学技术、大干集体生产。

（载《云南日报》）

发展农村经济要走农、工、副相结合的道路

——云南省玉溪县北城公社调查札记

（1980年3月7日）

玉溪县北城公社是一个人多地少的平坝公社，人均不足7分地，劳动力有较大的富余，有的生产队出现了轮流出工或抽签出工的现象。在"四人帮"横行时，由于只准搞粮食生产，不准搞工、副业生产；只准守着田地混，不准为富余劳动力找出路。结果，"闲了身子，混了日子，饿了肚子，自己卡了自己的脖子"。近年来，特别是党的十一届三中全会后，他们坚持从实际出发，走农、工、副相结合的道路，使农村经济生活发生了深刻变化。现在，全公社办起了28个工、副业企业。其中，社办4个，大队办24个，拥有固定资产和公共积累400多万元，工、副业总产值达500多万元，相当于全公社工农业总产值的一半。北城公社的实践证明，农、工、副相结合的好处多。

第一，解决了富余劳动力的出路问题。玉溪县北城公社人多地少，特别是北城大队人均只有5分地，劳动力富余较多。兴办社队企业，为富余的劳动力找到了出路。现在，北城公社社队企业的从业人员有2 600多人，占全公社劳动力总数的24%。北城大队社队企业的务工社员有1 140人，占全大队劳动力总数的42%。也就是说，有将近一半的劳动力腾出来搞工、副业，解决了富余劳动力的出路问题，发挥了社员的积极性。

第二，增加了农业资金积累，为扩大再生产创造了较好的物质前提。农业扩大再生产的资金从何而来？单纯靠种粮食积累行吗？北城公社的实践证明，这条路子是狭窄的。1979年，这个公社的粮食亩产高达1 452斤，但由于人口多，扣除口粮，剩余下来的值不了多少钱，买不了什么农业机械。这些年来，由于农、工、副业三业结合，社队企业为逐步实现农业机械化、为扩大再生产积累了大量资金，购置了大批农业机械。现在，全公社已拥有大小拖拉机156台，使80%的农田实行了机耕。此外，还买了大量的打谷机、碾米机、饲料粉碎机、铡草机等各种农副产品加工机械，仅北城大队就有700多件。从1977年以来，还由社队企业拨款70多万元，用来搞农业基本建设，改善生产条件。现已建成了旱涝保收、稳产高产田1.36万

亩，占耕地总面积的 83%。由于农业基本建设和农业机械化的发展，该公社粮食单产和总产都有显著的增长。土地最少的北城大队，1979 年粮食产量比历史最高的 1978 年增长 18%，平均每人增加 120 斤。

第三，增加了社员的收入，改善了社员的生活。由于农、工、副三业综合发展，集体经济不断壮大，给广大社员带来的直接结果是收入的增加、口粮水平的提高。北城大队平均每人现金收入 182 元，比 1978 年增长 23%。这个大队的第 18 生产队共计 72 户，收入在1 000元以上者 20 户，有 3 户收入在2 000元以上。全公社人均口粮水平也从 1977 年的 481 斤提高到 580 斤，而人均 5 分地的北城大队每人平均口粮达 637 斤。整个公社改变了长期吃回销粮的局面，并向国家交售粮食 260 多万斤。

第四，由于农、工、副三业综合发展，加强了农村小城镇的建设。历史上，北城就是玉溪县北部手工业、商业都比较发达的商品集散地。附近公社、生产队乃至昆明、易门、江川等地方圆百十里地的群众都到此赶街。但是，前些年由于极"左"路线的干扰破坏，经济凋敝、流通阻塞、市场冷落。整个街上才一家饭馆、一个百货商店和一个杂货店，逢街拥挤不堪，有的社员走几十里地来赶街，往往要饿着肚子回去。党的十一届三中全会后，北城大队和一些生产队相继在这里开办了饭馆、米线馆、凉粉摊、理发、照相、缝纫、编织、工艺美术、小五金等商业、服务业共十几个商店，从业人员 100 多人。同时，公社用自己的公积金修建了三所小学、一个电影院，为逐步缩小城乡差别、工农差别创造了一些条件。

第五，农、工、副三业综合发展所带来的经济变化，也引起了人们意识形态、风俗习惯和整个农村面貌的变化。社队办起了工、副业，使一些人能学到科学技术、知识，提高了生产技术水平。北城大队务工社员和务农社员的比例为 3:4，涌现了一批相当熟练的车、钳、镗、铸等工种的技术工人。在产品中，五金厂生产的胶把钳名列全省前茅，大营大队生产的牛角刀质量好，以至大营成了玉溪的"牛角刀之乡"。北城公社建筑队承包修建了许多水平较高的建筑工程，被誉为"质量高，速度快，成本低的建筑队"。随着农、工、副三业的发展，商品经济的扩大，社员的劳动日益广泛地同社会化生产、同市场经济密切联系起来。一支亦工亦农、农工结合的新一代的农民队伍、新一代的农业产业军正在成长。

（载《云南日报》）

调整农村产业结构决不能放松粮食生产

（1986 年 10 月 24 日）

近几年，云南省和全国一样，粮食生产连年丰收，农村经济出现了全面发展的好势头。因此，部分地区在调整农村产业结构中，就以为粮食已经过关、农民温饱问题已经解决，从而放松了对粮食生产的领导，有些农民种粮的积极性不高，种植面积缩小，单产下降，总产量有较大幅度的减少。有的人丢荒土地；有的农户强劳力外出挣钱，妇女和弱劳力在家种田；农业生产经营粗放，不重视农田基本建设。这种现象，应当引起我们足够的重视，在调整产业结构中逐步加以解决。

为使农村经济持续、稳定、协调地发展，需要继续合理地调整农村产业结构。但调整产业结构，决不能放松粮食生产。俗话说："民以食为天。"农业是整个国民经济的基础，粮食是基础的基础。它不仅反映了经济规律的要求，也反映了自然规律的要求。无农不稳、无粮则乱，10 亿人民的吃饭和穿衣、社会的存在和发展都离不开农业、离不开粮食。实践证明：粮食定，天下定；粮食紧，市场紧。所以，粮食仍然是保证社会安定团结和国民经济顺利发展最重要的前提和基础。党的十一届三中全会以来，粮食生产的状况有了根本的好转，全国人均粮食占有量增加到 800 斤，温饱问题基本上解决了。但是，就云南省的情况来看，农业这个基础还是比较脆弱的，粮食的生产水平和人均占有水平，都大大低于全国的平均水平。云南是一个缺粮省，要靠国家大量调入粮食过日子，而且由于地处边疆，山区甚多，交通不便，运距长、运费高，开支大，不仅增加了财政负担，也给交通运输带来了困难。这就更加说明了在云南省搞好粮食生产的重要性和必要性。

固然，随着人民生活水平的提高，可以把单纯吃粮转化为多吃肉、奶、禽、蛋。即便如此，人均占有粮食 600 斤乃至 800 斤也是不相适应的，因为肉、奶、禽、蛋也需要粮食去转换。所以，随着国民经济的发展，农业在国民经济中的基础作用和粮食的重要地位是不能削弱而必须加强的。国民经济越发展，对农业、对粮食要求的数量越多、质量越高，也就越需要这个基础具有更大的承载力。因此，对粮食问题不能安于现状、掉以轻心，而要给予足够的重视。当然，我们强调粮食问题的重要性，并不是要回到"以粮为纲"、"全部劳力归田"的老路上去。倒退是没有出路的，必须下定决心，在农村改革的道路上，闯出一条既能抓紧抓好粮食生产、又能合理调整农村产业结构、使农村经济得以健康发展的新路子。

对于农村产业结构的调整要积极稳妥地进行，搞好了，就能促进农村经济的全面发展；如果搞得过快、过猛，就会使农业萎缩，重大比例关系失调。中央制定的"决不放松粮食生产，积极发展多种经营"的方针，是合理调整农村产业结构的正确指导方针。它深刻地揭示了农业内部粮食和其他经济部门之间的内在联系，只有抓紧抓好粮食生产，使粮食产量稳定增长，才有条件发展经济作物和多种经营，才能促进农村产业结构的调整。如果没有粮食的稳定增长作保证，就不可能拿出更多的土地种植各种经济作物，各地自然资源的优势就不可能充分发挥出来，养殖业、农副产品加工业、农工商的综合经营和人民生活的改善就都要受到限制，也不可能转移较多的富余劳动力去从事第二、第三产业的生产。所以，我们决不能放松粮食生产，要牢固地树立粮食基本自给的思想，使粮食稳定增长。这是继续调整农村产业结构的物质基础，是各行各业协调发展的前提条件。但是，粮食又是盈利低的商品，如果仅仅依靠发展粮食生产，农民很难富裕起来，农村经济的面貌很难根本改观。要从根本上改变我国8亿农民搞饭吃的局面，必须继续调整农村产业结构，发展经济作物和多种经营，实现单一型农业向综合型经济的转变。为使两者统筹兼顾、密切结合、相互促进、协调发展，应当合理地、充分地利用各地的资源、资金、劳力和技术等条件，提高农副产品的商品率，促进农村经济的良性循环，增加社会的财富，增加广大农民的收入。

要做到既不放松粮食生产，又能合理调整农村产业结构，需要注意解决思想认识问题，同时，在行动上要采取切实有效的措施。首先，要加强对粮食生产的领导，在宏观管理上要保证粮食的播种面积，提倡适度规模经营。最近几年，有的同志看到云南省和全国一样，粮食连年丰收，不少地区农民的温饱问题基本解决，便认为粮食已经过关了，吃粮不用愁了，结果放松了对粮食生产的领导。这种认识是很片面的。从现实和长远看，还必须重视粮食生产，并在行动上保证落实粮食的播种面积，把握适度的规模。在实践中，有的县已总结出调整产业结构是否合理的检验标准。这就是：粮食定购任务能否完成；市场粮价能否保持基本稳定；农民的吃粮问题能否基本解决。这个标准是切实可行的。其次，要处理好务农和务工社员之间的利益关系。务工和务农社员经济利益的差距要逐步缩小，要使务农社员有利可得、队伍稳定，才能增加粮食产量。处理好这一关系的准则是以工促农、以工补农，使粮食生产和乡镇企业都能得到迅速发展。因此，必须用先进的科学技术武装农民，使社员收入大大增加。在商品经济比较发达、工副业收入较多的地区，从乡办、村办企业的收入中，拿出一部分收益扶持和鼓励种植业和养殖业，使务工和务农社员的利益得到调节，这对稳定粮食生产是有利的。再次，要注意完善粮食定购合同制度。粮食定购合同，既是经济合同，要不断加以完善；又是国家任务，必须确保完成。这是对国家应履行的义务，不能轻率地撕毁合同。在完成定购任务的基础上，要扩大议购。最后，要实现农业的全面发展，达到全省粮食的基本自给和完全自给，根本的出路在于对农业进行技术改造，大幅度地提高单产。否则，调整产业结构就迈不开步子，不是挤掉了粮食生产，就是限制了经济作物的发展。要增加农业投资，改善生产条件，提倡科学种田，才能不断增强农业的发展后劲。

（载《云南日报》）

要十分珍惜和合理利用土地

（1987年2月27日）

珍惜和合理利用每一寸土地，是我国的一项基本国策。为了使这一基本国策制度化、法制化，从1987年1月1日起在全国正式实施《中华人民共和国土地法》。为此，必须使广大干部和群众极大地提高对土地重要性的认识，增强法制观念，自觉地保护耕地和合理地利用土地。

土地是非常宝贵的物质资料，是人类赖以生存的基本条件。在社会再生产过程中，不仅发挥着极其重要的作用，而且同其他物质资料相比，还具有许多独有的特点。首先，土地是一切财富的第一源泉。人类要生存、社会要发展，就必须进行物质资料的生产；人们要进行生产劳动就必须使劳动力和生产资料等物质条件相结合，才能为社会创造财富。在自然界，首先是土地以及和土地相联系的各种自然条件，是人们进行物质资料生产、为社会创造一切财富的第一源泉。正像威廉·配第所说："劳动是财富之父，土地是财富之母。"① 我国是一个农业大国，农业是国民经济的基础。"民以食为天"，粮食则是基础的基础。土地是最基本的生产资料，粮食是在土地上生长的。因此，对土地资源特别是对耕地资源的保护和合理利用，就成为关系国民经济乃至人类生存和社会发展的头等大事了。其次，土地的面积是有限的。其他的生产资料（诸如机器、厂房、原材料等）的数量可以通过人们的劳动不断地创造和增加，唯独土地的面积是无法增加和代替的。所以，土地是一种最珍贵的生产资料。这个特点决定了我们要十分珍惜土地，要充分合理利用土地，不断地提高土地的利用效益。最后，土地的地理位置是不能移动的。这个特点就要求人们在从事生产、安排生活时，要因地制宜、经济有效地利用土地，不能把肥沃的良田用于盖工厂、建住宅，而反过来，又到荒坡、高山上去开荒种粮食。

我国是一个人口多而耕地少的国家。现在全世界平均每人占有耕地面积是5.5

---

① 《马克思恩格斯全集》第23卷，第57页。

亩，而中国只有 1.5 亩。云南省人均占有耕地面积仅为 1.28 亩。新中国建立以来，人口在不断地增加，耕地面积却在不断地减少。据统计，37 年来，云南省人口增加了 1 倍多，而耕地面积却减少了一半，人多地少的矛盾日益突出。特别是近几年更为严重，孕育着潜在的危机。表现在：第一，非农业占用土地的面积盲目扩大，耕地面积急剧减少。仅从最近 3 年的情况来看，耕地面积减少的数量是触目惊心的。1983 年减少 17 万多亩，1984 年减少 46.7 万多亩，1985 年减少 37.4 万多亩。3 年共计减少 100 多万亩，而且多数是良田好地。在同一时期，全省人口年增加了 100 多万。综合起来看，土地和人口，两个"100 多万"，一增一减的结果，平均每年相当于增加一个中等县的人口，减少一个中等县的耕地面积。按照这个速度发展下去，100 多年以后，全省 4 000 多万亩耕地将被全部占用完毕，其后果不堪设想。所以，土地资源能否合理地充分使用，不仅关系到今天的建设，而且影响子孙后代的幸福。第二，建设用地的审批权限受到侵犯。在建设用地问题上，包括国家机关、企事业的城镇用地、乡镇企业用地、农民和职工建房用地等都存在着十分混乱的现象。未批就占、少批多占、先占后批、自批自占、利用职权多批多占等违章乱占耕地、滥用土地的歪风远未煞住，而且还有越刮越猛之势。据调查，有一个市开设的各种旅馆、招待所的床位共有 7 000 多张，而平均每天仅使用 3 000 多张，使用率不到 50%。土地、房屋和设备的利用率也不高。特别严重的是，有的干部利用职权以权谋私，占用良田建高、大、宽的私房。第三，非法买卖土地的情况十分突出。虽然《土地法》明文规定，土地属于国家所有和集体所有，任何组织或者个人不得侵占、买卖，或以其他形式非法转让土地。可是，有的地区仍出现私人买卖土地的现象，侵犯了社会主义的土地公有制。总之，目前乱占耕地、滥用土地的现象，已到非抓不可的时候了，如不及时采取切实有效的措施，将会铸成历史的错误。

应当看到，随着社会经济的发展和人口的增长，我国城镇的面积必将逐步扩大，农民和职工的住宅建设也将有所发展，工业用地将要随之增加，这是今后发展的趋势。因此，除了继续实行计划生育、控制人口增长的基本国策外，我们必须珍惜土地，加强对土地的规划和管理，以便更合理地使用土地，提高土地的利用效益。首先，要大力加强对土地重要性、紧迫性、有限性和珍贵性的宣传教育，提高广大干部和群众的认识水平，为实行土地集约化经营奠定良好的思想基础和群众基础。我国虽然地大物博，但土地特别是耕地则是严重不足的。这就需要关心和爱惜土地，实行土地的集约化经营。一方面要努力提高农业劳动生产率，从而提高农业用地的单位面积产量；另一方面，要特别强调在非农业用地方面向高度集约化发展，尽量不占或少占耕地，在可能和合理的范围内，提高单位土地上的建筑面积、工业产量、产值以及人口密度。在建设用地上，特别是在昆明和其他几个城市的建设上，要尽可能实行向空中乃至地下的纵向的、立体化的发展，以提高非农业用地的集约化水平。其次，要把土地管理纳入法制化管理的轨道，依法管好土地、用好土地。土地是农业最主要的生产资料，是国家的宝贵财富，理所当然地应受到法律的保护，绝不允许任何侵犯社会主义土地公有制的现象发生。使用土地必须依法办事，根据《土地法》及其相应的有关法规，严格管理制度，坚决取缔买卖土地的违法活动。一切建设用地，都要履行严格的审批手续，按法律规定办事；制止任意乱占耕地和扩大用地的行为，坚决刹住乱占耕地、滥用土地的歪风，对于以权谋私、违法乱纪情节严重者，要公之于世、依法制裁。再次，要强化对土地管理的经济手段。必须实行土地有偿使用制，按照土地的等级、地理位置和用途，征收土地使用税；无论是国家机关或是企事业单位，凡征用土地都要加收土地使用费；而且，鉴于土地的"农转非"有其经济上的根源，同一单位上的工商业产值、盈利、经济效益往往比农业产值高几倍乃至几十倍。因此，要采取相应措施，使农民经营农业的收入水平与经营非农业的收入水平不要差别太大。可采取以工补农、以商补农和调整农副产品价格等办法，把土地经营中的局部利益和整体利益、眼前利益和长远利益、个人利益和集体利益结合起来，有效地开发和利用土地资源。

（载《云南日报》）

加强对农业基础地位的认识

（1989 年 3 月）

改革 10 年以来，农村经济形势总的说来是比较好的，农业生产发展，经济逐步繁荣，农民收入显著增加。但是，应该看到，当前农业还存在着不可忽视的严峻问题，其中，主要是粮食问题。云南省和全国一样，粮食生产自 1984 年登上新台阶以后，出现了 4 年徘徊不前的情况。如果不能有效地改变这种局面，任其继续发展下去，势必给经济体制改革、国民经济的发展和人民群众生活的改善带来严重的影响。形势紧迫，刻不容缓，必须进一步加强对农业基础地位的再认识，从思想上、行动上提高发展农业的自觉性，夺取农业的丰收。

一、重温农业的战略地位

农业问题，说到底主要是粮食问题。对这个问题，我们虽然已经讲了几十年，但实践证明至今并未真正解决。特别是随着粮食紧缺，农业又一次成为困扰人们的一个热点和难点。它既是一个老问题，又是一个新难题。因此，重温农业的战略地位，具有十分重要的意义。

首先，农业是国民经济的基础，粮食是基础的基础。马克思曾深刻地指出："超过劳动者个人需要的农业劳动生产率，是一切社会的基础。"[1] "从事加工工业等等而完全脱离农业的工人……数目，取决于农业劳动者所生产的超过自己消费的农产品的数量。"[2] 这就是说，农业是工业和整个国民经济所需粮食的唯一提供者，是人类衣食之源、生存之本。任何社会的存在和发展，任何其他的经济、文化、教育和政治的活动都必须以农业劳动生产率为起点。只有当从事农业劳动的人能够提供更多数量的农产品时，社会才可能分离出一部分人去从事非农业的生产和工作。所

---

[1] 《马克思恩格斯全集》第 25 卷，第 885 页。
[2] 《马克思恩格斯全集》第 26 卷，第 22 页。

以，国民经济其他部门发展的规模和速度，最终要取决于农业劳动生产率。在商品经济社会里，这样的农业劳动生产率就表现为农产品的商品率。农产品商品率愈高，国民经济发展的前景愈广阔；农业是轻工业原料的主要提供者，是其他部门所需劳动力的主要来源。一句话，农业是国民经济各部门独立化和发展的基础。农业的这种特殊的重要地位，既不因社会制度的不同而变化，也不因农业在国民经济中所占比重的缩小而降低。尤其是经济发展水平比较低的国家，农业对国民经济的制约作用表现得更为明显和强烈。当前，我国正处于社会主义初级阶段，农业劳动生产率和商品率都比较低，生产规模不大，抵御自然灾害的能力还比较薄弱。所以，在社会主义经济建设中，尤其要重视农业生产的发展，要坚定不移地把农业作为经济发展的战略重点。如果没有比较高的农业劳动生产率和比较雄厚的农业基础，就不可能为工业和国民经济的发展提供日益增多的粮食、工业原料、劳动力和资金，就不可能为工业的发展提供广阔的市场，最终就将拖现代化建设的后腿。近几年来，我国经济发展中出现的工业过热、农业过冷，需要治理、整顿、调整的一个重要原因就是农业发展的滞后，满足不了国民经济发展的需要。所以，中央一再强调，农业生产对整个国民经济的发展起着极大的制约作用；粮食问题一定要抓紧。大力发展农业，是保证我国经济长期稳定发展的一项战略任务。

其次，大力发展农业，特别是粮食生产，增加农副产品的有效供给，才能平抑物价、稳定市场。最近几年，通货膨胀已成为我国经济发展中的一个严峻问题。究其原因，虽然比较复杂，但归纳起来主要是两条：一是"需求膨胀"；二是"供给不足"，结果总需求大于总供给。其中，重要的一条是社会对农副产品特别是对粮食的总需求大大超过了农业的总供给。从全国看，人口每年以净增1 000多万的速度增长，粮食的消费每年以200亿~300亿斤的数额在增加，耕地每年又以300万~400万亩的速度在减少。从云南省看，人口每年增加40万~50万，相当于一个中等县的人口数量；而耕地面积近几年来急剧下降，每年减少30万~40万亩，相当于一个中等县的耕地面积。这一增一减，使1987年全省人均占有的粮食才534斤，比1952年仅仅增加了2斤。由于粮食生产的停滞不前和人口的迅速增长，加上饮食、服务业、食品工业和其他用粮的急剧增加，致使社会对粮食和其他农副产品的需求量大大超过了当前农业所能提供的商品量。这就是社会总需求超过社会总供给的关键所在。为了使粮食的供需基本平衡，云南省只好花费大量资金从省外调入粮食，1988年已达31亿多斤，相当于1986年全省粮食销售量的73%；调入粮食的县达113个，占全省总县数的88%。不仅如此，1988年在新粮登场之际出现了"谷熟米涨价"的反常现象。这是个危险的信号。因为，粮价是其他农副产品比价的基础。

如果 1989 年的粮食生产还不能提供更多的有效供给，则粮价还会继续上涨。粮价居高不下的结果，不仅会牵动肉食、禽蛋、蔬菜、水果等农副产品价格的上升，还会影响其他商品价格的轮番上涨。如果这样，要把 1989 年的物价指数降到两位数以下，并明显低于 1988 年的物价水平显然是不可能的。可见，努力增加粮食和农副产品的生产，是增加有效供给、取得治理经济环境、整顿经济秩序明显成效的关键。

再次，发展粮食生产，关系到社会的安定团结、国家的长治久安。粮食是一种特殊的钢性商品，大家都要吃，不可取代，所以"民以食为天"是古今中外概无例外的普遍规律。我国 10 亿多人口，如果不首先解决吃饭问题、温饱问题，不仅一切建设无从谈起，而且还会影响社会的安定团结。这就是"无农不稳，无粮则乱"的道理。要保持社会的安定团结、国家的长治久安，必须要有粮食的充足供应。因此，任何时候都不能放松粮食生产。

二、需要认真反思

农业是国民经济的基础，粮食是基础的基础，这是符合我国国情的客观经济规律。我们必须尊重它、运用它，而不能违背它。否则，就要受到客观规律的惩罚。在这方面，我们需要进行认真的反思。

首先，不能只在困难时候想农业、形势好了忘农业，不应把发展农业，尤其是发展粮食生产作为解决一时困难的权宜之计来看待。回顾和总结历史，什么时候重视农业，则日子好过；反之，什么时候不重视农业或口头重视、实际上并不重视农业，则日子不好过。1958 年"大战钢铁"，几千万人上山挖矿炼钢，国民经济遭到严重破坏，人民生活十分困难，连供应城镇居民的口粮都降低了标准。处在困难时候，人们想到了农业的基础作用。为了发展农业，大力压缩基本建设规模，提出了全党"大办农业、大办粮食"的口号，增加农业投资。经过 3 年的努力，农业生产有了明显的好转之后，又渐渐淡忘了农业的基础作用。"文化大革命"期间，不仅忘了农业，甚至整个国民经济都处于崩溃的边缘。党的十一届三中全会后，十分重视农村的改革和农业的发展，采取切实有效的措施，使粮食从 6 000 亿斤增加到 8 000 亿斤，创历史最高水平。形势好了，又没有因势利导、进一步强化农业的基础作用；相反，滋长盲目乐观情绪，在安排计划、分配投资时，农业不是排在首位，而是排在末位。云南省"七五"期间的头 3 年，全省农业基本建设投资只占总投资的 8%，比"六五"期间的比重下降了 3.2 个百分点；用于农田水利建设的资金，1987 年比 1980 年减少近一半。工业和城市建设搞得轰轰烈烈，其规模和速度都超过了财力的承受限度，而农业的基础设施和支农工业却搞得冷冷清清。由于过热的工业和城市建设建立在过冷的、脆弱的农业基础上，怎能使工农业稳固协调地发展?! 所以，今明两年（1989—1990）我们又面临一次大的调整。实践再一次教育人们，必须重视农业的发展。痛定思痛，我们要从日子难过想农业、日子好过忘农业的多次反复中总结经验教训，切不可急功近利、对农业采取忽冷忽热的态度。

其次，不能认为群众的温饱问题基本解决后，农业就不再是国民经济的基础，粮食就不重要了。新中国成立后经过长期努力，基本解决了 10 亿人民的吃饭问题。这是一个巨大的成就。但是，应当看到，全国人均占有粮食不足 800 斤，不仅是一个低水平，而且还有几千万人的温饱问题有待解决。云南省一些高寒山区、少数民族地区也还有 700 多万人的吃饭问题没有解决。这既增加了财政负担，又不利于社会的安定、民族的团结。因为，由于交通不便，运输困难，每年调入几十亿斤粮食却因运距长、运费高、开支大加重了财政负担和运输的矛盾。而且全省人均占有粮食不足 600 斤，也大大低于全国的平均水平。为此，必须继续努力，要根据我国经济发展的战略目标，到本世纪末达到小康水平，下世纪中叶达到中等发达国家的水平。这样，人均占有的粮食就不是低水平的 600 ~ 700 斤，而是更高的水平；国民经济的发展对农业的要求也更高了。因此，农业的基础地位必须大大加强。

再次，不能因为调整农村产业结构而忽视粮食生产。过去推行"以粮为纲"形成的单一农村经济结构，必须调整。但是，以牺牲粮食、放弃农业去发展烤烟、甘蔗等经济作物和乡镇企业也是不可取的、也是发展不起来的。最近几年，云南省烤烟发展过猛、挤了粮食生产就是一个教训。1988 年，全省实际种植烤烟面积为 380 万亩，产烟 1 000 万担，特别是粮烟主产区的玉溪、曲靖、大理、楚雄、昆明、红河等 6 个地、州、市，挤占了一部分高产吨粮田、千斤田种烟。结果，作为烤烟基地的功能发挥了，而作为粮食基地的功能则削弱了，加剧了粮食的供求矛盾，最后不得不压缩烤烟、甘蔗挤占的高产田 100 万亩而恢复种粮。这表明，调整农村产业结构，一定要正确处理好发展农业即发展第一产业与发展第二、第三产业的关系，要把农业作为基础产业来对待。因为，保证粮食生产是调整农村产业结构的基础和出发点，只有粮食生产上去了，保证了基础产业的稳固，才能获得调整产业结构的自由度，才能掌握调整产业结构的主动权。德宏州经济的发展颇具说服力。近几年，他们紧紧抓住粮食生产，连续夺得粮食丰收后，在调整产业结构时，"手里有粮、心里不慌"，使甘蔗、茶叶、橡胶等经济作物迅速发展，出现了农业兴旺、全面发展的好势头。

最后，不能片面追求经济效益，只看财政收入，忽视粮食生产。近年来，片面追求经济效益的社会思潮冲击着各个领域。直接领导农业的一些县、乡政府，为了增加地方财政收入，把大量的人力、物力、财力投入工业、商业、服务业，兴建楼堂馆所，购买小汽车等；有的贫困县农民吃粮靠救济，却大兴土木盖宾馆、餐厅；有些干部甚至认为"有烟就有钱，有钱就有粮"，"种粮不富县，是蚀本生意"而放松甚至放弃了对农业的领导。另外，不少农民跳出"农门"，走经商、跑运输、搞工副业的路子，无心经营农业，以致强劳力、能人大都转移经营目标，改行从工、从商挣钱，把老弱妇幼留在家里种口粮田或把土地丢荒，或明种暗不种；有些乡镇工业比较发达的地区，农业成了农民早晚捎带劳动的一种"副业"，经营十分粗放，普遍不重视农田水利基本建设，靠天吃饭。这样发展的结果，不但使农业生产萎缩，粮食产量减少，还产生了比较多的经济和社会问题。

三、有益的启示

总结历史的经验教训，以便在经济建设中少走或不走弯路，保证国民经济稳定、协调、持续地发展，保证社会的安定团结，促进我国社会主义现代化建设，有几点启示是颇有教益的。

首先，要牢固地树立农业是国民经济的基础、粮食是基础的基础的思想。在我们这样一个10亿人口8亿农民的大国，任何时候、任何情况下都不能忽视农业特别是粮食的生产，即使今天我国的工业产值和农业产值在工农业总产值中所占的比重，已从新中国成立初期的3:7变成7:3，也决不能因农业产值比例的缩小而改变和动摇农业在国民经济中的基础地位。相反，农业的基础地位只能加强而不能削弱。因为，随着工业、出口贸易和其他事业的发展以及非农产业人口的增加，必然要求农业为其提供数量更多、质量更高的原料和食物，而且，工业的发展更需要农村的广阔市场。只有农业的进一步发展，才能提供更丰富的有效供给，才能增加农民的收入，进一步扩大市场的容量，促进工业和整个国民经济的发展。我们在实践中必须牢固树立起这样的指导思想：发达的工业和现代化建设只有建立在发达的农业基础上，才会有整个社会经济的全面发展。

其次，采取切实有效的措施，确保农业生产的发展。加深对农业基础地位的认识，不能停留在口头上，而要付诸实践。一步实际行动胜过一百打纲领。必须采取扎扎实实的增产措施，才能取得良好的效益。否则，只能是空想，甚至是负效应。为此，第一，当务之急是确保粮食的种植面积。我们知道，粮食总产量是由粮食的种植面积和单位面积产量两个因素决定的。其中，一个因素的减少必须由另一个因素按比例地增加来弥补，才能使粮食产量稳步增长。最近几年，云南省经济作物种植面积发展过快，挤占了粮食的种植面积，在单产水平没有取得大的突破之前，粮食产量的增加必须靠足够的种植面积来保证。特别在曲靖、大理、滇中等粮食主产区更要保证有一定面积的稳产、高产田种植粮食。第二，增加农业的投入，包括资金投入和物资投入，增强农业发展后劲。要使农业生产特别是粮食生产登上新的台阶、获得较大的发展，必须增加农业的投入，打好农业长期发展的基础。可是，这些年对农业的投入是喊得多、做得少，对农业的投资每况愈下。国外许多发达国家和发展中国家实现现代化的成功经验之一，是对农业的高度重视和对农业生产大量的、多方面的补贴和扶持。这是由农业的这一产业特点和农产品社会效益大、比较效益低的特点决定的。实践证明，这条经验是十分宝贵的。第三，充分发挥科学技术在农业发展中的作用，特别是积极推广"短平快"的过硬措施，是提高农业劳动生产力的重要条件。科学技术是生产力。我国是耕地资源紧缺的国家，要在集约化经营上花大力气、下苦功夫，依靠科学技术的进步，及时采用先进技术，提高单位面积产量，这是加速我国农业发展的根本出路。

最后，制定合理的政策，充分发挥政策导向的威力。发展商品经济必须尊重价值规律。这几年，农民种粮的积极性减弱，弃农务工、经商、跑运输的原因固然很多，其中，种粮的比较效益低确实是一个重要原因。农民出外干活，一天能挣 5～6元钱，比种粮收入高，钱来得快。农民是根据市场价格信号从比较利益中自发地调节生产门类、规模和走向的。要提高农民的生产积极性，重要的一条是提高粮食的价格，使农民种粮的比较利益增加，愿意多投入、多生产。同时，在有条件的地方要实行适度的规模经营。因为，适度的规模经营有利于打破细碎小块土地上的落后生产，提高土地生产率和农业劳动生产率，有利于从根本上解决种粮比较效益低的问题。这是实现农业专业化、商品化和现代化的重要步骤。

（载《理论辅导》1989 年第 3 期）

农业基础地位的反思与启示

（1989 年 5 月 19 日）

农业问题，说到底主要是粮食问题。随着 4 年来粮食生产的徘徊不前，农业又一次成为困扰人们的一个热点和难题。

农业是国民经济的基础，粮食是基础的基础。任何社会的存在和发展都要取决于农业劳动生产率的发展。尤其在经济发展水平比较低的国家，农业对国民经济发展的制约作用表现得更为明显和突出。最近几年，我国经济发展中出现的工业过热、农业过冷，需要治理、整顿、调整的一个主要原因就是农业发展的滞后，满足不了国民经济发展的需要。当前，大力发展农业，特别是发展粮食生产，是增加农副产品的有效供给、平抑物价、遏制通货膨胀的重要战略措施。不仅如此，还是关系社会安定团结、国家长治久安的重要保证。在这方面，我们需要认真地反思。

首先，不能只在困难时候想农业、形势好了忘农业，不应把发展农业尤其是发展粮食生产作为解决一时困难的权宜之计。历史的经验告诉我们：什么时候重视农业，日子就好过；反之，什么时候不重视或口头重视而实际上并不重视农业，日子则不好过。1958 年"大战钢铁"，几千万人放弃农业上山挖矿炼钢，国民经济遭到严重破坏，人民生活十分困难，连供应城镇居民的口粮都降低了标准。这时，人们都想到了农业的基础作用。为了发展农业，大力压缩基本建设规模，提出全党"大办农业，大办粮食"的口号，增加农业投资，经过 3 年的努力，农业生产有了明显的好转。"文化大革命"期间，不仅忘了农业，甚至整个国民经济都处于崩溃的边缘。党的十一届三中全会后，十分重视农村的改革和农业的发展，采取切实有效的措施，使粮食创历史最高水平。形势好了，却没有因势利导，进一步强化农业的基础作用；相反，滋长了盲目乐观情绪，在安排计划、分配投资时，农业不是排在首位，而是排在末位。结果，由于过热的工业和城市建设建立在过冷的、脆弱的农业基础之上，致使工农业不能稳定协调地发展，因而必须在今明两年（1989—1990）进行一次大调整。痛定思痛，实践教育着人们切不可急功近利、对农业采取忽冷忽热的态度。

其次，不能认为群众的温饱问题基本解决后、农业就不再是国民经济的基础，粮食就不再重要了。应该说，我国人均占有粮食不足400公斤不仅是一个低水平的问题，而且还有几千万人的温饱问题有待解决。特别是云南省一些高寒山区、少数民族地区约有300万人的吃饭问题没有解决。这既增加了财政负担，又不利于社会的安定团结。要实现我国经济发展战略目标，对农业发展的要求更高，农业的基础地位不应削弱而必须大大加强。

再次，不能因调整农村产业结构而忽视粮食生产。过去搞"以粮为纲"形成单一的农村产业结构，必须调整。但是，以牺牲粮食、放弃农业去发展烤烟、甘蔗等经济作物和乡镇企业也是不可取的，也是发展不起来的。最近几年，云南省烤烟发展过猛，挤了粮食生产，加剧了粮烟矛盾，最后不得不压缩烤烟、甘蔗挤占的高产田100万亩而恢复种粮。这表明，调整农村产业结构一定要正确处理好发展农业即发展第一产业与发展第二、第三产业的关系，要把农业作为基础产业来对待。保证粮食生产是调整农村产业结构的基础和出发点。只有粮食生产上去了，我们才有能力掌握主动权。

从近年来对农业问题的失误，我们应当获得几点有益的启示：

首先，要牢固地树立农业是国民经济的基础、粮食是基础的基础的思想。我国是11亿人口8亿多农民的国家，即使今天工业产值和农业产值在工农业总产值中的比重已从新中国成立初期的3：7变成7：3，也决不能改变和动摇农业的基础地位。

其次，必须采取切实有效的措施，确保农业生产的发展。第一，在单产水平没有取得突破性进展之前，粮食产量的增加必须靠足够的种植面积来保证。第二，增加农业的投入，增强农业发展后劲，必须改变对农业投资每况愈下的状况。对农业高度重视和对农业生产大量的、多方面的补贴和扶持而取得成效的。第三，充分发挥科学技术的作用，采用先进技术，集约经营，提高单位面积产量，加速我国农业发展。

（载《昆明日报》）

要正确认识和大力发展乡镇企业

（1990 年 10 月 5 日）

最近一个时期以来，人们对乡镇企业的议论、责难比较多，支持关心比较少；有的甚至对乡镇企业的前途和命运产生了怀疑；一些乡镇企业的职工也信心不足。对此，有必要对改革 10 年来乡镇企业的发展进行总结和反思，从而使这一农村经济的重要支柱健康发展。

改革 10 年来，乡镇企业在中国大地上异军突起，独树一帜，获得了迅速的发展。在农村经济和整个国民经济发展中发挥着日益重要的作用。

第一，乡镇企业在国民经济发展中处于举足轻重的地位。1989 年，全国1 800多万个乡镇企业实现的总产值为7 350亿元，分别占全国社会总产值和农村社会总产值的25% 和60% ，相当于 10 年前全国的社会总产值。乡镇企业出口创汇额 1989 年突破 100 亿美元的大关，约占全国出口创汇总额的 1/5，成为出口创汇的一支生力军。1989 年，云南省乡镇企业产值达 65 亿元，已成为全省国民经济和农村经济的支柱产业。

第二，乡镇企业的发展，促使农村产业结构发生重大变化，有效地培育了农民的商品经济意识，加速了农村从自然经济向商品经济的转化。随着乡镇企业的发展，兴办了农副产品加工、农机具制造修理、采掘冶炼、建筑建材、交通运输、商业服务等各种企业，使农民从狭小的天地里走出来，从单一产业的束缚下解放出来，打破传统、封闭、保守的经济结构，充分利用自然资源，开发新兴产业，向种植、养殖、加工、农工商综合发展的道路迈进，使农村第一、第二、第三产业特别是建筑建材业、交通运输业、商业餐饮等服务行业都获得一定程度的发展。这样，乡镇企业不仅是大工业和城市经济的有效补充，而且在整个国民经济中成为与大工业、与城市经济相提并论、互相依存、互相促进的一种经济形式，也是增加有效供给、满足市场需求的一种经济要素。不仅如此，它还有利于形成一种城乡一体、工农一体、农工贸一体化的新格局。

第三，它是吸收农村富余劳动力就业的主要途径。我国农业人口占总人口的80%，耕地有限，目前大约有2亿多农业富余劳动力。农业劳动力向非农产业和城市转移是世界各国经济发展的普遍规律，中国也不例外。但是，如果农村富余劳动力统统由国家来安排，据有关部门估计，需要由国家投资4万亿元人民币，相当于全国20年财政收入的总和，显然这是办不到的。出路何在？就是要大力发展乡镇企业。10年来，全国已有9000多万农村劳动力先后转移到乡镇企业，云南省约有60万农村劳动力转移到第二、第三产业。这既解决了农村富余劳动力的出路，又避免了发展中国家因农民大量涌入城市而带来的住房、交通、生活供应、医疗卫生、社会福利等诸多方面的困难，稳定了农村，也稳定了全国。可见，大力发展乡镇企业是我国引导广大农民走离土不离乡、就业不进城的道路，高高兴兴地从农业转入工业，从农民转为工人，加快实现农村现代化进程的一个重要特色。

第四，发展乡镇企业是支援农业、发展粮食生产、增加农民收入、改善农民物质文化生活条件、提高农民科学文化水平的重要途径。一是农业是国民经济的基础，粮食是基础的基础。"无农不稳，无粮则乱。"这是一个普遍规律。但是，由于农业生产特别是粮食生产是一种比较效益低的产业，要提高农业劳动生产率，增加粮食产量，就需要提高科学技术水平，增加资金投入，给农业注入新的活力。昆明市西山区团结乡近几年通过发展乡镇企业，积累资金，先后投入农业建设的资金就达400多万元。由于兴修水利，选育优良品种，推广地膜覆盖，增施化肥，粮食产量大幅度地提高，从1980年的1068万斤增加到1989年的1360多万斤，增长30%，实现了"以工补农，以工建农"方针的要求。二是农村经济收入增加后，农民有条件兴办各种文化教育事业。团结乡1982—1988年共筹集教育发展资金400多万元，修建了2所中学、10所完小、15所村小、1所农业技术学校、1所乡镇企业业务学校以及电影院、文化室等，基本形成了基础教育、职业教育和成人教育协调发展的教育体系。全乡用最好的房子办学校，为提高群众科学文化素质奠定了物质基础。三是乡镇企业发展，增加了农民的收入，改善了农村的生活条件，引导农民走上脱贫致富的道路。10年来，云南省农民从乡镇企业获得的工资收入共有50多亿元，仅1989年就达十几亿元。昆明市西山区团结乡龙潭办事处乡镇企业一项的人均收入就达1400多元，大大改善了农村经济生活的条件。一些群众还建房盖屋，购买汽车、拖拉机。此外，全乡各村寨都修通了公路，并铺设了30余公里的沥青路面，农村面貌焕然一新，也大大促进了小城镇的建设。

第五，发展乡镇企业，为农村社会主义建设打下坚实的基础，巩固和扩大了社会主义阵地。发展乡镇企业，拓宽了生产门路，有效地积累了资金。据有关部门统计，到 1988 年底，全国仅乡村（办事处）两级集体企业的资产已达 2 000 多亿元，相当于改革开放前农村人民公社从 1958 年到 1978 年 20 年的总公共积累的 2.5 倍。广大农民亲身体会到了农村工业化和农民向非农产业转移的好处：既促进了农业生产的发展，又培养、造就了一代有文化、懂技术、会管理、下地能干活、到企业会做工或经商的新型农民，并使之成为发展农村经济走社会主义道路的中坚力量。

综上所述，发展乡镇企业是一项具有战略意义的重要任务，是振兴农村经济、逐步实现农村现代化的必由之路，因此是不可忽视的重要力量。尤其是云南省的乡镇企业同全国相比，不是发展过快，而是刚刚起步，至今还有 1/5 的乡没有乡镇企业，还需要大力发展。

任何事物都不是十全十美的。在乡镇企业取得重大成就的同时，还必须清醒地看到，乡镇企业也存在一些问题和不足。例如，有的地区和产业还存在盲目性，重复建设，产品质量差，管理不善，物耗高，经济效益低，以及普遍存在的环境污染、破坏生态平衡，等等。这些问题都要认真对待，逐步解决。

总之，我们要认真贯彻"积极扶持，合理规划，正确引导，加强管理"的方针，以推动云南省乡镇企业健康地发展。

（载《云南日报》）

农村金融与科技兴农

(1991年6月)

农业是国民经济的基础。发展农业是我国经济建设的头等大事。通过各种措施，特别是通过农村金融部门的扶持，促进农业科学技术的进步，对推动农业的发展，具有十分重要的意义。本文拟就科技兴农的意义和农村金融系统支持科技兴农的途径等问题作些探讨。

一、科技兴农是农业发展的根本出路

科学技术是人类的实践成果，是人类智慧的结晶。农业、工业、国防的现代化，关键是科学技术的现代化。因为，要发展农业，就要使千百年沿袭下来的"一头老牛，一把锄头"的原始耕作方式，逐步跨进现代化的耕作方式，其关键取决于科技的进步。"科技兴农"是当今世界发展的潮流，是我国国情的需要，是摆脱困境、进行综合开发的一条重要途径。

首先，依靠科学技术的进步发展农业是世界的大趋势，是人类社会进步的普遍规律。生产的发展和劳动生产率的提高主要依赖于科学技术的进步，特别是在当代，科学技术在农业生产中的作用越来越突出。发达国家在20世纪三四十年代以及"二战"后，农业的振兴主要是靠科学技术的应用。现在，发达国家农产品增长量中60%~80%都归于农业科学技术的作用。据估计，以目前发达国家的科技为基础，到2000年，通过植物育种技术可使农作物增产35%，遗传工程可增产25%，生长调节剂可增产24%，变种可增产15%，提高光合效率可增产17%。面对全球性的资源紧缺和农业生产成本的上升，如何从以资源为基础的传统农业逐渐转变为以节约资源、实行集约经营、最终以科技为基础的农业，这是当今全球面临的一大课题。因此，无论是发达国家还是发展中国家，都要十分重视科学技术在这个转变过程中的潜在作用。从世界经济发展的范围来看，全球都面临资源、环境、生态、人口等问题和矛盾。为了解决这些问题，都离不开科学技术的进步。由此而表现出来的各国之间农业经济力量的竞争，综合国力的竞争乃至国际经济的竞争，在很大程度上都取决于科学技术的竞争。谁掌握了先进的科学技术、把握了优先推动农业以资源为基础转变为以科学技术为基础的机会，谁就取得了未来农业的主动权，就能大大提高农业劳动生产率，增强农业和整个国民经济发展的实力。正如江泽民同志所说："一个科学技术长期落后的国家和民族，不可能繁荣昌盛，不可能自立于世界民族之林。"我们要逐步缩小同发达国家间的差距，努力接近和赶上世界先进水平，必须大力发展科学技术，依靠科技振兴农业。

其次，科技兴农是我国国情发展的客观要求。我国是一个发展中国家，农业面临的突出问题是：人口增长、耕地减少、资源约束、投入限制、需求增大、农业发展后劲不足。这几年，全国人口每年以1 000多万的速度增加，耕地每年以四五百万亩的速度减少，粮食消费每年以两三百亿斤的速度增加。结果，人均占有粮食已由1984年的800斤下降到1988年的724斤。到本世纪末，粮食产量即使达到1万亿斤，人口控制在12.5亿，人均占有粮食量也还只是800斤。人口增加、耕地减少、缺乏资金及现代化物质要素的矛盾相当突出，而且还有进一步发展的趋势。目前，我国耕地面积只占国土面积的14%，人均占有耕地1.4亩，居世界倒数第3位，仅高于孟加拉国和日本。美国、加拿大的人均耕地分别为15亩和30亩。处于中国西部地区的云南省，由于是山区省份，可耕面积只占总面积的6%左右，约4 200万亩，人均占有耕地仅1.2亩，低于全国平均水平。平均每年增加一个中等县的人口，减少一个中等县的耕地，一增一减的结果，使粮食问题更为严重。这几年我国农业投入在减少，在许多地区农业生产条件没有多大改善，原有设施老化，抗御自然灾害的能力减弱，资源利用过度，掠夺式经营行为，导致地力下降。1984—1986年期间的农业特别是粮食生产徘徊不前，原因虽多，但生产技术水平低下的确是个重要原因。要使农业走出困境，就应从我国的资源国情出发，只能走依靠单产、谋求增长的道路。在稳定政策、增加投入的同时，要更多地依靠科技进步，尽快地将农业科研成果和先进实用技术转化为现实的生产力。云南省提出，在人均不到1.2亩的有限耕地上，要做发展农业的大文章，既要解决城乡人民的吃饭问题，又要发挥云南优势，发展烟、糖、茶等经济作物。矛盾虽然很大，但出路不是靠毁林开荒扩大耕地面积。因为这是破坏生态环境、贻害子孙后代的路子，是走不通的。只有走依靠科学技术的应用、进行深度开发、提高粮食单位面积产量增加粮食总产的路子。

再次，科技兴农是我国农业发展现状的要求。当前，科学技术在我国农业中的应用水平还比较低，在农业增产中的作用和世界发达国家相比，差距还比较大。据有关部门测算，科技进步对农业增产的作用，"五五"计划期间仅为17%，"六五"

计划期间也只有 30%~40%, 耕作技术、品种选择、化肥利用率、灌水利用率、农药利用率以及自然降水利用率都很低。特别是新中国成立后, 我国科技成果在生产中的应用率还不到 1/3, 大量的成果还停留在展品、样品、礼品阶段, 对实际生产的推动作用不大, 有的操作技术还有后退的趋势。云南省农科院几位专家作过一项对比研究, 20 世纪 50 年代初, 云南粮食单位面积产量高于当时全国的平均水平, 到了 20 世纪 80 年代反而大大落后了。究其原因, 主要是云南农业"硬件疲软, 软件不足"。按照云南省科委的统计, 1976 年以来, 全省申报省级奖励的农业科技成果有 1 385 项。其中, 有 438 项获得省政府的科技进步奖。可是这些成果中有相当多的一部分未能转化为现实的生产力。全省科学技术的推广覆盖率仅有 30%, 科技进步对农业生产的贡献率只有 20.6%, 大大低于全国的水平。如从全国范围的实践看, 许多科技成果的推广有效地提高了农业生产力水平。如杂交玉米的大面积推广, 使全国的玉米单产翻了一番, 由不到 200 斤提高到 400 多斤。水稻经过高秆变矮秆、杂交体系配套等改革, 培育出优良高产品种, 使水稻平均单产由 1949 年的 252 斤提高到 1984 年的 700 斤, 有的高产田大面积平均单产达到了 1 000 斤左右, 居于世界的先进水平。从养殖业看, 如果采用配合饲料饲养, 就能将猪的料肉比由 4.5~5:1 降低到 3~3.5:1, 鸡的料蛋比由 4~4.5:1 下降到 2.5~3:1, 则可提高肉蛋生产总量 1 000 万~1 200 万吨。可见, 农业的发展最终要取决于科学技术的进步和应用, 科技兴农是解决农业耕作落后、资源利用率低、效益不佳的根本出路。

最后, 科技兴农是推动农业综合开发的一个重要手段。为了扭转我国农业连续几年徘徊不前的局面, 向农业的深度和广度进军, 一些省、地、县组织了不同层次、不同规模、不同项目的农业综合开发。对现有已开发的农业资源, 尽可能地增加物质技术的投入, 实行集约经营, 提高单位面积产量, 以增加产出率, 实现稳产高产, 提高对现有资源的利用率。同时, 使可利用的新资源得到有效的开发, 以增加有效供给。农业综合开发对振兴农业、加快农业发展的步伐具有十分重要的意义。据有关部门预测, 将有近一半的增产任务是依靠全面推进农业综合开发获得的。而且, 由于采取综合开发的形式, 就可将农、林、水利、计划、财政、金融以及有关部门的力量组织起来, 形成一种集合力和各行各业都为振兴农业办实事的态势, 从而有效地提高综合生产能力和农产品的商品率。例如, "七五"期间, 国家第一批投资建设的 111 个商品粮基地县, 1987—1989 年三年的粮食产量比建设前的粮食产量增长 65 亿多公斤, 增长幅度达 7%, 远远高于全国的平均增长幅度。其粮食商品率由建设前的 26% 提高到 33%。实现农业综合开发的一个重要条件就是尽可能增加物质技术的投入, 改善生产条件, 提高科学技术水平, 开发生产潜力。例如, 通过各种科学技术措施，如能把占全国耕地 2/3 的中低产田进行初步改造，以每亩平均增产150 斤粮食计算，10 亿亩耕地，仅此一项就能增产粮食 1 500 亿斤。这个数目足见科技兴农的效果是何等巨大！

总之，"知识就是力量。"先进的科学技术及其在生产中的广泛应用，必将为人们彻底解决农业问题提供有力的物质技术条件。人们掌握了先进科学技术这把金钥匙，就能使我国传统农业彻底走出困境，登上现代化的台阶，形成强大的现实的生产力。因此，科技兴农是我国农业发展的根本道路。

二、增加投入，积极支持科技兴农

既然科技兴农是我国农业发展的根本道路，那么，各有关部门都应围绕它积极采取切实有效的措施，并付诸实践。作为农村金融部门更要义不容辞地肩负起这一光荣而艰巨的任务，为支持"科技兴农"作出贡献。

首先，要多渠道、多层次增加农业科技投入，建立健全科技兴农的支撑体系。增加投入是推广科学技术、发展农业生产的重要保证，多投入才能多产出，要多开辟渠道，进行多层次的投入，包括中央、地方、集体和农民的投入。哪一方面的投入都不可缺少，不可代替。在以农村集体经济和农民群众的投入为主体的同时，农村金融部门也是增加农业投入的一个主要渠道。因为，要强化农业的基础地位，要加快农业科技的研究及其成果的推广，必须增加信贷资金的投入。要突出信贷支农，特别是支持科技兴农的政策措施。在信贷计划的安排上要增加农业贷款的比重。发展农业贵在倾斜，在国家资金有限的条件下，各项产业的发展不能平均使用力量，要有适当的集中，把有限的资金用在刀刃上，使其发挥更大的效益。为此，在增加农业和科技贷款的计划中，要把科学技术的推广应用摆在首要地位，提高它在农业贷款中的比重。在支农贷款的投向上，既要注意物质的投入，更要重视科技的投入。农行和信用社都要重视对农业技术推广应用的信贷支持。首先要支持乡、村、组技术推广体系和经济信息咨询等技术服务和生产科技联合体，为开展有偿服务提供适量的固定资产贷款和一定的流动资金贷款。同时，对选育优良品种、优化配方施肥、优化配合饲料、节约利用能源等科技进步的推广应用，及时提供有力的信贷支持。通过信贷往来，使农村金融业务与科技研究及其成果推广结合起来，增加科技开发贷款，充分发挥金融联系经济和科学技术的纽带作用。实践证明，农业银行开办科技信贷，对科技成果迅速转化为生产力，推动农业科技进步，提高经济、社会、生态等效益，使银行资金营运走向高效益的良性循环，起着越来越重要的作用。结果，既能有效地支持科技兴农事业的发展，也给农村金融事业注入了新的活力。

其次，金融部门要积极支持发展农村社会化和专业化的服务体系。为了有效地推进科技兴农，应根据实际需要和可能，逐步建立多层次、多形式、多种经济成分的社会化服务体系，组织动员各方面的社会力量，为农民提供实施先进技术方面的服务，提供储存、销售、加工和市场信息方面的服务。具体地讲，就是建立健全四个方面的服务体系；即农业科技推广服务体系；农业生产资料供应服务体系；农村商业、饮食业服务体系；公共设施和经营管理服务体系。其中，首先要建立农业推广服务体系，形成一支国家专业科技人员、农民技术员、科技示范户相结合，兼有技术推广和产前、产中、产后社会化服务职能，以乡村基础农业技术推广为基础，以县级农业科技服务组织为核心的，一个上下相连、左右相通、专业和群众相结合的多层次、多形式的农业科技服务网络，把分散经营的千家万户与先进的科学技术联系起来。不仅能及时有效地推广农业先进技术，而且还能提供农业经营、经济管理、金融、商品价格等方面的服务、促进农业向专业化、社会化和现代化的方向发展。

再次，强化培训，提高广大农民群众的科学文化素质。广大农民群众是把先进的农业科学技术转变为物质力量和物质产品的主要转化器，他们有效地采用先进技术，并使之发挥作用，成为科技兴农的最终体现。因此，在对先进农业技术进行推广使用过程中，必须提高劳动者的素质，否则，不能适应新技术的要求，并成为技术推广的一大障碍。所以，如何改变人们千百年来惯用的传统原始耕作方式，尽快提高 9 亿农民这一巨大的人力资源的文化科学素质，已成为推动科技兴农的关键。当今世界，许多国家都十分重视对农民的基础教育和技术教育，政府通过大量投资，使广大农民普遍掌握科学文化知识和技能，实现了农业的现代化。美国著名经济学家、1979 年诺贝尔奖金获得者舒尔茨教授指出，提高农民的科学文化知识和技能是"农业经济增长的主要源泉"。总结发达国家推进农业现代化的经验，我国财政、金融部门要积极地支持对农民的科学技术教育，特别是穷困地区，既要扶智治愚，又要把普及科学知识同培训乡土人才结合起来，在每一个乡镇、村、办事处都形成一批"粮食科技户"、"养殖科技户"、"烟叶科技户"等，作为科技兴农的示范和骨干力量，带动整个农村实用技术的推广应用。在农村，形成农民学科学、用科学的良好风尚，以推动科技兴农的实现。

最后，要加强农业信贷资金的管理，保障科技兴农的需要。最近几年，由于国民经济发展的畸轻畸重，工业过热，农业过冷；流通过热，生产过冷；投资的重点发生严重倾斜，大量的资金投向工业，特别是重工业、商业，减少了对农业生产尤其是对农业科技的研究和推广的投入。同时，由于实行家庭联产承包制，土地的"两权分离"，作为土地所有者的集体的投入实力不足；而作为土地经营者的农民，限于自身的能力，或担心政策多变，投入的积极性也不高，对中长期的投入缺乏兴趣，短期行为严重，甚至采取掠夺式经营，在作物栽培上不愿学习和采用先进技术，结果都阻碍了农业的农展。为此，一方面，要普遍提高各级领导和广大人民群众对科技兴农、增加物质和资金投入的重要性的认识；另一方面，农村金融部门要加强农业信贷资金的管理，正确掌握其投向和投量。在支持粮、油、烟、糖、茶等主要农产品的同时，要把科技兴农放在重要位置上，与科技部门相配合，使信贷投入与科技推广相结合，资金运动与物资运动相协调。在项目选择上，要长短结合、局部和全局结合，以短养长，局部服从全局、全局兼顾局部，统筹兼顾眼前利益和长远利益，真正保证科技兴农目标的实现，使潜在的生产力变为现实生产力，最终促进农业实现现代化。

（载《云南民族学院学报》1991 年第 2 期）

实行市场配置土地资源

（1994 年 11 月 12 日）

土地是非常重要的物质资料，是人类赖以生存的基本条件。"民以食为天"，粮食是基础的基础。云南作为一个山区面积占94%、人均耕地仅1.14亩、少数民族众多、劳动者素质较低的边疆省，不仅基本解决了吃饭问题，而且通过强化农业的基础地位和作用，托起了全省经济的大发展，更是惊人的奇迹！最近几年，各地出现的开发区热、房地产热、娱乐设施热带来的占地、圈地热，更加剧了土地的供需矛盾和耕地锐减态势。云南省现有耕地4 287万亩，每年净增人口55万，使总人口突破3 900万，正向4 000万逼近。人均耕地从新中国成立初期的2亩多减至目前的1.14亩，低于全国1.3亩的水平，更低于世界人均4亩的水平。1993年，净减少耕地681 951亩，在17个地州市中，除昭通、思茅、大理、德宏外，各地人均耕地均呈下降趋势。至于开荒造地也是有限的。如果过量、过度地垦殖又会破坏生态平衡，恶化环境。

配置土地资源是通过一定的土地使用制度来实现的。过去我们实行的是无偿、无限期、无流动、单一行政划拨的土地使用制度。其弊端是：土地资源不能优化配置、合理流动，造成资源浪费，资产流失；对集体荒山更是平均分配，无偿使用，农民担心政策多变，致使荒山依旧，开发经营处于徘徊不前的状态。

云南省宜良县率先试行集体荒山使用权的有偿出让，引起强烈反响和示范效应。尔后，各地相继有偿出让"四荒"（荒山、荒坡、荒沟、荒滩）使用权。此举收到的明显效果是：第一，加速资源优势向经济优势的转化。云南省山区面积大，宜牧宜林荒山达1亿多亩，尽快开发经营并使之转化为经济优势，有利于解决资源富饶与经济贫困的矛盾。第二，有效地带动农村剩余劳动力的就近转移，增加农民的收入。第三，有利于适度规模经营，调整产业结构，取得规模效益。第四，有利于稳定和完善统分结合的双层经营体制，壮大集体经济实力。第五，为进一步开发山区资源筹集了资金。

　　运用市场配置土地资源的实践给人以启示：第一，搞市场经济要更新观念，大胆探索。要树立土地资源的价值观念、出让土地使用权的市场观念和资产价值增值的效益观念。由于"一次买断"使用权，使农民真正有了受让土地的权属感和稳定感。第二，要从"三个有利于"出发，用政策去调动群众的积极性，使生产向规模化、专业化、科学化和商品化的方向发展，形成优势产业和稳固的商品生产基地。第三，要建立健全土地使用权交易市场。建立相应的土地交易市场和与之配套的法制体系，才能使交易行为规范化、法制化。

　　鉴于当前土地形势的严峻，笔者建议：第一，要通过权威机构（地价评估事务所）客观公正地评估土地价格，避免国有和集体资产的流失。第二，为了确保吃饭问题，一方面要继续严格控制人口的增长；另一方面要健全永久性耕地保护制度。凡列为永久性保护的耕地，不得随意侵占。第三，开发区应更多地去开发"四荒"，尽可能不占耕地。对少量占用耕地，要有切实可行的补偿、复垦措施。第四，凡已划入开发区规划范围但还没有开工建设的土地，应允许农民耕作；对耕地撂荒的要予以惩罚。此外，还要抓紧《土地管理法》和土地方面基本国策的宣传教育，为扭转乱占滥用土地的现象打好思想基础。

（载《云南政协报》）

大胆的探索，有益的启示

——谈有偿出让"四荒"土地使用权

（1994 年 12 月 14 日）

今年伊始，云南省广大农村出现了一件具有深远意义的新鲜事，即各地相继向个人和社会有偿出让"四荒"（荒山、荒坡、荒沟、荒滩）。这是继农村推行家庭联产承包责任制后，对农村土地使用制度改革的又一次重大举措。土地的使用从无偿变为有偿、从计划体制走向市场体制，必将进一步推动农村经济结构的调整，实现生产要素的优化组合，促进市场经济和生产力的发展。

有偿出让"四荒"，在理论和实践上给人们许多有益的启示。

启示之一：对土地使用制度的认识要更新观念。搞市场经济要求人们树立土地、资源的价值观念、市场观念和效益观念。可是长期以来，我们只认为土地是国家和集体的财产，不能作为商品进入流通，更不能出让、转让、出租和入股，而采取无偿划拨使用的制度。其特点是：无偿、无限期、无流动，造成土地资源的利用率低，尤其是"四荒"地，没有当做商品，不进入市场进行交换，难以实现土地资产的保值、增值。这是和市场经济的要求相悖的。因为市场经济是商品经济发展的高级阶段，商品经济的概念扩展了，形成更广泛完整的市场体系。一方面，发展了传统的物质产品的商品市场；另一方面，又培育和建立了生产要素市场，包括土地及固定资产等产权交易市场、劳动力市场、金融市场、技术市场和信息市场在内的市场体系，使社会的一切经济关系和经济活动（包括土地使用）都商品化、市场化和信息化，以市场为中心调节经济运行，成为推动经济发展的有效机制。有偿出让"四荒"就是现在将过去无偿划拨的宝贵资源作为商品进入市场，通过货币进行交换。过去不要钱的土地没人要，现在要出钱却争着要。这在观念上就发生了一个深刻的变化。观念更新是行动的先导。一旦树立"四荒"土地资源的价值观念、出让使用权的市场观念和资产价值增值的效益观念，人们就会以新的观念把目光投向一座座荒山秃岭，把它变成花果山、摇钱树，从而更加珍惜和合理地使用每一寸土地。

启示之二：改革农村土地使用制度，通过市场配置土地资源。要按照社会主义市场经济的要求，建立农村土地使用制度的运行机制，使市场成为合理配置土地资源，优化组合生产要素，拓宽农业发展空间，使潜在的生产力变为现实的生产力。形成农村经济发展新生长点的有效机制。新中国成立以来，我国农村土地使用制度中特别是对荒山、荒坡的"自留山"、"责任山"采用行政划拨手段，无偿划拨、平均分配，使生产要素不能合理流动和优化配置。许多地方是有山无人治、无心治或无力治，而不少农民和社会力量则是想治没山治、有力无处使。这样，一方面，宝贵的土地资源大量闲置和浪费；另一方面，则是劳动力资源、资金、技术等开发力量大量闲置和浪费，结果不利于土地资源的合理利用和生产力的发展。这正是高度集中统一计划体制下土地使用制度的严重缺陷。有偿出让"四荒"是对传统土地使用制度的重大变革。在保留土地集体所有的前提下，实行所有权和经营权的分离，运用公开、公平、竞争的市场机制，通过拍卖、招标、协议等方式将土地使用权以一定的价格、年限和用途出让给使用者，使"四荒"资源进入市场，从无偿、无限期、通过行政手段的体制转变为有偿、有期限、运用经济手段为主的体制，形成以有偿出让土地使用权为核心的新的土地使用制度。结果，让沉睡了几千年的荒山、荒坡变成一种可以通过市场流通的资产，其价格也随供求关系的变化而波动，使市场成为配置资源、优化生产要素的有效手段。通过发展种植业、养殖业、加工业，使潜在的生产力变为现实的生产力，形成新兴产业和生产基地，成为经济发展新的生长点和释放点。云南省山区占国土面积的94％。据统计，全省宜林、宜牧的荒山达 1.1 亿亩，农村人均 3.2 亩，相当于人均现有耕地的 1.5 倍。如果这些土地能通过市场机制实现优化配置和合理利用，对全省农村经济的发展无疑是一个巨大的推动作用。

启示之三：从"三个有利于"出发，调整政策，调动群众的积极性。政策的调整要从"三个有利于"出发，才能顺乎民意、合乎民心，调动农民群众的积极性，向生产的广度和深度进军，使生产向规模化、专业化、科学化和商品化方向发展，逐步走向农业的现代化，为建立稳固的商品生产基地奠定基础，为脱贫致富创造有利条件。从 20 世纪 80 年代初推行"两山"责任制以来，由于无偿平均分配山林，群众心里不踏实，认为人人有份是"白得的"，不愿意向"白得的"荒山、荒坡投劳、投资。结果，树林砍的多，种的少，成材的更少。数年逝去，荒山依旧、贫困依存。实践是检验真理的标准，也是检验经济政策的标准。农民群众深感旧体制的缺陷，严重阻碍了生产力的发展。因此，我国吕梁地区、云南省宜良县率先在农村开了有偿出让"四荒"土地使用权的先河，使农民花钱买放心，谁购买、谁经营、谁受益。在受让期限内，有自主经营的权利，有继承、转让的权利，搞活了土地的使用权、收益权和处置权，明晰了产权关系，使农民真正得到了受让土地的稳定感、权属感。由于经营土地的责、权、利关系更直接，极大地调动了农民群众的生产积极性，珍惜自己花钱买到的土地，精耕细作，积极投入劳力、资金和技术，聘请专家搞发展规划，作技术指导。同时，挖塘、修水利、铺路、架桥，甚至有的全家搬到山上落户与土地共享甘苦。云南省昌宁县农民王正学购买荒山300亩，兴办个体生态林场，先后投资近50万元，垦荒种植茶叶、核桃、苹果；修筑公路、架设输电线和自来水管，改善生产条件；成立茶叶粗制所等。由于实行规模经营，多投入、高产出，取得良好效益。同时，还鼓励单位和个人以及国内外客商踊跃购买"四荒"土地，开发兴办实业，使"四荒"地相对集中于有一定经济实力、懂技术、会管理、善经营的单位和个人，通过统一规划，连片开发，打破细碎的小生产经营方式，使生产发展规模化、分工专业化、科学技术现代化，从传统农业走向现代农业，有效地提高农民的收入水平，尽快走上富裕之路。广南县10多个单位以入股形式筹集资金300多万元，承包荒山5万亩；还吸引了加拿大国际贸易发展有限公司投资4 600万人民币开发八达乡10万亩荒山造经济林，使贫困的少数民族山乡改变了面貌。

启示之四：调整所有制结构，促进生产力发展。生产关系一定要适应生产力发展是客观经济规律。过去，受"左"的思想影响，在农村生产资料所有制结构上，追求"一大二公三纯"的模式，割资本主义"尾巴"，取缔私营经济和个体经济。结果，越大越公越纯越穷，阻碍和破坏了生产力的发展。党的十一届三中全会以后，农村经济体制实行以家庭联产承包责任制为标志的重大改革，其实质就是对经济利益关系的大调整，确立了农民家庭个体经营的主导地位，满足了农村对土地经营拥有真实权利的要求，因而使农业生产获得了前所未有的丰收，实现了农业发展的第一个飞跃。1984年，全国粮食总产首次突破4 000亿公斤。现在面临第二个飞跃，任务之一是调整单一的经济结构和所有制结构，使之与社会主义初级阶段的生产状况相适应，有偿出让"四荒"，实行独户、合伙、城乡联合、山坝联合、股份合作制等多种经营方式，兴办林场、园艺场、茶场、养殖场、加工厂等，让国家、集体、个人一齐上，必将加快农村经济整体水平的提高。

启示之五：建立健全农村土地市场。土地（包括农村"四荒"）是国家和集体最重要的资源和最大的资产，其商品化和经营市场化是发展社会主义市场经济的必然趋势。因为，随着市场经济体制的建立，客观上就要求通过市场按照公平、公开、竞争的原则，使土地的交易规范化和法制化，以避免交易过程中的随意性和少数人的以权谋私，尤其是对土地的估价要力求做到客观、公正、合理。

（载《云南日报》）

论农村土地资源的市场配置

——兼谈有偿出让"四荒"土地使用权

（1995 年 1 月）

中共中央《关于建立社会主义市场经济体制若干问题的决定》指出："农业、农村和农民问题，是我国经济发展和现代化建设的根本问题。""我国农村经济的发展，开始进入以调整结构、提高效益为主要特征的新阶段。"我们认为，无论是"根本问题"还是"新阶段"，都与农村土地资源的配置有着密不可分的关系，也是当前深化农村经济体制改革面临的一个新问题。

一、对土地和国情的再认识

土地是非常宝贵的物质资料，是人类赖以生存的基本条件。与其他物质资料相比，土地具有三个重要的特点：一是土地的使用价值是珍贵的。二是土地的面积是有限的。三是土地的位置是不可移动的。

我国是一个拥有 11 亿人口的农业大国，也是一个人口众多而耕地较少的国家。农业是国民经济的基础，粮食则是基础的基础。粮食生产关系国计民生大局。我国人口多而耕地少，用占世界 7% 的耕地养活占世界 22% 的人口，因此在我国，依赖土地而生长的粮食始终是一种具有战略意义的特殊商品，直接关系着人民和国家的安危，任何时候都不可掉以轻心。为了加快改革开放和经济发展的步伐，积极去抓第二、第三产业的发展是必要的，但决不能因此而去大量占有土地特别是耕地。可是，许多地方你追我赶地出现开发区热、房地产热、盖楼堂馆所热和修仿古建筑热，由此带来了占地、圈地热，致使用于粮食、蔬菜等农产品生产的耕地被大量占用。据《中国环境报》载，山东烟台的缩微景观"西洋五千年旅游区"占地 1.8 万亩，投资 11.8 亿元；中央电视台的无锡外景地"唐城"，占地 1.5 万亩；海南三亚的缩微景观"热带风情旅游城"占地 1.4 万亩；河北香河的"天下第一城"投资 6.5 亿元，占地 2 000 亩；珠海的"圆明园"投资 5 亿元，占地 800 亩；山东莱阳的"华夏酒都"投资 3 亿元，占地 1 200 亩；河北邯郸的"中国梦幻文化城"投资 1.5 亿元，占地830亩；北京丰台的"世界公园"投资1.26亿元，占地4 670亩；无锡的"世界奇观"占地1 350亩。据不完全统计，投资额上亿元的游乐设施全国有10多个，合计金额近50亿元，占地约5.5万亩。至于浙江的"梁祝文化园"，沈阳的"八卦城"，山东曲阜的"六艺城"，中原的"官渡古战场"，海南的"千里环岛文化廊"，河北易县的"燕国城"、正定县的"荣国府"、"宁国府"，等等，都是以占地多、耗资大为基础的。全国的"西游记宫"就建了20多个；"封神榜艺术宫"、"水泊梁山"像孪生姐妹一样在各地"出生"。结果，非农业占用土地的面积盲目扩大，甚至把圈地投向郊区的良田沃土，加剧了土地的供需矛盾和耕地的锐减态势。云南省的情况也不乐观。全省现有耕地4 287万亩，每年净增人口55万左右，总人口已突破3 900万，正向4 000万逼近。人均耕地从新中国成立初期的2亩多已减至目前的1.1亩，低于全国人均1.3亩的水平，更低于世界人均4亩的水平。人口年年增、人均耕地年年减的形势严峻。1993年净减少耕地为681 915亩，比1992年减少量731 749亩下降了49 834亩，下降幅度为6.8%。但在全省17个地、州、市中，除昭通、思茅、大理、德宏外，各地人均耕地仍呈下降趋势。1987—1991年5年间的非农业建设用地年平均为5万亩；1992年批出10万亩，实际使用15万亩；1993年占用耕地高达15万亩，且多为良田好地。更为严重的是，一些开发区内不同程度地存在着土地荒芜情况。例如，云南省的一个经济技术开发区征用土地2 847亩，实际荒芜1 400亩左右，约占50%；另一个工业开发区征用988亩土地，实际使用不到200亩，荒芜近800亩，约占80%。更有甚者，一方面，已征用的土地尚有大量荒芜；另一方面，却又申请征用新地。照此下去，到本世纪末，全省人均耕地将不足1亩，能否确保吃饭问题，令人担忧。面对上述土地状况的严峻形势，只有深化农村土地使用制度的改革，通过市场配置土地资源才有出路。

二、运用市场机制配置土地资源的必要性

一是建立社会主义市场经济体制的客观要求。长期以来，在高度集中统一的计划体制下，只承认土地是国家和集体所有，采用单一行政划拨的手段，对土地资源进行分配和使用，造成土地资源的利用率低甚至浪费严重，更难实现土地资产的保值增值。显然，这是与发展市场经济的要求背道而驰的。因此，只有使社会的一切经济关系和经济活动，包括土地资源的配置，都商品化、市场化、货币化、形成以市场为中心调节经济的运行，成为推动经济发展的有效机制，才能真正发挥市场对土地和其他社会资源的优化配置起基础性的作用，取得最佳的经济效益和社会效益。

二是实现资源优势向经济优势转化的需要。新中国成立以来，农业资源，特别是土地资源的开发偏重于坝区，而对山区资源的开发利用程度较低，成为山区贫困落后的一个重要原因，也是形成资源富饶与经济贫困的矛盾的症结所在。例如，在云南省占国土总面积仅6%的坝区提供的农业总产值为40%，而占国土面积94%的山区提供的农业总产值为60%。这一强烈的反差说明了大的优势和潜力仍在山区。至于土地资源中的"四荒"（荒山、荒坡、荒沟、荒滩）虽是农业重要的后备资源，但开发利用率低。如果运用市场机制，实行有偿出让使用权，则能促进资源优势向经济优势的转化，培植优势产业，形成支柱产业，实现经济、生态、社会三者之间的良性循环，获得良好的经济效益和社会效益。云南省寻甸县拥有300万亩草场，便大力发展畜牧业，使之成为该县的优势产业，收到了显著的成效。

三是实现农村富余劳动力移转、增加农民收入的迫切要求。由于农村产业结构的调整和"四荒"土地资源的闲置浪费，在人口不断增加和人均耕地不断减少的新形势下，出现了守着"宝地"要饭吃的尴尬局面。据统计，1993年底，我国农村富余劳动力已达1.7亿人，按照近3年每年净增1 000万人以上的速度计算，"八五"期间农村富余劳动力将高达2亿多人。这么多的富余劳动力，如果让其滞留在农村，则会因超越了现实资源的承受能力而成为农业的沉重包袱；如果构成流动人口大量涌入城市，又会给城市带来严重的社会问题和不稳定因素，给本来已经十分紧张的住房、交通、医疗卫生、食品供应、计划生育、社会治安等问题增加新的压力。因此，为了给富余劳动力提供更多的就业机会，除继续发展乡镇企业外，应加强对农业"四荒"的深层开发，就地吸纳和组织大批富余劳动力向生产的深度和广度进军。

四是总结我们自己的实践经验，也只有走用市场机制配置土地资源的路子。配置土地资源是要通过一定的土地使用制度来进行的。过去，在传统的计划经济体制下，实行无偿、无限期、无流动的土地使用制度。其弊端是，土地资源不能优化配置、合理流动，特别是"四荒"作为宝贵的农业后备资源而大量被闲置浪费，作为国家和集体的资产又严重流失；对"自留山"、"责任山"更是平均分配，无偿、无限期地使用。结果，往往因农户实力有限或担心政策多变，使荒山依旧，开发经营处于徘徊不前的状态。现在，随着社会主义市场经济体制的建立，实行有偿、有限期、合理流动的土地使用制度，以不改变所有制为前提，将使用权有偿出让给愿意并有能力开发经营的单位和个人。

总之，为适应建立社会主义市场经济体制的要求，加速资源优势向经济优势的转化，必须从过去采取计划的方式、行政的手段，转变为今天运用市场的机制、经济的手段来配置土地资源。

三、效果和启示

自我国吕梁地区和云南省宜良县率先试行集体"四荒"使用权有偿出让以来，扩大了农村有偿使用土地的范围，为使无偿、无限期、无流动的土地使用制度有效地向有偿、有限期、可流动的方向转化以形成市场配置土地资源的新机制，取得了良好的示范效益。第一，能加速资源优势向经济优势转化的进程，为山区经济的发展找到了新的生产长点和突破口。如果能尽快开发经营，就有利于合理调整产业结构，培植新的支柱产业，从根本上解决资源富饶和经济贫困的反差和矛盾。第二，能有效地增强农村自身转移富余劳动力的吸纳能力，为增加农民收入、脱贫致富拓宽了门路。第三，能为进一步开发山区资源筹集到一定数额的资金。据不完全统计，迄今为止，云南省收取的集体荒山出让金已达3 678万元，等于省、地、县财政每年投入荒山开发新建林补助费的14倍。第四，能有利于稳定和完善统分结合的双层经营体制，壮大集体经济实力。马克思主义认为，地租是土地所有权在经济上实现自己的形态。实行有偿出让，作为土地所有者可获得一定的土地所有权收益（即地租）。这样，既增加了集体的资金积累，有利于进一步开发治理"四荒"，又可投入农业基础设施的建设，保障农业发展后劲，壮大集体经济实力，强化集体所有权的主体地位和作用，有利于巩固和完善统分结合的双层经营体制。总之，有偿出让土地使用权，能解放和发展生产力，"一举多得"。

运用市场机制配置土地资源的改革实践和明显效果，给人们以深刻的启示。

启示之一：搞市场经济，改革土地使用制度，也要解放思想、更新观念。其一是受姓"社"姓"资"的困扰，认为有偿出让土地使用权是变卖社会主义的"祖业"，是"瓦解公有制"的"败家子行为"，使人们不敢出让和受让。其实这是误解，是把土地所有权和使用权混淆了；出让土地特别是"四荒"土地使用权是在坚持土地集体所有的前提下进行的，是深化农村改革的重大举措，应该理直气壮地出让和受让。其二，要丢掉在计划体制条件下养成的对政府"等、靠、要"的依赖思想，要发扬自力更生精神，通过联营、股份合作的方式，为经营开发土地资源筹措资金，以获取良好的经济效益。其三，应树立土地资源的价值观念、有偿出让使用权的市场观念和"土地是财富之母"的资产观念以及价值增值的效益观念。尤其是使用权的"一次买断"，使农民真正有了受让土地的权属感和稳定感，从而为积极开发利用土地资源大胆投入劳力、技术和资金奠定了良好的思想基础。

启示之二：要以"三个有利于"的客观标准为依据，用政策调动群众的积极性。土地资源的重要性、珍贵性和有限性，决定着保护耕地、管好和用好土地的紧迫性。因此，应以"三个有利于"为依据，联系实际，在不改变土地集体所有性质的前提下，采取协议、招标、拍卖、租赁等方式有偿出让集体"四荒"使用权，调动群众的积极性，促进山区资源的开发，培育新的支柱产业。云南省经过调查研究和试点，确立了坚持良田好地严格控制、丘陵地及轮歇地适当放宽、荒山荒地应予放开的总原则和具体政策，将土地资源的优化配置引入市场机制。特别是有偿出让"四荒"的政策，合乎民心、顺乎民意。农民在受让期限内，谁经营、谁受益，不仅有自主经营的权利，还有继承、转让的权利，因而极大地调动了群众的积极性。这样，就能形成各具特色的优势产业和稳固的商品生产基地，使投入与产出互为条件，互相促进。同时，由于出让"四荒"相对集中于有一定经济实力、懂技术、会管理、善经营的单位和个人，更便于统一规划，连片开发，打碎细小的生产经营方式，实行生产规模化、分工专业化、技术科学化，使传统农业走向现代农业，提高经济效益，能有效地引导农民走上致富之路。

启示之三：要调整农村所有制结构，鼓励发展个体经济和私营经济，实行国家、集体、个人一起上，全方位、多层次、多形式的开发土地资源。生产力决定生产关系，生产关系一定要适应生产力状况是经济发展的客观规律。过去，受"左"的思想影响，在农村生产资料所有制结构上，脱离实际，盲目追求"一大二公三纯"的模式，割资本主义"尾巴"，取缔私营经济和个体经济，建立起"一大二公、政社合一、工农兵学商五位一体"的人民公社。实践的结果是，越大越公越纯越穷。1978年底，以废除人民公社制度、实行家庭联产承包责任制为标志的农村经济体制改革，开始了中国农业发展的第一个飞跃。因为，这一重大改革的实质是经济利益关系的大调整，确立起农户家庭个体经营的主导地位，满足了广大农民对土地经营拥有真实权利的要求，致使农业生产获得空前的发展。现在，面临着农业发展的第二个飞跃，其任务之一是深化农村经济体制改革，调整单一的经济结构和所有制结构，也就是要有多种不同的所有制形式和经营方式，特别是要鼓励发展个体经济和私营经济，以适应社会主义初级阶段生产力发展水平，才有利于调动闲散劳动力、资金和各种社会力量，发展市场经济。有偿出让"四荒"，可实行独户、合伙、城乡联合、山坝联合、股份合作制等多种经营方式兴办林场、茶场、园艺场、养殖场、加工厂等，就是鼓励发展私营经济、个体经济和混合经济，在社会主义公有制的带领下，多轮驱动，以加快农村经济的不断发展。

启示之四：要建立健全农村土地使用权交易市场。农村中的土地（包括"四荒"）是国家和集体最大的资产和最重要的资源。随着社会主义市场经济体制的建立，客观上就要求资金、技术、人才、土地等生产要素，按照公开、公平、公正的竞争原则，合理流动，优化组合。因此，土地作为资源和资产的商品化以及经营市场化，是深化农村经济体制改革、发展农村社会主义市场经济的必然趋势。今后，在实施有偿、有限期、可流动的土地使用制度过程中，土地的有偿出让、转让和合理流动将成为经常的、普遍的、更大规模的经济行为。这就要求建立健全相应的土地交易市场和与之配套的法制体系，使交易行为规范化、法制化。比如，土地价格的评估要客观公正，就应通过一定的权威机构（地价评估事务所）来进行，才能避免国家和集体的资产流失；依法健全永久性耕地保护制度，不得随意侵占列为永久性保护的耕地；各类开发区应更多地开发"四荒"，尽可能不占或少占耕地；如占用耕地必须有切实可行的补偿、复垦措施；凡已划入开发区规划范围但还没有开工建设的土地，应允许农民进行耕种；对耕地撂荒的要予以惩罚；开发区在尚有荒芜土地的情况下，不得征用新地、盲目扩展开发区现有范围，等等。

（载《经济问题探索》1995 年第 1 期）

农业必须转变经济增长方式

（1996 年 9 月 26 日）

  党的十四届五中全会和八届全国人大四次会议明确指出，转变经济增长方式是我国今后 15 年经济工作的一项重要任务和基本指导方针，也是我国经济发展长期的战略指导思想。这是党中央、国务院对我国经济现状和发展趋势进行科学分析后作出的重大决策。农业也不例外，也要实现经济增长方式从粗放型向集约型的转变。这对云南省当前贯彻落实《云南省"九五"农业发展纲要》更具有现实意义。

  第一，是强化农业基础地位、实施可持续发展战略的需要。现在，我国正在实施可持续发展战略，注重发展的质量，强调人口、资源、经济和社会的综合协调发展，不仅要满足我们这代人，而且还要满足今后几代人的需要。可是，面对的实际情况却是，整个农业基础仍然薄弱，人口增加，耕地锐减，生态环境日趋恶化，抗灾减灾能力不断削弱，这已成为我国经济可持续发展的制约因素。因此，必须始终重视农业的基础地位，通过转变经济增长方式，使之生机勃勃，成为发展国民经济的一大重要支柱。

  第二，是有效地改变目前农业效益低下的迫切要求。从总体上看，目前我国农业仍处于粗放经营的状态，为高消耗、低效益的生产方式。在市场经济条件下，农业还是一种自然风险、市场风险和社会风险都比较大而效益却比较低的弱质产业。尤其是农民长期把农业生产与农产品加工、流通环节割裂开来，农产品增值的效益回不到农业中去，致使农业比较效益低。如果长期如此，农业的基础地位则会更加脆弱。可见，只有转变经济增长方式，才能为实现高产、优质、高效农业的目标奠定良好的物质技术基础。

  第三，强调转变农业增长方式，也是由我国的国情决定的。我国人口众多，人均资源不丰富，尤其是农业资源相对稀缺。人均耕地只有世界平均水平的 1/3，人均水资源占有量也只有世界平均水平的 1/4。云南的情况也是这样。"民以食为天。"随着人口的继续增加，对农产品的需求将不断地增长。要满足上述需求，不仅要尽力保护和节约耕地、节约用水，还必须对农业给予保护和扶持，大力提高农业投入中的科技含量，提高劳动者的素质，提高资源利用率和农业的管理水平，才能在市场竞争中处于有利地位。也就是，必须转变农业的增长方式。

要加快农业经济增长方式的转变，实现农业现代化，必须结合中国国情，从实际出发，走自己的路。

第一，继续解放思想，转变观念，提高认识。我们应从总结历史的经验教训、经济发展的现实需要和长期实施可持续发展战略等三个层次上巩固和加深对农业基础地位的认识。我们要真正从"农业是安天下的第一产业"的高度，进一步认识农业的状况如何关系到百业的兴衰、关系到改革、发展、稳定的大局。我们在行动上而不是在口头上强化了农业这个基础，就牵住了实现"九五"计划和2010年远景目标的"牛鼻子"，掌握了使国民经济"全盘皆活"的主动权。今天，强调转变农业增长方式，其重大而深远的意义在于：不仅仅是提高农业投入产出的比率问题，而且是推动农业从粗放型向集约型转变、实现我国农业现代化的大问题。因此，我们要更新观念，确立与转变经济增长方式相适应的新的思维模式。

第二，继续深化农村经济体制改革，为转变农业经济增长方式提供依托。江泽民同志针对我国经济增长方式转变上存在的长期转不了的情况指出："其原因是复杂的、多方面的，最主要的是经济体制和运行机制的问题。"虽然，转变经济增长方式主要是发展生产力的问题；转变经济体制主要是改革和完善生产关系、促进生产力发展的问题。但这两个具有全局意义的"根本性转变"却是彼此密切联系、不可分割的，经济增长方式的转变必然要求经济体制的转变。只有加大改革力度，才能为经济增长方式的转变提供依托。1978年，以实行家庭联产承包责任制为标志的农村经济体制改革是中国农业发展的第一个飞跃。现在，面临农业发展第二个飞跃的任务之一，就是要在稳定和完善统分结合的双层经营体制、壮大集体经济实力的基础上，通过调整所有制结构，鼓励和发展个体私营经济，使其在社会主义公有制经济的带领下，多轮驱动，加快农村经济的发展。总之，改革是转变农业增长方式的主要动力，增长方式的转变最终要靠改革来实现。

第三，实施"科教兴农"战略，提高科技在农业增长中的贡献率。农业增长方式从粗放型向集约型转变的实质，是依托经济体制改革，用现代科学技术装备农业，努力提高农业投入的质量、管理水平和经济效益，加速传统农业向现代农业的过渡。最重要的一环就是狠抓科教兴农，举办各类职业技术学校，提高农民素质，培养实用科技人员和经营管理人员；加大科技投入，推广科技成果，增加科技含量在农业增长中的贡献份额，提高投入产出比率，使农业生产获得显著效益。

第四，大力推进农业产业化。农业产业化是我国农业、农村经济体制与发展的基本方向。实行农业产业化经营，有利于打破一家一户小生产格局下易受信息、资金、技术、劳力、销售等因素制约的局限；有利于提高农民从事市场经济的组织化程度，实行专业化、系列化、商品化、市场化的农业生产，提高农产品商品率和农业投入回报率；有利于把农业生产与农产品的加工、运输、综合利用等环节有机地结合起来，实行"农工商一体化、产加销一条龙"的经营，能有效地使农产品价值增值，增加农民收入，使其尽快脱贫致富。云南省红塔烟草集团与农业产业化、集约化相结合就是一个成功的典型。红塔集团从工业利润中拿出40多亿元投向农业，用以改善农业生产条件，大面积推广科学种烟，把20多万户分散的烟农组织起来，实行以资金、技术集约为特征的规模经营。同时，把烟农当成企业的"编外职工"进行延伸管理，尤其是通过技术培训，不断提高农民的素质。结果，在农村建起了人称"第一车间"的优质烤烟生产基地，真正解除了企业所需优质原料的后顾之忧，走出了一条公司加农户的发展道路，获得了显著的综合效益。这条经验给人的启示是：这种以大工业的需求和管理方式来指导农业生产，能较好地解决农业小生产与工业大生产之间以及与大市场之间的矛盾；能实现资源的合理配置和生产要素的优化组合。由此可见，立足农业，抓好种植业、养殖业和农副产品加工业，实行农业产业化经营，是加强农业基础建设，提高农业抗自然风险和市场风险能力，加快农业增长方式转变，实现"两高一优"农业目标的科学决策和有效途径。

（载《云南日报》）

推动农业两个转变的战略抉择

（1997 年 2 月 6 日）

要实现"九五"计划和 2010 年远景奋斗目标，关键是经济体制从传统的计划经济体制向社会主义市场经济体制转变，经济增长方式从粗放型向集约型转变。在农村，切实推动这两个根本性转变的战略抉择是农业产业化。

农业产业化在本质上是一种新的经营体制。它的科学内涵是，在一定所有制关系下，以国内外市场为导向，以提高经济效益为中心，对当地农业的支柱产业和主导产品实行区域化布局、专业化生产、一体化经营、社会化服务和企业化管理，把产供销、贸工农、经科教紧密结合起来，形成一条龙的经营体制。它与传统的、封闭式、单一化的农业相比，具有布局区域化、生产专业化、支柱产业规模化、管理企业化、服务社会化、运行机制市场化、经营方式贸工农一体化等诸多特征。但最基本的特征是"经营方式贸工农一体化"或是"贸工农一体产业化经营"。因为，贸工农一体的产业化经营既能把"小农户"、"小生产"和复杂纷繁的"大市场"连接起来，又能把城市和乡村、现代工业和落后农业连接起来，带动区域化布局、专业化生产、企业化管理、社会化服务、规模化经营等一系列变革，使农产品的生产、加工、运输、销售等产业链上的各环节有机地衔接，实现农业再生产诸方面、各环节之间的良性循环，提高农业的整体效益。从这个意义上讲，农业的根本出路在于农业产业化。

实施农业产业化具有十分重要的意义。

首先，是继续加强农业基础地位的迫切要求。1996 年，江泽民同志在河南考察农业和农村工作时再次强调指出："我国是一个大国，有十几亿人口，这样的基本国情决定了我国的农业尤其是粮食生产，在经济发展的任何阶段，都绝不能削弱，而只能加强。"改革开放以来，农业作为国民经济的基础，我们在认识和实践上都在加强，并取得了明显的成绩。但是，农业发展还面临各种矛盾，农业基础脆弱的状况没有根本改变，如人口众多，耕地锐减，生态环境日趋恶化，抵抗灾害能力不断削弱等；尤其是土地资源的基本国情不容乐观。这些对发展农业是突出的限制因素。云南的农业在国民经济中的基础地位显得尤为重要。全省87％的人口在农村，75％的国民收入、80％财政收入、60％的出口创汇和80％的轻工业原料都直接或间接来自农业。为了继续强化农业的基础地位，只有实施农业产业化战略，才能优化农业资源的配置，获得最佳经济效益和社会效益。

其次，是农业发展实现"第二个飞跃"的需要。1990年邓小平同志就指出，中国社会主义农业的改革和发展，从长远的观点看，要有两个飞跃。第一个飞跃，是废除人民公社，实行家庭联产承包为主的责任制，这是一个很大的前进，要长期坚持不变。第二个飞跃，是适应科学种田和生产社会化的需要，发展适度规模经营，发展集体经济。这是又一个很大的前进。实践表明，第一个飞跃已经取得农产品总量增加、农村经济结构不断优化、乡镇企业蓬勃发展、农民收入显著增加等成绩，但家庭联产承包制主要是解决农业生产体制，即如何调动农民生产积极性问题，没有、也不可能解决深层次的问题。当前，在市场经济条件下，农业和农村经济的发展面临两个突出的矛盾：一个是"小"与"大"的矛盾。即千家万户分散的"小农户"，其生产规模和经营方式与大生产、大需求、大市场的矛盾。我国的农产品是由2亿多个小农户提供的。他们有两个致命弱点：一是生产规模小，势单力薄，难以抵抗各种自然灾害；二是既要面对市场，又因分散经营而受信息、资金、技术、劳力、运输、销售等条件的制约，常常处于"多了砍、少了赶"的被动地位。另一个是"高"与"低"的矛盾。由于农业仍处于粗放经营状态，大多数地区仍是手工劳动、畜力耕耘，物质技术装备水平低，劳动者素质不高。尽管农民不计算活劳动耗费，只习惯于计算物化劳动耗费，但因农用生产资料价格上涨而导致成本增高，再加之受自然风险和市场风险的冲击导致比较效益低，甚至增产不增收。因此，实施农业产业化就可以提高农民参与市场的组织化程度，提高农产品商品率和投入回报率，增强抵抗各类风险的能力，实现"第二个飞跃"。

最后，也是我国传统农业向现代化农业发展的需要。农业虽是位居第一的基础产业，但却是与传统观念和落后生产方式相联系的初级产业，而且是仅局限于种植业和养殖业的狭义农业。从总体上看，处于以高耗低效为特征的粗放经营状态。现代农业是科学化、集约化、效益型的农业，是以高产、优质、高效相统一为特征的农业。与传统农业的明显差别是农产品中的科技含量较高。这就要靠推行农业产业化来实现。

总之，农业产业化是引导分散的小农户从小生产转变为社会化大生产的有效组织形式，也是发挥地区优势的资源配置方式。贸工农一体化的"中介组织"既能提高农民进入市场的组织化程度，缓解其所承担的风险，又能把农业生产与农产品的加工、运输、综合利用等环节有机地衔接起来，延长产业链条，提高农产品增值程度，拓宽流通渠道，增加农民收入，还为政府进行宏观调控提供了必要的载体。不仅如此，还有利于进一步发挥乡镇企业在农村工业化中的龙头作用，有利于推动小城镇建设，加快农村城镇化发展的进程。

实施农业产业化战略是一项系统工程，需要统筹规划，认真实践。采取的措施应包括：提高人们的思想认识，选好主导产业和龙头企业，抓好商品生产基地建设，加速科技成果的研制和推广，建立农产品市场体系，探索经营模式，等等。当前应着力抓好的工作有：

一是提高人们对农业产业化的认识。我国农业成为社会效益高、经济比较效益低的弱质产业的原因很多，但归根结底是人们受旧思想观念和耕作方式的束缚，生产力水平低、劳动者素质差、科学技术不发达等因素制约的结果，也是农业开发潜力巨大之所在。我们要解放思想，开阔视野，寻求新的思路和突破，从以种植业和养殖业为主的传统农业向农林牧副渔全面发展的现代农业转变，从以自给为主的自然农业向以交换为主的商品农业转变，从粗放型农业向集约型农业转变，实行产业化开发，调整优化产业结构，把资源优势转化为市场优势，进而转化为经济优势，提高综合经济效益，即增产又增收。同时，也要看到推行农业产业化的有利条件：随着改革开放的深入，广大干部正在树立以市场为导向的产销观念、数量与质量相统一的新的效益观念和竞争观念；各地已因地制宜地建立起有一定规模的商品生产基地；培养出一批素质好的各类人才；已总结出"公司＋农户"的经营模式等。

二是要确定主导产业，选好龙头企业。主导产业是对农业区域发展起决定性作用的产业，据此发展相关产业，形成以农业为中心的产业体系。例如，发展以农产品为原料的加工工业，以生物资源开发为主的食品工业，以出口创汇为目的的外向型农业，以农药、化肥、农机为主的支农工业等。同时，还要选好能连接农户和市场的龙头企业。由于它有较强的带动功能和辐射能力，因而能直接影响农业产业化经营的规模和效应。

三是抓好经营模式的运行。在"公司＋农户"的模式中，公司和农户都是主体。它以经营者的公司为龙头，以拥有基地的农户为基础，以国内外市场为导向，依托基地，辐射千家万户，发挥各种资源优势，提供社会化服务。玉溪地区采取"公司＋农户"的模式，由红塔烟叶有限公司用工业利润反哺农业，农民投工投劳，修水利、建公路和桥梁，改善农业生产条件，推广科学技术，建设原料基地，不断提高农民素质。结果，增加了公司的经济效益和农民的收入，改善了生态环境，为推行农业产业化起了示范作用。可见"公司＋农户"的经营模式给人们展示了一条有中国特色的农业产业化道路。农业的发展最终要依靠科技进步和劳动者素质的提高来实现。

（载《云南日报》）

论农业产业化的理论与实践

（1997 年 3 月）

党的十四届五中全会提出，实现"九五"计划和 2010 年远景奋斗目标，关键是实行两个具有全局意义的根本性转变：一是经济体制从传统的计划经济体制向社会主义市场经济体制转变；二是经济增长方式从粗放型向集约型转变。在农业中实现两个根本性转变的战略抉择是推行农业产业化。因为，农业产业化是我国农业、农村经济体制改革与发展的基本方向，是转变农业增长方式的有效途径。实施农业产业化战略，能优化农业资源的配置，调动农业内部和外部的积极性，提高农业的综合效益。本文拟对农业产业化的理论与实践作些探讨。

一、农业产业化的科学内涵和主要特征

农业产业化在本质上是一种新的经营体制。其科学内涵是在一定的生产资料所有制关系下，在更大范围和更高层次上实现农业资源的优化配置和生产要素的重新组合，获取最佳经济效益。具体地讲，就是以国内外市场为导向，以提高经济效益为中心，对当地农业的支柱产业和主导产品实行区域化布局、专业化生产、一体化经营、社会化服务、企业化管理，把产供销、贸工农、经科教紧密结合起来，形成一条龙的经营体制，走生态农业之路，实现可持续发展，产生最佳经济效益。

农业产业化是在建立社会主义市场经济体制的过程中，继农村家庭联产承包责任制之后，从经营体制上深化农村体制改革的又一次创新。它使农业种植、养殖和加工业全面发展，贸工农相结合，农业和第二、第三产业密切联系，整体推进。因此，它是推动我国农村经济迈上新台阶的一种有效的经营体制。

农业产业化与传统封闭的农业生产方式和经营方式相比较，有如下主要特征：

第一，是实行贸工农一体化经营的新机制。农业产业化是从经营方式上把农业生产的产前、产中、产后诸环节有机地结合起来，实行商品贸易、农产品加工和农业生产的一体化经营。这样，既能把千千万万的"小农户"、"小生产"和复杂纷繁

的"大市场"、"大需求"联系起来，又能把城市和乡村、现代工业和落后农业联结起来，从而带动区域化布局、专业化生产、企业化管理、社会化服务、规模化经营等一系列变革，使农产品的生产、加工、运输、销售等相互衔接、相互促进、协调发展，实现农业再生产诸方面、产业链各环节之间的良性循环。让农业这个古老而弱质的产业重新焕发生机，更充分地发挥作为国民经济基础产业战略地位的作用。

第二，是农业的市场化。市场是农业产业化的起点和归宿。因为，在家庭经营的基础上，面对国内外大市场，应以市场为导向，改变传统的小农经济自给自足、自我服务的封闭式格局，建立和大市场紧密结合的农业生产要素市场、农产品加工和销售市场以及社会化服务体系，使农业生产的各要素和农产品全部进入市场，种养加、产供销都商品化、市场化。以市场为起点和归宿就是顺应市场，形成平等竞争的多元化流通主体和结构布局合理、功能齐全的农产品购销市场网络，使广大农民在从事农业生产的同时，能参与农产品的加工和流通。不仅使自己生产的农产品在市场上能顺利销售，实现商品的价值，而且使自己所需要的种子、化肥、农机等农业生产资料也能及时购进，从而顺利完成农业产业化经营的周期，提高农民参与市场竞争能力，减少市场风险的冲击。

第三，是农业的规模化、专业化和集约化。传统农业从零星分散、规模狭小、"小而全"、粗放经营向区域化、规模化、专业化和集约化的现代农业转化，就要运用先进科学技术和生产工具；发展多种经营和实行分工分业的专业化生产，必然要求土地相对集中，适当扩大农业经营规模，形成种田大户、养猪或养鸡大户、家庭农场、合作农场；通过区域经济分工，实行专业生产，规模经营，以生产某种农畜产品为主导产业，围绕农产品的粗加工和深度开发构成支柱产业群。通过支柱产业群和相关产业，发挥当地资源优势，挖掘资源潜力，建成具有市场竞争优势的农产品商品基地，为农业产业化经营奠定稳固的基础。而且，由于实行专业化生产，集中资金、技术、人才、土地，实行集约经营，采用先进技术，繁育和推广良种，增施肥料，防治病虫害，精耕细作，科学管理，必将大大提高单位面积产量和农产品质量，提高投入产出率和整体经济效益。

第四，是企业化管理农业。农业产业化就是用管工业企业的办法经营和管理农业，使各农户分散的生产及其产品逐步走向规范化和标准化，从根本上促进农业增长方式从粗放型向集约型转变。这就是以市场为导向，根据市场需求安排生产经营计划，把农业生产当做农业产业链的第一环节或"车间"来进行科学管理。这样，既能及时组织生产资料的供应和全过程的社会化服务，又能在农产品适时收获后，分类筛选，妥善储存，精心加工，提高产品质量和档次，扩大增值和销售，从而实现高产、优质、高效的目标。

第五，是利益共享，风险共担。广大农户通过贸工农一体化经营，实现商品的价值后，不仅能获得农业生产的收益，而且能合理分享到农产品加工、运销、综合利用的利润，使整个产业链各环节都能获得平均利润，从而形成"利益共同体"。这样，就能破除长期形成的、不合理的"工业利大农业利小，加工业利多生产环节利少"的利润分配格局；同时一改过去由于体制不合理，把农业生产和农产品加工、流通环节割裂开来，农产品增值的收益回不到农业中，使农业收益低的状况。使农业和其他产业一样，既能获得自我积累、自我增长的动力，激发农民的生产积极性，又能通过"以工补农、以工建农"、"分利补农"等多种形式，增强农业发展的后劲，有效地克服长期以来农业单纯提供农产品原料，加工、流通环节与农民利益脱节，农业比较效益低，自我发展能力脆弱，农民缺乏生产积极性等弊端，形成共担风险、共享收益的良性循环的机制。

总之，农业产业化是我国农业发展中的新事物，是从传统农业向现代化农业过渡、有效地解决农业比较效益偏低、促进工农业生产协调发展的战略抉择。

二、实行农业产业化的重要意义和作用

第一，实行农业产业化是继续加强农业基础地位、实施可持续发展战略的迫切要求。现在，我国正在实施可持续发展战略，注意经济发展的质量和效益，强调人口、资源、经济和社会的综合协调发展，不仅要满足我们这代人，而且还要满足今后几代人的需要。要实现可持续发展，基础是农业，农业的状况如何关系重大。改革开放以来，尽管我们在认识和实践上都在加强农业的基础地位，并取得了较显著的成绩。但是，这个讲了几十年的问题，实践表明还没有真正解决好。整个农业基础脆弱的状况没有根本改变，人口增加，耕地锐减，生态环境日趋恶化，抵御自然灾害能力不断削弱，已成为实施可持续发展战略的重要制约因素。就农业而言，土地资源的基本国情不容乐观。一是山地多，平原少，耕地比重小。这对发展农业是一个突出的限制因素。二是土地后备资源有限，开发潜力不大。据调查，现在全国待开发的土地资源共有11.1亿亩，约占全国土地总面积的7.8%，占未利用土地的23.9%。三是农业土地资源在地区分布上不平衡，土地利用差异大。尤其是我国东南部虽比西北部土地生产力高，绝大部分土地已不同程度的开发，但由于人口集中，建设占地多，人多地少的矛盾很突出。四是全国水土流失面积有增无减，农业水资源面临区域性严重短缺。农业每年的缺水量达3 000亿立方米，受旱面积约2 000万公

顷，8 000万农村人口饮水困难；土地沙漠化问题突出，全国沙化土地面积达149万平方公里，使4 000万公顷旱农地和5 000万公顷草地都受到严重影响，关系到5 000多万人口的生产和生活。今后，随着人口的增加，一旦超越经济供给和资源承载能力，就会对经济和社会发展形成巨大的压力和潜在的危机。云南的农业在国民经济中的基础地位更显得特别重要。因为，全省87%的人口在农村，75%的国民收入、80%的财政收入、60%的出口创汇和80%的轻工业原料都直接或间接来自农业。仅"两烟"在"八五"期间所实现的税利就达1 100多亿元，约占云南财政收入的80%。可见，云南农业状况如何对全省经济的发展将产生重大影响。要强化农业的基础地位，就要实行农业产业化。江泽民同志1996年6月在河南视察农业和农村工作时说："我国正处在工业化快速发展的阶段。国外情况表明，在这个阶段农业往往容易被忽视。"并强调指出："我国是一个大国，有十几亿人口，这样的基本国情决定了我国的农业尤其是粮食生产，在经济发展的任何阶段，都绝不能削弱，而只能加强。"[1]

　　第二，实行农业产业化，是中国社会主义农业实现"第二个飞跃"的需要。关于中国农业"两个飞跃"的问题，20世纪90年代初期邓小平同志曾经指出："中国社会主义农业的改革和发展，从长远的观点看，要有两个飞跃。第一个飞跃，是废除人民公社，实行以家庭联产承包为主的责任制，这是一个很大的前进，要长期坚持不变。第二个飞跃，是适应科学种田和生产社会化的需要，发展适度规模经营，发展集体经济。这是又一个很大的前进，当然这是很长的过程。"[2] 这"两个飞跃"是小平同志总结了国际国内社会主义农业的经验教训，并借鉴发达国家的经验，从我国的实际情况出发提出的战略思想，是建设有中国特色社会主义理论的一个重要内容。中国农业由第一个飞跃向第二个飞跃的转化，是由量变到质变的过程，即由传统农业向现代农业转化的过程。第一个飞跃是为第二个飞跃做必要的准备；第二个飞跃则是第一个飞跃发展的必然结果。它们相互衔接、互为条件，其实质是在我国客观实际情况下，如何完成从传统农业向社会主义现代农业的过渡，目的是大力发展农业生产力。实践表明，自党的十一届三中全会以来，"第一个飞跃"已取得举世瞩目的成就。"八五"时期，粮食、油料、棉花等主要农产品总量增加，"菜篮子工程"收到显著成效，农村经济结构通过调整不断优化，农村富余劳动力每年有700多万人从农业转向乡镇企业，并以更大的规模转向城市，农民的收入普遍增多。

----

① 《云南日报》1996年7月16日。
② 《邓小平文选》第3卷，第355页。

但是，也必须看到，农村家庭联产承包制主要是解决了农业生产体制，即如何调动农民生产积极性的问题，没有、也不可能解决农业发展中更深层次的问题。当前，在市场经济条件下，农业和农村经济发展过程中，存在着两个突出的矛盾。一个是"大"与"小"的矛盾。千家万户分散的"小农户"，其生产规模和经营方式与"大市场"、"大需求"相矛盾。据调查，现在我国的农副产品是由2亿多个小农户提供的。他们的致命弱点，一是农户的生产规模小，势单力薄，难以抵御各种自然灾害，难以承受自然风险带来的冲击；二是在市场经济条件下，生产是由市场带动的。可是面对"大市场"，分散经营的"小农户"因受信息、资金、技术、劳力、运输、销售等各种条件制约，"耳目不灵"、"心有余而力不足"，对市场的反应迟钝和滞后，常常处于"多了砍（减少），少了赶（增加）"、时而短缺、时而过剩、生产资料买难、农产品卖难的被动状态，在市场竞争中很不利，乃至增产不增收，甚至减少。另一个是"高"与"低"的矛盾。目前，我国的农业仍处于粗放经营状态，生产条件差，生产方式落后，大多数地区仍是手工劳动、畜力耕耘，一家一户种几亩小块土地，粮、油、菜、果、杂、猪、牛、羊、鸡、鸭等种植业、养殖业兼而有之。这种"小而全"的生产经营方式，自给自足是大多数农户基本的经济行为；物质技术装备水平低，劳动者整体素质不高。云南省青壮年文盲率高达28.7%以上，农业科技推广应用普及率和科技进步对农业的贡献率都比较低。农民往往安于"日出而作，日落而息"的劳作时间经营农业生产，认为学不学科学技术知识都一样，用传统的耕作方式照样能进行生产；有些地方还处于"种地在人，收成在天"的靠天吃饭的状态。少数地方还沿袭"种一片坡，收一背箩"的刀耕火种、广种薄收的耕作方式。结果，资源消耗高，劳动生产率和比较效益都低。据调查，在小块土地上生产经营的农户，有50%的商品率为零；有35%的商品率低于30%，即只能维持简单再生产；只有15%的农户的商品率大于30%。所以，在市场经济条件下，这样的农业必然成为自然风险、市场风险和社会风险都比较大而经济效益却比较低的弱质产业。由于受人力、物力、财力的限制，尤其是科技推广普及率和劳动者素质不高，必然制约着对农业投入的数量、质量和力度，使农业难以转变到规模经营和集约经营的轨道上来。虽然农民只习惯计算物化劳动的消耗，而不计算活劳动的消耗，但因农用生产资料价格不断上涨，和受市场风险与自然风险的双重冲击，致使资源消耗高而劳动生产率、投入产出率、产品转化率、优质品率、商品率都不高。一句话，比较效益低，导致长期以来农业发展滞后。这是影响农业实现"两个飞跃"的症结所在。为解决上述"大"与"小"、"高"与"低"的两对矛盾，顺利推进农业和农村经济的新跨越，根本的出路在于实施产业化战略，彻底改变脱离市场的小生产耕作方式，实行与大市场相适应的规模经营和专业化生产，增加市场竞争力，形成比较高的经济效益，实现农业的"第二个飞跃"。

第三，实行农业产业化是我国传统农业向综合性现代农业发展的客观要求。按照传统的产业划分，农业虽然是国民经济五大产业（农、工、商、建、运）中位居第一的基础产业，但从层次上看，却是与传统观念、落后的生产条件和生产方式相联系的初级产业；从广度上看，还把农业仅仅局限在种植业和养殖业的狭小范围内，而不是包括林、牧、副、渔等产业在内的广义农业；至于农产品的加工和流通，则又分属于第二、第三产业。从再生产过程看，农产品的生产、加工、购销、服务等各环节又相互分离，政府对其实行多部门分段管理的办法。这样，实际上农业已被"肢解"得几乎不成其为产业，致使产业和产品结构单一，产业链短，产值增值不多，投入产出的回报率低，不利于农业生产的全面发展，也不利于农业比较效益的不断提高。出路何在？出路就在于实行农业产业化。我国《国民经济和社会发展"九五"计划和 2010 年远景目标纲要》提出："要鼓励和发展多种形式的合作与联合，发展联结农户与市场的中介组织，大力发展贸工农一体化，积极推进农业产业化经营。"农业产业化是按照农业现代化的要求，农业生产布局区域化、生产基地规模化、经营系列化的目标，对农产品的生产、加工、流通等环节实行"三位一体"综合经营；对生产要素实行资金、技术、人才、土地等的集约经营。在运行方式上完全按照市场需求，立足当地资源优势，确立主导产业和龙头企业，把农产品的生产、加工、运销衔接起来，大力发展多种形式的合作与联合，形成广泛联结农户与市场的各种中介组织，把农业生产的产前、产中、产后联结成一个完整的产业系统，实行贸工农一体化、产加销一条龙的经营形式。这不仅有利于把千百万分散的小农户联结起来，提高农民进入市场的组织化程度，缓解因盲目进入市场所面临的各种风险，而且有利于打破农业被"肢解"的状态，形成大规模的产业群，延长产业链，实现产品的深度开发和多次转化增值，从而改变传统农业只能从事原料生产和经济效益低的状况。同时，还有利于克服交通不便、信息闭塞的障碍，拓宽农产品流通渠道，扩展农产品市场范围，形成"市场牵龙头（企业）、龙头（企业）带基地、基地带农户、农户自主经营"的新格局，把分散的农户、分割的农业与统一的大市场紧密联结起来，迈向现代化的农业。

第四，实行农业产业化，有利于推动科技进步，转变农业增长方式，有效地改变我国农业的弱质状况，走上高水平的发展阶段。我国人口众多，每年净增人口在1 500万左右，人均资源并不丰富，且浪费严重。尤其是农业资源相当稀缺，人均耕地只有世界平均水平的1/3，人均水资源占有量也仅有世界平均水平的1/4。以科技为支柱的商品性农业,本质上是高产、优质、高效、低耗农业,与传统农业的明显差别集中表现在农产品中的科技含量高。现在,我国科学技术落后,劳动生产率低,科技对农业增产的贡献率仅为35%左右,农业科技成果的转化率也仅为30%~40%。世界上发达国家的上述指标分别为80%和60%,相比之下,差距较大。从云南省的情况看,大多数地区,特别是山区和贫困地区,农业科技水平低,广种薄收,效益差。为缓解人口增长带来的生存压力,不惜毁林开荒,向劣等坡地索取食物。结果,不仅土地回报率低,且使生态环境进一步恶化,形成了越穷越乱垦、越乱垦越穷的恶性循环。所以,对山区面积占94%的云南省来讲,农业的发展和基础地位的加强,在很大程度上取决于农业增长方式的转变。否则,农业生产只能在低水平上徘徊。实行农业产业化,有利于采用先进科学技术,把开发利用资源与节约资源结合起来,提高资源的综合利用和效益;实行集约化经营,大大提高农业劳动生产率,增加产量,提高质量;依靠科技投入,延长产业链,形成规模经营,参与市场竞争。例如,在彝族聚居的大姚县昙华乡,近年来在州、县、科委的帮助下,实行产业化经营,引进具有20世纪90年代先进水平的"试管脱毒马铃薯繁种技术",经过试验、示范和推广,使马铃薯平均亩产达3 000公斤,最高亩产可达5 000公斤。以每公斤售价0.8元计算,每亩可收入2 400元,成本低,比较效益高。这就推动了一些地区实行规模经营,大力发展"马铃薯经济"。同时,也把科技应用提高到了一个新的水平,促进了农业增长方式的转变,有效地改变了农业弱质状况,使农业走上新的发展阶段。

三、对策研究的基本思想和措施

农业产业化是一种新的经营体制,也是一项系统工程,需要统筹规划,综合考虑,大胆实践,总结经验。应该确立以下基本思路进行对策研究:

第一,解放思想,提高认识,树立信心。解放思想既是经济发展的成果,又是发展经济的前提条件。家庭联产承包制和统分结合的双层经营体制是适应农业生产特点和生产力水平的一项基本经济制度,对于调动农民的生产积极性,稳定粮食生产,扩大农产品货源,增加农业投入,保持社会安定,都起了重要作用,因而应当长期坚持不变。但是,它没有、也不可能解决社会主义市场经济条件下分散的"小农户"和统一的"大市场"的衔接问题,更不可能改变农业是社会效益高而经济效益低的弱质产业状况。因此,客观要求我们在发展农业的战略选择上要有新的思路和突破,这就是实行农业产业化。为此,广大干部和农户要树立农业与加工业、生产与流通、生产与分配、数量与质量相统一的新的效益观念，树立以市场为导向的产销观念和竞争观念。应当看到，我国实施农业产业化已经具备了许多有利条件：一是干部群众的观念在更新，认识在提高，把实施农业产业化战略提到实现"第二个飞跃"的高度来对待并认真实践。二是农业已经打破了"单一经营"的传统方式，经济结构正日趋合理，并致力于使农业的发展与人口、资源、环境相互协调和促进，走生态农业的道路。三是各地已涌现出一些直接或间接从事农产品生产、加工、运输、服务等的专业户和专业公司。四是各地为充分发挥资源优势，因地制宜地实行主要农副产品的专业化生产，已建立起有一定规模和良好效益的商品基地。五是培养了一批有良好素质的各类专业技术人才。六是在实践中已探索出实行农业产业化的各种模式，等等。

第二，选好突破口和龙头企业。实行农业产业化的突破口在于确定主导产业，即在农业区域发展中处于决定性和主导地位的产业。在此基础上发展相关产业，形成以农业为中心的产业体系。如，发展以农产品为原料的加工工业；发展以生物资源开发为主的食品工业；发展直接为农业服务的农药、化肥、农机等支农工业；发展以出口创汇为目的的外向型农业等。同时要选好和扶持龙头企业，即能联结农户和市场、有经济实力和牵动能力、能直接影响农业产业化经营的规模和效应的企业。其主导产品应发挥各自的资源优势，选择那些市场容量大、发展前景广阔、经济效益好的产品作为开发的重点，增强龙头企业的牵动能力，通过开发一个产品，建立一个产业，搞活一方经济，造福一方人民。云南富民县1982年深化农村经济改革，依托中心城市的大市场，对养鸡业实行农工商一体化、产供销一条龙的经营体制，把千家万户的禽蛋生产与社会化服务体系联系起来，把饲料的加工和供应、禽蛋的生产和销售结合起来，优化组合各生产要素，实行专业化、规范化、现代化生产，促进了养鸡业的大发展。1993年有84户养鸡专业大户、18个集体养鸡场，现代化养鸡60多万只，形成了禽蛋大产业。现在，全县禽蛋产值占畜牧业产值的40%，占农业总产值的25%，是云南省的禽蛋生产基地。

第三，加速科技成果的应用和推广工作。从目前的科技产业看，农业与教育、科技与生产严重脱节，科研机构重叠，90%的科研力量集中在产中阶段。其中55%又集中在种植业生产领域，畜牧业和渔业的科技人员均为8%左右，产前、产后的技术力量很薄弱。由于科技力量分布不合理，科技成果转化慢和比率低，致使农业中的科技含量仅为35%左右。要改变现状，必须深化农业科技体制改革，给科技人员以优惠条件，吸引他们到产业化第一线承包、技术合作或租赁经营，使生产、技术、科研紧密结合，有效地解决农业科技与农村经济发展"两张皮"相互脱节的矛盾，使之相互促进，良性循环。要创造条件，保护知识产权，让科技成果尽快转化为生产力，通过普及推广，提高农民素质和科技水平，增加经济效益。

第四，抓好农业产业化的投入。一是抓财政投入。财政支农资金的投资方式要从分散投资改变为集中投资，并向农业产业化倾斜。二是鼓励农民投入。农民是产业化经营的主体，也是投入的主体。可以土地使用权、劳动力、资金、技术等各种形式投入，获得回报并不断提高回报率。三是信贷资金投入。政策性银行和商业性银行都要重点支持以农产品加工为主、带动功能强的龙头企业和规模农业。四是农村合作基金、其他社会资金和引进外资都应为农业产业化服务，发挥积极作用。

第五，应当推广在实践中总结出的"公司＋农户"、"企业＋农户"、"专业协会＋农户"等经营模式。在这些模式中，公司、企业、专业协会和农户都是主体，它以经营者的公司为龙头，以拥有基地的农户为基础。作为龙头的公司以国内外市场为导向，以基地为依托，辐射千万小农户，发挥各种资源优势，提供一系列社会化服务。公司和农户签订合同后，即统一组织，提供服务，业务分散（或分段），风险共担，利益共享。云南省玉溪地区红塔烟叶有限公司在农业产业化的实践中，找到了以工补农、以农促工即"公司＋农户"的经营模式。公司从工业利润中拿出资金投向农业，用以改善农业生产条件，大面积推广科学种烟，把25万户分散的烟农组织起来，实行以资金、技术集约为特征的规模经营。同时，把烟农当成企业的"编外职工"进行延伸管理，尤其是通过技术培训，不断提高农民的素质。结果，不仅获得了显著的经济效益和社会效益，而且为推进农业产业化起到了良好的示范效应。这样做的结果，一是在农村建起了人称"第一车间"的优质烤烟生产基地，为企业生产"红塔山"等名优产品提供了可靠的原料保证。工业税利也不断上升。1985—1995年工业税利从4亿元上升到178亿元。二是农民收入显著增加。1995年，25万户烟农仅烤烟一项的实际收入，户均就达3 076元。三是为国家和地方提供了大量财政收入。仅有190万人口的玉溪地区的卷烟税收，1994年和1995年两年直接上缴中央财政均在100亿元以上。四是这种以大工业的需求和管理方式来指导农业生产，较好地形成了"市场牵龙头，龙头带基地，基地联农户"的连锁运行机制，把千家万户农民与广阔的市场联结在一起，能有效地解决"小农户"与"大市场"的矛盾。五是促进了地方经济发展。地方政府1986—1994年累计投资2.5亿元，用于发展企业主导产品，而回报的烤烟产品利税达13.48亿元，投入产出率为1:5以上，并先后扶持地区43家企业成为"两烟"配套企业，吸纳农村从业人员4 600多人，促进了工农之间、民族之间的团结，有利于社会稳定。六是维护了生态环境。公司先后出资1.65亿元，农户投工投劳兴修水利，使60多万亩农田受益；

修建2 156公里山区公路和36 座桥梁，使山区大部分村寨通了汽车，解决了农民生活和烤烟用煤问题，减少了山林砍伐，保护了生态环境。总之，实践表明，"公司+农户"等经营模式，闯出了一条有中国特色的农业产业化路子。给人的启示是：农业的发展要走农业产业化的道路，最终要依靠科技进步和劳动者素质的提高来实现。

（载《思想战线》1997 年第 2 期）

对影响农业产业化诸多因素的有益探讨
——为《农业产业化理论与实践》一书作序

（2001 年 4 月）

  农业既是基础产业，又是弱质产业和风险产业。第二次世界大战后，西方国家兴起的产业化高潮，正是强化其基础性、改变弱质性的有效战略措施。但是，农业产业化经营需要两个前提条件：一是市场经济的发育；二是社会生产力水平的提高。

  自改革开放以来，中国农村经历了两次重大的历史性变革：第一次是自 1978 年以来的家庭联产承包责任制，有力地推动了农业生产力发展；第二次是 1992 年党的"十四大"确立了社会主义市场经济新体制，农村全面步入社会主义市场经济新轨道。因此，农业产业化便应运而生。许多学者纷纷撰文对农业产业化的一系列理论和实践问题进行研究总结，探索中国式农业产业化经营之路。但是，对影响农业产业化健康发展的关键因素进行深入研究和系统探索的尚不多见。本书的主要特点是：

  第一，作者把制约农业产业化健康发展的主要因素总结成为：农户、政策、市场、服务、龙头企业、主导产业六大因素。对农业产业化而言，农户是基础，政策是保证，龙头是骨干，服务是媒体，市场是土壤，主导产业是方向。并对每一种制约因素从理论到实践进行了深入探讨。

  第二，把农业经济学、发展经济学、国际贸易、市场营销、企业管理、农业区划等多学科理论知识，综合运用于农业产业化研究，进一步提高了农业产业化的理论水平和研究深度。例如，把罗斯托的"线性阶段论"应用于农业产业化中主导产业分析；把 WTO 规划应用于中国的农业保护战略；把现代企业制度应用于农业产业化经营；把名牌战略理论应用于农业产业化中的龙头企业建设等。

  第三，对合作经济在农业产业化中的作用有独特见解。作者认为，合作经济是农业产业化的主要经营模式；合作经济是社会化服务体系的主体；合作经济有力地促进了区域化布局和专业化生产的形成；合作经济是产品市场化的需要；合作经济是特殊的企业化组织等。这些创新观点均有助于合作经济理论的发展。

  第四，对农业产业化与农业现代化的关系进行了深入分析，尤其是对中国式农业现代化——可持续集约农业——必须走农业产业化经营之路的分析有一定参考价值。

第五，"西部开发农当头"、"农业产业化是西部农业开发的必要选择"等观点，颇有新意，从理论到实践均有一定指导意义。

第六，对云南农业与外经贸的发展也进行了积极有益的探讨。作者认为，"云南农村劳动力转移论"的提法并不妥当，脱离云南省情，造成农村劳动力盲目流动、农业资源浪费。这与传统理论观点截然不同。云南粮食发展战略应走大农业之路、走产业化之路。这也有一定参考价值。对云南外贸多元化的实质、内涵和云南边境贸易的作用地位等，均有深入研究。

胡兴定老师从前曾在农业、农机部门工作，常到农村调查研究。从教后主要担任农业经济学、发展经济学、国际贸易、农业区划等多学科的教学和教研工作，积累了大量资料，曾发表过 20 多万字的科研论文，并多次获奖，在学术上有一定造诣。本书是他经过 5 年多时间的艰辛创作，是他几十年工作实践经验的体现，也是他追求真理、勇于探索、勤奋为学的结晶，实属不易，故乐而为之作序。

（载胡兴定著《农业产业化理论与实践》一书第 1~3 页）

附录：访谈录

元谋综合发展战略规划系统工程研究成果喜人

《云南日报》记者　冯玉质

（1988 年 4 月 17 日）

云南大学运用现代科学的理论、方法和手段，对元谋的经济、社会、生态综合发展战略规划系统工程进行研究，经过 46 人近一年的辛勤劳动，写出了《总体战略规划》、《部门战略规划》、《诊断分析集》等 6 集共 80 万字的科研成果。这一成果在 1988 年 4 月 12 日召开的科学技术研究成果鉴定会上，通过了省级鉴定，并得到了省政府领导同志和专家教授们较高的评价。

元谋县经济、社会、生态综合发展战略规划系统工程研究课题是 1987 年由省政府下达的，该课题组以云南大学经济系为主体，同时邀请了云南工学院、云南教育学院和云南财贸学院的同志参加。成员中既有副教授、讲师、农艺师、研究生，又有元谋县党政领导中具有实践经验的干部，共 46 人，是一个多院校、多学科、多专业的大课题组。课题组的同志对元谋县经济社会发展的历史和现状进行了深入细致的调查，搜集各种数据近 50 万个，同时运用经济学、现代数学、计量经济学等方法和计算机技术，把定性分析和定量分析有机地结合起来，去设计元谋县经济、社会、生态的总体发展战略和规划。在诊断分析中，既看到元谋县的优势，也看到发展中的制约因素。元谋县地处金沙江干热河谷地区，有"天然温室"之称。热区资源丰富，既可种冬春早蔬菜，也可以种西瓜、香蕉、芒果、甘蔗，是云南省热区科技开发推广的综合试验示范区。但内部结构是单一的重农型经济结构，关联效益差，第二、第三产业发展的规模、速度远远低于第一产业。农业总产值占全县总产值的 51%，而工业加工业仅占 21%。教育文化水平低，劳动力素质差。12 岁以上的人口中有 38.2% 是文盲、半文盲。能源缺乏，生态恶化。针对这一实际，课题组提出的战略思想是：坚持改革开放的总方针，由内向型经济向外向型经济转变，走生态经济综合发展的道路，把科技教育放在首位，以市场为导向，以热区资源为依托，以结构调整为契机，促进经济、社会、生态协调、稳定、持续地发展，提高综合经济效益，把元谋县建成云南最富庶的地区之一。其战略重点是：第一，强化第一产业，在保证粮、蔗生产稳步上升的基础上，开发和建立全省的蔬菜、林果、生猪三大基地；第二，建立生物资源的加工工业群；第三，加强生态环境的治理和保护；第四，大力发展科学文化教育事业。同时，还提出了战略步骤和战略措施，并为元谋县1987—2000年总体发展规划提出了高、中、低三种不同的方案，经县里五套领导班子和部、委、办、局负责同志充分讨论，选择了第二种方案。

在鉴定会上，专家评议组认为，该项研究成果不但在省内同类成果中占有突出的地位，而且在全国同类成果中也占有重要的位置。其中，《总体诊断》部分在目前全省同类研究中居于领先地位。该课题研究的特点是：理论工作者与实际工作者相结合；社会科学与自然科学相结合；科学性和可行性相结合；发展和改革相结合。建议元谋县人大通过立法，由县人民政府组织贯彻实施；省、州在资金政策等方面给予了积极支持。

朱奎副省长参加了鉴定会并讲了话，充分肯定了这项科研成果。

（载《云南日报》）

元谋发展战略研究获有关专家的好评

《光明日报》记者 陈 可

(1988 年 5 月 13 日)

1988 年 4 月中旬,云南大学所承担的"元谋县经济、社会、生态总体规划系统工程研究"课题的研究成果获得了专家们的一致好评。

近年来,云南省不少县级领导机关为了改变过去那种以个人或经验决策的老办法,走民主决策和科学决策的道路,纷纷邀请有关单位为之制定长远战略发展规划。云南大学是一个具有 60 多年历史的著名综合性大学,拥有一支专业设置较为完备的科研队伍,在承担元谋县的研究课题后,云南大学便组织了以经济学为主,同时包括生物学、数学、社会学、计算机等多种学科在内的综合性课题组,依据系统工程思想及研究方法,对元谋县的经济、社会、生态发展演变的历史和现状进行了为时一年的全面调查研究,对全县工业、农业、乡镇企业等十几个子系统进行了广泛、深入的分析,从该县的优势及不利因素出发,提出了本世纪内全县经济、社会与生态协同发展的最佳方案。在 4 月 12 日的省级鉴定会上,该项研究成果得到了专家及元谋县党政领导的一致好评,并认为云南大学发挥群体优势,共同进行区域发展战略分析和决策分析的软科学研究,是成功的尝试。

(载《光明日报》)

他把理论服务于实践，创造了价值

——记云南大学副教授刘学愚

《云南盟讯》　白　浪

（1992 年 2 月）

　　日本有位大影星高仓健，不管演什么角色，总不见他笑。而云南大学经济学院的盟员、刘学愚副教授，不管什么时候见他，总不见他不笑。他笑得那么欣慰，又那么自信。

　　从 1979 年到现在，12 年时间，他出了 13 本书，平均每年 1 本。其中，3 本获省政府科研成果二等奖，1 本获三等奖；他的由中国机械工业部出版发行的《政治经济学》，是全国机械工业系统的统一教材。他在全国 20 多家报纸杂志上发表的100 多篇论文，很多被《新华文摘》、《经济文摘》摘登引用，被人大报刊复印社复印或摘印成卡片在全国发行。

　　1987 年，应省政府的委托，他对元谋县进行实地考察。元谋地处金沙江干热河谷，有"天然温室"之称。以他为组长的综合性课题组，依据系统工程思想及研究方法，对元谋县的经济、社会、生态发展演变的历史和现状进行了为时一年的全面调查研究，对全县工业、农业、乡镇企业等十几个子系统进行了广泛深入的分析。然后，从该县的优势及不利因素出发，提出了本世纪内全县经济、社会与生态协同发展的方案。该项研究成果得到了专家及元谋县党政领导的一致好评，并将方案交县人大立法，由县人民政府组织贯彻实施。

　　"一去心知更不归。"刚结束元谋具的规划，刘学愚又将思绪延伸到了乡级系统工程研究工作中。1989 年，他带着六七位同行和自己的 10 名八五级经济系学生组成课题组，开赴以生产石英砂而闻名的团结乡。团结乡大部分土地在滇池流域内，如果建立生态经济乡，将供给滇池更大量的清澈泉水，给昆明城区更多富氧的清新空气以及无污染的农产品……课题组运用经济学、生物学、社会学和系统工程的理论步骤，经过一年零两个月时间，设计了团结乡 20 年的最佳发展方案，开辟了一条乡级规划之路。到 1991 年 10 月，团结乡依照规划创建家园，已经初见成效，受到了联合国粮农组织、亚太地区经济委员会等专家学者的关注。

　　刘学愚笑着说："任何理论，只有服务于实践，才具有存在价值。看到自己的知识、思维与千万人民实实在在的实践和成效联系在了一起，任何理论工作者都会像我一样感到欣慰的。"

这大概就是任何时候见到他、他总是在笑的原因。

（载《云南盟讯》）

小城镇是农业现代化的前进基地

——访省政协委员刘学愚

《云南日报》记者　卜湘玲

（1994 年 2 月 28 日）

　　1982 年，《经济问题探索》杂志刊载了一篇题为《论小城镇建设》的文章，作者刘学愚在文中鲜明地提出："小城镇是实现农业现代化的前进基地。"这一论断引起了学术界的普遍关注，《新华文摘》、《经济学文摘》纷纷摘发，著名经济学家费孝通先生也致信作者，对他的观点表示赞许。

　　12 年过去了，云南省第七届政协委员刘学愚仍强调"加快城市化"的重要性，坚持认为城市化是农村工业化、现代化的根本途径。

　　云南大学经济学院教授刘学愚，曾致力于研究农村经济的发展与城市化这一课题。他以历史唯物论来观察社会实践，认为农村城市化是人类社会发展的共同规律，是衡量一个国家、一个地区社会、经济发展程度的重要标志之一。在我国国民经济建设中，小城市（镇）占有重要地位。它是联系大中城市和广大农村之间、工农业之间的桥梁和纽带，是农村经济活动的中心，是国内市场的重要组成部分。云南地域广阔，民居分散，交通不便，在建设社会主义市场经济的新形势下，发挥小城镇商品集散地的功能尤为重要。元谋县能禹镇市场活跃，当地农民通过这里将冬早蔬菜销往"三北"地区，自然优势由此转化为经济优势；呈贡东大河批发市场，日吞吐蔬菜四五十万公斤，年创产值5 000万元；嵩明县依托一个大营，建成了西南最大的皮张市场。由此可见，城镇建设推动了市场建设，加速了商品流通，繁荣了地方经济。

　　云南省3 800万人口中有3 200万在农村，现有的1 700万农村劳力中，有90％在人均1 亩左右的耕地上从事传统农业。从这一现状分析，刘学愚委员认为，随着现代农业技术的推广，一部分农业人口将脱离土地从事非农产业。非农产业的发展或者说是农业人口和劳动力的向外转移，实质上是产业结构由第一产业向第二、第三产业的转移，没有城市的依托，第三产业的大比例发展是难以想象的。从另一角度来看，大批农村富余劳动力不可能都涌入或停留在大城市，根本出路还在小城镇，靠就地、就近建设小城镇，以小城镇作为农村劳力的"蓄水池"，才是最现实的选择。

　　刘学愚委员还从两方面分析了云南省城市的现状。当前，一方面，工、商、文教、卫生、科技事业绝大多数集中在坝区的城市和城镇，而资源丰富的山区却很少有城镇。愈是需要开发的地区，其城市化水平愈低。这也成为制约云南经济迅速发展的一大不利因素。另一方面，现有的小城市（镇）因为规模小，技术力量薄弱，基础设施差，生产力水平低，功能脆弱，难以带动周围农村经济的发展。因此，刘学愚委员提出，从长远、宏观来看，应将小城镇建设置于经济发展战略的高度。城镇建设首先要有科学的、可行的总体规划，要打破政府投资、无偿使用的观念，群策群力，广泛动员社会集资，走开发与建设相结合的路子，吸纳企业尤其是当地乡镇企业的投入，依靠乡镇企业，自我积累，滚动式发展。这一点，苏南一带城镇建设的经验可资借鉴。同时，制定鼓励政策，在贷款、招商引资方面提供优惠条件，吸引外来资金。事实上，瑞丽姐告开发区走的正是这样一条路子。此外，户籍管理、土地政策、流通体制以及国家对信贷的支持等政策、制度应配套完善。

　　年近花甲的刘学愚委员一再呼吁，以"加快城市化"来实现产业结构转移，只有第二、第三产业在整个国民经济中的比重大大提高之后，农产品的价格矛盾和低水平过剩问题以及农业劳动力的就业不足问题才能从根本上获得解决。"城市化"道路是农村经济奔小康的必由之路。

（载《云南日报》）

理论研究的生命力在于实践

——记经济学专家刘学愚教授

《云南政协报》记者 张艳芳

（1994 年 9 月 21 日）

虽然和刘老师只见过两次面，但他敏锐的思想，颇具远见的洞察力，对事物的真知灼见，以及将理论与实践结合起来的认真治学态度都深深感染了我。

刘老师已年近花甲，但却神采奕奕，丝毫不显老态。他 1960 年从西南财经大学毕业后，曾任教于云南省合作干校、北京林学院，现为云南大学经济学教授。30 多年来，刘老师以教书育人为己任，将自己的半生精力献给了党的教育事业。他不仅有超乎常人的教学业绩，更以丰硕的科研成果令人钦佩。

近 10 年来，刘老师除了认真完成教学任务外，其余时间都用到了科研上。领衔完成了两项省级大型软科学科研课题，在《云南社会科学》、《经济问题探索》、《思想战线》等 20 余种报刊上发表科学论文和理论文章百余篇，约 150 万字。代表性论文有《论小城镇建设》，1983 年被《新华文摘》和《经济学文摘》同时摘登，受到了著名社会学家费孝通教授的好评。主编了《元谋县经济、社会、生态综合发展战略规划系统工程研究》，参编了《管理思维经营技巧大全》第 10 卷精装本。在科研工作中，刘老师坚持理论联系实际，坚持从现实经济问题中发现热点、难点，进行深入研究，提出许多有真知灼见的理论观点。如 1994 年 6 月 22 日《云南日报》登载的《发展滇中旅游业之我见》一文就是刘老师立足实际、运用经济学原理分析现实问题的明证。刘老师还注意研究理论发展前沿的重要问题，注重理论的超前性与指导性。例如竞争问题，刘老师早在 20 世纪 70 年代初的一次学术讨论会上就提出了社会主义经济中存在竞争，它是一个客观规律。经过 20 多年的风风雨雨，实践证明了这一观点是符合客观规律的。与此同时，刘老师还不断改进、丰富和发展了教材的内容，他所编写的《政治经济学》、《政治经济学辅导》等书成为全国机械工业系统和云南省干部培训班的教材。

正是由于这许多贡献，刘老师多次被评为优秀老师，获得省人事厅、省教委颁发的执教 30 年以上教师的荣誉证书，并于 1993 年经国务院批准享受政府特殊津贴。1992 年，刘老师应邀赴美国波士顿本特里学院进行了学术交流和讲学。

　　刘老师执教多年，辛勤耕耘，桃李满天下，他的学生没忘记他。刘老师的名字不仅成了他的学生心中不可磨灭的记忆，也成了《云南专家学者辞典》、《中国社会科学家大辞典》中极具风采的一笔。然而，令刘老师欣慰的不在于此，真正令他欣慰的是他那满园桃李和当他看到自己的知识、思维与千万人民实实在在的实践和成效联系在一起、产生极大社会效益的时候……

（载《云南政协报》）

锲而不舍，勇攀高峰

《学府女英》主编　陈丽卿

（1995 年 9 月）

翻开云南科技出版社出版的《云南专家学者辞典》，您就会看到云南大学经济学院女教授孙德华的名字。

孙德华老师 1934 年出生在四川省成都市新都县。1950 年她 16 岁时便参加了工作。当过小学教师、教导主任和县政府文教干事，参加过农村减租退押、土地改革和农业合作化运动。1952 年至 1956 年 8 月，担任中共新都县委宣传部新闻通信干事。这段不寻常的经历使孙德华在青年时代较早地得到了锻炼。1956 年 9 月，孙德华由组织推荐并通过全国高考顺利进入西南财经大学就读。1960 年，她大学本科毕业，因四年成绩名列第一被推荐到中国人民大学攻读农经专业三年制研究生。1963 年毕业，先留北京工作，后响应国家号召志愿支援云南边疆高等教育来昆明农林学院马列主义教研室执教，讲授《政治经济学》课程。1972 年，因云南大学政治系增设"政治经济学"专业而调入云大，先在政治系，后在经济系（今经济学院）从教。1993 年，获云南省人事厅和省教委颁发的执教 30 年以上教师"荣誉证书"。

人生的旅途漫长而短暂；人生的经历曲折而多变。自到云大任教以来，孙老师的工作、学习生活都发生了很大变化。在云大这块沃土上，她辛勤劳作，在教学、科研领域内洒下了汗水，结出了累累硕果。她先后给研究生、本科生、专科生和党政军机关的干部讲授过《政治经济学》、《资本论》、《马克思主义经典著作选读》、《消费经济学》、《社会主义经济理论专题》等课程。孙老师教学态度一贯认真，她严格要求自己和学生，注重理论联系实际，抓住重点、难点和热点，进行启发诱导，帮助学生独立思考。她十分重视对学生实际能力的培养，结合教学中有价值的问题，指导学生撰写毕业论文和参赛论文。其中，有多篇获省、校级优秀论文奖，有的论文在刊物上公开发表。

孙老师十分注重教学改革，并在实践中进行探索。她不仅从教育思想、教学观念、教学目的、培养目标等大的方面认真思考与努力实践，而且把宏观研究与微观研究结合起来，把握好每一个教学环节，使之"环环扣紧"，取得良好的"滚动效益"。她认为，教师不仅要重视和提高课堂质量，还要运用诸如考勤、提问、口试等考核手段有效地督促和引导学生巩固所学知识，提高应用能力。因此，她将平时考查与期中、期末考试有机结合；把口试与笔试相结合；全面考核与局部检查相结合，重在培养学生的口头表达能力、书面表达能力、分析问题的能力和思辨能力。孙老师不怕费心血、花工夫，只要是有益于学生学习的事，她都能一丝不苟地坚持干好。如，她在教室里给一个研究生授课和给一个班授课一样地认真；口试几十个学生，上午进行不完，下午接着考，绝不马虎。1991 年，"她荣获云南大学第四届教学优秀奖一等奖"；应邀为国家林业部西南地区培训部林业局长培训班授课，因教学认真、效果好而荣获林业部教育司的嘉奖。

孙老师对年轻教师的成长与进步也表现出极大的热忱。上海复旦大学经济系 86 届毕业生杨漾分到经济系任教后，由孙老师担任她的指导教师。孙老师认为，要提高教学质量先要确保备课质量，因而亲自看杨漾写的讲稿，并让他跟班听课。杨漾所写的《投资经济学》讲稿，孙老师看后，还约请云南省建设银行的行家里手为其审阅，经修改实践，使杨漾的课收到了较好的效果。孙老师还推荐小杨参加科研课题和教材编写工作，并取得初步成绩。同时，她还鼓励、支持小杨报考在职研究生，使其在教学、科研、学业上都取得显著进步。当问及此事，孙老师谦虚地认为，这主要是小杨自己努力的结果。

十多年来，孙老师结合教学工作实际和经济建设实践进行科研，成果较多，出版著作约 50 多万字：（1）参编著作 4 本。其中，有国家教委组织南方 16 所重点综合性大学编写的部颁教材《政治经济学》（资本主义部分），由四川人民出版社出版，发行 140 多万册，受到社会及高校的广泛欢迎；有全国经济类书籍规模第一的巨著《管理思维经营技巧大全》（2 000 多万字、共 13 卷精装本），由国家科学出版社出版后，受到国内外 80 余家报刊称誉，新华社称"它的出版填补了中国企业管理经营理论系统工程的空白"。（2）发表 60 余篇论文，有 6 篇获奖。其中，与刘学愚教授合写的《论非价格竞争》发表后，读者反映"观点很有见地"；被全国多家刊物、丛书选用；荣获云南省政府颁发的社科优秀成果二等奖。

孙老师作为教师，名副其实；作为学者，当之无愧。她的科研工作突出，硕果满枝。其特点是：一是具有超前性。早在 1977 年，人们因受"左"的思想影响正在狠批"奖金挂帅"和"物质刺激"时，孙老师凭借着自己的才学胆识，大胆地在《云南日报》理论版上发表了《要理直气壮地实行奖金制度》的文章，以有力的论辩、充足的论据，说明了"吃大锅饭"的严重后果，极具针对性。孙老师思维敏捷，观察力强，很善于用经济眼光洞察现实生活中的各种现象。1979 年"拨乱反正"后，为了理清很多理论问题，统一提高人们认识，孙老师面对社会上的新情况、新问题，又在云南率先提出了"竞争不是资本主义性质的东西，而是商品经济的客观规律"的观点，大胆为竞争"正名"，并主张把竞争机制引入社会主义经济。记得舒曼说过一句话："勤劳而顽强的钻研，永远可以使你百尺竿头、更进一步。"孙老师能透过纷繁复杂的社会经济现象，经过认真独立的思考，大胆阐述自己的观点，坚持理论的科学性，实为学者风范。二是具有很强的指导性。《论社会主义商品经济中的竞争与协作》、《论非价格竞争》、《论社会主义市场经济新体制》等论文公开发表后，社会反响较大，很多读者评论，"观点新"、"有见地"、"联系实际"、"有指导意义"，甚至不少刊物慕名而来，纷纷约稿。一位体弱多病、坚持教学和科研的知识女性，能如此关注祖国的经济建设，精神难能可贵。

由于孙老师的勤奋探索，她的理论观点不断受到国内外有关学者和单位的关注。1994 年 4—5 月间，澳大利亚格里菲斯大学三次来函、一次传真，邀请她出席 1994 年 7 月 11 日至 16 日在澳大利亚珀斯举行的国际学术会议——"亚洲经济研讨会"，后因经费原因未能成行。

"婚姻、家庭、事业"是人生的重要内容。一个女性要想获得事业上的成功往往需要家庭的支持。孙老师很幸运，她的人生三部曲奏出了最美妙的音符。严重风湿关节炎几乎使她瘫痪，但丈夫刘学愚教授和一双儿女温暖的爱使她又坚强地站立了起来，他们手牵手走在人生的道路上，家庭充满了温馨、爱意和幸福。

翻开云南省妇联宣传部编辑出版的《云岭巾帼名人录》，一个熟悉的名字再次映入眼帘，她就是孙德华教授。

（载《学府女英》，云南大学出版社，1995 年）

执 著 的 追 求

——记经济学家刘学愚

《大西南画报》记者 张 洪

（1995 年 10 月）

  云南省政协常委、云南大学经济学院教授刘学愚是一位年届花甲、历经曲折、勇于攀登、硕果累累的知名经济学家。他于 1982 年提出的"小城镇是实现农业现代化的前进基地"这一科学论断，曾得到著名社会学家费孝通教授的首肯和各方面的重视。1987 年他主持完成的《元谋县经济、社会、生态综合发展战略规划系统工程》，属国内开创性研究，在国内外都有较大影响。他在 1992 年发表的论文《论非价格竞争》，被全国多家报刊、丛书选用，读者反映"很有见地"，荣获 1990—1992 年度云南省社会科学优秀成果二等奖。

  刘教授出生于书香之家，受父亲影响从小就立志要当一名科学家。1949 年他参加了革命，1956 年响应党中央的号召又考入西南财经大学，自此踏上了攀登经济学科学殿堂的漫长征途。在全国政协常委、著名农业经济学家王叔云教授的悉心指导下，他以坚强的意志勤奋苦读，虽受极"左"潮流冲击仍矢志不移，终以优异成绩完成学业，分配到北京林业大学任教。可是，在那个"以阶级斗争为纲"的年代，知识分子是"臭老九"，出身不好始终是他头上的"紧箍咒"，他被下放农村劳动，接受贫下中农的"再教育"。恶劣的生活环境，反复的政治运动，始终没有泯灭他那颗对科学执著追求的童心。是党的十一届三中全会拨开云雾见太阳，迎来了科学的春天，刘教授也调回云南大学工作。他以满腔热情教书育人，尽职敬业，为人师表，为国家培养出一批又一批人才，多次被评为优秀老师。他先后应邀为中共云南省委宣传部、中共昆明市委宣传部和昆明电视台讲课、录音、录像，并多次出国讲学和进行学术交流。10 余年来，刘教授在经济科学研究方面辛勤耕耘，硕果累累，先后在全国 20 多种报纸杂志上发表论文百余篇，主编、参编著作 13 本，其中有 4 项获云南省政府、省教委颁发的优秀科研成果二等奖，有 5 项获三等奖。

  由于刘学愚教授在高等教育和经济科学研究上作出了突出贡献，得到了国务院的表彰，享受政府特殊津贴。他被选为云南省第七届政协常委，并担任云南省人民政府经济技术研究中心特邀研究员，云南省社会科学和高等院校两个系统的高级职称评委和民盟云南省委经济委员会副主任。他已被载入《中国社会科学家大辞典》（英文版·海外发行）和《云南专家学者辞典》。

（载《大西南画报》总第 13 期）

对外开放是历史和现实的需要

——经济学教授刘学愚访谈录

《东陆时报》记者　张文凌

（1996 年 2 月 16 日）

　　曾在 1982 年提出"小城镇是实现农业现代化的前进基地"这一科学论断，并得到著名社会学家费孝通教授首肯和各方面重视的云南大学经济学教授刘学愚，10 多年来，在高等教育和经济科学研究上硕果累累，作出了突出的贡献。如今，这位年逾 60、得到过国务院表彰、并享受政府特殊津贴的刘教授，仍笔耕不辍，在经济科学领域内孜孜不倦地探索。那么，作为云南省人民政府经济技术研究中心的特邀研究员，他对云南的经济发展状况又有何见地呢？

　　冬日的一个早晨，记者叩响了刘教授的家门。刘教授就这个问题直言不讳地说："尽管云南省 1995 年在各方面都取得了较好的成绩，但我认为，在进一步扩大对外开放的力度上还不够，认识上还有差距。"

　　他进一步解释说，这些问题表现在三个方面：一是进出口贸易的比例小。云南省是一个财政收入的大省，但进出口贸易却只占全国的 0.6%，反差极大；二是市场发育程度低，商品经济不够发达，贫困面大，没有拳头产品，产品单一，成批的大规模的产品屈指可数，参与国内外市场的竞争力很弱；三是起点低，步伐慢，层次不高，区位和资源优势未转换为经贸优势。目前，全省只有 1 200 多家三资企业，且形式单一，生产性的外资企业很少。

　　刘教授认为，要改变这些现状，首先要从战略的高度来认识扩大对外开放的紧迫感，改变"肥水不流外人田"的思想，建立商品经济等价的观念。同时，要改善投资环境，提高对外开放的层次，实行全方位、多元化的格局，与台、港、澳地区和欧美等国家加大联系，承包工程项目，不仅搞商贸活动，还要搞经济活动。对省外要走出去、请进来，搞横向经济联系，强调互利互惠原则。

　　刘教授指出，云南省的地理区位优势提供了对外开放的有利条件，资源优势又形成了对外开放的物质基础，充分发挥这一特点，可以形成新的经济支柱和增长点。

　　谈到云南省的"18 工程"，刘教授认为这是一条扬长避短、发挥优势、改变单一结构的有效途径。他说要加大开发生物资源的力度，不能"一刀切"，各地要根据自身优势和资源特点确定产品，要组织好市场调查和营销，要正确处理好在开发过程中各产业的关系，实行综合经营，以工补农，相互促进，同时还要加大科学技术的投入。

刘教授强调，对外开放不仅是对国外开放，还包括对省外和县外开放。通过对外开放，可以使云南的资源得到合理有效的利用，解决国有企业长期以来得不到解决的问题。通过对外开放，可以解决资金短缺的矛盾，云南的水利资源优势大，要开发需要大量资金。近几年，保山市在引进外资方面取得一定成绩，是省内平均投资规模最大的地区。此外，通过对外开放，还有利于推动国有企业的技术改造，以及引进先进的经营和管理方式，使国有企业参与市场竞争的能力增强。刘教授说："扩大对外开放是历史和现实的需要，是当前的潮流和主旋律。世界上任何一个国家和地区都不可能离开这个主旋律，不可能在封闭的情况下求得发展。"

（载《东陆时报》）

做大"世博经济"

《云南日报》记者 徐体义

（2000年1月25日）

难忘'99——对于云南人来说，这一年里最令人自豪、记忆最美好、感受最深刻的首推世博会。那遍地鲜花、满城春意，那如云宾客、多彩文化，让整个春城乃至整个云南空前地风光了一回。当世博盛会的大幕圆满合上，从决策者到普通市民，脸上渐渐变得凝重起来：世博会后怎么办？对此，云南省政协委员们格外关注，从港澳委员到偏远地区的委员，都在不时论及这一重要课题。来自云南大学的刘学愚委员以经济学教授特有的眼光，直截了当地提出了做好"世博经济"大文章的论题。

刘教授认为，世博会并非单纯的园艺展示盛会，而要把它当做一种经济现象来认识，它在云南历史上掀起了一次空前的经济浪潮。第一，它极大地提高了云南的知名度，为云南经济的发展树立了良好的形象，为把云南推向全国、推向世界提供了契机，拓开了渠道。第二，它直接带动了旅游业的发展，从而推动了第三产业的发展。第三，它扩大了消费需求，拉动了各项基础设施和城市建设。第四，弘扬了民族传统文化。第五，它为推动产业结构的调整、培育新的支柱产业找到了突破口。

怎样做好"世博经济"这篇大文章呢？刘教授说得很在理："关键是要抓住机遇，发挥比较优势，发展特色经济，打好'云南牌'。"他认为，当前最现实的是乘势而上，大力开发旅游产业，通过发展旅游业带动第三产业，再通过第三产业独特的媒介作用，拉动第一、第二产业的发展，从而推动全省的经济增长。这样，我们对世博会的投入就能获得更多的产出，提高投资回报率。

谈及旅游业的进一步发展，幸广元委员认为，云南省旅游业处于从"接待事业型"到"经济产业型"、再到支柱产业培育建设的转变升级的过程。他认为，我们必须确立可持续发展的目标，加紧培养旅游业的各类人才，提高旅游商品开发的档次，加强旅游宣传促销。他充满激情地说："新的发展目标呼唤着旅游业要有科学的规划、大气魄的投入、不同凡响的思想和出奇制胜的创意。"

做大"世博经济"，延展"世博效应"，神奇、美丽的云岭高原将风光无限！

（载《云南日报》）

针对"软处"下硬招

——省政协委员刘学愚教授谈云南应对"入世"

《云南日报》记者 李竟立

（2002 年 1 月 28 日）

"入世"是多年来的社会热门话题，更是本次政协会议上委员们最为关心的大事之一。为此，记者专访了云南省政协委员、云南大学经济学院教授刘学愚。

"'入世'利大于弊，这一点对于云南省这样一个经济欠发达地区来说也同样如此。但对'利'的一面我们不应盲目乐观，同时对'弊'的一面，我们更不应悲观。"刘学愚一针见血地指出："在'入世'的机遇与挑战面前，我们应该在'弊'的方面多下工夫，在找准'入世'后的'软处'下硬功夫"。

我们的"软处"在哪里呢？刘学愚接着说，观念没有"入世"，是最大的"软处"。"入世"不论对政府、企业还是老百姓来说，首先受到的将是观念上的挑战。跨国大市场运作、规范化操作、多边性盈利、创新企业、创新技术、创新市场，等等，对于云南省长期形成的计划经济思想、小农经济意识、因循守旧观念、中庸之道、习惯势力等等传统观念，必将是一次巨大的冲击。只有牢牢树立起市场经济的观念，才能融入国际大市场。

刘学愚说，还要熟悉世贸规则。熟悉复杂而繁多的市场规则是对政府、企业的一项基本要求，我国"入世"虽谈了 10 多年，但熟悉和了解世贸规则的人并不多，要通过各种形式，在政府部门、企事业单位中广泛深入地进行世贸知识的宣传教育和普及，并在此基础上遵守、应用这些规则为我们服务。就具体的产业来说，对于来自农产品方面的国际竞争，云南省要走生态农业的发展道路，应该在建设绿色经济强省上大做文章，采取切实措施，使云南省传统农业从常规农业高耗能、高投入、高成本、高污染、低效益、无机化的现状，迅速转变到注重生态环境改善和保护，把生产过程置于既不受到污染、又不污染环境和破坏生态的高产、高质、高效的良性循环的可持续发展道路上。要调整农业产业结构，大力发展具有竞争力的优质特色农业。在具体工作中，要制定并认真贯彻执行国家和地方农业标准，建立健全农业生产全程标准化管理和质量控制体系；及早进行农业生产标准化管理以及农产品、食品质量检测检验和市场准入的立法工作。总之，要把农业、农村、农民问题，作为"入世"后云南经济发展的首要问题加以认真对待。

刘学愚委员最后说，对于云南省技术落后的电子行业、机械行业、化工行业、医药行业等要加大科技投入的力度，有效地引进国外先进技术、优质产品和先进管理方式，提升企业的科技含量。相信通过这一系列"硬招"，云南省"入世"后的这些"软处"一定会"硬"起来。

（载《云南日报》）

后 记

在古稀之年，本书的顺利面世，了却一个心愿——将点滴心得汇集成册，颇感欣慰。这本书的出版得力于云南大学工商管理与旅游管理学院党政领导的热情关心，党委书记杜靖川教授和院长田卫民教授都给予了大力支持；有的同志很关心学术园地的繁荣，也给予了坦诚的帮助。云南大学出版社办公室主任、副编审蔡红华、编辑唐志成、美术编辑刘雨等同志精心编辑、设计，为该书的出版付出了辛勤的劳动。在此，特向他们以及关心和帮助过我们的同志、亲朋好友表示衷心、诚挚的感谢！

此外，我们的儿女刘韧、刘敏在千里之遥也为本书的出版做了一些工作。

同时，需要说明的是，本《文集》收入的文章时间跨度大，有的观点已显过时，将其纳入《文集》乃是基于保持原貌的考虑。而今，我们或老或病，已无精力对其进行全面修改，错漏之处难免，敬请读者鉴谅。

作 者

2007 年元旦于云南大学英华园

图书在版编目（CIP）数据

刘学愚 孙德华文集/刘学愚，孙德华著. —昆明：云
南大学出版社，2007.1
ISBN 978 - 7 - 81112 - 213 - 8

Ⅰ．刘… Ⅱ．①刘… ②孙… Ⅲ．经济学—文集 Ⅳ．F0 - 53

中国版本图书馆 CIP 数据核字（2007）第 007476 号

责任编辑：蔡红华　唐志成

装帧设计：刘　雨

刘学愚　孙德华文集

刘学愚　孙德华　著

出版发行：云南大学出版社

印　　装：云南国浩印刷有限公司

开　　本：787mm×1092mm　1/16

印　　张：44.75

字　　数：873 千

版　　次：2007 年 1 月第 1 版

印　　次：2007 年 1 月第 1 次印刷

印　　数：1 000 册

书　　号：ISBN 978 - 7 - 81112 - 213 - 8

定　　价：98.00 元

地　　址：云南大学英华园（邮编：650091）
发行电话：0871 - 5033244　5031071
网　　址：http://www.ynup.com
E - mail：market @ ynup.com